Jacques Attali
Siegmund G. Warburg

Jacques Attali

Siegmund G. Warburg

Das Leben eines großen Bankiers

Aus dem Französischen
von Hermann Kusterer

ECON Verlag
Düsseldorf · Wien

Titel der französischen Originalausgabe:
Un homme d'influence – Sir Siegmund G. Warburg (1902-1982)
Originalverlag: Fayard, Paris
Übersetzt von Hermann Kusterer
Copyright © Librairie Arthème Fayard, 1985

Attali, Jacques:
Siegmund G. Warburg: Das Leben eines großen Bankiers/
Jacques Attali. Aus d. Franz. von Hermann Kusterer. –
Düsseldorf; Wien: ECON Verlag, 1986.
Einheitssacht.: Un homme d'influence – Sir Siegmund G. Warburg (dt.)
ISBN 3-430-11082-3

1. Auflage 1986
Copyright © 1986 der deutschen Ausgabe by ECON Verlag GmbH,
Düsseldorf und Wien
Alle Rechte der Verbreitung, auch durch Film, Funk
und Fernsehen, fotomechanische Wiedergabe, Tonträger
jeder Art, auszugsweisen Nachdruck oder Einspeicherung
und Rückgewinnung in Datenverarbeitungsanlagen
aller Art, sind vorbehalten.
Gesetzt aus der Garamond der Fa. Linotype AG
Satz: Typoteam GmbH, Düsseldorf
Papier: Papierfabrik Schleipen GmbH, Bad Dürkheim
Druck und Bindearbeiten: Bercker, Kevelaer
Printed in Germany
ISBN 3 430 11082 3

INHALT

                                                           Seite

EIN MANN VON EINFLUSS _____ 9

1. KAPITEL   VERMÖGENDE NAMEN (1559-1902) _____ 19
Ein Stammbaum – Die ersten Geldjuden – Die del Bancos –
Von den von Cassels zu den von Warburgs – Die Altonaer Warburgs –
Niederlassung in Hamburg – Moses Marcus und Gerson –
Ein Mann für Sara – Aby am Ruder – Der Kapitalismus wendet sich der
Bank zu – Sara, Retterin von Hamburg – Kuchen für Bismarck – Der
Pfandleiher wird zum Bankier – Gründung von Kuhn, Loeb & Co. –
Die Ära Siegmund – Die Schiffs in der Wall Street – Die Ära
Moritz – Die Kindheit der fünf Söhne – Max' Aufstieg

2. KAPITEL   MACHT BEI HOFE (1902-1933) _____ 75
Siegmunds Erziehung – Die Banken: Ort des Vermögens – Die
Warburgs in Berlin – Paul, Erfinder des Federal Reserve System – Die
Rüstung des Samurai – Das koloniale Abenteuer – Den Krieg bannen –
Der Konflikt bricht aus – Die Kriegsanfänge – Der Krieg aus
amerikanischer Sicht – Kriegswirtschaft – Im Hinterland: Urach –
»Finis Germaniae« – Das Ende des Kaiserreiches – Warburg, Melchior
und Keynes gegen Versailles – Siegmund tritt bei M.M. Warburg ein –
Eine Zentralbank der »Warburg-Lande« – Deutschland fängt sich
etwas – Allmähliches Abgleiten in den Hitlerismus – Hyperinflation –
Max Warburg, Hjalmar Schacht und einige andere retten Weimar –
Der Dawesplan: Erste Dollars für Europa – Die große Illusion –
»Nächstes Jahr in Jerusalem« – Siegmund geht auf Reisen –
Schuldenwirtschaft – Die Jewish Agency – Der Youngplan, Geburt

der BIZ – Krise von 1929, Ende der Reparationen – Weimar steht vor
dem Ruin – Krise der Währungen, englische »Leichtfertigkeit« –
Siegmund und Jimmy am Sterbebett von Weimar – Hitler ergreift die
Macht

3. KAPITEL   KRIEGSGELDER (1933-1945) _____ 175
Nach London – Max in Gefahr – Die »Paltreu« – Siegmund in London –
Die New Trading Company – Berlin im Zeichen der Kriegswirtschaft –
Die Anfänge der New Trading Company – »Herr Hitler ist ein
Gentleman« – Ende von M. M. Warburg – Abreise aus Deutschland –
»Keiner ist immer noch einer zuviel« – Schachts Ende – Zugleich Jude,
Deutscher und Engländer – Die City im Krieg: »Cash and carry« –
Das Leih- und Pachtsystem – Die amerikanischen Warburgs im Kriege –
Waffen gegen das Reich – Holocaust und Tod eines Freundes –
Der Dollarfriede

4. KAPITEL   FRIEDENSREICHTÜMER (1945-1960) _____ 253
Siegmunds Streben – Für die einen »Siegmund«, »Sigi« für die andern –
Die City wacht auf – Aus der »New Trading Company« wird
»S. G. Warburg & Co.« – Wieder in den Vereinigten Staaten – Erstmals
wieder in Deutschland – Erste Dollars für Europa – »Ein religiöser
Agnostiker« – Verstaatlichungen und Kapitalheimführung – Eine
eiserne Hand – »Onkel« und »Adoptivsöhne« – Eine »Offiziersmesse
der Royal Air Force« – Die Abwertung von 1949 und die Zeit danach –
Die EUROBANK – Übernahme von Kuhn, Loeb & Co. – Mercury
Securities und Privatfernsehen – Familienleben, Tod der Mutter –
Der IWF macht Politik – Der Eintritt ins Allerheiligste – Dollars aus
Amerika für Europa, die Montanunion – Die Personalunion – Zweiter
Fehlschlag in Hamburg – Das Pfund ist am Ende – Aluminiumkrieg –
Erste Absetzbewegung

5. KAPITEL   SCHMUGGELDOLLARS (1960-1973) _____ 335
Gepooltes Gold – S. G. Warburg zwischen London und New York –
Autostrade Italiane – Schluß mit Kuhn, Loeb – Ein Namensschild in
Frankfurt – Bruch mit Kuhn, Loeb – Der »Nightclub« – Zweite
Absetzbewegung – Wall Street hält Einzug in London – Die Agonie
des Pfundes – Der Dollar gerät ins Trudeln – Englischer Höhepunkt –

Israel Corporation – Vorwegnahme Japans – »Escro«-Emissionen – London vergessen – Hamburg halb – Freihäfen und Floatingmärkte – Das Ende von Bretton Woods – London zum letztenmal – Schluß mit Hamburg – Station in Paris – Das Teufelszeug

6. KAPITEL   LETZTE BLEIBE (1973-1982) _____ 415
Abschiede – Blonay – Nichts mehr mit der Kriegswirtschaft zu tun haben – Einfluß aus der Ferne – Petrodollars – London ferngesteuert – Noch einmal New York – Erneut Schuldenwirtschaft – Dreißig Jahre danach – Der Aufzug von Gresham Street – Das Debakel von Belgrad – Rückkehr zu einem geordneten Währungssystem – »Investition für den Frieden« – Nacht in Amerika – Letzte Taten – Rückblicke aufs Leben – Siegmund stirbt – Nach Siegmund – Rückzug aus New York – Im großen Stil von London aus

STAMMBAUM _____ 478

DANKSAGUNG _____ 481

HINWEIS ZUR DEUTSCHEN AUSGABE _____ 483

LITERATURVERZEICHNIS _____ 485

PERSONEN- UND SACHREGISTER _____ 493

EIN MANN VON EINFLUSS

Wir schreiben den 22. März 1933. Gegen Mittag betritt Siegmund das vertraute, stattliche Gebäude mit gemischten Gefühlen. Vor zwei Tagen waren mehrere seiner Freunde, republikfreundliche Journalisten und Bankiers, mitten in der Nacht ohne Haftbefehl verhaftet worden. »Zu ihrer eigenen Sicherheit«, wie die Polizei sagte. Am Tag zuvor hatte er der Eröffnungssitzung des neuen Reichstages beigewohnt, die nach dem Reichstagsbrand in der Potsdamer Garnisonkirche stattfand, wo Friedrich der Große begraben liegt. Mit Schrecken hatte er mit angesehen, wie die Nazis, die die Abgeordneten der Linken ganz einfach nicht zur Eröffnungssitzung eingeladen hatten, einen kommunistischen Abgeordneten verhöhnten, anrempelten und schließlich brutal hinauswarfen. Als er jetzt in die Wilhelmstraße kam, waren die Aufrufe zum Judenmord auf der Mauer gegenüber auch nicht gerade dazu angetan, ihn zu beruhigen. Wie konnte er unter solchen Umständen am nächsten Tag nach New York abreisen und seine Frau und die beiden Kinder in Berlin zurücklassen? Vor zwei Stunden hatte er von seinem Büro in der Bank aus mit dem Außenminister telefoniert, einem Nachbarn aus Kindertagen, der ihm wie ein Onkel war: Freiherr von Neurath. Der Anruf löste keinerlei Überraschung aus; seit beinahe einem Jahr arbeiten die beiden in internationalen Finanzangelegenheiten zusammen, in denen Deutschland seit über einem Jahrhundert dank der Warburgs vorsichtig taktiert und oft genug gewinnt. Siegmund bat dringend um eine Zusammenkunft, die ihm von Neurath sofort gewährte, ohne überhaupt nach dem Grund zu fragen.[175]

Der Baron kommt selbst ins Empfangszimmer und begrüßt ihn mit gewohnter Herzlichkeit. Der gepflegte Diplomat, der vom Botschafter zum Außenminister aufgestiegen ist, besitzt neben der Vornehmheit des schwäbischen Hochadels jene professionelle Selbstsicherheit, ohne die selbst Schmierenpolitiker weder auskommen können noch wollen. Der Besuch des Freundes ist alles andere als ungewöhnlich; als ihn der neue Reichskanzler Adolf Hitler im Amt bestätigte, hatte Neurath Siegmund gebeten, ihm weiterhin behilflich zu sein, und Siegmund hatte ja gesagt. Als die beiden allein sind, fragt Neurath:[207] »Na, mein Lieber, wo kommst du her, aus Amsterdam oder aus Hamburg? Ich habe dich seit Tagen nicht gesehen.«

»Keins von beiden«, erwidert Siegmund. »Ich war ständig hier, aber ziemlich mit meinen Reisevorbereitungen beschäftigt. Wie du weißt, reise ich morgen nach New York. Das ist auch der Grund, warum ich dich sprechen wollte. Diesmal geht es mir um die Ereignisse hierzulande, nicht im Ausland. Was ich da sehe, mißfällt mir sehr. Weißt du eigentlich, lieber Außenminister, daß Menschen mitten in der Nacht zu Hause ohne Haftbefehl aufgegriffen und ins Gefängnis gesteckt werden? Ist dir bekannt, was gestern im Reichstag vorgegangen ist?«

»Ja, das alles ist mir bekannt. So was passiert heutzutage nun mal hin und wieder. Es ist zwar alles sehr unerfreulich, aber es ist der unvermeidliche Tribut an die nationale Erhebung. Niemand bedauert es mehr als ich. Aber wie du weißt, bin ich Außen- und nicht Innenminister; was also kann ich dazu?«

»Wie, was kannst du dazu?! Schließlich weißt du doch, daß diese Verhaftungen verfassungswidrig sind und daß der Reichskanzler, der sie selbst beschlossen hat, damit seinen eben auf die Verfassung geschworenen Eid bricht. Das darfst du nicht zulassen! Du mußt sofort zu Hindenburg gehen und ihn daran erinnern, daß Artikel 53 der Weimarer Verfassung ihm das Recht gibt, ja ihm geradezu gebietet, diesen eidbrüchigen Reichskanzler zu entlassen. Er kann völlig unbesorgt sein: Die Armee wird ihren Feldmarschall unterstützen, und alle Welt weiß, daß Reichswehrminister von Blomberg kein Nazi ist. Übrigens gäbe er meiner Meinung nach einen ausgezeichneten Reichskanzler ab. Hindenburg hört gewöhnlich auf dich; er wird auch diesmal auf dich hören, du mußt sofort zu ihm und ihm das alles sagen.«

Neurath schaut ihn lange wortlos an. Dann senkt er den Blick und sagt langsam, wobei er in die gemeinsame schwäbische Mundart ihrer Jugend verfällt: »Ja, i weiß, du hast ja recht, das müßt' ich. Aber i kann net. Weißt du, mein Lieber, i bin kein Nazi, und deswegen bin i jetzt politisch verdächtig; i muß also sehr vorsichtig sei'. Nei, i kann gar nix machen.«

Dann sieht er Siegmund fest in die Augen und sagt, immer noch auf schwäbisch: »Mach's gut, und ade.«

Siegmund steht wortlos auf. Beim Verlassen der Wilhelmstraße sieht er nicht einmal mehr die Fahnen, die Hakenkreuze, die Schmierparolen auf der Mauer gegenüber. Er schickt seinen Fahrer weg, geht auch nicht mehr in die Bank zurück, sondern zu Fuß nach Hause.

»Politisch verdächtig.« Es ist aus.

Zu Hause angekommen, steht sein Entschluß fest, unwiderruflich und unumstößlich wie alle Entschlüsse, die in seinem Leben zählen werden. Er bittet seine Frau, noch am selben Tag mit den Kindern zu ihren Eltern nach Stockholm zu fahren: »Du wirst nie wieder hierher zurückkehren. Warte dort auf mich. Nimm sofort wieder die schwedische Staatsangehörigkeit an; wenn du Deutsche bliebest, könnte ich in Deutschland festgehalten werden. Wo wir uns niederlassen werden, sage ich dir später. Ich selber fahre sofort nach Hamburg zu Max und von dort nach New York. Ich ruf' dich an.« In den beiden folgenden Stunden reisen Eva, Anna und George Warburg nach Stockholm ab. Sie kommen ungehindert über die Grenze.

Siegmund fährt noch am selben Nachmittag mit dem Zug nach Hamburg zum Vetter seines Vaters, Max Warburg, dem Haupt der Dynastie, den er »Onkel« nennt. Der alte Bankier empfängt ihn spätabends in seinem Mahagonibüro im prachtvollen Bankgebäude in der Ferdinandstraße 75.

»Du bist noch nicht weg? Dein Schiff lichtet gleich den Anker.«

»Gleich, Onkel, gleich. Aber ich werde nie wieder zurückkommen, weder nach Hamburg noch nach Berlin. Sei mir nicht böse; ich geb' auf. Wo ich mich niederlassen werde, weiß ich noch nicht, aber hierher komme ich von New York nicht wieder zurück. Du mußt mir helfen, woanders etwas aufzubauen.«

»Bist du verrückt? Warum tust du das?«

»Mir reicht's. Dieser Hitler wird genau das tun, was er seit zehn Jahren sagt: Er wird uns alle umbringen. Ich habe heute früh von

Neurath gesprochen; er hält sich selbst für politisch verdächtig und wagt nicht mehr, den kleinen Finger zu rühren. Weißt du, was das heißt? ›Politisch verdächtig.‹ Das ist zuviel. Deutschland, unser Deutschland, ist verloren. In spätestens drei Jahren wird Hitler England den Krieg erklären und alle Juden umbringen. Wir müssen weg.«

»Aber nein, Siegmund, was du sagst, ist Unsinn. Nie werden sie uns anrühren. Schacht ist wieder Chef der Reichsbank. Das ist doch eine Garantie, oder? Gestern noch sagte er zu mir, daß wir sicher seien und uns nichts geschehen werde. Hitler will keinen Krieg und England auch nicht. Schacht sagte...«

»Schacht, Schacht! Du machst dir was vor! Du machst einen Fehler, wenn du weiter mit ihm arbeitest; er ist schon vor über einem Jahr zu ihnen übergelaufen, vielleicht ohne es zu wissen. Ich glaube ihm kein Wort mehr, ich glaube überhaupt nichts mehr.«

»Siegmund, du kannst nicht weg. Du darfst Berlin nicht aufgeben, es gibt dort viel zu tun. Und bald wirst du hier mein Nachfolger sein. Außerdem kannst du Deutschland nicht verlassen. Seit mehr als drei Jahrhunderten ist unsere Familie hier. Es ist unser Land. Wir tragen den Namen einer Stadt dieses Landes. Und dann: Wir sind für die Juden hier verantwortlich. Du darfst sie nicht im Stich lassen. Wer soll sich denn um sie kümmern, wenn nicht wir? Du weißt doch, was wir alles für Palästina angefangen haben; das ist eine sehr heikle Sache, dafür brauche ich dich. Außerdem bist du der einzige, der darin Bescheid weiß. Du mußt bleiben, viele Juden müssen noch aus diesem Land gebracht werden.«

»Nein, lieber Onkel. Du täuschst sie, wenn du bleibst. Wenn sie dich mit Schacht und den andern zusammenarbeiten sehen, dann glauben sie sich in Sicherheit, meinen sie, ihnen drohe überhaupt nichts. Sie klammern sich an jede Hoffnung. Du gibst ihnen kein gutes Beispiel. Ich gehe, und auch du solltest ans Gehen denken und alle Warburgs. Dann werden sie begreifen, daß sie dasselbe tun müssen, bevor das Chaos hereinbricht.«

✧ ✧ ✧

Fünfzig Jahre später, am 12. Januar 1983, findet in der Londoner Guild Hall eine eindrucksvolle Feier statt. In Gegenwart von Lady Warburg, ihrer beiden Kinder und der gesamten Belegschaft der bedeutendsten europäischen Geschäftsbank wird ein vor zehn Jahren gemaltes Porträt von Sir Siegmund Warburg enthüllt, das die Familie an diesem Tag, wenige Wochen nach dem Tod des Gründers, der Bank zum Geschenk macht. Es ist ganz still, während drei kurze Reden gehalten werden: die erste vom jungen Nachfolgeanwärter David Scholey, Engländer vom Scheitel bis zur Sohle; die zweite vom bewährten Freund der schweren Tage, Henry Grunfeld, dem jüdisch-deutschen Finanzmann, der wie Siegmund fast ohne einen Pfennig in der Tasche im mißtrauischen London der dreißiger Jahre ankam; die dritte schließlich vom Präsidenten der Bank, Eric Roll, einem brillanten Universitätsprofessor, der zum Lord aufgestiegen ist.

Zwischen den Reden spielt ein Orchester jeweils eine der drei Lieblingsmelodien von Sir Siegmund: eine Bach-Kantate, das Adagio aus einem Violinkonzert von Mozart und schließlich die Arie aus Händels Wassermusik.[216]

Als krönenden Abschluß zitiert Lord Roll den Shakespeare-Vers: »Er war ein Mann, nehmt alles nur in allem, ich werde nimmer seinesgleichen seh'n.«

Der zur Jahrhundertwende in eine sehr alte, seit über hundert Jahren von Berlin bis New York und von Hamburg bis Tokio einflußreiche jüdische Bankiersfamilie geborene Siegmund beginnt seinen Lebensweg in Deutschland nach dem Beispiel seiner größten Vorfahren als Bankier und Berater der Herrschenden. In den Wirren von Weimar, die für seinen Vater den Ruin bedeuteten, beteiligt er sich an der verschlungenen Finanzierung der Reparationen. Als dann die Schuldenwirtschaft der Kriegswirtschaft weicht, geht er bei Hitlers Machtantritt nach London. Sein Name ist sein einziges Kapital. In London gründet er eine kleine Finanzierungsgesellschaft, ersinnt mit einigen anderen die Finanzierung der alliierten Kriegsanstrengungen und trägt dazu bei, Deutschlands Finanzierung das Rückgrat zu brechen, während gleichzeitig Hitler sein Volk und auch die Bank vernichtet, die Siegmunds Familie in über zweihundertjähriger Mühe aufgebaut hat.

Nach dem Kriege fängt alles wieder von vorne an. Er verhilft dem Namen seiner Familie wieder zu Geltung, gründet in London seine eigene Bank, S. G. Warburg & Co. Binnen zwanzig Jahren steigt er zum ersten Bankier der City und Berater der Herrschenden auf, erdenkt die bedeutendsten modernen Finanzmethoden – vom öffentlichen Kaufangebot bis zu den Euroemissionen –, wird zum Tagesgespräch in New York wie Frankfurt, in Genf und Hamburg, revolutioniert die Bildungsmethoden der wirtschaftlichen Führungseliten und organisiert die Konzentration von Presse und Automobilindustrie. Doch auch hierin ist er den andern voraus: Schon erkennt er am Horizont die Zeichen der Ohnmacht Europas, des Aufbegehrens der dritten Welt, des Aufstiegs Japans und der Nöte Israels.

Da verläßt er, der Wächter vergleichbar den *vigiles* der Antike, der – vielleicht ohne es zu wissen – zum Wahrzeichen geworden ist, auf den Tag genau vierzig Jahre nach seinem ersten Exil wiederum eine Welt, die ihn vermögend gemacht hat, deren Ende er aber doch nahen spürt. Von der Schweiz aus, die er zum Angelpunkt eines letzten Abenteuers macht, zieht er bis zu seinem Tod viele Drähte unserer Zeit, die von New York bis Kairo und von Tokio bis Jerusalem wirken.

Welches Schicksal eines fast einsamen Mannes, der einzig davon besessen ist, seinem Namen Geltung zu verschaffen und ihm Einfluß zu erhalten inmitten der Stürme dieses Jahrhunderts. Wächter in einer Zeit der Barbarei, der doch niemals aufgibt. Finanzfürst und Pionier des Jahrhunderts, dem die Mächtigen ihr Ohr leihen, ohne daß er selbst je zu ihnen gehörte: Dieser Mann hat eines jener ganz großen Leben gelebt, in deren Schatten kein andrer Baum wächst.

Ein Mann mit Einfluß auf jene, die Macht über die Dinge zu besitzen vorgeben: Genau dies wollte er sein, wie sein Onkel Max, der ihn prägte, wie der biblische Joseph oder jener des Thomas Mann, den er über alles stellt.

Doch ist sein Einfluß nicht leicht zu erkennen; gleichwie die Späher aller Zeiten, die Wächter wider die Bedrohungen ihrer Zeit und Ratgeber der Fürsten, will er im Verborgenen bleiben, um sich ihren Blitzen zu entziehen, gilt seine Leidenschaft dem Tun mehr als dem Kundtun, dem Ergebnis mehr als dem Wissen um seine Urheberschaft.

In der Geschichte der Welt in ihren zahllosen Formen, von den Religionsgruppen bis zu den Imperien und Gesellschaften jüngster

Zeit, hat es je und je eine Handvoll solcher Männer gegeben, die waren wie Hintergrundrauschen der herrschenden Ordnung, Machtverleiher an die Mächtigen. Wahrsager zuerst und dann Männer der Waffen, des Geldes oder der Kunst, haben sie, die freier waren als andere, jenseits der Zeitläufte die möglichen Scheidewege zu erspähen vermocht; manchesmal haben sie mit einem kurzen Anstoß, einer Lehre, einem Ratschlag oder einem Werk einen Teil der Welt in Bewegung versetzt, dem Rad des Geschehens in die Speichen gegriffen, den Gesetzen einen neuen Lauf gewiesen oder standen zumindest über den Wechselfällen der Zeit.

Oft aber – meinten sie auch, kraft ihrer Vision, ihrer Stärke oder ihrer Vernunft das Unmögliche vollbringen zu können – sind sie gescheitert. Dann hat man sie, wie eh und je die Unglückspropheten, eben der Übel angeklagt, die sie angekündigt hatten, um sie zu beschwören.

Gewiß gehört in den letzten beiden Jahrhunderten der größte Einfluß, mehr noch als dem Künstler oder dem Industriemagnaten, dem Finanzmanne, jenem also, der die Herrschenden zu finanzieren gedenkt, sei es von weit oder nah; wie in anderen Zeiten der Priester oder der Krieger setzt er auf die Entwicklung der Dinge und der Mächte und versucht, Einfluß zu nehmen, damit geschehe, was er sich wünscht. Er leiht den Ehrgeizigen die materiellen Mittel zur Erreichung des Erhofften, und um das Seinige zu erlangen, sucht er zu ergründen, wie die Welt aussehen mag, wenn er das Verliehene zurückzuerhalten erwartet. Seine Hoffnung aber setzt er auf die Vernunft, die die Voraussetzungen dafür schaffen soll, daß seine Rechnung aufgeht: Der Finanzmann ist kein Spekulant. Er ist kein Spieler, sondern übt Vernunft. Und angesichts des Wahnwitzes der Mächtigen bedeutet eben dies oft sein Verderben.

Sicher wird dieser oder jener erstaunt sein, wie hier – wo doch auf der Bühne kaum Platz scheint inmitten des Gewimmels der Völker und der Begehrlichkeiten der Tyrannen – eine ganze Schar fast unbekannter Talente und großer Charaktere ins Rampenlicht der Geschichte tritt, fast immer sehr reich, nicht immer von hoher Moral, jedenfalls aber miteinander verknüpft in einem ganzen, dichten und fast dynastisch anmutenden Rankenwerk, eine zum Kern eines jeglichen Regimes gehörige Parallelaristokratie. Wie – gleich den Fürsten und Machthabern – diese Warburgs, Rothschilds, Schiffs, Lehmanns, Melchiors, Hambros oder Meyers, die Bardis, Fuggers, Morgans, Barings oder auch ein Abs, ein Monnet, ein Cuccia, ein Rockefeller zum Guten wie zum Bösen in unserem Schicksal eine große Rolle gespielt haben.

Seltsame und rätselhafte Männer von Einfluß. Immer mußten sie weit über den Tag hinausblicken, neue Quellen des Reichtums ersinnen, das Geld in Umlauf halten, damit es nicht durch Krieg seinen Wert verliere. Manches Mal haben sie sich getäuscht, haben sich von ihrem eigenen Unmaß verführen lassen und den Untergang ihrer Welt mitverschuldet. Oft auch mußten sie eine Katastrophe erleben, die noch schlimmer war als die, die sie aufgehalten hatten, sei es, weil die gegenseitige Aufhebung von Reichtum und Schulden im Haß auf den Wächter es so verlangte, sei es, weil ihre Vernunft an einer Ideologie zugrunde ging. Diese Pioniere der kapitalistischen Ratio und Stammväter des Kaufherrenordens bilden nicht wegzudenkende Maschen in unserer Geschichte und sind Spiegel der Grenzen der Macht von Geld und Vernunft.

Unter ihnen finden wir seit Urzeiten Angehörige des biblischen Volkes, die die Umstände zu Händlern werden ließen, die gezwungen waren, den Fürsten zu leihen, um sich ihren Schutz zu verdienen, die das Risiko auf sich nahmen, Gläubiger der Mächtigen zu sein, um ihre Freiheit zu sichern, wissend, daß sie damit zugleich Gefahr liefen, zum Sündenbock zu werden; ein Volk auch, das in viertausendjährigem Leid einer Moral und einem Handeln Ausdruck zu geben gelernt hat.

Seltsam sind sie, diese Menschen des Geldes, die das zu sein gezwungen sind um ihrer Identität willen, denen es indes mehr um das geht, was sie tun, als um das, was sie gewinnen, deren Ziel es ist, dem Handel zum Sieg zu verhelfen über die Gewalt, der Bewegung über die Unbeweglichkeit, dem Leben über den Tod. Manchmal sind sie sichtbar und werden stets dafür bestraft, zumeist aber wirken sie im Verborgenen; und so sind sie gleichsam der Schatten der Mächtigen, die sie beraten, sind fast immer besser im Bilde über den Lauf der Welt, und zugleich wachen sie über die Gemeinschaft, in der sie stehen. Sie stehen am Rande der schlagzeilenmachenden Eliten, ihr Streben ist fein gesponnen und anspruchsvoll, und sie organisieren sich als seltsame Aristokratie, als eine Art strenger Orden mit unverrückbaren Moralgesetzen und anspruchsvollen Riten, ihr Name ist ihr höchstes Gut, und ihr größtes Trachten gilt der Erde. Stets sind sie auf der Suche nach neuen Freiräumen und zu entdeckenden Reichtümern namens einer hohen Vernunft oder eines starken Sendungsbewußtseins.

Hier ist ihre Geschichte im Kleide der Geschichte eines der ihren, den ich zu den leuchtendsten Gestalten unseres Jahrhunderts zähle (wenngleich er bei weitem nicht der einzige ist) und dessen Leben vermittels seines Strebens und seiner letztlichen Niederlage besser als jede Theorie das Ende einer Welt und einer Kultur nachweist – kurz: das Ende der erträumten Vereinbarkeit von WORT und GELD.

Dies ist weder eine Biographie im hergebrachten Sinne des Wortes, denn vom Privatleben des Siegmund Warburg wird nicht mehr als unbedingt nötig die Rede sein, noch auch nur die Geschichte unseres Jahrhunderts oder eine Abhandlung über seine Finanzen, mag auch davon übergenug die Rede sein. Dieses Buch will vor allem andern der Frage nachgehen, ob den Vernunftmenschen im vielschichtigen Spiel der Gesetze und Wahnträume der Geschichte überhaupt noch ein bißchen Freiheit bleibt.

So geht es denn zuerst um eine peinlich genaue Nachzeichnung eines vielgestaltigen Geschicks, das sich wie mehrere Romane in einem ausnimmt.

Dies ist die Geschichte einer Finanzgröße auf der Suche nach dem großen Vermögen und zugleich die Geschichte eines Erbes, eines Wächters im erhabensten Sinne, eines gestrengen Abenteurers.

Es ist auch die Geschichte eines Mannes von Einfluß; die Geschichte des Schicksals seines Namens, dessen fast letzter Bannerträger er war; die Geschichte eines barbarischen Jahrhunderts, dessen zunächst genialer Mitwirkender und dann betrübter Zuschauer er war; die Geschichte seines Volkes, dem er nacheinander ferner Betrachter, gestrenger Ratgeber, furchterweckender Zensor und schließlich ergebener Sohn war.

Und es ist ein Zeugnis von einem Manne, damit sein von hoher Moral getragener Blick auf die Welt und ihre Tragödien nicht verlorengehe; damit man wisse, daß es irgendwo, an einem bestimmten Ort und in einer bestimmten Zeit, einen Gerechten dieses Ranges gegeben hat und daß sich, was immer der Anschein sagen mag, die Geschichte dieses Jahrhunderts nicht in seiner Barbarei erschöpft.

Sodann ist dies, natürlich, auch eine subjektive Erzählung. Weiß man schon von sich selber fast nichts, um wieviel weniger von einem andern, schon gar, wenn dieser andere sich nicht zu erkennen geben wollte, wenn er keinerlei deutliche Spur zeichnete, dessen Freunde allemal immer nur zu einer Facette seiner Persönlichkeit Zugang hatten und dessen Leben auf der Ausstrahlung eines Wortes beruhte?

Vielleicht auch habe ich dieses Buch geschrieben (doch das ist eine andere Geschichte), weil die Erzählung des Lebens eines einflußreichen Mannes auch immer mit sich bringt, daß man von fern oder nah über das eigene nachdenkt.

Schließlich und vor allem andern erzählt dieses Buch von einer der reichsten Stunden der vieltausendjährigen Geschichte des jüdischen Volkes, das wesenhaft Wächter und damit auch schon zum Sündenbock bestimmt ist, dem seit langen Jahren das Hauptaugenmerk meiner Forscherarbeit gilt, die ich eines Tages veröffentlichen werde, wenn mir die Zeit bleibt.

Vielleicht wird man sagen, wer von ihm spreche, opfere es damit schon auf dem Altar seiner Feinde. Ich glaube das nicht. Ich glaube vielmehr, wer auf sich selbst vergißt, der öffnet der Bedrohung von außen die Tür.

1. KAPITEL
VERMÖGENDE NAMEN
(1559-1902)

Ein Stammbaum

Die Warburgs nehmen ihren Namen seit jeher sehr ernst. Sie hüten ihn wie ein Besitztum, hegen ihn wie eine Scholle, dehnen ihn aus wie ein Reich. Wo immer sie sein mögen, wissen sie alle bis zum heutigen Tag, daß er im 16. Jahrhundert in die Finanzgeschichte Eingang gefunden hat. Zuerst in Italien, dann in Deutschland, dann in anderen Ländern, die ihre Feinde als »Warburg-Lande« bezeichnen, d.h. in den Vereinigten Staaten, in Rußland, Palästina, Japan. Seit Anfang des 17. Jahrhunderts achtet die Familie sorgsam auf ihren Stammbaum (vgl. Seite 478/79) und sorgt auf dem Weg über ausgeklügelte Eheverbindungen für die Fortdauer des Namens und das Wachstum seines Einflusses.

Wie wir noch sehen werden, gelang es Mitte des 19. Jahrhunderts mit Hilfe des Stammbaums sogar, in einer ausweglos scheinenden Lage schließlich doch noch die Eheschließung zu erkennen und durchzusetzen, die als einzige verhindern konnte, daß der Name vom Giebel der Bank verschwand.

Der Stammbaum wird ohne Unterlaß fortgeschrieben, untersucht, kommentiert, den Kindern und Neuankömmlingen nahegebracht. Die Frauen der Familie erzählen liebevoll, zu Nutz und Frommen der wenigen Eingeweihten, die wundersamen Abenteuer der skandalumwitterten Onkel in Deutschland, der Finanzgenies in Amerika, der prächtigen Tanten im indischen Exil, der unglücklichen Lieben in Palästina – und manchmal schreiben sie sie gar auf. Bis in die späte Nacht reden sich die Versammelten über die Gebietsabgrenzungen die Köpfe heiß, gehen wieder und wieder die Liste der verwandten Namen durch. Sie sind stolz auf ihren Namen und stolz darauf, Jude zu sein, ist auch der Name selbst alles andere als jüdisch. Mitte des 19.

Jahrhunderts wird der gewaltige Baum sogar an alle verteilt. Desgleichen noch Anfang des 20. Jahrhunderts, als Siegmund das Licht der Welt erblickt. Inzwischen hat der Stammbaum eine imposante Größe erreicht: 4000 Personen, davon 600 Warburgs – in Deutschland, Italien, Dänemark, in Schweden, den Vereinigten Staaten und Rußland und bis hin in die Türkei und nach Schanghai. Warburg heißen zu jener Zeit die Herren der einflußreichsten Banken Deutschlands, Amerikas und Rußlands, heißt der Schöpfer des amerikanischen Federal Reserve System, der Begründer der Jewish Agency, einer der größten Kunsthistoriker, mehrere kommende Berater amerikanischer Präsidenten, ein Chemiker und künftiger Nobelpreisträger der Medizin und ein Oxforder Professor für Volkswirtschaft.

Viel später dann, zehn Jahre nach dem Zweiten Weltkrieg, zieht die Familie immer noch mit zurückhaltendem Stolz die Bilanz ihrer Geschichte. In vier Jahrhunderten haben die Warburgs in 29 Ländern über dreißig verschiedene Berufe ausgeübt und fast immer in Spitzenpositionen.[203]

Der Stammbaum ist inzwischen kaum noch lesbar und schon gar nicht mehr erzählbar, denn da man unbedingt unter sich bleiben will, wird von Generation zu Generation wieder und wieder »Warburg« auch als Vorname benutzt.

Alles ist kodifiziert wie in einer großen Dynastie. Der Älteste trägt den Vornamen des Vaters. Er übernimmt die Familienbank mit seinem jüngeren Bruder als Teilhaber; ihnen obliegt es, die Karriere der anderen Kinder zu finanzieren. Rückhaltlos. Die Mädchen heiraten (mehr oder weniger freiwillig) sorgfältig ausgesuchte andere Bankiers – natürlich Juden – an andern Orten in der Welt, um das Netz der Beziehungen, das Geschäftskapital, den Einfluß des Namens, die territoriale Spannweite der Familie zu mehren. Nicht etwa das Vermögen, denn dieses ist niemals Selbstzweck, mag es auch manchmal Ergebnis sein und gewissermaßen Wertzeugnis der Vernunft.

Denn werden sie auch reich, sehr reich sogar, so tragen sie es doch niemals zur Schau: Sie sind in erster Linie Juden, rechtgläubig und streng, mag sich auch die religiöse Praxis im Laufe der Zeit in der norddeutschen Hugenottenwelt ein Geringes säkularisieren. Immer auch sind sie moralisch hochstehend und sehr gebildet. Sie halten die Feiertage, alle Feiertage und leben soweit nur irgend möglich nach dem jüdischen Kalender, ohne sich daran zu kehren, was die nichtjüdischen Klienten davon halten mögen. Sie gehen in die Synagoge, anfänglich jeden Tag, später nur noch am Freitagabend und Samstagmorgen, stets jedoch zu Fuß; und wenn einer reich genug ist, hat er seine Synagoge im eigenen Haus.

Was immer Siegmund auch darüber denken oder gesagt haben mag: Sein Schicksal wäre ohne die Geschichte seiner Familie nicht zu verstehen. Ganz wie eine Gesellschaft, die sich nicht ohne ihre Grundfesten begreifen läßt, setzt auch das Verständnis des Lebensweges eines Menschen, schon gar, wenn er so eng mit seinen Quellen verbunden ist, eine präzise Kenntnis seines Herkommens und Erbes, seiner Hoffnungen und Enttäuschungen, seiner Rachegelüste und seines Beharrenwollens voraus.

Die ersten Geldjuden

Genaugenommen sind die Warburgs Italiener, mögen auch nach der Erzählung die ältesten Vorfahren der Familie etwa im 10. Jahrhundert in Nordafrika ansässig gewesen sein; als dann der ihnen gewährte Schutz zu bröckeln und ihre Macht nachzulassen beginnt, fliehen sie – vermutlich Anfang des 15. Jahrhunderts – vor den Arabern nach Italien, wobei sie vielleicht in Spanien Station gemacht haben. Als ihren ersten Vorfahren[137] erkennt die Familie den Geldwechsler und Pfandleiher Andrea Christian del Banco in Pisa anfangs des 16. Jahrhunderts, zu einer Zeit, als die Juden als Namen nur die Bezeichnung ihres Berufes oder den Namen ihres Wohnorts tragen dürfen. Die Pfandleihe ist damals ein gängiger Beruf bei manchen Juden, ist er doch der einzige, den die andern ihnen überlassen. Nicht daß diese Tätigkeit auf den Juden irgendeine besondere Anziehungskraft ausübt. Im Gegenteil: Die andern, die nun mal jemand brauchen, der in diesem Beruf tätig ist, zugleich aber wissen, welchen Haß er einbringt, zwingen ihre Feinde zu dieser Arbeit.

Das ist keineswegs neu. Seit den ersten Jahrhunderten war dies das Schicksal der Juden. Notgedrungen wurden sie Bankiers. Die andern brauchen das Metier, das jüdische Gesetz erlaubt seine Ausübung. Die Geldausleihe unter Juden ist von der Bibel zugelassen, sogar für den

Kauf von Land oder Gütern Israels. Aber ein bis ins kleinste ausgetüfteltes System von Leih- und Stundungsvorschriften verbietet die Ansammlung von Vermögen durch die Gläubiger und ordnet in regelmäßigen Abständen den Schuldennachlaß an, so daß letztlich die ursprüngliche Land- und Gewaltenteilung zwischen den zwölf Stämmen erhalten und dem Finanzier jeglicher Reichtum versagt bleibt, der damit zu nichts anderem wird als zum vernünftigen Diener seiner Gemeinschaft.[7]

Hier ist in knappen Strichen die Geschichte der Vorfahren der Warburgs, die unter den Juden einer sehr kleinen Minderheit angehörten, wie sie auch unter den Bankiers in der Minderzahl waren. Ihr Schicksal erhellt die Tradition, die die Warburgs später zu ihrem Gesetz und zur Kultur ihres Finanzgebarens erheben sollten. Zur Zeit der Könige kontrollierten einige von ihnen zusammen mit den Phöniziern auch das Anleihewesen für die internationalen Handelsexpeditionen – meist für den Monarchen – bis zur Westküste Indiens.[71]

Im babylonischen Exil verlieren die Juden ihr Land, und da sie weit verstreut sind, in Babylon und anderswo, sind sie geradezu prädestiniert für den internationalen Handel, mithin den Geldverleih, der damit Hand in Hand geht. Auch hierzu drängt sie der schiere Zwang.

In den wiederentdeckten Archiven eines der ersten Kredithäuser in Babylon, dem »Haus Murashu«, finden sich siebzig jüdische Namen sowie Verträge, die von Juden und babylonischen Geschäftsleuten gleichberechtigt geschlossen worden sind.[71]

Die Zerstörung Jerusalems läßt die Juden sich noch mehr verstreuen, und so werden sie noch mehr in die Tätigkeiten hineingedrängt, die mit dem Waren-, Ideen- und Geldverkehr zu tun haben, in Berufe der Vernunft, die allein ihnen offenstehen außerhalb der Gemeinschaft und die doch gerade eine Gemeinschaft verlangen. Denn als einzelner Jude kann man nur unter vielen Juden leben: Man braucht dazu Fleischer, Bäcker, Lehrer, Gerichte, und die Gemeinschaften reisen sozusagen im Gepäck ihrer reichsten Mitglieder mit. Man findet damals in Alexandrien neben einigen wenigen, sehr mächtigen jüdischen Bankiers große Gemeinden.[71] Auch in Rom wird den Juden ein Schutzstatus zuerkannt, und als Gegenleistung dazu müssen ihre Bankiers die Fürsten finanzieren und den Händlern gegen Zins leihen, was die Apostel den Christen selbst untersagen.[7]

So siedeln sich seit der Entstehung des Geldes die jüdischen Gemeinden nolens volens entlang den Magnetlinien des Geldes an. Bei der Teilung des Römischen Reiches ballen sie sich hauptsächlich in den Ostreichen, finanzieren dort den Handel, verhelfen dem Kapitalismus von Risiko und Gewinn zur Geburt, indem sie Kalkül und Vernunft entwickeln und das alles in den Dienst einer abstrakten Form stellen. Im Gegenzug müssen sie sehr teuer für ihre Sicherheit bezahlen. Schon im 3. Jahrhundert rechtfertigt beispielsweise ein jüdischer Bankier in Bagdad die Sonderabgaben, die er für seine »Existenzsicherung« bezahlen muß, mit den Worten: »Wenn man sie abschaffen würde, dann erhielten nur die Gelüste der Bevölkerung Auftrieb, Judenblut zu vergießen.«[71] Zu eben jener Zeit, im 3. Jahrhundert, sind die Judengemeinden schon über die ganze Welt verstreut, und sie sorgen für die Weitergabe des Handels vom Norden Deutschlands bis zum Süden Marokkos, von Italien bis Indien und China, vielleicht sogar Japan und Korea.[87]

Im Byzantinischen Reich, das bald darauf zum Zentrum der Welt wird, werden die Juden zu Pfandleihern, sind Herren über die Geldprägung, den Geldwechsel, über Einlagen und Kredite, und schließlich überträgt man ihnen noch die unbeliebteste aller Tätigkeiten: den Steuereinzug.[71] Und da sie von Gemeinde zu Gemeinde über die damals besten Informationsmöglichkeiten in Bagdad, Kairo, Alexandria oder Fes verfügen, werden sie ganz von selbst zu Fürstenberatern. Schon in diesen ersten Jahrhunderten ihres Einflusses sind sie in regelmäßigen Abständen Opfer der Gewalttätigkeit ihrer Schuldner und der Launen ihrer Herren.[87]

Im fünften Jahrhundert lassen sich Juden auch als Bankiers der ersten Dörfer des christlichen Europa nieder und finanzieren den Handel der Klöster und Städte. Gregor von Tours erwähnt einen jüdischen Bankier namens Azmentarius, dem der Graf von Tours und sein Statthalter Geld schulden.[71]

Zwei Jahrhunderte später, als sich der Islam in der arabischen Welt ausbreitet, werden sie »Dhimmi« (Anhänger der vom Islam tolerierten Buchreligionen), Schutzbefohlene der neuen Fürsten, und wickeln auch deren Handel mit der übrigen Welt über das Netz ihrer Verbindungen ab. Im 9. und 10. Jahrhundert erstrecken sich ihre Beziehungen vom Norden Europas bis nach China.

Aber das Hauptzentrum des jüdischen Volkes liegt weiterhin im Orient, und man muß das Erwachen des Abendlandes im 11. Jahrhundert abwarten, bevor sich jüdische Finanzleute vom Westen angezogen fühlen und Geld aus dem östlichen Kern in dieses in vollem Aufbruch befindliche Randgebiet bringen. Überall heißt es, sehr übertrieben übrigens, Geld könne man nur bei Juden leihen, und in vielen Sprachen der damaligen Zeit ist »juden« gleichbedeutend mit »wuchern«[71] – ein alles andere als schmeichelhaftes Wort.[87]

In diesem 11. Jahrhundert macht sich langsam der Kapitalismus in den Gesellschaftsbeziehungen breit anläßlich der Jahrmärkte in der Champagne und in Köln und in den Märkten von Antwerpen und Venedig.[22] Doch trotz aller Verbote der Kirche tauchen in den dortigen Rechnungen zahlreiche Nichtjuden auf: Kaufleute aus der Lombardei und Cahors werden zu Finanziers der italienischen und niederländischen Städte und machen den jüdischen Bankiers Konkurrenz, die eh und je dem Neuen aufgeschlossen sind und jetzt den bedrohlich gewordenen Osten fliehen und sich in den noch blutjungen Städten von der Nordsee bis zum Mittelmeer einrichten. Die jungen Kaufleute Europas erblicken in ihnen eine Quelle des Handels und damit des Gewinns, weshalb sie alles tun, um sie anzulocken mit einer Schutzzusage, einem »Schutzbrief«, einem Stück Land oder allerlei Privilegien.

Im Jahre 1004 beispielsweise gewährt der Bischof Rüdiger von Speyer den Juden seiner Stadt einen Schutzbrief; er schreibt:[71] »Ich glaube, daß ich die Ehre unseres Ortes tausendfach vermehre, wenn ich die Juden dazu bringe, sich hier niederzulassen.« So entstehen in der Champagne, am Rhein, in Norditalien und Polen mehrere hundert Judengemeinden, die mit der Außenwelt nur über ihre Finanzleute verkehren.[140]

Damit enden über tausend Jahre praktisch uneingeschränkter, aber völlig ungewollter jüdischer Herrschaft über das internationale Finanzwesen. Bleibt danach ihre Macht auch gewaltig, so sind sie doch von nun an bei weitem nicht mehr die Hauptfinanziers des Kapitalismus. Das kalkulierte Risiko wird jetzt zur alltäglichen Quelle des Reichtums, und die jüdischen Finanzleute treten ihren Platz teilweise an andere Kaufleute, andere Bankiers ab.

Die normannische Eroberung führt sie nach England, wo ihre

Finanziers den neuen Königen bei der Errichtung ihrer Herrschaft behilflich sind als Mittelsleute des Handels und als Steuereintreiber, eine Tätigkeit, die ihnen natürlich die Feindschaft der Besteuerten einträgt. Schon kurz nach ihrer Ankunft bemerkt im übrigen ein englischer Kardinal:[71] »Das Geld, das ein Fürst über die Einkünfte eines Wucherers erlangt, macht ihn zum Komplizen des Verbrechens.«
Und gegen Ende dieses 11. Jahrhunderts werden im Gefolge des ersten Kreuzzugs zahlreiche Juden – Bankiers wie Nichtbankiers – niedergemetzelt, denen die Kreuzfahrerherren Geld schulden: Anfang einer langen Reihe judenfeindlicher Massaker in Europa, die man zum Vorwand nimmt, um seine Schulden loszuwerden.[140]

Im 12. Jahrhundert sammeln sich die europäischen Juden in vier Regionen: in den aufstrebenden Städten an der Nordsee, in Italien und Spanien, die sich gegenseitig den Rang des Zentrums der entstehenden kapitalistischen Ordnung streitig zu machen suchen, und zwischen diesen drei Zonen in den süddeutschen Städten, die als Durchgangs- und Marktflecken dienen und wo die Silberminen liegen.[71]

Aber sie sind mißtrauischer geworden und verlangen von diesen Städten einen verstärkten Schutz, ehe sie sich in ihre Mauern begeben. So muß beispielsweise Reggio, um internationale Geldverleiher und Kaufleute anzulocken, für den Fall von Übergriffen der Bevölkerung die vollständige Entschädigung der jüdischen Bankiers garantieren.[71] Immer mehr arbeiten sie mit den Ersparnissen anderer jüdischer Kaufleute in kleineren Städten im Umkreis und leihen den Bürgern und Bauern gegen Schmuckstücke, Schiffe, Häuser und Waren das nötige Geld für die Begleichung ihrer Rechnungen.[65] Ihre Macht nimmt zu, und so nehmen einige auch Ländereien und sogar ganze Güter als Pfand. Da der Wert der Pfänder erhalten bleiben soll, befassen sich die Geldverleiher auch mit der Aufarbeitung getragener Kleider und Wertgegenstände, die sie einfordern, wenn der Geldnehmer zahlungsunfähig ist; der Gebrauchthandel ist schon damals eng mit dem Geldverleih verknüpft.

Neue jüdische wie nichtjüdische Bankiersfamilien treten hier ihre Herrschaft an als Nachfolger der alten Finanzdynastien Nordafrikas oder des Orients, die beim Niedergang des Islam geflohen sind. In Italien tauchen so die Volterras, die Tivolis, die da Pisas oder del

Bancos neben den Bardis auf, die von Florenz aus das Bankwesen zunächst in Italien, dann in London und Tunis beherrschen, bis dann sehr viel später ihre Palais von den Medici geplündert werden und Eduard III. in England ihren Ruin herbeiführt.

Desgleichen betreten die Abecassis in Portugal, die Mendes in Spanien, die Lincoln in England, die Suissa in den Niederlanden die Bühne.[71] Ebenso in Deutschland in den Korn- und Silberhandelsstädten Trier, Mainz, Nürnberg, Ulm und Speyer die Beers und Lehmanns.[71]

Doch allmählich verlieren zunächst in Italien und dann in weiteren Ländern angesichts der Zunahme der Gewinnspannen die religiösen Verbote an Kraft, und damit verschärft sich die Konkurrenz seitens der Bankiers aus Cahors, Katalonien und aus der Lombardei. So treten in England um 1275, als der Zinsfuß bis zu 40 Prozent beträgt, italienische Bankiers an die Stelle der jüdischen Finanzleute, zu denen auch Aaron de Lincoln gehört,[71] der ungeheuren Einfluß auf Eduard I. erworben hatte. Im Jahre 1290 vertreibt letzterer dann die 10 000 Juden aus England nach Böhmen, Ungarn und Polen, wo der Schutz anderer Fürsten lockt, ehe auch hier die Massaker einsetzen ....[71]

Die del Bancos

Anfang des 14. Jahrhunderts haben die jüdischen Kaufleute auf Jahrhunderte ihre Wahl für das Abendland und gegen den Orient getroffen. Und damit verlagert sich auch das Schwergewicht ihres Volkes. Sie lassen sich überall dort nieder, wo der Handel heimisch wird – in Antwerpen, Brügge, Trier, Nürnberg, Venedig[22] –, und an allen Höfen: Wir finden sie als Geldbeschaffer für die Expeditionen der iberischen Herrscher, so Alfons' III. gegen die Mauren oder Judah Ebn Ezra als Bankier Alfons' VII., Joseph Ibn Shoshan als Bankier Alfons' VIII., Ibn Zadok als Steuerinspektor (»almoxarife«) Alfons' X., Abraham El Barchilon als Finanzmann Sanchos IV., Benveniste de Porta als Bankier Jaimes I. von Aragon, Judah Halevi und Abraham Aben-Joseph als »Generalpächter« Karls II. und Karls III. von Navarra.[71]

Anläßlich der großen Wirtschaftskrise Mitte des 14. Jahrhunderts setzen dann die Verfolgungen wieder ein. In Deutschland liefert trotz des entschiedenen Widerstandes von Papst Klemens VI. die schwarze Pest den Vorwand für Massaker an den Juden, die daraufhin nach Polen und Litauen fliehen. Auch Frankreich verjagt die dort arbeitenden Juden; Italien und die Niederlande, wo die Krise weniger spürbar ist, bleiben für sie, mit Zustimmung der Päpste und Kaufleute, als einzige Zuflucht übrig. Dort treffen einige Emigranten, die sich zwei Jahrhunderte zuvor aufgemacht hatten, um ihr Glück in Deutschland oder Spanien zu versuchen, auch wieder auf die del Bancos, die allem Anschein nach in Italien geblieben waren.

Im 15. Jahrhundert sind die Juden die Vorläufer kommenden Reichtums und lassen sich in Märchenstädten wie Brügge, Antwerpen, Venedig und Genua nieder, in denen Luxus und Ausgelassenheit, aber auch Gewalt regieren; immer noch spielen indes viele an spanischen Höfen eine große Rolle. So ist Luis de la Cavallerai zu jener Zeit oberster Schatzmeister von Johann II. von Aragon; Diego Aria de Avila und danach sein Sohn sind Sekretäre von Heinrich IV. von Kastilien; Abraham Senior und nach ihm Isaac Abrabanel sind zunächst die Bankiers Alfons' V. im Krieg gegen Grenada und werden dann Finanzberater von Isabella der Katholischen.[71]

Jetzt auch beginnt der Aufstieg der aus einer katholischen Weberfamilie in Augsburg stammenden Fuggerdynastie, die den Fürsten unermeßliche Dienste erweist. So leiht 1507 Andreas Fugger dem Kaiser Maximilian 20000 Gulden und sorgt dafür, daß 1519 Karl V. gegen Franz I. die Kaiserkrone gewinnt; damals beherrscht er das europäische Bankwesen von Lissabon bis zur Ostsee. Dies beweist zur Genüge – wenn es überhaupt eines Beweises bedarf – die wachsende Macht der »Unbeschnittenen« in der damaligen Finanzwelt.[22]

Aber am Ende dieses wie schon des vorigen Jahrhunderts und aus denselben Gründen schließen sich für die Juden nun nach den Toren Deutschlands, Frankreichs und Englands auch die Spaniens. Macht und Wissen verstreuen sich ungemein: Isaac Abrabanel setzt sich nach Neapel ab; andere wie die Pinto und die Lopez Suissa sowie die sagenumwobenen Mendes begeben sich nach Antwerpen, von wo Joseph Mendes Nassi in den Orient geht und beim Sultan großen Einfluß gewinnt; Diego Texeira de Sampaio, spanischer Generalpächter, wird Finanzberater bei Christine von Schweden;[71] sein Sohn

Manuel läßt sich in Hamburg nieder, das mit dem Handel zwischen Süd- und Nordeuropa seit Karl V. und der Fuggerzeit zunehmend an Bedeutung gewinnt.

Beim Eintritt ins 16. Jahrhundert und mit dem Aufstieg der Macht Venedigs leihen die Finanziers nur noch in den fernen Ländern Polens und in einigen deutschen Fürstentümern den Herrschern Geld.[22] Im übrigen sind jetzt die Kaufleute ihre Kunden. Nun vertieft sich der Graben zwischen zweierlei Judengemeinden: zum einen den Gemeinden in den Städten Südeuropas und Italiens, die hauptsächlich aus sephardischen, aus Spanien oder Nordafrika zugewanderten Juden bestehen, die sich mit ihren mitgebrachten Reichtümern ins Wirtschaftsleben mischen, aber abgeschlossen und von den Christen getrennt leben (1516, ein Jahr vor Luthers Thesenanschlag und seiner Auflehnung gegen das Geld, wird in Venedig das erste Getto geschaffen[140]); zum andern den liberaleren und stärker integrierten Aschkenasim Nordeuropas und Rußlands, die jedoch in erheblich weniger reichen Gegenden leben und unendlich weniger Einfluß ausüben.

Die Geschichte der Warburgs ist die Geschichte einer Bankiersfamilie von Sephardenjuden aus dem Süden, die es ausgerechnet in dem Augenblick in den Norden verschlägt, da dieser zu Reichtum zu gelangen beginnt. Tatsächlich wandern die del Bancos, die offenbar über drei Jahrhunderte lang Bankiers in Pisa waren, gegen 1520 nach Deutschland. Sie, die Sepharden, begeben sich aus unbekanntem Grunde in Aschkenasimland, wo das Schicksal ihrer Familie zunächst unter dem Namen von Cassel und dann unter dem Namen von Warburg und schließlich einfach Warburg Gestalt annehmen wird.

Von den von Cassels zu den von Warburgs

Anfang des 16. Jahrhunderts ist Norddeutschland ein Boden voller Hoffnung. Kassel, wo sich die Familie niederläßt, ist damals noch eine hessische Kleinstadt an der Fulda. Man handelt dort mit Silber und Korn von Brügge und Antwerpen nach Venedig und Genua. Schon seit langem möchten die Kaufleute und Geistlichen der Stadt jüdische Händler als Pfandleiher an die reichen Bauern und Getreidehändler der Umgebung in ihren Mauern sehen. Schließlich haben Speyer und Trier ihre Juden, warum also nicht auch Kassel? Die Stadt tut deshalb alles, um sie gut bei sich aufzunehmen: Die reichsten Bürger nehmen sie unter ihren Schutz und gewähren ihnen gegen regelmäßige Zahlungen geschäftliche und religiöse Privilegien. Und wie von allen so aufgenommenen jüdischen Geldgebern verlangt man auch von ihnen, daß sie den Stadtnamen zu Namen nehmen. Damals ändert die Familie del Banco den Namen und nennt sich jetzt »von Cassel, Geldwechsler«. Was übrigens ganz und gar nicht bedeutet, diese Juden seien dort nicht ebenso gehaßt und gequält worden wie anderswo. Immer lauert die Bedrohung; so vergleicht zum Beispiel 1538 die Geistlichkeit von Hessen in einer Schmähschrift die jüdischen Pfandleiher mit »einem Schwamm, der den Reichtum des Volkes aufsaugt, um ihn in den Schatz des Fürsten zu spucken«.[71]

1557 jedoch beschließt der Sohn des Einwanderers, Simon von Cassel, der sich in dieser Stadt als »Geldwechsler und Beleiher von Landwirtschaftsgut«[125] nicht wohl fühlt und das erzwungene Gettodasein alles andere als schätzt,[55] sich im fünfzig Kilometer entfernten Warburg niederzulassen, wo schon seit einem halben Jahrhundert einige hundert Juden wohnen.

Warburg, das damals noch »Warburgum« heißt, ist ein solider Marktflecken an der Ostgrenze Westfalens. Nach der Legende soll es 778 von Karl dem Großen gegründet worden sein; seit dem Jahre 1001 hat es seine Archive bewahrt, in denen zu lesen steht, daß zu der Zeit, als sich Simon dort niederließ, der Woll- und Bierhandel blühte.[55] Die Juden erfreuen sich angenehmer Lebensbedingungen. Im Gegensatz zur Lage in immer weiteren Teilen Mitteleuropas und sogar in Frankfurt, wo hundert Jahre später die Saga der Rothschilds ihren Ausgang nehmen wird, brauchen sie hier nicht im Getto zu wohnen.

Bei seiner Ankunft in der Stadt wird Simon als »Geldwechsler und Beleiher von Pfändern und Getreide« eingetragen. 1559 gewährt ihm der Schutzherr der Stadt, der Fürstbischof von Paderborn, das Niederlassungsrecht für zehn Jahre und die Annahme des Namens Simon von Warburg.[137] Die Familie wird ein ganzes Jahrhundert dort bleiben und hat den Namen bis heute bewahrt.

Simon stirbt gegen 1566, wenige Jahre nach seinem Umzug nach Warburg. Sein Sohn Samuel und nach ihm sein Enkel Jacob Simon treten seine Nachfolge an der Spitze des kleinen Geschäfts an. Mit der

Pfandleihe an die Händler des Bistums wird die Familie reicher. Ihr Name wird allmählich im Umkreis bekannt. Man weiß, daß sie das ihnen selbst gehörende oder von anderen jüdischen Händlern ausgeliehene Geld zu vernünftigem Zins – um 20 Prozent – verleiht, keine übermäßigen Pfänder verlangt und man im übrigen bei ihr gut aufgehoben ist: Wenn sie etwas finanziert, ist es allemal eine sichere Sache. Mit den Zinsen, Provisionen und Pfandverkäufen steigt nach und nach ihr Vermögen. Jacob Simon von Warburg gewinnt Freunde. Er gereicht der kleinen Gemeinde im Bistum Paderborn zum Ruhm und wird ihr Vorsteher.[55] Als frommer und mildtätiger Jude versammelt er täglich bei Tagesanbruch die Männer der Stadt um sich. Nach langen Jahren, um 1615, ist er sogar so vermögend, daß er sich als erster im Bistum eine schöne Synagoge im eigenen Haus einrichten lassen kann.[137] Die Männer kommen von weit her zu Fuß zu ihm, teilweise jeden Morgen, jedenfalls jeden Freitagabend, und verbringen dort den ganzen Samstag im Gebet.

Für diese Juden, gleichgültig, ob reich, ob arm, ist das Leben karg, obschon sie hier immer noch besser behandelt werden als sonst in Europa, wo mittlerweile die Gegenreformation wütet. Aber der Dreißigjährige Krieg zeugt Unheil jeder Art, und wie immer werden die Juden der Urheberschaft verdächtigt. Zudem genießen sie in den kleinen Fürstentümern weniger Schutz als an den großen deutschen und österreichischen Höfen wie etwa die Lehmanns in Halberstadt, die Beers in Frankfurt, die Kaullas in Stuttgart, die Seligmans in München oder die Süß-Oppenheimers in Wien. Die von Warburgs gehören zwar zu den ältesten Familien, aber bei diesen Stadtjuden gelten sie nicht viel, leihen sie doch nur an Bauern und Händler, vielleicht mal noch dem Bischof, nicht aber Fürsten und Königen.

In der gleichen Zeit nimmt in den protestantischen Ländern nach und nach das europäische Banksystem Gestalt an, und 1609 entsteht die Bank von Amsterdam als Keimzelle der ersten Zentralbank des Festlands, die einigen Banken im Umkreis Garantien bietet.

Als Jacob Simon 1636 stirbt, befindet sich trotz des Dreißigjährigen Krieges Mitteldeutschland zwischen Amsterdam und Genua in voller Entfaltung; auf dem Weg nach Süden kommen alle Erzeugnisse der flämischen Ebenen hier durch, und die Silberminen stehen in voller Blüte.[33]

Jacob Simons ältester Sohn Juspa Joseph ist in der Tradition und mit dem Streben des Vaters aufgewachsen; er übernimmt das Geschäft, und der Schutzbrief wird verlängert. Er stärkt den Einfluß der Familie unter den anderen Händlern der Region und wird zum reichsten Juden der Stadt. Das ist daraus erkennbar, daß er nach Aussage der Archive[137] die höchste Schutzabgabe im Bistum entrichtet.

Aber die Grenzen des Bistums sind ihm zu eng geworden. Er möchte in einem größeren Feld agieren, die Skala seiner Kunden ausweiten, mehr ausleihen. Von dem ziemlich abgeschiedenen Warburg aus ist das nicht möglich. Wohin also? Das westlicher gelegene Europa ist nicht sehr aufnahmebereit. Der Osten öffnet sich zwar, aber er ist zu arm. Und er selbst spricht nur Hebräisch und Deutsch – übrigens sehr gut – und möchte deshalb in deutschen Landen bleiben. Er weiß auch, daß Reichtum für einen Bankier nur aus internationalem Handel kommen kann. Sieht er ihn dort, wo er sich befindet, auch vorbeiziehen, so fallen doch immer nur ein paar Krumen davon für ihn ab. Um mehr zu bekommen, muß man sich an die Quelle begeben, d.h. in eine Hafenstadt.

So schickt er 1647, ein Jahr vor Beendigung des Dreißigjährigen Krieges, seinen ältesten Sohn Jacob Samuel als Späher aus; dieser läßt sich nach seiner Eheschließung als Pfandleiher in der Hafenstadt Altona nieder.

Die Altonaer Warburgs

Altona, Hamburgs Schwesterstadt in der Grafschaft Pinneberg, steht damals unter dänischer Schutzherrschaft.[55] Als Hafenstadt ist es Fremden gegenüber aufgeschlossener als Warburg. Seit langem schon leben einige portugiesische Juden dort mit ihren Richtern, ihren Friedhöfen und ihren Schulen. Es ist sogar die Hauptstadt der jüdischen Gemeinden der Region und Sitz des Rabbinergerichts der umliegenden früheren Hansestädte,[37] die den Geist der Freiheit und den Stolz der keinem Herrn untertanen Stadt atmen und ihrem ganzen Wesen nach zur Universalität bestimmt sind.

Dieser Weggang der Warburgs nach Norden ist kennzeichnend für ein sehr viel weiter gespanntes Phänomen jener Zeit. Kurz bevor das

Mittelmeer den Anspruch, gestaltendes Zentrum des Kapitalismus zu sein, an zwei Städte des Nordens, Amsterdam und dann London,[22] abtreten muß, verlagern sich die europäischen Judengemeinden massenweise nach Nordeuropa, und ihnen gehen die jüdischen Bankiers, die eh und je das sichere Gespür für kommenden Wohlstand besitzen, als Späher voraus.

Amsterdam, wo Manasse Ben Israel 1650 sein ungewöhnliches Werk *Esperança de Israel* veröffentlicht, ist inzwischen zum Hauptplatz des jüdischen Bankwesens aufgestiegen, noch vor dem Fall Genuas als letzter Metropole am Mittelmeer.[22]

Zur selben Zeit spielt in Versailles ein anderer Bankier, Samuel Bernard, ein Hugenotte, eine beträchtliche Rolle bei Ludwig XIV., dessen Unmaß er finanziert.

In London kommen nach der Vermählung Karls II. mit Katharina von Bragança im Jahre 1662 neue sephardische jüdische Bankiers wie Jacob Henriques und Samson Gideon an, die bereits Amsterdam mit dem künftigen »Herz« der Finanzwelt vertauschen.[71]

In Altona fühlt sich Jacob Samuel sofort glücklich und zufrieden. Sein Pfandleihkontor stößt für die Familie das Tor zur neuen Welt der Meere auf, er hat Erfolg, und schon 1647 besitzt er auch einen Wohnsitz in Hamburg. Er drängt seinen Vater, doch zu ihm zu kommen, aber Juspa zögert. Schließlich ist er der einflußreichste Jude Westfalens, wird sogar Steuereinnehmer aller Abgaben der Juden in Warburg. Nein, wirklich: Weshalb sollte er weggehen?

Als allerdings sein Sohn 1668 stirbt, beschließt Juspa,[55] nach Altona zu ziehen und sich um seine jungen Enkelkinder zu kümmern. Er schließt das Kontor in Warburg endgültig, verläßt die Stadt nicht ohne Bedauern und geht nach Altona, um deren Erziehung zu übernehmen und die Nachfolge seines Sohnes anzutreten. Dort stirbt er zehn Jahre später, um 1678, und läßt einen seiner Enkel, Moses, mit dem Geschäft allein.[137]

Der Bruch mit der Vergangenheit ist vollkommen. Fast alle Warburgs lassen sich jetzt in Altona nieder, und nur der Name erinnert noch an die Vergangenheit, jetzt allerdings nicht mehr »von Warburg«, sondern einfach Warburg. Neuerdings kann man nämlich jüdischer Geldverleiher in einer deutschen Stadt sein, ohne notgedrungen ihren Namen wie ein Halsband tragen zu müssen.

Als sich die Familie für nunmehr zweieinhalb Jahrhunderte auf einem Raum von einigen Quadratkilometern einrichtet, hat sie schon eine lange Geschichte hinter sich gebracht, länger jedenfalls als andere Bankiers: Die Barings entfalten ihre Aktivität in Exeter erst 1717, die Rothschilds erst 1785 am Hof des Fürsten Wilhelm, Landgraf von Hessen-Kassel.[71] Ebenfalls in dieser Epoche gehen andere Sterne, so die der Fugger oder Bardis, am Firmament der Banken Europas unter.

Dennoch wird ihre Anciennität die Ursprünge der Familie nie ganz verwischen können; sie haben auf dem Lande angefangen, und das wird man sie immer spüren lassen. Es bedarf der außergewöhnlichen Langlebigkeit der Familie, der starken und zwingenden Kraft der Erziehung, jener unerbittlichen Pflege dessen, was man schon damals den »göttlichen Funken« nennt, damit die Familie, wie wir noch sehen werden, ungeahnte Spitzenpositionen erreicht.

1678 also tritt Moses die Nachfolge seines eben verstorbenen Großvaters Juspa an. Von seiner Tätigkeit ist nichts bekannt außer, daß bei seinem Tod 1701 sein Sohn Samuel Moses an seine Stelle tritt und erst sehr spät, 1722, die Tochter des aus Wien stammenden Hamburger Bankiers Elias L. Delbanco ehelicht. Die Hochzeit findet in Hamburg statt, das mittlerweile Altona überflügelt hat; dort auch läßt sich Moses 1725 als Geldwechsler nieder, wobei er jedoch das Altonaer Kontor noch nicht schließt, sondern es Verwandten gleichen Namens überläßt.[137]

Das von ihm eröffnete kleine Büro bleibt dann unter diesem Namen bis 1941 in der gleichen Stadt und wird in der Finanzgeschichte eine beträchtliche Rolle spielen.

Niederlassung in Hamburg

Der kleine Umzug ist ohne weiteres verständlich. Die Macht des Geldverleihers richtet sich ganz nach dem Ort der Ausübung seines Metiers: Nachdem London als Schwerpunkt des Finanzgeschehens Amsterdam den Rang streitig gemacht hat,[22] zeichnet sich Hamburg als dritter großer Hafen Europas ab, der sogar, so hofft man, bald den zweiten und morgen vielleicht den ersten Platz einnehmen wird. Die 1189 mit einem Freibrief ausgezeichnete Stadt findet sich 1256, um sich ihre Auslandsmärkte zu erhalten, zum Hansebeitritt bereit.[37] Sie lebt von der Ausfuhr brandenburgischen Roggens, von Getreide der Elbeanrainer, Kupfer aus dem Harz, Flachs und Bier aus Westfalen nach England und den Niederlanden. Umgekehrt führt sie holländischen Hering und die Erzeugnisse Südenglands und Amerikas ein.[37] Wo immer sich etwas regt, ist Hamburg dabei, und schon 1525 schließt es sich der Reformation an; 1558 wird eine Börse eröffnet. 1567 gewährt Hamburg der englischen Kaufmannsgilde »Merchant Adventurers« eine Vorzugsniederlassung und 1612 den portugiesischen Juden. Fremde genießen das freie Niederlassungs- und Vereinigungsrecht. Italiener, Juden, Portugiesen strömen in Massen herbei, um ihre eigenen Produkte einzuführen.

Hamburg steigt nun zum ersten Kornumschlagplatz Nordeuropas auf, führt als erster Hafen englische Tuche ein, ist der erste Biermarkt auf dem Festland und eine tolerante, von fortschrittlichsten Ideen und Sitten beseelte Stadt.[37] 1617 lehnt es die Schutzherrschaft des Herzogs von Holstein ab und läßt sich als freie Reichsstadt anerkennen. 1619 wird – zehn Jahre nach Amsterdam – von dreißig Kaufleuten, die von hier aus die Höfe des europäischen Nordens finanzieren, eine erste Bank eröffnet. Hier ist man stolz, »Bürger« zu sein, das heißt keines Menschen Untertan.

Aber die Hanse übersteht den Dreißigjährigen Krieg nicht, beschränkt sich zunächst noch auf Hamburg, Bremen und Lübeck und wird bald aufgelöst. Doch für ihre Bankiers geht damit nichts verloren, im Gegenteil, denn die Stadt beherrscht weiterhin den Handel; wie immer gibt dieser dem Bankwesen Auftrieb und tritt seinerseits mit der Erfindung des holländischen Frachtschifftyps »Fleute« in eine völlig neue Dimension ein, bis dann das englische Dampfschiff erfunden wird.

Nunmehr nimmt das Metier des Bankiers in ganz Europa vielfache Formen an. In England, das auf den ersten Rang vorrückt, nehmen die Goldschmiede Gold entgegen, lassen es gewinnbringend arbeiten und schaffen dazu Depositenbanken,[9] und 1694 gründet Wilhelm III. von Oranien, der mit Ludwig XIV. im Krieg steht, die Bank von England. Desgleichen machen die Hamburger Banken ihre Gewährleistungsmethoden in der übrigen Welt bekannt, indem sie einige ihrer Mitarbeiter nach London, Berlin und sogar Amerika schicken. Und die großen britischen Gummi-, Woll- und Baumwollhändler befassen sich nicht mehr selbst mit dem Fernhandel, denn größeren Gewinn erzielen sie, wenn sie lediglich die Darlehen finanzieren oder auch nur mit ihrem Namen garantieren,[9] die anderen, weniger bekannten Händlern – die ihrerseits das eigentliche Handelsrisiko tragen – gewährt werden. So entstehen spiegelbildlich zu den Hamburger Banken die Londoner »Merchant Banks«.

Erste ist 1717 die Baring Brothers, andere ahmen sie kurz darauf nach: Anthony Gibbs, Arbuthnot Latham, dann Schroeder und die aus Altona stammenden Hambros.[9]

Dieses Metier des Geldleihers oder Anleihegewährleisters im internationalen Handel entwickelt sich dann bis hin nach Amerika, noch längst vor dessen Unabhängigkeit. So finanzieren dort Asher Levy, David Franks und Hayds Salomon die Ausfuhren und später die amerikanische Revolution.[71] Auch in Frankreich, Spanien, Deutschland und Italien tauchen jetzt diese neuen Bankiers auf, die in der Finanzierung des internationalen Handels nur noch die von anderen gewährten Darlehen verbürgen.

So weit reicht der Ehrgeiz der eben erst nach Hamburg gelangten Warburgs allerdings noch nicht. Als sich Samuel Moses 1725 in der Stadt niederläßt, ist sie zum wichtigsten Knotenpunkt der Verkehrsstraßen zwischen Nordeuropa und Mittelmeer geworden; für Getreide, Wolle, Glas und Wein aus Mittel- und Osteuropa ist sie das Tor zum Ärmelkanal, Atlantik und amerikanischen Kontinent; schließlich ist sie Zentrum des Handels mit Wechseln und Silber für ganz Norddeutschland.[37] Die portugiesischen Juden spielen in ihrer Wirtschaft eine wichtige Rolle, vor allem im Handel mit Holland und der Iberischen Halbinsel.[37]

Die Juden fühlen sich hier wohl. 1671 schließen sich die jüdischen Gemeinden von Hamburg, Altona und Lübeck zusammen und bilden dank des vom Senat der Stadt gewährten Schutzes die bedeutendste und bestgeschützte jüdische Gemeinschaft Deutschlands, die wie seit jeher von den reichsten Händlern geleitet wird.

Neben seinen Töchtern, die für die Erhaltung des Namens nur eine Nebenrolle spielen, hat Samuel Moses Warburg zwei Söhne: den 1727 geborenen Marcus Gumprich und dann Elias, der 1729 geboren wird; sie sind die Vorfahren aller zeitgenössischen Warburgs in direkter

Linie.[137] Beiden hat er den »göttlichen Funken« vererbt. Der älteste wohnt zunächst einige Zeit in Altona und tritt 1750 als Volontär in die Firma seines Vaters ein; ihm folgt zwei Jahre später der Bruder Elias. Dann heiratet Marcus Gumprich in Hamburg die Tochter des Hamburger jüdischen Bankiers Marcus Ruben Heckscher.

Die Firma ist immer noch klein. Mit weniger als zehn Angestellten vergibt sie allerlei Darlehen gegen Pfand an Reeder, die in der Ausfuhr tätig sind, oder an mit der Einfuhr beschäftigte Händler. Das Leben der beiden Volontäre ist alles andere als geruhsam. Sie zählen im Hafen die Warenballen der Händler oder erkundigen sich in der Stadt nach dem Lebenswandel der Reeder. Die Familie knüpft vielfältige Beziehungen und breitet sich aus. So läßt sich einer der Altonaer Verwandten, David Warburg, in Frankfurt nieder und geht später nach London, nachdem er sein Haus an Meyer Amschel Rothschild verkauft hat.[55]

1759 stirbt Samuel Moses, und sein ältester Sohn Marcus Gumprich übernimmt zehn Jahre nach seinem Eintritt in die Firma die Leitung des Hauses mit seinem Bruder Elias als Partner.[137] Vierzig Jahre lang sorgen sie für den Ausbau des Unternehmens. 1773 richten sie die Büros endgültig in Hamburg ein und geben Altona völlig auf. Zu dieser Zeit tritt Hamburg in ein privilegiertes Verhältnis zu London, wohin sich wegen der Französischen Revolution zahlreiche Bankfamilien des Festlands begeben haben. »G.M. Warburg«, wie die Firma jetzt heißt, ist immer noch ein kleiner Familienbetrieb, der sich mit Pfandleihe beschäftigt und sein Kontor in der Marktstraße 1 hat. Er ist immer noch keine Gesellschaft und schon gar keine richtige Bank.

In London, Paris, Hamburg diversifiziert sich das Bankiersmetier weiter. Manche Darlehensgeber strecken ihr eigenes Geld an Unternehmen vor und haben dafür das Verfügungsrecht über deren Kapital. Andere suchen das Geld bei anderen Geldgebern, nehmen Einlagen entgegen und werden zu Geschäftsbanken. Überall erhält das Bankwesen seine Struktur, und die jüdischen Banken nehmen darin keinerlei hervorragenden Platz mehr ein, sieht man einmal von langfristigen Anleihen, von der Finanzberatung der Unternehmen und vom internationalen Verkehr ab.[22]

1797, zwei Jahre vor seinem Tod, übergibt Marcus Gumprich die

Leitung des Hauses an zwei Söhne, Moses und Gerson.¹³⁷ Sein jüngerer Bruder Elias ist noch am Leben, und dessen zwei Söhne Samuel und Simon arbeiten ebenfalls in der Firma, sind aber ihren Vettern untergeordnet, wie es die Erbfolgegesetze der Familie vorschreiben. Später wird es andere Erbfolgen dieser Art geben, die manchmal nicht ohne Narben abgehen.

Moses Marcus und Gerson

Zu der Zeit, da Marcus Gumprich die Leitung an seine beiden Söhne abgibt, ist die Lage Hamburgs recht unruhig. Europa befindet sich im Krieg, Frankreich hat soeben das linke Rheinufer annektiert, die Handelsströme Europas sind unterbrochen, überall schwächt sich das Geschäftsleben ab. Aber die Blockade Frankreichs und Hollands durch die Engländer läßt Hamburg zum Hauptumschlagplatz der für Europa bestimmten englischen Waren werden.³⁷

Als dann ganz zu Ende des Jahrhunderts eine Zahlungskrise London bedroht, stellt die Bank von England ihre Bürgschaften für die Kredite der Merchant Banks ein, die zu tief im internationalen Handel engagiert sind, den der Krieg überdies unterbrochen hat; die sehr stark mit den Londoner Banken verzahnten Banken von Hamburg geraten in ein gefährliches Ungleichgewicht, da es ihnen an Eigenkapital fehlt, um für sich selber bürgen zu können. Ein rundes Jahrzehnt lang macht sich die Krise breit.

Nichtsdestoweniger konsolidieren sich andernorts in Deutschland die wichtigsten jüdischen Bankdynastien oder nehmen ihren Aufschwung in dem in vollem industriellem Aufbruch befindlichen Land: In Frankfurt wird das Vermögen der Dynastie Speyer damals auf 420000 Gulden geschätzt; sie gehört zu den ersten im Lande. Ein Mitglied der Familie, der in den Vereinigten Staaten residierende Philip, wird später im Bürgerkrieg die Washingtoner Regierung finanzieren.[71] In Berlin gründet Joseph Mendelssohn 1795 seine Firma, Salomon Oppenheimer eröffnet die seinige 1789 in Köln, 1803 macht ebenfalls in Berlin Samuel Bleichröder auf (sein Sohn wird als sein Nachfolger zum einflußreichen Berater und politischen Vermittler Bismarcks aufsteigen).[71]

In Hamburg sind die Warburgs zwar noch nicht in den erlauchten Kreis der großen Kaufherren, die man wegen der Herkunft ihres Vermögens »Pfeffersäcke« nennt, zugelassen, aber nach und nach erstreitet sich ihr Haus doch einen Platz an der Sonne. Ihr Name gehört jetzt zu den wenigen ersten im Finanzleben des Kontinents, und die reichsten Banken Europas – jüdische wie nichtjüdische – machen mit ihr Geschäfte, ohne jeglichen antisemitischen Anflug, weder in Hamburg noch anderswo.

Die beiden Brüder, die die Leitung der Firma zu Anfang des 19. Jahrhunderts übernehmen, sind ganz verschieden. Der ältere, Moses Marcus, ist still und in sich gekehrt; Gerson ist ein Draufgänger; der eine ist zurückhaltend, der andere ein ausgesprochen guter Gesellschafter.[137] Dennoch geht ihre Zusammenarbeit anfänglich harmonisch vor sich. 1798 beschließen sie gemeinsam, den Senat zu bitten, die Familienfirma in eine Gesellschaft umzuwandeln. Das geschieht auch, und so steht im Handelsregister zu lesen, die Gesellschaft »M.M. Warburg & Co., Geldwechsler in Hamburg« (»M.M.« steht für Moses Marcus) trete an die Stelle des »Geldverleihers G.M. Warburg«. Die beiden Brüder sind alleinige, gleichberechtigte Teilhaber.[55]

Aber der Krieg, der die Finanzschwierigkeiten Europas verschärft, verursacht auch einen Konflikt zwischen den beiden Brüdern. Darüber findet sich sogar in den Tagebüchern einiger Familienmitglieder eine erstaunliche Geschichte: Beim Einzug Napoleons in die Stadt im Jahre 1804 ziehen die Geschäftsbanken ihr bislang in der Girobank hinterlegtes Gold zurück. Der Besatzer, der die Unternehmen zur Zahlung einer Sondersteuer zwingen will, setzt daraufhin das Kriegsrecht ein und läßt die reichsten Bürger der Stadt als Geiseln ins Rothenburger Gefängnis werfen. So auch Gerson. Aber der ob dieser Erpressung wütende Moses Marcus verweigert die Zahlung der Steuer, obwohl die andern Bürger der Stadt ihr inzwischen zugestimmt haben. Der Skandal ist da! Er gibt erst nach, als die Rabbiner der Gemeinde es ihm feierlich befehlen.

In der Familie hinterläßt diese Geschichte einige Bitterkeit; es folgen fünf Jahre der Verstimmung und langwieriger Verhandlungen, in denen wiederum die Rabbiner eine große Rolle spielen. Als sich die beiden Brüder dann endlich am 22. Juni 1810 aussöhnen, geschieht dies durch Unterzeichnung eines förmlichen (in Hebräisch-Aramäisch abgefaßten) Gesellschaftsvertrages in Anwesenheit der höchsten religiösen Vertreter der Stadt, aus dem hervorgeht, daß beim Tode des einen der beiden der andere alleiniger Eigentümer der Bank wird, ohne daß die zivilen oder religiösen Gerichte der Stadt sich einmischen dürfen. Des weiteren bestimmt der Vertrag, künftig dürften immer nur zwei Mitglieder der Familie, und zwar je ein Nachkomme der beiden Unterzeichner, Teilhaber der Bank sein.

So also schützt diese Familie zu Anfang des 19. Jahrhunderts ihren Namen gegen sich selbst und räumt der Erhaltung der von ihr geschaffenen Institution sogar noch vor den eigenen Erben den Vorrang ein.

Im gleichen Jahre 1810 macht ein kaiserliches Dekret aus der Stadt das »Département Bouches-de-l'Elbe«. Am 18. März 1813 wird sie von den Russen eingenommen, sechs Monate später von Davout zurückerobert, bis dann am 14. März 1814 die Franzosen wieder abziehen.

Trotz der Kriegswirren, trotz der zahlreichen Veränderungen seines politischen Status entwickelt sich Hamburg weiter und verstärkt seine Bankverbindungen mit England. Die Juden leben in Frieden in dem ihnen reservierten Viertel. Dem Hause Warburg geht es jetzt wie der Stadt besser. Sie hat die Jahre der Unruhe wie eine mittelgroße Firma überstanden. Selbst wenn die Warburgs nunmehr zu den reichsten Juden Hamburgs zählen, haben sie doch immer noch nicht in die feine Gesellschaft Einlaß gefunden, und in der Liste der vierzig größten Hamburger Steuerzahler sucht man vergeblich nach einem Warburg. Sie unternehmen übrigens auch nichts, was sie von der jüdischen Tradition abbringen könnte,[137] im Gegenteil. Die beiden Brüder haben sich versöhnt, und Gerson unterwirft sich den Forderungen der religiösen Orthodoxie, die ihm der ältere Bruder vorschreibt. Jeden Abend begeben sie sich gemeinsam zum Gottesdienst, freitags zu Fuß.[137] Hebräisch sprechen sie weiterhin fließend und verkehren viel mit den anderen jüdischen Bürgern, mit denen sie gemeinsam das Leben der Gemeinde gestalten, Gericht, Schule, soziale Einrichtungen und Synagoge.

Aber wer Handel treiben will, muß – mindestens soweit es ums Geld geht – von den Reichsten akzeptiert sein; so setzen sie alles daran, um in der Stadt als Finanzmacht anerkannt zu werden, mit der zu rechnen ist. Als deshalb nach dem Abzug der Franzosen die offizielle Bank der Stadt, die Hamburger Bank, am 4. Juni 1814 die neue Währung, die Mark Banco, garantieren will, läßt es sich M.M. Warburg nicht nehmen, mit als erste der Firmen auf der Liste zu stehen, die die bei Ankunft des Feindes versteckten Säcke Edelmetall wieder deponieren. Diese Tat guter Bürgerschaft öffnet den Warburgs einige Türen der Gesellschaft und bringt ihnen eine ganze Reihe protestantischer Kunden ein.

Im folgenden Jahr bilden als Folge des Wiener Kongresses mehrere Staaten (das Kaiserreich Österreich, die Königreiche Preußen, Hannover, Sachsen, Bayern und Württemberg, einige Großherzogtümer, Fürstentümer und sich als frei erklärende Städte, u.a. Hamburg) den Deutschen Bund – ein etwas schwammiges Gebilde, dessen befugnisloses Parlament in Frankfurt unter Vorsitz des österreichischen Präsidialgesandten tagt.[48]

Hamburg indes hat nicht die Absicht, sich in dieses Kontinentalgebilde einzugliedern, wie immer es auch aussehen mochte. Mißtraut man doch seit eh und je dem Osten und Süden und spinnt die Fäden in erster Linie nach England, selten mal nach Preußen, kaum nach Österreich und noch weniger nach Polen oder Rußland. Infolgedessen beschließt der Senat der Stadt, als erst die schönen Reden verklungen sind, sich von dieser ganzen deutschen Konstruktion fernzuhalten und insbesondere vom Zollverein, dessen Vorhaben 1818 in Preußen auftaucht.[37]

Die mittlerweile in der Peterstraße 277 eingerichtete Bank ist inzwischen stark genug geworden, um mit den größten europäischen Bankhäusern ins Geschäft zu gehen. So wagt 1817 M.M. Warburg sogar einen ersten Kontakt mit den Londoner Rothschilds,[137] die nach ihrer Spekulation auf den Sieg in Waterloo wahre Triumphe feiern. Moses schlägt vor, für die Belieferung des Londoner Markts mit Gold ihr Hamburger Korrespondent zu werden, »ebenso gut ... als irgendeine andere Firma an der Hamburger Börse«.[137] Die Rothschilds, denen der steigende Ruf dieser ehemals ländlichen Geldverleiher schon zu Ohren gekommen ist, nehmen das Angebot an und öffnen damit dem Haus Warburg die Tür zum ersten Kreis der internationalen Finanz.

Dies auch ist die Zeit, da sich das Judentum der Warburgs mehr und mehr zu säkularisieren beginnt. Zusammen mit anderen machen sie Hamburg zum Ort einer größeren religiösen Reform in Richtung auf ein sehr viel mehr in das Jahrhundert und die lutherische Umgebung eingepaßtes Selbstverständnis der Juden. So spielt 1818 Gerson eine bedeutende Rolle beim Bau eines neuen Tempels, in dem die auf deutsch gesprochenen Gebete weder auf die Rückkehr nach Zion noch auf die Ankunft des Messias anspielen.[55] Zum Wesentlichen freilich ändert sich nichts, weder hinsichtlich der Stärke der religiösen Praxis noch hinsichtlich der Kraft des biblischen Gesetzes noch hinsichtlich der allgegenwärtigen Erziehung.

Ein Mann für Sara

Mit dem Ende der Napoleonischen Kriege belebt sich der Handel wieder, öffnen sich die Märkte, nimmt der Austausch zu, setzen erneut die Geldströme ein. Dient in zahlreichen Ländern auch immer noch das Silber als Währungsmetall, so schreibt doch ein englischer Gesetzestext von 1816 vor, Zahlungen von mehr als 40 Schilling seien in Gold abzuwickeln zum Kurs von 77 Schilling und 10,5 Pence pro Unze. 1821 richtet ein weiteres Gesetz die Konvertierbarkeit der englischen Noten in Edelmetall ein, allerdings ohne Nennung des Metalls. Diese beiden Gesetze sind praktisch die Geburtsurkunde, der Goldwährung, die über ein Jahrhundert lang Grundlage der Währungskonvertierbarkeit und Regelungsfaktor des internationalen Zahlungsverkehrs sein wird.[153]

Die beiden Brüder werden allmählich alt, ihr Verhältnis trübt sich mehr und mehr. Gerson ist ledig geblieben. Moses hat nur eine Tochter mit Vornamen Sara, auch Särchen gerufen. Nun stellen sie fest, daß ihr mit solcher Zähigkeit ausgehandelter und solcher Feierlichkeit geschlossener Vertrag von 1810 die Bank an Sara, mithin ihren Ehemann vermacht und sie somit der Familie entgleitet. Das wäre unerträglich!

Als Gerson als erster 1825 kinderlos stirbt, ist Moses Marcus auch nicht mehr jung, und Sara ist erst einundzwanzig. Es muß etwas geschehen. Sie ist ausgesprochen hübsch und intelligent, aber auch herrisch und eigensinnig.[215] Anfang des folgenden Jahres beruft Moses

Marcus die Familie ins Konklave und bespricht mit ihr, wie man am besten den Namen retten könne, ohne den Pakt zu verletzen. Jemand macht den Vorschlag, Sara mit einem Warburg zu verheiraten und dazu den Stammbaum zu befragen. Gesagt, getan. Es gibt mehrere Möglichkeiten. Moses entscheidet sich für den ihm nächststehenden Abraham Samuel Warburg, auch »Aby« genannt, der als junger Angestellter in der Bank tätig ist. Er ist der Enkel seines Onkels Elias Samuel, des jüngeren Bruders seines Vaters Gumprich, Sohn des Samuel und Neffe Simons, der seinerseits gleichzeitig mit ihm in die Bank eingetreten ist. Aby ist zwanzig Jahre alt. Er sieht ordentlich aus, ist zwar von ziemlich schwacher Gesundheit, aber intelligent. Die Entscheidung fällt, ohne daß die künftigen Gatten gefragt werden, und am Tag nach diesem Familienrat wird Aby zum Teilhaber der Firma ernannt und mit Sara zusammengebracht.[55] Zwei Jahre später, am 11. Februar 1829, heiraten die beiden. Die Erbfolge ist gesichert. Aber nun ist sie doch, entgegen allen Erwartungen, auf die Nachfahren Elias' übergegangen.

Es war höchste Zeit, denn am 18. November 1830, nur eineinhalb Jahre nach der Hochzeit seiner Tochter, stirbt Moses.[136] Daraufhin wird Aby zusammen mit Sara einziger Eigentümer der Firma; als Teilhaber nimmt er einen seiner beiden fernen Vettern, Samuel, hinzu. Dieser geht übrigens fünf Jahre später weg und gründet seine eigene Firma, macht bankrott und hinterläßt bis zum heutigen Tag in der Familie die abschreckende Erinnerung an einen Versager, an ein keinesfalls nachzuahmendes Beispiel, worüber außerhalb des engsten Kreises niemals gesprochen wird, ausgenommen, um den Kindern Angst zu machen.

Aby am Ruder

Am 1. Januar 1834 entsteht der Zollverein mit der Mehrheit der Staaten des Deutschen Bundes; schon bald übt Preußen darin die Vorherrschaft aus.[48] Das Haus Warburg gibt jetzt Darlehen an Großunternehmen, gemeinsam mit der anderen großen jüdischen Bank in Hamburg, Salomon Heine (Onkel des Dichters), mit den Rothschilds in Wien, Frankfurt und London, den Bleichröders und Bischoffsheims in

Berlin, den Goldschmidts in Antwerpen. Wieder in der Marktstraße zu Hause, zählt es immer noch neben den sechs Mitgliedern der Familie nicht mehr als 20 Angestellte.[136] Man betreibt den Wechselhandel und langfristige Kredite, verwaltet das Vermögen von Kaufherren und Reedern, verleiht Geld für Vorgänge in ganz Europa. Die Familie ist reich geworden, sogar sehr reich, aber sie trägt den Reichtum nicht zur Schau. Ausgegangen wird selten, Ehrungen werden abgelehnt, man lebt unter sich mit einem starken Sinn für Etikette und Diskretion und einem einzigen, zentralen Anliegen: der Erziehung der Kinder.

Es kommt die Zeit der Revolutionen. Am 13. März verjagen liberale Demonstranten Metternich aus Wien. Am 19. sieht sich der seit 1840 herrschende Preußenkönig Friedrich Wilhelm IV. durch die Aufstände gezwungen, die Einberufung einer Versammlung zu versprechen, die sich bei ihrem Zusammentritt mit 600 deutschen Abgeordneten am 18. Mai in Frankfurt selbst zur verfassunggebenden proklamiert. Am 29. Juni eröffnet eine provisorische Regierung die Debatte über eine Verfassung[48] für Deutschland. Sie dauert sechs Monate, und in ihr stehen sich die Anhänger Österreichs und Preußens gegenüber, die Gemäßigten und die Radikalen. Im Januar 1849 setzen sich die Verfechter der »kleindeutschen Lösung« durch; Österreich gilt nun als ein fremder Staat, und die Frankfurter Nationalversammlung beschließt die Gründung eines deutschen Reiches. Am 27. März wird die Reichsverfassung verkündet. Aber dieser Staat besitzt keine politische Realität. Am 15. Mai lehnt Friedrich Wilhelm IV., der lieber in Preußen als absoluter Monarch herrschen will als in Deutschland als demokratischer Fürst, die ihm angebotene Kaiserkrone ab und beruft die preußischen Abgeordneten zurück; andere deutsche Staaten handeln entsprechend. Am 30. Mai wird das auf 110 Abgeordnete zusammengeschmolzene Parlament nach Stuttgart verlegt, und am 18. Juni läßt die württembergische Regierung es durch die Truppe zerstreuen. Der erste Traum von deutscher Einheit hat nur ein Jahr gedauert.[73] Den Hamburger Juden ist er zugute gekommen, denn sie erhalten in diesem Jahr die Bürgerrechte der Stadt und brauchen nicht mehr im Getto zu leben. Diese gewaltige Veränderung öffnet ihnen alle Türen.

Schon im darauffolgenden Monat, im August 1849, setzt Friedrich

Wilhelm IV. die auf dem Dreikönigsbündnis beruhende kleine Union der 28 Staaten an die Stelle des Reiches. Sechs Monate später, am 31. Januar 1850, organisiert er die Wahlen zum Erfurter Unionsparlament, das freilich ebenfalls nur von kurzer Dauer ist; schon im September zieht sich Sachsen und danach Hannover zurück, und am 29. November 1850 räumt Preußen, das zuvor noch Hessen besetzt hat, bei der Olmützer Punktation dem vom Zaren unterstützten Österreich die Rückkehr zum Bund von 1815 und eine Wiederbelebung des Frankfurter Parlaments ein. Als Abgesandter Preußens bemüht sich Bismarck darum, die Arbeit des Paulskirchenparlaments zu lähmen, Österreich hinauszudrängen und den Bund jeglichen Sinns zu berauben. Gleichzeitig verstärkt Friedrich Wilhelm IV. den Zollverein, der Preußen nach und nach zur wirtschaftlichen Vormacht Deutschlands werden läßt.[48]

Das friedsame Hamburg bleibt im Augenblick von diesem politischen Hin und Her verschont.[48] Die Juden sind hier jetzt überall uneingeschränkt zugelassen, und das Haus Warburg wird zu einer Bank wie jede andere, auch wenn es sich noch nicht so nennt. 1853 läßt sich die Firma mitten in der Stadt nieder, am Neuen Wall 36.[137]

Aby, der sie zu jener Zeit leitet, hinterläßt in der Familie wenig Spuren. Man erinnert sich seiner als eines trägen Mannes, der hinter einer Geheimtür seines Büros ein Zimmerchen mit Ledersofa und Bad hat einrichten lassen, wo er in Ruhe ein Schläfchen halten kann. Dieses Büro wird übrigens im weiteren dann immer dem Lässigeren der Teilhaber vorbehalten bleiben . . .

Der Kapitalismus wendet sich der Bank zu

London beherrscht jetzt den westlichen Kapitalismus und die Industrie der Welt. Seine Bankiers, seine Versicherungen, seine Reeder und Industriekapitäne versorgen das Land mit Roherzeugnissen und organisieren die Ausfuhr von Tuchen, Maschinen und Kapital. Sein Hinterland produziert mehr als die Hälfte der Industrieerzeugnisse der Welt, und die wachsenden Einkünfte seiner Handelsmarine, Banken, Versicherungen und Kaufleute machen sein Außenhandelsdefizit mehr als wett, das sich allerdings im Laufe des Jahrhunderts verschärft.

Diese Überschüsse aber gehen nicht etwa in seine Industrie, sondern werden draußen als Direktinvestitionen plaziert, die mehr und mehr einbringen, so daß schließlich allein die Kapitaleinkünfte ausreichen, um das Handelsdefizit auszugleichen. Sie nähren den beträchtlichen Kapitalbedarf der Woll- und Baumwollwebereien, des Schiffbaus, der Eisenhütten, der Eisenbahnen, der Papier- und Gummifabriken der ganzen Welt.[9]

Die City wird zum führenden Devisendepot der Welt. Das Pfund Sterling gelangt in den Rang der Währung für den internationalen Handel und zieht sogar die gesamte verfügbare Sparmasse des Festlands auf sich, womit nun die Industrialisierung ferner Länder finanziert wird. In der City bilden sich zahlreiche neue Berufe heraus, die immer stärker voneinander abgeschottet sind: Neben den Handelsbanken entwickeln sich für den langfristigen Kredit und für die Beratung der Unternehmen Sonderabteilungen oder Spezialbanken, die Merchant Banks.[9] Um englische Wertpapiere auf dem Börsenmarkt zu kaufen oder zu verkaufen, müssen die Banken Mittelsmänner einsetzen, die »Jobbers« und »Brokers«; ausländische Wertpapiere können sie dagegen frei handeln.

Die englischen Merchant Banks werden damit zu den größten Bankiers Europas und Amerikas:[9] Die 1839 gegründete Bank Baring ist bestallter Finanzier der Zarenfamilie und der russischen Regierung sowie ganz Südamerikas; die englischen Rothschilds bestimmen den Weltgoldpreis und finanzieren die meisten europäischen Regierungen; das 1833 gegründete Bankhaus Morgan Grenfell knüpft über die dorthin ausgewanderte Familie Morgan Beziehungen zu den Vereinigten Staaten und verwaltet die englischen Investitionen in Amerika. Die Hambros-Bank, nach einer anfangs des Jahrhunderts aus Altona eingewanderten Familie benannt, bedient seit ihren Anfängen die skandinavischen Interessen.[9]

Man organisiert sich. 1844 verleiht die von Sir Robert Peel veranlaßte Bankakte der Bank von England das Währungsmonopol, untersagt die Schaffung neuer Emissionsinstitute und nennt die Vorsichtsmaßregeln, die die Goldeinnahmen des Landes sichern sollen.

Amsterdam, Hamburg und Paris erhalten ihren Anteil an diesem aus England kommenden Geld und finanzieren damit ihrerseits die Unternehmen Nordeuropas, Deutschlands und Rußlands. Auch in den

Vereinigten Staaten entstehen in dieser Zeit zur Entgegennahme des Geldes und zur Anlockung der örtlichen Ersparnisse Einrichtungen, die auf die Gewährung langfristiger Darlehen an Unternehmen und die Beratung der Aktionäre spezialisiert sind. Die erste dieser »Investment Banks« als amerikanische Form der Merchant Bank wird 1826 in New York von Nathaniel Prime gegründet, die zweite 1830 in Baltimore: Alex Brown and Sons, und im selben Jahr entsteht dort auch Vermilye and Co.; etwas später gründet Jay Cooke die seinige in Philadelphia.[81]

In diesen Jahren gehen mehrere deutsche Juden in den Vereinigten Staaten von Bord, um dort Handel zu treiben, und einige werden zu Investitionsbankiers, so die aus Frankfurt herübergekommenen drei Brüder Lehmann (Henry, Emmanuel und Mayer), die zuerst in Alabama, dann in New Orleans und New York eine Baumwollmaklerfirma eröffnen, bevor sie sich ins Bankgeschäft begeben.[217]

Sara, Retterin von Hamburg

Bei Abys Tod am 8. Juli 1856 wird seine Witwe mit fünfzig Jahren einzige Inhaberin des Hauses. Sie hat zwei Söhne und eine Tochter. Der älteste, Siegmund (Großvater des unsrigen), ist gerade einundzwanzig. Noch im selben Jahr tritt er mit dem etwas hochtrabenden Titel »General-Bevollmächtigter« in die Bank ein unter der »Vormundschaft« des mit der Familie befreundeten Kaufmanns August Sanders, der der Mutter in geschäftlichen Dingen behilflich ist. Siegmunds jüngerer Bruder Moritz folgt später als Volontär nach. Ebenfalls im selben Jahr heiratet die Tochter Rosa einen Hamburger Bankier, Paul Schiff, der in der Wiener Kreditanstalt arbeitet, deren Generaldirektor er später wird.[137]

Sara übernimmt die Leitung der Firma. Eine intelligente, aber auch herrische Frau. Bei den Frauen der Familie hinterläßt sie einen schlechten Ruf,[215] vielleicht, weil sie sich wie ein Mann beträgt und mit den Kindern sehr streng ist. Die Bank kennt sie sehr gut, hatte ihr Mann sie doch schon seit langem an allem beteiligt. Besonders blühend geht das Geschäft, das er ihr hinterläßt, nicht gerade. Viele Portefeuillewechsel sind uneinlösbar, und die Rothschilds und die anderen europäischen Bankiers bringen ihr weniger Vertrauen entgegen.[136]

Im übrigen stehen die Zeichen der Zeit auf Vorsicht und Egoismus. Schon im folgenden Jahr, 1857, gerät Europa erstmalig in der Zeit des Industriekapitalismus in eine sehr schwere Finanzkrise, die sämtliche Märkte erschüttert. Bei der Stützung von zwanzig Jahren ununterbrochenen Wachstums haben sich alle Volkswirtschaften Europas und Amerikas überschuldet. Eine Zeitlang wurde die Expansion und Spekulation vom Krimkrieg genährt, der die Verschuldung mit militärischen Gewinnen übertünchte. Aber als dann die Waffen schweigen, tritt die unzureichende Rentabilität der Volkswirtschaften deutlich zutage. Sämtliche Kapitalmärkte geraten in Panik; die Zinsen machen über Nacht beträchtliche Sprünge; die Banken können ihre Kredite nur noch mit großer Mühe garantieren.

Der entscheidende Schock geht von der Peripherie aus, nämlich von den Vereinigten Staaten, wo die Farmer ganz besonders stark verschuldet sind. Am 25. August 1857 stellt eine Provinzversicherung, die Ohio Life and Trust Company, angesichts der Unheilslawine ihre Zahlungen ein; ihr folgen am 17. Oktober 150 amerikanische Banken.[55] Die Unruhe weitet sich auf die Eisenbahnen aus, deren Aktien Anfang Oktober um ein Drittel fallen. Illinois Central Railroad und danach weitere Gesellschaften können ihren Verpflichtungen nicht mehr nachkommen. Die vor allem in diesem Sektor stark engagierten und durch keinerlei öffentliche Garantien abgesicherten Investment Banks stellen nun ihrerseits die Zahlungen ein. Der Finanzattaché der französischen Botschaft in Washington, Graf de Sartigues, notiert in seinem Tagebuch, diese Krise komme vor allem daher, daß sich »im amerikanischen Handel der Kredit nie auf etwas anderes stützt als auf den Kredit anderer und es deshalb schon ausreicht, wenn einem kleinen Teil des Handels – Banken, Firmen oder auch nur einzelnen Personen – das Vertrauen entzogen wird, und schon liegt das gesamte Kreditwesen lahm«.[117] Die ganze amerikanische Wirtschaft, insbesondere aber die der Nordstaaten, ist in Mitleidenschaft gezogen. Desgleichen Europa, das einen beträchtlichen Teil der Aktien der amerikanischen Unternehmen innehat, an erster Stelle die Engländer, die die Hälfte der amerikanischen Eisenbahnaktien besitzen. Ende September ziehen die unruhig gewordenen Europäer ihr Kapital aus den englischen Banken ab, und in London steigt der Diskontsatz sprunghaft auf bis zu 10 Prozent. Auf dieser Höhe können die Unternehmen ihre laufenden Geschäfte nicht mehr finanzieren. Jetzt sieht es sehr düster aus: In Manchester, Leeds, Nottingham und Glasgow macht sich Arbeitslosigkeit breit; nichts geht mehr in Großbritannien, wo die Peelsche Bankakte von 1844 nicht mehr gilt und die Banken Ende Oktober 1857, um ihren Verpflichtungen nachkommen zu können, hastig sämtliche im Ausland und insbesondere in Hamburg plazierten Werte abrufen müssen.[117]

Die englischste aller Städte auf dem Festland gerät damit in eine sehr schwierige Situation, denn ihre Banken haben bei den englischen Banken Anleihen aufgenommen, um den Unternehmen in Nord- und Osteuropa und in Südamerika Kredite gewähren zu können, welch letztere Mitte Dezember selbst unter bedrohlichen Druck geraten. Tatsächlich weitet sich die Krise auf Österreich, Böhmen, Skandinavien, Italien und Frankreich aus.[116]

In Hamburg wird die Situation bald unhaltbar. Die Banken, denen die Gläubiger auf den Fersen sind, deren Schuldner dagegen es um so weniger eilig haben, können ihre eigenen Termine nicht mehr einhalten. Es kommt zur Panik. M.M. Warburg droht zum erstenmal seit der Gründung wirklich der Bankrott. Der Senat der Stadt greift ein, denn er will einen so hart erstrittenen Ruf keinesfalls ruinieren lassen. Im Oktober ruft er die wichtigsten Bankiers zusammen, die zu dem Schluß kommen, wenn die Termine dauerhaft gesichert werden sollen, müßten noch binnen eines Monats 8 Millionen Mark gefunden werden. Daraufhin beschließt der Senat die Errichtung einer Gewährleistungsbank namens »Garantie-Disconto-Verein von 1857«, die mit Kapital in dieser Höhe ausgestattet wird.[136] Innerhalb weniger Wochen kratzen die Banken der Stadt 5 Millionen Mark zusammen. Aber wo sollen die fehlenden 3 Millionen herkommen? Man läßt sämtliche Beziehungen der Bankiers und der Industriellen spielen – jeder sucht. Die Bankiers schicken ihre Abgesandten kreuz und quer in die Welt. Der November ist ein Monat der Panik. Im krisengeschüttelten Europa will kein Mensch eine so hohe Summe einem Ort leihen, der am Rande der Zahlungsunfähigkeit steht. Wozu auch ausgerechnet dieser freien Stadt helfen, die dem Zollverein ferngeblieben ist? Die angesprochenen Banken in Paris, London, Stuttgart, Frankfurt, Mailand lehnen ebenfalls ab: Sie haben selber Probleme genug. Der Termin rückt unaufhaltsam näher. Hamburg droht der Bankrott.

Die Lösung kommt Anfang Dezember aus Wien, und sie kommt vermittels der Warburgs. Siegmund, der zuletzt in die Bank Eingetretene, der sich um sein Haus größte Sorgen macht, beschließt, nach Wien an den Mann seiner jüngeren Schwester zu schreiben, an Paul Schiff, der mittlerweile Direktor der Wiener Kreditanstalt geworden ist, der Bank der Rothschilds. Er legt ihm dar, drei Millionen Mark müßten gefunden werden, wenn Hamburg vor dem Bankrott gerettet werden solle, aber auch, um M.M. Warburg zu retten, das von dieser Krise in vorderster Reihe bedroht sei. Paul Schiff will gerne helfen. Nicht nur, um seiner Frau eine Freude zu machen, sondern auch, weil es ein vertretbares Risiko ist, einer Stadt wie Hamburg unter die Arme zu greifen. Aber wie jeder Bankier konsultiert auch er, bevor er einer ausländischen Bank eine so hohe Summe leiht, seinen Außenminister. Desgleichen unterrichtet er am 6. Dezember den kaiserlichen Finanzminister, Baron Bruck, der seinerseits noch am selben Tag die Angelegenheit Kaiser Franz Joseph persönlich vorträgt. Dieser ergreift nur zu gern die Chance, dem Einfluß Berlins auf Hamburg ein Schnippchen schlagen zu können, und genehmigt sofort die sechsmonatige Anleihe zu 6 Prozent. Drei Tage später verläßt ein Zug mit Kisten voll Silberbarren im Wert von drei Millionen Mark Wien in Richtung Hamburg.[55] Die Barren kommen am 15. Dezember in Hamburg an; ihre bloße Ankunft auf dem Bahnhof genügt, um das Vertrauen wiederherzustellen, zumal mittlerweile in den Vereinigten Staaten die Krise abzuflauen beginnt und das englische Kapital nach und nach auf den Kontinent zurückkehrt.

Im Januar 1858 entspannt sich die Lage überall auf der Welt. In London sinkt die Bankrate am 11. Februar wieder auf 3 Prozent. Hamburg ist gerettet. Am 15. Juni werden die Silberbarren samt Zinsen nach Wien zurückgeschickt; die Kisten sind nicht einmal geöffnet worden.[137]

Die Warburgs haben die Stadt gerettet. Die unscheinbare Geldwechslerfamilie aus Westfalen wird endgültig in den Kreis der europäischen Finanzgroßen aufgenommen. Damit nimmt mehr als ein halbes Jahrhundert der Macht und Euphorie seinen Anfang.

Kuchen für Bismarck

1858, kaum zwei Jahre nach Abys Tod, tritt M.M. Warburg aus den roten Zahlen, die dieser hinterlassen hatte. Ende desselben Jahres bestimmt Sara ihren Sohn Siegmund zum Teilhaber und überläßt ihm, dem Dreiundzwanzigjährigen, allein die Führung der Tagesgeschäfte der Firma, behält sich nur die wichtigen Fragen vor. Drei Fünftel des Gewinns beansprucht sie für sich, den Rest überläßt sie Siegmund. Der jüngere Bruder Moritz bleibt Angestellter seines Bruders bis zu seiner Volljährigkeit im Jahre 1862, dann wird er trotz der Vereinbarung von 1810 ebenfalls Teilhaber und erhält ein Fünftel der Gewinne aus dem Anteil seiner Mutter. Sara behält weiterhin die Leitung der Bank. Ihre beiden Söhne – hinzu kommen noch der damalige Direktor Hans Dorner und ihr »Vormund« August Sanders – sind nur ausführendes Organ, und sie verlangt von ihnen neben der Anrede in der dritten Person und der Einhaltung des Protokolls vollständige Unterordnung.

Die beiden Brüder unterscheiden sich deutlich voneinander.[215] Siegmund ist sehr antikonformistisch, woran sich sein Enkel, der ihn nie ersönlich gekannt hat, nicht ohne Stolz erinnern wird. Er ist ein großer Bankier. Sein Neffe Max sagt später dazu:[210] »Von den beiden Brüdern war Siegmund der unternehmende Geist.« Er ist cholerisch und anspruchsvoll, viel weniger konventionell als die übrige Familie, jagt und reitet gerne, singt mit Begeisterung Opernarien und liebt überhaupt das gesellschaftliche Leben in Hamburg, London oder Berlin. Gewiß wohnt auch er dem Gottesdienst bei, hält die religiösen Vorschriften ein, aber er mag ganz und gar nicht das aufgezwungene koschere Essen, das ihm den Zugang zu den fröhlichen Restaurants der Stadt verwehrt. Er hat seine eigene Synagoge in seinem Haus am Alsterufer 18. Eines Tages schockiert er seinen Bruder, als dieser ihm nahelegt, einen ledigen Angestellten zu entlassen, der ein Kind hat, mit der Entgegnung: »Aber nein, den behalte ich. Und ich will doch hoffen, daß die Mutter hübsch ist!«

Immer noch ist Hamburg freie Stadt. Aber nicht mehr lange. Am 2. Januar 1861 wird Wilhelm I. König von Preußen, am 23. September 1862 ernennt er Bismarck zum Kanzler. Dieser sucht die Konfrontation mit Österreich und versichert sich vorher am 6. Februar 1863 in der Alvenslebenschen Konvention der Neutralität Rußlands.

Am 2. April 1862 ehelicht Siegmund in Wiesbaden die Tochter eines russischen Bankiers aus Gitomier, Theophilie Rosenberg, deren Mutter aus der in Kiew und St. Petersburg niedergelassenen russischen Bankiersfamilie Günzburg stammt, die mit der ganzen europäischen Bankwelt verschwägert ist. So ist eine Schwester von Theophilie mit Leon Aschkinasi, dem Gründer der Odessaer Aschkinasi-Bank, verheiratet, eine andere mit Baron Joseph von Hirsch-Gereuth, Teilhaber der Bank Bischoffsheim & Goldschmidt in Berlin, Paris, London und Antwerpen. Wie in der Familie üblich, wird beschlossen, daß zwei Drittel der Mitgift zum Kapital von M.M. Warburg hinzutreten. Die jungen Eheleute werden sieben Kinder haben, aber nur zwei Söhne, darunter der Vater von Siegmund G. Warburg.[215]

Dank Siegmund steigt die Firma nun in den ersten Rang der Unternehmen der Stadt auf. Sie verdient viel Geld mit den Krediten, die sie einräumt, sei es allein, sei es – und das ist eine beträchtliche Neuerung im damaligen Hamburg – im Rahmen von Konsortien oder »Syndikaten«, bei denen sich mehrere Banken zusammentun und die Wertpapiere zu einem etwas höheren Preis einem ersten Bankier abkaufen, der sich verpflichtet hat, die Gesamtanleihe zu plazieren; handelt es sich um eine sehr große Summe, so stehen manchmal dahinter weitere Banken, die ebenfalls einige Anteile übernehmen und bei ihren Kunden unterbringen, ohne sich selbst zu einer festen Übernahme zu verpflichten.

Immer noch ist Sara der eigentliche Chef des Hauses; sie weiß die Marktentwicklung und den Wert der kreditaufnehmenden Unternehmen richtig einzuschätzen. Jeden Morgen wird noch vor Ankunft der beiden Söhne die Post von den jüngsten Angestellten geöffnet. Jeden Abend legen Siegmund und Moritz ihr Rechenschaft über das Tagesgeschäft ab. Ist Sara mit dem Bericht nicht zufrieden, dann herrscht sie den Sohn an: »Jetzt erkläre mir das mal, Siegmund! Ich höre.« Sara, so geht die Überlieferung der Familie, »denkt wie ein Mann«, und oft zwingt sie ihre Entscheidung Siegmund auf, der sich mehr und mehr dagegen auflehnt. Zu Hause, auch gegenüber den Kindern, verlangt sie die Einhaltung einer strengen Etikette, eines anspruchsvollen Protokolls. Ihre sehr aufwendige Lebenshaltung steht hinter der des Bürgermeisters von Hamburg nicht zurück.[136] Sie ist sehr weltoffen, empfängt bei sich alles, was in Deutschland Rang und Namen hat, von den

Reedern bis zu den Bankiers, von Heinrich Heine, der ihr ein Gedicht widmet, bis zum neuen Kanzler Otto von Bismarck, mit dem sie in regelmäßiger Korrespondenz steht und dem sie jedes Jahr zum jüdischen Passahfest einen Kuchen schickt, ausgenommen freilich die Jahre, in denen ihr mißfällt, wie die Juden behandelt werden, so zum Beispiel, wenn der kaiserliche Hofprediger Predigten hält, die ihr antisemitisch dünken.[55]

Die Familie findet Aufnahme in den exklusivsten Kreisen. Im Februar 1862 legt Siegmund den Eid als Hamburger »Großbürger« ab und erhält damit jenen sehr begehrten Titel, der in der Stadt den Wert eines Adelsprädikats besitzt – der einzige, dessen Entgegennahme die Familie gerade noch toleriert. Siegmund wird zu einem sehr einflußreichen Berater der Stadt. Zwei Jahre später wird Moritz Teilhaber der Bank und heiratet am 12. Juni 1864 Charlotte Oppenheim, die Tochter des großen Frankfurter Juweliers, dessen Wahlspruch hier erwähnt zu werden verdient: »Eine Perle, die man hat, jemand zu verkaufen, der sie will – das ist keine Geschäftstüchtigkeit; aber eine Perle, die man nicht hat, jemand zu verkaufen, der sie nicht will: Das nenne ich Geschäft!« Wie sein Bruder wird auch Moritz sieben Kinder haben, aber bei ihm sind es – welcher Unterschied! – fünf Buben und zwei Mädchen... Er zieht in den Mittelweg, und sein Familienzweig wird fortan mit diesem Namen bedacht.

Die Familie verfügt jetzt über ein außergewöhnliches Netz von Beziehungen und wohlgeplanten Eheschließungen in ganz Europa: die Schiffs in Wien, die Rosenbergs in Kiew, die Günzburgs in St. Petersburg, die Aschkinasi in Odessa, die Oppenheims, Bischoffsheims & Goldschmidts in Deutschland – sie alle sind miteinander verschwägert und gegenseitig geschäftsbeteiligt.

Der Pfandleiher wird zum Bankier

1863 (einige Quellen geben 1867 an, aber dieses Datum ist weniger plausibel) erlangt die Firma vom Senat das Recht zum Wechsel ihres Rechtsstatus: aus »M.M. Warburg, Geldwechsler«, wird »M.M. Warburg, Bankiers«, in der Hermannstraße 47. Auch gesellschaftlich ist dies ein bedeutsamer Wechsel. Im selben Jahr zieht Sara in eine Villa an der Rothenbaumchaussee. Das Leben wird leichter. Es gibt jetzt viele Bedienstete. Zwar hält die Familie weiterhin uneingeschränkt an ihrem Judentum fest, aber sie wagt jetzt – Zeichen der größeren Bewegungsfreiheit jener Zeit – den Eintritt in die Politik. Ein Vetter, Samuel Warburg, Enkel von Elias, wird zum Abgeordneten Schleswig-Holsteins ins dänische Parlament gewählt,[55] unter dessen Oberhoheit die Stadt immer noch steht. 1864 wird Siegmunds erster Sohn geboren, ein schwächliches, frühgeborenes Kind namens Abraham, das man später Aby S. nennen wird.

Am 1. Januar 1865 zieht sich die inzwischen sechzigjährige Sara von der Bank zurück. Etwas später wird das Kapital zu gleichen Teilen auf die beiden Brüder aufgeteilt. Bis zu ihrem Tod zwanzig Jahre später verfolgt Sara aufmerksam die Geschäfte der Firma und erhält von ihren beiden Söhnen eine fürstliche Rente.

Wieder macht Deutschland den Versuch der nationalen Einigung. Anfang März 1866 schließt Bismarck, nachdem er sich zuvor vom preußischen Ministerrat das prinzipielle Einverständnis mit einem Krieg gegen Österreich hatte geben lassen, ein Militärbündnis mit Italien, das auf diesem Wege wieder in den Besitz Venetiens zu kommen hofft. Am 9. April schlägt er die Wahl einer deutschen Versammlung in allgemeiner Wahl vor. Am 7. Juni fallen preußische Truppen im dänischen Holstein ein. Alle deutschen Staaten mit Ausnahme der kleinen Nordstaaten stellen sich auf die Seite Österreichs. Am 15. Juni erklärt Bismarck, er betrachte den Deutschen Bund als aufgelöst. Preußen erringt schnell den militärischen Sieg, und der am 23. August 1866 unterzeichnete Prager Friede besiegelt das Ende der deutschen Bestrebungen Wiens.[48] Preußen konstituiert sodann nördlich des Mains einen Norddeutschen Bund, dessen Erbherrscher der König von Preußen ist, und der dänische Parlamentsabgeordnete Samuel Warburg wird Mitglied des deutschen Reichstags.[55]

Zur selben Zeit tritt das Silber, soweit es noch als Währungsreserve gilt, diesen Platz ans Gold ab. Aufgrund der Goldfunde in Kalifornien und Australien, aber auch des Sezessionskrieges hatte sich das Wertverhältnis des Silbers zum Gold bereits stark vermindert. Als auch noch in Nevada Silberminen entdeckt werden, erhöht sich binnen weniger Jahre die Weltsilbererzeugung um das Fünffache: Die Silberkurse stürzen. Im gleichen Zeitraum meint man, das Gold werde rar, während seine Förderung in Wirklichkeit noch schneller wächst als die des Silbers: »Der Mißkredit, in den das weiße Metall geraten ist, ist folglich im wesentlichen psychologischen Ursprungs; man glaubt nicht mehr an seine Währungskraft ... Die Desavouierung des Silbers führt das Gold zum Sieg.«[153]

Gründung von Kuhn, Loeb & Co.

In Amerika tauchen ab Mitte des Jahrhunderts unter den Geschäftsbanken die großen Herren der Zukunft auf: die Morgans, die die englischen Amerikainvestitionen betreiben, sowie andere wie Kidder Peabody.[81] Im übrigen begeben sich nach den Aufständen von 1848 zahlreiche deutsche Juden nach Amerika und gehen neben den schon dort weilenden Speyers, Belmonts, Lehmanns und Salingers[71] ins Bankgeschäft. Zuerst finanzieren sie während und nach der Sezession die amerikanische Bundesregierung, danach bilden sie das Relais für das aus Europa kommende Kapital, das den Ausbau des Kontinents finanziert.

So verlassen auch gegen 1850 zwei Stiefbrüder, Abraham Kuhn und Salomon Loeb, die Stadt Worms und begeben sich als Tuchgroßhändler nach Cincinnati. Am 1. Februar 1867 kehren sie mit den inzwischen verdienten 500 000 Dollar nach New York zurück und gründen dort eine Bank in der Nassau Street 31.[217] Der Zeitpunkt ist gut gewählt. Der Sezessionskrieg ist zu Ende, die Stahlwerke sind gebaut, der Telegraph funktioniert über den ganzen Kontinent. Und die im Bau befindlichen Eisenbahnen eröffnen den Banken gewaltige Profitquellen: Die Union Pacific stößt nach Westen vor, die Central Pacific nach Osten, und die Regierung stellt ihnen für den Landkauf 60 Millionen Dollar zur Verfügung.[15] Für die Organisation der Investorengruppen, die den Rest finanzieren sollen, braucht man Banken, denen große Gewinne winken, wenn sie die künftigen Geldgeber zu Syndikaten zusammenschließen und dafür Provisionen nehmen.

Daraus ergibt sich eine gewisse Spezialisierung der Banken je nach Anlagebereich. So sind Jay Cooke, J.P. Morgan und Kuhn, Loeb & Co. auf Kredite für Eisenbahnen und Stahlwerke spezialisiert, während Lehman Brothers und Goldman Sachs die Verteilung finanzieren. Die erste garantierte Plazierung gelingt 1869 Jay Cooke mit einem Darlehen von zwei Millionen Dollar an die Pennsylvania Railroad.[81] Und um die Ersparnisse aus Europa anzulocken, verstärken die amerikanischen Banken ihre Absprachen mit den Londoner Banken, so zum Beispiel J.P. Morgan mit Morgan Grenfell, Kidder Peabody mit George Peabody, Kuhn, Loeb & Co. mit Rothschild.

Umgekehrt errichten die europäischen Banken ihre ersten Büros in New York und Boston, und weitere jüdische deutsche Bankiers, die sich von der amerikanischen Bankenexpansion angezogen fühlen, wandern ihrerseits in diese beiden Städte ab: Die Guggenheims, die Morgenthaus, die Lewisons schiffen dort aus und eröffnen höchst hoffnungsvolle Firmen.[184]

Die Ära Siegmund

Nach dem zweiten Drittel des Jahrhunderts unterscheidet sich die Geschäftsbank, die langfristig Kredite gewährt und Unternehmen bei der Investition berät, mehr und mehr von der Handelsbank, die die Ersparnisse von Einzelpersonen entgegennimmt, kurzfristige Darlehen vergibt und die Unternehmen in der Finanzverwaltung berät. Allerdings vollzieht sich die Trennung in den einzelnen Ländern nach unterschiedlichen Gesichtspunkten.

In England werden die beiden Berufszweige von völlig getrennten Einheiten versehen. Die Merchant Banks kümmern sich ausschließlich um Beratung und Anleihegestaltung. Sie plazieren nicht selbst die Wertpapiere des englischen Kapitals. Das ist ganz den Jobbers vorbehalten, die die Papiere en gros aufkaufen und die Kurse festsetzen, und den Brokers, die sie den Investoren verkaufen.[9] Die Merchant Banks haben an der industriellen Entwicklung Großbritanniens kaum Anteil, weil dafür gesonderte Einrichtungen geschaffen werden. So finanzieren die Banken beispielsweise nicht den Kauf der für den englischen Erztransport notwendigen Waggons durch die Grubengesellschaften.[9] Man braucht also spezialisierte Kreditgesellschaften, die ihre Waggons an die Gruben verleihen und dann ihre Tätigkeit auf den Verleih überhaupt aller Eisenbahngerätschaften ausweiten, so etwa die British Waggon Company, von der weiter unten noch die Rede sein wird.

Zur gleichen Zeit finanzieren am anderen Ende der Gesamttätigkeit die englischen Banken die überseeische Entwicklung:[9] Die Speyer-Bank finanziert die Entwicklung in der Türkei, Sassoon die Indiens, Rothschild die Ägyptens, und Disraeli schreibt damals: »Das Seltsame an diesem ungeheuren Aufstieg [der englischen Wirtschaft] ist, daß die Führung der Finanzwelt daran nicht teilgenommen hat. Diese mächtigen Geldgeber, die oft das Schicksal von Königen und Reichen in der Hand halten, glichen Menschen, die beim Anblick einer Absonderlichkeit der Natur tatenlos dastehen mit einer Mischung aus Erstaunen und Angst...« Diese beißende Kritik hält bis in unsere Tage vor.

Auch in Frankreich unterscheiden sich die Geschäftsbanken von den Depositenbanken, an deren Spitze der 1863 gegründete Crédit Lyonnais steht; erstere können Anteile am Kapital französischer Unternehmen erwerben und benutzen ihr eigenes Kapital. Achille Fould, Pereire, Dreyfus und Lazard gehören dort zu den hauptsächlichen Konkurrenten der Rothschilds.

In Deutschland hingegen sind die Banken fast immer Universalbanken, die viel an die heimische Industrie verleihen, und zwar sowohl kurz- wie auch langfristig. Der 1848 in Köln geschaffene Schaffhausensche Bankverein gründet zahlreiche Industrieunternehmen in Westfalen und fusioniert 1853 mit Abraham Oppenheims Bank zur Darmstädter Bank. Die 1851 in Berlin gegründete Disconto-Gesellschaft und die 1856 entstandene Berliner Handels-Gesellschaft, in die auch die Fürstenbergs eintreten, haben entscheidenden Anteil an der Entwicklung Preußens. Nachdem er zuvor mit Bischoffsheim & Goldschmidt gearbeitet hat, beteiligt sich Bamberger 1862 in Paris an der Gründung der Banque de Paris et des Pays-Bas, kehrt dann 1866 wieder nach Deutschland zurück und begründet dort 1870 mit Hermann Karkuser die Deutsche Bank, deren Leitung später Georg von Siemens übernehmen wird. Neben diesen großen Universalbanken gibt es über zweitausend kleine Banken, deren Bedeutung und Einfluß unablässig zunimmt, obwohl sie keine Einlagen entgegennehmen und auch keine Filialen eröffnen. M.M. Warburg wird eine der bemerkenswertesten unter diesen, obwohl die Firma, läßt man einmal die Familienmitglieder außer Betracht, weniger als dreißig Angestellte beschäftigt. 1868 werden die Bankräume in die Ferdinandstraße im Kaufherrenviertel verlegt.[137]

Siegmund wird jetzt einer der Honoratioren der Stadt. Der Hamburger »Großbürger« wird mit der Überführung des Steuerrechtes von der Gemeinde auf den Staat beauftragt.[137] Am 1. Juni wird er Mitglied des Syndikats für den Effektenhandel und am 24. Dezember 1870 vom Senat zum Mitglied der »Deputation für indirekte Steuern und Abgaben« ernannt.[55]

Aber die Familientradition ebenso wie die unablässig rezitierte biblische Geschichte bewahrt vor jedem Unmaß, vor der Lust am Luxus und an der Macht. Bei den Warburgs mag man keine Parvenüs, schon gar nicht Siegmund. Hundert Jahre später wird sich der Enkel Siegmund erinnern, was sein Großvater damals den eigenen Kindern sagte: »Die Warburgs haben immer das große Glück gehabt, daß – gerade wenn sie dabei waren, sehr reich zu werden – etwas geschah, was sie wieder arm werden ließ und sie zwang, wieder ganz von vorne anzufangen.«[175] Eben dies wird dem Enkel fünfzig Jahre später in den Wirren von Weimar begegnen.

Im Augenblick freilich geht alles glatt. Siegmund leitet unter dem gestrengen Auge seiner Mutter und mit Hilfe seines Bruders die Bank mit großem Geschick. Nach Ausstrahlung und Reichtum stehen die Familien der beiden Brüder etwas im Wettstreit miteinander. In der Stadt unterscheidet man sie nach der jeweiligen Adresse: Die Familie Siegmunds heißt die »Alsterufer-Warburgs«, die Moritzsche nennt man die »Mittelweg-Warburgs«. Im Grunde erklärt diese Rivalität einen Großteil des Schicksals der Warburgs im folgenden Jahrhundert. Damals gehören sie in Deutschland zur Spitze der »Hautefinance« (wie man es in der Familie auf französisch nennt). Sie verhelfen den neuen Banken von Hamburg oder Berlin zum Aufschwung, organisieren Syndikate für die Gewährleistung und Ausgabe von Anleihen in Deutschland und der ganzen Welt, von Europa bis in die Vereinigten Staaten, von China bis Peru.

Das Geld, das sie verleihen, kommt von befreundeten Bankiers oder aus Privatvermögen. Damit machen sie viel Geld, auch wenn Bereicherung keineswegs das Motiv ihres Handelns ist. Siegmund unterhält jetzt ausgezeichnete Beziehungen mit Lionel Rothschild in London, mit Pereire in Paris, mit Günzburg in St. Petersburg und mit Salomon Loeb in New York.[137]

1870 bietet der Krieg mit Frankreich Bismarck die Möglichkeit, die Einigung Deutschlands zu vollenden. Sachsen, Baden, Württemberg und schließlich auch Bayern schließen sich dem Bund an. Am 18. Januar 1871 wird aus dem Norddeutschen Bund das Deutsche Reich;[73] jeder Staat behält seine Verfassung, seine Gesetze und seine Verwaltung; die von Preußen beherrschte Reichsregierung ist für die auswärtigen Beziehungen, das Heer, Post und Telegraph, Handel, Zoll und Verbindungswege zuständig. Zwei Drittel des Reichstags sind preußisch. Kaiser ist der König von Preußen, Reichskanzler ist Bismarck,[48] der diese Konstruktion gegen den Willen seines Königs durchgesetzt hat.

Erst jetzt tritt Hamburg als bislang letztes noch der Kontrolle Preußens entzogenes Finanzzentrum dem Reich bei. Dennoch bleibt es eine Stadt eigener Prägung, wesenhaft international gesinnt, natürliches Sprungbrett Norddeutschlands nach England und Flandern; die Stadt atmet englischen Geist und hat den Blick mehr nach London und New York gerichtet als nach Berlin und Frankfurt.

Einige Hamburger Bürger haben übrigens gerade Firmenfilialen in London eröffnet. So errichtet Ernst Goldschmidt mit seinem Schwager Franz Brandeis eine Londoner Filiale des väterlichen Metallunternehmens. Ursprünglich wollten sie englisches Erz nach Deutschland importieren, aber die Annexion Elsaß-Lothringens macht einen Strich durch diese Rechnung. Daraufhin richtet sich Brandeis in der Lombard Street 40 ein. Seine Teilhaber sind S.B. Goldschmidt, Ernst und Emil Goldschmidt und Paul Kohn-Speyer. Die Firma beschäftigt sich zunächst mit dem Verkauf englischen Kupfers. Wir werden später noch auf sie zu sprechen kommen.

Nach Ende des Krieges 1870/71 und nach der Schaffung des Deutschen Reiches muß Frankreich schwere Reparationen leisten. 1871 wird Siegmund von den Rothschilds an der Organisation der von Frankreich zur Begleichung der Kriegsschäden an Preußen lancierten Anleihe beteiligt. Fünfzig Jahre später werden sie dasselbe tun, diesmal aber in umgekehrter Richtung für die Bezahlung der von Deutschland geschuldeten Reparationen.

In diesem Jahr wird Siegmunds zweiter Sohn George geboren, der künftige Vater von Siegmund George. Etwas später dann kommt eine Tochter zur Welt, Rosa, und nach ihr als weitere Töchter Elsa, Anna, Olga und Lilly.[215]

1872 tätigt Siegmund Geschäfte mit J. Allard et Cie. in Paris, mit

Stern Bros. in London, mit Bischoffsheim & Goldschmidt in Brüssel, mit S. Bleichröder in Berlin, mit L. Behrens Söhne und Lieben in Hamburg. Immer noch zählt die Bank nur 22 Angestellte. Die Büros sind eng und schmucklos. Nur die Adresse hat Klang.

Die Schiffs in der Wall Street

Gerade jetzt entstehen die Voraussetzungen für eine spätere Verbindung zwischen den Warburgs und Amerika. 1871 kehrt Abraham Kuhn, der mit Salomon Loeb in New York eine Bank gegründet hat, nach Deutschland zurück, wo er sich in Hamburg zur Ruhe setzen will. Dort begegnet er einem ungewöhnlich ehrgeizigen jungen Mann, Jacob Schiff, dessen Vater noch als Makler in Frankfurt tätig ist.[217] Will man der Familienüberlieferung glauben, so stammt er von einem Uri Phoebus Schiff ab, der im 16. Jahrhundert in Frankfurt als Geldwechsler tätig war und seinerseits behauptet, Nachkomme von König Salomon zu sein! 1864 ist Jacob im Alter von 18 Jahren zum großen Skandal der Familie heimlich nach Amerika gegangen, um dort ein Maklerbüro aufzumachen; er scheitert und kehrt fünf Jahre später ziemlich zermürbt nach Deutschland zurück. Daraufhin schickt ihn die Familie nach Hamburg, wo er im Büro der eben eröffneten Deutschen Bank arbeiten soll, aber er hat seinen Amerikatraum noch keineswegs aufgegeben.[15] 1872 trifft er den eben aus der Neuen Welt heimgekehrten Abraham Kuhn und bittet ihn, ihm doch zur Rückkehr nach dort zu verhelfen. Abraham gibt ihm ein Einführungsschreiben für den in New York verbliebenen Salomon Loeb. Außer sich vor Freude, packt Jacob die Gelegenheit beim Schopf und reist sofort wieder ab. Salomon findet Gefallen an ihm und engagiert ihn. Sein Aufstieg ist kometenhaft: Drei Jahre später, 1875, wird er Teilhaber von Salomon Loeb und heiratet ein Jahr später dessen Tochter.[15] Sehr schnell setzt er sich als der eigentliche Chef von Kuhn, Loeb & Co. durch, wird einer der reichsten Männer Amerikas und verbleibt fast ein halbes Jahrhundert an der Spitze der Bank, wobei er etwas später, wie wir noch sehen werden, zwei Kinder von Moritz Warburg bei sich aufnimmt...

1873, fünfzehn Jahre nach der ersten, setzt die zweite große

Finanzkrise des Kapitalismus ein. Diese nun verlagert das Zentrum der Industriewelt auf die andere Seite des Atlantiks. Wie ein böses Omen für die bedrohte britische Macht bricht der englische Kupfermarkt zusammen und werden Chile und die Vereinigten Staaten die führenden Kupferförderländer; die englischen Kupferhandelsfirmen wie Brandeis-Goldschmidt stellen sich notgedrungen um und raffen die Märkte für seltene Metalle zusammen.

Die englischen Banken bringen es nicht fertig, von der Finanzierung der Rohstoffe und der Textiltechnik auf die Erdölförderung und Elektrizität umzuschalten, und so macht ihnen die Krise schwer zu schaffen.

Am 8. Mai 1873 kündigt sich an der Londoner und dann an der Wiener Börse eine allgemeine Panik an, die auch vor Frankreich und Deutschland nicht haltmacht. Einige Jahre lang bleibt die Lage der deutschen Banken, darunter auch die der Warburgs, prekär. Nach und nach verlagert sich der Kernpunkt der Industriewelt auf die andere Seite des Ozeans, wo sich technische Innovation, Kapital und Unternehmungsgeist ballen. Boston rivalisiert mit New York um den ersten Platz.

Die Entwicklung von Stahl, Werften, Eisenbahn, Elektrizität, Grammophon und Explosionsmotor erfährt in diesem Teil der Welt eine ungeahnte Beschleunigung. 1884 wird die erste Telefonfernleitung zwischen New York und Boston eingeweiht. Und für diesen Aufschwung braucht man Geld. Aus der ganzen Welt strömt das Kapital herbei auf der Suche nach dem großen Gewinn, während die Währungsemission praktisch völlig frei bleibt und nur von einem Gesetz aus dem Jahre 1875 ein bißchen im Zaum gehalten wird. Kuhn, Loeb & Co. bleibt in derselben Straße, zieht aber in ein großartiges Gebäude um.[217]

Die junge Macht Amerikas läßt sich an seiner Zahlungsbilanz ablesen. Der Außenhandel weist ebenso einen Überschuß auf wie die Zahlungsbilanz, und das bleibt mit wenigen kurzen Unterbrechungen bis 1898 der Fall und auch danach ohne den Schatten einer Anfälligkeit für über 60 Jahre.

Aber England bleibt immer noch zwanzig Jahre lang das finanzielle Herz des Westens. Keynes schreibt später dazu:[196] »In der zweiten Hälfte des 19. Jahrhunderts überwog der Einfluß Londons auf die

Kreditbedingungen in der Welt so sehr, daß sich die Bank von England die Stabführung im internationalen Konzert anmaßen konnte. Sie brauchte lediglich ihre Darlehensbedingungen zu verändern, ... und schon bestimmte sie weitgehend die im Ausland geltenden Kreditbedingungen.« Das Eichmaß des internationalen Handels läßt sich nicht so schnell durch ein anderes ersetzen wie die Hauptstadt der Industriewelt durch eine andere, und die Aufgabe als Wechselkursstandard wird sogar zur Dauerlast eines in Not geratenen »Gulliver« werden. Jedenfalls bleibt das Pfund Sterling die hauptsächlichste internationale Währung, so daß die Transaktionen zwischen Fremdländern weiterhin auf Sterling lauten zum Schaden Englands, das sich immer noch verpflichtet glaubt, den Wert seiner Währung entgegen dem Interesse seiner eigenen Exporteure halten zu müssen.

So kümmert sich die City weiterhin immer nur um die Finanzierung der andern und nicht Großbritanniens selbst und zieht die Vermögen aus Europa nach Amerika, nach Indonesien, nach Nigeria, Kenia und das südliche Afrika ab.[9] Auf ihr Drängen hin räumt Gladstone von 1881 an gewissen Kolonialgesellschaften Privilegien ein, um diesen Kapitalexport zu unterstützen. 1881 entsteht die British North Borneo Co., 1886 die Royal Niger Co., 1888 die Imperial British East Africa Co., 1889 die British South Africa Chartered Co.

Die Ära Moritz

1889, vier Jahre nach seiner Mutter, stirbt Siegmund, der die Bank groß gemacht hat, im Alter von 54 Jahren in Baden. Er hinterläßt zwei Söhne, Aby S. und George, und fünf Töchter. Trotz der Gesamtvollmacht, über die Aby S. verfügt, und obwohl Siegmund sieben Kinder hinterläßt, treten die »Alsterufer-Warburgs« nun ein Jahrhundert lang gegenüber den »Mittelweg-Warburgs« in den Schatten. Moritz übernimmt mit 51 Jahren die Leitung der Bank, die weiterhin »M.M. Warburg« heißt. Von nun an und bis zum Auftritt von Siegmund George verschmilzt die Geschichte dieses Namens mit dem seinigen und nach ihm mit der absolut ungewöhnlichen Geschichte seiner fünf Söhne.

Der zuckerkranke Aby S. erfährt zunächst das harte Volontärsleben. Wie seine Vorfahren vor hundert Jahren begibt er sich im Morgengrauen an die Kais, zählt die zu Pfand gegebenen Ballen, rechnet zusammen, überwacht die Schuldner. Zwar wird er später Generalbevollmächtigter und danach Teilhaber der Bank der Familie, aber unmerklich gerät er unter die Fuchtel seines Onkels Moritz. Und da er nun mal nicht den »göttlichen Funken« besitzt, gibt er auch sein Erstgeborenenrecht an andere ab, die besser dazu taugen, die Bank hochzuhalten.

Zwei Jahre später verzichtet sein jüngerer Bruder, der unter unerträglichen Kopfschmerzen leidet, zur großen Freude der Mittelwegs und vor allem seines Vetters Max auf die Banklaufbahn. Eigentlich hatte er Geschichte studieren wollen, aber seine Kopfschmerzen veranlassen ihn zu dem Entschluß, auf dem Lande zu leben – eine für einen Juden der damaligen hohen Gesellschaft einmalige Entscheidung. Mit einem Teil seines Erbes kauft ihm, nachdem er Agronomie studiert hat, Aby S. 1891 ein ziemlich großes Anwesen, das weit südlich von Warburg nahe dem schwäbischen Urach gelegene »Uhenfels«. Dort richtet er sich in ziemlicher Abgeschiedenheit ein, empfängt aber immerhin die Heuss, von Neuraths und Kaullas, eine sehr angesehene Bankiers- und Rechtsanwaltsfamilie. Mit Hilfe einiger Knechte wird er zu einem guten Landwirt und baut Mais und Roggen an. Da er weiterhin an den Gewinnen der Bank beteiligt ist, ist er ziemlich wohlhabend, überläßt jedoch die Verwaltung seiner Finanzen dem älteren Bruder Aby S., der seinerseits kaum noch Interesse daran nimmt.

Ganz anders als Siegmund ist Moritz konservativ und strenggläubig. Bei Erlangen der Volljährigkeit im Jahre 1857 wählte er sich übrigens als Devise »Labor et Constancia«, womit eigentlich alles gesagt ist. In seinem persönlichen Tagebuch, das nie veröffentlicht wurde, aber viel später in der Familie herumgereicht wird, schreibt sein Sohn Max über ihn:[210] »Er legte mehr Wert auf den Ruf der Firma als auf finanziellen Gewinn. Moritz war ein sehr orthodoxer Jude.« Andere Erzählungen vermitteln nach Aussagen der Familie ein zutreffendes Bild. Er hat eine Glatze, und noch heute erinnert man sich an seine stolze Perückensammlung. Da ihm sehr viel daran liegt, in der Stadt voll akzeptiert zu sein, läßt er nicht locker, bis er als Trompeter der Hamburger und Warburger Bürgermiliz aufgenommen wird, und als er es endlich erreicht hat, bleibt er es noch sehr lange. Aber neben diesen kleinen Eitelkeiten ist er doch auch ein sehr großer Bankier, der sich auf große Geschäfte konzentriert, die er als der »Hautefinance« zugehörig bezeichnet, an denen Großbanken und Großunternehmen mitwirken. Im Gegensatz zu anderen Bankiers der Stadt nimmt er kaum Privatkunden an und finanziert seine Unternehmungen lieber mit seinem eigenen Geld und mit dem der von ihm in Syndikaten zusammengeschlossenen Banken. Geld hat er genug. So kann er seinen Einflußbereich auf ganz Deutschland ausdehnen, dessen militärische, rechtliche, steuerliche, wirtschaftliche und währungspolitische Einigung Bismarck vorantreibt. 1875 tritt an die Stelle der königlich preußischen Bank eine Reichsbank als Überwachungsinstitut für alle Banken des Reiches; desgleichen wird eine Einheitsmark in Umlauf gesetzt.[111] Moritz, der bislang nur eine Provinzgröße darstellt, stellt sich ganz in den Dienst des gewaltigen finanziellen und politischen Wachstums des neuen Deutschland, bereitet ihm sogar den Weg.

Die Kindheit der fünf Söhne

Zwischen 1866 und 1879 werden Charlotte und Moritz fünf Söhne geboren: Abraham, der zur Unterscheidung von seinem Vetter Aby S. den Rufnamen Aby M. erhält, Felix, Paul und Fritz, und zwei Töchter: Olga und Louisa. Damit gerät das schöne Uhrwerk der Bankdynastie durcheinander, denn erstmalig begehren mehrere Kinder desselben Vaters gegen das Schicksal auf, das ihnen ihr Platz im Stammbaum vorschreibt.

Dennoch ist praktisch seit ihrer Kindheit bereits alles entschieden. Nach den Gesetzen des Clans und in dem Maße, als Siegmunds Söhne in den Schatten treten, soll Aby M. die Nachfolge seines Vaters an der Spitze der Bank antreten, Max und Paul sollen ihm assistieren, Felix soll in die Firma seines Großvaters mütterlicherseits, des Juweliers Oppenheim, eintreten, und Fritz soll Rechtsanwalt werden. Aber schon in ihren Kindestagen beschließen die Kinder es anders.[67] Aus der in etwa übereinstimmenden Aussage der beiden Brüder tritt der kulturbegeisterte Aby M. schon mit elf Jahren, 1877, sein Ältestenrecht an Max gegen das Versprechen ab, daß dieser ihm später alle die

Bücher kaufen wird, die er lesen möchte.[210] Erstaunlich ist, daß mit zunehmendem Alter weder Aby M. noch Max anderer Meinung werden – vielleicht erklärt sich das aus der Kraft des Wortes beim Volk der Heiligen Schrift . . .

Vierzig Jahre später wird Aby zu einem der größten Kunsthistoriker seines Jahrhunderts, der mit Hilfe seines Bruders, der seinerseits zum größten Finanzmann Deutschlands aufgestiegen ist, die erste, viele Disziplinen umfassende Bibliothek der Welt aufbaut, das heute in London befindliche »Institut Warburg«, das zu seinen Lebzeiten schon Zigtausende Werke umfaßt. Bis es soweit ist, treibt er schon in der Jugendzeit in der ganzen Welt Kunststudien und setzt auch nicht ein einziges Mal den Fuß in die Bank.[68]

So verschlossen Aby M. ist und in allem seinem Vater ähnelt, sosehr ist Max ganz die Mutter: Er ist blond und blauäugig wie sie, und da auch der Name nicht darauf hinweist, vergessen viele, daß er Jude ist – sogar er selbst gelegentlich . . . Als sein älterer Bruder seine Weigerung, die Bank zu übernehmen, nach zwei Jahren der Anstrengung beim Vater durchgesetzt hat, durchläuft Max den klassischen Weg der zur Leitung der Bank bestimmten Warburgs. Nach Abschluß des Gymnasiums setzt er das Studium nicht fort, sondern beginnt seine Einführung ins Bankfach als Schreiber im väterlichen Geschäft, geht dann zu Dreyfus in Frankfurt und schließlich zu Wertheim & Gompertz in Amsterdam. Dort gelingt es 1888 dem Einundzwanzigjährigen, die Bank der Familie zur Korrespondenzbank der größten holländischen Bank jener Zeit, der Nederlandsche Bank, bestimmen zu lassen.[136]

Im selben Jahr stirbt am 9. März Wilhelm I. im Alter von 91 Jahren. Sein Sohn Friedrich III. folgt ihm nach, stirbt aber schon am 15. Juni desselben Jahres, worauf dessen Sohn Wilhelm II. mit 29 Jahren Kaiser wird, sich auf die Kolonialeroberung werfen will und sehr schnell mit Bismarck in Konflikt gerät.[48] Hamburg tritt endlich als letzte deutsche Stadt dem Zollverein bei.

Ebenfalls in diesem Jahr begeht Max anläßlich des Todes seines Onkels Siegmund den einzigen Akt der Indisziplin seines Lebens: Er läßt sich ins III. Königl. Bayr. Chevaux-Legers-Regiment aufnehmen und will nun dort Karriere machen und auf die Bank verzichten. Obwohl er Jude ist, öffnet ihm sein Aussehen die Tür zu allen Offiziersveranstaltungen. Als er seinem Vater in einem Brief seine

Absichten kundtut, erwidert dieser ihm ganz nüchtern, er wisse nicht, was schlimmer sei: einen Sohn zu haben, der Offizier werden wolle, weil er vergesse, daß er Jude sei, oder einen Sohn zu haben, der dazu verurteilt sei, niemals Offizier werden zu können, eben weil er Jude sei.[210] Nach einem Jahr des Starrsinns gibt Max im Januar 1890 seine Idee auf, nimmt seinen Abschied von der Armee und begibt sich in die Bank zurück.

Zwei Monate später, am 29. März 1890, schiebt Wilhelm II. Bismarck beiseite und ernennt General von Schlieffen zum Chef des Generalstabs anstelle von General von Waldersee. Deutschland arbeitet auf seine Expansion hin und hegt Kriegspläne, um seine Industrie in Gang zu halten. Max ist nach Hamburg zurückgekehrt. Dort schließt er Freundschaft mit einem anderen einflußreichen Juden, dem fast gleichaltrigen Albert Ballin, der mit nichts angefangen hat und jetzt eine Reederei leitet, die Hamburg-Amerika Linie, kurz die »Linie« genannt, die er zu einem der größten deutschen Unternehmen macht.[32] Max bewundert ihn sehr, ist er doch Vertrauter des Kaisers, der einzige, bei dem sich sogar der Kaiser Rat holt. Und da der Kaiser selber regiert, bedeutet der Einfluß auf ihn Einfluß auf die Geschicke Deutschlands. Tatsächlich wechseln die Kanzler in schneller Folge und ist einer schwächer als der andere: Auf Caprivi folgt Hohenlohe und dann Bülow. Im Grunde ist Albert Ballin mächtiger als sie alle zusammen, und Max träumt von ebendieser Macht, die die Warburgs bislang gemieden haben: von politischer Macht.

Nach seinem militärischen Zwischenspiel bleibt Max nicht lange in Hamburg. Um ihn auf andere Ideen zu bringen, schickt ihn sein Vater an die Banque Impériale Ottomane in Paris, wo er ein Jahr bleibt, dabei auch Vorlesungen an der Sorbonne hört. Als ausgesprochener Dandy verläßt Max 1891 unter großem Bedauern Paris, um seine Lehre bei N.M. Rothschild and Sons in London fortzusetzen. Er hält es damals für schick, schon um neun Uhr in der Früh in der City aufzukreuzen.[136] Nach dem Vorbild des «Hauses Sara» öffnet er sogar mit den jungen Angestellten die Post. Da man aber verhindern will, daß er auf diese Weise allzu viele Geheimnisse des Hauses in Erfahrung bringt, gibt ihm Alfred de Rothschild zu verstehen, ein Gentleman »ist nicht vor elf im Büro und bleibt nicht länger als bis vier Uhr«.[210] Max paßt sich auch hier sehr leicht an wie schon in seinem bisherigen Leben. Binnen kurzem ist er ein junger Mann à la mode, Schoßkind der englischen Aristokratie und gibt sich englischer als ein Engländer.

Aber am Ende dieses Jahres 1891, als er gerade die Runde bei den Korrespondenten der Bank antreten will, ruft ihn sein Vater dringend nach Hamburg zurück, wo er mit ihm die vor zwei Jahren übernommene Firma leiten soll, die eine schwere Zeit durchmacht: Eine der Familie von Siegmunds Frau gehörende russische Bank, die Günzburg-Bank in Petersburg, hat von M.M. Warburg ausgeliehene 7 Millionen Mark in den Gruben der nordsibirischen Lena in den Sand gesetzt, die keine Spur von Edelmetall aufweisen, und nun kann Günzburg seine Termine nicht mehr honorieren.[215] Schlimmer noch, Siegmunds Tochter und Max' Kusine Rosa soll im folgenden Jahr den Bankier heiraten, den Baron Alexandre de Günzburg, mit dem sie seit zwei Jahren verlobt ist. Ihre Heirat hatte sich wegen des Todes ihres Vaters verzögert, aber für eine Auflösung der Verlobung ist es zu spät. Es muß gezahlt werden. Trotz der bereits festgelegten Summen beschließt Moritz, sämtliche einzulösenden Wechsel Günzburgs ohne Limit zu garantieren. Das Risiko ist nicht umsonst: Mit eiserner Hand regiert, kommt die Günzburg-Bank wieder auf die Beine.[55]

Einige Jahre später bezahlen der Baron und seine Frau Rosa sämtliche Gläubiger bei einem prunkvollen Diner in ihrem Privathaus in Petersburg: Jeder Gast findet auf dem Teller sein Teil in Goldstücken vor, dazu auf dem Stuhl ein Seidensäckchen zum Einpacken nach dem Zählen.[55] Prachtvolle Geste der russischen Barone, deren Glanz die nüchternen deutschen Hugenotten blendet.

Als dieser Alarmzustand vorüber ist, bleibt Max in Hamburg. Die ersten Jahre bei seinem Vater sind schwierig. In Hamburg bricht die Cholera aus. Mehrere Angestellte der Bank werden angesteckt und sterben. In der Stadt kommt es zur Panik. Zwei schreckliche Monate lang arbeiten nur Max und zwei Angestellte, die sich freiwillig gemeldet haben, in der Bank weiter. Durch diesen Heldenmut setzt sich Max als zweiter Mann neben seinem Vater durch und wird mit dreißig Jahren sogar der eigentliche Chef der Firma.[136]

In diesem Jahr tritt sein um ein Jahr jüngerer Bruder Paul in die Bank ein. Er ist ein gescheiter Kopf, ernst und etwas melancholisch; neben den beiden Älteren, die in der Gesellschaft brillieren, neigt er zu leichten Komplexen. Auch er hat schon in sehr jungen Jahren seine

Bankiersausbildung angetreten, zunächst bei seinem Onkel in Hamburg, dann bei Samuel Montagu in London, in Paris in der Banque Russe und schließlich bei seinen künftigen Vettern, den Petersburger Günzburgs. Danach begibt er sich auf die Weltreise, die den Abschluß der Ausbildung eines jeden Warburg bildet, und kehrt schließlich 1893 nach Hamburg zu seinem Vater zurück, der ihn zum Prokuristen ernennt.[55] Seine Zukunft entscheidet sich im Folgejahr im Kielwasser des Schicksals seines Bruders Felix, des vierten, 1871 geborenen Sohnes.

Im Gegensatz zu Paul ist Felix alles andere als an geistigen Dingen interessiert. Er liebt hübsche Dinge und hübsche Frauen, kehrt sich wenig an religiöse Strenggläubigkeit, die er nur oberflächlich einhält, um seiner Mutter keinen Kummer zu bereiten; er hat keine Lust, auf Reisen koscher zu essen. 1893 wird er als Volontär zu Oppenheim in Frankfurt geschickt, wo er sich ein schönes Leben macht Er, der Achtzehnjährige, wird zum Freund der mehr als dreimal älteren Clara Schumann. Ebenfalls hier lernt er im folgenden Jahr bei einer Soirée bei den Dreyfus die Tochter von Jacob Schiff, Frieda, kennen.

Mit 47 Jahren ist Jacob, der kleine Auswanderer und mittlerweile Schwiegersohn von Salomon Loeb, der berühmteste Jude von New York und einer der reichsten Männer der Welt. Ein Jahr zuvor ist ihm die unmöglich scheinende Umschichtung bei der am Rande des Bankrotts stehenden Union Pacific gelungen, und dabei hat er gewaltig Geld verdient. Im selben Jahr sorgte er für den Umzug von Kuhn, Loeb & Co. in die Pine Street 27,[217] und nun ist er eben in Europa angekommen, wo er mit seiner Frau und seiner Tochter Urlaub machen will. Er verabscheut Deutschland, aber irgendwann mußte man wohl oder übel doch mal hin, sei es auch nur, um sich bei denen sehen zu lassen, die ihn nur arm gekannt haben. So kommt er also nach Frankfurt, wo seine Tochter Felix Warburg begegnet. Es ist Liebe auf den ersten Blick. Noch am selben Abend schreibt Felix seinen Eltern:[15] »Ich habe das Mädchen getroffen, das ich heiraten will.«

Moritz ist das gar nicht recht. Da verliebt sich sein Sohn in eine Amerikanerin und ist bereit, ihr in dieses Land der Wilden zu folgen, wo man unmöglich als guter Jude leben kann. Außerdem haßt Moritz das Meer, und die Vorstellung, den Atlantik überqueren zu müssen, treibt ihm den blanken Schweiß auf die Stirn. Genauso wütend ist

Jacob Schiff, daß sich seine Tochter ausgerechnet in diesen Jungen verliebt hat. Er hat überhaupt keine Lust, sie sich in Deutschland niederlassen zu sehen, und im übrigen sind die Warburgs seiner Ansicht nach eine viel zu bescheidene Partie. Aber die beiden jungen Leute bleiben hartnäckig. Zum erstenmal bricht bei den Warburgs eine Liebesgeschichte aus.

Die beiden zornigen Familien lassen sich schließlich zu einer Zusammenkunft herbei, aber auf neutralem Boden. Sir Ernest Cassel, Korrespondent von Kuhn, Loeb & Co. und N.M. Rothschild in London, Freund und Vertrauter des Prinzen von Wales, wird gemeinsam als Vermittler eingeschaltet. Nach allerlei Hin und Her und nach vorgeblich zufälligen Begegnungen auf dem Rennplatz von Longchamps und in Bad Gastein gelingt es Sir Ernest, ein Diner der beiden Familien in Ostende zu organisieren. Es kommt zur Katastrophe der Lächerlichkeit: Man serviert Langusten! Jacob ist wütend, weil Felix dieser Verstoß gegen die jüdischen Gesetze nichts auszumachen scheint. Man trennt sich, ohne über irgend etwas gesprochen zu haben. Nach zahlreichen weiteren Versuchen[15] findet Sir Ernest endlich einen Kompromiß: Es wird vereinbart, daß einmal pro Woche Felix an Frieda schreiben darf und umgekehrt Frieda an Felix unter der Zensur des jeweiligen Vaters, dem der Brief vor Absendung laut vorzulesen ist. Danach wird man weiter sehen.

Die Liebenden lassen sich dadurch nicht entmutigen, und ein Jahr lang wandern die Briefe hin und her. Dann geben die Familien nach. Man macht gute Miene zum bösen Spiel. Die Hochzeit darf stattfinden. Felix wird nach New York gehen und bei seinem Schwiegervater arbeiten. Im März 1895 ist die Hochzeit für ganz Hamburg und viele europäische Bankiers Anlaß zu einer Reise über den Atlantik.[15]

Aber das ist noch nicht alles: Paul ist Brautführer seines Bruders, Brautjungfer ist die junge, mit ihrer Nichte gleichaltrige Schwester von Friedas Mutter, Nina Loeb.[15] Und siehe da, eine weitere Idylle bahnt sich an zwischen Paul, der bislang seiner Kusine Rosa Warburg den Hof gemacht hat, und Nina Loeb. Wieder wird geheiratet. Paul wird damit zum Onkel seines Bruders und läßt sich ein Jahr später ebenfalls in New York nieder, wo er seinerseits als Partner bei Kuhn, Loeb & Co. eintritt.

So verliert Max binnen zweier Jahre zwei seiner Brüder, die indessen noch zehn Jahre lang deutsche Staatsbürger und Teilhaber von M.M. Warburg bleiben. Wenngleich sie beide regelmäßig in beiden Richtungen mit zahlreichen Köchinnen, Dienern und Butlern den Atlantik überqueren,[215] so spielen sie doch beide eine wichtige Rolle in der Geschichte der Vereinigten Staaten, die damit zusammen mit dem damaligen Rußland ein »Warburg-Land« werden.

Auch das Schicksal des letzten der fünf Brüder verändert sich damit. Fritz, der Rechtsanwalt werden will, studiert in Berlin und Rostow Jura. Aber nach dem Weggang von drei Brüdern müssen die Lücken in der Bank geschlossen werden, und so begibt er sich als Volontär an die Frankfurter Disconto-Gesellschaft, die zu einer der ersten deutschen Banken aufgestiegen ist.[137] Danach verbringt er einige Zeit bei Brandeis-Goldschmidt and Co., dem mittlerweile größten Londoner Metallhandelsunternehmen, dessen Chef, Paul Kohn-Speyer, eben seine Schwester Olga geehelicht hat. Dann richtet er sich in Hamburg ein und übernimmt bald darauf – um 1893 – die Kreditabteilung von M.M. Warburg.

Jeder der fünf Brüder hat jetzt seinen Platz gefunden, und ihr außergewöhnliches Abenteuer kann beginnen. Ohne Übertreibung läßt sich sagen, daß sie aus einem Großteil des internationalen Finanzlebens der ersten Hälfte des 20. Jahrhunderts nicht wegzudenken sind.

Max' Aufstieg

1893 wird Max von seinem Vater als Teilhaber aufgenommen und übernimmt nach und nach eine beherrschende Rolle in der Bank. Max bringt es auch fertig, daß das alte Familiengesetz durchbrochen wird: Die Krankheit von Aby S. dient ihm als Vorwand, um seinen eigenen Bruder Paul trotz des Einspruchs von Siegmunds Witwe Theophilie zum Teilhaber ernennen zu lassen. Das Gleichgewicht zwischen den beiden Zweigen der Dynastie ist gestört...

Die Finanzkrise, die mit der Verlagerung des Schwerpunkts der Industriewelt nach Amerika einherging, ist vorüber. Ist Amerika auch fortan das Kernland der Industrie, so macht es doch London noch nicht die Beherrschung der internationalen Finanzströme streitig, die

London aus ganz Europa nach Amerika lenkt. Mehr als irgendein anderes Land profitiert Amerika von den Goldfunden in Südafrika, die auf dem Weg über Währungen, die sich auf dieses Gold stützen, die Finanzierung des expandierenden Welthandels zulassen.

In Europa selbst macht sich die deutsche Wirtschaftsmacht immer stärker bemerkbar, die ihrerseits von den nationalen Banken und von dynamischen Privatbanken finanziert wird – Universalbanken wie der Deutschen Bank oder Geschäftsbanken wie M.M. Warburg, die dank ihres Rufes und ihrer internationalen Beziehungen diese Situation zu nutzen versteht und mit Kapital aus Deutschland und London die Ausfuhr gewerblicher Güter und die Einfuhr von Rohstoffen finanziert, die die Industrie so dringend benötigt. M.M. Warburg verwaltet jetzt das Vermögen der Großen dieser Welt: Geschäftsleute, Minister oder auch Schriftsteller aus ganz Europa wie beispielsweise Marcel Proust.[55] Max lenkt die Aktivität der Bank in drei besonders rentable Richtungen: Devisen- und Wechselgeschäfte, Finanzierung des internationalen Handels und Vermögensverwaltung auf den Börsen- und Devisenmärkten, welch letztere große Schwankungen zu durchlaufen beginnen.[136]

Mittlerweile hat er sich überall in der Welt zahlreiche Partner verschafft: Kuhn, Loeb & Co. in New York, Rothschild, Keyser und Japhet in London, Albert Kahn in Paris, Henriques in Kopenhagen sowie die Stockholms Handelsbank in Schweden. Damit gelingt ihm der Einbruch in den nahe gelegenen skandinavischen Markt, den seine Familie vernachlässigt hatte, weil sie seiner Meinung nach zu sehr befürchtet hatte, dort keine koschere Nahrung mehr finden zu können . . .[55]

Dagegen werden die Beziehungen mit Rußland allmählich schwächer. Gewiß unterstützt man dort immer noch die Banken der Familie, die Günzburgs und die Aschkinasi, aber Moritz und Max müssen voll Zorn feststellen, wie sich dort der Antisemitismus entwickelt und die Pogrome in der Ukraine, Galizien und im Moskauer Becken einsetzen.[55] Das mißfällt den Warburgs sehr. Noch mehr verabscheuen sie, was aus der Feder von Journalisten oder von Schriftstellern wie Dostojewski zu lesen ist:[71] »Heute beherrscht der Jude und seine Bank alles – Europa und die Aufklärung, die gesamte Kultur, den Sozialismus vor allem, denn mit seiner Hilfe will der Jude das Christentum ausrotten und die christliche Kultur zerstören. Das führt unweigerlich in die Anarchie. Und dann wird der Jude die Welt regieren . . .«

Das inzwischen etwas abgeflaute jüdische Bewußtsein der Familie erwacht neu und wendet sich haßerfüllt vom »russischen Teufel« ab. Doch handelt es sich dabei nur um eine generelle Gegnerschaft gegen den Antisemitismus, den sie selbst noch nicht am eigenen Leibe hat verspüren müssen. Als Herzl 1897 auf der ersten Zionistenkonferenz in Basel die Grundlagen für die Bewegung der jüdischen Nationalhoffnung legt, läßt seine Rede die integrierten Hamburger Juden und schon gar die Warburgs kalt.

Die Familie wendet sich dem Luxus und der Macht zu. 1896 kauft Moritz im Hamburger Vorort Kösterberg ein riesiges Grundstück an der Elbe und läßt dort neben einem vorhandenen herrlichen kleinen Bau aus dem 18. Jahrhundert mehrere große Häuser für Gäste und Familienmitglieder errichten. Den Sommer verbringt man dort, den Winter im Mittelweg.[215] Um diese Zeit auch weitet sich das Geschäft gewaltig aus. Zwanzig Jahre lang steigt der Umsatz Jahr für Jahr um ein Drittel. Moritz selbst gelangt an die Spitze seines Einflusses in der Stadt; der Senat konsultiert ihn in allen bedeutenden Fragen, und er ist das unbestrittene Oberhaupt der 16 000 Juden in der Stadt.[136]

Im Jahr der Revision des Dreyfusprozesses und des Todes von Gordon Pascha in Khartum, 1898, feiert die Bank ihr hundertjähriges Bestehen. Immer noch zählt sie nur sechsunddreißig Angestellte, darunter vier »Procuristen«. Aber ihr Einfluß reicht weit über ihre personelle Größe hinaus. Ihr Wertpapierbestand beläuft sich auf über neuneinhalb Millionen Mark, ihr Jahresbruttonutzen nach Abzug der Spesen beträgt über eineinhalb Millionen Mark, das bedeutet einen Gewinn von 27,6 Prozent.[136] Alles stünde zum Besten, wäre da nicht in diesem Jahr der Skandal, daß der älteste Sohn Aby M. als erster Warburg eine Nichtjüdin heiraten will, Mary Herte. Ein Unwetter braut sich zusammen. Aby bleibt bei seiner Absicht.[68] Trotz des Widerstandes seines Vaters und der beiden Brüder findet die Hochzeit außerhalb Hamburgs statt. Aby M. und seine Frau müssen eine Zeitlang nach Florenz ins Exil gehen.[215]

Max selbst setzt seinen gesellschaftlichen Aufstieg in Hamburg fort, neuerdings auch in Berlin, wo man präsent sein muß. Die ganze Familie erkennt seine hervorragende Stellung an, auch wenn der eine oder andere sich Sorgen macht, er könnte den Namen allzusehr ins Rampenlicht bringen, wenn er sich so mit den Mächtigen einläßt. Sein relativ früh müde gewordener Vater macht ihm Platz. Sein Vetter Aby S., Sohn des älteren Bruders seines Vaters, verheiratet sich, wird Witwer und heiratet erneut; er setzt sich immer weiter ab und bewohnt inzwischen eine großartige Villa am Cap Martin. 1897 wird Max zum Handelsrichter berufen. Am 29. Dezember 1898 heiratet er Alice Magnus, deren Familie mit den Altonaer Warburgs verschwägert ist; Max kauft die in Altona nur noch vegetierende Bank auf und bringt sie in seine Hamburger ein.[55] Mit seinem Bruder Fritz läßt er sich in Kösterberg nieder. Auch Paul und Felix besitzen dort ein sehr schönes Haus, wohin sie von Zeit zu Zeit kommen. Mittlerweile ist das Kösterberger Anwesen zu einem kleinen, hochluxuriösen Privatdorf geworden mit Schwimmbad, dann Tennisplätzen. Man verläßt es selten, empfängt aber mit großem Pomp. 1900 wird dort Alices und Max' erstes Kind geboren, ihr einziger Sohn Eric.

Im selben Jahr lernt der mittlerweile einunddreißigjährige George in Stuttgart seine künftige Frau kennen, Siegmunds Mutter Lucie Kaulla, genannt Luz.[215] Sie ist die Tochter eines Stuttgarter Rechtsanwalts, 1866 geboren, in den besten Schulen erzogen, eine ausgezeichnete Pianistin. Die Hochzeit findet am 1. Dezember 1901 statt. Wie George stammt sie aus einem strengen und moralisch anspruchsvollen Hause. »Das Heim ihrer Eltern in Stuttgart«, schreibt Siegmund in einer Aufzeichnung, die er bei seinem Tod einigen Freunden zukommen läßt,[211] »war für meine Mutter eine strenge, gewissermaßen spartanische Schule ... Was zu tun war, mußte mit äußerster Gründlichkeit getan werden; was zu überdenken war, mußte bis in die letzte Konsequenz gedacht werden ... Meine Mutter erzählte mir, daß ihr Vater häufig zu ihr zu sagen pflegte: ›Mein Kind, wenn du zwischen zwei verschiedenen Wegen zu wählen hast, so frage dich zunächst, welcher der beiden Wege für dich der härtere ist, und wenn du dir darüber klar geworden bist, dann wähle den härteren Weg; dieser wird sich als der richtige erweisen.‹« Sie selbst reizt das Landleben von George. »Gesellschaftlicher Ehrgeiz oder Snobismus irgendwelcher Art war ihr völlig fremd. Sie sagte mehrfach, daß sie oft die Leute außerhalb der ›Society‹ sehr viel sympathischer fände als die anderen ... Diese Einstellung meiner Mutter stand oft in starkem Kontrast zu derjenigen von Mitgliedern ihrer weiteren Familie, bei denen das Gesellschaftliche häufig eine nicht unerhebliche Rolle spielte.«[211] In alldem war sie ihrem Mann sehr ähnlich.

Während sich George und sie weit von Hamburg entfernt auf dem Land niederlassen, wird Paul, obwohl er die meiste Zeit in New York verbringt, wo er 1902 Partner von Kuhn, Loeb & Co. wird, zum Großbürger der Stadt ernannt – eine selten gewährte Ehre, deren der ziemlich verärgerte Max erst im Februar 1903 teilhaftig wird.

Damit gilt die Familie in den Augen aller als eine der mächtigsten in Deutschland, als in Urach Siegmund George geboren wird, der Sohn des unbeachteten Bauern George.

2. KAPITEL
MACHT BEI HOFE
(1902-1933)

Siegmunds Erziehung

Als Siegmund im Uracher Haus am 30. September 1902 als erstes und einziges Kind von George und Lucie das Licht der Welt erblickt, steht die Familie im Zenit ihrer Macht. Bülow, der Hohenlohe als Kanzler eines blühenden Deutschland ablöst, das mit England und Amerika rivalisiert, konsultiert die Familie Warburg immer mehr in allen Weltfragen.

Siegmunds Vater ist noch reich und glücklich. Er lehrt Agronomie an der Tübinger Universität. Sein Vermögen wird auf 6 Millionen Mark geschätzt. Er beschäftigt einige Diener und viele Landarbeiter, deren Zahl jedoch nach und nach, als die Geschäfte schlechter gehen, abnimmt. Die Erde, die er bearbeitet, und die Geschichte, die er studiert, faszinieren ihn gleichermaßen, und er führt – vermutlich als einziger im damaligen Europa – das seltsame Leben eines Juden und Landedelmannes.

Die Familie ist weiterhin religiös, aber mit dem diesem Teil Deutschlands eigenen gewissen Abstand. »Fast das ganze Jahr hindurch«, schreibt Fred Uhlman,[169] der zur gleichen Zeit in der benachbarten Stadt wohnte, »war die Synagoge leer. Nur zweimal, an Neujahr und am Versöhnungsfest, war sie voll besetzt ... Die meisten Juden gehörten der liberalen Synagoge an.«[169] So auch George. »Aber einige waren strenggläubig, aßen nur koscher, hielten den Sabbat und verweigerten an diesem Tage jegliche Arbeit. Sie verreisen nicht, nahmen nicht mal den Telefonhörer von der Gabel, trugen nichts, nicht einmal Hosenträger.« Von diesen Juden hält sich George fern. Gewiß ißt man auf Uhenfels weiterhin koscher, soweit es hier möglich ist, aber man mißt doch der jüdischen Moral mehr Wert bei als der religiösen Praxis. »Mein Vater, der ein guter Gärtner war«, sagt Siegmund sehr viel später, »war der Meinung, man solle die Zweige zweimal im Jahr schneiden und das übrige dem lieben Gott überlassen.«

Sehr schnell gewinnt George, dessen Kopfschmerzen zunehmen, von denen ihn niemand befreien kann, Geschmack an der Einsamkeit. Er geht immer weniger aus, abgesehen von langen Spaziergängen mit seinem Sohn in der schwermütigen und rauhen schwäbischen Landschaft. Ganz zu Anfang wirkt er noch an Siegmunds Erziehung mit und vermacht ihm seine Leidenschaft für Bücher und seine Verachtung des Geldes. Er lehrt ihn den Abscheu vor der Welt draußen, in die er sich nur selten begibt, um seine Verwandten zu besuchen, jene, die das andere Leben führen, in Hamburg, und die ihrerseits kaum einmal nach Urach kommen zu diesem Zweig der Familie, den man etwas verächtlich ansieht, weil er auf dem Lande leben wollte, und den man gerne hat ziehen lassen. George reist auch hin und wieder nach Stuttgart, Berlin oder Frankfurt und verbringt lange Sommermonate bei den Rothschilds, Oppenheims oder Mendelssohns, wo mit den reichsten Familien herrliche Musikabende veranstaltet werden; auch nach Hamburg zu seinem Bruder Aby S., wohin er Siegmund mitnimmt, der in Familienaufführungen der »Iphigenie« die Rolle des Orest spielt.

Nach und nach wird seine Frau zum eigentlichen Familienoberhaupt in Urach; sie macht die Buchhaltung, verwaltet das Anwesen, kümmert sich um die dort arbeitenden Familien, empfängt die zahllosen Gäste und wacht über die Erziehung ihres Sohnes. Dieses Leben ist ganz anders als ihre bürgerliche Kindheit in Stuttgart. »Für die Aufgaben der Herrin und Hausfrau auf einem umfangreichen Landgut war sie durch ihre Jugendjahre in keiner Weise vorbereitet«, schreibt Siegmund dazu.[211] »Sie setzte ihre ganze Kraft daran, in Haus und Hof das Ihre zu tun, um ihrem Manne zur Seite zu stehen und, wie es der damaligen Zeit und den dortigen Verhältnissen entsprach, den Familien auf unserem Gute und in den damit verbundenen Gemeinden eine patriarchalische Fürsorgerin zu sein.«

Bis zu seinem siebten Lebensjahr besorgt die Mutter ganz allein seine Ausbildung; sie lehrt ihn deutsch lesen und schreiben, bringt ihm die Anfangsgründe der Theologie und des Hebräischen bei und läßt ihn seine täglichen Gebete auf lateinisch sprechen. »In den Erziehungsgrundsätzen meiner Mutter war das Beten einer der wesentlichsten Punkte, allerdings auf einer völlig nonkonformistischen Basis. Weder die jüdische noch irgendeine andere Kirche noch irgendeine Sekte hatten für meine Mutter vom religiösen Gesichtspunkt eine wichtige Bedeutung. Sie hatte ein starkes Gefühl für die jüdische Tradition und für die moralischen Elemente des Judaismus, aber ihre Religiosität nahm Glaubenselemente aus den verschiedensten Religionen und Philosophien auf, am meisten wohl von ihrem geliebten Goethe; jede Art von Dogmatismus wurde von ihr entschieden abgelehnt... Das Wichtigste in religiösen Dingen war für sie, an eine große Macht über dieser irdischen Welt zu glauben und mit dieser Macht durch das tägliche Gebet und das tägliche Tun dauernde Fühlung zu halten«.[211]

Sie gibt ihm Klavierstunden und weckt in ihm die Liebe zur Musik. Sie komponiert auch selbst. »Jede dieser Kompositionen«, schreibt Siegmund voll Stolz,[211] »ob ihr Marsch oder ihr Andante, ob ihr Menuett oder ihr Wiegenlied, ist klarer und starker Ausdruck ihrer frohen und positiven Einstellung zu dieser Welt.«

Als er acht Jahre alt wird, schickt man ihn ins Internat des Reutlinger Gymnasiums. Jeden Sonntag kommt er nach Urach, und seine Mutter wacht weiterhin genau über seine Erziehung. »Während der ersten fünf Jahre meiner Schulzeit und schon ein Jahr vorher arbeitete sie regelmäßig mit mir. Sie hielt für ihren Sohn die Arbeit zu Hause für noch wichtiger als die in der Schule, und sie war entschieden dagegen, diese Aufgabe selbst der besten Gouvernante anzuvertrauen... auswendig lernen schien ihr besonders wichtig zu sein zur Übung des Gedächtnisses... Meine Mutter war fest davon überzeugt, daß es letzten Endes in all unserm Handeln immer wieder auf die Intensität edler Anstrengungen ankommt.«[211]

Siegmund ist ein glückliches Kind, auch wenn sein Taschengeld knapp bemessen ist und dessen Verwendung der strengen Kontrolle der Mutter unterliegt. Einmal, er ist gerade acht Jahre alt, tadelt ihn seine Mutter, weil er es für Schokolade anstatt für Bücher ausgegeben hat.[211] Nie wird er diesen Tadel ob seines »Leichtsinns« vergessen, der in seinen Augen später eine der schlimmsten Schwächen der Menschen und Völker sein wird.

Ebenso erinnert er sich stets daran, daß ihm seine Mutter am Vorabend seiner Bar-Mizwa im März 1915 sagte:[211] »Von jetzt an, mein lieber Junge, mußt du allein abends beten und mußt dich vor dem Beten immer wieder fragen, was du während des abgelaufenen Tages falsch gemacht hast oder hättest besser machen können.« Diese Bar-Mizwa ist Anlaß zu einem großen und wenig orthodoxen Fest in Urach; seine Rede, in der er viele moralische Verpflichtungen ausspricht, hält er auf latein. Siebzig Jahre später, kurz vor seinem Tod, wird er sie immer noch auswendig kennen.

Im folgenden Jahr – er ist jetzt zwölf Jahre alt – schickt man ihn als ersten jüdischen Zögling dieser Einrichtung ins Tübinger Stift. Es ist eines der ältesten ins Deutschland, 1479 gegründet, und schon Eduard Mörike ist dort erzogen worden.[175] Er erhält dort eine sehr klassische Bildung, die ihn dauerhaft prägen und aus ihm einen Mann der Bildung viel mehr als des Geldes machen wird. Dort auch lernt er Stil und Geschmack. Geschmack ist für ihn gleichbedeutend mit Einfachheit. »Die klassische Bildung ist eine wundervolle Sache. Man lernt dabei, daß dunkle Autoren nicht zwangsläufig auch tiefgründig sind und daß Einfachheit den Tiefgang keineswegs ausschließt.« Später wird er in allen seinen Büchern einen entsprechenden Satz Butlers anbringen: »Fortschritt im Denken ist Weiterschreiten zur Einfachheit.« Ebenfalls im Stift entdeckt er die Welt der Griechen und Römer, deren Sprachen und Kultur er studiert. Und die wird er nicht vergessen. Von der griechischen Literatur behält er den Fatalismus; stets für die Zeichen der Zeit aufgeschlossen, ist er immer aufs Schlimmste gefaßt und erstaunt über jede Sekunde, die ihm zu leben bleibt.

An solchen Zeichen wird während seines ganzen Lebens kein Mangel sein, und er wird sie zu entziffern verstehen, selbst wenn er sie manchmal an seltsamen Orten sucht. So wird er sagen, er habe durch »ein peinliches Abenteuer« Anfang der dreißiger Jahre in Berlin erfahren, daß Bankiers eine Krise zwar kommen sehen, aber nichts tun könnten, um sie zu verhindern. Noch später, in New York, wird er sich selbst als »gefahrenumwitterten Pessimisten und Späher nach den Zeichen des Himmels« beschreiben.[175] Zur selben Zeit wird er seine Londoner Partner auffordern, sie sollten lernen, die Zeichen des Schicksals zu erkennen und dementsprechend zu handeln. Später schließlich, in Blonay, wird er von einem eiligen Menschen sagen: »Er kennt nicht den Unterschied zwischen Kairos und Chronos.« Und nach seinem Tode werden einige seiner Vertrauten bestätigen, daß er von sich selbst gesagt hat, er sei »pessimistisch und manchmal sogar abergläubisch«.[222]

Die Banken: Ort des Vermögens

Inzwischen stehen die Bankiers an der Spitze der Gesellschaftshierarchie. Ihren Ausgang nahmen sie im 18. Jahrhundert in den unbesetzten Zwischenräumen des Handels, im 19. Jahrhundert waren sie die Stütze der Industrie, und im nunmehr einsetzenden 20. Jahrhundert konstituieren sie sich als Doppelelite von Geld und Bildung, die sich wie Dynastien betragen. Elite des Geldes zunächst, denn dort befinden sich die größten Vermögen Europas, und zwar nicht mehr nur in Baumwolle, Eisenbahn, Industrie oder Landbesitz. Dem widerspricht auch nicht, daß Friedrich Alfred Krupp bei weitem der reichste Deutsche der Zeit ist, reicher als selbst der Kaiser.

Elite der Bildung sodann, ganz als seien sie durch ihr Metier, das Intelligenz und Erkennen der Zeichen der Zeit verlangt, auch dazu vorbestimmt, Vermögen gewählt zu nutzen.

Schließlich läßt sie ihre Lust an der Macht auch die Attribute der Dynastien kopieren, denen sie dienen, angefangen mit dem sichtbarsten, dem Namen als Mittel zur Prägung ihres Territoriums. Ihre Eheschließungen werden darum sorgfältig geplant: Man heiratet unter Bankiers, Juden, wenn sie selbst Juden sind, um das Herrschaftsgebiet auszudehnen, seine Aufteilung zu verhindern, die Geschäftsgeheimnisse im innersten Zirkel zu bewahren. Nur selten wird diese Regel gebrochen, und dann kommt es regelmäßig zum Drama. Insbesondere heiratet ein Jude oder eine Jüdin höchst selten einen nichtjüdischen Partner, sei er gleich adlig wie bei der Ehe der Hannah Rothschild mit Lord Roseberry. Und selbst dann tritt man nicht zum Christentum über, und man versucht, sich vergessen zu machen.[71]

Aber das Vermögen ihrer jungen Dynastien bringt ihnen keine Macht ein, sondern nur Einfluß auf die Männer der Macht. Gewiß gibt es in Europa und den Vereinigten Staaten Geschäftsbankiers (häufiger als Handelsbankiers) – Juden wie Nichtjuden –, die sich um eine unmittelbare politische Rolle bemühen. Die Barings, Gibbs, Smiths, Hottingers und Bleichröders greifen offen ins politische Spiel der jungen Demokratien ein, als Liberale (um die Öffnung des internationalen Handels zu betreiben), als Konservative (um ihre Vermögen zu wahren), als Reformisten (um die Mobilität des Kapitals und die kulturelle und soziale Modernisierung zu fördern) tun sie alles, um die Wirtschaft in Gang zu halten, dem Wachstum zu Beschleunigung zu verhelfen und dessen Erlös zu finanzieren oder gar ungewollt einen Krieg hervorzurufen und damit ein Moratorium zu erlangen. Aber sie können den Gang der Dinge kaum verändern. Weder können sie die Gesetze der Wirtschaft verändern noch Einfluß auf die anderen Dynastien ausüben, die von ihnen keine Notiz nehmen, noch den Wahnwitz der Menschen und Ideologien verhindern, die ihre Vernunftträume hinwegfegen.

Kann ihnen auch niemand vorschreiben, wie sie im Einsammeln von Ersparnissen, bei der Finanzierung der Industrie, der Häfen, der Straßen oder des Schiffsbaus zu verfahren haben, so unterliegen sie doch weiterhin wie eh und je den Forderungen der Außenpolitik ihres Landes, wenn es um Anleihen und Darlehen im Ausland geht. Und wenn die Außenminister sie auch oft als unauffällige Boten benutzen und die Finanzminister als halbamtliche Berater, gegebenenfalls auch einmal als Gegengewicht zur eigenen Notenbank, so besitzen sie doch nur den Schein von Macht, wie er mit der Wirklichkeit eines Einflusses einhergehen mag.

In England organisieren die Merchant Banks, die oft genug zugleich jüdischen und deutschen Ursprungs sind, mittlerweile Anleihen zugunsten des Staates und der Gemeinden und investieren die ihnen anvertrauten Vermögen im Ausland.[9] Wenig Einwirkungsmöglichkeit haben sie indes bislang noch auf den Binnen-Wertpapiermarkt, der immer stärker auf die Jobbers versplittert ist, die allein die Papiere kaufen, und die Brokers, denen ihre Abgabe an Sparer vorbehalten ist. So können die Merchant Banks zwar internationale Anleihen unmittelbar bei ihren reichen Klienten unterbringen, aber für englische Wertpapiere müssen sie sich der Mittelsmänner bedienen.[9] Folglich interessiert sich die City nur insoweit für die britische Industrie, als sie Zusammenschlüsse organisiert, ohne dabei Kapital einzubringen, während sie andererseits im Ausland immer größere Risiken auf sich nimmt wie die Rothschilds, die schwedischen Stahlhütten, amerikanischen Eisenbahnen, südafrikanischen und südamerikanischen Grubengesellschaften Geld leihen.⁹

Auf dem alten Kontinent hingegen ist die Lage ganz anders. Die deutschen Banken, von M.M. Warburg bis zur Deutschen Bank, von Stein bis zur Berliner Handels-Gesellschaft, finanzieren als Universal- oder auch nur Geschäftsbanken mit einem oder fünf Schaltern mehr und mehr das eigene Industriebürgertum. Auch in Frankreich gewähren die Geschäftsbanken den französischen Unternehmen unmittelbar Darlehen, auch wenn die Finanzierung des Außenhandels und des Haushaltsdefizits Haupteinkunftsquelle der Rothschilds oder Hottingers ist. Die österreichischen Bankiers ihrerseits stellen Geld für die Industrie des Ottomanischen Reiches bereit, so Moritz de Hirsch, der von Wien aus den Orientexpreß finanziert.⁹

Die Vereinigten Staaten, die sich noch in einer Schuldnerposition befinden, locken nach Kräften europäisches Kapital an, und ihre Geschäftsbanken üben damit eine ungeheure Macht in einem Lande aus, in dem das Geld schon der wichtigste Hebel der Macht geworden ist. John Pierpont Morgan, der die Nachfolge seines Vaters angetreten hat, eröffnet eine neue Filiale, Drexel, Morgan & Co.[81] Er finanziert die Eisenbahnen, organisiert die General Electric und US Steel. Vermutlich übt er zu jener Zeit mehr Einfluß auf die Entwicklung Amerikas aus als der Präsident persönlich. 1901 steht er mit dem anderen großen Herrn der Wall Street, Jacob Schiff, in scharfem Wettstreit um die Kontrolle der Northern Pacific Railways. Jeder will die Aktien der Großaktionäre kaufen. Binnen fünf Tagen schnellt der Aktienwert von 110 auf 1000 Dollar hoch; die Börse ist in heller Erregung. Als sich Rockefeller für den Morgan-Clan entscheidet, setzt dieser sich durch und vermehrt sein ohnehin schon gewaltiges Vermögen. Das ist Jacob Schiffs erste Niederlage.[217]

Die Warburgs in Berlin

Während Siegmunds gestrenger Kindheit tritt Max zur großen Angst seines Vaters, den es beunruhigt, wenn das Verbot politischer Betätigung durchbrochen wird, in den ersten Kreis der kaiserlichen Gesellschaft ein. In Hamburg, Kiel oder Berlin fühlt er sich gleichermaßen wohl. Er empfindet sich als Deutscher und nur als Deutscher. Schließlich ist sein Name ja nur der einer Kleinstadt dieses Landes, und die meisten seiner neuen Freunde in Finanz, Industrie, Armee oder bei Hofe vergessen, daß er Jude ist. Es kommt sogar vor, daß die damalige jüdische Elite ihn eifersüchtig betrachtet, ja ihn verabscheut. Chaim Weizmann, künftiger erster Präsident des Staates Israel, wird zwanzig Jahre später von ihm in aller Härte sagen, was viele damals schon denken:[77] »... der übliche Typ des ›Kaiserjuden‹, überpatriotisch und ängstlich bemüht, den Wünschen und Plänen der Herren Deutschlands zuvorzukommen.« Dieses Urteil ist nicht nur grausam, sondern auch ungerecht: Max ist kein Höfling, und wenn er diese Macht liebt, so auch, weil für ihn das Kaiserreich das einzige Regime ist, das dieses Deutschland retten kann, dessen finanzielle und religiöse Freiheit die Kraft seiner Familie ausmacht. Also will er dem Reich helfen, es indes auch in das lenken, was er die »richtige Richtung« nennt: es vom antisemitischen Zaren entfremden, ins koloniale Abenteuer einführen, das voller Hoffnungen steckt und dem Ehrgeiz der Militärs ein Betätigungsfeld liefert, und schließlich die Vollmachten der Reichsbank stärken, damit das deutsche Banksystem außerhalb des Zugriffs der Politik bleibt.

Dazu muß man beim Kaiser eingeführt sein, und er setzt alles daran, das zu erreichen. 1900 wird er endlich vom Hofe bemerkt, weil es ihm gelingt, eine der allerersten europäischen Anleihen in New York unterzubringen, die dem deutschen Schatzamt 80 Millionen Mark einträgt und damit den jahrhundertelangen Strom der Weltersparnisse umkehrt. Der Kaiser bittet Ballin 1903, ihm Max vorzustellen.[55] Die Audienz nimmt keinen guten Verlauf. Entgegen seiner Erwartung will der Kaiser von ihm keine Meinungsäußerung zu möglichen Reformen des Finanzsystems des Reiches hören, sondern befragt ihn über die wirtschaftliche Zukunft Rußlands, das er am Rande des Bankrotts glaubt.[55] Max bestätigt zwar, daß er wegen der mangelhaften Finanzverwaltung von Petersburg besorgt sei, fügt jedoch hinzu, nichts scheine ihm auf einen baldigen Bankrott des russischen Staates hinzudeuten, und bittet den Kaiser, beim Zaren gegen die Pogrome zu protestieren. Andernfalls werde die Gebrechlichkeit der Dynastie der Romanows zutage treten und die revolutionäre Bedrohung wachsen.

Der Kaiser zuckt nur ungläubig die Schultern. Das Gespräch ist beendet.

Etwas später, nach dem russischen Aufstand von 1905, läßt der Kaiser ihn wieder kommen und beruft ihn mit den Worten:[210] »Müssen Sie denn immer recht behalten?«, in den Kreis seiner Berater. Damit beginnt eine Beziehung, die erst der Sturz des Kaiserreichs unterbricht.[170]

Anfänglich lädt der Kaiser ihn zur jährlichen Elbregatta ein; man parliert über Finanzen und hübsche Frauen. Dann findet Max Aufnahme bei Hofe und sieht den Monarchen regelmäßig, mit oder ohne Ballin. Der Bankier und der Reeder aus Hamburg ziehen gegenseitigen Gewinn aus der jeweiligen Beziehung und sind unzertrennlich.[32] Die erste private Telefonverbindung in Deutschland wird zwischen ihren beiden Büros eingerichtet.[136] Beide üben von Hamburg aus Einfluß auf ein mächtiges Reich aus und verdienen viel Geld mit der Organisation von Anleihen und der Eröffnung von Schiffahrtslinien im Interesse des Reiches.

Denn Max versteht das feingesponnene Gewebe der hundertjährigen Beziehungen der Familie zu pflegen. Er trifft viele Menschen, schreibt an alle Welt Briefe und schützt seine Verwandten. Inzwischen steht er mit mehreren Dutzend Banken in der ganzen Welt in Geschäftsbeziehung, darunter A. Keyser in London, Albert Kahn in Paris, R. Henriques Jr. in Kopenhagen, mit der Svenska Handelsbanken in Stockholm und Kuhn, Loeb & Co. in den Vereinigten Staaten.[136]

Desgleichen verstärkt er den Personalstab der Bank. 1902 engagiert er als Syndikus einen jungen Hamburger Juristen, Carl Melchior, Bruder des Mannes seiner Kusine Elsa – eine eigenartige Persönlichkeit, die an seiner Seite, wie wir noch sehen werden, eine ungeheuer starke Rolle in der Weimarer Republik spielen wird bei dem Versuch, gemeinsam mit ihm das langsame Abgleiten Europas in die Katastrophe aufzuhalten. 1905 dann die Krönung: Die Bank wird ins Reichsanleihekonsortium berufen, das ausschließlich der deutschen Hochfinanz vorbehalten ist.[136] 1906 tritt Max in den Aufsichtsrat der Hamburg-Amerika-Linie ein, und die von ihm organisierte Aufstockung des Kapitals der »Linie« von 100 auf 125 Millionen Mark ist ein aufsehenerregender Erfolg.[136]

Die übrige Familie geht verschiedene Wege: 1902 ist Moritz' Sohn Aby M. nach seiner Heirat nach Florenz gegangen, wo er allein seiner Arbeit nachgeht; 1905 söhnt er sich mit seinem Bruder einigermaßen aus und kommt in unregelmäßigen Abständen nach Hamburg, wo er den Bruder in Erinnerung an das Kindheitsversprechen dazu bringt, ihm eine gewaltige Bibliothek zu finanzieren, in der erstmalig die wertvollsten Bücher der Welt über alle Aspekte der Kulturgeschichte zusammengefaßt sind. 1909 läßt er sich endgültig in Hamburg nieder, gründet dort ein Institut für Kunstgeschichte und wird zu einem weltweit berühmten Fachmann für die Wechselwirkung von Kunst und Geschichte von der Antike bis zur Renaissance.[68]

Fritz, der junge Lieblingsbruder von Max, heiratet 1908 eine schwedische Kusine, Anna Beate Warburg, und kümmert sich, obwohl Teilhaber der Bank, vor allem um die jüdischen Wohlfahrtseinrichtungen und um die Hamburger Unterprivilegierten.[55]

Die beiden amerikanischen Brüder Felix und Paul hingegen führen ein völlig anderes Leben. Obschon Milliardäre, stehen sie in der Bank wie zu Hause ganz unter der strengen Fuchtel von Jacob Schiff, dem Schwiegervater des einen und Schwager des andern. Sie arbeiten unter seinem Kommando, und jeden Freitagabend versammeln sich alle drei Familien zum gemeinsamen Abendessen in der Fifth Avenue 932, wo Jacob Schiff eine Art vierstöckiges Palais hat errichten lassen. Jacob spricht die Gebete, die Familie hört schweigend zu. Obwohl alle Anwesenden deutschen Ursprungs sind, wird Englisch gesprochen. Im übrigen kehrt Felix wie Jacob und die meisten zu Amerikanern gewordenen deutschen Juden Deutschland den Rücken.[15] Seine Kinder werden in den besten protestantischen Colleges erzogen. Durch Erbschaft und Mitgift fast ebenso reich wie sein Schwiegervater, ist er mehr Squashspieler als Bankier, mehr Mann von Welt als Hofjude. Als Opernliebhaber finanziert er die Schaffung der Juilliard School of Music und der New York Philharmonic Society. Er ist sehr spendierfreudig und besitzt als einer der ersten Amerikaner eine Yacht, ein privates Pologelände und Rennpferde.[55] Wenn er per Schiff nach Europa reist, nimmt er stets einen Butler, ein Dienstmädchen und einen Koch mit.

Er ist mit Albert Einstein befreundet, und von 1906 an empfängt er die gesamte New Yorker Elite in einem Schloß im Tudorstil in White

Plains, wo es für die Bekannten eigene Häuser gibt, oder in einem fünfstöckigen Stadthaus, das er an der Fifth Avenue 1109 hat errichten lassen und in dem Dürer-, Rembrandt- und Botticelli-Originale dicht an dicht hängen.⁵⁵

Paul hingegen nimmt seinen Beruf sehr ernst; als Teilhaber bei Kuhn, Loeb & Co. wird er zum hervorragenden Mitarbeiter für Jacob und einem anerkannten Theoretiker in internationalen Finanzfragen. Sicherlich lebt auch er nicht schlecht, aber viel weniger aufwendig als sein Bruder. Er gibt auch seine Beziehungen mit Deutschland nicht auf. Im Gegenteil. Er reist oft hin und fühlt sich dort wohl. Über ihn lief auch die deutsche Anleihe von 1900, die Max die Tür zum Kaiser öffnete. Dennoch beschließt er 1907, wie Felix seine Teilhaberschaft bei Warburg aufzugeben, und läßt sich endgültig in New York nieder.

Von da an leitet Max allein die Firma, und seine einzigen Teilhaber sind sein Vetter Aby S., der Sohn von Siegmund, der eigentlich Chef des Hauses hätte werden sollen, sich aber mit zunehmender Zuckerkrankheit immer mehr zurückzieht, sein Bruder Fritz und vor allem Carl Melchior, der sein engster Mitarbeiter wird.

Paul, Erfinder des Federal Reserve System

Anfang des Jahrhunderts steigen die Vereinigten Staaten zur Großmacht auf, und aus dem Dollar wird eine mächtige Währung. Er fußt auf Gold, wenn auch der Gold Standard Act von 1900 aus dem amerikanischen Währungssystem das Silber noch nicht völlig ausschließt, dessen Prägung begrenzt ist.

Wird ein Land zum Warenlager, so wird es bald darauf auch Währungslager; so auch hier. Zwanzig Jahre nach seinem Antritt als Industriemacht beginnt Amerika, das mehr Gewinne erzielt, als es bei sich selbst einsetzen kann, seine Währung in den Unternehmen und Staaten der Welt zu plazieren und ihnen auszuleihen. Die Geschäftsbanken von Boston und New York borgen sich zwar weiterhin das in Amerika benötigte Geld von Europa, aber allmählich operieren sie auch in umgekehrter Richtung.

Kuhn, Loeb & Co. beispielsweise importiert kräftig europäisches Kapital zur Finanzierung der amerikanischen Industrie. 1906 nimmt die Firma in Frankreich eine Anleihe in Höhe von 48 Millionen Dollar zur Finanzierung der Pennsylvania Railroad auf, und 1909 vermittelt sie ein Darlehen von 5 Millionen Dollar seitens einer französischen Gruppe an die Southern Pacific. Dazu läßt Schiff seine Verbindungen mit Rothschild und Warburg spielen.

In umgekehrter Richtung jedoch plaziert er auch amerikanisches Vermögen als Anleihe für Shell und für die Regierungen Schwedens, Deutschlands und Japans.[217]

Als diese Umkehr der Finanzströme einsetzt, die drei Vierteljahrhunderte anhalten wird, ist das amerikanische Bankensystem noch ganz primitiv. Es gibt dort noch keinerlei zentrale Organisation; die Banken aller Tätigkeitszweige lassen sich nieder, wie es gerade kommt, und da sie eng miteinander verbunden sind, gilt auch für ihre Bankrotte das Prinzip der kommunizierenden Röhren. Seit der Krise von 1880 machen es sich die zwanzig größten Banken zur Gewohnheit, sich regelmäßig abzusprechen und ihre Politik zu harmonisieren. Aber es gibt keinerlei gegenseitige Gewährleistung und keinerlei Kontrolle der Währungsemission. Kommt es irgendwo zu einem Run, dann erwachsen daraus zahlreiche Bankrotte, die nur schwer einzudämmen sind.

Schon 1903 regt Paul Warburg bei Jacob Schiff die Einrichtung eines Kontrollsystems nach deutschem Muster an. Kurz vor Annahme der amerikanischen Staatsbürgerschaft veröffentlicht er dann ein kleines Buch, *Plan für eine Zentralbank*, in dem er nach dem Vorbild dessen, was es im Deutschen Reich seit 1875 gibt, die Schaffung einer Zentralbank vorschlägt, die den Banken als gegenseitige Garantie dienen und zu gleichen Teilen der Regierung und den großen Privatbanken sowie etwa zehn Regional-Bundesbanken gehören und allein zur – ausschließlich goldgedeckten – Währungsemission berechtigt sein soll. Sein Vorschlag findet in der Wall Street und in Washington ein breites Echo, und Paul hält in den Vereinigten Staaten viele Vorträge über dieses Thema. Aber es ist eben doch nur der Vorschlag eines reichen deutschen Bankiers, der nur sechs Monate im Jahr in New York ist. Und so folgt man ihm nicht.

Im Herbst 1907 verändert sich alles schlagartig. Der Bankrott der Knickerbocker Trust Co. und die bedrohliche Lage der Trust Company of America lösen eine ungewöhnlich schwere Finanzkrise aus:[55] Den Banken wird vorgeworfen, sie hätten durch unüberlegtes Kreditgebaren zu viel Geld verdient und die kommende Panik nicht rechtzeitig erkannt. Pauls Vorschlag erhält neue Aktualität.

1910, im Alter von 42 Jahren, wird er nach langem Zögern endlich amerikanischer Staatsbürger. Im selben Jahr unterstützt die Vereinigung der New Yorker Bankiers offiziell seinen Vorschlag, für den er sich überall einsetzt. Hat ihn der vorige Präsident der Vereinigten Staaten, Theodore Roosevelt, auch nie zu Rate gezogen, so trifft sich doch ein Senator aus Rhode Island, Nelson Aldrich – Schwiegervater von J.D. Rockefeller junior, Berater des jetzigen Präsidenten Taft und Vorsitzender der nationalen Währungskommission, in der Paul ebenfalls Mitglied ist –, oft mit ihm und zeigt sich von seinen Vorstellungen angetan. Zudem wird die amerikanische Finanzlage nachgerade problematisch, so daß die Banken nach und nach unter Aufsicht gestellt werden. 1912 untersucht ein Senatsausschuß, das Money Trust Investigation Committee, die Aktivitäten von Kuhn, Loeb & Co., J.P. Morgan, Kidder, Lee Higginson und der National City Bank. Einige Staaten erlassen Banküberwachungsgesetze.[81]

Im November 1912 ersucht Präsident Wilson, der eben erst gegen Taft und Roosevelt gewählt worden ist, Paul, auf der Grundlage seines Buches einen Gesetzesentwurf auszuarbeiten, und der Entwurf findet sein Gefallen. Er beschließt daraufhin, ihn schnellstens dem Senat zu unterbreiten. Das Ganze wird in einer geheimen Zusammenkunft zwischen Paul Warburg, dem Präsidenten der New Yorker National City Bank und Senator Aldrich Anfang 1913 in Sea Island in Georgia geregelt. Der von Paul ausgearbeitete Gesetzesentwurf wird im Senat von Robert Owen und im Kongreß durch einen Kongreßabgeordneten aus Virginia, Carter Glass, eingebracht und erhält somit den Namen »Owen-Glass Act«. Im Sommer 1913 wird er verabschiedet; er sieht die Schaffung von zwölf Regional-Reservebanken und eine Federal Reserve Bank in Washington vor.[55]

Als Brückenschlag zwischen Deutschland und den Vereinigten Staaten gelingt es Paul damit, das amerikanische Bankensystem nach deutschem Vorbild zu gestalten. Da er der Hauptinitiator dieser Konstruktion war, schlägt Wilson ihm vor, den Vorsitz der Federal Reserve Bank zu übernehmen. Aber als eben erst naturalisierter deutscher Jude lehnt er ab und akzeptiert nur einen Vizegouverneursposten, wobei ein Präsident gar nicht ernannt wird; Benjamin Strong,

Schwiegersohn von J. Pierpont Morgan, der noch im selben Jahre stirbt, wird seinerseits zum Präsidenten der New Yorker Regionalbank ernannt, die sofort zur Zentralbank in Rivalität tritt.

Die Rüstung des Samurai

Zu Beginn dieses Jahrhunderts modernisiert sich Japan mit Riesenschritten. 1894 um seine chinesischen Eroberungen gebracht, greift es ohne Kriegserklärung am 8. Februar 1904 Rußland an. Zur großen Verblüffung der Europäer erweist es sich als moderne Militärmacht. Um den Krieg jedoch zu gewinnen, braucht es Geld, und so wird ein Vizegouverneur der Bank von Japan, Baron Korekiyo Takahashi, im Juni 1904 nach London und New York entsandt, wo er die europäischen und amerikanischen Bankiers zur Zeichnung einer Anleihe von 30 Millionen Pfund Sterling zu 4,5 Prozent zugunsten der kaiserlichen japanischen Regierung bewegen soll. Jacob Schiff, der sich schon seit den Pogromen von 1894 um eine Finanzblockade gegen den Zaren bemüht, den er den »Feind der Menschheit« nennt, akzeptiert mit Vergnügen die Finanzierung dieses Krieges und lehnt sogar in diesem Jahr die Beteiligung an einem Kredit von Wall Street an Frankreich ab, weil er befürchtet, das Geld könne den Russen zugute kommen, die zu jener Zeit hauptsächlich in Paris Kredite aufnehmen.[217] Schiff schreibt damals an Max Warburg und bittet ihn, sich der japanischen Anleihe anzuschließen. Wie immer versichert sich Max bei seinem Außenminister, daß das Darlehen nicht gegen die Außenpolitik Berlins verstößt, und stellt in seinem Tagebuch fest:[210] »Ich tat, was jeder brave Bankier in solchen Fällen zu tun hat: Ich fuhr ins Auswärtige Amt in Berlin.« Er erhält sofort grünes Licht, denn die Firma Krupp, die mittlerweile in Staatsangelegenheiten eine große Rolle spielt, erhofft sich von dieser Beteiligung an der Anleihe japanische Rüstungsaufträge.[136] Daraufhin empfängt Max den ihm von Jacob empfohlenen Korekiyo Takahashi. Und am 28. März 1905 verpflichtet er sich, Anteile dieser Anleihe in Höhe von einer Million Pfund Sterling zu plazieren. 900 000 bringt er sofort in Deutschland unter, wobei er nicht schlecht verdient, denn er erzielt für M.M. Warburg eine Provision in Höhe von 1,5 Prozent des Anleihebetrages.

Am 11. Juli desselben Jahres, als sich der Krieg zu Japans Vorteil zu wenden beginnt, schreibt Japan eine zweite Anleihe aus, diesmal über 30 Millionen Pfund Sterling. M.M. Warburg verpflichtet sich in Zusammenarbeit mit der Deutsch-Asiatischen Bank, die Anleihe zu einem Drittel in Deutschland zu plazieren. Der Erfolg ist riesengroß: Die Nachfrage ist zehnmal so hoch wie das Angebot. Einige Monate später ist der japanische Sieg errungen, und im Vertrag von Portsmouth erhält Japan die Oberhoheit über die Mandschurei und Korea.[203]

Daraufhin werden Max Warburg und Jacob Schiff zu bestallten Kapitallieferanten an Japan. Im darauffolgenden Jahr reist John Schiff im Triumph nach Japan, und die Tochter des Barons Takahashi – der später Finanzminister, dann Ministerpräsident ist, ehe er 1936 ermordet wird – kommt nach New York, wo sie mehrere Jahre bei den Schiffs Wohnung nimmt.[203]

Max und Jacob werden sogar zu Industrieberatern bei den großen japanischen Familiengruppen. So reist 1906 ein japanischer Großindustrieller, der Baron Mitsui, über Sibirien nach Hamburg, um dort Max zu treffen. Nach der Familienüberlieferung soll sich das Gespräch wie folgt zugetragen haben:

Mitsui: Wir sind eine große Familie mit vielen Geschäftsinteressen, und dasselbe gilt für Sie. Sagen Sie, wie machen Sie es nur, daß es unter Ihnen keinen Streit gibt?

Max: Genaugenommen streiten wir uns dauernd.

Mitsui: Ich habe doch nicht den ganzen Weg durch Sibirien zurückgelegt, um das zu hören!

Max: Spaß beiseite. Ich rate Ihnen, wenn Sie Ärger vermeiden wollen, sämtliche Aktivitäten Ihrer Familie in einer einzigen Holding zusammenzufassen und die Verfügung darüber einem einzigen Chef zu übertragen. Das haben wir Warburgs schon vor langer Zeit getan, und das funktioniert recht gut.

So entsteht die Mitsui-Gruppe, eine der größten in Japan. Nach der Heimkehr schickt Mitsui an Max eine herrliche Samurairüstung aus dem 16. Jahrhundert, die heute noch in einer Vitrine des Hauses in der Ferdinandstraße thront.

Zwei Jahre später beschäftigt sich Max mit der Finanzierung der chinesischen Eisenbahnen, die zunächst der Deutsch-Asiatischen Bank und dann einer von Jacob Schiff geleiteten deutsch-englisch-französisch-amerikanischen Gruppe anvertraut war. Die Verhandlungen mit dem chinesischen Staat sind schwierig.[136] Jacob schreibt 1910 an Max: »Es tut mir leid, daß uns China so viel zu schaffen macht. Es gibt weiß Gott in China Menschen und Raum genug, die künftige Finanzierungen rechtfertigen.« Der Sturz der Mandschudynastie im Februar 1912 macht alle Anstrengungen zunichte. Desgleichen verliert Max Warburg in Japan seine Absatzmärkte, als die Berliner Asiatische Bank das Monopol der deutsch-japanischen Finanzbeziehungen erhält.

Obwohl M.M. Warburg wie alle andern in der Krise von 1907 hat Federn lassen müssen, behält sie doch ihren Rang. So plaziert die Bank in diesem Jahr die Hälfte einer von der Bank von Schweden zur Rettung eines in Schwierigkeiten geratenen schwedischen Unternehmens aufgelegten Anleihe von 30 Millionen Mark in Deutschland, woraus der Ruf von M.M. Warburg in Schweden gestärkt hervorgeht.[210] In Hamburg gelangt sie an den ersten Platz der Anleihegeber und führt an der Stadtbörse – der bedeutendsten in Deutschland – dreizehn Neuauflagen ein. Ihr Größe nimmt schnell zu, schneller noch als das immerhin beträchtliche Wachstum Deutschlands. So verdreifacht sich zwischen 1902 und 1910 ihr Umsatz, und dasselbe gilt für die Einkünfte der Familie.[136]

Moritz, der schon seit langem die Zügel aus der Hand gegeben hat, stirbt 1910. Damit wird Max endgültig zum Chef von M.M. Warburg, unterstützt von seinem Bruder Fritz und aus der Ferne von seinem Vetter Aby S. Zum Wahlspruch erkürt er sich »En avant!«. Die Bank macht weiterhin schnelle Fortschritte. Sie wird zur ersten deutschen Bank in der Plazierung von Handels- und Auslandsanleihen. 1911 wird Carl Melchior, dessen Einfluß auf Max ständig zunimmt, Generalbevollmächtigter der Bank.[136] Im gleichen Jahr eröffnet M.M. Warburg ein Büro in London, das sie einem Holländer, Pieter Vuyk, anvertraut. In Paris gründet Lionel Hauser, der seit mehreren Jahren die Interessen von M.M. Warburg vertritt, mit Kapital von Max seine eigene Firma Lionel Hauser & Cie. 1912 tritt Max in den Aufsichtsrat von Blohm & Voß ein, der bedeutendsten deutschen Schiffswerft, und unterhält weiterhin Geschäftsbeziehungen in Österreich mit der Kreditanstalt, in den Vereinigten Staaten mit Kuhn, Loeb & Co., in Skandinavien und Deutschland mit den Siemens-Schuckert-Werken, der Deutschen Bank, der Disconto-Gesellschaft und der Deutschen Orientbank.[136] Ebenfalls 1912 wird Carl Melchior Aufsichtsratsmitglied bei der Norddeutschen Hütte in Bremen.[136] Im Verlauf der nächsten Jahre treten weitere Direktoren der Warburg-Bank in die Aufsichtsräte aller deutschen Großunternehmen ein, die alle ihre Kunden sind einschließlich natürlich des Ruhrgebiets, obgleich dieses mehr und mehr zum Rivalen Norddeutschlands wird.

Das koloniale Abenteuer

Das geopolitische Gleichgewicht der Welt hat sich von Grund auf verändert. 1881 exportierte England noch 81 Prozent der Baumwollerzeugnisse der Welt, 1910 sind es nur noch 45 Prozent. Amerika, das die Baumwolle im eigenen Lande erzeugt und verarbeitet, hat jetzt einen Anteil von 51 Prozent an der Weltproduktion gegenüber 10 Prozent im Jahre 1881.

Indessen bleibt England nach kolonialen Kriterien eine gewaltige Macht. Seine Flotte ist immer noch die erste der Welt, so groß wie die deutsche und französische zusammengenommen. Seine Auslandsinvestitionen bringen ihm jährlich 200 Millionen Pfund ein. Seine Industrie ist weiterhin die leistungsstärkste Europas, und sein Anteil am Weltexport von Industrieerzeugnissen beläuft sich auf 60 Prozent.

Aber Amerika läuft ihm immer mehr den Rang ab. Und auch in Europa und den von ihm abhängigen Gebieten will das in voller Entfaltung befindliche Deutschland ebenfalls am Tisch der Kolonialmächte Platz nehmen. Die Bevölkerung Deutschlands hat mittlerweile 67 Millionen erreicht. Seine Flotte und sein Handel sind auf den zweiten Weltplatz vorgerückt. Sein Außenhandel weist noch ein Defizit auf, das die Einkünfte aus dem im Ausland investierten Kapital zum Teil ausgleichen. Desgleichen ist es auf der Suche nach nichteisenhaltigen Metallen, die es selbst nicht produziert. Allmählich kann das Land sogar sein Wachstum gar nicht mehr anders als durch kolonialen Ehrgeiz stützen und sieht sich deshalb veranlaßt, eine Flottenpolitik zu betreiben. »Unsere Zukunft liegt auf dem Wasser«, sagt Wilhelm II.

im Jahr 1898. Und darum baut Admiral Tirpitz eine mächtige Kriegsflotte.

Bei Warburg hat man für Krieg ganz und gar nichts übrig; folglich beschließt man, als Ventil die koloniale Entwicklung zu fördern. Max arbeitet zu jener Zeit in der Kolonialpolitik eng mit dem neuen 1906 ernannten Reichskanzler von Bethmann Hollweg zusammen. Und er entwickelt die Finanzierung des Kaufs von Rohstoffen. Dazu knüpft Fritz Beziehungen mit Brandeis-Goldschmidt in London und Guggenheim in New York. Diese Geschäfte bringen der Bank viel Geld ein.

Aber sofort stößt Deutschland auf gleiche Ambitionen älteren Datums: die Frankreichs und Englands. Als erstes in Marokko, über das im April die Konferenz von Algeciras Frankreich und Spanien Vorrechte einräumt bei gleichzeitiger Bestätigung der Unabhängigkeit Marokkos. Trotz dieser diplomatischen Niederlage, die genaugenommen ein Sieg der Banque de Paris et des Pays-Bas ist, verzichtet Deutschland nicht auf seine Ambitionen in Marokko. 1909 gründet Max das Hamburger Kolonialinstitut und 1910 die Hamburg-Marokko-Gesellschaft, deren Präsident Carl Melchior wird und deren Leitung ein früherer hoher Beamter der Kolonialabteilung des Auswärtigen Amtes übernimmt, der inzwischen bei M.M. Warburg geschäftsführendes Vorstandsmitglied geworden ist: Wilhelm C. Regendanz.[137]

Als dann die Franzosen am 21. Mai 1911 in Verletzung des Abkommens von Algeciras Fes besetzen, legt Regendanz dem deutschen Außenminister nahe, als Repressalie auch eine deutsche Präsenz in Agadir zu schaffen. Und damit die Regierung in dieser Sache nicht in der ersten Reihe steht, schlägt er vor, jemand aus dem Privatsektor zu entsenden, der zugleich M. M. Warburg und Mannesmann vertreten soll, den Norden und das Ruhrgebiet.

Im Mai gibt die Wilhelmstraße ihr Plazet, und so begibt sich ein Bergbauingenieur von Mannesmann am 15. Juni auf die Reise nach Agadir, wo er allerdings erst am 3. Juli ankommt, also zwei Tage, nachdem das deutsche Kanonenboot »Panther« mit Regendanz an Bord auf der Reede von Agadir angekommen ist, eben um »die deutschen Interessen zu schützen«... In Frankreich und England kommt es zu lebhafter nationalistischer Erregung. Um Öl auf die

Wogen zu gießen, mietet Sir Ernest Cassel von der »Linie« das Schiff »Ypiranga« und lädt darauf diejenigen, die einen deutsch-englischen Krieg vermieden sehen wollen, zu einer Nordlandfahrt ein: Colonel Wilfred Ashley, Ballin, Max sowie die Ehefrauen.[55] Anfang September schließen sich die französischen Banken zu einem Finanzboykott Deutschlands zusammen, der einen schweren deutschen Börsensturz verursacht. Am 4. November akzeptiert der französische Ministerpräsident Caillaux trotz Delcassés Widerstand einen Kompromiß mit Bethmann Hollweg: Als Gegenleistung zur Anerkennung der französischen Präsenz in Marokko gibt Frankreich einen Teil des Kongo an Deutschland ab. In Berlin protestieren die Kolonialverbände gegen diese Abmachung, die sie für unzureichend halten, weil damit Deutschland aus Marokko ferngehalten wird. Bethmann ist jedoch der Meinung, er sei noch nicht bereit, Frankreich und England die Stirn zu bieten, und man müsse sich mit diesem Halbsieg zufriedengeben. Regendanz, dessen Bluff Deutschland den Kongo eingebracht hat, auch wenn er eigentlich auf Marokko gezielt hatte, wird vom Kaiser persönlich dekoriert.[136]

Auf der anderen Seite, in England, ist der koloniale Ehrgeiz ebenso maßlos, und dabei spielen die Banken eine beträchtliche Rolle. 1910 zum Beispiel organisieren N.M. Rothschild und Kuhn, Loeb & Co. einen Kredit für die Dominikanische Republik, der durch die Zolleinnahmen der letzteren garantiert wird. Jacob Schiff kabelt an Sir Ernest Cassel: »Und wer holt diese Zölle, wenn sie nicht zahlen?« Cassel kabelt zurück: »Eure Marinefüsiliere und die unsern.«[81]

Überall in Europa greifen sich Finanzwelt, Industrie und Armee gegenseitig unter die Arme. So werden beispielsweise zur Stärkung des deutschen Heeres, das Moltke und Ludendorff befehligen, Eisenbahnen nach Osten gebaut, die Fabrikation neuer Gewehre in die Wege geleitet, die im Burenkrieg und im russisch-japanischen Konflikt erprobt werden. Schon meint der deutsche Generalstab, man müsse den Krieg im Westen schnellstmöglich gewinnen, um an dieser Front Ruhe zu haben, wenn man zur Eroberung des Ostens übergeht, wo Raum zu gewinnen ist. Die deutsche Finanzwelt steht dieser Vorstellung eines Krieges weithin ablehnend gegenüber, obschon einige Banken mit der Rüstungsindustrie an der Ruhr unter einer Decke stecken. So übernimmt 1908 die Deutsche Bank die Kontrolle über den

Röhren- und Kanonenhersteller Mannesmann an der Ruhr, und die Kölner Bank Stein, die von dem aus Hamburg stammenden Kurt von Schröder geleitet wird, stellt über ihre Londoner und New Yorker Filialen die Verbindung mit der Kriegsfraktion der City und von Wall Street her. Sie träumt von einem Bündnis mit den angelsächsischen Mächten gegen Österreich, Frankreich und Rußland.

Zum weitaus größeren Teil jedoch ziehen die deutschen Bankiers den Geldverkehr dem Truppenverkehr vor und drängen Berlin zur Eroberung von Kolonien als Quelle riesiger Spekulationsgewinne und Ort für die Plazierung rentabler Anleihen, ohne daß man dazu allzuviel Kanonen einsetzen müßte.

1911 kommen Gustav Stresemann, damals noch junger Angestellter bei einem deutschen Industrieverband, Albert Ballin und Max Warburg auf die Idee, eine deutsche Welthandelsgesellschaft zu schaffen, die den deutschen Unternehmen bei der Ausfuhr behilflich sein soll. Dieser Gedanke führt im folgenden Jahr zur Schaffung des Deutsch-Amerikanischen Wirtschaftsverbands, zu dessen Vorsitzenden Stresemann ernannt wird. 1913, in dem Jahr, als sich die Bank endlich in einem herrlichen Bau, immer noch an der Ferdinandstraße, einrichtet, will Regendanz im Namen von M.M. Warburg noch weiter gehen: Er schlägt den wichtigsten Bank- und Seefahrtsunternehmen Hamburgs (M.M. Warburg, Hamburg-Amerika-Linie, Woermann-Linie, F. Rosenstern & Co., Norddeutsche Bank), Berlins (Berliner Handels-Gesellschaft, Deutsche Bank, Disconto-Gesellschaft, Brisk & Pohl) sowie der Fried. Krupp AG vor, gemeinsam ein Überseestudiensyndikat für die Finanzoperationen in Afrika zu schaffen.[136] Das Syndikat kommt schnell zustande, und der Kaiser bittet Max, die Leitung zu übernehmen. Seine erste Initiative ist Ende 1913 die Entsendung einer Mission aus Ingenieuren, Bankiers und kaiserlichen Beamten zur Untersuchung des möglichen Baus einer Eisenbahnverbindung zwischen Angola und Deutsch-Südwestafrika. Bei Ausbruch des Weltkriegs befindet sich die Expedition noch in Angola; das Projekt wird aufgegeben.

Im übrigen haben Max und Regendanz keineswegs die Hoffnung aufgegeben, trotz allem eine deutsche Präsenz in Marokko zu erlangen, und zu diesem Zweck wollen sie sich mit England gegen Frankreich verbünden. Im Februar 1914 begeben sie sich nach London und gründen mit dem ehemaligen Hochkommissar Lord Milner in Südafrika eine englisch-deutsche Bank für Marokko, die Bank of North-West Africa, deren Kapital zur Hälfte englisch, zur Hälfte deutsch ist. Max Warburg soll deren Leitung übernehmen. Auch hier ist das Abkommen gerade unterschriftsreif, als der Weltkrieg ausbricht, der dem Vorhaben den Garaus macht.

Zu gleicher Zeit versucht die »Hamburger Gruppe«, in Westafrika ein Territorium an sich zu reißen, das fast so groß ist wie Großbritannien: Njassaland, dessen Eigentümer eine »Companhia de Nyassa« ist, die ihrerseits der englischen Gesellschaft »Nyassa Consolidated Ltd.« gehört. Man nimmt zur Nyassa Consolidated Kontakt auf. Sie ist bereit, das Territorium zu verkaufen, nachdem vorher das Foreign Office um Erlaubnis gefragt worden war, das sich an dieser Region überhaupt nicht interessiert zeigt. Im März 1914 wird der Preis festgesetzt: 150000 Pfund Sterling. Das Geld wird hauptsächlich von den von Max zusammengeführten deutschen Banken aufgebracht, wobei die Deutsche Bank und die Berliner Handels-Gesellschaft je 25 Prozent stellen, M.M. Warburg und die Disconto-Gesellschaft je 16,6 Prozent, Mendelssohn und Bleichröder je 8,34 Prozent.[136] Die Verkaufsurkunde wird am 28. Mai 1914 in London unterzeichnet – um unnötiges Aufsehen zu vermeiden, wurde der Verkauf an den Londoner Vertreter der Warburg-Bank, Pieter Vuyk, getätigt.

Vermutlich stellt dies die Spitze der deutschen Macht der Warburgs dar: In zwei Monaten kaufen sie für Rechnung des Kaisers an der Spitze eines weitgehend jüdischen Bankkonsortiums 400000 Quadratkilometer afrikanischen Bodens! Als jedoch der Krieg ausbricht, befinden sich die Wertpapiere der Nyassa Consolidated noch in London. Sie werden als Feindeigentum beschlagnahmt, und Max' Londoner Büro wird geschlossen.[136]

Zur selben Zeit wird in London das Accepting Houses Committee (Komitee der Akzeptbanken) gegründet, das die besten, in britischen Händen befindlichen und international aktiven Merchant Banks der City in sich vereinigt. Die von diesen Banken akzeptierten Noten sind letztlich bei der Bank von England rediskontfähig und gehören zu deren Reserven. Viel später wird Siegmund G. Warburg der leuchtende Stern dieser Einrichtung sein.

Den Krieg bannen

Europa gleitet langsam einem neuen Krieg entgegen, der doch weder notwendig noch unvermeidlich ist. Rußland, Frankreich und England verbünden sich. Deutschland und Österreich befürchten, Rußland könnte das Türkische Reich, in dem die Nationalitäten erwachen, zu seinen Gunsten zerstückeln. Immer noch nehmen der Norden und der Süden Deutschlands eine unterschiedliche Haltung ein. Der Industriekapitalismus an der Ruhr entscheidet sich für die Perspektive des Krieges, der seiner Meinung nach allein die Kapazitätsauslastung der Fabriken gewährleisten kann. Der mehr dem Finanzwesen und dem Atlantik zugekehrte Norden ist dagegen: Max glaubt, ein Krieg werde »sein« Deutschland töten, und er unternimmt in Berlin alles, um sich den Ruhrbaronen zu widersetzen.[210] In Wirklichkeit freilich ist auch er wie alle deutsche Banken nicht ganz unschuldig am unerbittlichen Anlaufen des Räderwerks, das zum Kriege treibt. Um seine Gewinne zu behalten, leiht er der Industrie und dem Staat Geld zur Finanzierung der Rüstung.

1912 bieten die Feindseligkeiten zwischen Italien und dem Ottomanischen Reich sowie der erste Balkankrieg Gelegenheit zur Erprobung der Waffen und Heere. Sodann wachsen die Truppenstärken beiderseits des Rheins. Conrad von Hötzendorff, Generalstabschef des österreichischen Heeres, und Feldmarschall von Moltke, der eben Schlieffen an der Spitze der deutschen Armee abgelöst hat, wünschen jetzt einen schnellen Krieg. Sie wissen, daß England noch keine einsatzfähige Armee hat und Frankreich die seinige seit langem in beunruhigendem Maße aufbaut. Auch Reichskanzler von Bethmann Hollweg hat sich denen zugesellt, die den Krieg in Europa wollen, um das Reichsgebiet zu erweitern, die Industrie in Gang zu halten und die Gesellschaftsordnung zu wahren.[166] Und er benutzt Max, ohne daß dieser es recht begreift, dazu, England im kommenden Konflikt zur Neutralität und Amerika zur Unterstützung zu bewegen.

So schickt er ihn 1913 nach New York, um eine Anleihe für die deutsche Kriegsindustrie aufzunehmen. In Amerika sind die Bankiers wie überhaupt die öffentliche Meinung zwischen Neutralisten, Anhängern Englands und Anhängern Deutschlands gespalten.[136] Und Max bekommt nur von einigen befreundeten Banken, darunter natürlich Kuhn, Loeb & Co., etwas Geld. Kurz darauf – er spürt den Krieg näher rücken und will wenigstens England nicht darin verwickelt sehen – unternimmt Max Warburg gemeinsam mit einem jungen und brillanten Industriellen, Walther Rathenau, der seinem Vater an der Spitze des riesigen Berliner Unternehmens AEG nachgefolgt ist, sowie mit Albert Ballin alles Menschenmögliche, um Großbritannien in der Neutralität zu halten und die Stoßrichtung Deutschlands auf das deutschsprachige und weniger bevölkerte Ostmitteleuropa zu lenken. So begibt sich Anfang 1914 Albert Ballin zum Ersten Lord der Admiralität, Winston Churchill, und versucht, mit ihm zu einer Einigung und einer Friedensgarantie zu kommen.[32] Vergebens.

Der Konflikt bricht aus

Im Juni 1914 befinden sich alle Armeen Europas im Alarmzustand, und die Volkswirtschaften des Festlands laufen nur noch für sie und durch sie. Der Friede hängt am seidenen Faden, und vielen liegt daran, daß ein Zwischenfall ihn zerreißt. Max reist dreimal nach London, einmal zu Anfang des Monats, ein weiteres Mal am 27., nachdem er am 14. mit dem Kanzler und dem Kaiser in Hamburg darüber gesprochen hat, wie sich ein Krieg zwischen England und Deutschland am besten vermeiden lasse.[136]

Und die Ermordung des liberalen österreichischen Erzherzogs und Neffen des Kaisers, Franz Ferdinand, im bosnischen Sarajevo am 28. Juni, die einem serbischen Nationalisten zugeschrieben wird, wird kaum bemerkt. Am nächsten Tag reist der Kaiser wie jedes Jahr zur Kieler Regatta, der Reichskanzler befindet sich auf Urlaub und Moltke macht seine Badekur in Karlsbad.[109] Aber Bethmann Hollweg und der deutsche Generalstab, die immer noch von Englands Neutralität überzeugt sind, wollen den Zwischenfall zu einem Blitzkrieg gegen Serbien und dann Rußland nutzen, indem sie eine österreichische Repressalie auf das Attentat unterstützen, »um mit den Serben Schluß zu machen«. Die Österreicher jedoch scheinen nicht zur Schlacht gesonnen, und Deutschland kann sie seinerseits nicht erklären, wenn sein durch das Attentat »beleidigter« Verbündeter sie nicht selbst auslöst.

Ende Juli, diesem seltsamen Monat des Wartens, in dem alle Würfel fallen, empfängt der Kaiser ein weiteres Mal Max in Kiel:[136]
»Sollen wir losschlagen oder noch warten, Herr Warburg?«
»Warten, Majestät. Mit jedem Jahr des Friedens wird Deutschland stärker. Abwarten kann uns nur Gewinn bringen.«

Max weiß jetzt, daß der Krieg unaufhaltsam ist, denn zu viele Kräfte haben ein Interesse an ihm, und der Kaiser ist geschwächt. Er weiß, daß es mit »seinem« Deutschland fast mit Sicherheit zu Ende geht. Resigniert verringert er seine Geschäftstätigkeit, realisiert seine Werte, bevor der Börsensturz eintritt, den er erwartet. Am 28. Juli wird die Kabelverbindung zwischen Deutschland und den Vereinigten Staaten unterbrochen. Max Warburg verlegt seinen Londoner Vertreter Pieter Vuyk nach Amsterdam. Am selben Tag erklärt Österreich, von Bethmann Hollweg gedrängt, endlich Serbien den Krieg.

Der Krieg beginnt voller Ungewißheiten: Serbien glaubt an die Unterstützung Rußlands, das seinerseits an die Unterstützung durch Frankreich glaubt. Am 30. erfolgt die Generalmobilmachung in Rußland, da sich der Zar von seinem Generalstab überzeugen läßt, daß eine Teilmobilmachung nicht möglich sei. Daraufhin tut Österreich am 31. dasselbe. Am selben Abend wird der Sozialist und Friedenspolitiker Jean Jaurès in Paris im Café du Croissant ermordet. Die Würfel rollen. An diesem Tag setzt an allen Börsen Europas der Run aufs Gold ein, die Währungskurse fallen. Die Hamburger Börse wird geschlossen. Die wichtigsten Währungen der Welt setzen ihre Goldkonvertierbarkeit aus und floaten; kaum eingerichtet, wird der Goldkurs damit schon wieder durchbrochen. Er wird lange nach diesem Krieg nur für wenige kurze Jahre wiederhergestellt werden.

In Deutschland verlangen die Unternehmen vom Staat ein Schuldenmoratorium. Am 1. August versucht Max gemeinsam mit anderen Banken, die Lage mehr schlecht als recht zu beruhigen. Aber alles ist entschieden. Am gleichen Tag erklärt Deutschland den Krieg an Rußland und am 3. an Frankreich; am 5. erklärt Österreich Rußland den Krieg. Anfang August glauben die Deutschen immer noch, Großbritannien werde nicht in den Kampf gegen sie eintreten.[109]

Als Paris am 12. und London am 13. Österreich den Krieg erklären, beginnt auf dem europäischen Kontinent die künftig als Erster Weltkrieg bekannte Auseinandersetzung zum absurden Jubel der Waffen, zur Bestürzung der Finanziers, zum Elend der Völker und bald zum Untergang der Adler.

Die Kriegsanfänge

Die deutsche Presse, die sich weitgehend in den Händen der Ruhrindustriellen befindet, mobilisiert die öffentliche Meinung und schafft die vaterländische Union. Von den Banken und der Regierung verlangt sie billige Kredite und Stundung der Schulden. Am 6. August widersetzen sich Max Warburg und einige andere Großbankiers, die der Reichskanzler nach Berlin gerufen hat, jeder allgemeinen Stundung, die nur die Banken ruinieren oder aber riesige öffentliche Ausgaben zu ihrer Stützung verlangen würde. Als Ersatz dafür schlägt Max die Schaffung auf »Kriegskredite« spezialisierter Banken vor, die flexiblere Kreditregeln und niedrigere Zinssätze als die andern haben könnten. Bethmann übernimmt die Idee und setzt sie bei der Ruhrindustrie durch. Carl Melchior und Max Warburg gründen die erste Bank dieser Art, die Hamburgische Bank; andere folgen seinem Beispiel in ganz Deutschland. Im August verläßt Fritz Hamburg und wird Handelsattaché an der deutschen Botschaft in Schweden. Aby M., ein überzeugter Friedensanhänger, erkrankt schwer und begibt sich in die Schweiz.

Anfang August gelingt den deutschen Heeren ein Durchbruch. Am 24. bedrohen sie Paris, und am 29. schlagen sie die Russen bei Tannenberg. Schon glaubt sich Deutschland siegreich und erhebt Anspruch darauf, der »Lotse Europas« zu sein.[109] Bethmann Hollweg verfaßt zu diesem Zeitpunkt mit Walther Rathenau, der sein Berater geworden ist, den Entwurf eines Friedensvertrages, mit dem Deutschland seine Herrschaft über ganz Europa, von Brest bis Moskau, zu errichten und sämtliche französischen und belgischen Kolonien zu annektieren gedenkt[109] – Gipfel der kaiserdeutschen Hoffnung, dem drei Jahre des Grabenkriegs und ein Jahr des Zusammenbruchs folgen sollten.

Denn am 6. September beginnt die Schlacht an der Marne, die das deutsche Heer am 10. verliert. Die Front verhärtet sich für drei Jahre. Als das Jahr zu Ende geht, sieht die Welt für alle sehr viel weniger einfach aus. Die Deutschen suchen jetzt vermittels des deutsch-jüdischen Bankiers Mendelssohn, der in Rußland verwandte Bankleute hat, einen Kontakt mit Rußland für den Abschluß eines separaten Friedensvertrages. Vergeblich. Der Zar lehnt ab.[136] Später werden Max im Westen und Fritz im Osten dieselbe Rolle spielen.

Die Bank M.M. Warburg wird zu einem Mittelpunkt der neuen deutschen Wirtschaft, die sich jetzt unter der wachsenden Autorität Walther Rathenaus in eine Kriegswirtschaft verwandelt.[109] M.M. Warburg organisiert Kriegsanleihen in Deutschland und im Ausland, gründet Sonderagenturen für die Versicherung der Schiffahrt und den Kauf strategischer Metalle im Ausland.[136] Und wie die übrige gute deutsche Bürgergesellschaft investiert auch die Familie Warburg einen Großteil ihres Vermögens in die Kriegsanleihen des Reiches. Ende 1914 schickt die Regierung Max nach Holland und Belgien, wo er die Möglichkeiten dieser Länder untersuchen soll, Deutschland finanziell zu helfen. Carl Melchior seinerseits reist zu Verhandlungen über Lieferverträge nach Bulgarien und Rumänien. Zusammen mit der Hamburg-Amerika-Linie ist M.M. Warburg bei der Schaffung der mit Lebensmitteleinfuhren befaßten Abteilung im Innenministerium behilflich, die Carl Melchior anschließend organisiert. Zur Finanzierung dieser Einfuhren gründet er zwei Sonderfinanzinstitute, das eine in Berlin, das andere in Hamburg, die der Leitung von Max unterstellt werden und die Kaufverträge dieser Einfuhren durch amerikanische Banken diskontieren lassen, darunter insbesondere Kuhn, Loeb & Co.[136]

Der Krieg aus amerikanischer Sicht

Amerika will unbedingt neutral bleiben, und Präsident Wilson untersagt allen öffentlichen amerikanischen Organen jegliche Darlehensvergabe an jedwede kriegführende Partei, genehmigt jedoch in Treue zum Liberalismus die Kredite von Privatbanken. Jede Bank wählt sich daraufhin ihr Lager aus, die meisten schließen sich den Alliierten gegen Deutschland an.

So plaziert Anfang August 1914 Morgan Wertpapiere in Höhe von 2 Milliarden Dollar zugunsten der Alliierten, während Kuhn, Loeb & Co. für Deutschland nur 35 Millionen unterbringen kann.[217]

Engländer, Franzosen und Deutsche schicken Mission auf Mission auf die Suche nach Geld. Ende 1914 kommt Lord Reading, mit früherem Namen Rufus Isaacs und künftiger Vizekönig von Indien, nach New York, um für England Geld zu borgen. Der darauf angesprochene Jacob Schiff stellt für eine Beteiligung an dieser Anleihe die Bedingung, daß das Geld weder direkt noch indirekt an Rußland weiterfließen dürfe, Verbündeter Londons und Vorsänger des Antisemitismus in Europa. Und da Lord Reading eine solche Zusage nicht geben kann, beteiligt sich Kuhn Loeb nicht.[15] Jacobs Sohn Mortimer hingegen zeichnet als Person. So sind die deutschen Juden Amerikas außerordentlich gespalten:[15] Jacob hält an der amerikanischen Neutralität fest, ebenso Paul, der noch von Zeit zu Zeit nach Hamburg kommt und mit den deutschen Kreisen in Washington enge Verbindung pflegt. Er ist böse auf seinen Bruder Felix, der sich für das englisch-französische Lager entschließt und bei den reichen New Yorker Juden dafür plädiert, sie sollten den noch unter deutscher Herrschaft stehenden Juden in Osteuropa helfen.

Felix verändert sich in dieser Zeit übrigens allmählich. Er ist nicht mehr der Dandy, der Gesellschaftslöwe von einst, sondern wird zu einem immer militanteren Vertreter der Freiheitsrechte der Juden auf der ganzen Welt. Er übernimmt die Leitung der wichtigsten jüdischen Wohltätigkeitsorganisationen von New York, deren Zusammenschluß er betreibt. Sein Beispiel macht in allen amerikanischen Großstädten Schule. 1916 gründet er zur Unterstützung der osteuropäischen Juden das Joint Distribution Committee, das später eine beträchtliche Rolle spielen sollte, und wird dessen Vorsitzender.

Kriegswirtschaft

Mit Ausbruch des Krieges tritt in Berlin an die Stelle des Einflusses der Reeder und Bankiers der der Industriellen und Militärs. Albert Ballin und Max Warburg verlieren viel von ihrem Gewicht beim Kaiser und Kanzler. Benutzt man sie auch noch, um die Verbindung mit den Vereinigten Staaten nicht abreißen zu lassen, und generell, um den finanziellen und wirtschaftlichen Würgegriff der Alliierten zu lockern, so werden sie doch mehr und mehr an den Rand gedrängt. Ende 1914 macht Bethmann Hollweg, der spürt, daß Amerika möglicherweise erwachen könnte, Max den Vorschlag, er solle den Botschafterposten in den Vereinigten Staaten übernehmen. Max zögert, lehnt aber schließlich ab:[210] Ein Botschafter, so meint er, habe ebensowenig Einfluß wie »der Direktor einer Bankfiliale« – ein seltsames Bild fürwahr! Außerdem: Ein deutscher Warburg könnte in Washington gegenüber seinen beiden New Yorker Brüdern doch bestenfalls in eine schiefe Lage kommen. An seiner Stelle reist also Graf Bernstorff, aber Max findet sich bereit, nach Washington zu gehen, um eine Hilfeleistung Amerikas für Belgien, Bulgarien, Rumänien und Schweden auszuhandeln, damit diese Länder Deutschland gut gesinnt bleiben. Zur gleichen Zeit erlangen die de Wendels von der französischen Regierung die Zusicherung, in Lothringen die Unternehmen der Familie Röchling nicht zu zerstören, die viel später einmal den Stahl und die Technik für die Maginotlinie liefern werden.

Der Krieg begünstigt Amerika, indem er dessen Ausfuhren nach Europa steigert. Infolgedessen weist die Zahlungsbilanz immer mehr Überschüsse aus und lagert riesiges Kapital in Amerika, während auf der anderen Seite des Ozeans zu beiden Seiten der Front nur noch ein geschwächtes Europa übrig ist, das jegliche Innovation eingestellt hat und seine Jugend auf den Schlachtfeldern verbluten läßt. Ein alt gewordener Kontinent, dem es an Nahrung, Rohstoffen und Kapital fehlt, der die Konvertierbarkeit seiner Währungen einstellen und sich bei seinem Bürgertum und bei neutralen Ländern verschulden muß. So beträgt das deutsche Defizit allein in diesem Jahr 60 Milliarden Mark, von denen zwei Drittel durch Staatsanleihen und der Rest durch Geldschöpfung aufgebracht werden.

Dennoch richtet man sich auf einen langen Krieg ein. Der Staat übernimmt die Kontrolle über die Einfuhren. Walther Rathenau errichtet zu diesem Zweck die Kriegsrohstoffabteilung im preußischen Innenministerium. Für den Winter gräbt man sich ein. Im Februar 1915 weitet sich der Krieg aus. Deutschland erringt die Herrschaft über Mitteleuropa, die Westfront stabilisiert sich. Italien tritt auf seiten der Alliierten in den Krieg ein.[109] Am 23. Mai 1915, nach dem Fehlschlag an den Dardanellen, entläßt der englische Premierminister Asquith zwar Churchill, behält aber Kriegsminister Kitchener im Kabinett.

Max, ganz im Gegensatz zum kaiserlichen Hof, ist pessimistisch. Er glaubt, daß die Zeit gegen Deutschland arbeitet, seine Wirtschaft die hohe Verschuldung nicht durchhalten kann und daß, je länger der Konflikt dauert, die Gefahr eines Kriegseintritts Amerikas um so größer wird. Er meint, den Gedanken eines Friedens ohne Sieger und Besiegte durchsetzen zu können, dank dessen Hamburg zu einem großen Zentrum der Weltwirtschaft würde.[210] Aber kein Mensch will auf ihn hören, jeder Generalstab sieht sich gewinnen und verlangt den totalen Krieg. Im März 1915 ist Max völlig niedergeschlagen, als Tirpitz, dessen Flotte zu seinem großen Bedauern immer noch nicht zum Einsatz gekommen ist, ihn auf Befehl des Kaisers fragt, was Amerika seiner Meinung nach tun werde, wenn Deutschland seine U-Boote gegen die Handelsschiffe einsetzen würde, die die Alliierten versorgten. Er ist überzeugt und sagt es auch dem Admiral, daß dies den sofortigen Kriegseintritt Amerikas und binnen eines halben Jahres die Niederlage Deutschlands zur Folge hätte.[210]

Tirpitz hat nur ein Achselzucken übrig: »Amerika wird es nicht wagen. Es ist von Natur aus pazifistisch, und selbst wenn es Krieg führen wollte, wird Deutschland dank seiner U-Boote, mit denen es England von der Versorgung abschneidet, noch vorher siegen.«

Am 1. Mai 1915 verhängt Deutschland ein Embargo über alle Schiffe, die in England anlegen wollen, und sechs Tage später versenkt das deutsche U 20 ein erstes Zivilschiff, das in Wirklichkeit heimlich Waffen für England transportiert, die »Lusitania«. 1200 Tote sind zu beklagen, darunter 124 Amerikaner. Die Erregung in den Vereinigten Staaten schlägt hohe Wellen. Wilson droht mit Kriegseintritt, macht seine Drohung aber trotz des Drucks des kriegerischen Lagers in New York und im Kongreß nicht wahr.[166] Deutschland verlangsamt den U-Boot-Krieg, um Amerika nicht zu sehr aufzubringen. Die beiden Brüder versuchen – Paul bei Wilson und Max beim Kaiser – noch einmal, zur Beruhigung beizutragen. Auch Felix hält Kontakt mit Max, aber ihm geht es darum, Max zur Interessenahme am Schicksal der galizischen Juden, die immer schlechter behandelt werden, und zur Intervention zugunsten ihrer Ausreise nach Palästina zu bewegen.[55] Max sagt auch zu, er wolle es versuchen, und bittet den deutschen Außenminister von Jagow und dessen Staatssekretär Arthur Zimmermann, bei den mit Deutschland verbündeten Türken vorstellig zu werden, daß sie Palästina für jüdische Einwanderer öffnen. Natürlich kommt er schlecht an: Das Türkische Reich ist im Krieg gegen Rußland viel zu wichtig, als daß man die Türken verärgern dürfte, und von Jagow ersucht Max, er solle sich lieber um die Kriegsfinanzierung und den Schutz der deutschen Belange in den neutralen Ländern kümmern, was wegen der alliierten Blockade immer schwieriger wird.

Im Juli 1915 tritt Max in den Aufsichtsrat der von ihm angeregten und vom Reichsamt des Innern geschaffenen »Zentraleinkaufsgesellschaft m.b.H« und der »Lager- und Speditionsgesellschaft m.b.H.« ein, die die Lebensmittelversorgung des Landes sicherstellen sollen. Carl Melchior und er reisen kreuz und quer durch Europa, um für verschiedene Ministerien Lieferverträge auszuhandeln. Allein im Jahre 1915 schickt ihn Bethmann Hollweg dreimal unter dem Vorwand von Finanzverhandlungen zum schwedischen Außenminister Knut Wallenberg, den er dazu bewegen soll, Deutschland heimlich zu helfen oder doch wenigstens den Transit von den Alliierten blockierter Waren zu gestatten. Obwohl er an der Nützlichkeit seiner Demarchen zweifelt, begibt sich Max dennoch nach Stockholm, wo sich die internationale Gesellschaft ein Stelldichein gibt. Vergebens. Schweden will neutral bleiben. Die schwedische Hauptstadt ist zu jener Zeit ein Knotenpunkt, dessen Geschichte noch zu schreiben ist, Drehscheibe und Zuflucht der Emigranten – Deutsche, Russen, Engländer, Franzosen. Max trifft dort seinen Bruder Fritz wieder, der sich mit seiner Familie im Vorjahr mit dem klangvollen Titel »Handelsattaché der deutschen Botschaft, ehrenhalber« niedergelassen hat, wobei er in Wirklichkeit regelmäßige Agrarlieferungen aus Norwegen und Schweden nach Deutschland aushandelt. Offiziell unabhängig, steht Fritz tatsächlich in engem Kontakt mit der deutschen Botschaft in Stockholm; er verhandelt über allerlei Kredite und setzt eigenartigerweise auch Friedensverhandlungen mit Rußland in Gang.

Denn in diesem Jahre wird der Zar unruhig, merkt er doch, daß seine Krone in diesem Krieg ins Wanken geraten ist, und so versucht er, sie zu stärken, indem er sich gegen die Duma gleichzeitig auf die Militärs und auf Deutschland stützt. Unter Rasputins Einfluß ersetzt er den Ministerpräsidenten Iwan L. Goremykin durch einen überzeugten Deutschlandfreund, Boris W. Stürmer. Der neue Innenminister, ein ebenfalls Deutschland wohlgesinnter Industrieller namens Protopopow, wünscht einen Separatfrieden mit Berlin. Im August 1915 begibt er sich nach Stockholm, wünscht dort Fritz Warburg zu sprechen, den er über die Günzburgs kennengelernt hat, und schlägt ihm vor, dem Konflikt zwischen Deutschland und Rußland ein Ende zu machen. Fritz wendet sich daraufhin an seinen Bruder, der seinerseits Staatssekretär Arthur Zimmermann unterrichtet, der ihn bevollmächtigt, diese unerwartete Hoffnung auszuhandeln. Aber als Deutschland am Ende des Jahres die Unabhängigkeit Polens anerkennt, wird Protopopow von seiner eigenen Regierung desavouiert und gehen die Verhandlungen ins Leere.[137]

In Deutschland ist mittlerweile die Stimmung immer kriegerischer geworden; Friedensanhänger sind jetzt eine Seltenheit. Auch die Sozialdemokratie stimmt mit Philipp Scheidemann immer noch für die Kriegskredite, und der radikalere Liebknecht muß die Partei verlassen. Der Reichskanzler selbst wird von den Militärs und insbesondere den Feldmarschällen Hindenburg und Ludendorff und dem Marinestabschef Admiral von Holtzendorf überrundet, die den uneingeschränkten Krieg wollen.[166] Ende 1915 bittet Holtzendorf wiederum Max, über die Konsequenzen nachzudenken, die die Ausrufung eines wirklichen U-Boot-Kriegs gegen die Handelsmarine anstelle der bisherigen bloßen Störung des Schiffsverkehrs auf das Verhalten der Vereinigten Staaten hätte. Max hält ihn hin, verspricht einen Bericht, den er schließlich zwei Monate später vorlegt: Wiederum widersetzt er sich eindeutig einer solchen Strategie und erklärt, ein U-Boot-Krieg werde die Vereinigten Staaten unweigerlich dazu bringen, entweder über Deutschland die Finanzblockade zu verhängen, die dessen wirtschaftliche Erstickung zur Folge hätte, oder aber in den Krieg einzutreten, womit Deutschland seiner militärischen Vernichtung sicher sein könne.[210]

In beiden Fällen, so schließt er, wäre der Krieg für Deutschland über kurz oder lang verloren. Nur wenige denken zu jener Zeit wie er, und in den Militärkreisen heißt es, er sei zu sehr mit den amerikanischen Interessen verschwägert, als daß man ihm trauen könne. Max weiß jetzt, daß er weniger Glauben findet, und schweigt. Seiner Meinung nach hat der Verdacht, den er versteht, nichts Antisemitisches an sich; er findet sich damit ab und sieht den amerikanischen Botschafter in Berlin, James W. Gerard, immer seltener.

Er ist der erste Warburg, der »politisch verdächtig« ist; freilich nicht der letzte.

Im Hinterland: Urach

Im Februar 1916 kommt die deutsche Offensive vor Verdun zum Erliegen. Die Blockade tut ihre Wirkung; Knappheit droht. Das Brot wird pro Kopf und Tag auf 200 Gramm rationiert. Die deutsche öffentliche Meinung fängt zu grollen an. Im März tritt Tirpitz zurück. Im August tritt Hindenburg an die Stelle Falkenhayns, der seinerseits Moltke an der Spitze des Heeres abgelöst hat; Ludendorff ist sein Generalstabschef. Walther Rathenau übernimmt die Leitung des Kriegsrohstoffamtes und richtet eine Art Kriegssozialismus ein.

Das Leben des jungen Siegmund wie aller Kinder seines Alters wird immer schwieriger. In der Schule gibt es nur noch sehr alte Lehrer.[169] Lebensmittel sind knapp, und es sind keine Männer mehr da, die das Feld bearbeiten könnten. Die Kinder bringen die Ernte ein, beseitigen die Abfälle, graben Unterstände.[169] Ein Gebäude von Uhenfels dient als Lazarett. Wenn er zum Wochenende vom Stift nach Hause kommt, findet der junge Siegmund eine sehr angestrengte Mutter und einen schwerkranken Vater vor. »Die Verantwortung für die verschiedenen Haushalte – hinzukommend zu den Pflichten meiner Mutter für ihre engere Familie – [ging] manches Mal fast über ihre Kräfte.«[211] Das weitgehend in Kriegsanleihen angelegte Vermögen seines Vaters ist stark angeschlagen, und seine ohnehin gebrechliche Gesundheit wird dadurch noch mehr erschüttert. Siegmund schreibt:[211] Bei meinem Vater begann »ein ernstes Nervenleiden, zu dem sich die Ansätze schon früher gezeigt hatten. Damit wurde es immer mehr zu einer der zwei Hauptaufgaben im Leben meiner Mutter, den Mann zu pflegen und ihm alles an Arbeit und Sorge abzunehmen, was sie ihm nur abnehmen konnte... Je mehr sein Leiden zunahm, desto schwieriger war es, ihn vor schweren Depressionen und oft erschütternden Aufregungen zu bewahren. Die Jahre der Krankheit meines Vaters waren die härtesten im Leben meiner Mutter.«

Mehr wird Siegmund niemals zu irgend jemand sagen. Es muß schmerzliche Szenen gegeben haben, die man nicht vergißt.

»Finis Germaniae«

Amerika zieht weiterhin Gewinn aus dem Krieg der anderen und will sich noch nicht festlegen; es verkauft Weizen, Rohstoffe, Maschinen und Waffen an beide Seiten. Seine Banken überbieten sich gegenseitig an Einfallsreichtum und leihen jedem Geld, der welches haben möchte – natürlich gegen riesige Provision. Selbst Kuhn, Loeb & Co., an sich sehr stark auf deutscher Seite engagiert, reizen die enormen Gewinne, und so legt die Bank – neben den weiterhin an Deutschland sowie an große amerikanische Firmen (Westinghouse, American Smelting and Refining Company, Baldwin Locomotive Works, US Leather Company, US Rubber Company, Western Union Telegraph[217]) gewährten Krediten – auch Anleihen für die britische Royal Dutch Petroleum sowie für französische Großstädte auf (Paris, Bordeaux, Lyon, Marseille).

Diesen Reichtum könnte nur eines bedrohen: die Unterbrechung der Verkäufe an Europa, wenn die Meere zu unsicher würden. Aber der Untergang der »Lusitania« ist vergessen, und die Euphorie stellt sich wieder ein, der deutsche U-Boot-Krieg verlangsamt sich und kommt im Herbst in Ermangelung einer ausreichenden Zahl von U-Booten ganz zum Erliegen.[166]

Zu dieser Zeit macht Deutschland einen neuen Versuch zur Spaltung der Alliierten. Nachdem die Verhandlungen über einen Separatfrieden mit Rußland fehlgeschlagen sind, bietet Bethmann Hollweg ihn jetzt Belgien, Frankreich und Großbritannien an. Da er aber jedesmal als Gegenleistung zum Waffenstillstand Gebietsansprüche stellt, verlaufen die Verhandlungen im Sande.

Ende 1916 sind alle kriegführenden Parteien erschöpft; die Einberufung erfaßt jetzt schon Sechzehnjährige. Max' Sohn Eric weiß, daß er im nächsten Jahr an die Front wird müssen, und auch der vierzehnjährige Siegmund weiß sich von der Einberufung bedroht, wenn der Krieg noch länger anhält. Dem Generalstab und vor allem Ludendorff bleibt nur noch eine Lösung: England so schnell wie möglich durch Verhängung der totalen Lebensmittelblockade ersticken. Anhand einer kunstvollen Berechnung der Zahl der Kalorien, die die Engländer zum Breakfast verzehren,[166] gelangt der Generalstab zu dem Schluß, mit weiteren zweihundert U-Booten könne man den britischen Nachschub lahmlegen, bevor Amerika seinerseits in den Krieg eintreten könne. Die Junker, die Rechtsparteien und die öffentliche Meinung machen sich diese Auffassung zu eigen.[66] Der Bau der Boote wird in Gang gesetzt. Der dazu befragte deutsche Botschafter in Washington, Graf Bernstorff, steht der Idee absolut ablehnend gegenüber und warnt, der Kriegseintritt der Vereinigten Staaten von Amerika werde sehr viel schneller vonstatten gehen, als man in Berlin glaube. Er schlägt vielmehr vor, man solle Wilson um Vermittlung eines ehrenhaften Friedens mit England bitten.

In Berlin jedoch gibt der Reichstag am 16. Oktober 1916 Ludendorff recht und verlangt den sofortigen U-Boot-Krieg.[166] Bethmann Hollweg indessen wird immer zögerlicher und weigert sich, den U-Boot-Krieg zu beschließen; er hält die deutsche Kriegsmarine für zu wenig verläßlich und findet sich durch den Ausgang der Skagerrakschlacht hierin bestätigt.

Im Dezember schlägt Wilson den Kriegführenden eine Zusammenkunft zur Aushandlung eines »Friedens ohne Sieger« vor; Deutschland lehnt den Vorschlag ab. Arthur Zimmermann beauftragt den völlig niedergeschmetterten Bernstorff, bei der Übermittlung der abschlägigen Antwort an den amerikanischen Präsidenten hinzuzufügen, Deutschland wolle sich nicht der Gefahr aussetzen, »seiner Hoffnungen auf den Sieg beraubt zu werden«.[166]

Damit verurteilt sich das kaiserliche Deutschland selbst zu Sieg oder Untergang. Heer und Hof wissen wohl, daß die Alliierten, falls sie siegen, sehr schwere Entschädigungsleistungen verlangen werden, die unweigerlich zu einer tiefgreifenden gesellschaftlichen Umwälzung und zum Sturz der Hohenzollern führen werden. Die Würfel sind gefallen. Niemand, nicht die Finanziers, nicht einmal Bethmann Hollweg, kann den U-Boot-Krieg mehr verhindern noch auch nur hinauszögern. Am 9. Januar 1917 legt Admiral von Holtzendorf dem Kaiser einen Bericht vor, der zu dem Schluß gelangt, der Sieg lasse sich noch vor dem Sommer erringen, wenn man sofort die bereits gebauten 154 U-Boote einsetze, die monatlich 600 000 Bruttoregistertonnen versenken könnten.[166] Hindenburg ist dafür, aber als Bethmann Hollweg den Bericht gelesen hat, läßt er sich endgültig von Max Warburg und Graf Bernstorff überzeugen und wechselt offen das Lager: 154 U-Boote seien zuwenig, um dem amerikanischen Kriegseintritt zuvorzukommen; das aber bedeute die Katastrophe. Der Generalstab bleibt bei seiner Meinung: Wenn die Blockade spätestens am 1. Februar 1917 errichtet werde, könne man vor dem Sommer siegen.

Am selben Abend versammelt Wilhelm II. den Generalstab um sich und stimmt nach einer dramatischen Sitzung der Blockade zu, die am 1. Februar 1917 verkündet wird. Als Bethmann Hollweg geschlagen den Raum verläßt, murmelt er düster: »Finis Germaniae.«[166]

Gleicher Meinung ist auch der von ihm unterrichtete Max, und in der folgenden Woche, am 15. Januar – dem Tag, an dem General Allenby den Türken trotz der deutschen Hilfe Jerusalem abnimmt –, widersetzt er sich mit aller Kraft in der Hamburger Handelskammer der Verabschiedung einer Entschließung, die die Wiederaufnahme des U-Boot-Krieges fordert, der tatsächlich schon beschlossene Sache, aber noch nicht öffentlich bekannt ist.[136] Am 1. Februar wird die Blockade Amerika mitgeteilt. Am selben Tag erhält Wilson eine Geheimdepesche Bethmanns, in der ihn dieser beschwört, trotz der Blockade nicht in den Krieg einzutreten, und in der er ihm versichert, die Blockade könne sofort unterbrochen werden, sobald »die Grundlagen eines für Deutschland annehmbaren Friedens« definiert seien.[166] Aber Wilson hat soeben auch die Kopie eines abgefangenen Telegramms Zimmermanns an die Mexikaner erhalten, in dem Zimmermann ihnen Texas verspricht, wenn sie den Vereinigten Staaten den Krieg erklärten.

Max, dem die Leitung der Bank immer mehr allein obliegt, bittet in diesem Monat Carl Melchior, sein Teilhaber zu werden; dieser akzeptiert und ist damit der erste Partner, der nicht Warburg heißt, wenngleich er einer verwandten Familie angehört.[215]

Die Blockade ist sofort hochwirksam. Am 15. März fordert der U-Boot-Krieg die ersten Todesopfer unter amerikanischen Seeleuten. Daraufhin treten die Vereinigten Staaten sehr schnell in den Krieg ein, viel schneller, als der deutsche Generalstab geglaubt hatte. In diesen Tagen der Qual, da in Rußland die Revolution ausbricht, Nivelles Offensive am Chemin des Dames fehlschlägt, die Meutereien in den Armeen Europas zunehmen, reagiert Amerika schlagartig auf den Tod seiner Matrosen. Schon am 6. April verabschiedet der Kongreß die Kriegserklärung an Deutschland mit 373 gegen 56 Stimmen. Graf

Bernstorff vertauscht die Washingtoner Botschaft mit der Botschaft in Stockholm.

Zwischen den Brüdern Warburg geht ein Feuervorhang nieder. Fast zwei Jahre lang können sie sich nicht mal mehr schreiben, und die Briefe, die schon seit Monaten unterwegs sind und über England transportiert werden, bleiben dort hängen. Felix verzichtet auf seine Anteile an der Bank in Hamburg. In einem Brief, von dem noch zu sprechen sein wird, schreibt Paul an Präsident Wilson: »Es muß der Bruder den Bruder bekriegen.« Das hindert ihn freilich nicht, seine Beziehungen spielen zu lassen und zu verhindern, daß sein Sohn Jimmy, der sich freiwillig gemeldet hat, an die europäische Front geschickt wird.[15]

Sofort nach der Kriegserklärung werden in Wall Street sämtliche Kredite an Deutschland unterbrochen, und die New Yorker Banken verkaufen eifrig die Washingtoner Kriegsanleihen. Dazu errichten sie auf dem ganzen Kontinent ein riesiges Verkaufsnetz, das mit aller Kraft[81] und weit über jedes vernünftige Maß hinaus Kriegsanteile absetzt. Auf diese Weise werden die Absatzmethoden erfunden, mit denen später, auch im Frieden, Wertpapiere amerikanischer Unternehmen *ad nauseam* unter die Leute gebracht werden.

Im Juni 1917 droht die von den Alliierten eingesetzte Gegenblokkade die deutsche Wirtschaft zu ersticken: Die Devisen gehen aus, das letzte freie Kapital fließt aus dem Lande ab, die Steuern gehen nur noch zögerlich ein, und die Spartätigkeit ist praktisch zum Erliegen gekommen. Aus Mangel an Mitteln muß sich der deutsche Staat immer mehr bei seiner Zentralbank verschulden. Die bis dahin in Grenzen gehaltene Inflation bricht sich Bahn und reduziert den Wert der Mark auf den wenigen Wechselmärkten, die überhaupt noch offen sind, immer mehr.

Max spürt die Katastrophe nahen. Er verfaßt einen Plan zur Stärkung der Kontrolle der Wechselkurse und der Öffnung langfristiger Anleihen im Ausland zur Konsolidierung der deutschen Schulden.[210] Er klopft an alle Türen, legt den Plan dem Reichsbankpräsidenten und dem Finanzminister vor. Aber trotz der Unterstützung durch Bethmann Hollweg, der mit dem Kaiser in der Frage der Kriegführung immer mehr im Widerstreit liegt, wird sein Plan abgelehnt. Da läßt er seiner tiefen Verbitterung freien Lauf. Am 6. Juni 1917 sagt er vor dem

Reichstag, der ihn zu einer Meinungsäußerung zu sich gerufen hat, in einer lichtvollen Rede das Versagen des U-Boot-Krieges, die Niederlage und die Wirtschaftskatastrophe voraus, die das Land erwarteten, wenn man seinen Plan nicht annehme. Viele Abgeordnete lassen sich von dieser Rede überzeugen. Am 12. Juli tritt der völlig erschöpfte Bethmann Hollweg zurück. Am 19. verabschieden Zentrum und Sozialdemokraten eine Entschließung für den Frieden; der von den Ereignissen überrollte Kaiser ernennt Michaelis zum Reichskanzler; tatsächlich aber wird das Land von Hindenburg und der Armee geführt.

Die Aktivität der deutschen Banken beschränkt sich jetzt auf die Plazierung von Kriegsanleihen und den winzigen, noch vorhandenen internationalen Handel. Indessen finden sich in den Archiven von M.M. Warburg jener Zeit[136] auch Spuren einer seltsam anmutenden Operation: Ein Freund von Max, Karl Hagenbeck, kann die herrlichen Tiere seines Zoos nicht mehr ernähren. Max leiht ihm 8 000 Mark und nimmt als Pfand ein Rhinozeros! Für die Rückzahlung des Kredits wird das Tier nach dem Krieg an den Budapester Zoo verkauft...

In diesem Sommer vermerkt Max Warburg in seinem Tagebuch:[210] »Das finanzielles Schicksal unserer Firma wurde nun ganz unmittelbar vom politischen Schicksal Deutschlands bestimmt. Daß sich etwa einzelne Firmen in Kriegszeiten unabhängig von der wirtschaftlichen und politischen Lage des Reiches entwickeln und aufrechterhalten könnten, wurde als eine Illusion erkannt.«

Max weiß, welche tödliche Bedrohung diese unvermeidliche Lage für sein Haus darstellt wie ja auch für das Reich. Er weiß – und schreibt es im September an Carl Melchior, der immer häufiger in Berlin zu tun hat –, falls die Reichsbank, wenn Deutschland den Krieg verliert, nicht in der Lage sein wird, »ihre Garantien uns gegenüber einzulösen, dann wird uns nichts anderes übrigbleiben, als eine Annonce folgenden Wortlauts in die Zeitung zu setzen: ›Auf dem Felde der Ehre stellten ihre Zahlungen ein M.M. Warburg & Co.‹«[210]

Nach langen Verhandlungen in Amsterdam unterzeichnet Carl Melchior im Oktober namens der Reichsregierung ein gewaltiges Abkommen für die Finanzierung des Handels mit Holland und seinen Kolonien, womit sich für Deutschland eine neue Quelle für die Versorgung mit Grundstoffen eröffnet.

Im November verursacht die bolschewistische Revolution der Bank schwere Verluste: Als die Lenin-Regierung die Banken und Industrien verstaatlicht, wird das ansehnliche Portefeuille an Rußlandwerten völlig wertlos, das M.M. Warburg seit dem Eingehen familiärer Verbindungen mit den Günzburgs hält. Baron Alexander von Günzburg und seine Frau, die Schwester von George, die anspruchsvollen russischen Barone also, die man seit langem mit so hohem Aufwand unterhält, wandern nach Deutschland aus und lassen sich mit anderen Flüchtlingen in Urach bei George und Lucie Warburg nieder.

Zur selben Zeit verkündet der englische Außenminister Lord Balfour seine Erklärung zugunsten einer Heimstatt für die Juden in Israel. In Paris gelangt am 16. November Clemenceau an die Macht, während die militärische Lage völlig ungeklärt ist und obwohl er große Meinungsverschiedenheiten mit Präsident Poincaré hat. Am 26. bittet Rußland bei Deutschland um den Waffenstillstand. Das Deutsche Reich glaubt an eine Atempause, gar an die Möglichkeit des Sieges. Tatsächlich aber beginnt nunmehr sein Todeskampf.

Das Ende des Kaiserreiches

Im Januar 1918 bringt Deutschland, obwohl Wilson mittlerweile sein Friedensprogramm in vierzehn Punkten vorgelegt hat, den Krieg im Westen wieder in Schwung. Italien wird geschlagen.[109] Rußland unterzeichnet am 3. März 1918 in Brest-Litowsk den Friedensvertrag. Graf Hertling wird Reichskanzler anstelle des liebenswürdigen, aber überforderten Michaelis und will um jeden Preis eine Einstellung der Feindseligkeiten mit Amerika aushandeln. Im Mai beruft er Max nach Berlin und bittet ihn, in Holland mit dem amerikanischen Botschafter zusammenzutreffen und ihm Frieden vorzuschlagen. Max reist im Juni dorthin, aber der amerikanische Diplomat weigert sich, ihn zu empfangen. Ludendorff, vor dem diese Demarche verheimlicht worden war, beschuldigt daraufhin Max, er habe mit dem Feind verhandeln wollen, und macht ihm heftige Vorhaltungen wegen der Verbindungen mit seinen Brüdern in Amerika.

Durch eine seltsame Koinzidenz ist Max in diesem Juni 1918 nicht der einzige Warburg, der für seinen Namen büßen muß. In Washington steht Pauls Posten als Vizepräsident der Federal Reserve Bank zur Neuwahl an. Zwar möchte er gerne weiterhin den Währungsinstitutionen vorstehen, die er selbst geschaffen hat und die recht ordentlich funktionieren, aber er schreibt dennoch an Präsident Wilson und rät ihm, ihn nicht wiederzuernennen, um den politischen Problemen zu entgehen, die sich mit Sicherheit ergäben, wenn in dem im Krieg stehenden Lande ein ehemaliger deutscher Staatsangehöriger an die Spitze der höchsten Finanzbehörde ernannt würde. Insgeheim hofft er freilich, daß Wilson seine Einwände vom Tisch fegen und ihn im Amt bestätigen würde. Er ist sich dessen sogar sicher.[15] Als Wilson deshalb, ohne groß zu zögern, seinen Rücktritt annimmt, nimmt er das sehr übel auf; voll Bitterkeit kehrt er zu Kuhn, Loeb & Co. zurück. Die *New York Times* schreibt an diesem Tag, »niemand hätte mehr als er in seiner Bescheidenheit Anspruch auf den Titel ›Gründer des Federal Reserve System‹«. So ist er also nach Max der zweite Warburg, der »politisch verdächtig« ist.

In Berlin hört der Reichstag am 15. Juni den aus Holland zurückgekehrten Max erneut zur »Wirtschafts- und Währungspolitik nach dem Kriege« an. Er sagt voraus, das mit kurzfristigen Schulden überladene Deutschland werde von einer Inflation bedroht, die seine Gläubiger – also das Bürgertum und die Mittelschicht – ruinieren werde; wiederum schlägt er die sofortige Konsolidierung dieser Schuldenlast durch langfristige Auslandsanleihen vor.[55] Bei gleicher Gelegenheit lernt er den Vorsitzenden der Sozialdemokratischen Partei und künftigen Präsidenten der Weimarer Republik, Friedrich Ebert, kennen. Dieser ist von Max beeindruckt. Ebert hatte nicht erwartet, daß Max dem kaiserlichen Regime so kritisch gegenüberstehe, noch auch, daß er selbst mit dem Manne übereinstimmen könne, der ihm als der vom Kaiser seit fünfzehn Jahren meistgehörte Finanzberater bekannt war.

Im Juli entscheidet sich das Los der Waffen: Die im April bei Armentières zum Stehen gebrachten deutschen Truppen werden bis Reims zurückgeworfen. Alles ist verloren. Der Sommer bringt nur noch den langsamen Zusammenbruch der Front.[100] Am 28. September tritt Reichskanzler Hertling zurück. Am nächsten Tag beruft der Kaiser auf Anraten Eberts und Max Warburgs seinen Schwager Prinz Max von Baden ins Kanzleramt. Dieser lädt Max Warburg nach Dessau ein und bietet ihm das Portefeuille des Finanzministers an. Max lehnt ab: Als Jude möchte er in einer solchen Zeit nicht in vorderster Reihe stehen.²¹⁰ Aber er akzeptiert, als Berater des Kanzlers zu fungieren. Bis Ende Oktober läßt er sich in Berlin nieder und arbeitet dort unaufhörlich mit Max von Baden an einem Plan für die wirtschaftliche Gesundung. Sein Freund Walther Rathenau, der mit ihm die deutsche Kriegswirtschaft organisiert hat, tritt als Industrieminister in die Regierung ein und erklärt kurz nach seiner Ernennung: »Wir sind noch nicht geschlagen.« Zur gleichen Zeit macht Siegmund bei Max in Hamburg seine Bekanntschaft und behält von diesem tatkräftigen, brillanten und charmanten Mann einen starken Eindruck.

Aber Max von Baden hat keine wirkliche Macht über das Land, und eine wirtschaftliche Stabilisierung ist unmöglich geworden. Seit Anfang September wünscht Ludendorff »zum Schutze seines Heeres« aufs schnellste einen ehrenhaften Frieden, auch ohne Sieg.¹⁰⁹ Auf sein Verlangen hin schreibt Max von Baden am 3. Oktober an Wilson und schlägt den Waffenstillstand vor; er könne allerdings »nur einen mit der Ehre vereinbaren Frieden« akzeptieren. Am 8. antwortet ihm Wilson ohne vorherige Absprache mit Frankreich oder England und stellt sehr harte Friedensbedingungen: Rückgabe sämtlicher seit 1870 besetzter Gebiete und Zahlung von Entschädigungen an die Alliierten in später festzusetzender Höhe.

Hält auch die Front noch scheinbar am 12. Oktober, so weiß Max von Baden doch, daß nichts mehr geht und der Krieg verloren ist; schweren Herzens akzeptiert er Wilsons Bedingungen: Damit überläßt die Armee die Verantwortung für die Schmach der Niederlage den Politikern. Österreich kapituliert am 22. Tags darauf stellt Wilson eine weitere Bedingung: Abdankung des Kaisers. Das ist zuviel für Ludendorff, der jetzt seinen Hut nimmt. Die Armee revoltiert. Am 3. November, dem Tag der Unterzeichnung des Waffenstillstands durch Österreich, erheben sich die deutschen Matrosen in Kiel. Überall werden Arbeiter- und Soldatenräte gebildet. Um der immer bedrohlicher werdenden Revolution zu steuern, drängen Max von Baden und andere den Kaiser zur Abdankung. Albert Ballin ist erschüttert. Seine Firma steht am Rande des Bankrotts. Die Panik erreicht den Höhepunkt. Am 5. November 1918 übernimmt ein Revolutionskomitee in Hamburg die Macht. Max Warburgs Ansehen ist so groß, daß das Komitee – nachdem es ihn zur Geisel genommen und aus ihm herauszupressen versucht hatte, wo sich das Geld der Stadt befindet – seine Familie unter seinen Schutz stellt, ihn zum Essen ins Rathaus einlädt und ihn als Berater anhört.⁵⁵ Max von Baden tritt zurück, und am 9. unterzeichnet Ebert namens der Sozialdemokraten mit dem Generalstab ein Geheimabkommen für die Wahrung der Einheit des Landes gegen die »bolschewikischen« Revolten. Am selben Abend reist Wilhelm aus dem Hauptquartier in Spa nach Holland ab, nachdem er als Kaiser, nicht aber als König von Preußen abgedankt hat.

In der folgenden Nacht kann Albert Ballin den Ruin und die Niederlage nicht länger ertragen und begeht Selbstmord.³² Diese Tragödie wird Max nie verwinden.

In den Wirren der Aufstände der extremen Rechten und Linken geht der Kaiser ins niederländische Exil, die Spartakisten setzen ihre Revolution in Gang, und Scheidemann ruft die Republik aus. Ebert tritt an die Spitze einer provisorischen Regierung.

Am 11. November wird der Waffenstillstand mit den Alliierten unterzeichnet. Das Kaiserreich ist tot. Die Front aber hat gehalten, und die Armee ist dem Anschein nach nicht in die Niederlage verwickelt, die noch lange und schwer auf den Schultern der Zivilisten lasten wird.

Erstmals werden die seit vier Jahren fast vollständig unterbrochenen Verbindungen zwischen Deutschland und Amerika wieder möglich. Jacob Schiff schreibt zu jener Zeit an Max: »In den letzten Tagen habe ich viele Briefe von Dir von Ende 1915 und Anfang 1916 bekommen, die der englische Zensor zurückgehalten und erst jetzt freigegeben hat. Einige enthielten Glückwünsche zur Verlobung und Hochzeit von Carola, die inzwischen eine dreijährige Tochter hat. In den zweieinhalb Jahren, in denen wir nicht mehr miteinander sprechen konnten, sind auch Deine Kinder größer geworden, wie das Kodakbild zeigt, das Frieda bekommen und uns gezeigt hat...«¹⁵

Warburg, Melchior und Keynes gegen Versailles

Es beginnen zwei schreckliche Jahre, in denen einem völlig ausgebluteten Deutschland die absurden Reparationen auferlegt werden, die der eben erst entstehenden Republik den Garaus machen und den Keim für die nazistische Barbarei und den nächsten Krieg legen. Einige wenige erkennen sofort die ganze Wahnwitzigkeit dieses Unterfangens und versuchen, den Mächtigen die Augen zu öffnen. Damit ist aber auch ihr Einfluß schon erschöpft, der angesichts der Blindheit der damaligen Machthaber praktisch gleich Null ist. Als vernunftgelenkte Finanzleute zerschellen sie an der Rachsucht der Politiker.

Amerika ist jetzt mächtiger denn je zuvor. Es hält den ersten Platz als Korn-, Kohle- und Stahlerzeuger und beherbergt die Hälfte des Goldes der ganzen Welt. Der Dollar ist die einzige wirklich noch in Gold konvertierbare Währung. Die amerikanische Zahlungsbilanz weist große Überschüsse aus. In Europa hingegen floaten sämtliche Wechselkurse auf der Suche nach einer völlig ungewissen Rückkehr zu den Vorkriegsparitäten. Überall droht die Inflation; während des Kriegs hat sich die umlaufende Notenmasse versechsfacht, in Großbritannien vervierzehnfacht, und in Deutschland ist sie aufs Fünfundzwanzigfache gestiegen. Sieger wie Besiegte haben unterschiedslos viele Menschen und den Großteil ihrer Fabriken verloren und sind von Schulden überladen.

In Deutschland ist die Lage besonders katastrophal; Arbeitslosigkeit und Mangel machen sich breit, die Finanzaktivität ist fast auf Null gesunken, der Wert der Mark bleibt ungewiß.[91] Einige Tage nach dem Waffenstillstand bittet die provisorische Ebert-Regierung in Berlin am 16. November Max Warburg, die Leitung der Finanzdelegation bei den Friedensvertragsverhandlungen zu übernehmen, die demnächst in Versailles beginnen sollen. Er ist bereit, zur Delegation zu gehören, bittet jedoch, die Leitung lieber Carl Melchior als ihm anzuvertrauen, da er den Namen seiner Bank nicht zu sehr in den Vordergrund gestellt sehen möchte. Tatsächlich denkt Max im Augenblick hauptsächlich daran, wie man die schwierige Lage einer der wenigen Finanzinstitutionen verbessern kann, die nach dem Chaos der Niederlage noch einigermaßen auf den Beinen steht.[210] Die Regierung willigt in seinen Vorschlag ein. Zu ihnen gesellt sich auch der Reichsbankpräsident Kauffmann, und Max bleibt im Schatten, obwohl er der eigentliche Leiter dieser Delegation ist, die weder ein Mandat noch Hoffnung besitzt. Gleiches gilt für die mit den politischen Fragen befaßte Delegation unter der Leitung des Zentrumsabgeordneten Erzberger.

In Versailles werden sie wie Gefangene behandelt, denen man gelegentlich einen Spaziergang in einem bestimmten Teil des Schloßparks zugesteht.[55]

Den Deutschen am Tisch gegenüber sitzt in der von Premierminister Lloyd George ernannten englischen Finanzdelegation auch ein junger Professor aus Cambridge, John Maynard Keynes, der in verschiedenen Texten die Konferenz beschreiben wird, unter anderem in einem erstaunlichen, Carl Melchior gewidmeten und 1920 veröffentlichten Kurzaufsatz[90] sowie in einer mehr theoretischen Abhandlung,[89] und der als einziger mit klarem und prophetischem Blick die wirtschaftlichen Folgen dieses Krieges und dieses Friedens erkennt.

Nach seinem ersten Zusammentreffen mit Melchior noch vor Beginn der Verhandlungen beschreibt der sehr beeindruckte Keynes ihn so:[90] »... ein sehr kleiner Mann..., makellos sauber, sehr gut und sorgfältig gekleidet, mit einem hohen steifen Kragen, der sauberer und weißer als ein gewöhnlicher Kragen erschien. Sein runder Kopf war mit ergrautem Haar bedeckt, so kurz geschnitten, daß es wie die Faser eines dichtgeknüpften Teppichs wirkte. Die Grenzlinie des Haares umzog das Gesicht in einer scharf bestimmten und eigentlich edlen Linie. Seine Augen schimmerten uns gerade entgegen mit einem Ausdruck außerordentlichen Kummers und doch der Ehrlichkeit eines gestellten Tieres... Dieser Jude – denn das war er, wie ich nicht aus seinem Aussehen entnahm, sondern später erfuhr – und nur er hielt die Würde des Besiegten aufrecht.«

Sofort erkennt er in Carl Melchior den fähigen Unterhändler, einen Visionär des deutschen Schicksals. »Sein nationales Empfinden für Deutschland«, wird etwas später auch Siegmund von ihm sagen,[90] »hatte nichts zu tun mit einem konventionellen Patriotismus, für den der Satz ›right or wrong my country‹ bezeichnend ist. Carl Melchior fühlte sich als treues Mitglied der deutschen Gemeinschaft und war tief gebunden an die deutsche Sprache, die er mit so klarer und präziser Ausdrucksweise meisterte. Er hatte aber auch einen scharfen Blick für die Schwächen im eigenen Land.«

Da Keynes so sehr von Melchior angetan war, fiel ihm Max zunächst nicht auf, der ihn seinerseits jedoch sofort erkennt und in seinem Tagebuch bemerkt:[210] »Unter den Mitgliedern der Interalliierten

Finanzkommission war Keynes die bedeutendste Persönlichkeit... Am Schluß der Sitzung gab er uns jedesmal Gelegenheit, unsere Auffassung zu vertreten... Man merkte ihm an, daß es ihm nur um die Sache selbst ging und daß er den Schwierigkeiten sachlich auf den Grund zu kommen suchte.«

Die Verhandlungen beginnen in äußerster Verwirrung; die Bedingungen sind schlecht definiert und die Interessen der Alliierten sehr widersprüchlich. Das zeigt sich sofort in der Frage der 1915 verhängten Blockade: Der Waffenstillstand vom November sieht die Fortsetzung der Blockade bis zum Zeitpunkt der Festsetzung der Reparationen vor, und der im Dezember 1918 allein von den Franzosen ausgehandelte Zusatzwaffenstillstand untersagt den Deutschen, irgendwelche ihrer Guthaben im Ausland für Auslandskäufe zu verwenden, da diese Guthaben als Unterpfand für die künftigen Reparationen gelten. Die Blockade lastet auf den deutschen Unterhändlern wie eine absurde Erpressung. Keynes ist wütend:[90] »Die Blockade war zu jener Zeit ein sehr vollkommenes Werkzeug geworden. Ihre Erschaffung hatte vier Jahre gedauert... Ihre Urheber waren dahin gekommen, sie um ihrer selbst willen zu lieben; ... Die Sachverständigen berichteten deshalb, daß es unser einziges Werkzeug wäre, Deutschland unsere Friedensbedingungen aufzuerlegen, und daß es, einmal aufgehoben, kaum wieder eingeführt werden könnte.«

Was aber soll man vom besiegten Deutschland verlangen? Soll überhaupt etwas gefordert werden? Das ist die große Frage jener Zeit. Anstatt für ganz Europa die Härte der Zeiten anzuerkennen und gemeinsam einen verwüsteten Kontinent aufzubauen, macht es sich jeder der Sieger auf seine Weise am bequemsten, egoistisch und absurd, denn wenn man das ohnehin mit riesigen Kriegsschulden belastete Deutschland zudem noch zu Reparationszahlungen an die Sieger zwingt, selbst wenn es sich dazu noch weiter bei ihnen verschulden muß, dann reißt es sie mit sich in den Abgrund. Man fällt wieder in die Schuldenwirtschaft zurück, obwohl man genau weiß, daß sie am Ursprung des eben beendeten Krieges stand.

Die Verhandlungen beginnen am 12. Januar 1919 in Versailles mitten in der »Blutwoche« in Deutschland, in der Karl Liebknecht und Rosa Luxemburg ermordet werden. Die Revolution wird zerschlagen, die Spartakisten werden reihenweise massakriert. Der Untergang all ihrer Ideale läßt die deutsche Jugend in den Pazifismus oder den Revanchismus flüchten. Eine am 19. Januar gewählte verfassunggebende Versammlung tritt am 6. Februar erstmalig im Stadttheater von Weimar zusammen. Die Sozialdemokraten verbünden sich dort gegen die Extremisten mit dem katholischen Zentrum und mit den Demokraten, und am 11. Februar wird Ebert, der lieber die Monarchie hatte retten wollen, zum Reichspräsidenten gewählt. Reichskanzler wird ein anderer Sozialist, Scheidemann, und der Leiter der politischen Delegation in Versailles, der Katholik Erzberger, wird Finanzminister.[48]

In Versailles sieht die deutsche Delegation, die tief besorgt die Entwicklung der Lage beobachtete, zu ihrer Erleichterung endlich eine Regierung sich einrichten, die ihr überhaupt ein Verhandlungsmandat geben konnte. Tatsächlich aber kommt es nicht dazu, und die in Berlin herrschende Unordnung spiegelt sich auch in Versailles in einer desorientierten, disziplinlosen und sich selbst überlassenen Delegation wider. Irgendwann im Februar sucht Melchior ein Plätzchen, um sich mit Keynes in Ruhe unterhalten zu können, im Hotel des Réservoirs, wo man die deutsche Delegation mehr schlecht als recht untergebracht hat.

Er betritt ein Büro, in dem drei junge Deutsche herumlungern, einer spielt Klavier, ein anderer singt. Er ersucht sie, ihnen den Raum zu überlassen. Sie schreien ihn grob an. Ob er nicht wisse, daß zu dieser Tagesstunde in diesem Raum Musik erlaubt sei? Und ob er (auf seine Zigarette deutend) vergessen habe, daß Rauchen hier vor fünf Uhr verboten sei? »Hier haben Sie«, sagt Melchior zu Keynes, »ein Bild Deutschlands im Umsturz: Dies sind meine Schreiber.«[90]

In diesen Monaten führen Max Warburg, Melchior und Keynes lange Gespräche, über die letzterer mit großem Feingefühl berichtet:[90] »Melchiors Erregung war weniger gegen uns gerichtet als gegen Deutschland, gegen die Falschheit und Demütigung, die sein Volk auf sich herabgezogen hatte ... Und da verstand ich auch zum erstenmal höchst deutlich, daß die Einwohner von Ostdeutschland nach dem Osten blicken und nicht westwärts. Für ihn war der Krieg ein Krieg gegen Rußland gewesen, und was ihn am meisten bedrückte, war der Gedanke an die dunklen Mächte, die nun vom Osten ausgehen würden. Und besser als bisher verstand ich, wie strenggläubig er war, ein unbedingter und aufrechter Moralist, ein Anbeter der Gesetzestafeln, ein Rabbi... die unaufrichtige Annahme unmöglicher Bedingungen durch die andere Partei ohne die Absicht, sie auszuführen, Deutschland fast ebenso schuldig, Unerfüllbares anzunehmen, wie die Alliierten, aufzuzwingen, was sie zu verlangen kein Recht hatten – diese Versündigung gegen das Wort war es, die ihn so sehr verwundete.«[90]

Ende Februar 1919, zu der Zeit, als der bayerische Ministerpräsident Eisner ermordet wird, kehren Carl Melchior und Max Warburg nach Berlin zurück, um die Unterlagen für die Friedenskonferenz vorzubereiten. Sie wissen, daß man von Deutschland beträchtliche Summen fordern wird; in den Kanzleien kursieren die ausgefallensten Zahlen. Zu welchen Zahlungen kann man sich bereit finden? Und wie soll gezahlt werden? Sie ersuchen die Regierung Scheidemann, keinesfalls beliebige Zahlen zu akzeptieren. Man muß, predigen sie in Berlin, möglichst wenig zahlen und gleichzeitig langfristige Anleihen erlangen, um noch etwas für die zum Wiederaufbau notwendigen Grundstoffe übrig zu haben.[210] Die Unterlagen sind im April fertig.

Auch die Alliierten müssen sich abstimmen. Die Amerikaner möchten die Reparationen auf 25 Milliarden Dollar festsetzen. Frankreich und England wollen darüber hinaus von Deutschland noch die Erstattung ihrer Kriegskosten. Clemenceau hat vor allem die französische Vorherrschaft in Europa im Sinn, während England und die Vereinigten Staaten vor allem darauf bedacht sind, sich ihren deutschen Kunden zu erhalten. Die Alliierten stimmen sich im April ab und einigen sich auf einen provisorischen Plan. Am 7. Mai wird die Konferenz fortgesetzt. Die Alliierten legen ihre Bedingungen auf den Tisch. Selbst Max, der Pessimistischste in der deutschen Delegation, hat nicht mit so harten Bedingungen gerechnet: Verlust der Kolonien und Neutralisierung des linken Rheinufers; Verzicht auf sämtliche deutschen Auslandsinvestitionen und auf den größten Teil der Handelsflotte; Zahlung von 20 Milliarden Goldmark binnen zwei Jahren – davon 5 noch vor dem 1. Mai 1921 als Gegenleistung zu Lebensmittel und Rohstoffen – als Abschlagszahlung auf die noch festzusetzenden Reparationen.

Max ist überzeugt, daß Deutschland bei einer Unterzeichnung des

Versailler Vertrages auf dieser Grundlage auf Dauer ruiniert sein und das übrige Europa mit sich in den Untergang reißen wird; der Vertrag wird so auch für die Franzosen eine Katastrophe bedeuten, und er sagt es ihnen auch (»Frankreich wird einen Tag nach uns bankrott gehen«, sagt er auf französisch zu den aus Paris gekommenen Unterhändlern[55]). Aber die alliierten Delegierten, Keynes ausgenommen, haben taube Ohren. Dabei sagte ihnen Keynes doch unmißverständlich:[90] »Um all das zu bezahlen, müßte Deutschland einen Handelsüberschuß haben, der es viele lange Jahre die Hälfte mehr ausführen läßt, als es einführt, so daß es einige der wichtigsten Industrien Großbritanniens von den Märkten der Welt vertreibt.« Am 20. Mai verläßt Keynes angesichts der Weigerung der anderen Alliierten, auf ihn zu hören, Versailles und zieht sich für mehr als zwanzig Jahre an seine Universität zurück, von der aus er als Mann von großem Einfluß die Fehler seiner Zeit brandmarkt, während er gleichzeitig an seinem Werk schreibt.

Aber die von allerlei Aufständen begleitete Blockade veranlaßt die beunruhigte deutsche Regierung zum Nachgeben. Max reist mehrfach nach Berlin, um sie zu einer festen Haltung zu bewegen. Die Folgen des Abkommens wären für die junge Demokratie schlimmer als seine Ablehnung, sagt er. Am 9. Mai schreibt er an seine Frau:[210] »Das eine nur ist sicher, *den* Frieden können wir *ernsthaft* nie zeichnen.«

Am 17. Juni legen die Alliierten, nachdem Wilson den Italienern die Annektierung von Fiume und Dalmatien verweigert hat, den Deutschen einen endgültigen Text vor. Nach diesem Entwurf verliert Deutschland ein Achtel seines Gebiets und ein Zehntel seiner Bevölkerung. Ostpreußen wird vom übrigen Deutschland abgetrennt, das seinerseits auch alle Kolonien verliert. Es verliert 25 Prozent seines Stahls und seiner Kohle, 75 Prozent seiner Eisenvorkommen, 15 Prozent seiner Landwirtschaft. Der deutsche Generalstab wird aufgelöst. Die Wehrpflicht wird abgeschafft. Schwere Artillerie, U-Boote und Panzer sind ihm untersagt, das Heer auf 100 000 Mann begrenzt. Die Alliierten besetzen fünf Jahre lang das linke Rheinufer. Die Lieferung von Gerät und Maschinen wird verlangt, die Zahlung von 20 Milliarden Goldmark bis zum 30. April 1921 sowie der Verzicht auf alle Auslandsguthaben werden verlangt. Im politischen Teil schreibt der Vertrag die Entmilitarisierung der beiden Rheinufer auf die Dauer von fünfzehn Jahren vor, »um die Zahlung der Reparationen sicherzustellen«, deren Höhe noch festzusetzen bleibt, nachdem eine ebenfalls zu schaffende Reparationskommission den Umfang der Schäden geschätzt hat. Desgleichen sieht der Vertrag in seiner Präambel die Schaffung eines Völkerbunds vor, aus dem Deutschland ausgeschlossen ist.

Angesichts dieser niederschmetternden Bedingungen verlangt die deutsche Finanzdelegation am 18. Juni einstimmig vom Reichskanzler, keinesfalls diesen »Frieden zu unterzeichnen, der unweigerlich den Ruin Deutschlands zur Folge hätte«, und droht mit Rücktritt für den Fall, daß der Kanzler trotzdem unterschreibt. Der ebenso aufgebrachte Scheidemann verweigert die Unterschrift und tritt am 20. Juni zurück. Aber der an seiner Statt berufene Bauer fühlt sich nicht in der Lage abzulehnen, und am 22. Juni billigt der Weimarer Reichstag die Vertragsbedingungen, den die deutsche Regierung am 28. unterschreibt und den am selben Tag in der Spiegelgalerie von Versailles, in dem das Deutsche Reich aus der Taufe gehoben worden war, Clemenceau, Wilson, Lloyd George und die anderen Sieger paraphieren. Weder Max noch Carl gehören noch der deutschen Delegation an.

Am 11. August wird endlich die Weimarer Verfassung verkündet, deren Artikel 48 die Möglichkeit des Regierens mit Notstandsverordnungen vorsieht. So hat die Spartakistenrevolution, indem sie Sozialisten und Armee verschreckte, zur Erfindung des Instruments geführt, dessen sich fünfzehn Jahre später Hitler zur Machtergreifung bedienen wird.

Da aber zum allgemeinen Erstaunen der amerikanische Senat am 19. November die Ratifizierung des als gegen Deutschland zu hart empfundenen und im Widerspruch zu Wilsons Vierzehn Punkten stehenden Vertrages ablehnt, erhält dieser niemals Rechtswirkung, auch wenn er die gesamte Nachkriegszeit vergiftet und schließlich zu Hitler führt.

Siegmund tritt bei M.M. Warburg ein

Wie das ganze deutsche Bürgertum hat der Krieg auch die Familie Warburg schwer gebeutelt. Aby M., der von vornherein ganz gegen den Krieg war, hält die Niederlage für verdient. Seit 1916 schwer tuberkulosekrank, ist er in ein Sanatorium an der Schweizer Grenze gegangen und leidet mittlerweile unter Verfolgungswahn. Fritz kehrt aus Schweden in die Bank zurück, wo weiterhin der andere Aby, Georges älterer Bruder Aby S., arbeitet, der inzwischen fünf Kinder hat: den Sohn Karl und vier Töchter.

George selbst ist schwer krank. Seine Kopfschmerzen werden immer unerträglicher, ohne daß festzustellen ist, woher sie kommen.[215] Sein Vermögen hat sich mit den Kriegsanleihen verflüchtigt, die Weimar nie zurückzahlt. Sein Gut ist verwahrlost, und die Günzburgs drängeln sich dort mit mittellosen Arbeitern und Bauern. Seine Frau reibt sich in häuslicher Sorge auf.

Siegmund beendet seine Studien fast als Armer. Aus ihm ist ein ganz reizender, aber auch stolzer junger Mann geworden. Im Unglück bittet er niemals irgend jemand um irgend etwas; Geld interessiert ihn nicht, das Finanzwesen lockt ihn überhaupt nicht. Zu keinem Zeitpunkt denkt er auch nur daran, es zu seinem Metier zu erwählen. Sein Vater hat ihm mehr als genug vom langweiligen Leben in Hamburg und von der Strenge bei M.M. Warburg erzählt, und bei seinen Großvettern hat er nie den Eindruck gehabt, als mache ihnen das Leben Spaß.

Seine Leidenschaft gilt der Politik, und er ist fest entschlossen, den Vorlesungen an der nahen Tübinger Universität zu folgen und dort Professor zu werden, bevor er dann in die Politik geht; seine Mutter ist im übrigen damit einverstanden.

Aber Max, der sehr wohl die finanziellen Schwierigkeiten seiner Vettern in der Provinz kennt – wobei er bislang nicht viel getan hat, um diese Schwierigkeiten zu lindern –, sagt an einem Augustabend des Jahres 1919 zu Siegmund, er solle doch nach Hamburg kommen. Den siebzehneinhalb Jahre alten jungen Mann kennt er kaum. Aber als Familienoberhaupt möchte er ganz im Sinne derer, die ihm an dieser Stelle seit zweihundert Jahren vorausgegangen sind, etwas für den jungen Mann, den letzten der »Alsterufer-Warburgs«, tun. Nach einigen Zeugen soll sich Max damals auch noch aus anderen Gründen für Siegmund interessiert haben, weil er nämlich gewisse Zweifel an seinen eigenen, direkteren Nachkommen gehabt habe.

Er fragt: »Also, Siegmund, was wirst du jetzt tun?«

»Geschichte und Philosophie studieren und dann in die Politik gehen.«

»Sehr gute Idee, aber wie wär's, wenn du vorher etwas in der Bank bei mir arbeiten würdest? Du hättest ein Gehalt und könntest deiner Mutter unter die Arme greifen. Zu jung bist du dafür nicht. Alle Warburgs fangen hier mit achtzehn an. Mein Sohn Eric hat es eben getan.«

Siegmund zögert.[175] Er würde wirklich lieber weiterstudieren, ein Geistesarbeiter werden, Professor oder Schriftsteller wie sein Großvetter Aby M. oder sein Vetter James, Pauls Sohn in New York.

Aber Max läßt nicht locker. »Fang doch einfach als Volontär für ein oder zwei Jahre an. Wenn du der Beste bist, hast du allen Raum, hier kann jeder alles werden. Wenn's dir nicht gefällt, kannst du immer noch zur Universität zurück. Übrigens kannst du, wenn du bei mir in Hamburg arbeitest, abends auch an Vorträgen teilnehmen. Die gibt's hier laufend, über alles mögliche. Versuch's doch für ein oder zwei Jahre bei uns.«

Diese Zusammenkunft macht auf Siegmund tiefen Eindruck und wird zu einer Wende in seinem Leben. Das einzige Mal, da er sich bereit gefunden hat, einem Journalisten gegenüber von sich selbst zu sprechen, erzählt er über sechzig Jahre später den Hergang übrigens sehr präzise:[207] »Max sagte zu mir, die Bank würde mich auf eine Menge anderer Dinge vorbereiten. Er war ein Mann von großer Autorität, starker Ausstrahlung, und ich war ein eher schüchterner und zurückhaltender junger Mann. Ich wollte nicht in die Bank. Ich habe mich schließlich für die Dauer von ein oder zwei Jahren dazu überreden lassen.«

In Wirklichkeit ist sein Zögern auch darauf zurückzuführen, daß Erzberger ihn gerade eingeladen hat, für ihn über den Wahlkampf in Schwaben zu berichten. Und auch, weil er weiß, daß sein Vater es gern gesehen hätte, wenn er bei ihm geblieben wäre und die Leitung des Gutes in Urach übernommen hätte. Aber nach der Rückkehr spricht er mit seinem Vater, der ihm rät, auf jeden Fall in Hamburg anzufangen. Siegmund zögert immer noch, sagt aber zwei Monate später zu und läßt sich in Hamburg nieder, ohne freilich seine früheren Absichten aufzugeben.

Kaum ist er da, betätigt er sich auch schon politisch, indem er liberale Kandidaten unterstützt und Reden entwirft für den Freund seines Onkels und damaligen Industrieminister Walther Rathenau sowie für einen anderen Freund der Familie, Gustav Stresemann. Desgleichen interessiert er sich sehr für Literatur, mischt sich ins geistige Leben der Stadt und verschlingt ein Buch nach dem anderen. Obwohl sich sein Vater darüber mokiert, schreibt er an Stefan Zweig in Wien, um ihm seine Bewunderung kundzutun. Zu seiner großen Überraschung entwortet Zweig mit einem langen Brief, der den Ausgangspunkt einer Freundschaft bildet, die bis in ihren gemeinsamen Exilsort London und zum Tode des Dichters anhält.

Aber im wesentlichen atmen jene Jahre die nüchterne Strenge des Daseins eines Volontärs im Hause Warburg. Er entwirft Briefe, lernt die Buchführung, besucht die Dienststellen und öffnet die Post. Er arbeitet mit seinen Großvettern Max, Fritz und Aby M., seinem Vetter Eric und mit Carl Melchior zusammen. »Bei der ersten Unterhaltung, die ich damals mit Carl Melchior hatte«, schreibt er später,[90] »fühlte ich mich als junger Mensch zunächst durch seine Autorität ziemlich eingeschüchtert. Bald jedoch zeigten sich mir hinter dieser Autorität Eigenschaften des menschlichen Verstehens und innerer Ruhe, die den so viel jüngeren Menschen entschieden ermutigten, sich bei Carl Melchior auszusprechen und häufig von ihm Rat zu erbitten ... Carl Melchior war einer der ganz seltenen durch und durch objektiven Menschen... Er hatte jene höchste Art von Objektivität, die mit Leidenschaft und unter schwerem innerem Ringen erkämpft wird. Sie besteht in einer fast an Masochismus grenzenden Selbsterziehung mit dem Ziel, die triebhafte Subjektivität in sich zu überwinden, ohne aber die Intensität des eigenen Gefühls zu unterdrücken.«

Carl Melchior lehrt ihn, wie man Geschäftsbriefe verfaßt, und erhebt die Pflege des Stils, den man damals noch in ganz Europa auf französisch als »de haute finance« kannte, zur absoluten Forderung seines Lebens:[90] Es handelte »sich darum, einem wichtigen Geschäftsfreund, der unserer Firma eine Proposition gebracht hatte, die Ablehnung dieser Proposition mitzuteilen, und ich war der Junior, dem die Aufgabe erteilt wurde, den entsprechenden Ablehnungsbrief zu entwerfen. Den Hauptinhalt des Entwurfs bildete eine ausführliche Auseinandersetzung der Gründe für unsere negative Haltung. Als ich den Entwurf Carl Melchior zur Durchsicht übergab, strich er die gesamte Kette der Begründungen und sagte: ›Wenn wir in dem Brief lediglich unser Bedauern zum Ausdruck bringen, an diesem Geschäft nicht mitzumachen, und gleichzeitig den Wunsch aussprechen, bei anderer Gelegenheit ein gemeinsames Geschäft durchzuführen, wird der Empfänger wesentlich weniger gekränkt sein, als wenn wir uns die Mühe machen, die Gründe für unser Verhalten zu erklären, die er doch nicht verstehen wird.‹«

Eine Zentralbank der »Warburg-Lande«

Am 15. Juni 1919, noch bevor der Versailler Vertrag unterschrieben wird, kehren Max und Melchior enttäuscht, gedemütigt und tief besorgt nach Hamburg zurück, um der ausgebluteten Bank wieder auf die Beine zu helfen. Wie schon Max von Baden im Oktober 1918 schlägt Ebert im Juni 1919 Max und dann Melchior vor, in der Regierung Bauer das Amt des Finanzministers zu übernehmen. Beide lehnen ab, weil sie ihre Arbeitskraft lieber M.M. Warburg widmen wollen, das damals in großen Schwierigkeiten steckt. Es gilt, Angestellte zu finden, die Kontakte mit den Klienten zu erneuern und, wichtiger noch, die Außenstände hereinzubekommen. Das aber stellt sich als fast unmöglich heraus, und Max bekommt es mit der Angst zu tun. Wie er schon 1917 vorausgesagt hat, gerät seine Bank ohne neues Kapital auf den Weg zum Bankrott. Wo es finden, wenn nicht in Amerika? So schreibt er im Juni seinen Brüdern, sie sollen ihn doch besuchen und ihm helfen. Paul und Felix machen sich, ohne zu zögern, auf den Weg nach Europa.

Da Max im Juli von Scheidemann in die Schweiz geschickt wird, wo er bei der Schweizer Regierung und den Schweizer Banken einen Kredit für Deutschland erbitten soll, gibt Max seinen Brüdern die Schweiz als Treffpunkt an; im August 1919 treffen sich die drei Brüder zum erstenmal seit sechs Jahren in St. Moritz.[55] Max erbittet von ihnen die enorme Summe von 6 Millionen Mark zur Rettung der Bank. Paul und Felix raten ihm, die Sache aufzugeben, die Bank zu schließen und zu ihnen nach Amerika zu kommen:

»Deutschland ist verloren, das weißt du genau; schließlich hast du ja in Versailles die Unterschrift verweigert. Europa befindet sich auf dem

Abstieg und wird dem Kommunismus anheimfallen. Wozu bleibst du noch?«

»Aber nein doch, wir werden wieder eine große Bank werden, und Hamburg wird die neue Hauptstadt des industriellen Deutschland...«

Man trennt sich, ohne zu einer Einigung gelangt zu sein. Felix reist nach New York zurück. Paul dagegen bleibt noch einige Zeit in Europa auf der Suche nach einer Rolle in der Organisation der Finanzierung der europäischen Schulden. Für ihn kann dieses Problem durchaus eine weltweite Katastrophe einläuten, wenn man ihm nicht beikommt in der Art, wie er selbst in Amerika es zu lösen mitgeholfen hat: Anstatt Europa kurzfristige Kredite zu gewähren, muß man eine Art internationale Zentralbank einrichten, die diese Kapitalbewegungen in Form langfristiger Darlehen organisiert.

Aber, so sagt er, das geht nicht ohne Beteiligung öffentlicher und privater Gelder, öffentlicher und privater Banken. So begibt er sich nach Basel und dann nach Amsterdam, wo erstmalig seit Kriegsende und teilweise auf seine Initiative hin im Oktober Bankiers und Wirtschaftswissenschaftler aus England (darunter Keynes), Frankreich, Amerika und Deutschland (darunter Max Warburg) zusammenkommen.[90] Man diskutiert über die eventuellen Reparationen und deren Folgewirkung auf die europäische Wirtschaft. Paul lanciert die Idee einer auf die Finanzierung der Reparationen spezialisierten Bank, die gleichzeitig dafür sorgen soll, daß die Reparationszahlungen den internationalen Handel wieder in Schwung bringen.

Aus dieser Idee werden mehrere Institutionen entspringen bis hin, wie wir noch sehen werden, zur Bank für Internationalen Zahlungsausgleich und zur heutigen Weltbank.

Bei dieser Zusammenkunft von Amsterdam wird sein Entwurf lebhaft diskutiert, aber ohne sofortiges Ergebnis. Am 12. Oktober telegrafiert Keynes von dort an Melchior in Hamburg, er solle doch zu ihm kommen. Am 15. kommt Melchior an und stellt Keynes Paul Warburg vor. Am nächsten Tag gehen sie alle drei durch die Stadt, die Melchior noch aus der Zeit gut kennt, als er für das im Krieg befindliche Deutschland Kredite aushandelte.[90] Ins Hotel zurückgekehrt, liest ihnen Keynes eine Passage aus seinem Buch *Die wirtschaftlichen Folgen des Friedensvertrages* vor, in der er in harten Worten über Wilson und seine Niederlage im Kongreß wegen des

Versailler Vertrages spricht. Keynes schreibt:[90] »Ich beobachtete die Reaktion der beiden Juden; Paul Warburg haßte den Präsidenten aus persönlichen Gründen und empfand ein boshaftes Vergnügen über seine Niederlage. Er lachte, stimmte mir zu und fand das alles ausgezeichnet. Melchior wurde, je länger ich las, um so feierlicher, und am Schluß war er den Tränen nahe. Er war fern, wie auf der anderen Seite eines Schleiers; weder die tiefen Ursachen noch die Unausweichlichkeit dieses Schicksals noch die Größe des Fluchs berührten ihn noch. Für ihn waren die Gesetzestafeln untergegangen.«

Das Amsterdamer Treffen hinterläßt bei allen Teilnehmern tiefe Spuren. Alle anwesenden Bankiers, Wächter ihrer Welt, erkennen, wie dringlich es ist, Deutschland wieder mit den Alliierten zu vertäuen, Europa in Gang zu setzen, es aus dem Räderwerk der kurzfristigen Verschuldung zu befreien, indem man diese konsolidierte. Alle spüren, daß Amerika, das nicht mehr von der Kriegswirtschaft getragen wird, alles daransetzen muß, damit in Europa wieder ein Markt entsteht, weil sonst seinen eigenen, neuerdings von Industriekrediten übersättigten Finanzmärkten die Luft ausgehen wird.

Bei seiner Rückkehr nach Hamburg im November 1919 findet Max das Land voller Unruhe. Die Boulevardpresse ist voller Aufrufe zum Mord an den »Novemberverbrechern«, d.h. Republikanern, Sozialisten und Juden. Die Rechte wirft ihm vor, daß er bereit gewesen sei, als Unterhändler nach Versailles zu gehen, wo er das Land verraten habe; er muß sich verstecken. Die wirtschaftliche und politische Lage bessert sich nicht, ganz im Gegenteil. In Bayern versucht die extreme Linke einen Aufstand; mehrere hundert Kommunisten werden erschossen. Im März 1920 versucht die äußerste Rechte einen Staatsstreich. Im Juni werden im Ruhrgebiet und in Sachsen Arbeiteraufstände hart unterdrückt. Die Weimarer Regierung balanciert zwischen den Extremen und stützt sich gegen das hungernde Volk auf die Reichswehr.

Eine Zeitlang sieht es dennoch so aus, als werde sich alles zum Besseren wenden. Die deutsche Wirtschaft lebt langsam wieder auf, ihr internationaler Kredit bessert sich um ein Geringes. Die großen Firmen stocken ihr Kapital auf, die Fusionen setzen wieder ein. In diesem Jahr lehnt Max Warburg es ab, einen brillanten jungen Deutschen bei sich als Volontär aufzunehmen, Hermann Josef Abs[175] (von dem noch die Rede sein wird), weil er sich nicht verpflichten will, nach Ableistung seines Volontariats bei der Bank zu bleiben. Die Mark stabilisiert sich auf einem Zehntel ihres Vorkriegswertes. Aber die Regierung überschätzt ihre Kräfte und ist allzu optimistisch: Im Frühjahr 1920 entschädigt sie mit Hilfe der Reichsbank die Banken für ihre Kriegsanleihen und die Industriellen an der Ruhr für ihre Verluste in Lothringen, ohne jedoch dafür eine produktive Gegenleistung zu verlangen, und so schöpft sie einfach zusätzliche Währung.[160]

Wieder macht Ebert Max den Vorschlag, wie schon vor ihm Bethmann Hollweg, der Prinz von Baden und Scheidemann, das Amt des Finanzministers oder auch den Botschafterposten in den Vereinigten Staaten zu übernehmen, wo Harding eben Wilson abgelöst hat. Max lehnt beides ab. Das eine, weil er es immer noch nicht für gut hält für die Juden, wenn einer der ihren in der Regierung steht, das andere, weil »ich mehr gewohnt bin, zu befehlen als zu gehorchen«.[210] Zu der Zeit trifft er in Berlin einen erstaunlichen Bankier wieder, Hjalmar Schacht, der eben als Direktor in die Reichsbank gekommen ist, nachdem er zuvor als Bankier in Kiel, München und Leipzig, Paris und London tätig gewesen ist und während des Ersten Weltkrieges Mitglied der Bankgruppe des besetzten Belgien war,[160] wo sich die beiden kennenlernten. Der Christ und Freimaurer Schacht ist wie Max der Meinung, man brauche dringend einen langfristigen Kredit, um die fünf ersten Milliarden der deutschen Schulden bezahlen zu können.

In diesem Jahr ändert sich in Wall Street so manches. Im ganzen Land entwickeln sich die Banken. Die von Charles E. Merryl 1910 gegründete Börsenfirma fusioniert mit der von Edmund C. Lynch zur Merryl Lynch, und die Bank von J.P. Morgan verbündet sich mit der von Harold Stanley.[81]

Paul ist inzwischen entschlossen, sich auf eigene Rechnung niederzulassen und eine Art internationale Zentralbank zu gründen, die er International Acceptance Bank nennt. Er möchte große öffentliche und private Banken in Europa daran beteiligen, die in der Lage sind, von amerikanischen Banken gegebene Anleihen zugunsten des internationalen Handels zwischen den beiden Kontinenten gegenseitig zu gewährleisten. Es dauert mehrere Monate,[55] bis er die Svenska Handelsbanken, die Skandinaviska Kredit Aktie Bolaget, die National Provincial Bank, N.M. Rothschild, die Züricher Schweizerische Kreditanstalt, Dreyfus Söhne aus Basel, Hope & Co, Handel Maatschappig und in Deutschland M.M. Warburg davon überzeugt hat, daß es in ihrem Interesse liegt, sich zu beteiligen. Es gelingt ihm.

Im April 1920 wird die International Acceptance Bank eröffnet. Pauls Sohn Jimmy,[55] ein eigenartiger Intellektueller, der nach Abschluß seiner Studien in Harvard im Jahr 1917 zu den Marines gegangen ist und unter Pseudonym das Libretto des erfolgreichen Musicals »Time and Dandy« und danach mehrere Bücher über Baumwolle, Leder und Finanzen geschrieben hat, kommt und arbeitet bei seinem Vater.

Nun beginnt eine Flucht nach vorn. Das auf diese Weise ausgelöste Wachstum des Welthandels wird nie ausreichen, um alle diese Kredite noch auch die Kriegsschulden zurückzahlen zu können. Paul wird später erkennen, daß er die Katastrophe lediglich hinausgezögert und zugleich verschlimmert hat. Wer aber konnte angesichts des Aberwitzes der Menschen etwas anderes tun? Wer hätte gegen die gnadenlose Mechanik der absurden und selbstmörderischen Rachsucht auch nur irgend etwas vermocht?

Deutschland fängt sich etwas

Ab Sommer 1920 ändert sich die Lage in Europa geringfügig. Millerand tritt an die Stelle von Deschanel, dem Clemenceau bei den Präsidentschaftswahlen unterlegen war. In London ist weiterhin Lloyd George Premierminister. Deutschland zahlt die für 1919 und Anfang 1920 vorgesehenen Beträge in Sach- und Geldleistungen. Danach allerdings wird es mit allen Mitteln versuchen, die in Versailles festgelegten Termine nicht einzuhalten noch die Reparationen zu zahlen, die zehn Jahre lang in Konferenzen, die von Stadt zu Stadt wandern, in illusorischer Höhe und mit theoretischen Modalitäten festgesetzt werden.

So werden auf der ersten Reparationskonferenz in Spa am 5. Juli 1920 die Prozentsätze bestimmt, die jedem Siegerland zufließen sollen: 52 Prozent für Frankreich, 22 Prozent für Großbritannien und 10 Prozent für Italien; der Rest verteilt sich auf Japan, Rumänien, Belgien, Griechenland, Serbien und Portugal. Des weiteren muß der Preis für die Kohle beschlossen werden, die Deutschland den Siegermächten als Reparation abtreten soll. An sich sollte der Preis sehr niedrig sein, aber die Chefs der deutschen Zechen, Hugo Stinnes und Otto Wolff, weigern sich, auch nur ein Kilo deutscher Kohle an Frankreich zu liefern, wenn der Preis nicht angemessen ist, und sind nur bereit, zu einem Golddollar zu verkaufen plus 10 Dollar Darlehen pro gelieferter Tonne, womit sie tatsächlich einen ausgezeichneten Preis erzielen, der dem Weltmarktpreis vergleichbar ist.[160]

Max stellt sich an die Spitze einer Rehabilitierungskampagne Deutschlands. Er verlangt den Beitritt zum eben erst geschaffenen Völkerbund und fordert eine große internationale Wiederaufbauanleihe. Im selben Jahr tarnt er die Auslandsfilialen von Zeiss und Krupp, um den Versailler Vertrag zu umgehen und deren Beschlagnahmung zu vermeiden, als englische und holländische Unternehmen, indem er sie durch die wiedereröffneten Filialen von M.M. Warburg in London (die »Merchant and Finance Corporation«) und Amsterdam (»M.M. Warburg Co.«) aufkaufen läßt. Im März legt er die erste deutsche Nachkriegsindustrieanleihe in Höhe von 100 Millionen Mark zugunsten der Berliner Elektricitäts-Gesellschaft auf. Die Bank Guggenheim in New York übernimmt ein Viertel davon.[136]

Ebenfalls in diesem Jahr errichtet er mit der Berliner Bank Mendelssohn die erste internationale Bank, die Fremdinvestitionen nach Deutschland locken soll, die Deutsche Waren-Treuhand-AG, und finanziert den Kauf neuer Schiffe für die »Linie«, die er nach Ballins Selbstmord vor dem Bankrott bewahrt hat. Eines wird auf seinen Namen, ein anderes auf den Namen von Carl Melchior getauft.[137] Siegmund, der bei ihm arbeitet, verfolgt passioniert diese Vorgänge.

Ende 1920 beginnen die Verhandlungen für die Festsetzung der Reparationsbeträge. Carl Melchior macht zusammen mit einer Sachverständigengruppe Vorschläge im Namen Deutschlands, die die Franzosen jedoch im Januar 1921 in einer Konferenz in Paris verwerfen. Die Alliierten fordern 226 Milliarden Mark in 42 Jahresraten. Anfang März, in London, lehnt Deutschland ab und schlägt im Gegenzug 30 Milliarden vor zusätzlich zu den bereits seit Kriegsende in Sach- und Geldleistungen beglichenen 20 Milliarden. Die Franzosen sind wütend und besetzen am 8. März zur Strafe Düsseldorf und Duisburg. Am 27. April reduzieren die Alliierten auf der wiedereröffneten Londoner Konferenz ihre Ansprüche auf 132 Milliarden Mark.

Wenn Deutschland diesen Betrag annähme, müßte es Jahr für Jahr 2 Milliarden Mark zahlen und auf ein Viertel seiner Ausfuhreinnahmen verzichten, d.h. mehr als die gesamten Steuereinnahmen des deutschen Staates, was natürlich unmöglich ist. Trotz des Ultimatums der Alliierten, die mit der Wiederbesetzung von ganz Süddeutschland drohen, lehnen die Deutschen diese Forderung ab. Der tote Punkt ist erreicht.

In Deutschland geht die Blockade weiter und verschärft die Knappheit. Im Juni wird Wirth zum Reichskanzler ernannt. Die sozialen Unruhen greifen um sich, das Kapital flüchtet; die Handels- und Bankverträge lauten immer häufiger auf Pfund oder Dollar. Daraufhin akzeptiert der Reichstag das alliierte Ultimatum. Wirth unterschreibt das Londoner Abkommen, und um mit der Zahlung dieser 132 Milliarden Goldmark beginnen zu können, werden große Mengen von Gold und Devisen verkauft, wodurch sich die Solvenz und Anleihefähigkeit Deutschlands noch mehr verringert. Max Warburg wiederholt daraufhin jedem, der es hören will, die einzige vernünftige Lösung sei, daß sich die Alliierten bereit fänden, Deutschland langfristig die Mittel zur Zahlung dieser mittlerweile unvermeidlichen Reparationen zu leihen.[210] Aber es gelingt ihm nicht, derartige Kredite zu beschaffen, abgesehen von einem kleinen Betrag: Die International Acceptance Bank gewährt M.M. Warburg 9 Millionen Dollar für die Finanzierung der Einfuhr lebenswichtigen Getreides nach Deutschland.[136]

Deutschland lebt also weiterhin von kurzfristigen Darlehen. Angesichts der unzureichenden Produktion und der Höhe der Schulden beschleunigt sich die einige Zeit gezügelte Inflation im Frühjahr 1921 wieder (zur selben Zeit wird Erzberger ermordet). Die Inflation steigert die Aktivität der deutschen Banken, denn mit steigenden Preisen muß das Kapital der großen Firmengruppen regelmäßig aufgestockt und für Krupp, Daimler oder die Hamburgischen Elektricitätswerke müssen Anleihen aufgelegt werden.[137] Wie die anderen Banken verdient M.M. Warburg damit zwar das Nötige für den Existenzerhalt, aber eben doch auf Kosten des Wertes der eigenen Aktivposten und der von der Inflation um ihre Ersparnisse gebrachten Anleger. Die Inflation nährt sich aus dem Verfall der Mark. Der Dollar steigt von einem Gegenwert von 63 Mark im Juni 1921 auf über 100 im Dezember. Es dauert nicht lange, und die Leute ziehen ihr Geld aus der Bank zurück. Im Laufe dieses Jahres gehen Kapital und Reserven der deutschen Banken um 70 Prozent, die Einlagen und Korrentkonten um 80 Prozent zurück. Mehrere Privatbanken machen Bankrott, und in einigen Fällen treten öffentliche Körperschaften in ihr Kapital ein.

Allmähliches Abgleiten in den Hitlerismus

Dank der Brüder in Amerika gehört M.M. Warburg zu den wenigen Finanzinstituten, die der praktischen Verstaatlichung entgehen. Ende 1921 kann die Bank den größten Teil ihrer Vorkriegsschulden einlösen.

Für das Land als solches gilt das ganz und gar nicht. Nur sechs Monate, nachdem er das Londoner Abkommen unterzeichnet hat, erklärt Reichskanzler Wirth, Deutschland sei unmöglich in der Lage, die Fälligkeiten vom Januar 1922 einzuhalten, und fordert ein Schuldenmoratorium. Von einem Kredit will er nichts wissen, weil dies bedeuten würde, daß Deutschland zum Vasallen würde. Im Januar 1922 wird eine neue Reparationskonferenz in Cannes eröffnet, auf der Walther Rathenau, der immer noch Wiederaufbauminister ist, die verzweifelte Lage seines Landes darlegt. Die Sorge der britischen Bankiers wegen des Risikos eines deutschen Bankrotts veranlaßt Lloyd George zu Anpassungsvorschlägen. Der französische Ministerpräsident Briand akzeptiert zunächst, wird jedoch am 12. Januar 1922 von seinem Staatspräsidenten Millerand desavouiert, worauf Briand zurücktritt und durch Poincaré ersetzt wird; der Reparationsbetrag bleibt auf der in London festgesetzten Höhe: 132 Milliarden Mark, und der einzige Unterschied liegt nunmehr noch darin, daß dieser Betrag mittlerweile zur reinen Fiktion geworden ist.

Wirth ruft Max und Melchior im Februar nach Berlin, um mit ihnen eine neue europäische Wirtschaftskonferenz vorzubereiten, die der britische Premierminister Lloyd George für April nach Genua einberufen hat. Max weigert sich, dorthin zu reisen, und ersucht Melchior um äußerste Vorsicht. Er schreibt ihm:[210] »Ich möchte unter keinen Umständen sehen, daß wir in Verbindung gebracht werden mit der Abdankung unserer finanziellen Selbständigkeit, abgesehen davon, daß ich von einer solchen Kontrolle nichts erwarte.« Er bittet Melchior,[210] »sofort den Saal zu verlassen, falls mit der internationalen Anleihe die Forderung einer Finanzkontrolle für Deutschland verknüpft werden sollte«.

Mittlerweile ist die Inflation nicht mehr zu verbergen. Im Februar 1922 verliert die Mark erneut 25 Prozent gegenüber dem Franc und zwischen dem 15. und 31. März 1922 weitere 10 Prozent. Im April versucht die Regierung Wirth eine brutale Stabilisierung. Als der ins Außenministerium übergewechselte Walther Rathenau mit Moskau den Rapallovertrag schließt, der das Ende der Isolierung Deutschlands bedeutet, läßt Wirth ihn Max bitten, in die Regierung einzutreten. Zum fünftenmal binnen zwei Jahren lehnt Max ab und erklärt,[210] er hielte es für gefährlich, »den Deutschen mehrere jüdische Minister in ein und demselben Kabinett vorzusetzen«.

Einen Monat später, am 24. Juni, wird Walther Rathenau von zwei judenfeindlichen Extremisten, Angehörigen der Geheimorganisation »Consul«, ermordet. An diesem Tag erklärt der zum Vorsitzenden der Volkspartei gewordene Gustav Stresemann im Reichstag zum großen Ärger der Konservativen: »Der Feind steht rechts.« Wie alle, die unter den deutschen Liberalen und Intellektuellen Rang und Namen haben, begibt sich auch Siegmund zur Beisetzung Rathenaus; nie wird er die Rede vergessen, die der AEG-Vorsitzende und Nachfolger Rathenaus auf diesem Posten, Felix Deutsch, hält:[175] »Alle Menschen haben die Fehler ihrer Vorzüge, aber durchaus nicht alle auch die Vorzüge ihrer Fehler.«

Dieser Mord und die drohende Ruhrbesetzung durch die Alliierten lösen in Deutschland eine Welle extremer Agitation aus und machen dem Stabilisierungsversuch Wirths den Garaus. Die Gewalttaten erreichen einen Höhepunkt. Im August 1922 warnt der Hamburger Polizeichef wiederum Max vor Attentatsdrohungen und bittet ihn, seine Gewohnheiten zu ändern, sich mit Leibwachen zu umgeben oder, besser noch, sich wenigstens für ein paar Wochen in die Niederlande zu begeben. Max entschließt sich, Hamburg für zwei Monate zu verlassen. Zum erstenmal seit dem Kriege reist er wieder in die Vereinigten Staaten.

Im Oktober 1922 gelangt in Italien Mussolini an die Macht, und in London wird Lloyd George gestürzt. Im November wird unter dem

Druck des Ruhrgebiets – angeführt von Hugo Stinnes, dem Herrn über ein gewaltiges Industrieimperium – Wirth durch Cuno ersetzt, der seinerseits Ballin an der Spitze der »Linie« nachgefolgt war. Trotz der kritischen Lage in Deutschland aber besteht Frankreich weiterhin auf den in London festgelegten Zahlungen.

Hyperinflation

Ein schreckliches Jahr beginnt. Da Deutschland immer noch nicht zahlt, besetzen am 11. Januar 1923 französische und belgische Truppen das gesamte Ruhrgebiet. Die wirtschaftliche und finanzielle Lage Deutschlands wird absolut katastrophal, die Mark bricht vollends zusammen, die Wechselkurse steigen von Minute zu Minute. Max Warburg vermerkt in seinem Tagebuch:[210] »Die Mark hörte überhaupt auf, noch die Bezeichnung Währung zu verdienen; sie wurde zu einer bloßen Illusion.« Die Juden, der Mittelstand, die Bankiers werden en bloc von der Presse angegriffen. Im März beschuldigt die judenfeindliche Zeitung *Der Hammer* Max Warburg, er habe die russische Revolution finanziert und Deutschland in Versailles verraten. Da Deutschland immer noch ein Rechtsstaat ist, verklagt Max die Zeitung auf Verleumdung und erhält Schadensersatz. Im Juni beschließt Cuno die Wiederaufnahme der Zahlungen und legt dazu eine Goldanleihe von 500 Millionen Mark auf. Aber wer soll Deutschland in diesem Zustand Geld leihen? Die Zeichnung ergibt nur 168 Millionen, die sofort von den Gläubigern abgeschöpft werden. Die Inflation galoppiert, die Lage ist aussichtslos: Am 13. Juni ist der Dollar 1 Million Mark, im August 100 Millionen wert!

Am 12. August 1923 wird der Führer des rechten Flügels der Nationalliberalen, Gustav Stresemann, Reichskanzler und bildet eine Koalitionsregierung mit den Sozialdemokraten. Die Mark ist keinen Pfifferling mehr wert: 1300 Papierzulieferer und 2000 Druckereien drucken Tag und Nacht Banknoten. Die Moral ist auf den Nullpunkt gesunken, Zynismus macht sich breit. Mittelschicht und Bürgertum sind ruiniert. Der Schmelztiegel für den Nazismus steht bereit.

Im September wird die Banktätigkeit immer komplexer und verlangt mehr und mehr Angestellte. Um ihre Aktiva zu schützen und ihren

Auslandsverpflichtungen nachzukommen, plaziert M.M. Warburg nunmehr ihr Kapital und ihre Gewinne in Devisen. Die Wirtschaft »verdollarisiert« sich mehr und mehr oder verhandelt in Pfund Sterling. Das ist die Geburtsstunde der ersten »Eurodollars«. Sogar die Gemeinden zahlen ihre Beamten in Fremdwährung und machen dazu Anleihen bei den Banken. So schießt M.M. Warburg im September 1923 der Stadt Hamburg 50000 Pfund Sterling vor, damit sie die Hafenarbeiter bezahlen kann.[137] Am 15. Oktober 1923 liegt der Wert der Mark bei 2520 Milliarden pro Dollar, am 5. November bei 4200 Milliarden.[43]

In Amerika löst in diesem Jahr Vizepräsident Coolidge im Weißen Haus Präsident Harding ab.

Am 18. Oktober 1923 stirbt Siegmunds Vater in Konstanz im Alter von 52 Jahren; er ist fast wahnsinnig und steht am Rande des Ruins. Er wird auf seinem Gut beigesetzt.[215] Seine Frau ist bis zum bitteren Ende stets bei ihm geblieben. »Je mehr sein Leiden zunahm, desto mehr teilten sie und er ihre Erlebnisse bis in die kleinsten Einzelheiten, und durch über drei Jahre vor seinem Tode war meine Mutter nicht einen einzigen Tag von ihrem Mann getrennt. Nach dem Tode meines Vaters fand es meine Mutter zunächst sehr schwierig, sich neu zu orientieren... Nun, da mein Vater von dieser Welt gegangen war, wollte sie ... soweit wie möglich die verschiedenartige Arbeit fortsetzen, die mein Vater in der Verwaltung des Gutes und im Verkehr mit den benachbarten Gemeinden getan hatte. Hinzu kam die Betreuung der vielen Gäste, die aufs Gut kamen; manchmal war unser Haus wie ein Hotel... Manche Gäste, die auf einige Tage zu kommen geplant hatten, blieben für Wochen und Monate bei ihr.«[211]

Max Warburg, Hjalmar Schacht und einige andere retten Weimar

In den wahnwitzigen Wirren der Zeit schält sich nach und nach eine Lösung heraus: An die Stelle der bankrotten Mark muß eine andere Währung treten. Niemand weiß genau, wer als erster die Idee hatte. Gemeinhin gilt Schacht als ihr Urheber. Andere erheben ebenfalls Anspruch darauf. Auch Funk, Luther und Hilferding, die sich im

Finanzministerium ablösten, werden behaupten, sie hätten diese neue Währung erfunden.[160] Jedenfalls steht fest, daß Max und Paul Warburg dabei, wenn auch sehr diskret, eine bedeutende Rolle gespielt haben. Das war so.

Ende September 1923 errichten auf Max' und Pauls Initiative drei Banken in Hamburg – M.M. Warburg, die Norddeutsche Bank und die Dresdner Bank – die »Hamburgische Bank«, in der die meisten großen Industriefirmen der Stadt vertreten sind und die auf Gold basierendes Notgeld ausgibt (später wird die Hamburgische Bank das erste deutsche Finanzinstitut, das durch Warburgs Verbindung mit der International Acceptance Bank in New York Rediskontmöglichkeiten in Dollars erhielt). Es funktioniert. Seltsamerweise wird Hamburg wie schon siebzig Jahre zuvor durch fremdes Geld gerettet, das die Warburgs dank einer Heirat, diesmal freilich nicht in Österreich, sondern in Amerika, in die Stadt bringen.

Dieser geniale Einfall wird Weimar retten. Es gilt nur, ihn aufs ganze Land auszuweiten. Das tut Schacht.[120] Er steht seit zwei Jahren der Reichsbank vor, macht sich jetzt die Idee der Warburgs zu eigen und schlägt am 15. Oktober 1923 Stresemann die Schaffung einer neuen Währung für ganz Deutschland vor, der »Rentenmark«, die auf der Gesamtheit der deutschen Wirtschaft beruht; zu ihrer strikten Kontrolle wird ein neues, vom Staat unabhängiges Emissionsinstitut, die »Rentenbank«, mit einem Kapital von 3,2 Milliarden Rentenmark geschaffen.

In München versuchen am 9. November 1923 Hitler und Ludendorff einen Putsch, der kläglich fehlschlägt. Am 12. wird Schacht Reichswährungskommissar und am 22. Dezember Präsident der Rentenbank; im folgenden Jahr wird er wieder Präsident der Reichsbank mit Ministerrang, so daß er an allen Kabinettssitzungen teilnimmt. Für ihn ist die am 15. November geschaffene Rentenmark nur eine Etappe auf dem Weg zur Wiederherstellung der Goldkonvertierbarkeit der Mark.[160] Die Stabilisierung geht ziemlich schnell vonstatten. Am 17. liegt die Parität der Rentenmark bei einer Trillion Papiermark.

Am 23. November ist Stresemann, dem die Sozialdemokraten die Unterstützung entziehen, zum Rücktritt vom Amt des Reichskanzlers gezwungen, doch bleibt er noch sechs Jahre Außenminister. Am 30. tritt der Zentrumsmann Marx an seiner Stelle das Amt des Reichskanzlers an.

Im Dezember stabilisiert sich der Kurs der Mark bei 2,2 Milliarden pro Dollar. Eine Zeitlang befinden sich die alte und die neue Währung gleichzeitig im Umlauf, wobei die Papiermark die offizielle Währung bleibt.

Am 30. Dezember 1923 schreibt Max Warburg an den befreundeten Kopenhagener Bankier Carl Otto Henriques:[210] »Ich bin Philosoph geworden; das ist die einzige Methode, sich seine Lebensfreude, den Appetit und Humor, einige der wenigen Dinge, die nicht versteuert werden, zu erhalten. Das Unglück der Inflation war ja auch so groß, daß jetzt, nachdem man durch einige Salto mortale Augenblicke der Inflationsruhe gehabt hat ... man in dieses Unglück wohl *nicht* wieder verfallen wird. Es wird ja allerdings noch große Rekonvaleszentenschmerzen geben, bevor wir auch wirtschaftlich nur annähernd wieder in Ordnung kommen.«

Weimar ist für den Augenblick gerettet.

Siegmund erlebt diese verrückten Jahre in Hamburg bei Max, der ihn über alles auf dem laufenden hält. Er arbeitet dort auch mit Walther Rathenau und nach dessen Tod mit Gustav Stresemann und Hjalmar Schacht an Reden und Aufzeichnungen. Und er beschließt, in der Bank zu bleiben, denn was er dort erlebt und erfährt, interessiert ihn leidenschaftlich. Immer auch wird er sich daran erinnern, daß Max ihm damals sagte, in diesem ganzen Wirbel »konnte die Bank nur deshalb überleben, weil jeden Augenblick auch den kleinsten Problemen unsere ganze Aufmerksamkeit galt«, und, seinen Bruder Aby M. zitierend, diesen herrlichen Satz eines Ästheten hinzufügte:[175] »Der liebe Gott wohnt im Detail.«

Der Dawesplan: Erste Dollars für Europa

Amerika ist jetzt bereit, Deutschland zu helfen, denn allmählich beginnt es, die Gefahren der deutschen Schwäche zu begreifen. Seit dem Bruch des Londoner Abkommens im Dezember 1921 hat Deutschland fast nichts mehr gezahlt, sieht man einmal von der unzureichenden Zeichnung der Anleihe vom April 1923 ab. Die im Versailler Vertrag vorgesehene Reparationskommission tritt endlich am 30. November 1923 zusammen, beauftragt einen Amerikaner, den Bankier Charles G. Dawes aus dem Mittleren Westen, sich Reparationen in realistischer Höhe auszudenken. Gewiß kehrt mit der Währungsstabilisierung Anfang 1924 wieder das Vertrauen zurück und zeigt sich ein wirtschaftlicher Neubeginn in Deutschland. Aber Schachts Währungsstrenge setzt den Krediten, die die Banken anbieten können, enge Grenzen, denn er verlangt, vor jeder neuen Kreditvergabe müßten alle laufenden Kredite zurückgezahlt sein.[120] Folglich vervielfachen sich die Firmenzusammenbrüche, tritt Arbeitslosigkeit an die Stelle der Inflation und besitzt Deutschland auch weiterhin nicht die Mittel, um die in London festgelegten Fälligkeiten zu bedienen.

Als Schacht am 8. Februar 1924 Charles G. Dawes zum erstenmal empfängt, erklärt er ihm, er wolle ja gerne vernünftige Summen bezahlen, aber nur unter der Bedingung, hierzu keine kurzfristigen Anleihen im Ausland aufnehmen zu müssen.[160] Er wolle deshalb ausländische Investitionen in Deutschland fördern und die deutschen Unternehmen dazu drängen, sich im Ausland zu verschulden, damit Devisen eingingen, womit sich wiederum die Wirtschaftslage verbessern lasse. Im Frühjahr 1924 erklärt die Daweskommission nach dreimonatiger Arbeit, eine Gesundung der deutschen Wirtschaft liege im Interesse der Alliierten, selbst wenn man dazu Reparationsfälligkeiten verschieben oder neu gestalten müsse:[192] Ebendiese Ansicht vertraten schon seit Versailles Max Warburg und John Maynard Keynes. Fünf Jahre fast hatten die Alliierten gebraucht, zu dieser Einsicht zu gelangen. Fünf Jahre zu spät. Im April schlägt Dawes eine erste Anleihe Amerikas in Höhe von 800 Millionen Goldmark zu 8 Prozent vor und verlangt als Gegenleistung dazu die Einrichtung der alliierten Kontrolle über die Reichsbahn und die Reichsbank. Die Entschädigungsleistung bleibt auf 132 Milliarden Goldmark fixiert,[191] aber die Raten sollten nach und nach von 1 auf 2,5 Milliarden Mark steigen. Fünf Jahre lang wird Deutschland sie zahlen.

Im selben Monat April 1924 richtet M.M. Warburg zusammen mit der International Acceptance Bank in New York Dollar-Rediskontkredite für deutsche Firmen ein. Darunter befindet sich auch ein zunächst auf 5, sodann auf 25 Millionen Dollar lautender Rediskontkredit für die Golddiskontbank, in deren Aufsichtsrat Max eintritt.[136] Im selben Monat stirbt Hugo Stinnes, der einen riesigen Konzern hinterläßt, der vom Bankwesen bis zum Stahl und vom Zement bis zum Papier reicht.

Mit einigen Monaten Abstand werden im selben Jahr die anderen europäischen Währungen, die immer noch auf der Suche nach einer höchst theoretischen Rückkehr zu den Vorkriegsparitäten floaten, Opfer der deutschen Inflation des Vorjahres. Trotz der 1918 eingerichteten und 1924 verstärkten Devisenkontrolle löst der Sieg des Linkskartells in Frankreich eine Spekulation gegen den Franc aus, die insbesondere von Hamburg aus gelenkt wird. Ob und wie dabei M.M. Warburg mitgespielt hat, ist nicht festzustellen.

Die Lazard Bank finanziert daraufhin gemeinsam mit der Morgan Bank eine Gegenspekulation, und die französische Regierung, die ihr ganzes Gewicht in die Waagschale wirft, kann den Wechselkurs des Franc stabilisieren. Im Mai erleiden die Hamburger Spekulanten so schwere Wechselkurseinbußen, daß Max Warburg, um die an der Spekulation Beteiligten zu retten, einen Stützfonds von 110 000 Pfund Sterling organisieren muß, der von den wichtigsten Banken der Stadt gespeist wird.[137] Etwas später, 1926, drückt eine Regierung der nationalen Einheit in Frankreich den Wert des Dollar von 40 auf 25 Franc.[85]

Am 30. August vereinfacht und vereinheitlicht, wie im Dawesplan vorgesehen, ein Gesetz das deutsche Bankwesen unter alliierter Aufsicht: Die Rentenbank wird beseitigt, und die Reichsbank wird zum einzigen, vollkommen regierungsunabhängigen Emissionsinstitut mit einem Generalrat aus sieben Deutschen und sieben Ausländern. Auf Schachts Verlangen, dessen Freund und Berater er nach und nach wird, wird Max Warburg zum Mitglied ernannt. Das Kapital der Reichsbank beträgt 300 Millionen Goldmark. Die Reichsmark wird wieder zur Staatswährung mit Golddeckung. Tatsächlich sind die in Umlauf befindlichen Noten nur zu 40 Prozent durch die Reserven der Bank gedeckt, ein weiteres Viertel durch Devisen. Die Parität wird pro Reichsmark – oder pro Trillion Papiermark – auf 0,3583 Gramm Feingold festgelegt.[160]

Der Dawesplan wird am 1. September 1924 von dem im Mai gewählten Reichstag ratifiziert. Daraufhin verlassen Belgier und Franzosen das Ruhrgebiet, und Deutschland lebt in den nächsten fünf Jahren von amerikanischen Anleihen, die sich im Jahr bis auf 250 Millionen Dollar belaufen. Dillon Read und die New Yorker International Acceptance Bank, Sullivan & Crownwell unter der Leitung von J. F. Dulles in Amerika und Schroeders in London organisieren diese Kredite.[81] Die Hälfte der Kredite verläuft über die drei großen deutschen Universalbanken Deutsche Bank, Commerzbank und Darmstädter Bank und die andere Hälfte über drei große Geschäftsbanken, darunter M. M. Warburg, die dabei große Gewinne erzielt.[107] Im wesentlichen gehen die Kredite an Krupp und Stinnes, an Kohle und Stahl also. Für die Auflage dieser Dollaranleihen, die Organisation der Bankkonsortien und die Plazierung der Wertpapiere bilden die deutschen und amerikanischen Banken in Berlin und Hamburg ein ganzes Netz von hochqualifizierten Sachverständigen, unter denen man auch Max' Großneffen Siegmund und Schachts Kabinettchef Gert Weisman findet, dem wir später noch begegnen werden.

Der während der Hyperinflation entstandene Pfund- und Dollarmarkt entwickelt sich im Zusammenhang mit diesen Anleihen weiter. Er ist jedoch noch zu eng, als daß er – wie es vierzig Jahre später beim Eurodollarmarkt der Fall sein wird, dessen Vorfahr er ist – auf den Kurs von Pfund oder Dollar wirken könnte, die beide floaten.

Im Oktober 1924 geht der International Acceptance Bank die Luft aus. Paul hat den Glauben an sie verloren; überall sieht er die Schulden sich auftürmen und die Spekulation grassieren. Das Geld geht mehr in die Märkte als in die Investition – ein schlechtes Zeichen. Aber Max braucht immer mehr Kapital, um sein Haus in Gang halten zu können, und so gründet er zusammen mit amerikanischen Banken, darunter Kuhn, Loeb & Co., in New York die »American and Continental Corporation« mit einem Kapital von 10 Millionen Dollar, um Industriekredite und -investitionen für Deutschland organisieren zu können.[217]

Mit Anwendung des Dawesplans kann die deutsche Wirtschaft ihre Schulden etwas konsolidieren und können Wertpapier- oder Anleiheemissionen einen gewissen Umfang annehmen. Damit verdient M. M. Warburg eine Menge Geld, indem sie die von gewissen deutschen Unternehmen dank der Inflation und des Spiels mit den floatenden Wechselkursen erzielten Vermögen in Devisen oder langfristigen Investitionen anlegt. So organisiert die Bank die Fusion der Ossag-Werke mit Shell und arbeitet eine Abmachung zwischen zwei deutschen Gruppen und einer amerikanischen Gruppe für den Bau eines neuen Verbindungskabels zwischen Deutschland und den Vereinigten Staaten über die Azoren aus.[136]

Die große Illusion

Der Schweizer Franken und das Pfund stabilisieren sich. Eine Währung nach der andern kehrt zu einer stabileren Goldparität zurück, und jede möchte – Versuchung der guten Zeitläufte – die Vorkriegsparitäten wiedererlangen. In Deutschland beschleunigt sich die erwartete Sanierung. Ende 1924 setzt die Reichsbank die 1923 getroffenen Maßnahmen gegen die Kapitalflucht außer Kraft und senkt den Diskontsatz. Mit der Stabilisierung der Wechselkurse erledigt sich auch die Notwendigkeit umfangreicher Schreibarbeit, und die Personalstärke von M.M. Warburg verringert sich wieder auf 358, verglichen mit 535 ein Jahr zuvor.

Alles in allem hat Max nach vier Jahren am Rande des Bankrotts seine Bank wieder in die erste Reihe des deutschen Finanzwesens gebracht. Er hat sie aus dem Abgrund gerettet, teilweise dank seines Einflusses auf die finanziellen Optionen der verschiedenen deutschen Regierungen, dank vor allem auch seiner Brüder in Amerika, für die Hamburg das geworden ist, was Petersburg vor 1914 für Max selbst gewesen war: die Stadt, in der Verwandte vom Ruin bedroht sind. Und selbst wenn er ein sehr diskreter Mann ist, viel weniger im Rampenlicht steht als Schacht oder Melchior, so weiß doch jedermann in München wie Berlin, welche Rolle er im öffentlichen Leben spielt. Als daher im März 1924 beim Prozeß nach seinem Putschversuch ein noch fast unbekannter Wichtigtuer, Adolf Hitler, von der baldigen Errichtung einer Regierung von »Ausverkäufern, deren Finanzminister ein Jude sein wird«, spricht, weiß alle Welt, daß er an Max Warburg denkt.

In den Reichstagswahlen vom Dezember 1924 muß die extreme Rechte und Linke Verluste zugunsten der Gemäßigten hinnehmen. Der bei den Nationalisten verhaßte Marx tritt am 15. Januar 1925 zurück und wird vom Essener Bürgermeister Luther ersetzt. Die Reichswehr läßt die Sozialdemokraten fallen und verbündet sich mit der Rechten.

In den Vereinigten Staaten steht die Prohibition in höchster Blüte. In London ist Stanley Baldwin Premierminister und trifft mit seinem

Schatzkanzler Churchill eine aberwitzige Entscheidung, die ganz Europa schaden wird: Im Mai 1925 stellt er die Golddeckung mit der Parität des Pfundes von 1913 wieder her, 4,68 Dollar pro Pfund. Die Münzenprägung ist nicht mehr freigegeben, und die Konvertierbarkeit ist nur in Barren von 400 Unzen zugelassen.

Diese Entscheidung wird sofort von Keynes kritisiert, der die Parität für viel zu hoch hält. Wieder behält er recht: Die britische Industrie ist nicht bereit, dabei mitzumachen, wenn ihrer Währung der absolute Inkonvertierbarkeitsstatus auferlegt wird; sechs Jahre lang versuchen die verschiedenen Regierungen, immer wieder deflatorisch diese anachronistische Parität des Pfundes hochzuhalten, und lösen damit Arbeitslosigkeit und Rezession aus. Wie Michel Aglietta sehr richtig sagt,[197] »läßt sich die irrwitzige Entscheidung der englischen Regierung, die Goldparität von 1913 wiedereinzuführen, nur durch die Macht des Mythos erklären, durch den magischen Glauben, diese mutige Tat genüge, um die Interessengleichheit vor dem Ersten Weltkrieg wieder herbeizuführen. Aber sie war nur noch eine leere Hülle.«

Die Mechanik des Dawesplans ist jetzt in vollem Gange, und die Dollars strömen aus ganz Europa und Amerika nach Deutschland im Austausch gegen die Reparationen, die die Reichsbank zahlt. Die Hauptarbeit von M.M. Warburg besteht darin, in New York und London das Kapital für die Finanzierung deutscher Unternehmen und Gemeinden aufzutreiben. Folglich gründet Max in New York mit Dulles und Hayden Stone and Co. eine weitere Investitionsgesellschaft, »European Shares Inc.«, für Investitionen in Deutschland. Die Angelegenheit geht aber schief, und die Gesellschaft wird bald darauf liquidiert. Sofort schafft er mit den wichtigsten englischen Merchant Banks (N.M. Rothschild and Sons, Kleinworth Japhet), der Prudential Insurance Company sowie der New Yorker International Acceptance Bank eine andere in London, die »Industrial Finance and Investment Corporation Ltd.«.

Im Sommer dieses Jahres begegnet er bei einem Frühstück bei Schacht dem neuen, nach Eberts Tod am 28. Februar 1925 gewählten Reichspräsidenten Hindenburg. Auf Anraten von Felix trifft er sich auch mit dem gerade in Berlin weilenden Chaim Weizmann und läßt auf dessen Bitten den jüdischen Gemeinden in Polen amerikanische

Gelder zukommen. Eine seiner Töchter, Gisela, wird zu einer begeisterten Zionistin. Desgleichen macht er seinen Einfluß auf allen Ebenen geltend, um den deutschen Handel mit der UdSSR zu entwickeln: Die Reichsregierung schickt ihn an der Spitze eines Konsortiums nach Moskau zur Eröffnung eines Handelskredits von 300 000 Pfund Sterling für eine sowjetische Handelsgesellschaft, die in Deutschland Käufe tätigen möchte.

Alles scheint zum Besten bestellt. Max freut sich über die Unterzeichnung des Vertrages über kollektive Sicherheit in Locarno im Oktober 1925 durch Gustav Stresemann und hofft, daß nun endlich der Friede in Europa einkehren wird. Die Gebäude der Bank werden vergrößert und erstrecken sich jetzt breit an der Ferdinandstraße. Am Jahresende zählt M.M. Warburg nur noch 327 Angestellte.[136] Aber schon nagt das Schuldenübel von innen her an der ganzen deutschen Gesellschaft.

»Nächstes Jahr in Jerusalem«

Langsam erholt sich die Familie von den Kriegsverlusten. Der wieder genesene Aby M. kehrt 1925 an die Spitze seines Instituts in Hamburg zurück. Fritz arbeitet wieder bei Max und dessen diabetikkrankem Vetter Aby S. Max' Sohn Eric, der noch in den letzten Kriegstagen an die Front geschickt worden war und von dort ziemlich erschöpft zurückkehrte, arbeitete zuerst als Volontär in der Hamburger Bank und ging dann 1921 zu Kuhn, Loeb & Co. in New York und zu Brandeis-Goldschmidt und Rothschild in London. 1923 verbringt er ein Jahr in New York bei seinem Onkel Paul in der International Acceptance Bank und läßt sich endgültig in Amerika nieder. 1924 jedoch verläßt er New York und nimmt für 100 Dollar im Monat eine Arbeit in Oregon an. Ein Jahr lang unternimmt Max alles mögliche, um ihn zur Rückkehr zu bewegen. Er schickt Paul nach Oregon, der Eric überzeugen kann, wieder nach New York zu kommen, von wo aus er dann am Jahresende wieder nach Hamburg geht. Fünfzehn Jahre lang fungiert er daraufhin, ständig zwischen Hamburg und New York pendelnd, als »Stimme seines Vaters«.[55]

Paul selbst kümmert sich ausschließlich um seine Bank und setzt keinen Fuß mehr zu Kuhn, Loeb & Co., die damals in voller Blüte steht. Felix ist weiterhin bei Kuhn Loeb, ebenso Otto H. Kahn und Mortimer L. Schiff, der beim Tode seines Vaters Jacob 1920 dessen Nachfolge angetreten hat, und Jérôme J. Hanauer.[217] Zu ihnen gesellt sich eine erstaunliche Gestalt, der Engländer Sir William Wiseman, der nach einer Gasvergiftung an der Front 1917 nach Amerika kam, wo er die dortige psychologische Kriegführung Englands leitete. Die Bank legt im Jahr Anleihen in Höhe von 9 Milliarden Dollar auf, davon zwei Drittel für die Eisenbahnen und den Rest für die Industrie und ausländische Emittenten.[217] Das bringt über eine Million Dollar im Jahr ein.

Felix ist einer der reichsten Amerikaner seiner Zeit geworden, ein Mann, vor dem sich in der Metropolitan Opera der Dirigent verneigt. Aber der Dandy aus der Vorkriegszeit ist nicht mehr wiederzuerkennen; sein militanter Einsatz für die Sache der Juden hat ihn völlig verwandelt. Er führt den Vorsitz im Joint Distribution Committee, das den armen Diasporagemeinden großzügig unter die Arme greift, und sorgt für dessen Niederlassung in der ganzen Welt. Er ist Mitbegründer des American Jewish Appeal, der die Sammlungen zugunsten des Joint Distribution Committee und des United Appeal for Palestine koordiniert.[55] In seinen fünfzehn letzten Lebensjahren schenkt er den jüdischen Wohltätigkeitswerken über 13 Millionen Dollar und wird weltweit einer ihrer größten Verantwortlichen.[203]

Die Lage im Nahen Osten ist in starke Bewegung geraten. Die englischen und amerikanischen Zionisten bemühen sich um die Errichtung einer Jewish Agency für die Niederlassung von Juden in Palästina und erhalten 1920 die Genehmigung der Engländer dazu. Im Juli 1922 erhält England dank der Bemühungen von Lord Balfour vom Völkerbund das Mandat über Palästina.

Felix ist kein Zionist, aber das Schicksal der Juden liegt ihm sehr am Herzen, und er unterstützt alles, was zu ihren Gunsten ist, selbst Dinge, die er nicht billigt – und er billigt nichts von dem, was sich in Palästina tut, wohin seiner Meinung nach die russischen Juden den Kommunismus tragen. Im Frühjahr 1923 begegnet er in New York zum erstenmal einem bemerkenswerten englischen Chemiker, dem in Rußland geborenen, aus kleinbürgerlichen Verhältnissen stammenden

Chaim Weizmann; während des Krieges leitete er die Labors der britischen Admiralität, er ist mit dem Außenminister Lord Balfour befreundet und bemüht sich jetzt von London aus um die finanzielle und politische Unterstützung des Zionismus durch die amerikanischen jüdischen Gemeinden. Der künftige Präsident des Staates Israel beschreibt diese erste Begegnung wie folgt:[177]

»Ehrenhaft und in hohem Maße wohltätig, war er der Angelpunkt des amerikanischen Judentums, auch wenn er nicht mit ihm in Reih und Glied marschierte. Er hatte etwas vom ›bon prince‹ an sich... Kurz nach meiner Ankunft drüben im Frühjahr 1923 war ich etwas erstaunt, eine Einladung von ihm zum Lunch im Büro von Kuhn, Loeb & Co. in William Street zu erhalten. In einem der fürstlichen Zimmer des fürstlichen Gebäudes thronte ein außerordentlich leutseliger und liebenswürdiger Herr, ganz Grandseigneur, aber sehr huldvoll. Es schien mir, als ob dieser Lunch mit ihm nicht nur eine Pflicht, sondern auch ein Vergnügen für mich zu werden versprach. Ich hatte mich zu früh gefreut. Die anderthalb Stunden, die wir zusammen verbrachten, war Mr. Warburg fast ausschließlich damit beschäftigt, mir aufgrund der Berichte, die er erhalten hatte, zu erzählen, was in Palästina vor sich ging. Eine phantastischere Salbaderei habe ich, um ehrlich zu sein, nie von einer verantwortlichen Stelle gehört. Bolschewismus, Unmoral, Geldverschwendung, Müßiggang, Unfähigkeit – all das wurde uns vorgeworfen und nur aufgrund von Schwätzereien.«

Daraufhin schlägt Weizmann ihm vor, selbst nach Palästina zu gehen und sich ein eigenes Bild zu machen. »Zu meiner Überraschung griff er den Vorschlag auf. ›Sie haben ganz recht‹, sagte er, ›ich werde mit meiner Frau sprechen und wenn möglich sofort nach Palästina fahren.‹ Zu meiner weiteren Überraschung hielt er Wort und reiste mit Frau Warburg innerhalb vierzehn Tagen nach dieser ersten Unterhaltung nach Palästina. Ich telegraphierte an Kisch, ihnen alles zu zeigen.«

Nach dieser Reise ist Felix wie umgewandelt. »Er und seine Frau kehrten in die Vereinigten Staaten zurück – ich selbst war noch dort –, begierig zu helfen, wo sie nur konnten. Wieder wurde ich zum Lunch eingeladen, diesmal in ihrem Haus. Wieder saß ich da und hörte zu, und was ich hörte, war nichts als Lob über Palästina und unsere

Unternehmungen dort. Selten habe ich eine vollkommenere Bekehrung erlebt... Diese Bekehrung war, glaube ich, der wirkliche Anlaß zur Beteiligung Warburgs an unserer Arbeit. Nebenbei legte sie den Grundstein zu unserer lebenslänglichen Freundschaft, welche die Belastungsprobe durch sehr viele Meinungsverschiedenheiten aushielt. Sie entstanden dadurch, daß wir aus verschiedenen Gesichtswinkeln auf Palästina sahen: Für uns Zionisten war die Bewegung eine nationale Wiedergeburt; für ihn, jedenfalls in dem ersten Stadium seiner Teilnahme, eine von den siebenundfünfzig Wohlfahrtseinrichtungen, die er unterstützte – vielleicht größer und interessanter als einige andere, aber im wesentlichen dasselbe. Seine ganze Erziehung ließ es nicht zu, daß er die Sache so ansah wie wir; überdies warnten ihn zweifellos die Leute, die in den zahllosen anderen Unternehmungen, die er betreute, mit ihm zusammenarbeiteten, dauernd, wie gefährlich es sei, wenn er sich zu sehr mit den Zionisten identifiziere. Warburg war eine der wertvollsten Stützen der Arbeit in der Gemeinde, und sie fürchteten sehr, ihn durch eine neue Idee, die bei ihm einschlug, zu verlieren, da es bei seinem Radikalismus möglich war, daß sie seine ganze Einbildungskraft gefangennahm.«

Auf Bitte Weizmanns gründet Felix 1923 einen Ausschuß, der die Entstehung der Jerusalemer Universität finanzieren sollte, die embryohaft bereits seit 1918 auf dem Mount Scopus existierte. »Im Herbst 1923«, schreibt Weizmann,[177] »als ich zum zweitenmal in diesem Jahr nach Amerika kam, nachdem ich dem 13. Zionistenkongreß in Karlsbad beigewohnt hatte, zeichnete Mr. Warburg eine halbe Million Dollar für die Hebräische Universität durch den Amerikanisch-Jüdischen Ärzteverein.« Er bemüht sich sehr um die Universität und weiht sie im Oktober 1924 gemeinsam mit Weizmann und Einstein ein, die wie er im ersten Aufsichtsrat sitzen. Sofort aber geraten die drei Männer in Meinungsverschiedenheiten über die Zielsetzung der Hochschule. Felix Warburg will eine Universität des Judentums, Chaim Weizmann und Albert Einstein wollen dagegen ein politisches Institut des Zionismus. Felix setzt sich durch; daraufhin gründen Weizmann und Einstein in Tel Aviv als Gegeneinrichtung das spätere Weizmann-Institut.

Felix' Kinder können sich ebensowenig wie ihr Vater für das Finanzwesen begeistern. Sein ältester Sohn Frederick kommt 1920 als

Volontär zu Max, als gerade auch Siegmund und Eric in die Bank eintreten. 1925 kehrt er zu Kuhn, Loeb & Co. zurück, wo er – abgesehen von sechs Jahren bei Lehman Bros. – sein ganzes Leben bleibt. Vor allem dem Sport zugetan, läßt er sich in Middleburg in Virginia nieder, wo er sein eigenes Gestüt besitzt, und nur selten läßt er sich in New York sehen. Felix' zweiter Sohn Gerald macht sich als Cellist und Dirigent einen Namen. Die andern interessieren sich, jedenfalls im Augenblick, nur für sich selbst.

Siegmund geht auf Reisen

Nachdem er drei Jahre lang in Hamburg das Bankmetier von Grund auf erlernt, die schwierige Geburt der Weimarer Republik und die schreckliche Agonie seines Vaters miterlebt hat, reist Siegmund ins Ausland.

Wie alle jungen Warburg-Bankiers seit einem Jahrhundert geht er 1924 als erstes nach London zur Bank N.M. Rothschild, mit der die Familie gewohnheitsmäßig Volontäre austauscht. Dort entdeckt er die City. Sicher, der Krieg hat das wirtschaftliche Zentrum der Welt vollends auf die andere Seite des Atlantiks verlagert, und ebenso gewiß ist die englische Zahlungsbilanz defizitär und können weder Dienstleistungen noch Kapitaleinkünfte mehr den Außenhandel ausgleichen, aber die City ist doch weiterhin der Hauptfinanzplatz des Planeten. Die Dienste, die sie leistet, bringen Großbritannien immer noch fast so viel ein, wie es die Rohstoffe kosten, die es einführen muß, und es verleiht an die Welt auch weiterhin das Geld, damit sie die in England gekauften Maschinen bezahlen kann. London bleibt Mittelpunkt einer ganzen Reihe von Märkten; die Baumwoll- und Kupferkurse, die Versicherungstarife und Anleihekosten folgen immer noch dem Wert des Pfundes und nicht des Dollars. Über die Hälfte des Welthandels lautet noch auf Sterling.

Seit ihrem erdrückenden Wahlsieg vom 29. Oktober 1924 wird England von den Konservativen regiert. Baldwin ist Premierminister, Churchill Schatzkanzler, Austen Chamberlain im Foreign Office, und Neville Chamberlain ist Gesundheitsminister. In der City beherrschen die beiden größten Merchant Banks jener Zeit, Baring und Rothschild, die übrigen zwölf, die mit ihnen zum Allerheiligsten zugelassen sind, dem 1914 geschaffenen Komitee der Akzeptbanken.

Wie schon zuvor haben die hier getätigten Geschäfte praktisch keinerlei Beziehung zum englischen Wirtschaftsleben: Die City leuchtet noch hell, auch wenn im übrigen England nach und nach die Lichter ausgehen.

Siegmund betrachtet fasziniert diese Elite und ist erstaunt ob ihres anscheinend so gelockerten Lebensstils, der so ganz anders ist als in Hamburg. Er schließt mit der gesamten englischen Intelligenzija Bekanntschaft und führt das Leben eines Dandys, verkehrt in der Familie Rothschild und bei den anderen großen Bankdynastien, den Hambros, Barings. In Konzerten begegnet er auch einem anderen jungen deutschen Bankier, der in seinem späteren Leben eine bedeutende Rolle spielen sollte: Hermann Josef Abs, der ebenfalls nach einem kurzen Aufenthalt in Amsterdam in London als Volontär für eine kleine Bank arbeitet, die ihn nach Max' Absage angestellt hat. Ende 1924 kehrt Siegmund dann nach Hamburg zurück und arbeitet mit seinem Onkel, mit Schacht und dessen Kabinettschef Gert Weisman an der Einrichtung amerikanischer Anleihen.

Im Frühjahr 1925 wird er mit Eva Maria Philipson bekannt, der Tochter des Generaldirektors einer großen Stockholmer Bank, der mit seinem Onkel Fritz in enger Verbindung steht, die nun für einige Zeit nach Kösterberg gekommen ist, um Deutsch zu lernen. Bald ist die Hochzeit beschlossene Sache. Sie wird im Januar 1926 in Stockholm gefeiert. Siegmund bleibt noch ein Jahr in Hamburg, bevor er Anfang 1927 mit seiner Frau zur Fortsetzung seiner Ausbildung zunächst nach Boston abreist, zur fähigsten Wirtschaftsprüferfirma Amerikas, Lybrand, Ross Bros. & Montgomery. Dort kommt im selben Jahr sein Sohn zur Welt, der natürlich vom Vater den Vornamen George erhält. Das folgende Jahr verbringt er in New York, zunächst bei Paul in der International Acceptance Bank und dann bei Felix in der Kuhn, Loeb & Co., wo er sich mit amerikanischen Krediten für Deutschland befaßt.

Nie wird er diese Aufenthalte bei diesen Vorkriegsbankiers vergessen, die wie seine Familie in Hamburg im Geld nicht das Hauptziel ihres Lebens erblicken. »Die Befriedigung, eine Leistung vollbracht zu haben, war wichtiger als der erwartete Gewinn. Für sie war die Bank eine positive Erfüllung, ein geistiger Sport.«[175]

Dort findet er eine alte, in den Wirren von Weimar etwas untergegangene Tradition seiner Familie wieder, daß der Gewinn nur Nebenprodukt eines gut gemachten Geschäfts und keineswegs Selbstzweck ist. Er schließt Bekanntschaft mit allen, die in New York Rang und Namen haben, freundet sich mit Charles Lindbergh an, der soeben den Atlantik überquerte, und insbesondere mit dessen Schwiegervater, dem Partner in der Morgan Bank und Freund Roosevelts, Dwight Morrow, den er sehr schätzt. Noch lange wird er sich an ein Wort von ihm erinnern:[214] »Es gibt zweierlei Arten von Menschen: Die einen machen die Dinge, die andern schreiben sich das Verdienst dafür zu. Die erste Gruppe ist kleiner als die zweite, und zur ersten muß man zu gehören suchen.« Er wird dazugehören.

Schuldenwirtschaft

1926 setzen drei Jahre des Wachstums ein, in denen Bankiers der Welt durch ihre Kredite die Krise, die sie damit hinauszögern zu können hoffen, noch verschärfen. Es sind die Jahre illusorischen Wohlstands in einer Sturzflut, die auf Stromschnellen und Abhänge zujagt.

Die Wechselkurse sind wieder fest geworden und scheinen durch die unmittelbare oder mittelbare Goldkonvertierbarkeit der Hauptwährungen gesichert. Dank des Spiels der Kredite entwickelt sich der internationale Handel. Das Metier der Investitionsbank wird dabei sehr rentabel, und die Geschäftsbanken machen sich gegenseitig eifrig Konkurrenz. Dank der während des Krieges für die Verteilung der Rüstungsbons geschaffenen Verbindungsnetze, die man wohl oder übel für andere Zwecke verwenden muß, begeben die amerikanischen Banken blindwütig Anleihen für Unternehmen aller Art, seien es nun Radiofabriken, Autofirmen oder Luftfahrtunternehmen. Die amerikanischen Sparer investieren rückhaltlos darein. Die Emission steigt gewaltig und erreicht bis zu 25 Millionen anstelle der einen Million der Vorkriegszeit. Die Konkurrenz zwischen den Banken ist erbittert, ihre Einkünfte sind beträchtlich.[217] Kuhn, Loeb & Co. ist Hansdampf in allen Gassen, von der Geschäftsbank bis zur Vermögensverwaltung, wo sie nun u.a. auch den künftigen Papst Pius XII., Kardinal Pacelli, unter ihren Kunden zählt, der bis 1920 Nuntius in Bayern war und für den sie 200 000 Dollar in US Steel anlegt.[81]

Deutschland richtet jetzt vom Ruhrgebiet bis Berlin die Mittel für seine Macht wieder auf. Luther ist Reichskanzler geworden, Stresemann steht immer noch dem Auswärtigen Amt vor und erhält in diesem Jahr, ein Jahr nach Dawes und Austen Chamberlain, gemeinsam mit Briand den Friedensnobelpreis. Am Ende dieses Jahres 1926 wird Carl Melchior zum deutschen Vertreter in der Finanzkommission des Völkerbundes ernannt, zu dem Deutschland gerade zugelassen worden ist. Das Zusammentreffen Stresemanns mit Briand in Thoiry, letzter Versuch einer finanziellen und politischen Einigung zwischen Deutschland und Frankreich, wird von Poincaré wieder zunichte gemacht.

Meilenweit von der Hamburger Anglophilie entfernt setzt im Herzen Deutschlands die Industriekonzentration der Kanonenhändler wieder ein. In einer Abmachung zwischen Osten und Süden fusioniert 1926 die Rhein-Elbe-Union von Hugo Stinnes, dem jüngeren Sohn des zwei Jahre zuvor verstorbenen Vaters gleichen Namens, mit Thyssen, Phoenix und den Rheinischen Stahlwerken zu den »Vereinigten Stahlwerken«. Die ganze Ruhrelite gehört dazu: Thyssen, Siemens und Heinrich von Stein.[160] Ihre Macht ist beträchtlich. Ihre Vertreter sitzen in allen Großunternehmen sowie in Banken wie der Berliner Handels-Gesellschaft. Sie verwenden das sowohl im Rahmen des Dawesplans als auch unmittelbar auf dem New Yorker Markt aufgenommene amerikanische Geld. So verkauft Hugo Stinnes 1926 Anteile an den Vereinigten Stahlwerken an zwei fiktive Unternehmen, die er eigens zu diesem Zweck in New York geschaffen hat, die »Hugo Stinnes Industries« und die »Hugo Stinnes Corporation«, um sich Dollars zu verschaffen.[107] Andere deutsche Industrielle tun es ihm nach.

Schon fängt sogar die industrielle Macht Deutschlands wieder an, Europa zu überstrahlen: So gründen 1926 die deutschen Stahlhersteller einen privaten Zusammenschluß der Haupthersteller der Welt, die »Entente Internationale de l'Acier« mit Sitz in Luxemburg, die sie völlig in der Hand haben.[107]

In der Wall Street und an der Börse kann Max dank seiner Beziehungen seine Anleihen jederzeit besser plazieren als sonst jemand, so zum Beispiel zwei langfristige Anleihen in New York, davon eine zu 5 Millionen Dollar zugunsten der Stadt Hamburg, die andere zu 10 Millionen Dollar für die Industrie, sodann eine dritte über 2 Millionen Pfund in London, ebenfalls für die Industrie. Desgleichen spielt er weiterhin in den Transaktionen zwischen den deutschen Firmen, der Staatsbank der UdSSR und den verschiedenen Sowjetregierungen eine bedeutende Rolle.[137]

1927 beugt er sich schließlich der Tatsache, daß sich in Deutschland das Schwergewicht nach Berlin verlagert hat, und eröffnet dort ein kleines Büro. Das Jahr vergeht ohne besondere Vorkommnisse. Die Familie ist jetzt sehr vereint und befindet sich, was selten vorkam, fast vollständig in Hamburg: Fritz, Max, Aby M., Aby S., Eric und Siegmund (bis er 1927 wieder nach Amerika geht) – jeder hat sein Haus in Kösterberg oder Travemünde. Aby M. ist schwer krank, Aby S. leidet immer stärker an Zucker. Paul und Felix kommen immer noch oft. Kuhn, Loeb & Co. hat sich mittlerweile ihrem Zugriff entzogen, neue Teilhaber treten dort ein, so G. Bovenizer, W. Wiseman und L. Strauss.

Die Wirtschaft des Kontinents hält sich mehr denn je nur noch durch Verschuldung. Und Max, der die Katastrophe nahen sieht, drängt die Deutschen, auch in Amerika zu investieren und damit echte Einkünfte zu erzielen anstatt sich nur auf Kredite zu verlassen, die eines Tages wohl oder übel zurückgezahlt werden müssen. Denn es kommt, wie es kommen mußte: Der Markt wird allmählich unruhig, die Kreditgeber halten sich zurück. Die kurzfristigen Zinsen in der Welt steigen, wobei die deutschen Schulden zu mehr als der Hälfte aus Krediten von weniger als sechs Monaten bestehen.

Max mißtraut allmählich gewissen Klienten und lehnt es ab, für bestimmte Unternehmen Anleihen aufzulegen. Dennoch hält er seine Bank weiterhin für unverwundbar. Er weiß, daß Pauls International Acceptance Bank sowie Felix' Kuhn, Loeb & Co. ihm grenzenlos beistehen. Dennoch bedrängen ihn beide aus unterschiedlichen Gründen, alles zu liquidieren und zu ihnen nach New York zu kommen: Paul, weil er die Weltfinanzkrise kommen sieht, Felix, weil er ahnt, welche Gefahren bald den Juden in Europa drohen.

Das Jahr 1928 läßt sich für Deutschland wieder besser an. In den Reichstagswahlen vom 20. Mai erreichen die Nazis nur 801000

Stimmen und 14 Sitze. Die Kommunisten gehen gestärkt daraus hervor, und die gemäßigten Parteien erleiden schwere Verluste. Hermann Müller wird Reichskanzler, immer noch mit Stresemann als Außenminister, der im August dem Briand-Kellogg-Pakt des feierlichen Kriegsverzichts beitritt.[30]

Der Personalbestand der Bank pendelt sich bei 289 Angestellten ein. Das kleine Berliner Büro macht immer mehr Arbeit, bringt aber auch immer mehr Geld ein. Die internationalen Absatzmöglichkeiten der Bank werden wieder solide. Um weiteres Kapital nach Deutschland zu bringen, gründet Max in Amsterdam eine neue internationale Investitionsgesellschaft, »V.N. Nederlandsche Crediet«, mit Aktionären aus Holland, der Schweiz, Amerika, Österreich, Deutschland und England. Im August wird die Telefonleitung Hamburg-New York, deren Finanzierung er organisiert hat, eingeweiht. Und gleich nach Stresemann ist Max der zweite Deutsche, der sich ihrer bedient, um mit seinen Brüdern und seinem wieder in den Vereinigten Staaten befindlichen Neffen Siegmund zu sprechen und einen Kredit von 3 Millionen Dollar für M.M. Warburg auszuhandeln. Das Tempo der Geschäfte beschleunigt sich. Im Dezember fusioniert Paul in New York mit Hilfe von Jimmy und Siegmund die International Acceptance Bank mit der Bank of the Manhattan Company und nennt die neue Einrichtung »International Manhattan Bank«, die für ihre Aktionäre und vor allem für die Warburgs zu einer noch ansehnlicheren Finanzierungsquelle wird.

1928 beschließt Paul, einen seiner Männer nach Hamburg zu entsenden, um nachzuprüfen, was sich bei M.M. Warburg tut. Er erwählt dazu einen brillanten jungen Deutschen namens Rudolf Brinckmann, von dem wir noch hören werden. Im selben Jahr beschließt Frankreich erstmalig die Goldwährung.

Die Jewish Agency

In dieser Zeit beschäftigt sich Felix immer mehr mit jüdischen Angelegenheiten, vor allem mit der von den Engländern einige Jahre zuvor gegründeten Jewish Agency. Bislang ist sie immer noch ein Club. »In der ›Jewish Agency‹ waren die erlesensten jüdischen Persönlichkeiten unserer Zeit versammelt«, schreibt Weizmann;[177] »... von Léon Blum, dem großen Sozialistenführer, bis zu rechtsgerichteten Männern wie Marshall und Warburg, von Lord Melchett, einem der führenden englischen Industriellen, bis zu Albert Einstein, dem Wissenschaftler, und Chaim Nachman Bialik, dem Dichter.«

Felix drängt darauf, daß sich auch die übrige Familie dafür interessiert. Auf sein Anraten hin besucht Max 1928 erstmalig Palästina und gründet in Berlin den deutschen Zweig der Agency.[210] Deren Exekutivrat verläßt 1929 London und richtet sich zusammen mit einer zur gleichen Zeit wie die Agency in London entstandenen zionistischen Bank namens Leumi Bank in Jerusalem ein.

Als Weizmann den Vorsitz in ihrem Aufsichtsrat übernimmt, macht Felix sich Sorgen. Er hält ihn »für eine Art Mussolini«, dem man nicht trauen kann, und er will sogar, wenn er nicht die Kontrolle über das Ganze bekommt, aus der Sache austreten.[55] Das Verhältnis zwischen den beiden wird gespannt, aber den Engländern treten sie geschlossen gegenüber. Als nach den arabischen Unruhen von 1929 die Regierung MacDonald die jüdische Einwanderung nach Israel beschränkt, zögert weder Felix noch Weizmann, aus Protest vom Exekutivrat der Agency zurückzutreten, und sie kehren erst wieder an ihren Posten zurück, nachdem der Premierminister auf die Einwanderungsbeschränkungen verzichtet hat. Die Engländer spielen im übrigen häufig Felix, der den Gedanken einer »Heimstatt« akzeptiert, gegen Weizmann aus, der von einer Nation träumt, und ersterer schreibt 1929 an Lord Melchett, den vormaligen Sir Alfred Bond:[55] »Ich bin für jedes Vorgehen, das eine Einigung mit den Arabern erlaubt und zeigt, daß unsere Ambitionen begrenzt sind.« Etwas später dann verliert er die Partie und merkt es kurz vor seinem Tode.

Der Youngplan, Geburt der BIZ

Europa ist jetzt Monat für Monat auf Amerika angewiesen, um seine Verpflichtungen am Monatsende einhalten zu können. Aber Amerika ist sich seiner Verantwortung noch alles andere als bewußt, und Europa wird schwer dafür zu büßen haben. Sehr schwer. Wie Michel Aglietta schreibt,[197] »lieferte die Ersetzung englischer durch amerikanische Kredite zur Stützung der gebrechlichen mitteleuropäischen und lateinamerikanischen Banksysteme letztere völlig einer Spekulationswelle aus, die von der rein nationalistischen Währungspolitik der Vereinigten Staaten verursacht werden konnte, die dann auch ab 1928 eintrat«. England klammert sich seinerseits immer noch an seine völlig unsinnig festgesetzte Parität.

Ende 1928 halten die Alliierten den Zeitpunkt für gekommen, das Reparationsthema wiederaufzugreifen, das neuerdings sehr schwer auf Deutschland lastet. Von Februar bis Juni 1929 tagt eine neue Konferenz in Paris mit Frankreich, Großbritannien, Belgien, Deutschland, Italien, Japan und den Vereinigten Staaten – wo mittlerweile Hoover ins Weiße Haus eingezogen ist – und versucht, die Reparationen endgültig zu regeln. Zum Vorsitzenden wird die Nummer eins von General Electric, Owen D. Young, gewählt. Schacht, der entschlossen ist zu erreichen, daß Deutschland die überhöhten Raten nicht mehr zahlen muß, kommt am 11. Februar 1929 nach Paris und übernimmt persönlich die Leitung der deutschen Delegation, ohne jedoch deswegen seine Berliner Funktionen aufzugeben.[160]

Im April verlangt Young namens der Alliierten von Deutschland die Zahlung noch höherer Summen als im Dawesplan vorgesehen. Für die Verwaltung der zu ihrer Finanzierung notwendigen Anleihen schlägt er die Schaffung einer Art Weltbank vor. Schacht akzeptiert diesen Grundsatz, nicht aber die Beträge. Man einigt sich schließlich auf eine Senkung der Reparationen von 38 auf 36 Raten zu zahlende Milliarden Goldmark (anstelle der im Dawesplan und im Londoner Abkommen festgelegten 132 Milliarden) sowie auf einen Mechanismus für die Emission internationaler Anleihen für die Zahlung der Reparationen, die einer neuen internationalen, halb öffentlichen, halb privaten Einrichtung anvertraut werden soll, der »Bank für Internationalen Zahlungsausgleich (BIZ)«.[191]

So entsteht jetzt, aber in noch größerem Stil, was Paul mit seiner International Acceptance Bank vorgehabt hatte. Der Plan wird von Young und Schacht (im Namen von Reichskanzler Müller) am 7. Juni 1929 trotz des heftigen Widerstands Adolf Hitlers paraphiert.

Als Stresemann am 3. Oktober 1929 stirbt, schreibt Max in sein Tagebuch:[210] »Es war ein schwerer Verlust für Deutschland; aber nur die wenigsten waren bereit, das zuzugeben.« Ein Ausschuß unter

Vorsitz des amerikanischen Bankiers Jackson E. Reynolds erarbeitet am selben Tag die endgültigen Statuten der BIZ. Ihr Kapital wird von den Zentralnotenbanken Deutschlands, Belgiens, Frankreichs, Großbritanniens und Italiens, von einer anstelle und im Auftrag der Bank von Japan handelnden Bankengruppe und einer Gruppe aus drei amerikanischen Banken (J.P. Morgan & Co., The First National Bank of New York und The First National Bank of Chicago) garantiert. Die übrigen Zentralnotenbanken können binnen zwei Jahren beitreten.[191] Im folgenden Monat unterzeichnen die Bankgouverneure der Unterzeichnerstaaten in Rom die Konstitutionsakte der BIZ,[191] die ihren Sitz in Basel haben soll. Die Akte wird im Januar 1930 offiziell auf der Haager Konferenz verabschiedet, und Frankreich verpflichtet sich zum Rückzug vom linken Rheinufer bis Juni desselben Jahres. Die internationalen Kontrollen über Deutschland werden abgeschafft, die Reparationskommission des Versailler Vertrages aufgelöst. Am 11. März 1930 verabschiedet der Reichstag nach stürmischer Debatte den Youngplan. Am 17. Mai nimmt mitten in der großen Krise die Bank ihre Arbeit auf.

Mancher beginnt jetzt zu begreifen, was Paul schon seit zehn Jahren eingerichtet sehen wollte: eine Weltzentralbank. So beschreibt acht Jahre nach ihrer Schaffung ein noch unbekannter junger »Inspecteur des Finances«, der damals Finanzattaché an der Londoner französischen Botschaft war, Jacques Rueff, in einem Vortrag in Paris Geist und Perspektiven der BIZ wie folgt:[190] »Die Bank macht es unnötig, daß die beteiligten Regierungen selbst ihre Außenverbindlichkeiten gewährleisten und die dazu notwendigen Devisen vorhalten, die sich mit denen kreuzen würden, die die genau zu diesem Zweck geschaffenen Emissionsbanken innehaben... Damit gelangen wir zum Begriff echter ›BIZ-Devisen‹, die in jede Währung zum Wechselkurs der letzteren frei konvertierbar sind. Verfolgt man diesen Gedanken weiter – mit der Leichtigkeit, mit der man im Bereich der Träume zu reisen vermag –, dann läßt sich ohne weiteres eine Zeit denken, in der die Kreditbasis der Zentralnotenbanken nur noch aus Gold oder den unbestimmten BIZ-Devisen bestehen wird. Dann wird es eine echte internationale Währung geben.«

Wie vieles werden die Strudel der Krise auch diese Illusion der Vernunft unter sich begraben.

Krise von 1929, Ende der Reparationen

Anfang 1929 stirbt Max' älterer Bruder Aby M. an Tuberkulose. Er läßt ein gigantisches Werk zurück.⁶⁸ Eric wird Teilhaber der Bank zur gleichen Zeit wie Ernst Spiegelberg, der zweite, der nicht der Familie angehört. Hans Meyer und Siegmund Warburg, der im Januar aus New York zurückgekommen ist, erhalten die Prokura. Max setzt in Ernst Spiegelberg und Siegmund – obwohl der eine überhaupt nicht zur Familie gehört und der andere aus dem Rivalenzweig stammt – große Hoffnungen für die Firma, vermutlich mehr als in Eric. M.M. Warburg geht es gut. Die Bank ist im Aufsichtsrat von 86 Gesellschaften in Europa und Amerika vertreten.

Max Warburg notiert in sein Tagebuch:²¹⁰ »Wir waren schließlich unbestritten die führende Bankfirma in Hamburg. Bezeichnend für die Ausdehnung unseres Geschäftes war u.a., daß unsere Bilanz im Jahre 1929 eine Endsumme von 382 Millionen Mark ergab, die der Vereinsbank eine solche von 127 Millionen und die der Schröders Bank von 191 Millionen..., zusammen eine Bilanzsumme von 318 Millionen Mark... Unsere Bilanz hatte demnach einen Umfang, der um ca. 20 Prozent den der beiden anderen Banken zusammengenommen überschritt.« Dennoch ist die Lage nicht ganz so rosig, denn in Hamburg und Berlin hat Max beträchtliche Risiken im Immobiliengeschäft und in der Verteilung übernommen.

Auch in New York herrscht Euphorie. Paul ist fast als einziger auf eine Krise gefaßt. Nach seiner Meinung ist die Weltverschuldung viel zu hoch, wobei sich die Unternehmen unablässig noch weiter verschulden, um ihren Zahlungen nachkommen zu können. In New York laufen Hausse und Spekulation heiß. Und er weiß, daß die Wirtschaft immer dann gefährdet ist, wenn das Geld mehr ins kurzfristige als ins langfristige Geschäft geht. Alle Welt aber will Wertpapiere zu Spekulationszwecken: Über eine Million Amerikaner spielen an der Börse; im Februar halten sie fast 10 Milliarden Dollar in Spekulierposition. Die Nachfrage nach Spekulationskapital ist so groß, daß die Zinsen auf 9 Prozent steigen, aber trotz dieser hohen Zinsen immer noch pro Monat Wertpapiere im Wert von 500 Millionen Dollar untergebracht werden. Um auch ihrerseits Anleihen aufzulegen, vervielfachen die Geschäftsbanken im ganzen Land ihre Plazierungsagenturen.

Paul begreift, daß seine eigenen Bemühungen nur den Termin hinausgeschoben haben, aber der Tag bald kommen wird, an dem die von der Spekulation noch verschärfte allgemeine Verschuldung des Landes wird bezahlt werden müssen – entweder durch die Schuldner oder durch die Gläubiger.

Anfang März schreibt Paul im letzten Jahresbericht der International Acceptance Bank, bevor diese zur International Manhattan Company wird:[55] »Die Hausse der Börsenkurse steht in den meisten Fällen in keinerlei Verhältnis zum Wachstum der Firmen, der Aktiva oder der Gewinnchancen, und wenn der Spekulationsorgie nicht Einhalt geboten wird, wird der schließliche Sturz nicht nur die Spekulanten treffen, sondern eine Depression hervorrufen, die das ganze Land in Mitleidenschaft zieht.« Alles steht da geschrieben. Paul fordert seine Freunde auf, aus dem Markt auszusteigen und ihre Aktien zu verkaufen. Mancher folgt ihm, darunter auch Max und Felix, teilweise jedenfalls. Die meisten lachen ihn nur aus.

Das Tauschvolumen in der Wall Street erreicht am 3. September die Rekordmarke. In diesem Monat macht Max in Amsterdam »Warburg & Co.« mit einem Kapital von 5 Millionen Gulden wieder flott; die Firma soll die Interessen von M.M. Warburg und die der International Manhattan Company von New York vertreten.[136] Paul wird zu ihrem Generalbevollmächtigten ernannt. Am 24. Oktober gerät Wall Street ins Wanken. Fünf Tage lang können die Banken durch ihre Intervention die Kurse noch stützen. Am 29. aber geht ihnen die Luft aus: 16 419 000 Aktien wechseln den Besitzer. Innerhalb von zehn Tagen verliert der Markt insgesamt 30 Milliarden an Wert.

Danach ist 1930 ein Jahr der Alpträume für die amerikanischen Banken. Stuart, Merryl Lynch und Blith werden davon kaum betroffen, aber Kuhn, Loeb & Co., Goldmann Sachs, Kidder Peabody's und Lee Higginson geraten an den Rand der Zahlungsunfähigkeit. Im September befinden sich 305 amerikanische Banken in Liquidation, im Oktober 522.

Weimar steht vor dem Ruin

Sehr schnell gerät auch Europa in den Sog der amerikanischen Finanzkrise. In Deutschland bedroht sie die Regierung Müller. Aus zwei Millionen Arbeitslosen zu Jahresbeginn sind Ende des Jahres drei geworden. Die Regierung tut nichts, um die Krise einzudämmen, ist sie doch nur zu froh, mit diesem Vorwand die ersten Zahlungen nach dem Youngplan verweigern zu können.

Wieder einmal müssen also die Zahlungsmodalitäten für die Kriegsreparationen überprüft werden. Im Januar wird in Den Haag, wiederum unter dem Vorsitz Youngs, eine neue Kommission unter Beteiligung der Deutschen gegründet. Man einigt sich diesmal auf 59 Raten anstatt der vorherigen 36, die bis 1988 ansteigen sollen. Der Reichskanzler lehnt jedoch die Billigung dieses von Schacht zugestandenen Planes ab, und dieser tritt am 7. März 1930 von der Reichsbank zurück. Müller tritt seinerseits am 27. als Reichskanzler zurück und wird in der Reichskanzlei durch den Katholiken Brüning[30] ersetzt, von dem Siegmund behauptet, er sei ein schwacher Charakter. Schacht geht nach Amerika. Auch er hat sich jetzt mit der Einstellung der Reparationszahlungen und der Nichtanwendung des von ihm ausgehandelten Youngplanes abgefunden.

Im April läßt Max Warburg als einflußreiches Mitglied des Generalrats der Reichsbank den früheren Reichskanzler Hans Luther zum neuen Reichsbankpräsidenten ernennen. Auf Anraten Schachts verläßt auch Gert Weisman die Reichsbank und begibt sich in Berlin an die Arbeit für eine amerikanische Bank.

Im Frühjahr 1930 reist Max nach New York, um erneut die Hilfe seiner Brüder zu erbitten; er schreibt von dort,[210] »man rechnete, und auch ich rechnete mit gewissen möglichen Krisenerscheinungen ..., aber ich rechnete nie mit gleichzeitiger Stockung, Abziehung und Entwertung, wie wir sie erlebten«, und fügt hinzu, auf dieser Reise hätten ihm seine Brüder gesagt, sie seien »dagegen, daß die Firma selbständig bleibe oder gar ihren Namen behalte«. Aber nach Rosenbaum[136] zeigen die amerikanischen Warburgs damals dennoch »ein neues Finanzinteresse« am alten Hamburger Haus.

Im selben Frühjahr kommt in Hamburg Siegmunds Tochter Anna zur Welt. Seine Mutter ist immer noch in Urach, und er besucht sie oft:[211] »Ein großer Quell neuer Freuden kam in jenen Jahren in ihr Leben durch Schwiegertochter und Enkel, und sie wollte natürlich ihre vier Nächsten so oft und so lange wie möglich auf dem Gut bei sich haben.«

Im Mai wird Carl Melchior zusammen mit dem neuen Reichsbankpräsidenten Hans Luther zum deutschen Vertreter in den Aufsichtsrat der eben erst geschaffenen BIZ berufen. Wieder einmal hat Max die Berufung abgelehnt. Im selben Aufsichtsrat sitzen Gates W. McGarrath für die Vereinigten Staaten, Sir Charles Addis für Großbritannien und Clément Moret für Frankreich.[191] Die BIZ nimmt ihre Arbeit auf. »Die Bank nimmt jetzt die monatlichen Reparationszahlungen Deutschlands nach dem Youngplan entgegen und verteilt sie, desgleichen ... interveniert sie auf den deutschen Märkten, indem sie einen Teil der Raten in Reichsmark reinvestiert und in Spannungszeiten Reichsmark aufkauft.«[191]

Um trotz allem die im Juni 1930 fälligen Reparationstermine halten zu können, akzeptiert Brüning eine Anleihe von 351 Millionen Dollar zu 5,5 Prozent auf neun verschiedenen Märkten. M.M. Warburg beteiligt sich gegen eine Provision von 4 Prozent an der Plazierung der deutschen Tranche von 36 Millionen Reichsmark, und Warburg & Co. in Amsterdam beteiligt sich an der holländischen Tranche; aber da der internationale Kredit Deutschlands den Tiefpunkt erreicht hat, kommen nur 302 Millionen Dollar zusammen, von denen ein Drittel gemäß dem Haager Übereinkommen der deutschen Regierung und die beiden restlichen Drittel den sechs Gläubigerregierungen zugehen.[191] Niemand glaubt daran, daß Deutschland jemals die Rückzahlung leisten wird, und so sinkt der Kurs dieser Anleihe sehr schnell unter ihren Emissionpreis, so daß alle Anleihegeber bedeutende Verluste erleiden.

Alles wendet sich zum Schlimmsten; die ausländischen Einleger ziehen ihre wenigen Deviseneinlagen aus den deutschen Banken ab, um ihre Verluste in New York wettzumachen; zur Bewältigung ihres immer größeren Haushaltsdefizits hebt die Reichsregierung die direkten und indirekten Steuern, kürzt die Beamtengehälter und die Arbeitslosenunterstützung um 20 Prozent, hebt die Arbeitslosenbeiträge an und senkt gleichzeitig die Preise um 10 Prozent.

Im Juni 1930 wird in der Ferdinandstraße durch den Wettkampf zwischen Hamburg und Berlin das Klima so unerträglich, daß Siegmund, der inzwischen endlich zum Teilhaber von M.M. Warburg aufgestiegen ist, sich mit seiner Frau, seinem Sohn und seiner Tochter nach Berlin begibt, um die Leitung des Büros der Bank und dort die Verantwortung für »alle Belange des Mutterhauses in Deutschland, abgesehen von der Hamburger Region«, zu übernehmen.[136] Seine »Bedeutung in der Firma nahm schnell zu«, bemerkt ein Zeuge der damaligen Zeit, Charles Sharp,[222] und Max selbst ist jetzt schon etwas beunruhigt durch den Schatten, den sein junger Neffe zu werfen beginnt.

Das politische Leben in Deutschland geht nun völlig aus den Fugen, ganz als ob der demokratische Pfropfreis nicht angegangen wäre. In den Wahlen vom September 1930 erlangen die Nazis 6,4 Millionen Stimmen und 107 Reichstagssitze und werden zur eigenen Überraschung zur zweitstärksten Partei im Lande. Die gemäßigten Parteien brechen zusammen. Die Sozialdemokraten müssen Verluste einstecken, aber das Zentrum behauptet sich. Mit der Unterstützung der Sozialdemokraten bleibt Brüning Reichskanzler. Die Kommunisten sehen in den »Sozialfaschisten« ihren Hauptfeind; die Republikaner, die Rechte, die Kommunisten, die SA – jeder bekriegt jeden. Die immer mehr vom Staat kontrollierten Banken werden jedoch immer noch von den Familien beherrscht, die sie gegründet haben, aber die Fürstenbergs, Goldschmidts oder Wassermanns, die in der Berliner Handels-Gesellschaft, der Darmstädter Bank oder der Deutschen Bank eine gewichtige Rolle spielen, werden gleichwie Max immer mehr zur Zielscheibe der Beleidigungen und Drohungen der Nazis.

Siegmund macht aus seinem kleinen Büro ein Zentrum des Berliner Lebens. Zum erstenmal auch widersetzt er sich sogar Max: Er trifft in Berlin seinen Freund aus den Londoner Tagen, Hermann Josef Abs. Nach seinem Londoner Volontariat war er in Paris und New York als Bankier tätig gewesen und ist dann 1928 in die Reichshauptstadt zurückgekehrt, wo er in einer einflußreichen Privatbank, der Delbrück, Schickler & Co., die vormals für den Kaiser und für Krupp als Bankier tätig gewesen war, zu arbeiten begann.[175] Siegmund möchte ihn für sich gewinnen. Max ist dagegen; er erinnert sich an Abs' Absage von 1920. Und wozu den Kreis auf einen Familienfremden ausweiten? Siegmund besteht nicht auf seiner Absicht. Aber die Freundschaft der beiden Männer, die später die zwei bedeutendsten Bankiers Europas sein werden, hält ihr Leben lang an.

In Berlin begegnet Siegmund auch anderen, die künftig für ihn viel bedeuten werden: einem Engländer, dem aus Malaya gekommenen Andrew MacFadyean, der jetzt hier die englische Finanzdelegation leitet, bevor er persönlicher Referent des Premierministers Baldwin in London wird; Industriellen, insbesondere den Stinnes-Brüdern Hugo und Edmund, beide Erben eines eigenartigen Schicksals, und vor allem der Familie Fürstenberg, die die Geschicke der Berliner Handels-Gesellschaft lenkt, mit M. M. Warburg eine der wenigen Banken, die sich der staatlichen Kontrolle völlig haben entziehen können. Jetzt auch trifft ihn Charles Sharp:[222] »Ich habe nur eine visuelle Erinnerung an dieses Gespräch. Ich sehe das Büro von A.E. Wassermann in Berlin vor mir, wo es stattfand, und das lächelnde, gelassene, stets wache und immer leicht ironisch schimmernde Gesicht von Siegmund G. Warburg.« Oft auch trifft er sich mit dem ehemaligen Sekretär Schachts, Gert Weisman, dessen Vater preußischer Innenminister geworden ist.

Das Berlin dieses Jahres 1930 ist für ihn ein richtiger Wirbel. Man reißt sich um Siegmund als Dinnergast. Man will mit ihm Geschäfte machen. Er steht damals in besonders herzlicher Beziehung zur aktivsten seiner Kusinen, Gisela. In Hamburg leidet das Haus unter dem Übermaß an Vertrauen, das Max ins Immobiliengeschäft gesetzt hat, in Berlin unter den übermäßigen Risiken, die Siegmund im Großgeschäft auf sich nimmt.

Ende 1930 wird Deutschlands Finanzlage kritisch; es schuldet jetzt dem Ausland 15,9 Milliarden Reichsmark, im wesentlichen mit einer Laufzeit von weniger als drei Monaten, und die Hälfte allein den USA.[136] Die Zahl der Arbeitslosen, die von zwei Millionen Ende 1929 auf drei Millionen im Jahre 1930 angestiegen ist, beträgt 1931 schon 4,35 Millionen. Brüning, der glaubt, auf diese Weise Druck auf die Gläubiger Deutschlands ausüben zu können, unternimmt nichts Ernsthaftes, um die Beschäftigung zu heben oder die Defizite zu senken. Infolgedessen macht sich vom 21. bis 31. Dezember 1930 Panik breit, und M.M. Warburg muß 80 Prozent seiner Devisenrücklagen und 50 Prozent seiner Markbestände zurückzahlen. Das Land steht vor dem Ruin. Ende des Jahres betragen seine Auslandsguthaben nur noch

5,3 Milliarden Reichsmark, d.h. nur die Hälfte seiner kurzfristigen Auslandsverschuldung.

Alle Würfel sind jetzt gefallen, nichts mehr kann den Gang der schrecklichen Dynamik noch aufhalten. Innerhalb von drei Jahren wird die deutsche Schuldenlast sein wie ein Teppich, den man der Demokratie unter den Füßen wegzieht: Unter dem Ansturm einer aus Amerika gekommenen Krise bricht das Weimarer Regime zusammen, eine Demokratie, die aufgebaut war auf den aus Amerika gekommenen Anleihen zur Bezahlung von Schulden, die ihr unter anderem von Amerika selbst aufgezwungen worden waren.

Für M.M. Warburg kommt der einzige Erfolg des Jahres aus Amsterdam: die Plazierung einer Anleihe der Norges Kommunalbank über 40 Millionen norwegische Kronen zu 5 Prozent. In Berlin kämpfen Hermann und Siegmund gemeinsam um das Überleben ihrer beiden Häuser, die im Börsenkrach der wichtigsten deutschen Kaufhauskette in vorderster Front stehen und in abenteuerlichen Immobiliengeschäften in Schwierigkeiten geraten sind.

Während der ganzen Zeit hält sich Schacht von jeglicher Machtposition fern, beobachtet und verzweifelt an dieser Demokratie, die mit dem Feuer spielt und die Arbeitslosigkeit fortdauern läßt, um ihre Schulden nicht bezahlen zu müssen. Nach und nach fühlt er sich zu den Nazis hingezogen, in denen er eine Ordnungsmacht erblickt, und im Oktober 1930 reist er zu den New Yorker Bankiers, darunter Felix Warburg, um ihnen, wie manche Zeugen – freilich nicht alle[160] – behaupten, klarzumachen, daß man Gutes von Hitler halten solle.[120] Tut er das, weil er glaubt, sich seiner für seine persönlichen Bestrebungen bedienen und die erneut von der Krise bedrohte Mark damit retten zu können? Niemand wußte es damals, niemand weiß es heute, niemand wird es jemals wissen. Tatsache bleibt, daß er von dieser Zeit an dem Ungeheuer im notwendigen Umfang als finanzieller Garant dient.

Im Dezember 1930 trifft er auf Vermittlung des schon offen den Nazis anhängenden Bankiers von Strauss erstmalig mit Göring zusammen, der ihn im Januar 1931 Hitler vorstellt; im Februar 1932 tritt er offiziell in die NSDAP ein.[160]

Es beginnt jene Schreckenszeit, in der die Männer von Einfluß in den Wahnwitz derer verfallen, die zur Vernunft zu bringen ihnen obläge.

Krise der Währungen, englische »Leichtfertigkeit«

Als die aus Amerika kommende Krise England berührt, ist gerade Labour an die Macht gekommen. Seit den Wahlen vom 30. Mai 1929 ist MacDonald Premierminister, Henderson Außenminister und Snowdon Schatzkanzler. Um die sinnlose und stets bedrohte Parität zu bewahren, betreibt die Labourregierung wie zuvor die konservative unter dem heftigen Druck der Bank von England eine Deflationspolitik. Die Arbeitslosenzahl steigt von 1,164 Millionen im Juni 1929 auf 2,319 Millionen im Dezember 1930. Auch die Einkünfte aus Auslandsguthaben und dem internationalen Frachtverkehr gehen zurück. Und zum erstenmal seit fast zweihundert Jahren weist die englische Zahlungsbilanz ein Defizit aus. Die Erschütterung ist gewaltig. Es sind die Zuckungen der zu Anfang des Jahrhunderts begonnenen Agonie Englands.

Ganz Europa wird von der Krise geschüttelt. Die größte Bank Österreichs, der Wiener Kreditanstaltverein, der den Rothschilds gehört, schließt wegen der Abzüge der französischen Einlagen im März und der Schwierigkeiten, in die eine Landwirtschaftsbank, die Boden-Kreditanstalt, geraten ist, am 11. Mai 1931 ihre Schalter. Die Panik nimmt ihren Ausgang. Viel später sagt Siegmund, wenn die größte österreichische Bank damals Bankrott gemacht habe, so sei es, weil der österreichische Kanzler sie gezwungen habe, die Verluste der Landwirtschaftsbank auf sich zu nehmen:[175] »Es war einfach unglaublich... Da hatten die Leute gemeint, das könne nie passieren, und es ist dennoch passiert... Es gab sehr weitblickende Menschen in Europa, die die große Krise vorhergesehen hatten, aber keiner handelte danach.«

Die Fortschritte der Nationalsozialisten in Deutschland und die Krise in Amerika veranlassen jetzt die Ausländer, zumal die Amerikaner, die Rückführung ihres in Deutschland liegenden Kapitals zu beschleunigen. Allein im ersten Halbjahr 1931 wandern so 3,5 Milliarden Reichsmark aus dem Land ab, und von Anfang April bis Mitte Juli müssen die 28 wichtigsten deutschen Banken 1,25 Milliarden Reichsmark an ihre ausländischen Gläubiger zurückzahlen. Es gibt kein Halten mehr. Im Juni werden an den Schaltern der großen Berliner Banken 2,25 Milliarden Reichsmark abgehoben. Zwischen dem 2. und 17. halbieren sich die Gold- und Devisenreserven der Reichsbank fast.

Am 20. Juni schlägt Hoover, der für die Gewährleistung der Banken soeben die Reconstruction Finance Corporation geschaffen hat, für alle zwischenstaatlichen Schulden – mithin für die Schulden sämtlicher europäischen Länder – ein einjähriges Moratorium vor. Frankreich läßt sich dazu herbei. Alle Länder einschließlich Englands verzichten prinzipiell für ein Jahr auf die Begleichung ihrer Kriegsschulden, wodurch der Reparationsmechanismus des Youngplanes zum Stillstand kommt und jede neue Anleihe eines europäischen Staats in Amerika ausgeschlossen wird.

England steht deswegen keineswegs besser da. Im Juli 1931 legt eine Enquetekommission über das britische Haushaltsdefizit einen katastrophalen Bericht zur Finanzlage des Landes vor, der die Kreditwürdigkeit des Pfundes noch mehr beeinträchtigt. Die Spekulation verdoppelt sich. Täglich wird Gold bis zum Wert von 2,5 Millionen Pfund abgehoben.

Im selben Monat beginnt in London eine neue internationale Reparationskonferenz unter Beteiligung Deutschlands, Belgiens, der Vereinigten Staaten, Frankreichs, Großbritanniens, Italiens und Japans. Sie empfiehlt trotz der Einstellung der Reparationszahlungen die Aufrechterhaltung des zuvor Deutschland zugestandenen Kreditvolumens und beschließt, um diesem Lande zu helfen, die Aufteilung der von Deutschland aufzunehmenden Anleihen auf die Gläubigerländer auszusetzen.[191]

Trotzdem macht sich am 13. Juli in Berlin Panik breit; die Darmstädter Bank muß ihre Tätigkeit einstellen. Am selben Abend wird durch Notverordnung die Schließung der Krediteinrichtungen und der Börsen beschlossen. Am 15. und 18. erläßt Brüning, um die weitere Abwanderung des Kapitals zu verhindern, eine Notverordnung, die sämtliche Wechselvorgänge in der Reichsbank zentralisiert, und in dem Bemühen, die Einkünfte aus deutschen Exporten ins Reich zu holen, untersagt er alle Termingeschäfte.

So bleibt die Goldparität der Reichsmark erhalten und wird der Kapitalabwanderung gesteuert. Max und Siegmund sind an der Ausarbeitung sämtlicher Bankgesetze beteiligt. Bei der Formulierung der Notverordnungen vom Juli 1931 inmitten des Währungstaumels werden sogar sämtliche großen deutschen Banken durch einen Gesellschafter von M.M. Warburg, Ernst Spiegelberg, vertreten.[55]

Auch auf der anderen Seite des Ärmelkanals spitzen sich die Dinge zu. Im Sommer befindet sich die Bank von England trotz aller Austeritypolitik und trotz der Stützung durch die Bank von Frankreich und die Federal Reserve Bank am Rande der Zahlungsunfähigkeit: Die Parität des Pfundes ist unhaltbar geworden, und das Gold flieht. Labourpremier MacDonald bildet daraufhin am 24. August eine Koalitionsregierung aus vier Labourministern, vier Konservativen und zwei Liberalen. Aber die Spekulation ist stärker. Am 21. September wird das allzulange künstlich gehaltene Pfund Sterling vom Gold abgekoppelt, floatet und fällt merklich im Kurs, der von 4,86 Dollar im August auf 3,40 im Dezember zurückgeht.

Die Labourregierung begleitet diese Abwertung mit einer Reduzierung der Löhne und Gehälter, der Einstellung des Freihandels, der Verstaatlichung der Luftfahrtunternehmen und der Londoner Transportmittel. Diese Maßnahmen haben massive Einlageabzüge aus den Banken zur Folge, und der Umfang der Akzepte halbiert sich. Daraufhin übernimmt der Staat die Exportkreditversicherung, die durch die Anfälligkeit der Banken bedroht ist, und überträgt diese Aufgabe einem öffentlichen Organ, dem Export Credit Guarantee Dept.

Durch die Konkurrenz der amerikanischen Banken geschwächt, handeln die Merchant Banks mehr und mehr mit ausländischen Banken und immer weniger mit der englischen Industrie. Dieses Jahr wirbelt der sogenannte »Macmillan-Bericht« ziemlichen Staub auf mit der Feststellung, schon Disraeli habe vor einem halben Jahrhundert gesagt, die Kredite der City an fremde Regierungen seien im Verhältnis zu den der eigenen Industrie eingeräumten viel zu hoch entwickelt.

Siegmund ist von der Aufgabe der Konvertierbarkeit des Pfundes, die die Darlehensgeber ruiniert, ebenso schockiert wie fünf Jahre zuvor durch die Höhe der festgesetzten Parität. Für ihn bedeutet die Rückkehr zum Floaten eine schwere Niederlage, die der »Leichtfertigkeit« der Bank von England anzulasten ist und die seiner Meinung nach tausend Katastrophen zur Folge haben wird.[175] Er sieht darin die Bestätigung der Lehren der alten jüdischen Weisheit und zugleich der Moratorien in Form von Pogromen, d.h. die unvermeidliche Prellung der Geldgeber, die man immer und immer den Anleihenehmern und den Inhabern von Sachwerten opfert.[175]

In den Wahlen vom 27. Oktober 1931 erhält die konservativ geführte Nationale Union eine große Mehrheit. Trotz der Niederlage von Labour bleibt MacDonald Premierminister, diesmal an der Spitze eines konservativen Kabinetts, in dem Neville Chamberlain Schatzkanzler ist.

Inzwischen erweisen sich die letzten Reparationsheucheleien als reine Fiktion. Am 19. November wird nach einer Reihe von Regierungsgesprächen klar, daß nichts mehr das in Krise geratene Deutschland auch nur zu irgendeiner Zahlung wird zwingen können. Gemäß dem Youngplan beruft die BIZ den Sonderkonsultativausschuß ein, der zu prüfen hat, »welche Maßnahmen für den Fall zu treffen sind, daß das Wirtschaftsleben in Deutschland bedroht ist«,[191] und das ist ja nun wahrhaftig der Fall. Der Ausschuß tritt in Basel zusammen, erkennt Deutschland das Recht zu, die Ratenzahlungen für die Dauer eines Jahres einzustellen, und zeigt sich im übrigen beunruhigt von der beispiellosen Schwere der Krise, »deren Umfang unbestreitbar die im Youngplan ins Auge gefaßte kurze Depression weit übersteigt, für die die darin enthaltenen Sicherungsmaßnahmen gedacht waren«.[191] Er gelangt zu dem Schluß, »eine Anpassung der gesamten Staatsschulden (Reparationen und andere Kriegsschulden) an die derzeitige unruhige Lage der Welt – eine Anpassung, die unverzüglich stattfinden muß, um neue Katastrophen zu verhindern – ist die einzige dauerhafte Maßnahme, die das Vertrauen als Voraussetzung für wirtschaftliche Stabilität und wirklichen Frieden wiederherstellen kann«.[191]

Dieser Totenschein der Reparationen, die als Ursache von »Katastrophen« bezeichnet werden, kann im Rückblick durchaus als Meisterwerk eines ungewollten schwarzen Humors bezeichnet werden...

Siegmund und Jimmy am Sterbebett von Weimar

Mehr denn je sind die amerikanischen Warburgs um das Schicksal der deutschen Warburgs und der anderen europäischen Juden besorgt. Felix schickt 1931 an die damals von Oscar Wassermann geführte Deutsche Bank 3 Millionen Dollar, die er für die Juden in den Pogromen Galiziens gesammelt hat.[55] Paul bekümmert die finanzielle Zukunft der Familie; er verläßt sich nicht mehr auf Max, der 1930 im

Immobiliengeschäft sehr unvorsichtig war, noch auf Eric, der in allem seinem Vater folgt. Er glaubt nur noch Siegmunds und Brinckmanns Meinung, welch letzteren er trotz Max' Widerstände zum Prokuristen machen läßt, und insbesondere der seines Sohnes Jimmy, obwohl dieser aufgrund seiner Plazierungen an der Wall Street fast am Ende ist. Im Frühjahr 1931 schickt er ihn nach Deutschland, wo er sich an Ort und Stelle ein Bild der Lage verschaffen soll. Im Juni erläutert Siegmund in Berlin Jimmy, das deutsche Banksystem stehe am Rande des Bankrotts, und die beiden verfassen daraufhin einen Hilfeplan für die wichtigsten Banken des Landes. Nach ihrer Rechnung braucht man dazu rund 50 Millionen Mark.[55] Max verschafft Jimmy und sich eine Begegnung mit Reichskanzler Brüning im August 1931. Dieser gibt grünes Licht, ohne freilich allzuviel von der Sache zu verstehen, und schickt sie zu Reichsbankpräsident Luther, der natürlich Jacob Goldschmidts Darmstädter Bank als die gefährdetste und als erste hilfebedürftige bezeichnet.[55] Aber der Plan mißlingt aus Mangel an Garantien der Bankabrechnungen infolge zweifelhafter Operationen des Sohnes von Reichspräsident Hindenburg. Jimmy ist sehr besorgt und schreibt seinem Vater, er erwarte jeden Augenblick den Bankrott der Familienbank in Hamburg.

Siegmund und er versuchen dann eine andere Rettungsaktion: M.M. Warburg soll sich auf eine andere, solidere deutsche Bank stützen. Im Herbst 1931 handelt Siegmund mit Jimmys Hilfe eine Annäherung zwischen der Berliner Filiale von M.M. Warburg und der Berliner Handels-Gesellschaft seines Freundes Hans Fürstenberg aus, einer der ganz wenigen großen deutschen Banken, die von der Krise nicht allzusehr angeschlagen wurden und – dazu gehört auch M.M. Warburg – noch nicht den Staat um Hilfe angegangen haben. Mit fünf Millionen Reichsmark in Aktien jeder der beiden Banken gründen sie eine gemeinsame Filiale zu gleichen Rechten: Voller Ehrgeiz wollen Siegmund und Hans daraus die wichtigste Berliner Bank machen.

In Hamburg geht die Bank aus diesem schrecklichen Jahr einigermaßen intakt hervor. Denn trotz der nicht unbeträchtlichen Immobilienverluste ist der finanzielle Ruf von M.M. Warburg doch unangefochten geblieben: Jedermann weiß, daß sie unbegrenzten Zugang zu amerikanischem Kapital hat und immer noch über Max und Carl Melchior in den meisten internationalen Verhandlungen Deutschlands eine große Rolle spielt, sowohl bei der BIZ als auch in allen Reparationsgesprächen. In Wirklichkeit jedoch waren Paul und Felix diesmal nahe daran, sie untergehen zu lassen.[55]

Andernorts beruhigt sich die Lage mindestens vorübergehend. Die Bank von England stabilisiert das Pfund bei einem Kurs etwa in der Höhe von 1926, indem sie es floaten läßt und mit einem Wechselkursstabilisierungsfonds interveniert.

In den Vereinigten Staaten fordert die Krise zwei Opfer in der Familie. Als erstes Mortimer Schiff, der im August 1931, elf Jahre nach seinem Vater, das Zeitliche segnet und seinem Sohn John 7,6 Millionen Dollar in bar und Aktien von 81 Firmen hinterläßt, die bei seinem Tod auf 28,7 Millionen Dollar geschätzt werden, aber im Augenblick der Aufteilung auf die Erben 54 Prozent an Wert verloren haben.[203] Sodann Paul Warburg, der einen Großteil seines Vermögens hatte verkaufen müssen, um Jimmy aus seinen abenteuerlichen Anlagen auszulösen, und der am 24. Januar 1932 an einer Herzattacke stirbt, wie es in der Familie heißt. Er hinterläßt nur 2,5 Millionen Dollar – nicht viel für einen Warburg.[203] Bei seinem Tod schreibt Walt Lippmann:[55] »Er sah das Schlimmste kommen und kündigte es rechtzeitig an. Er war einer der Architekten des Handfestesten in unserer Zentralbank und der aufrechteste Kritiker ihrer Schwächen.«

Am 10. Mai 1932 wird der 73 Tage zuvor gekidnappte Sohn Lindberghs tot aufgefunden. Siegmund, der die Familie gut kennt, ist völlig niedergeschlagen.

Das Vermögen der Familie ist jetzt beträchtlich: Max ist reicher als Jimmy, und Felix ist noch reicher. Sein Sohn Frederick, der ein Jahr zuvor Teilhaber bei Kuhn, Loeb & Co. geworden ist, kauft in Westport in Connecticut ein herrliches Anwesen.[191] Aby S. und Fritz sind ebenfalls ziemlich reich. Abys einziger Sohn Karl vegetiert an der Bank vor sich hin. Ihm fehlt der »göttliche Funke«. Siegmund heimst nach und nach allerlei Besitz ein und beginnt damit, Uhenfels, wo seine Mutter immer noch im Kreise neuerdings von einem offen nazistischen Verwalter geführten Personals lebt, wieder instand zu setzen.

Max kann in der zu Jahresbeginn veröffentlichten Jahresbilanz der Bank schreiben:[210] »Es hat keinen Sinn, über das Jahr 1932 Betrachtungen anzustellen, soweit die einzelnen Abteilungen in Frage kommen. Wir befanden uns überall in einer Verteidigungsstellung . . .«

In diesem Jahr wird Benjamin Buttenwieser, der als Angestellter bei Kuhn, Loeb & Co. angefangen hat, dort Teilhaber, desgleichen Hugh Knowlton, der Freund Pauls, mit dem er die International Acceptance Bank gegründet hat und der nach Pauls Tod nichts mehr mit der International Manhattan Company zu tun haben will.

Hitler ergreift die Macht

Am 13. März 1932 stellt sich Hindenburg am Ende seiner Amtszeit erneut zur Wahl als Reichspräsident; Hitler, der soeben erst die deutsche Staatsbürgerschaft erlangt hat, kandidiert gegen ihn. Im ersten Wahlgang erhält Hindenburg 18,6 Millionen Stimmen, verpaßt also die absolute Mehrheit; für Hitler werden 11,5 Millionen Stimmen abgegeben. Im zweiten Wahlgang am 10. April wird Hindenburg mit 19,2 Millionen Stimmen gegen 13,5 für Hitler gewählt. Brüning, der den greisen Feldmarschall unterstützt hat, bleibt Reichskanzler und beruft sich weiterhin auf die Arbeitslosigkeit – die mittlerweile 5 Millionen Menschen erfaßt –, um die endgültige Annullierung der Reparationen zu erreichen.[30] Im Mai 1932 läßt er, um die Vereinigten Stahlwerke vor dem Zusammenbruch zu retten, einen Teil des Unternehmens vom Staat aufkaufen und erhält so den Aktionären ihr Vermögen. Am 29. Mai tritt er zurück, nachdem es ihm mißlungen ist, bewaffnete Banden zu verbieten, und am 31. folgt ihm von Papen im Reichskanzleramt an der Spitze eines »Kabinetts der Barone«, das versucht, die Nazis in die Mehrheit einzubeziehen und Neuwahlen auszuschreiben.[69]

Siegmund trifft nun seinen Nachbarn aus der Kinderzeit wieder, den Freund seines Vaters, Freiherr von Neurath, der von der Londoner Botschaft zurückkehrt und im Juni Außenminister des Reichskanzlers von Papen wird. Siegmund wird zu seinem Intimus. Ohne in der Wilhelmstraße ein Büro zu nehmen, geht er doch oft dorthin und unterrichtet den Minister über alle internationalen Finanzverhandlungen und die politische Lage im Westen. Er läßt für ihn auch mehrere Botschaften über befreundete Bankiers in die Vereinigten Staaten gehen: »Wir haben die Lage im Griff. Hitler ist nur eine Marionette, der Nazismus geht schon zurück.«

Die Reichsregierung bekräftigt, sie könne nach Ablauf des Hoover-Moratoriums die Reparationszahlungen nicht wiederaufnehmen. Im Juni 1932 treten die am Streit beteiligten Länder in Lausanne zu einer Konferenz zusammen, auf der von Papen die endgültige Annullierung der Reparationen gegen die Zusage erreicht, in einen europäischen Wiederaufbaufonds drei Milliarden Mark einzuzahlen.[191] Das Abkommen wird unterzeichnet, aber nicht ratifiziert, so daß es nicht in Kraft tritt und die drei Milliarden nie bezahlt werden. Damit ist die BIZ im Rahmen des Youngplanes am Ende ihrer Tätigkeit angelangt.[191] Sie wird den Schuldendienst der Dawes- und Younganleihen unbeeindruckt weiterführen bis zum Juni 1934, dem Datum, an dem Deutschland einseitig sämtliche Zahlungen einstellt. Danach findet die Basler Bank andere, weniger auffällige Betätigungsfelder.[107] Schacht, der keinen Posten innehat, billigt diese nunmehr definitive Annullierung des Youngplans.[120]

In den Reichstagswahlen vom Juli 1932 nach der Parlamentsauflösung vom 4. Juni erlangen die Nazis 123 Sitze mehr und haben jetzt von den 607 Reichstagssitzen 230 inne. Daraufhin schließt Schacht sich Hitler an. Von Papen bleibt Reichskanzler.[69] Dieser Erfolg veranlaßt die Industriellen, sich die NSDAP etwas näher anzusehen; bis dahin haben sie ihr kaum etwas zukommen lassen, und nur wenige unter ihnen haben zu ihrer Macht beigetragen. Wenn Thyssen ihr 1931 eine Million Mark gezahlt hat, dann, weil er unterschiedslos sämtliche Parteien unterstützt. Von den Millionen, die er 1932 an die verschiedenen Verbände gibt, gehen nur 3 Prozent aufs Konto der Nazis gegenüber 8 Prozent für die Rechte, 6 Prozent an die linken Parteien und 83 Prozent an die Parteien der Mitte.

Im Herbst 1932 wird das Land unregierbar. Die Unruhen verschlimmern sich schlagartig. Es gibt jetzt über 6 Millionen Arbeitslose. Im November beschließt Hindenburg wiederum die Parlamentsauflösung. Die Nazis verlieren bei der anschließenden Neuwahl 34 Sitze. General von Schleicher wird Reichskanzler. Schacht ruft die Bankiers zusammen und rät ihnen, Hitler finanziell zu unterstützen. Das tun sie auch. Daraufhin will Papen den greisen Feldmarschall dazu überreden, Hitler zum Vizekanzler zu berufen. Am 28. Januar bittet Schleicher Hindenburg wiederum um die Auflösung des Reichstags, aber der Reichspräsident lehnt ab, und Schleicher tritt zurück. Am 30. ernennt

Hindenburg auf Ersuchen von Papens, der den künftigen Führer manipulieren zu können glaubt, Hitler zum Reichskanzler, wobei von den elf Ministern nur drei Nazis sind.

Weder Max noch Siegmund geben schon alles verloren, obwohl sie bereits daran denken, das jüdische Kapital aus Deutschland wegzuschaffen, und sich dazu recht komplexe Wege überlegen.

Die deutschen Industriellen ihrerseits – Friedrich Flick, Röchling, Siemens, Westruck, Hugo Stinnes und der Präsident der deutschen Arbeitgeber, Wilhelm Zangen, vor allem aber die Krupps – gehen dann nach einem Spendenaufruf vom 8. Februar 1933 und einer Zusammenkunft mit dem Reichstagspräsidenten Göring am 20. zu Hitler über.

Die Ereignisse überschlagen sich. Am 27. Februar brennt der Reichstag, am 28. setzt der Reichspräsident auf Ersuchen Hitlers die Grundfreiheiten aus und läßt die Kommunisten verhaften; Hindenburg schreibt für den 5. März 1933 Wahlen aus, in denen die Nazis 44 Prozent der Stimmen erreichen. Hitler wird als Reichskanzler bestätigt.

Nun schlägt alles um, für die Familie wie für das Land. Aber immer noch wollen die Warburgs es nicht glauben: Deutschland, »ihr« Deutschland, kann doch nicht zu »dem« werden. »Nie habe ich«, notiert Siegmund,[211] »meine Mutter so entrüstet gesehen ...« Sie konnte »es sich zunächst nicht vorstellen, daß das deutsche Volk sich so weitgehend von Hitler ins Schlepptau nehmen lassen würde, wie es sich in den Jahren nach 1933 ereignet«.

Max hat inzwischen das 65. Lebensjahr erreicht. Für viele ist dies das Alter für den Ruhestand. Vielleicht hat Siegmund darauf gehofft. Jedenfalls ist Max jetzt allein oder fast allein inmitten der Wirren. Sein Sohn ist in New York. Noch bei ihm sind Aby S. und Melchior, beide krank, Fritz, Siegmund und Spiegelberg, absprungbereit. Alles gerät auf die schiefe Bahn, und zwar schnell.

Am 14. März 1933 erfährt Max, der Bürgermeister von Hamburg werde ihn nicht mehr zu den Finanzproblemen der Stadt konsultieren, denn er habe viele Petitionen gegen die »Diktatur der Warburgs« erhalten. Max schert das kaum: Sein Freund Schacht ist für die Finanzierung der Wahlkampagne vom März verantwortlich und übernimmt sogar am 17. wieder den Vorsitz in der Reichsbank, die er drei Jahre zuvor verlassen hatte[160] – das beruhigt. Im übrigen wird Schacht bald allmächtig. Er schlägt am selben Tag noch Hitler eine Hebung der indirekten Steuern und eine Verstärkung der Militärausgaben für ein paar Jahre vor, um Wirtschaft und Beschäftigung wieder in Gang zu setzen und Zeit zu gewinnen, um den Außenhandel in Ordnung zu bringen und danach die Ausfuhren zu entwickeln.[160] Hitler folgt ihm, ohne zu zögern.

Und für Schacht kommt es überhaupt nicht in Frage, daß man den Juden schadet, die – so sagt er jedem, der es hören will – für den guten Zustand der internationalen Finanzen Deutschlands so wichtig sind. Er sagt es auch zu Max am Tage seiner Ernennung, und wieder ist dieser beruhigt. Indessen muß schon am nächsten Tag, dem 18., ein anderer jüdischer Würdenträger Hamburgs, Leo Lippmann, vom Rat der Stadt zurücktreten. In einem Anflug von Weitsicht notiert Max lakonisch in seinem Tagebuch:[210] »Die Toten reiten schnell.« Am 21. März tritt das neue Parlament in Potsdam zusammen. Einen Tag später findet das Gespräch Siegmunds mit von Neurath statt, das dieses Buch einleitet . . .

Wütend über Siegmunds Abreise, will Max Warburg wie fast alle anderen es immer noch nicht wahrhaben. Er glaubt nicht, daß die Nazis selber ernst nehmen, was sie gegen die Juden schreiben und sagen: Und doch steht eindeutig im Programm der Partei vom 24. Februar 1921, daß alle Fremden und mithin alle Juden, d.h. jede Person mit einem jüdischen Großelternteil, die nach dem 2. August 1914 nach Deutschland gekommen seien, ausgewiesen würden; der Punkt 17 desselben Programms spricht im Klartext vom Verbot einer jüdischen Einwanderung nach Deutschland, vom Ausländerstatus und von der Enteignung für alle schon dort befindlichen.

Später wird Max, der gewöhnlich so selbstzufrieden und so schnell bei der Hand ist, etwas, was ihn stört, zu verbergen, in seinen Aufzeichnungen sagen:[210] »Ich hielt es für vollkommen ausgeschlossen, daß dieser Mann zum Alleinherrscher eines der schöpferisch befähigtsten, fleißigsten und mächtigsten Völker werden könnte.«

3. KAPITEL
KRIEGSGELDER
(1933-1945)

Nach London

»Tief ist der Brunnen der Vergangenheit. Sollte man ihn nicht unergründlich nennen?«

Mit diesen Worten beginnen *Die Geschichten Jaakobs,* der soeben erschienene erste Band von Thomas Manns[102] Monumentalwerk *Joseph und seine Brüder,* den Siegmund auf dem Schiff zu lesen beginnt, das ihn in diesem Frühjahr 1933 von Hamburg nach New York führt. Für den jungen Mann, der schon seit seiner Kindheit auf Vorahnungen achtet, ist diese Erzählung ein deutlicher Fingerzeig des Schicksals, spielt in ihr doch von Generation zu Generation die Geschichte[53] des Bundes einer Familie und eines Volkes mit einem NAMEN und einem WORT, der scheinbar gebrochen wird durch das von der Angst der eifersüchtigen Brüder verursachte ägyptische Exil des jüngsten Sohnes, der zum Wächter und Mann von Einfluß und schließlich Retter seiner treulosen Familie wird, zunächst glückliche Aufnahme findet, die sich freilich zum Kerkerdasein wendet ...

An der Schwelle zum eigenen Exil erblickt er darin das präzise Vorbild der Chancen und Risiken für sich und die Seinen. In Erinnerung an eben diesen Joseph wird er in einer anderen Zeit großer Trübsal Wächter sein, Ausgestoßener und Retter, Mann von Einfluß im Ausland, zugleich seinem Namen und seinem Lande treu. Fast ein halbes Jahrhundert später kennt er immer noch die ersten zwanzig Seiten der Erzählung des Thomas Mann auswendig.

Vielleicht hätte er es als Zeichen gleicher Schwere erkannt, hätte er gewußt, daß eben jetzt Klaus Mann von München aus seinen in der Schweiz weilenden Vater anrief und ihm mit den Worten: »Das Wetter ist schlecht«, bedeutete, nicht nach Deutschland zurückzukehren.

Dabei ist Siegmunds Reise ganz und gar nicht zur gelassenen Lektüre noch auch zur Deutung dunkler Zeichen angetan: Am Abend vor seiner Abreise hat er seine Frau allein mit den beiden Kindern ohne Hoffnung auf Rückkehr von Berlin nach Stockholm geschickt. Er selbst gibt Deutschland für immer auf, und um kein Aufsehen zu erregen, kann er nur ein paar Bücher und ein paar tausend Dollar mitnehmen. Zum zweitenmal hat er alles verloren. Das erstemal war beim Sturz des Kaiserreiches. Jetzt ist es der Untergang von Weimar. Er brennt darauf, ganz von vorne anzufangen, andernorts – frei von der erdrückenden und dennoch herrlichen Geschichte der Familie – ein Leben voll großer Abenteuer zu gestalten, auch wenn er weiß, daß er niemals mehr wird Politik machen können, wie er es sich in Deutschland erträumt hatte.

Noch hat er sich nicht entschieden, wo er sich niederlassen will, und nur der Himmel weiß, wann er seine Familie, seine Frau, seine Kinder oder auch seine Mutter wiedersehen wird, die in Urach hat bleiben wollen trotz des langen Telefongesprächs, das er mit ihr noch führte, bevor er an Bord ging.

Er ist ein schnell entschlossener Mann: Binnen zwei Stunden beschloß er, Hamburg zu verlassen. Binnen weniger Wochen wird er sein endgültiges Exil wählen, denn niemals kehrt ein Jude an den Ort seines Unglücks zurück.

Er freut sich auf das Wiedersehen mit Amerika, wo er fast drei alles in allem glückliche Jahre verbracht hat. Aber bleiben will er dort nicht. Nach der Ankunft schickt er als erstes eine lakonische Mitteilung an von Neurath, in der er ihm dankt, »daß du mir ein Zeichen gabst«.

Dann kümmert er sich um seinen künftigen Verbleib. Er findet ein alles andere als blühendes Amerika vor. Es gibt 15 Millionen Arbeitslose; der beträchtliche Verfall insbesondere der Agrarpreise verschärft noch die ohnehin schon schwere Verschuldung der Farmer. F. D. Roosevelt, der soeben in einem Wahlkampf, bei dem die Kandidaten erstmalig über den Rundfunk unmittelbar zum Lande sprechen konnten, zum Präsidenten gewählt worden ist, hat am 4. März den Eid auf die Verfassung abgelegt. Die Situation des Dollar verschlimmert sich, denn die Spekulation, der die Parität des Pfundes zum Opfer gefallen ist, hat auch auf die amerikanische Währung übergegriffen, deren seit 1913 mit 20,7 Dollar pro Unze geltender Goldkurs immer weniger glaubwürdig wird. Alle Welt erwartet eine Abwertung, und so verlangen viele Dollarinhaber den Umtausch in Gold, solange er noch möglich ist. Sofort nach seiner Amtseinführung untersagt Roosevelt am 6. März jegliche Goldtransaktion, und am 9. beantragt er beim Kongreß, der zwei Monate später seine Zustimmung gibt, die Abwertung des Dollar auf die Hälfte des bisherigen Wertes. Am 5. Juni löst die amerikanische Regierung den Dollar- vom Goldkurs und kauft ab Juli amerikanisches und danach internationales Gold zu 31,36 und später 34,45 Dollar pro Unze. Auf diese Weise schält sich nach und nach ein neuer, dauerhafter Goldkurs heraus.

Gleichzeitig beginnt der New Deal. Dazu muß die Binnenerzeugung wieder in Schwung gebracht, also die Investitionstätigkeit gefördert, mithin die Banken gestärkt werden. Aber wie schon nach der Vorkriegskrise siechen die von der Aktienspekulation schwer in Mitleidenschaft gezogenen Investitionsbanken dahin. Regierung und Presse sparen nicht mit Kritik und schieben ihnen die Schuld für die übermäßige Spekulation in die Schuhe. F. D. Roosevelt beauftragt einen Ausschuß unter Leitung von Senator Fletcher mit der Prüfung der »Fehler der Banken«. Dieser Ausschuß stellt fest, daß die Morgan Bank hohen Politikern von Calvin Coolidge bis General Pershing und von Charles Lindbergh bis J.-W. Davis Aktien zu einem niedrigen Preis verkauft hat.[81] Ein Riesenskandal bricht aus und beschleunigt noch die gleichzeitige Verabschiedung zweier Gesetze am 16. Juni 1933: des von Paul Warburg noch vor seinem Tode ausgearbeiteten Glass-Steagall Act, der eine Trennung von Handels- und Geschäftsbanken vorsieht, und des Security Exchange Act. Die Banken müssen sich binnen Jahresfrist entscheiden, ob sie Investitions- oder Handelsbank sein wollen, und die Niederlassung derselben Bank in mehreren amerikanischen Staaten wird verboten. Daraufhin spaltet sich die Morgan Bank in zwei Teile: Morgan Stanley wird Geschäftsbank, Morgan Guaranty wird Handelsbank. Mortimer Schiff, der eben zu dieser Zeit die Leitung von Kuhn, Loeb & Co. übernimmt, sieht sich vor eine entscheidende Wahl gestellt. Zunächst denkt er daran, aus seinem Haus eine Handelsbank zu machen, dabei aber eine Investitionsfiliale zu behalten, besinnt sich jedoch angesichts der juristischen Schwierigkeiten eines anderen und beschließt, Investitionsbank zu werden, und schließt die Konten seiner Kunden.[81]

In diesem Klima kommt Siegmund in der Wall Street an. Als erstes sucht er Felix Warburg auf, dann Mortimer Schiff, dessen Mutter – Tochter von Salomon Loeb und Schwester von Nina Warburg – soeben gestorben ist und ihm neben dem von ihrem Mann Jacob ererbten und von ihr verwalteten Wohltätigkeitsfonds von sechs Millionen Dollar ein Vermögen von vier Millionen Dollar hinterlassen hat.[203] Mortimer schlägt Siegmund vor, bei Kuhn, Loeb & Co. einzutreten, aber Siegmund lehnt ab: Er möchte nicht im Schatten eines anderen stehen, sondern will seine eigene Bank, die er irgendwo in Europa aufzubauen gedenkt, um näher bei Deutschland zu bleiben.

Dann besucht er seinen anderen Neffen, Pauls Sohn James, auch Jimmy genannt, der seit seiner Rückkehr aus Deutschland stark beschäftigt ist. Er ist mit dem Sohn des Präsidenten, James Roosevelt, befreundet und hat gerade – um nicht die Bankaktien seiner Mutter verkaufen zu müssen[55] – den Posten als Staatssekretär beim ehemaligen Landwirtschaftsminister Henry Morgenthau (auch er Sohn eines emigrierten deutschen Juden) abgelehnt, den Roosevelt zum Finanzminister ernannt hat.[19] Jimmy ist ihm jedoch bei der Ausarbeitung eines Plans für die Stützung der Banken behilflich und erklärt sich bereit, den Präsidenten – zusammen mit einem seiner engsten Berater, Raimond Moley, mit dem ehemaligen Gouverneur von Ohio, James M. Cox, und Außenminister Cordell Hull – bei einer vom Völkerbund in London über die Weltwirtschafts- und -währungslage veranstalteten großen Wirtschaftskonferenz zu vertreten. Jimmy ist von der Wichtigkeit dieser Konferenz überzeugt und hofft sehr auf deren Erfolg. Im Juni beschließt Siegmund, Jimmy nach London zu begleiten. Auf der »Olympic«, die sie nach Europa zurückbringt, führen die beiden lange Gespräche. Siegmund und Jimmy träumen von einer Rückkehr zu einem stabilen Währungssystem, das gänzlich auf Gold beruht und von einer Weltzentralbank garantiert wird, die internationale Währung schöpfen, die Transaktionen decken und Paritätsveränderungen durchsetzen dürfen soll – kurzum: eine Art Synthese der beiden von der Familie gegründeten Banken, Pauls International Acceptance Bank und Max' Bank für Internationalen Zahlungsausgleich ...

Die Konferenz wird im August 1933 im Geologischen Museum in Kensington unter Vorsitz von Premierminister MacDonald eröffnet. Fünfundsechzig Staaten sind vertreten. Tage- und nächtelang redet man sich die Köpfe heiß über Anstöße für die Wirtschaftstätigkeit, über Inflation, Arbeitslosigkeit, Protektionismus und Wechselkursstabilität. Rede um Rede wird gehalten. Jeder bringt seine eigene Doktrin ein, vom englischen und französischen Laisser-faire bis zum deutschen und italienischen und mittlerweile auch (ausgelöst vom langsam Gestalt annehmenden New Deal) amerikanischen Dirigismus. Aber man kommt nicht vom Fleck. Jede Währungszone lehnt die Vorherrschaft der anderen ab. Jeder wirft dem andern Protektionismus vor. Moley verweigert sich jeder Rückkehr zum Gold und Freihandel, die Roosevelts neuer Wirtschaftspolitik Zügel anlegen könnte.

Nach wochenlangen, hitzigen Debatten werden fünf äußerst vage Entschließungen verabschiedet, in denen von der Notwendigkeit der währungspolitischen Zusammenarbeit und der Öffnung der internationalen Märkte die Rede ist. Die Zentralbanken, heißt es dort weiter, müßten anerkennen, »daß sie neben ihren nationalen Funktionen auch eine internationale Aufgabe zu erfüllen haben«.[55] Desgleichen sei »eine enge und fortlaufende Zusammenarbeit zwischen den Zentralnotenbanken« erwünscht, wobei diesbezüglich die Bank für Internationalen Zahlungsausgleich »eine immer wichtigere Rolle« zu spielen habe, »nicht nur, um die Beziehungen zwischen den Banken zu fördern, sondern auch als Instrument eines abgestimmten Vorgehens«.[55] In letzter Minute kommt auch noch eine Einigung über einen kurzen Text zustande, in dem die zeitweilige Stabilisierung der relativen Wertigkeit des Dollar, des Pfundes und des Franc empfohlen wird. Jimmy Warburg, der den Entwurf ausgearbeitet und ausgehandelt hat, ist glücklich – aber der von Morley gewarnte Roosevelt lehnt diesen Text ab, der zur Folge hätte, daß Amerika eine weltwirtschaftliche Verantwortung übernehmen müßte. Daraufhin zieht Jimmy wütend aus der Konferenz aus, läßt Siegmund in London zurück, reist noch mal zu Max nach Hamburg und kehrt dann in die Wall Street zurück, wo er das Buch *The Money Muddle* schreibt, in dem er sich heftig Roosevelts Wirtschaftsdirigismus insbesondere in Währungsfragen vorknöpft.[55]

Denn Roosevelt macht jetzt keinen Hehl mehr aus Amerikas Autonomie und will mit der Goldparität Schluß machen. Am 15. Januar 1934 ersucht er den Kongreß, »der Regierung der Nation das Eigentumsrecht am gesamten Währungsgoldbestand innerhalb der

Landesgrenzen zu gewähren und ihr das Recht einzuräumen, dieses Gold in Barren anstatt in Banknoten zu verwandeln«.[152] Von da an beschränkt sich die Rolle des Goldes darauf, die Banknoten zu garantieren, internationale Regelungen vorzunehmen und den Dollarwert zu bestimmen, und von nun an kann Amerika seine Schulden mit seiner eigenen Währung bezahlen.[152] Das ist der Beginn der Währungshegemonie der Vereinigten Staaten. Wenige Tage später, am 30. Januar 1934, wird mit dem Gold Reserve Act die Möglichkeit geschaffen, den Dollarkurs auf −40 bis −50 Prozent seines Wertes von Anfang 1933 festzusetzen und erforderlichenfalls innerhalb dieser Grenzen weiterhin anzupassen. Am Tage darauf wird der Kurs auf 35 Dollar pro Unze Feingold festgesetzt. Fast vierzig Jahre lang wird er unverändert bleiben.[153]

Im selben Jahr untersagt der Johnson Act jeglichen Kauf oder Verkauf von Aktien der europäischen Länder (einschließlich der Alliierten) in Amerika, die mit ihren Kriegsschulden gegenüber Amerika im Verzug sind – und das gilt mittlerweile für alle. Wie wir bald sehen werden, spielt dieses Gesetz bei der Finanzierung des kommenden Krieges eine beträchtliche Rolle.

Siegmund selbst bleibt in London mit den paar tausend Dollar, die er aus Hamburg hatte mitnehmen können. Sein Entschluß steht jetzt endgültig fest. Er wird sich in Europa niederlassen. Er zögert noch zwischen London, wo er außer einigen Freunden nichts besitzt, Amsterdam, wo Max soeben »Warburg & Co.« gegründet hat,[137] und Stockholm, wo ihn seine Frau, die nicht ohne Schwierigkeiten ihre frühere Staatsbürgerschaft wiederangenommen hat, bei ihren Eltern erwartet. Ende 1933 fällt seine Wahl auf London. Er mietet eine kleine Wohnung, wird aber erst nach einem Jahr des Umherirrens und der Vorbereitungen heimisch.

Was gab den Ausschlag für diese Ortswahl? Siegmund hat es nie gesagt. Vermutlich erinnerte er sich vorteilhaft an die »englische Liebenswürdigkeit«, wie er es nannte, die er vor zehn Jahren erfahren hat; vermutlich auch tut er es vielen anderen deutschen Juden gleich, deren Heimat Europa ist und die sich nicht vorstellen können, außerhalb dieses Erdteils ein neues Leben beginnen zu müssen. Und für einen Hamburger kann auf diesem Erdteil kein Ort, abgesehen vielleicht von Amsterdam, London das Wasser bieten.

Vielleicht aber auch entscheidet er sich für London, weil er eines jener geheimnisvollen Zeichen empfangen hat, denen er so hohen Wert beimißt und über die er niemals spricht.

Ein Jahr lang bleibt er allein, sucht seinen Weg und reist viel. Als erstes gründet er eine kleine Bank in Amsterdam, dann eine zweite in London – beide mit der begeisterten Hilfe befreundeter Emigranten und der schon erheblich zurückhaltenderen Unterstützung von M.M. Warburg. Der über Siegmunds Weggang zornige Max wird sogar später alles daransetzen, um mit seiner eigenen Londoner Filiale Siegmund zu behindern. Aber in diesen ersten Nazijahren plagen ihn ganz andere Sorgen.

Max in Gefahr

Hitler regiert mit Notstandsverordnungen und bedient sich dazu des Artikels 48, der – letzte Ironie des Schicksals – in die Verfassung aufgenommen worden war, um die Demokratie vor einem Staatsstreich zu schützen. Am 23. März 1933 läßt er sich für vier Jahre vom Reichstag sämtliche Vollmachten geben und macht in Dachau das erste Konzentrationslager auf. Am 1. April ruft die SA zum Boykott der jüdischen Geschäftsleute auf;[56] Nazifunktionäre beginnen, das Kommen und Gehen in der Ferdinandstraße zu überwachen und die dort Verkehrenden zu belästigen.[137] Mehrere bedeutende Kunden setzen sich von den Warburgs ab, und ohne rechten Grund machen sich die Gäste bei den glänzenden Diners in Kösterberg immer rarer. Aber Max klammert sich an jeden Strohhalm der Hoffnung: Hitler ist nur ein Unfall, in sechs Monaten werden Hindenburg, Schacht und Papen ihn wie schon vorher alle anderen Reichskanzler zur Strecke gebracht haben.[210] Dabei setzt ein eindrucksvoller Schauerreigen unverhohlen rassistischer Gesetzestexte ein. Am 7. April schreibt eine Verordnung die Entlassung aller Juden aus der Verwaltung und dem Schulwesen vor, ausgenommen ehemalige Frontkämpfer oder Kinder von Kriegsopfern, wobei nur diejenigen eine Entschädigung erhalten, die seit mehr als zehn Jahren im Dienst sind.[79]

Diesmal macht sich Max immerhin Sorgen. Eine Woche später ißt er in Berlin mit Schacht[210] zu Abend, der ihn beruhigt:[160]

»Aber nein, das Gesetz wird nicht angewendet werden, weder Ihnen noch den deutschen Juden wird etwas passieren. Erstens sind sie Deutsche. Und zweitens weiß selbst der verrückteste Nazi, daß Deutschland sie und ihre Auslandsverbindungen braucht. Sie müssen verstehen, daß Ordnung gemacht, die Aufrüstung beschleunigt werden muß, und das verlangt eine Revolution mit allen ihren Fehlern und Schwächen. Im Augenblick hat Hitler die Mehrheit des Volkes hinter sich und ist der einzige, der in Deutschland Ordnung schaffen kann. Aber in zwei Jahren, wenn wir wieder das Industrieniveau Frankreichs erreicht haben, kann ich die Produktion auf die Verbrauchsgüter lenken und hört dieser ganze Unsinn auf. Machen Sie sich keine Sorgen; Göring hat in Wirklichkeit überhaupt keine Macht. Er redet zwar viel, aber ich habe über die Reichsbank alles in der Hand.«

In jener Zeit hat Max immer mehr mit Schacht zu tun, insbesondere im Generalrat der Reichsbank, dem er seit fast zehn Jahren angehört, und er soll nach Meinung einiger Zeugen sogar den Gedanken gehegt haben, für Schacht das zu werden, was Albert Ballin für den Kaiser gewesen war: Hofjude.

So beschließt er, trotz der Warnungen aus New York und London in Hamburg zu bleiben. »Ich war entschlossen, meine Firma wie eine Festung zu verteidigen«, schreibt er in sein zehn Jahre später bearbeitetes und unveröffentlicht gebliebenes Tagebuch.[210] »Meine Familie war entgegengesetzter Ansicht. Mein amerikanischer Bruder Felix ... tat das Erdenkliche, um mich zur Liquidation und zur Auswanderung zu bewegen. Auch meine Frau und mein Sohn meinten, der Zeitpunkt unserer Auswanderung sei gekommen. Sie waren überzeugt, daß die Gefahr für mich groß sei. Doch ich blieb fest. Sie blieben neben mir stehen, und ich war noch immer überzeugt, ein solches Opfer werde eines Tages nicht vergebens gewesen sein. Melchior beurteilte die Situation viel ernster als ich, vielleicht nur deshalb, weil er sowieso zum Pessimismus neigte. Es unterlag für mich keinem Zweifel, daß wir am Anfang einer der vielen Leidenszeiten stünden, die insbesondere von den Juden durchgemacht werden müßten; es war aber mein fester Glaube, sie werde zeitlich begrenzt sein. Aus diesem Glauben gewann ich die Kraft, durchzuhalten.«

Die meisten deutschen Juden, selbst unter der Frankfurter, Berliner oder Stuttgarter internationalen Finanzelite, denken wie Max und glauben sogar, die Naziwoge gehe schon wieder zurück. »Anfänglich«, schreibt Rosenbaum,[137] »wurden die Gesetze jedoch von den offiziellen Sprechern der jüdischen Gemeinde als ein Vorgehen gewertet, das möglicherweise der Mehrzahl ihrer Mitglieder den Weg zu einer erträglichen, wenn auch begrenzten Existenz eröffnete. Diesen schwachen Hoffnungen widersprach aber der innerhalb der Nazipartei ständig wachsende Drang nach einem großangelegten Angriff auf die jüdische Mitwirkung bei allen Äußerungen des deutschen Lebens, und zwar vornehmlich in der Wirtschaft.«

Andere führende Persönlichkeiten der deutschen jüdischen Gemeinschaft begreifen indessen die sich schürzende Tragödie sofort. Einige verlassen Deutschland sehr schnell, so zum Beispiel Siegmund, Hans Fürstenberg und Jacob Goldschmidt. Andere richten sich an Ort und Stelle so ein, daß sie möglichst lange bleiben können. Anfang April, einige Tage vor Einrichtung der Gestapo, gründen drei angesehene Berliner Juden, W. Alexander, W. Senator und L. Tietz, den »Zentralausschuß der deutschen Juden«, der die Auswanderung großer Zahlen organisieren und in Verhandlungen mit den anderen Judengemeinden Europas und Amerikas die deutschen Juden vertreten soll.[56] Im Mai schreibt Alexander nach New York an den Vorsitzenden des Joint Distribution Committee, Felix Warburg, und legt ihm ihre Ziele dar:[56] »Mit diesem Ausschuß wollen wir die wirtschaftliche Position der Juden in Deutschland bewahren und schützen; den Gruppen, die Deutschland verlassen möchten, wollen wir dabei behilflich sein, daß sie in andere europäische oder überseeische Länder oder auch in ihr Herkunftsland gelangen können; und wir wollen denen helfen, die sich in Palästina niederlassen wollen.«

Etwas später im selben Jahr stirbt Tietz, und Senator läßt sich in Palästina nieder; im Ausschuß treten F. Borchardt und M. Kreutzberger, später S. Adler-Rudel an ihre Stelle.[56] Max ist noch nicht Mitglied, da er ganz und gar damit beschäftigt ist, Schacht bei der Einrichtung der Finanz- und Bankorganisation des Reiches zu helfen. Denn nach und nach verschafft sich der Präsident der Reichsbank sämtliche Befugnisse über das Bankensystem in Deutschland; ein Gesetz vom 2. Juni 1933 überträgt ihm sogar außer den traditionell einer Zentralbank übertragenen Vollmachten die Kontrolle über die Finanzmärkte und das Finanzmonopol im Außenhandel.[120]

Doch trotz seiner finanziellen Allmacht ist Schacht keineswegs politisch frei und auch nicht der Schutzherr der Juden, als der er sich gerne ausgibt; um seine Macht nicht zu gefährden, zögert er nicht, Hitler die Pfänder in die Hand zu geben, die dieser erwartet. Sicher hält er auffällig ein paar wesentliche jüdische Fachleute bei sich in der Reichsbank.[120]

Aber seinem alten Gefährten Gert Weisman rät er lebhaft, Deutschland zu verlassen und in die Schweiz zu gehen, was dieser auch tut. Er selbst aber wird jetzt zu einem widerwilligen Handlungsgehilfen bei der Anwendung der Rassengesetze.

Dieser Frühling 1933 fängt für den kranken Carl Melchior, den die Gestapo bedroht, weil sie ihn – welche Verdrehung der Tatsachen! – für den Urheber des Versailler Vertrages hält, sehr schmerzlich an. Binnen weniger Tage verliert er alle seine Amtsfunktionen, muß den deutschen Sitz in der Bank für Internationalen Zahlungsausgleich räumen, die er mit geschaffen hat und der seine ganze Anstrengung galt.

Als Hitler zu Ende des Vorsommers Schacht seine Beziehungen zu Max vorhält, bittet dieser Max im September, den Generalrat der Reichsbank »im gemeinsamen Interesse« zu verlassen. Max ist wie vor den Kopf geschlagen:[210] Wie kann die Reichsbank, die er vor zehn Jahren in der Inflationszeit schaffen half und zu deren Entwicklung er so vieles beigetragen hat, ihn nur deswegen ausschließen, weil er Jude ist? Das ist nicht mehr zum Lachen, das ist eine Schande.

Zudem löst dieser Ausschluß sämtliche anderen Verbote aus, die nur am seidenen Faden seiner Reichsbankzugehörigkeit hingen: Im Herbst wird Max trotz der Proteste der amerikanischen Teilhaber vom Aufsichtsrat der von ihm gegründeten Deutsch-Atlantischen Telegraphen-Gesellschaft ausgestoßen, dann von der Hamburger Handelskammer, die ihn noch wenige Jahre zuvor ausgezeichnet hat und deren Wohltäter sein Großvater war, dann vom Rat der Philharmonischen Gesellschaft, die sein Großvater vor fast einem Jahrhundert finanziert hat, und schließlich von der Hochschulbehörde, für die er so vieles getan hat. Im Oktober läßt ihn der Bürgermeister von Hamburg wissen, zu seinem großen Bedauern werde er weder ihn noch seine Firma künftig mehr konsultieren.[55]

Ende Oktober schließlich muß er den Aufsichtsrat der Hamburg-

Amerika-Linie verlassen, die er seit dreißig Jahren mit Albert Ballin und danach mit Cuno gefördert und in jenem schlimmen November 1918 nach dem Selbstmord seines Freundes vor dem Bankrott bewahrt hat. Damit sein Weggang nicht allzu offenkundig von den Rassengesetzen verursacht erscheint, an deren Ernsthaftigkeit die deutschen Großbürger immer noch nicht zu glauben wagen und von denen keiner zugeben möchte, daß sie auch ihn betreffen, hat der Aufsichtsrat der Linie immerhin noch so viel Feingefühl, daß er beschließt, am selben Tag zwei weitere, sehr alte Aufsichtsratsmitglieder zu verabschieden.[55] Aber damit endet das Feingefühl auch schon. An diesem Novemberabend, als der Aufsichtsrat zu einem Abschiedsessen für die drei Mitglieder zusammentritt, lastet drückendes Schweigen im Raum. Max bemerkt ironisch, er bedaure, aus Gründen, die nicht in seinem Willen lägen, das Haus verlassen zu müssen, das er drei Jahrzehnte lang geliebt habe; als ihm niemand antwortet, steht er auf, geht langsam um den großen Tisch herum, stellt sich dann an seinen leer gebliebenen Platz und hält selbst die Antwortrede auf sich, indem er sich für die geleisteten Dienste dankt, insbesondere das Verdienst, Ende 1918 und Anfang 1919 als einziger das Geld aufgetrieben zu haben, das keine andere Bank hatte bereitstellen wollen, um die im Kriege zerstörte Flotte wiederaufzubauen ... Ein peinlicher Augenblick, an den sich mehrere Zeugen noch lange, übrigens in unterschiedlicher Lesart, erinnern.

Damit setzt der Abstieg der Bank ein: Sie wird weder von den Behörden Hamburgs noch des Reiches mehr zu Rate gezogen und verliert in diesem Jahr[137] zwei Drittel ihrer Klienten, deren Zahl binnen eines einzigen Jahres von 5241 auf 1875 sinkt.

Und als ob sich alles ganz schnell zum Schlimmsten wenden müßte, endet das Schreckensjahr tragisch: Aby S. Warburg und Carl Melchior sterben am gleichen Tag, dem 30. Dezember 1933.

Rosenbaum schreibt dazu:[137] »Auf Aby S. Warburg waren aufgrund seiner langjährigen Erfahrung als Seniorpartner der Firma und seiner klugen Menschen- und Sachkenntnis viele Verantwortlichkeiten bei der Behandlung von Personalfragen in der Ferdinandstraße entfallen. Besonders in seinen letzten Jahren hatte er sich mit großer Hingebung den traditionellen Interessen der Warburgs für gemeinnützige und wohltätige Einrichtungen gewidmet. Dr. Melchior, der durch seine unaufhörlichen Reisen und aufreibenden Verhandlungen im Interesse Deutschlands buchstäblich zermürbt worden war, erlag einer Herzattacke. Nur wenige Tage vorher, als er mit der ihm eigenen planmäßigen Ruhe Vorbereitungen für eine Entwicklung traf, die er für unvermeidlich hielt, hatte er für den Fall seiner Verhaftung durch die Gestapo einem vertrauenswürdigen Freund und Kollegen, Dr. Kurt Sieveking, seine persönliche Vertretungsvollmacht erteilt.«

In den beiden letzten Nächten dieses Jahres wandert die Bibliothek des Instituts Aby Warburg nach London: 60000 Bücher und 20000 Fotografien werden in 531 Kisten auf zwei Schiffe verbracht. In der Familie wird überliefert, während der ganzen Nacht der Beladung des Schiffes habe die Witwe von Aby M. Warburg die kommunistischen Möbelpacker, die sich trotz aller Gefahr bereit erklärt hatten, heimlich und knapp vor Beginn der großen Bücherverbrennungen die schönste kunstgeschichtliche Bibliothek der Welt aus dem Lande schaffen zu helfen, mit heißen Getränken versorgt.

Trotz der Trauer und der schrecklichen Drohungen glaubt Max immer noch an eine Zukunft für sich in Deutschland. Er wird immer einsamer, und Anfang Januar 1934 schreibt er in sein Tagebuch:[210] »Das vergangene Jahr war ein Jahr der Einschränkung. Da von einem Wiederaufbau zunächst nicht die Rede sein kann, können wir einstweilen nur unsere Festung verteidigen, indem wir versuchen, uns unsere Kundschaft in Deutschland und im Auslande zu erhalten. Hierzu werden zum Teil kleine Hilfsmittel von Bedeutung sein: Keine Aufsichtsratsstelle, die uns jetzt genommen ist, sollte als definitiv verloren betrachtet, sondern jede Gelegenheit wahrgenommen werden, um sie wiederzugewinnen, wenn auch der Erfolg noch lange auf sich warten lassen wird.«

Die »Paltreu«

Will nun Max auch in Erwartung besserer Tage bleiben, so hilft er doch anderen Juden bei der Ausreise, in erster Linie seinen eigenen Klienten; zwar rät er niemand zum Weggang, aber jedem, der weg will, leiht er seine helfende Hand. Als Hitler die Macht ergreift, gibt es noch fast 550000 Juden in Deutschland; im ersten Jahr der Naziherrschaft verlassen rund 100000 das Land.[79] Bereits Anfang 1933 – noch vor Siegmunds Abreise und trotz der scharfen Devisen- und Grenzkontrollen – hilft Max den ärmeren auszureisen und den reicheren, ihr Kapital wegzuschaffen. Den einen steht er über die jüdischen Wohltätigkeitseinrichtungen, den anderen über seine Bank bei. Er steht der jüdischen Gemeinde vor und ist zugleich Finanzmann, der die Interessen seines Hauses im Auge hat, denn die immer zahlreicheren Ausreisewilligen zahlen jeden Preis an den, der ihre Abreise wirksam organisieren kann; Siegmund und Max entwickeln dabei einen großen Ideenreichtum. Weder der eine noch der andere profitiert dabei, im Gegenteil. Aber es hält die Bank in Betrieb und spiegelt Max die Illusion vor, es sei alles wie vordem.

Im übrigen befinden sich die Emigranten zu diesem Zeitpunkt noch in einer zwiespältigen Position: Gewiß ist die Devisenkontrolle sehr streng und die Kapitalausfuhr praktisch verboten. In Wirklichkeit aber benutzt Schacht die deutschen Bankfilialen im Ausland, auch die jüdischen, zur Regelung gewisser Probleme. So sammeln sich beispielsweise bei der Bank Mendelssohn in Amsterdam mit dem Segen der Nazis die Auslandsbeteiligungen gewisser deutscher Unternehmen, u.a. die von Bosch in Amerika, um das Risiko einer Beschlagnahmung deutscher Vermögenswerte im Falle eines Konflikts zu umgehen.[107] Und diese Banken spielen, manchmal mit der Komplizenschaft hoher Nazifunktionäre, eine wichtige Rolle bei der Organisation der Flucht jüdischen Kapitals.

In dieser Zeit mobilisiert sich auch die übrige Welt. Das erste Auswanderungsprogramm nach England wird zwischen einem zu diesem Zweck von der englischen jüdischen Gemeinde errichteten Fonds und Carl Melchior (kurz vor dessen Tod) aufgestellt. Auch in Amerika sind die Judengemeinden sehr aktiv. Zusammen mit anderen reichen amerikanischen Juden finanziert Felix die Niederlassung der ärmsten Juden in Amerika, darunter zahlreiche Künstler und Schriftsteller, die aus Deutschland flüchten und sich sehr schwer tun, irgendwo Unterschlupf zu finden.

Obwohl selbst nicht Zionist, hilft er auch bei der Ausreise deutscher Juden nach Palästina. Immer noch steht er der Jewish Agency höchst kritisch gegenüber, die in seinen Augen nur ein anarchisches und unregierbares Gebilde darstellt:[55] »Wenn die Jewish Agency das Geld hat, einen Kibbuz zu errichten, dann errichtet sie gleich zwei und vertraut auf den Zufall für die Begleichung des Rests.« Immer mehr ist er überzeugt, daß ein jüdischer Staat zum Tode verurteilt sei, weil seine Nachbarn ihn niemals zulassen würden. 1934 sagt er sogar:[55] »Wenn ein Staat Israel errichtet wird, wird er jedes Jahr bei Kuhn, Loeb & Co. einen neuen Kredit erbetteln.« An Chaim Weizmann, mit dem er in der Handhabung der jüdischen Angelegenheiten immer weniger einig ist, schreibt er:[55] »Solange die Juden nach einem ›jüdischem Staat‹ und ›nationalen Territorium‹ rufen, werden die Araber keine unserer Bemühungen um eine Einigung ernst nehmen.« Er denkt eher an eine Ablösung des britischen Mandats durch einen binationalen Staat, in dem die beiden Bewohnergemeinschaften friedlich zusammenleben.

In Deutschland gilt es, schnell zu handeln. Max und Siegmund waren kurz vor der Ausreise des letzteren auf die Idee gekommen, eine Bank zu gründen, die den deutsch-jüdischen Unternehmen bei der Ausfuhr ihres Kapitals und der Niederlassung an anderer Stelle behilflich sein sollte. Die Idee reift im Laufe des Sommers 1933 heran, und im Oktober begibt sich Siegmund von London nach Amsterdam, trifft dort Max und zwei andere deutsche Freunde, die eben aus Deutschland emigriert sind – Edmund Stinnes, Bruder von Hugo, welch letzterer sich für das Lager der Nazis entschieden hat, und Hans Fürstenberg, der die Berliner Handels-Gesellschaft leitete und mit dem er vor einigen Jahren eine gemeinsame Filiale in Berlin gegründet hatte.

In dieser Zusammenkunft wird der Gedanke geboren, mit einer Bankengruppe, darunter auch deutschen, in Amsterdam eine kleine Organisation namens »Dutch International Corporation« zu gründen, die das Kapital entgegennehmen soll, das die Emigrierten aus Deutschland herausschaffen können, und ihnen anschließend bei der Verwendung des Kapitals zunächst in den Niederlanden, dann in England, den USA und sogar in Palästina behilflich zu sein. Anfang 1934 steht die Organisation, und Siegmund verhilft mit ihrer Unterstützung von Amsterdam aus, wohin er häufig kommt, mehreren deutsch-jüdischen Unternehmen zur Ausfuhr ihres Kapitals, insbesondere seinen ehemaligen Berliner und Hamburger Kunden.

Die DIC organisiert auch mit Max, Fritz und A.E. Wassermann in Berlin eine Direktverbindung in Richtung Palästina, die »Palästina-

Treuhand-Gesellschaft«, »Paltreu« genannt, für den Transfer des Besitzes der Emigranten. Dieser Transfer geht so vor sich, daß Unternehmen in Palästina deutsche Waren kaufen oder palästinensische Güter zu niedrigem Preis in Deutschland absetzen.[56]

Das im Sommer 1934 ausgetüftelte System ist ziemlich komplex und setzt zahlreiche Abmachungen mit dem deutschen Zoll und Fiskus voraus: Bevor sie Deutschland verlassen, kaufen die Emigranten gegen Reichsmark von deutschen Unternehmen von einer Filiale der Jewish Agency (der »Haavara Ltd.«) ausgewählte Waren, die nach Tel Aviv geliefert werden. Nach Ankunft in Palästina erhalten die Emigranten den Gegenwert in Pfund Sterling von dieser Company, die ihrerseits von den amerikanischen Juden finanziert wird. Das System funktioniert auch in umgekehrter Richtung: Palästinaerzeugnisse werden an Deutschland geliefert und von der Jewish Agency bezahlt, wobei der einzige deutsche Beitrag darin besteht, daß der Kapitalexport für Emigranten genehmigt wird. M.M. Warburg und A.E. Wassermann in Deutschland und die DIC in den Niederlanden übernehmen die gesamte bankmäßige Abwicklung. So werden beispielsweise über die Paltreu nach viermonatigen Verhandlungen massenweise Jaffaorangen nach Deutschland exportiert (die Ernte 1934/35). »Andere Transfermöglichkeiten ergaben sich nach dem gleichen Vorbild«, schreibt Rosenbaum,[137] »durch die Finanzierung wichtiger Importe aus der Türkei. Die vielseitige Tätigkeit der Paltreu und eine Reihe von Aufträgen für die Finanzberatung von Unternehmungen, deren Eigner zu liquidieren oder ihre Vermögenswerte zu verkaufen wünschten, wurden für M.M. Warburg & Co. eine Quelle neuer Kunden und Geschäfte, dienten aber gleichzeitig als grimmige Mahnung, daß jede langfristige Prognose für die eigene Zukunft entfiel.«

Alle diese Mechanismen funktionieren indessen mehr schlecht als recht. Denn schon ist es für jedermann außerordentlich schwierig geworden, Geld aus dem Lande zu schaffen. So wird mit einer Verordnung vom 18. Mai 1934 ein Viertel des Vermögens jedem weggenommen, der mit mehr als 50000 Mark das Land verlassen will oder mehr als 20000 Mark im Jahr verdient hat.[56]

Max wird zu dieser Zeit Vorsitzender oder Mitglied des Aufsichtsrates aller wichtigen jüdischen Organisationen in Deutschland: der Reichsvertretung der deutschen Juden, des Jüdischen Hilfsvereins sowie einer Reihe in Hamburg ansässiger Kommunalvereinigungen. Max war »von morgens bis abends beschäftigt«, schreibt Rosenbaum,[136] »seinen jüdischen Mitbürgern zur Seite zu stehen und für erträgliche Existenzbedingungen unter Verhältnissen zu sorgen, die sich in bedenklicher Weise verschlechterten«.

Im Mai und Juni sucht Max mehrfach den Vizekanzler von Papen in Berlin auf, vom dem er sich Hilfe erhofft. Aber zwei Tage, nachdem von Papen am 28. Juni auf Max' Bitte bei Hitler gegen die judenfeindlichen Maßnahmen protestiert hat, entgeht Papen nur mit knapper Not der Nacht der langen Messer; danach geht er als Botschafter nach Wien. Die Ermordung Röhms und die Schwächung der SA an diesem Tage bringt Hitler die Unterstützung der Reichswehr ein.

Max fühlt sich immer isolierter. Als einzige Stütze ist Schacht noch im Amt. Am 30. Juni 1934 wird dieser anstelle von Kurt Schmitt Reichswirtschaftsminister. Damit ist er praktisch völlig für die Wirtschaft verantwortlich zu einem Zeitpunkt, als der erste Vierjahresplan heranreift. Nach seinen eigenen Memoiren[151] und Zeugnissen aus jener Zeit[160] ist er von den Säuberungen tief betroffen. Auch wenn er immer noch Hitler für den einzigen hält, der Deutschland wieder in die Höhe bringen kann, läuft doch vieles nicht so, wie er möchte. Es mißfällt ihm, wie die Partei die öffentlichen Mittel plündert, ebenso die Gewalttaten gegen die Juden und die Kirchen.[160] Aber er ist machtlos, sowohl gegen die sich verschärfende judenfeindliche Politik als auch gegen die wirtschaftlichen Machenschaften der Fanatiker, zum Beispiel Hitlers Wirtschaftsberater Wilhelm Keppler. Als dieser, ohne ihn zu fragen, ein Amt für die Entwicklung der Rohstofferzeugung einrichtet, ist Schacht wütend.[120]

Am 2. August 1934 stirbt Hindenburg. Am 19. vereinigt Hitler nach einem Volksentscheid die Ämter des Reichskanzlers und des Reichspräsidenten auf sich. Im Laufe des Sommers baut Max die Paltreu aus. Zusammen mit dem Direktor der Jewish Agency, Hexter, einem ehemaligen Harvardprofessor, den Felix engagiert hat und der in Sondermission aus Palästina gekommen ist, sucht er den im Finanzministerium für Devisen zuständigen Nazibeamten auf und erhält von ihm gegen die Zusage, 10 000 Dollar auf ein Geheimkonto in London einzuzahlen, Visagenehmigungen für die Paltreu. Dieser hohe Beamte verläßt im Jahr darauf Deutschland und flüchtet auch nach England.

In diesem Jahr kündigen drei Viertel der Kunden ihre Verbindungen mit der Bank, die zudem die Hälfte ihrer Aufsichtsratssitze eingebüßt hat. Der Umsatz sinkt beträchtlich, und nichts scheint den Bankrott mehr aufhalten zu können.

Sie tätigt außer der Hilfe für die ausreisewilligen Juden und der Beteiligung an Staatsanleihen im Ausland praktisch keine Geschäfte mehr. Angesichts dieses Debakels ruft Max erneut Felix zu Hilfe, der ihm erwidert, es nütze alles nichts mehr, er solle liquidieren und abreisen. Der in Amsterdam ebenfalls konsultierte Siegmund ist gleicher Meinung. Max lehnt ab. Er habe dieses Haus gebaut und werde es nicht verlassen. Er sei Deutscher und sonst nichts. Seine Familie sei unter allen Regimes dageblieben und habe keine Veranlassung, mit ihrer Geschichte zu brechen, selbst vor einem so verrückten Regime wie diesem. Und Brinckmann, der Mann von Kuhn, Loeb & Co., gibt ihm recht.

Ein weiteres Mal ist der kranke und resignierte Felix bereit, zu Lasten seines persönlichen Vermögens die nötigen Summen aufzubringen, damit seine beiden letzten deutschen Brüder ihren Namen hochhalten können. Als Gegenleistung verlangt er von Max, daß er seine Verpflichtungen reduziere und möglichst viel liquide Devisen behalte, um für alle Fälle gerüstet zu sein.

Max' Dasein wird sehr schwierig. Er wird jetzt ständig von der Gestapo beschattet, der Kreis seiner Freunde wird immer kleiner. Kösterberg wird zu einer einsamen Festung. Tag für Tag wirft ihm die Presse, so Julius Streichers »Stürmer«, vor, in Versailles Verrat begangen zu haben und am Elend Deutschlands schuld zu sein.

Ende 1934 hat sich die Finanzlage von M.M. Warburg stabilisiert. Max vermerkt in seinem Tagebuch:[210] »Der Weg zum Wiederaufstieg wäre frei gewesen, war aber durch die nationalsozialistische Politik versperrt.«

Siegmund in London

London hat sich verändert seit seinem ersten Aufenthalt vor zehn Jahren. Die Krise ebbt allmählich ab. Zum erstenmal übersteigt die Jahresproduktion die von 1929, gleichzeitig geht die Arbeitslosigkeit zurück. Zu Hitler ist man in England geteilter Meinung. Eine sehr kleine Minderheit der Mittelschicht sieht ohne Mißvergnügen den Mann am Ruder, der »Deutschland vor der roten Gefahr rettet«. Der andere Teil erkennt zusammen mit der Arbeiterklasse die Gefahr des Nazismus, der die deutsche Linke vernichtet hat.

Die jüdische Gemeinde in London ist zu dieser Zeit zwar klein, aber sie blüht und nimmt die Flüchtlinge, die jetzt angeströmt kommen, gut auf, finanziert sogar ihre Aufnahme mit Hilfe nichtjüdischer Organisationen.[12] Schon im März 1933 gründet ein entfernter Verwandter von Jacob Schiff, Otto M. Schiff, das »Komitee für jüdische Flüchtlinge«, und im April 1933 errichtet Lionel Rothschild den »Central British Fund for German Jewry«.[174]

Gleich bei seiner Ankunft findet Siegmund Verwandte, Freunde und eine gewisse finanzielle Basis vor. Es leben dort einige Abkömmlinge der Altonaer Warburgs, die 1790 nach Skandinavien und dann 1841 nach London ausgewandert sind und mit Sir Ernest Cassel bei N.M. Rothschild in Geschäftsverbindung stehen. Aber er kennt sie nicht. Auch sein Onkel Paul Kohn-Speyer ist da, der Präsident von Brandeis-Goldschmidt geworden ist und eine seiner Kusinen geheiratet hat: Max' Schwester Olga, die 1903 nach London kam und im folgenden Jahr bei der Geburt von Edmond starb, der in England erzogen wurde und 1928 gleichzeitig mit Siegmund als Volontär zu Max kam. Auch der Enkel seines Onkels Frederick, Frederick-John Warburg, ist da; er ist 1898 als Sohn von Sir Oscar Emmanuel Warburg geboren und Direktor eines Verlagshauses. Einige Monate später läßt sich auch seine Kusine Anita, Max' dritte Tochter, in London nieder und heiratet den Journalisten Max Woolf vom *Manchester Guardian*. Schließlich gibt es noch die Führungskräfte der Filiale von M.M. Warburg, »Merchant and Finance Co.«, die zum Teil aus Berlin stammen und ihn befehden werden.

Siegmund trifft auch den Präsidenten von Rio Tinto wieder, Andrew MacFadyean, der zunächst in Malaya Tee und Gummi gepflanzt hat, danach bei Baldwin Privatsekretär war und schließlich die britische Finanzdelegation in Berlin leitete, wo Siegmund ihn 1930 kennenlernte.

Anfang 1934, nachdem er sich in einer kleinen Wohnung nahe der Themse eingerichtet hat, läßt er seine Frau und seine zwei Kinder aus

Stockholm kommen. Für ihn ist das Leben alles andere als leicht. Kam er doch als Familienvater wieder, fast ohne einen Pfennig in der Tasche, nachdem er vor zehn Jahren als reicher Volontär bei Rothschild gearbeitet hat. Sicher nimmt man ihn in der »Hautefinance« gut auf, wo man ja weiß, was sein Name bedeutet. Aber für die andern ist er nichts als ein ziemlich armer deutscher Jude, der Englisch mit ausgeprägt schwäbischem Akzent spricht.

Siegmund indes bewundert, was die gewaltige Größe Englands ausmacht; Seine Tradition der Freiheit, seinen Sinn fürs »Fair play« achtet er hoch. Er sagt oft, das Wort »kind« gebe es in seiner präzisen Bedeutung nur in der englischen Sprache und lasse sich weder ins Deutsche noch ins Französische übersetzen. Und verabscheut er auch den Leichtsinn, den Mangel an Mut und den Snobismus der City, so erklärt er doch oft, habe in Deutschland die Mittelschicht Hitler an die Macht gebracht, so sei sie in England das gesündeste, menschlichste, verantwortungsbewußteste und ehrlichste Element im ganzen Lande. Und er muß erst einmal Atem holen, da er, gerade der einsetzenden Hölle des Nazismus entronnen, der neugewonnenen Freiheit staunend gegenübersteht.

Zwei weitere Emigranten, die zur gleichen Zeit wie er Deutschland verließen, erzählen, wie sie das damalige London empfanden. Der eine ist seit vierzehn Jahren sein Freund, Stefan Zweig, der einen Monat vor ihm herübergekommen ist und den er in den folgenden acht Jahren fast jede Woche sieht; der andere ist einige Monate vor ihm in London von Bord gegangen, der Maler Fred Uhlman, der wie er nahe Stuttgart geboren ist und den er nur wenig kennt. »Nach einigen Tagen fühlte ich mich in London unbeschreiblich wohl«, schreibt Zweig. »Bloß eines war mir wichtig: wieder zu meiner eigenen Arbeit zu gelangen, meine innere, meine äußere Freiheit zu verteidigen... Jedoch die eigentliche Wohltat war, daß ich endlich wieder eine zivile, höfliche, unerregte, haßlose Atmosphäre um mich fühlte.« Uhlman ergänzt:[169] »Alles erschien mir seltsam. Neben der Erleichterung hausten Kummer und Angst.« Wie sie ist auch Siegmund besorgt um das, was er zurückgelassen hat. Zweig schreibt:[187] »Meine Freunde waren fern, der alte Kreis zerstört, das Haus mit seinen Sammlungen und Bildern und Büchern verloren... Alles, was ich dazwischen versucht, getan, gelernt, genossen, schien weggeweht.«

Und Siegmund erkennt bedrückt, wie sorglos der Friede England hat werden lassen; er tobt, weil er sich niemandem anvertrauen kann. Er, der von Berlin aus Churchills Währungspolitik, die das Pfund in die Katastrophe trieb, so scharf kritisiert hat, findet die britische Blindheit gegenüber der steigenden Woge der politischen Gefahren kaum erträglich. Er, der Emigrant, ist erstaunt, daß die Engländer genauso naiv sind wie sein Onkel Max, der sich wie sie an die naivsten Hoffnungen klammert. Zweig schreibt dazu:[187] »Es war schmerzvoll zu sehen, wie gerade die höchste Tugend der Engländer, ihre Loyalität, ihr ehrlicher Wille, ohne Gegenbeweis jedem andern zunächst Glauben zu schenken, von einer musterhaft inszenierten Propaganda mißbraucht wurde.«

Die New Trading Company

Die City finanziert weiterhin Regierungen, versichert und befrachtet Schiffe. Über die Hälfte der internationalen Abschlüsse werden noch in Pfund Sterling getätigt, das sich im Gefolge des Dollar mit Hilfe eines Wechselkursstabilisierungsfonds wieder im Verhältnis zum Gold stabilisiert hat.

Aber die tiefen Einbrüche im Welthandel haben doch den Umfang ihrer Aktivität gemindert. England hat nicht mehr viel auszuleihen; seine kleinen, engstirnigen und schlecht organisierten Banken müssen in New York Dollar aufnehmen und in Pfund umwandeln, bevor sie sie im Empire oder anderswo weiterverleihen. Zudem macht sich die Konkurrenz der New Yorker Banken und Versicherungen ziemlich deutlich bemerkbar.

Jetzt, da er in London ist, gedenkt Siegmund, sich wieder einen Namen zu machen, einen großen Namen in dem Metier, das er beherrscht: der »Hautefinance«. Um sich die Basis dazu zu verschaffen, sieht er mehrere Wege vor: eine Londoner Filiale von M.M. Warburg einrichten – aber dagegen ist Max; eine Filiale von Kuhn, Loeb & Co. gründen –, aber die Zustimmung von Felix holt er nicht ein, und dieser hätte sie vermutlich versagt. So beschließt er, seine eigene Gesellschaft zu gründen und sie nicht »Warburg«, sondern »New Trading Company« zu nennen, eine angepaßte englische Übersetzung der Berliner

Handels-Gesellschaft. Aus ihr wird zehn Jahre später die Bank *S.G. Warburg & Co.* werden.

Die Entstehungsgeschichte einer der größten Geschäftsbanken der Welt verdient eine eingehendere Beschreibung. Es gibt mehrere Lesarten davon.

Nach Rosenbaum,[137] der die Lesart von Max wiedergibt, ist es die Dutch International Corporation, die mit einem Anfangskapital von 120000 Pfund die New Trading Company in London gründet, »in deren Aufsichtsrat Siegmund G. Warburg ... als aktivstes Mitglied galt«.»Warburgs zogen sich mit der Zeit aus der Dutch International Corporation zurück und übernahmen eine größere Beteiligung an der New Trading Company... Die Absicht war, eine Reihe kleiner Organisationen zu bilden, die imstande sein sollten, den Warburgschen Kundenkreis innerhalb Deutschlands vom Ausland her zu betreuen, und die sich auch derjenigen früheren Hamburger Kunden annehmen sollten, die bereits ausgewandert waren und nun neuere Unternehmungen in England und anderswo gestartet hatten. Ausgehend von dieser ursprünglichen Zweckbestimmung, widmete die New Trading Company einen wachsenden Anteil ihrer Finanzgeschäfte auch mittelgroßen britischen Unternehmen aller Art.«[137]

Diese Darstellung scheint nicht zu stimmen. In Wirklichkeit hat Siegmund allein die New Trading Company gewollt, und er hat sie für sich und gegen den Rest der Familie aufgebaut. Das ging so vor sich.

Sofort nach Errichtung der Dutch International Corporation im Jahre 1934 gedenkt er das Netz der Möglichkeiten für die Kapitalausfuhr aus Deutschland durch Schaffung einer weiteren Gesellschaft gleicher Zweckbestimmung und mit denselben Teilhabern zu ergänzen.

Folglich läßt Siegmund seine beiden Freunde Hans Fürstenberg, der noch den Vorsitz in der Berliner Handels-Gesellschaft (was sich mit »Berlin Trading Company« ins Englische übersetzen ließe) innehat, und Edmund Stinnes nach London kommen und bittet sie, mit ihm eine andere Bank zu gründen. Aber das ist in London problematischer als in Amsterdam. Denn hier muß er, wenn er sie selbst führen will, seine Geburtsstaatsangehörigkeit angeben und im Briefkopf nennen. 1934 aber in London Deutscher zu sein ist nicht gerade eine Trumpfkarte im Geschäft. Außerdem will er das Familienoberhaupt Max als

Bannerträger des Namens nicht verärgern. Deshalb verzichtet er darauf, der neuen Bank diesen Namen zu geben, jedenfalls im Augenblick.

Mehr als sechs Monate dauert es, bis alles steht. Er beteiligt gebürtige Engländer an seinem Abenteuer, als ersten einen alten Bekannten, Andrew MacFadyean. Außerdem Richard Jessel und Harry Lucas, die zwei verwandten Familien angehören, von denen die eine im Devisenhandel tätig ist, die andere eine in London sehr bekannte, mit Eden und Churchill befreundete Bankiersfamilie.

Mit ihnen richtet Siegmund das Gegenstück zu seiner Amsterdamer Firma ein, gibt seiner Gründung aber denselben Namen wie der früher mit Fürstenberg in Berlin gegründeten Bank. So entsteht im Herzen der City am 30. Oktober 1934 die New Trading Company mit fünf Aktionären aus natürlichen und juristischen Personen (Siegmund Warburg, Harry Lucas, Richard Jessel, Dutch International Corporation und Berliner Handels-Gesellschaft) und einem Kapital von 120000 Pfund, von dem Siegmund 10 Prozent innehat. Andrew MacFadyean wird zum Präsidenten ernannt, Harry Lucas und Siegmund sind zusammen mit einem Sekretär die einzigen Angestellten. Als Telegrammadresse wird die Abkürzung »Nutraco« gewählt, die die Bank noch heute verwendet.

Man macht sich's in Büros bequem, die der Präsident von Brandeis, Onkel Paul Kohn-Speyer, in der King William Street zur Verfügung stellt, einer kleinen Straße, die im 19. Jahrhundert zu dem Zweck entworfen worden war, die Bank von England mit der London Bridge zu verbinden. Hier wird fast das ganze Abenteuer spielen.

Brandeis ist damals eine seltsame Firma: Einer der Direktoren hat ständig einen Revolver auf dem Schreibtisch liegen, mit dem er manchmal die neuen Angestellten bedroht. Rauchen ist verboten, Dienststunden sind genau dieselben wie die der Metallbörse. Die Büros befinden sich in der Nr. 9. Auf derselben Etage, dem 1. Stock, verbindet ein enger Flur, in dem sich der Feuerlöscher und die Telefonzentrale befinden, die Nr. 9 mit der Nr. 8, wo drei Büros sind, zu denen man auch von der Straße aus über einen dreieckigen Aufzug Zugang hat. Diese Büros stellt man der New Trading Company zur Verfügung; sie sind so klein, daß Siegmund das seinige etwas weiter entfernt auf derselben Etage bei Brandeis-Goldschmidt hat.

Bald verliert er seine Freunde. Schon Ende 1934 hat Hans Fürstenberg keine Lust mehr, in London zu bleiben, und geht nach Locarno. Edmund Stinnes seinerseits hilft Siegmund noch ein paar Monate lang und geht dann nach Philadelphia, um an einer Quäkeruniversität Volkswirtschaft zu lehren.

Siegmund besitzt weder Kapital noch Kunden noch eigene Geschäftsräume, und seinen Haupttrumpf, seinen Namen, will er nicht einsetzen. So nimmt er selbst kleinste Geschäfte an, die die Bankiers der City wie N.M. Rothschild nicht annehmen wollen oder nicht anzunehmen wagen. In erster Linie die der Emigranten, die manchmal etwas Geld mitbringen, und die von Brandeis-Goldschmidt, die Paul Kohn-Speyer ihm überläßt. Er bleibt nicht lange allein. Im Jahr darauf stellt er fünf Personen ein: zwei Engländer, K. L. Guinness von der Brauereifamilie und Sir Louis Sterling, zwei Deutsche, Henry Grunfeld und E. G. Thalmann, einen naturalisierten Argentinier, der vordem in Berlin Bankier war, und einen Österreicher, den ehemaligen k. u. k. Offizier Eric Korner, der ebenfalls in Berlin als Bankier tätig war.

Henry Grunfeld, der fast fünfzig Jahre lang sein Schatten sein wird, lernt Siegmund im Juni 1935 in Amsterdam kennen. Er ist 1904 in Schlesien geboren, stammt aus einer wohlhabenden Familie von Eisenhüttenleuten und hat seine Jugend in der Reichshauptstadt verbracht; als das Geschäft seines Vaters in der Weimarer Zeit sehr unter der Inflation gelitten hatte, stellte er es wieder auf die Beine und machte es zu einer der bedeutendsten Firmen in ganz Deutschland. Dort hört auch er wie alle Welt von den Warburgs, ihrem Vermögen, ihrer Macht.

Aber wie viele deutsche Juden der damaligen Zeit weiß er nicht einmal, daß auch die Warburgs Juden sind. Als er Anfang 1935 nach London zu emigrieren und dort seine eigene Finanzgesellschaft zu gründen beschließt, möchte er mit Siegmund Kontakt aufnehmen und bittet zwei leitende Persönlichkeiten der deutschen Stahlindustrie, mit denen er selbst gearbeitet hat und die Siegmund in Berlin kannten, ihn ihm vorzustellen. Die Begegnung findet am 17. Juni 1935 bei einer Sitzung der DIC in Amsterdam statt. Sie dauert nur zehn Minuten. Siegmund ist in Eile. Sie vereinbaren, sich einen Monat später in London wiederzusehen, und da ist das Gespräch sehr viel ausgedehnter. Sie beschließen, daß sich die New Trading Company als Aktionär an der Gesellschaft beteiligt, die Grunfeld gründen wird. Ihre Gemeinsamkeiten sind offenkundig. Henry ist überhaupt kein Bankier, aber er hat ganz das Zeug zur »Hautefinance«, wie man sie in Hamburg sieht. Er ist intelligent, ein freier Geist, von strenger Moral, besitzt den Willen zum Erfolg, ist weitblickend und will vor allem das Rechte tun, mehr als bloß Profit scheffeln. Keiner von beiden betrachtet das Geld als den Motor seines Lebens.

Im übrigen aber unterscheiden sie sich in vielem: Siegmund ist ein glänzender Gesellschafter, Henry ist der Mann im Schatten und am Schreibtisch.

Am 6. Juni 1984, anläßlich des Empfangs zu seinem achtzigsten Geburtstag, vertraut Henry Grunfeld einigen Freunden an: »Uns war gemeinsam, daß wir beide aus einer wohlhabenden Familie hervorgingen, deren Reichtum weitgehend in der Inflation von 1923 unterging. Er wie ich hatten schon in jungen Jahren große Verantwortung inne, wobei es uns gelang, uns einen Namen und einen persönlichen Ruf zu machen. Nach 1933 sahen wir uns plötzlich gezwungen, alles zu verlassen und in einem anderen Land wieder bei Null anzufangen. Einer wie der andere brannten wir in diesem Augenblick voller Ehrgeiz und Entschlossenheit darauf, die Position wiederzuerringen, die wir zuvor in Deutschland erworben hatten, und der Welt und uns selber zu beweisen, daß wir dazu fähig waren.«[1]

Im August 1935, nachdem sie noch oft miteinander gesprochen hatten, macht Siegmund Henry den Vorschlag, seine eigene Firma zu verlassen und zu ihm zu stoßen. Henry akzeptiert, verkauft sein kleines Geschäft – das noch heute existiert – und übernimmt 5 Prozent des Kapitals der New Trading Company.

Fast fünfzig Jahre lang, bis zum Tode Siegmunds, arbeiten sie miteinander; jeder weiß, daß er ohne den andern nichts ist, und jeder nimmt den Schatten des andern auf sich. »In Siegmunds Umgebung gab es keinen, der denselben Status des Alter ego innehatte«, sagt Pierre Haas.

Und etwas später sagt man sogar in London: »Siegmund behauptet als erster, daß Grunfeld der glänzendste Kopf der ganzen City ist, noch viel glänzender als er selbst.«[206]

Berlin im Zeichen der Kriegswirtschaft

1935 bricht das ganze schöne Gebäude, das Wilson in Versailles gewollt hatte, Stück um Stück ein. Gewiß nähren im Juni das deutsch-englische Flottenabkommen und die Konferenz von Stresa die Hoffnung auf Frieden, aber die Abessinienkrise im Oktober, das Wetterleuchten in Spanien, das lautstarke Gehabe Mussolinis und Hitlers Handstreich, als er die Wehrpflicht wiedereinführt, lassen die wenigen weitblickenden Demokraten in Europa die Stirn runzeln.

Inzwischen haben über 150000 Juden Deutschland verlassen. Der vom Völkerbund beauftragte Hochkommissar James MacDonald soll sich um ihre Belange kümmern und die Hilfe für sie koordinieren. Die Juden in Amerika gründen zu diesem Zweck einen Konsultativausschuß der Privatorganisationen, in dem die verschiedenen internationalen jüdischen Organisationen vertreten sind. An seiner Spitze steht Felix Warburg, der sich anfänglich dem Eintritt von Nahum Goldmann in diesen Ausschuß widersetzt, den er für zu extrem hält, aber nach einer Intervention von James MacDonald zieht er sein Veto zurück. Er ist einigen jüdischen Intellektuellen aus Europa bei der Niederlassung in Amerika behilflich und finanziert die Einrichtung einer kunsthistorischen Abteilung an der New Yorker Universität, in der ein Teil der europäischen jüdischen Kulturelite unterkommt.

Aber nicht allen winkt eine so freundliche Aufnahme, und in der Verwaltung der demokratischen Staaten herrscht kein großer Eifer: In Holland, der Schweiz, Frankreich und Kanada sind die Quoten schnell erschöpft, und viele Juden aus Deutschland und anderen Ländern werden abgewiesen. Manche Juden aller Stände, die in Amerika Einlaß fanden, können nur ein armseliges Dasein fristen und sterben später wie Bela Bartok in New York einsam und elend.

Die in Deutschland verbliebenen Juden richten sich recht und schlecht auf die neuen Zustände ein. Nach der ersten Ausreisewelle scheint sich die Lage für die Verbliebenen zu stabilisieren. Die Reichsvertretung der Juden in Deutschland wird ihr zentrales Organ. Mittelbar und unbewußt ist sie wie alle entsprechenden Organisationen in Europa bei der Strukturierung der künftigen KZ-Ökonomie behilflich.[79]

Die Verkündung judenfeindlicher Gesetze verlangsamt sich so deutlich, daß Schacht schon glaubt, es sei ihm gelungen, Hitler zur Rückkehr zu einer gemäßigteren Politik zu überreden, wessen er sich überall rühmt.[160] Gestützt von einem Teil der Reichsbankverwaltung und des Wirtschaftsministeriums, die befürchten, die Judenverfolgung werde zur Kapitalflucht führen, behält er seine wichtigsten jüdischen Berater in der Reichsbank und trifft sich weiterhin häufig mit Max Warburg.

Aber gegen ihn und an ihm vorbei bereitet die Nazipartei die Endlösung des Judenproblems durch Vernichtung vor, ohne das Wort jemals in den Mund zu nehmen. Anfang 1935 ist Schacht noch Herr der Wirtschaft. Zur Behebung der Arbeitslosigkeit will er das Wachstum in Gang halten. Er ermuntert die deutsche Industrie zur Konzentration (die Zahl der Konzerne halbiert sich), setzt große Autobahnbauten in Gang, forciert die Aufrüstung, stellt die letzten Zinszahlungen für die Dawes- und Younganleihen ein und errichtet eine Art *Kriegswirtschaft*. Zu ihrer Finanzierung schafft er Sonderkreditbriefe, deren Diskontierung von der Zentralbank garantiert wird, die sogenannten Mefo-Wechsel,[160] die den Rüstungsfabriken die Kreditbeschaffung auf dem Kapitalmarkt ermöglichen. Ihre Laufzeit beträgt vier Jahre, und jede Gesellschaft mit einem Kapital von einer Million Mark kann sie zeichnen. Welche Gesamthöhe diese Kreditbriefe erreicht haben, ist Staatsgeheimnis geblieben. Er betrachtet sie als eine Forderung der Reichsbank an die Industrie, die termingerecht zu begleichen ist; sobald die Vollbeschäftigung erreicht ist, soll diese Form der Geldschöpfung sofort wieder eingestellt werden.[120] Er befürchtet ihre inflationäre Wirkung und weiß, daß sie übermäßige Einfuhren zur Folge haben wird. Folglich übernimmt er die Kontrolle über den deutschen Außenhandel, indem er die Ausfuhr subventioniert, wobei die Mark zu bis 45 verschiedene Wechselkurse erhält, und die Einfuhr nach Kräften begrenzt. Diese Politik ist sehr erfolgreich und öffnet der deutschen Industrie den Zugang zu den Märkten bis hin nach Lateinamerika und Südeuropa.

Auch das deutsche Bankensystem bringt er ganz in seine Gewalt. Die 1934 geschaffene Bank der Deutschen Arbeit überwacht die Kredite im Bauwesen und an die Kleinunternehmen und wird später die Kriegsbeute verteilen; die Reichs-Kredit-Gesellschaft verwaltet die

Kredite an Firmen, die in den Genuß öffentlicher Mittel kommen, eine ihrer Filialen, die Rowak, organisiert den Tauschhandel mit dem Ausland. Die großen Universalbanken, als erstes die Deutsche Bank mit ihren 490 Filialen, dann die Dresdner Bank mit 368 Filialen, die Berliner Handels-Gesellschaft, die Commerzbank, die Darmstädter Bank, geraten mehr und mehr unter den Einfluß der Nazis. Andere Geschäftsbanken – u.a. Stein in Köln und die zur Filiale der Metall-Gesellschaft gewordene Bank Delbruck-Schickler – fallen in dem Maße, als die Juden emigrieren, ebenfalls in hitlerische Hände oder werden von nazistisch gewordenen Großbanken gegen Zahlung eines lachhaft niedrigen Teilwertes in New York hoffnungslos unter Preis aufgekauft.

Damit setzt die Verstimmung zwischen Schacht und Hitler ein.[160] Für den Führer und die Nazitheoretiker wie Gottfried Feder soll die Kriegswirtschaft so lange andauern, bis der Krieg möglich ist. Sie meinen, aus dem Ersten Weltkrieg gelernt zu haben, daß das Land eine Blockade durchzuhalten in der Lage sein müsse und deshalb im Hinblick auf einen lange andauernden Konflikt alle Zufuhren von außen überflüssig gemacht werden müßten. Schacht hingegen ist der Meinung, der Staat solle sich aus der Wirtschaft zurückziehen, sobald die Vollbeschäftigung erreicht ist.[160]

Zwei Jahre lang glaubt Schacht noch, er werde sich letztlich durchsetzen können, begreift aber nicht, daß man ihn nur so weit gewähren läßt, als es dem Ehrgeiz der Militärs und des Führers nützt, und er erkennt auch nicht, daß man ihn fallenlassen wird, sobald Hitler ihn nicht mehr braucht.

In diesen beiden Jahren glaubt Schacht, unterstützt von der immer noch einigermaßen vorhandenen, wenn auch wenig mutigen Macht eines Teils der deutschen Hochfinanz, den Hitlerschen Wahnsinn zügeln zu können, wobei er jedoch weder die Unruhen noch die Pogrome noch die Hinschlachtung der Juden verhindern kann. Die Vorbereitung der Olympischen Spiele von 1936 und die Notwendigkeit der Weiterentwicklung der Kriegswirtschaft veranlassen die Nazis im übrigen, ihr wahres Gesicht zu verbergen und Schacht machen zu lassen, damit er Deutschland die Mittel für die Verwirklichung ihres Wahnwitzes verschaffe, wobei sie ihn gerne in dem Glauben lassen, er sei auf dem besten Weg, sich durchzusetzen.[160]

Aber nach und nach lüftet sich der Schleier. Am 16. August 1935 kommt es zum ersten Zwischenfall bei einer öffentlichen Versammlung, bei der Schacht heftig jene kritisiert, »die nächtlicherweile heldenhaft Fensterscheiben beschmieren, die jeden Deutschen, der in einem jüdischen Geschäft kauft, als Volksverräter plakatieren«. Die Verfolgung der Juden sei »ungesetzlich und muß aufhören, sonst werde ich die Wirtschaft nicht wiederaufrichten können«.[160] Er fügt hinzu: »Ich kritisiere diejenigen, die sich mit Judenangelegenheiten befassen, wenn sie durch ihr Handeln ein Programm der wirtschaftlichen Erneuerung unmöglich machen.«[160] Jeder andere als er wäre nach einer solchen Rede noch am selben Tag verhaftet worden, schreibt die Berliner Presse am nächsten Morgen. Inzwischen zensiert ihn schon mal der Rundfunk; Schacht läßt daraufhin in seiner Wut seine Rede von der Reichsbank in Hunderttausenden von Exemplaren drucken und verbreiten.

Hitler ist außer sich, läßt ihn aber noch gewähren, weil er ihn noch braucht. Ohne sich weiter um Schacht zu kümmern, löst er im gleichen Atemzug die zweite Welle der judenfeindlichen Vorschriften aus. Im September 1935 wird die Eheschließung von Juden und Nichtjuden verboten,[56] die Juden werden der bürgerlichen Ehrenrechte beraubt, desgleichen dürfen sie keine Nichtjuden beschäftigen. Und das ist erst der Anfang.

Nun läßt auch Max' Optimismus etwas nach. Obwohl er selbst unbedingt in Hamburg bleiben will, möchte er doch den noch in Deutschland befindlichen rund dreihunderttausend Juden zur Abreise verhelfen.

Er weiß nicht, spürt nicht, kann sich nicht vorstellen, was sie riskieren, aber er kennt doch die jüdische Geschichte so weit, daß er auf das Schlimmste gefaßt ist. Er unterstützt weiterhin die Paltreu, findet sie aber inzwischen zu langsam und zu kompliziert – und tatsächlich ist damit nicht vielen zur Ausreise zu verhelfen.[56]

Um schneller mehr zu erreichen, denkt er sich einen Plan für die Massenevakuierung aus, den sogenannten »Warburg-Plan«. Anfang Oktober besucht er Schacht und schlägt ihm vor, die jüdischen Emigranten, die ihren Besitz dem deutschen Staat vermachen, sollen bei ihrer Niederlassung im Ausland von einem »Auslandssyndikat« aus einer Gruppe europäischer und amerikanischer Juden Devisen erhalten. Dieses Syndikat besäße damit eine Forderung gegen das Reich, die mit deutschen Industrieerzeugnissen beglichen werden solle, die das Syndikat überall absetzen könne, wo es wolle; das Ganze solle einen Gesamtrahmen von 1,5 Milliarden Reichsmark haben. Schacht findet den Plan interessant und möchte ihn verwirklichen. Er legt ihn zahlreichen Kommissionen im Finanz- und Innenministerium vor; er soll auch, wie man ihm sagt, auf dem Schreibtisch Hitlers gelandet sein.[120] Aber umsonst.

Max bemüht sich mit aller Kraft um die Verwirklichung seiner Idee. Mitte Herbst reist er wiederum über den Atlantik, um die Hilfe der Familie für seinen Plan und auch für seine Bank zu erbitten. Da er jedoch weiß, daß ihn sogar in New York die Gestapo überwacht, ist er ziemlich wortkarg.[210] Felix und Eric bestürmen ihn wieder, die Bank zu schließen und zu ihnen zu kommen. Max lehnt ab. Daraufhin sagt Felix[55] ihm noch einmal seine Hilfe zu und verschafft ihm die Einwilligung der amerikanischen Judengemeinden zum Aufbau dieses Auslandssyndikats.

Sofort nach der Rückkehr nach Deutschland Ende November 1935 sucht Max wieder Schacht auf und spricht wieder von seinem Plan. Er drängt ihn zum Abschluß. Aber Schacht kann nichts mehr für ihn tun, denn innerhalb der letzten drei Monate hat sich seine Lage stark verschlechtert; seit seinen Königsberger Äußerungen ist er bei Hitler nicht mehr Persona grata, und die Hebel der Macht über die Wirtschaft entgleiten ihm immer mehr zugunsten Görings, des Mannes der Wehrmacht und der Partei.

Nun verschlechtert sich die Lage der Juden unaufhaltsam. Eine Verordnung vom 14. November 1935 bekräftigt die vom April 1933 und verlangt mit Ausnahme der Lehrer an jüdischen Schulen die Entlassung aller Juden aus öffentlichen und privaten Dienstverhältnissen bis zum 31. Dezember 1935, wobei nur noch diejenigen eine Entschädigung erhalten, die während des Krieges an der Front gekämpft haben.[79] Max ist bestürzt über diese Maßnahme und sucht sofort Schacht auf. Gilt das auch für seine eigenen jüdischen Angestellten? Oder gar für ihn selbst? Schacht schwört ihm, dem sei ganz und gar nicht so, es betreffe nur die ärmeren Juden, die im Handel oder der Landwirtschaft angestellt seien; als Gegenleistung dafür, daß man die übrigen deutschen Juden in Ruhe lasse, verlangt er von Max, über

Siegmund und die jüdischen Bankiers in London zu erreichen, daß die deutschfeindlichen Artikel in der britischen Presse aufhören.[210] Man sieht, welche Macht Schacht noch bei ihm vermutet. Max verspricht, vorstellig zu werden, tut aber gar nichts; er weiß jetzt, daß Schachts Versprechungen nunmehr wirklich keinen Heller mehr wert sind.

Dieses Mal werden die judenfeindlichen Vorschriften wirklich angewandt; binnen weniger Tage kündigen die öffentlichen Dienststellen sämtlichen noch vorhandenen Juden. Im privaten Sektor, insbesondere in den Banken und Spitzenunternehmen, geht die Kündigung der Juden langsamer und schwieriger vor sich; man muß ja nicht nur kündigen, was manchem peinlich ist, sondern auch Ersatz für Tätigkeiten finden, die hohes berufliches Können voraussetzen. In diesem Jahr verlassen wiederum über 50 000 Juden Deutschland.

Als sich Schachts Macht zu neigen beginnt, hat er eine beträchtliche Verbesserung der Wirtschaftslage des Landes geschafft: Die Zahlungsbilanz ist ausgeglichen, die Vollbeschäftigung hergestellt. Binnen drei Jahren hat er fast fünf Millionen Arbeitslosen wieder zu Arbeit und Brot verholfen. Aber er weiß,[160] wenn er jetzt nicht das wirtschaftspolitische Steuer herumreißt, wird er die Inflation nur noch verhindern können mit Hilfe einer Staatswirtschaft, die er um keinen Preis will. Göring seinerseits will die Kriegswirtschaft fortsetzen, totale Autarkie erreichen, die Wirtschaft sogar zum Bestandteil des Krieges machen und die Armee auf eine Blockade und einen anhaltenden Konflikt vorbereiten. Für ihn haben Industrielle und Bankiers zu Offizieren einer neuen Logistik zu werden und der Staat die Oberhand über die gesamte Wirtschaft zu übernehmen. Schacht hingegen möchte jetzt das Wachstum verlangsamen, die Ausgabe der Mefo-Wechsel einstellen und die Wirtschaft auf die Erzeugung von zivilen Konsumgütern umstellen. Er, der die Mark zweimal gerettet hat, hat nicht die Absicht, nunmehr ihrem Ruin zuzusehen.

Damit sind die Fronten geklärt, und Schacht nimmt unverzüglich den Kampf auf. Im März 1936 hebt er den Kurs der Mark und schlägt Hitler vor, die Ausgaben für die Partei und die verschiedenen Polizeiorgane zu senken und das Mefo-Wechsel-System zu beenden.[160] Der Führer lehnt ab. Göring, der berühmte Jagdflieger des Ersten Weltkriegs, der nunmehr Hitlers rechte Hand und Herr der deutschen Industrie geworden ist, brandmarkt in aller Öffentlichkeit Schacht als

»Wirtschaftsverräter«. Daraufhin entzieht der Führer Schacht die Kontrolle über die Devisenausfuhr, soweit es sich um militärische Ausgaben handelt.[160] Im April 1936 entzieht er ihm auf Verlangen der Arbeitgeberschaft, die über Schachts Haussepolitik der Mark wütend ist, die Aufsicht über den Außenhandel. In der Kabinettssitzung vom 27. Mai 1936 widersetzt sich Schacht wiederum dem von Göring vorgelegten Entwurf des Vierjahresplans. »Man kann«, sagt er,[160] »auch Ausfuhrmärkte haben; die Autarkie ist nicht notwendig. Diese Politik der Ersatzentwicklung ist absurd.« Desgleichen erklärt er, er sei überhaupt nicht einverstanden mit der eben beschlossenen Wiederbesetzung des linken Rheinufers und mit der deutschen Hilfe für die spanischen Aufständischen. Um zu beweisen, daß er recht hat, begibt er sich im Sommer 1936 nach Paris und erbittet vom neuen sozialistischen Ministerpräsidenten Léon Blum das Recht, in den französisch gewordenen ehemaligen deutschen Kolonien Rohstoffe kaufen zu dürfen. Aber wegen der deutschen Hilfe an die spanischen Republikgegner zögert Blum. Göring macht sich diesen Fehlschlag Schachts zunutze und verstärkt seine Autarkiepolitik. Am 9. September 1936 legt Hitler dem Nürnberger Reichsparteitag den neuen Plan vor: Rüstung ist sein Ziel, die Autarkie das Mittel dazu; die gesamte Wirtschaft wird für vier Jahre dem Plan unterstellt. Göring, der sich der Unterstützung durch den Führer sicher ist, entwickelt daraufhin die Industrie der Ersatzherstellung weiter und verweigert sogar jegliche Waffenausfuhr. Schacht seinerseits lehnt es ab, diesen Plan durch Geldschöpfung zu finanzieren, und stellt sich jetzt eindeutig gegen das Regime, versucht sogar, die Unterstützung der Wehrmacht gegen Göring zu gewinnen, und in dieser Zeit trifft er sich oft mit Max. Im Mai 1937 reist Schacht wiederum zu Blum, aber er hat jetzt keinerlei Vollmacht mehr, um einen Abschluß zu tätigen.

In diesem selben Jahr ist ein Angestellter der jüdischen Oppenheim-Bank in Berlin, Hans W. Petersen, Vetter von Gert Weisman, ehemaliger Offizier im Ersten Weltkrieg und selbst Halbjude (seine Mutter ist eine Oppenheim, seine Frau eine von Gans, der Familie, deren einer Zweig IG-Farben gegründet hat), das aberwitzige Risiko eingegangen und hat mitten in Berlin auf seinen eigenen Namen eine eigene Bank gegründet, sich damit im hellen Tageslicht versteckt; von ihm wird noch die Rede sein.

Inzwischen verkümmert die Tätigkeit von M.M. Warburg mehr und mehr. Die Bank ist nur noch damit beschäftigt, die Emigration jüdischer Klienten zu organisieren, ausländische Banken aufzulösen und ein paar Anleihen für das Reich im Ausland zu emittieren. Dennoch steigt die Zahl ihrer Kunden wieder etwas an. Welch eigenartige Bank, die für einen Staat Geld aufnimmt, aus dem zu fliehen sie gleichzeitig ihren Kunden beisteht ...

Schachts Abstieg geht weiter. Am 22. Januar 1937 greift er vor der Reichswirtschaftskammer, die die wichtigsten Industriellen des Landes in sich vereinigt, Göring heftig an.[160] Zur gleichen Zeit entschließt sich Siegmund in London dazu, Max seinen Rücktritt von M.M. Warburg zuzusenden, weil er überhaupt nicht mehr mit dem einverstanden ist, was dort vor sich geht. Max löst daraufhin die gemeinsame Filiale von M.M. Warburg und der Berliner Handels-Gesellschaft auf, die ohnehin in schlechtem Zustand ist, denn die neuen Herren der BHG zeigen keinerlei Lust, mit einer so auffällig jüdischen Bank wie der Max Warburgs Geschäftsbeziehungen zu unterhalten.

Im März 1937 möchte Schacht, dessen Mandat als Reichsbankpräsident ausläuft, mit der Ausgabe der Mefo-Wechsel für die Rüstung Schluß machen und droht dem Führer mit Rücktritt, wenn er ihn nicht gewähren läßt. Hitler taktiert, verspricht ihm, er könne die Ausgabe in einem Jahr einstellen; Schacht akzeptiert, solange noch auf seinem Posten zu bleiben, erklärt aber dem Führer, er werde zurücktreten, wenn man ihn dann zur Fortsetzung dieser inflationären Finanzierung der Wehrmacht zwinge.[160]

Für die beiden letzten deutschen Söhne des Moritz Warburg wird wie für alle Juden unter dem Nazijoch das Leben in Deutschland unmöglich. Viele ihrer Freunde, Juden wie Nichtjuden, sind schon emigriert, andere im Gefängnis, andere tot. Aber trotz aller Briefe und Anrufe von Felix, Siegmund und Eric will Max immer noch nicht gehen.[55] Auch Anna und Fritz nicht, die ihr Haus in Kösterberg zu einem Durchgangslager für abreisende Familien und einer Aufnahmestation für Waisen machen.

In New York widmet der todmüde und bekümmerte Felix nunmehr seine ganze Zeit den europäischen Juden. Als er im Frühjahr 1937 erfährt, die Peel-Kommission habe der britischen Regierung die Teilung Palästinas und die Beendigung der Mandatsverwaltung vorgeschlagen, sieht er einen jüdischen Staat sich abzeichnen, gegen den er immer noch ist. Als dann im August 1937 in Basel die Jewish Agency zur Plenarversammlung zusammentritt, die über Annahme oder Ablehnung des Peel-Berichts entscheiden soll, nimmt er trotz seiner schon weit vorgeschrittenen Krankheit die mühselige Reise auf sich und widersetzt sich den Schlußfolgerungen Peels und auch Weizmann, dem er öffentlich verwirft, ihn belogen und ihm seit jeher seine wahren Absichten verheimlicht zu haben. Einige Tage später wird trotz Weizmanns Bedenken,[177] der keinen Staat mit Minderstatus will, und trotz Felix' Widerstand, der nichts von einer Teilung wissen will, der Peel-Bericht angenommen; die Konferenz verlangt die Eröffnung von Verhandlungen über die Schaffung eines jüdischen Staates. Felix ist tief getroffen und verlangt vergeblich Weizmanns Demission;[55] drei Monate nach seiner Rückkehr nach New York stirbt er am 30. Oktober 1937 und hinterläßt seiner Frau und seinen vier Kindern je eine Viertelmillion Dollar sowie ein Fünftel des »Saldos«. Niemand weiß genau, wie hoch dieser »Saldo« ist, außer daß er einen beträchtlichen Umfang hat.[203]

In Hamburg reicht die Hilfeleistung für die Emigration aus, um den Anschein zu erwecken, als gingen die Geschäfte weiter; finanziell und buchhalterisch gesehen kennzeichnet dieses Jahr eine gewisse Stabilisierung, obgleich M.M. Warburg 80 weitere Aufsichtsratssitze verliert. Die »Linie« tauft zwei in den zwanziger Jahren erbaute Schiffe um, die »Max Warburg« und die »Melchior«.[137] Trotz der Unterstützung durch Blomberg und die Industriekreise erhält Schacht weder die Möglichkeit für den Export noch für eine Einstellung der »Ersatz«-Erzeugung. Nach und nach läßt er die Ausgabe der Mefo-Wechsel einschlafen, dann tritt er am 27. November von dem Posten als Wirtschaftsminister zurück, den er schon lange nicht mehr wirklich besetzt, nicht aber vom Vorsitz der Reichsbank. Hitler nimmt seinen Rücktritt an, beläßt ihm aber den Titel eines Ministers ohne Portefeuille. Das Wirtschaftsministerium geht in die Organisation des Vierjahresplanes über.[120]

Die Anfänge der New Trading Company

Zur gleichen Zeit wird in den Demokratien allmählich auch die Weltwirtschaftskrise gemeistert. Alle Währungen gelangen in ein festes Verhältnis zum Dollar, auch wenn viele noch floaten. Die Gouverneure der wichtigsten Zentralbanken konsultieren sich regelmäßig, und noch im September verpflichten sich die Vereinigten Staaten, Großbritannien und Frankreich in einem Abkommen, dem sich später Belgien, die Niederlande und die Schweiz anschließen, sich gemeinsame wirtschafts- und währungspolitische Ziele zu setzen und sich im Zusammenhang mit bedeutenden Entscheidungen, insbesondere bei einer Abwertung, vierundzwanzig Stunden im voraus zu konsultieren: erstes, wenn auch unbeabsichtigtes Ergebnis der zwei Jahre zuvor gescheiterten Londoner Konferenz.

Am 7. Juni 1935 zieht der kranke MacDonald aus der Downing Street 10 aus und wird durch Baldwin an der Spitze einer scheinbar der Nationalen Union angehörigen, in Wirklichkeit aber konservativen Regierung ersetzt. Er schreibt sofort Wahlen aus und befürwortet im Wahlkampf die Vorbereitung auf einen Krieg. In der Wahl wird das Übergewicht der Konservativen in der Nationalen Union bestätigt und diese verlängert.

Die City hat sich jedoch vom Schock der Krise noch nicht erholt, und in ihr tut sich nicht viel. Siegmund, der sich in seinen engen Büroräumen häuslich gemacht hat, sucht seinen Weg in die Zukunft. In diesen Jahren der erzwungenen Bescheidenheit und der Randexistenz des Exils ist er ein Fremder in dieser streng kodifizierten Welt, und sein Erfolgsdrang läßt ihn alles versuchen. Das ist auch notwendig, um zu überleben. Denn niemand außer gelegentlich Brandeis oder N. M. Rothschild übergibt ihm ein Geschäft. Er muß sie sich alleine suchen, und als Deutscher muß er dabei natürlich deutlich besser sein als die andern.

Als Fremder in seinem Milieu kann er sich dessen Zwängen leichter entledigen. Im Gegensatz zu den Leuten der City, wo der Merchant Banker zugleich der Mann des distanzierten und oberflächlichen Gesellschaftslebens ist, läßt seine Intuitionskraft ihn, den Hanseaten, der die Spekulation verabscheut, scheinbar ungeheure Risiken auf sich nehmen, die freilich in Wirklichkeit genauestens kalkuliert sind. Er weiß, daß er nur Erfolg haben kann, wenn er unablässig neue Dienstleistungen ersinnt, und daß sein Erfolg ganz von seiner Besonderheit, seinem Einfallsreichtum und seiner Risikofreudigkeit abhängt.

Was ist Erfolg? Jedenfalls besteht er für Siegmund weder jetzt noch irgendwann darin, ein Vermögen zu machen. Die Dinge stilvoll tun, der erste sein, seine Klienten Geld gewinnen zu lassen – das ist sein Ehrgeiz. Oft zitiert er, was Fürstenberg einmal über einen Kunden gesagt hat: »Diese Leute sind nicht nur aberwitzig genug zu investieren, sondern sie haben auch noch die Chuzpe, Dividenden zu erwarten.« So sieht er die Rolle des Bankiers als Hausarzt der Unternehmen. Er muß die Symptome der Krankheit erkennen, noch ehe die ersten Schmerzen auftreten, Angriffsstrategien entwickeln, noch ehe der Kampf beginnt, und den Geld verdienen lassen, den er berät.

Ende 1935 gewinnt er seinen ersten britischen Kunden, den Filmproduzenten Alexander Korda, der mit den britischen Filmlabors unzufrieden ist und sein eigenes Studio gründen will, das ihm Siegmund finanzieren soll. Das ist für ihn ein wichtiges Geschäft, denn es gibt ihm erstmalig Gelegenheit, sich mit einem ernst zu nehmenden Vorschlag an britische Kapitalbesitzer, Versicherungsmakler oder Vermögensverwalter zu wenden. Aber die Sache geht schief, und er wird sich noch lange an die Hindernisse erinnern, die in dieser so einfach scheinenden Sache aufgetreten sind.

Davon abgesehen verdient er sich seinen Lebensunterhalt, indem er jede Finanzoperation übernimmt, die die anderen Banken nicht übernehmen können oder wollen. Manchmal sind es ganz elementare Dinge wie beispielsweise die Finanzierung von Warenbewegungen; manchmal auch höchst komplexe Angelegenheiten, auf die sich die englischen Banken nicht einzulassen wagen, da es sich um Kunden handelt, die sie nicht kennen. So schickt ihm beispielsweise eines Tages die Londoner Filiale der New Yorker Chase Bank einen Klienten, der Kreditbriefe auf deutsche Schiffe diskontiert haben will; die Chase weiß nicht, wie sie dieses Risiko werten soll, aber irgend jemand dort erinnert sich, daß Siegmund von Hamburg her diese Art von Wertpapier sehr gut kennt. Man schickt ihm das Papier, er begutachtet es, findet einen Bankier, der zur Diskontierung bereit ist, und nimmt dafür eine ansehnliche Provision.

Ein paar Geschäfte tätigt er auch mit M.M. Warburg und mit Kuhn, Loeb & Co., die jetzt John Schiff mit zwölf weiteren Teilhabern leitet. Wie Wall Street findet auch dieses alte Bankhaus wieder zu sich selbst zurück und richtet sich im neuen Metier ein: Es konzentriert sich auf Kredite an die amerikanische und die europäische Industrie, die die günstigen Zinsen an die Wall Street locken. Diese Geschäftsbewegung beschleunigt sich 1937 weiter, als Schatzminister Morgenthau zur Erhöhung der Bankrentabilität die sogenannte »Q-Regel« erläßt, die die Verzinsung von Einlagen unter 30 Tagen untersagt und die Verzinsung längerfristiger Einlagen auf 6,5 Prozent begrenzt. Diese Obergrenze veranlaßt zur Darlehensaufnahme in den Vereinigten Staaten und hilft den amerikanischen Überschuß resorbieren. Überaus erfolgreich ist Kuhn, Loeb & Co. in dieser Nachkriegszeit freilich nicht; Pauls Sohn Jimmy, das Original in der Familie, ist der Beweis dafür. Er, der Demokrat, der sich dennoch 1936 gegen Roosevelt (weil er erzürnt war über die Art und Weise, wie dieser ihn bei der Londoner Konferenz behandelt hatte, und sogar befürchtete, Roosevelt wolle eine Diktatur errichten) auf die Seite der Republikaner geschlagen, dann aber doch kurz vor der Wahl für Roosevelt gestimmt hatte, hat eben wieder ein Vermögen gemacht, indem er Polaroid mit aus der Taufe hob, bei dessen Finanzierung Kuhn, Loeb & Co. nicht hatte mitmachen wollen.

Alles in allem macht sich Siegmund mit seiner Auffassung von der Rolle des Finanziers (die im übrigen seine augenblicklichen Mittel weit übersteigt) schon nach seinen ersten Geschäften einen Namen. Aber bei Brandeis-Goldschmidt, wo er seine Büros hat, mag man den zugleich ernsten und unternehmungsfreudigen Fremden, der unentwegt von »Hautefinance« spricht, nicht besonders. Man findet es schockierend, daß dieser fast mittellose junge Mann bedeutende Leute von oben herab ansieht und belehren will. Ein Bankhaus, sagt er, gehört entweder zur »Hautefinance«, oder es existiert nicht, wie groß es auch sein möge. Ein Mensch besitze entweder den »style Hautefinance« oder sei der Beachtung nicht wert und auch nicht der Beteiligung an irgendeiner Sache noch auch der Anstellung. Und er wird zornig, wenn die von ihm aufgestellten Forderungen von den zwei, dann drei, dann vier Personen, die bei ihm arbeiten, nicht eingehalten werden. Wie schon in Hamburg und Berlin sind ihm

Unfähigkeit und Halbheiten verhaßt. Im Gegensatz zu den Leuten der City beurteilt er einen Klienten nicht nach der Bilanz oder dem Adreßbuch, sondern nach seinen Charakterzügen und Zukunftsperspektiven.

Für ihn sind die Dinge recht klar. Er weiß seinen Weg und sagt das auch seinen Freunden. Er hat reinen Tisch gemacht, hält den Krieg für unvermeidlich, gar erwünscht. Er glaubt, daß das alte Bankhaus in Deutschland in den Wirren untergehen und der Name der Dynastie erstmalig seit zwei Jahrhunderten aus der Finanzwelt verschwinden wird. Darum will er bereitstehen, ihn zur rechten Zeit wiederaufzurichten, und darum muß er sich dieses Namens schon heute würdig erweisen.

Henry Grunfeld erinnert sich an Siegmunds Perfektionsdrang schon in den ersten Jahren gemeinsamer Arbeit, an seine Überzeugungskraft und seine mitreißende Wirkung auf seine kleine Mannschaft, die sich über zehn Stunden am Tag in drei engen Büros drängelt. Andere, die ihn ebenfalls in jener Zeit gekannt haben, sprechen von seiner Hingabe bei der Arbeit:[175] »Eine Mischung aus jüdischer Dynamik und deutscher Ernsthaftigkeit.«

Das alles ist weit entfernt von der Leichtfertigkeit oder gar Heuchelei eines Teils der damaligen City. 1936 beispielsweise arbeiten Siegmund und Henry an einem Samstagmorgen im Büro; sie versuchen, einen Bankier der City und Freund von Harry Lucas aufzusuchen, der sich damit brüstet, samstags sei er nie da. Sie begeben sich zu seinem Büro und finden ihn am Schreibtisch vor; man arbeitet schon viel, aber da das ungern gesehen wird, verbirgt man es.

Siegmund will auch von seiner neuen Heimat akzeptiert werden. Sofort vervollkommnet er mit großem Fleiß sein Englisch und verlangt, daß man den Stil seiner Schriftsätze korrigiert. Er läßt jeden Brief, der auch nur den kleinsten Rechtschreib- oder Satzbaufehler enthält, noch einmal schreiben, bevor er die Bank verläßt. Desgleichen will er die englische Literatur entdecken und geht dabei wie immer ganz systematisch vor, so daß er jede Mußestunde dieser Jahre mit der Lektüre von Shakespeare, Dickens, Trollope und Butler verbringt und auf der Umschlagseite mit Bleistift die Nummern der Seiten notiert, die er anschließend regelmäßig wieder liest.

Seine Lebenshaltung ist bescheiden, auch wenn es seit dem Anfang schon etwas aufwärtsgegangen ist; jedes Jahr wechselt er die Wohnung, nimmt jedesmal eine größere. Im allgemeinen ißt er mit der Familie zu Abend und kümmert sich gemeinsam mit Baffi Balfour um das Flüchtlingskomitee.

Als Baldwin am 28. Mai 1937 zum drittenmal zurücktritt und Neville Chamberlain nach der Abdankung von Eduard VIII. und späteren Herzog von Windsor Premierminister wird, zieht Siegmund zum vierten Male um, diesmal in ein gemietetes Haus in Sussex. Ende des Jahres gehen seine Geschäfte immerhin so gut, daß er sich einen hübschen Grundbesitz mit dem seltsamen walisischen Namen »Deerhaddnn« in Missenden in dem Teil von Buckinghamshire kaufen kann, wo zur damaligen Zeit, freilich viel luxuriöser als er, die englische Bankelite wohnt. Er richtet sich dort ein und fährt täglich mit dem Zug in die City.

Nun fühlt er sich im Londoner Finanzmilieu zu Hause. Er hat die Kraft, aber auch die Grenzen der City erkannt und weiß, daß er ihrer Entwicklung einen Schritt voraus ist.

Als erster in der City macht er aus seiner »Merchant Bank« eine Geschäftsbank nach deutscher Manier. Und um ohne Steuern und ohne Einschaltung der vielfältigen Börsenzwischenhändler die Aktien der von ihm beratenen Firmen kaufen zu können, gründet er die auf Wertpapiererwerb spezialisierte Filiale »Mercury Securities« unter Benutzung des Namens einer von ihm aufgekauften Gesellschaft, wobei er in diesem Namen eine ironische Anspielung erblickt, die kein Mensch in seiner Umgebung versteht: Anspielung auf Merkur, den römischen Hermes, der zugleich Bankier, Handelsmann, Mittelsmann und Bote ist ...

Von seinen Geschäften gibt es nichts Besonderes zu berichten, außer daß sie sich auch ohne neue Initiative entwickeln. Im folgenden Jahr hat er acht Mitarbeiter, und so muß er umziehen, gleich nebenan, in die King William Street Nr. 10, wo er einige etwas größere Büroräume nimmt, in denen er den ganzen Krieg über bleiben wird.

Damals gibt es auch einen erfundenen Warburg; tatsächlich erscheint in Amsterdam ein Pamphlet über »Die Mittel des Nationalsozialismus – drei Gespräche mit Hitler« aus der Feder eines Sydney Warburg, der sich als Sohn von Felix ausgibt, obgleich nie ein Warburg diesen Namen je getragen hat noch tragen wird. Erst viel später stellt sich heraus, woher diese Fälschung stammt, die damals die Familie zu unzähligen Dementis zwingt – ein holländischer Journalist hatte sich mit Skandalgeschichten wichtig machen wollen.

»Herr Hitler ist ein Gentleman«

Da Siegmund keine halben Sachen macht, ersucht er jetzt um die englische Staatsangehörigkeit. An Trümpfen fehlt es ihm nicht. Er genießt die Unterstützung von Lord Berstead, dem Enkel des Gründers von Shell, den er schon aus seiner ersten Londoner Zeit kennt. Auf andere ansehnliche Patenschaften kann er ebenfalls rechnen: Anthony Rothschild, Olaf Hambro und Andrew Carnwath von der Baring-Familie.

Gewiß hat er sich damit abgefunden, daß er keine Politik mehr machen kann – das einzige, was ihn wirklich interessiert –, denn ein deutscher Jude, selbst naturalisiert, hat keinerlei Aussicht, in England Staatsmann zu werden. Aber das hindert ihn nicht, die Ereignisse angelegentlich zu verfolgen, und gleich nach seiner Ankunft im Büro liest er die stenografischen Niederschriften der Parlamentsdebatten von A bis Z, macht sich Notizen und schreibt sich zusammen mit anderen Kernsätzen aus seiner Lektüre auch die wichtigsten Worte dieser Debatten auf.

Harry Lucas bringt ihn mit Anthony Eden, Stafford Cripps und Margot Asquith zusammen. Er teilt ihre damals noch kaum verbreitete heftige Gegnerschaft gegen Chamberlains Pazifismus.

Beunruhigt sie schon die Tatsache, daß England auf den Krieg, von dem sie wissen, daß er nicht mehr zu vermeiden ist, so schlecht vorbereitet ist, so läßt sie die verstärkte deutsche Industrieerzeugung, ohne daß London darauf reagiert noch es auch nur als Ärgernis empfindet, daß ein Teil der britischen Geschäftswelt daraus Gewinn zieht, noch besorgter werden. Und das alles ausgerechnet zu der Zeit, da Schacht, wie er von Max aus Hamburg erfährt, die gesamte wirtschaftliche Macht an Göring überantworten muß.

Wie Stefan Zweig ist auch er an diesem Jahresbeginn 1938 völlig niedergeschlagen angesichts der Tatenlosigkeit der politischen, finanziellen und journalistischen Elite der europäischen Demokratien.

»Immer von neuem wurde vorgegaukelt«, schreibt Zweig,[187] »Hitler wolle doch nur die Deutschen der Randgebiete an sich ziehen, dann sei er zufrieden und werde als Dank dafür den Bolschewismus ausrotten; dieser Köder wirkte vortrefflich. Hitler brauchte nur einmal das Wort ›Friede‹ auszusprechen in einer Rede, und leidenschaftlich jubelnd vergaßen die Zeitungen alles Begangene und fragten nicht weiter, wozu eigentlich Deutschland so tollwütig rüste ... ich glaube nicht zu übertreiben, wenn ich sage, daß außer einer ganz verschwindend kleinen Zahl von Engländern wir damals die einzigen in England gewesen sind, die sich über den vollen Umfang der Gefahr keiner Täuschung hingaben ... nur daß ich hier als Fremder, als geduldeter Gast, nicht warnen durfte.« Gleichlautend die Beschreibung von Fred Uhlmann:[169] »Es war ein unwirkliches Land, in dem ein Verteidigungsminister stolz verkünden konnte, vierhundertsechsunddreißig Freiwillige hätten sich in die Armee aufnehmen lassen, während Hitler über Millionen kriegsbereite Männer verfügte. Es war ein Land, in dem die Menschen mir als einziges Motiv dafür, daß ich meine Freunde beschwor, zu den Waffen zu greifen, die Wehrpflicht einzuführen, der spanischen Republik beizustehen, den Rachedurst eines Flüchtlings unterschoben.«

In diesen Jahren unterhält sich Siegmund oft mit Stefan Zweig, den er sehr bewundert. »Die politische Haltung Zweigs«, notiert er sich beim Todes des Dichters,[212] »und seine Lebenssicht überhaupt waren gänzlich frei von Parteilichkeit und gefüllt mit Toleranz, eine Toleranz, die alles umfaßte mit Ausnahme der Intoleranz.«

Nach dem Anschluß Österreichs am 13. März 1938 toben Siegmund und Stefan: Nun ist auch Österreich gefallen, und kein Mensch, weder hier noch in Paris oder Washington, reagiert wirklich. »Niemand begriff, daß Österreich der Stein in der Mauer war und daß Europa niederbrechen mußte, sobald man ihn heraussprengte. Ich aber empfand die Naivität, die edle Gutgläubigkeit, mit der die Engländer und die Führenden unter ihnen sich betören ließen, mit den brennenden Augen eines, der zu Hause die Gesichter der Sturmtruppen von nahe gesehen und sie singen gehört: ›Heute gehört uns Deutschland, morgen die ganze Welt.‹«[187]

Aber wem kann er sich öffnen? Wem sagen, daß man diesen Wahnsinnigen nicht trauen darf, die jetzt über sein Heimatland herrschen? Als im April 1938 der Kampf um die Tschechoslowakei entbrennt, läuft der Kelch über: Er sieht den Krieg kommen, während Frankreich und England sich in der Hoffnung auf Frieden an den letzten Strohhalm klammern. Diese Geschichte verdient nähere Betrachtung, denn mit ihr kommt Siegmund erstmalig mit der englischen Politik in Berührung, und sie steht am Anfang seiner Illusion, auf die Politik Einfluß nehmen zu können.

In diesem Monat fordert der Parteitag der Sudetendeutschen Partei die Selbständigkeit des Sudetenlandes und droht mit Sezession, wenn die tschechische Regierung nicht nachgibt. Benesch konsultiert seine französischen, englischen und sowjetischen Verbündeten und lehnt ein Entgegenkommen in der Gewißheit ab, von ihnen unterstützt zu werden. In Wahrheit aber unterstützt ihn keine Regierung in Europa wirklich: Chamberlain will zwar gerne den Deutschen mit einem allgemeinen Krieg drohen, aber ihn nicht führen müssen; Lord Halifax, der neue Außenminister, sagt das Ribbentrop, der von Neurath abgelöst hat. Am 10. April wiederholt Ministerpräsident Daladier in Paris, Frankreich werde seinen Verpflichtungen nachkommen, falls die Tschechoslowakei angegriffen werde, aber sein Außenminister Georges Bonnet ist eher gegenteiliger Ansicht und meint wie Chamberlain und Halifax, die Tschechoslowakei sei einen Krieg nicht wert. Auch Stalin will nicht eingreifen, und Roosevelt macht sich über die »Mittelstaaten« lustig, von denen er nicht einen Pfifferling versteht.

Ende Mai ist Siegmund wie Stafford Cripps und einige wenige andere der Meinung, ein Konflikt sei nicht nur unvermeidlich, sondern sogar notwendig, bevor Hitler, der Tag für Tag mit der Besetzung Prags droht, zu mächtig wird und sich nicht mehr mit dem Sudetenland zufriedengibt. Der Sommer vergeht in der Schwüle eines Kommuniquékrieges, ohne daß jemand noch den Gang der Ereignisse recht vorantreiben mag. Ende August kommt Chamberlain auf die Idee, sich mit Hitler treffen zu wollen. Am 12. September fordert dieser in einer Donnerrede in Nürnberg die Einverleibung des Sudetenlandes in Deutschland. Am nächsten Tag stellt er der tschechischen Regierung ein Ultimatum, die daraufhin die Reservisten einberuft. Am 14. verkündet Chamberlain, er reise am nächsten Tag zum Führer nach Berchtesgaden. Das Gespräch dauert nur wenige Stunden und endet im Leeren. Chamberlain zieht daraus den Schluß, nur die Angliederung des Sudetenlandes an Deutschland vermöge den Frieden zu retten, und darum sei es besser, das auf dem Weg über die Selbstbestimmung zu tun, als das Risiko einer militärischen Annexion einzugehen. Er trifft sich am 18. mit Daladier in London und einigt sich mit ihm, es sei besser, nachzugeben und die Tschechoslowakei zur Zustimmung zu dem Verzicht zu bewegen. Chamberlain ist besorgt; er will das Einverständnis von Benesch unbedingt vor dem 26., an dem der Reichsparteitag beginnt, auf dem Hitler verkünden könnte, daß er die Annektierung beschlossen habe.[133] Am 22. trifft sich Chamberlain erneut mit Hitler, diesmal in Bad Godesberg; jetzt verlangt der Führer die völlige Evakuierung des Sudetenlandes durch die Tschechen binnen einer Woche. Chamberlain schlägt eine Abstimmung über die Selbstbestimmung vor, deren Ergebnis jedermann schon im voraus kenne. Als er Hitler verläßt, glaubt er ihn überzeugt zu haben, aber am 26. verkündet der Führer die sofortige und bedingungslose Annektierung des Sudetenlandes für den 1. Oktober. Einen Tag später findet sich Benesch endlich mit dem britischen Selbstbestimmungsplan ab. Aber es ist zu spät: Der deutsche Einmarsch steht unmittelbar bevor, und Prag verfügt die allgemeine Mobilmachung. In dem Versuch, den Krieg zu begrenzen, schlägt Mussolini am 27., von Chamberlain dazu inspiriert, eine Zusammenkunft zwischen Chamberlain, Daladier, Hitler und ihm selbst in München vor. Alle akzeptieren den Vorschlag und treten zwei Tage später in äußerst gespannter Atmosphäre zusammen. Hitler rückt keinen Fußbreit von seinen Absichten ab, konzediert jedoch, die Besetzung des Sudetenlandes um zehn Tage zu verschieben und den Tschechen die Möglichkeit zu geben, vor ihrem Abzug ihren Besitz zu verkaufen, sowie eine gemischte Kommission mit der Ziehung der neuen Grenze zwischen der Tschechoslowakei und dem Sudetenland zu beauftragen. Als Gegenleistung zu diesen lachhaften Konzessionen unterzeichnet Chamberlain eine Nichtangriffserklärung, in der von dem gemeinsamen Wunsch die Rede ist, niemals gegeneinander Krieg zu führen. Bei seiner Rückkehr nach England schwenkt er das Papier dieser Erklärung vor den Augen von Halifax und der jubelnden Menge und ruft: »Ich hab's, ich hab's!« Im Wagen, der durch die Reihen der vivatschreienden Menge fährt, vertraut er seinem Minister an: »Das wird keine drei Monate dauern.«[133] Meint er damit den Frieden oder die Gunst der Menge?

Wie Stefan Zweig und einige andere erlebt auch Siegmund diesen Rückzieher in tiefer Verzweiflung. Er, der leidenschaftlich den Kräften der Vernunft Ergebene, erblickt darin nichts als Feigheit, Sorglosigkeit, Leichtfertigkeit, Blindheit – all das, was ihm an einem gewissen England mißfällt. »Es schien«, schreibt Zweig,[187] »ein entscheidender Sieg des zähen Friedenswillens eines an sich unbeträchtlichen und ledernen Staatsmannes, und alle Herzen schlugen ihm in dieser Stunde dankbar entgegen.« Einige Engländer sind jedoch ebenso weitsichtig wie die Emigranten. In dieser Nacht schreibt Lord Baldwin an Chamberlain: »Nutzen Sie diese Zeit nach Kräften, denn lange wird sie nicht sein«, und Churchill wird sagen: »Sie hatten die Wahl zwischen Krieg und Unehre; Sie haben die Unehre gewählt und werden den Krieg bekommen.« Von seiner Universität aus wendet sich an diesem Tag auch Keynes, der mittlerweile seine *Allgemeine Theorie* veröffentlicht hat, gegen München, wie er es vordem schon gegen Versailles getan hatte:[133] »Die Ehre unserer Außenpolitik hat eine schwere Niederlage erlitten.«

Schon beginnt die Zerstückelung der Tschechoslowakei: Gleich nach dem Münchner Abkommen, am 1. Oktober, annektiert Polen einen Teil des tschechischen Hoheitsgebiets – Teschen –; am 2. nimmt sich Ungarn ein anderes Stück, ohne daß jemand einen Finger rührt.[133] Am 3. erklärt Chamberlain vor einem weithin begeisterten Parlament: »Das ist der Friede für unsere Zeit«, und fügt das Shakespeare-Wort an: »Aus dem Dornbusch der Gefahr hab' ich die Blume des Friedens gepflückt.« Aber nicht alle in Westminster teilen diese Euphorie. Der zwei Tage zuvor aus Jamaika zurückgekehrte Stafford Cripps, der sich lange mit Siegmund unterhalten hat, erwidert dem Premierminister namens der Labourabgeordneten:[133] »Vielleicht haben wir heute den Krieg hinausgeschoben, indem wir das Nationalinteresse anderer Völker opferten. Das ist eine bequeme Art, sich den Frieden zu erkaufen. Eine gute Außenpolitik verlangt jedoch, daß wir in der Lage sind, dem Völkerrecht Geltung zu verschaffen und unsere internationalen Wirtschaftsbeziehungen umzugestalten, selbst wenn wir dafür einige unserer imperialen Belange opfern müßten.«

Wie wir sehen werden, wird Siegmund dreißig Jahre lang England eben diese Ratschläge unbeirrt erteilen. Aber an diesem Tag hört niemand Stafford Cripps, geschweige denn, daß jemand auf ihn hörte.

Am 6. Oktober billigt gleichwie die gesamte Presse auch das Parlament Chamberlains Vorgehen mit 366 Stimmen gegen 144. Am Tage nach der Debatte schreibt die *Times:* »Hätte die Regierungsgewalt in anderen Händen gelegen, so wäre der Krieg unvermeidlich gewesen und entgegen den Wünschen aller Völker ausgebrochen.«

Siegmund ist völlig niedergeschlagen. Er sieht den Krieg unaufhaltsam kommen in der Überzeugung, daß Hitler nach diesem Abkommen glaubt, nun könne er sich alles erlauben. Er versucht, sich auf die verantwortlichen englischen Politiker Einfluß zu verschaffen. Nach langen Bemühungen gelingt es ihm, durch Vermittlung der Rothschilds zu Lord Halifax im Foreign Office vorzudringen. Der Minister, der in Eile ist, empfängt Siegmund, hinter seinem Schreibtisch sitzend, und bittet ihn, fast ohne ihn anzublicken, auf einem der Sofas neben dem Kamin Platz zu nehmen, erhebt sich dann und wendet sich zum Fenster: »Nun, Herr Warburg, was kann ich für Sie tun?«

»Herr Minister, ich möchte mit Ihnen über die Tschechoslowakei sprechen. Die einzige Garantie, die ihr verbleibt, ist Hitlers Wohlwollen, und das wird keine zwei Monate anhalten, wenn Großbritannien nicht sofort militärisch interveniert und ihn hindert, die Grenze des Sudetenlandes zu überschreiten. Sie können diesem Mann nicht trauen, er wird das Abkommen, das er mit Ihnen geschlossen hat, ebenso verraten, wie er die Deutschen selbst verraten hat. Ein sofortiger Krieg wäre diesem Rückzug vorzuziehen gewesen, der ihm nur die Zeit gibt, sich noch besser auf die Aggression vorzubereiten.«

»Herr Warburg, ich vermag Ihnen nicht zu folgen. Gewiß ist Ihr Erlebnis als deutscher Flüchtling tragisch, aber es engt auch Ihre Objektivität ein. Herr Hitler hat sich uns gegenüber wie ein Mann von Welt betragen; solange er so handelt, haben wir ihm nichts vorzuwerfen und vertrauen wir ihm. Auf Wiedersehen, Herr Warburg.«

Siegmund erinnert sich noch lange an diesen ersten Kontakt mit der britischen Politik und vertraut ihren Inhalt einigen engen Freunden an, die ihn uns erzählt haben. Fünf Jahre, nachdem er aus dem Büro des Reichsaußenministers gejagt worden war, weil er Hitlers Entlassung gefordert hatte, wird er jetzt wieder als »politisch verdächtig« behandelt, diesmal vom britischen Außenminister persönlich, weil er ihn vor dem Nazidiktator gewarnt hat. Hier scheinen die ersten Grenzen seines Einflusses auf die Politik auf.

Doch bald geben ihm die Tatsachen recht: »Schon in den nächsten Tagen sickerten die schlimmen Einzelheiten durch«, schreibt Zweig,[187] »wie restlos die Kapitulation vor Hitler gewesen, wie schmählich man die Tschechoslowakei preisgegeben, der man feierlich Hilfe und Unterstützung zugesichert, und in der nächsten Woche war es bereits offenkundig, daß selbst die Kapitulation Hitler noch nicht genug gewesen, daß er, noch ehe die Unterschrift auf dem Vertrage trocken war, ihn schon verletzt in allen Einzelheiten. Hemmungslos schrie es Goebbels nun öffentlich über alle Dächer, daß man England in München an die Wand gedrückt.«

Wie vorgesehen, besetzt Hitler am 10. Oktober das Sudetenland, aber von einer gemischten Kommission für die Grenzziehung ist keine Rede mehr. Am 2. November verleibt sich Ungarn im Süden der Slowakei 12000 Quadratkilometer und eine Million Einwohner ein.[133]

Drei Monate später läßt der Führer, der bislang nur Gebiete mit deutschsprachiger Bevölkerung annektiert hat, seinen imperialen Ehrgeiz aufscheinen. Im Januar 1939 unterstützt er die slowakische Autonomiebewegung und trifft am 14. März mit dem neuen tschechoslowakischen Staatspräsidenten Hacha in Berlin zusammen, den er mit der Bombardierungsdrohung dazu zwingt, um den Einmarsch deutscher Truppen nach Prag zu ersuchen. Am 15. marschieren sie in Böhmen ein. Hitler begibt sich an diesem Tag auf den Hradschin, Sitz der Könige von Böhmen und Wahrzeichen des tschechischen Nationalstolzes.[133] Die Slowakei wird selbständig und Böhmen und Mähren zum Protektorat, mit dessen Aufsicht Hitler einen alten Bekannten Siegmunds beauftragt: von Neurath.

Siegmund ist wie vor den Kopf geschlagen, als er erfährt, daß am selben 15. März Vertreter der britischen und deutschen Arbeitgeber unbeirrt in Düsseldorf zusammentreten, um über die künftige Zusammenarbeit der Industrien und Banken der beiden Länder zu beraten und ein Abkommen zu unterzeichnen, das die »Beseitigung jeder ungesunden Konkurrenz zwischen den beiden Industrien« vorsieht und bestimmt, daß »alles getan wird, um die Hilfe der jeweiligen Regierung für diese Zusammenarbeit zu erlangen, damit die ihren Unternehmen von anderen Regierungen, insbesondere der der Vereinigten Staaten, eingeräumten Vorteile ausgeglichen werden können«.[107] Und er empfindet es als höchsten Skandal, als der Präsident der britischen Arbeitgeber nach der Rückkehr nach London der *Times* erklärt: »Die Gespräche wurden in freundschaftlichem Geist und dem beiderseitigen großen Wunsch nach gegenseitiger Verständigung geführt.« Man glaubt sich in einem Alptraum . . .

Am 26. März 1939 verlangt das Reich von Polen die Freistadt Danzig sowie eine Eisenbahn und eine Autobahn durch den 1919 geschaffenen Korridor. Hier sträubt sich England, und am 31. verkündet Chamberlain, im Falle eines deutschen Angriffs auf Polen werde er eingreifen. Am 7. April annektiert Mussolini Albanien. Die fieberhafte diplomatische Tätigkeit während des Sommers bringt keinerlei Entspannung.

Trotz alledem geht unbeirrt die Zusammenarbeit zwischen den englischen, deutschen, schwedischen und amerikanischen Unternehmen weiter. So gründen IG-Farben und Sterling Products Inc., Bendix und Zenith gemeinsame Filialen; die Aktien der Bosch-Filialen im Ausland werden sämtlich in New York fiktiv an die Wallenbergs verkauft, und so können diese Unternehmen bis zum Kriegseintritt Amerikas nicht für die Alliierten produzieren.[107]

In den Tagen vor diesem Krieg, im Gegensatz zum vorigen, unternehmen die Warburgs weder in Hamburg noch in New York noch in London irgend etwas, noch könnten sie etwas tun, um Deutschland und England einander anzunähern. Sie sind aus dem Spiel.

Ende von M. M. Warburg

Während nun überall von Polen bis Abessinien, vom fernen China bis nach Spanien Krieg erklärt wird oder sich ankündigt, wird die Situation von Max in Hamburg unhaltbar. Wenige Tage nach dem Anschluß Österreichs kommt der Gnadenstoß. Schacht, der noch an der Spitze der Reichsbank steht, ruft ihn nach Berlin:[55] »Bis jetzt habe ich Ihre Bank noch im Konsortium der Reichsanleihen halten können, weil ich Hitler die Nützlichkeit des Namens Warburg für die Plazierung der Reichsanleihen im Ausland habe klarmachen können. Sie wissen, daß Ihre Bank als letzte jüdische Bank noch dazugehörte. Jetzt aber habe ich fast keinerlei Befugnisse mehr, und Göring hat entschieden, daß Ihre Bank das Konsortium verlassen muß, es sei denn, Sie verkaufen sie an Nichtjuden. Alle meine Proteste und Einwände halfen nichts, ich kann nichts mehr für Sie tun und werde im übrigen demnächst selbst zurücktreten müssen. Auf Wiedersehen, Herr Warburg, und viel Glück.«

Max begreift, daß alles zu Ende ist. Eine Bank ohne Staatsgarantie kann nicht weiterexistieren, sie kann keinem Menschen mehr irgendwelche Kredite geben. Und wenn schon sein alter, immer etwas undurchsichtiger und wenig zuverlässiger Mitstreiter aus schweren Zeiten ihm das sagt, dann ist es wirklich aus. Als Max an diesem Abend die Reichsbank verläßt, notiert er nüchtern in sein Tagebuch: »Wir sagten einander Lebewohl, nachdem wir dreißig Jahre auf alle erdenkliche Weise zusammengearbeitet hatten.«

Nach Hamburg zurückgekehrt, fühlt er sich jetzt mit seinem Bruder Fritz zu einem einsamen Entschluß gezwungen. Weder Paul noch Felix noch Aby noch Melchior sind noch da, sie sind alle tot; weder Spiegelberg noch Eric noch Siegmund noch Karl können ihm beistehen, sie sind alle emigriert. Die Wahl ist herzzerreißend. Soll er die Bank schließen oder an Nichtjuden verkaufen? Er weiß, daß Siegmund es lieber sähe, daß er sie schließt, als daß er den Namen in Nazihänden läßt. Aber er selbst sieht es anders. »M.M. Warburg« muß fortbestehen, auch ohne Warburg. Binnen weniger Tage stellt er eine Finanziersgruppe aus nichtjüdischen Führungskräften und den wichtigsten Kunden der Bank zusammen, an erster Stelle den jungen und brillanten Hamburger Überseekaufmann Charles Wirtz. Man einigt sich auf den – natürlich sehr niedrigen – Verkaufspreis der Bank. Alles geschieht in guter Ordnung, ohne List und Trug. Papiere werden ausgestellt: Die Bank behält den Namen M.M. Warburg, aber die Familie gibt den Rechtstitel an ihr auf. Max erhält den Kaufwert im Namen aller beteiligten Warburgs.

Es ist für ihn selbstverständlich, daß er den höchstrangigen Nichtjuden unter den Führungskräften, den »bewährten Generalbevollmächtigten«[137] Rudolf Brinckmann bittet, die Leitung der Bank zu übernehmen. Bei Kuhn, Loeb & Co. empfindet man es als Beruhigung, daß der vor zehn Jahren erwählte eigene Mann damit beauftragt wird, nach dem Rechten der Firma zu sehen.

Andere jüdische Bankiers tun zur selben Zeit desgleichen. Salomon Oppenheim vertraut seine Kölner Bank einem seiner Prokuristen an,

Robert Pferdmenges; Jacob Goldschmidt gibt ebenfalls die Darmstädter Bank an einen seiner engsten Mitarbeiter. Vieles bleibt ungesagt. Niemand weiß, für wie lange Max die Bank verläßt, und der rechtsförmliche Verkauf ist nach Ansicht einiger Zeitzeugen rein fiktiv. Am 3. Juni 1938 versammeln sich alle zu einem großen Diner in einem Nebenraum des größten Hamburger Restaurants.[55] Es ist ein wehmütiger Abend. Fritz und Max halten eine Rede, in der sie Bilanz ziehen und zugleich der Hoffnung Ausdruck geben. Rudolf Brinckmann antwortet artig. Im übrigen verkünden Max und Fritz, sie würden trotz allem in Hamburg bleiben. Man läßt keine Zusage unterschreiben, daß die Bank nachher zurückgegeben wird. Wann »nachher«? Das Reich ist doch jetzt »tausendjährig«.

Abreise aus Deutschland

In diesem Jahr verbringt Eric je etwa die Hälfte seiner Zeit in Hamburg und New York, wo er eine kleine Finanzierungsgesellschaft, »E. M. Warburg & Co.«, gegründet hat. Als amerikanischer Staatsbürger kann er gefahrlos nach Deutschland kommen und trifft dort am Tag nach dem eben geschilderten Abschiedsdiner im Juni ein, um seinen Vater zum Verlassen des Landes zu überreden. Aber Max kann sich immer noch nicht zum Exil entschließen; er will gerne seine Frau nach New York begleiten, aber wieder nach Hamburg zurückkehren und sich erst dann überlegen, ob etwa auch er Deutschland verlassen will. Doch zunächst braucht er ein Visum. Da das amerikanische auf sich warten läßt, nimmt er sich ein kanadisches.

Um abreisen zu dürfen, muß man neuerdings ein sehr viel höheres Lösegeld zahlen als früher. Die Kapitalbesteuerung ist für Juden durch eine Kapitalwertabgabe von 20 Prozent erhöht worden, die in zwei Raten im Dezember 1938 und im August 1939 zu begleichen ist.[56] Hat er diese Abgabe bezahlt, so kann ein Jude aber noch längst nicht sein Kapital aus dem Lande bringen: Jeder Emigrant darf nur noch 10 Mark in Fremddevisen und Waren im Wert von 300 Mark mitführen sowie seine persönliche bewegliche Habe, sofern die Liste zuvor von der Polizei genehmigt worden ist, die die Ausfuhr von Schmuck und Kunstwerken verbietet. Das ist natürlich lächerlich wenig.[56]

Um sein Vermögen wegzuschaffen, könnte sich Max verschiedener damaliger Methoden bedienen. Er könnte sein Geld auf dem schwarzen Markt umtauschen, wobei er allerdings die Hälfte verlöre; er könnte mit Verlust blockierte Mark auf einem deutschen Konto an Ausländer oder auch an Deutsche verkaufen, die ihrerseits nach Deutschland zurückkehren wollen; er könnte Mark hinausschmuggeln und anderswo abzusetzen versuchen, was zu jener Zeit sehr schwierig ist, weil die Mark nur in Deutschland benutzt werden darf und die Beträge deshalb wieder illegal zurücktransportiert werden müßten.[56] Er könnte auch Deutschen sein Kapital anvertrauen und es sich nach der Ausreise von Freunden der Zurückgebliebenen erstatten lassen. Aber auch das ist äußerst schwierig, und tatsächlich gelingt es seit 1936, von ganz wenigen Ausnahmen abgesehen, keiner großen Familie mehr, größere Summen aus Deutschland, Österreich, der Tschechoslowakei oder auch sonstwo abzutransportieren. So kann Jacob Goldschmidt seine fabelhafte Impressionistensammlung nur dadurch retten, daß er sie im Gegenzug zur herrlichen Residenz in Berlin dem italienischen Botschafter anvertraut.

Dennoch bringt Max es fertig, in diesem Juni 1938 noch beträchtliche Summen aus Deutschland hinauszuschaffen. Niemand weiß, wieviel genau noch auch mittels welcher Methoden. Vermutlich hat Schacht seinem alten Freund einen letzten Dienst geleistet und erreicht, daß man nicht so genau hinsah. Ende Juni schifft sich Max mit seiner Frau und seinem Sohn nach Kanada ein, und Fritz reist mit seiner Frau und den zwei Kindern nach Stockholm, wo er schon den ganzen Ersten Weltkrieg verbrachte. In Kanada angelangt, kann Max mit seinem Sohn, der ja amerikanischer Staatsbürger ist, ungehindert in die Vereinigten Staaten einreisen.

Bei M. M. Warburg gibt es jetzt keinen einzigen Warburg mehr noch einen einzigen Juden.

Einige Tage später, am 6. Juli, verbietet eine Verordnung den Juden in Deutschland jede Betätigung in der Finanz- und Immobilienberatung.[56]

Bei der Ankunft in New York erklärt Max bei Kuhn, Loeb & Co., er sei nur gekommen, um seiner Frau bei der Niederlassung in Amerika behilflich zu sein, und werde so bald wie möglich nach Hamburg zurückkehren, weil er die anderen Juden dort nicht völlig wehrlos lassen wolle. Und Anfang Oktober beschließt er nach den Nachrichten über das Münchener Abkommen tatsächlich die Rückreise. Am 11. November macht er sich gerade zur Einschiffung bereit, als die Massaker der »Kristallnacht« ihm endlich die Augen öffnen.[55] Sie bewegen nun auch Siegmunds Mutter dazu, wegzugehen und das Grab ihres Mannes zurückzulassen. Am Weihnachtstag 1938 besteigt sie den Zug nach Paris, wo Siegmund sie abholt. In seinen Notizen, die er bei ihrem Tod anfertigte, erzählt Siegmund:[211] »Ihr Entschluß zur Auswanderung im Jahre 1938 fiel ihr unter den damaligen Umständen nicht schwer. Es war natürlich äußerst hart für sie, Abschied nehmen zu müssen von ihrer geliebten schwäbischen Heimat und von manchen lieben Freunden, die sie dort zurückließ.«

In diesem Herbst 1938 nimmt das Tempo der letzten Abreisen zu. Im September reist Max' jüngste Schwester Gisela, die in Berlin geblieben war, um an die Juden in der Hauptstadt das Geld der amerikanischen Juden zu verteilen und sie aus dem Lande zu bringen, ein weiteres Mal in die Vereinigten Staaten auf der Suche nach Geld, das sie nach Berlin bringen möchte. Sie hat die Rückreise mit ihrem Vater für den 12. November geplant, aber auch sie wird durch die Kristallnacht in New York festgehalten, wo sie sich etwas später verheiratet. Max' zweite Tochter Lola, die sich vier Jahre lang von Hamburg aus um jüdische Waisen gekümmert hat, gründet dort die Aliah für Kinder, bevor sie ebenfalls Ende des Jahres mit ihrem Mann, dem Industriellen Rudolf Hahn, nach England emigriert. Um die Genehmigung für die Mitnahme ihres Vermögens zu erhalten, muß sie ihr Haus in Berlin an Schachts Nachfolger Funk verschenken. Die dritte Tochter von Max, Renate, ist schon etwas früher abgereist, um sich in Indien zu verheiraten.

Für viele ist der Weggang eine Mischung aus Sorglosigkeit und Wagemut, und einige jüdische Emigranten kommen trotz aller Gefährdung immer mal wieder nach Deutschland. So begibt sich Henry Grunfeld im Oktober 1937 nach Berlin, um seinen Vater zu sich zu holen, wobei er einen alten deutschen Paß aus der Vornazizeit benutzt, in den noch nicht »Jude« eingestempelt ist. Auf der Straße vom Flughafen gerät er in einem Verkehrsstau auf gleiche Höhe mit Himmler. Sie starren einander an. Das ist zuviel für Henry, der daraufhin nie wieder den Fuß in die Reichshauptstadt setzt.

Auch Fritz Warburg kehrt nach seiner Niederlassung in Schweden noch mal im Dezember 1938 nach Hamburg zurück, nach der Kristallnacht, auch er mit einem alten Paß, um einer Geheimsitzung des Rates für die jüdischen Hospitäler Deutschlands beizuwohnen. Er wird denunziert und von der Gestapo verhaftet, sein Paß wird beschlagnahmt, und er verbringt mehrere Monate im Gefängnis. Nur dank der Intervention eines christlichen Hamburger Großbankiers wird er entlassen und darf Deutschland verlassen. Es sei denn, er sei aus dem Gefängnis geflohen, wie es die in der Familie kursierende Version will[55]... Jedenfalls ist er der letzte Enkel von Moritz, der das Land endgültig verläßt. Kösterberg wird von der Wehrmacht beschlagnahmt, die dort ihre Generäle und im Garten Flakgeschütze unterbringt.

Der einzige Warburg, der sich noch zusammen mit 250.000 weiteren Juden in den Fängen der Nazis befindet, ist ein entfernter Verwandter, ein exzentrischer Physikprofessor, der in Berlin lebt: Otto, ein Ururgroßenkel von Samuel, der 1906 das Studium der Biochemie abgeschlossen hat und 1931 für seine Arbeiten zur Zellatmung den Medizin-Nobelpreis erhielt; er verband als erster organische Chemie und Strahlenphysik. Der ledige Greis verbringt seine Zeit abwechselnd mit seiner Arbeit, seinen Hunden und seinen Pferden.[55]

Nichts bleibt von der Familie, die sechs Jahre zuvor auf dem Gipfel ihrer Macht gestanden hatte. Alle ihre Kunden, alle ihre Gesellschafter und Teilhaber, alle ihre Führenden sind verstreut über ganz Europa, Lateinamerika, Palästina oder die Vereinigten Staaten. Ganz allmählich werden sie sich wiederfinden. Diese Wiederbegegnungen säumen die Geschichte der vierzig folgenden Jahre.

»Keiner ist immer noch einer zuviel«

Es kommt zum letzten großen Exodus der Juden aus Deutschland, ehe die Hinschlachtung beginnt. In den ersten vier Jahren des Hitlerregimes verließen nur 150 000 Juden Deutschland, darunter über 50 000 wie Siegmund zwischen Hitlers Machtergreifung und Ende 1933 und 100 000 bis November 1938. Zwischen November 1938 und September 1939 wandern weitere 100 000 aus. Insgesamt sind es vor Kriegsbeginn fast 250 000 Emigranten, die hauptsächlich in vier Richtungen ziehen: Vereinigte Staaten, Palästina, Großbritannien und Frankreich. Im September 1939 zählt man noch 185 000 in Deutschland, von denen nur 50 000 unter 40 Jahre alt sind. Alle anderen sind den Vorkriegsmassakern zum Opfer gefallen.[12]

Es gibt auch eine ganz winzige Bewegung in Gegenrichtung: So kehrt Ende 1939 das deutsche Kindermädchen von Siegmunds beiden Kindern unter dem Druck der deutschen Behörden nach Deutschland zurück. Sie findet bei den Bombenangriffen auf Hamburg den Tod.

Die Ausreise der Juden aus Deutschland und den besetzten Gebieten wird immer schwieriger, denn fast nirgends will man sie mehr haben. Die englischen Berufsorganisationen, Zeitungen und sogar die Regierung fordern die Begrenzung ihrer Zulassung nach Großbritannien und Palästina. Am 2. September 1939 eröffnen sogar britische Küstenwachboote das Feuer auf ein Schiff, das mit 1400 Juden an Bord in Tel Aviv anlegt. Zwei Reisende werden getötet.[56]

Zu diesem Zeitpunkt erlangt Siegmund fünf Jahre nach seiner Ankunft in London die britische Staatsbürgerschaft; die Patenschaft der wichtigsten englischen Geschäftsbanken hat ihm Türen geöffnet, die vielen anderen verschlossen bleiben.

Er trifft einen alten Freund, dessen Mutter eine Verwandte der Warburgs ist, Gerald Coke, Neffe des Grafen von Leicester, der den *Daily Telegraph* beherrscht. Gerald Coke arbeitet als Leiter einer Filiale der großen Metallfirma Rio Tinto, der seit 1920 ein Teil der Aktien von Brandeis-Goldschmidt gehört.

Siegmund kümmert sich um die verzweifelten jüdischen Flüchtlinge aus Deutschland. Häufig trifft er sich mit Baffi Balfour und Chaim Weizmann, wenn dieser in London weilt. Inzwischen befinden sich auch viele Mitglieder seiner Familie in England, so seine Kusinen Anita und Lola, die jetzt die Flüchtlingshilfe organisieren und etwas später in einem Büro arbeiten, das nach Vermißten sucht.

Die Warburgs entgehen sämtlich dem Holocaust und bilden damit eine Ausnahme; vielleicht zeichnet sich darin das Schicksal der ungewöhnlichen Wächter ab, die dank ihrer jahrhundertealten Universalität der gemeinen Tragödie entgleiten.

Denn in diesen Vorkriegsjahren hat der demokratische Westen, aufs Ganze gesehen, keinerlei Anlaß, auf die Hilfe für die Naziverfolgten stolz zu sein. Hunderttausende möchten die Hölle verlassen und können es nicht, weil sie kein englisches, schweizerisches, französisches, amerikanisches oder kanadisches Visum erhalten – trotz aller Bemühungen des Völkerbundshochkommissars James G. MacDonald und anderer wie Raoul Wallenberg, der in Budapest falsche schwedische Pässe ausstellt.

Ein schreckliches Symbol der Hartherzigkeit: Die jüdische Philosophin und nachmalige katholische Ordensschwester Edith Stein stirbt in Auschwitz, weil niemand sie aufnehmen wollte. Chaim Weizmann schreibt zu Recht,[177] damals zerfiel »die Welt in ... Orte, wo [die Juden] nicht leben konnten, und in solche, wohin sie nicht durften«.

In Kanada, wo man zur Erlangung der Einreise bei manchen Konsulaten nachweisen muß, daß man kein Jude sei, antwortet ein hoher Beamter einem Journalisten auf die Frage, wie viele Juden zugelassen würden: »Keiner ist immer noch einer zuviel.«[1]

Schachts Ende

Im Herbst 1938 stellt sich Schacht, der immer noch Minister ohne Portefeuille und Präsident der Reichsbank ist, der Politik Görings, der jetzt als Reichstagspräsident, preußischer Innen- und Polizeiminister, Reichsluftfahrtminister, Oberbefehlshaber der Luftwaffe, Vorsitzender des Kleinen Ministerrats und schließlich (vielleicht vor allem) als Präsident der »Reichswerke Hermann Göring« auf dem Gipfel seiner Macht angelangt ist, immer heftiger entgegen. Schacht möchte mit der Ausgabe der Mefo-Wechsel Schluß machen und geht zur aktiven Opposition über. Am 28. September 1938 schließt er sich einem geplanten Staatsstreich des Generalstabschefs Franz Halder an, der wegen der Ankündigung des Münchener Treffens an diesem Tag verschoben wird. Die Kristallnacht veranlaßt ihn, noch weiterzugehen. Am 12. November 1938, einen Tag nach den Massakern, beschließt Göring, daß die Juden für die erlittenen Schäden keine Entschädigung erhalten und sogar gehalten sind, sie selbst zu beseitigen, »um unter Androhung einer Strafe von einer Milliarde Mark das Aussehen der Straßen wieder in Ordnung zu bringen«.[79] Am selben Tag schreibt eine weitere Verordnung den Firmen die sofortige

Entlassung aller noch beschäftigten Juden vor, untersagt letzteren die Ausübung des Rechtsanwaltsberufs und fordert die Schließung sämtlicher jüdischen Geschäfte bis spätestens 31. Dezember.[56] Einen Tag später greift Schacht vor den Führungskräften der Reichsbank heftig die Kristallnacht und die letztgenannten Maßnahmen an.[160]

Noch ist er nicht völlig machtlos: Über die Reichsbank hat er noch die Finanzierung der Wirtschaft in der Hand und kann sich dem Vierjahresplan widersetzen. So verweigert er am 21. November die Ausgabe neuer Mefo-Wechsel und genehmigt nur die Diskontierung von Wechseln für öffentliche Arbeiten. Für Hitler ist damit das Faß zum Überlaufen voll. Und Göring, der erklärt, er habe vom Führer den Befehl erhalten, die Rüstungsproduktion zu beschleunigen und mehr Menschen an die Arbeit zu setzen, droht:[159] »Wenn die Privatfirmen dazu nicht in der Lage sind, wenn die Banken nicht finanzieren können, dann werden sie verstaatlicht.« Als dann am 30. November die ersten Mefo-Wechsel fällig werden, fordert die Reichsbank unbeirrt auf Schachts Weisung deren Erstattung durch den Staat. Göring lehnt ab: Diese Ausgabe sei im Haushalt nicht vorgesehen. Damit sieht sich Schacht vor ein Fait accompli gestellt; man zwingt ihn, gegenüber den Geldgebern wortbrüchig zu werden. Er ist völlig außer sich, aber besitzt keinerlei Machtmittel mehr, und noch zögert er zurückzutreten.

Während dieser Zeit läuft die Vernichtung der wirtschaftlichen Existenzbasis der Juden auf vollen Touren. Am 3. Dezember 1938 ordnet der Staat den sofortigen Verkauf aller jüdischen Industrieunternehmen, Immobilien und allen Grund- und sonstigen Besitzes an.[56]

Noch einmal stemmt sich Schacht dagegen und denkt daran, Max Warburgs Plan vom Vorjahr wiederaufzugreifen. Am 6. – er ist immer noch Präsident der Reichsbank – reist er nach London. Dort trifft er Siegmund und am 17. den Gouverneur der Bank von England, Montagu Norman, sowie Vertreter des Regierungskomitees für Flüchtlinge. Er legt ihnen eingehend seinen Plan dar, den er von Max Warburg übernommen hat: »Ich will mich nicht darüber äußern, was zur Zeit in Deutschland vorgeht, aber Tatsache ist, daß die Juden dort keine Zukunft mehr haben. Sie werden bald sehr schlecht behandelt und völlig mittellos davongejagt werden. Aus humanitären Gründen habe ich deshalb einen Plan für ihre Auswanderung ausgearbeitet. Ich schlage vor, daß drei Jahre lang jährlich 50 000 Juden – nicht unbedingt die reichsten zuerst, eher im Gegenteil – das Land verlassen. Der Erlös aus dem Verkauf ihres Besitzes in Deutschland wird auf einen Sonderfonds überwiesen, der als Garantie für einen Kredit der jüdischen Weltgemeinschaft an Deutschland dienen soll. Das Geld aus diesem Kredit wird unter anderem dazu verwendet, daß jede Emigrantenfamilie 10 000 Mark in Devisen erhält. Im übrigen soll sich die jüdische Weltgemeinschaft verpflichten, die deutschen Ausfuhren zu fördern, damit dieser Kredit zurückgezahlt werden kann. Dieser Plan kann nur so, wie er ist, angenommen oder abgelehnt werden; Sie müssen wissen, daß die jetzige Reichsregierung keinen anderen annimmt und selbst dieser noch nicht die Zustimmung des Führers hat.«

Der Schacht-Plan wird in London recht gut aufgenommen, und die britische jüdische Gemeinde willigt ohne großes Zögern in die Beteiligung an seiner Finanzierung ein. Daraufhin reist Schacht in die Vereinigten Staaten, um den Plan auch der Leitung der amerikanischen Judenschaft vorzuschlagen. Deren Verantwortliche stimmen zu und beschließen die sofortige Entsendung einer Mission nach Deutschland, um die Einzelheiten der Anwendung auszumachen.[160] In Amerika begegnet Schacht Max zum letztenmal. Ende Dezember bittet er um ein Gespräch bei Morgenthau. Aber der amerikanische Schatzminister lehnt es ab, den Präsidenten der Reichsbank zu empfangen: um Hitler nicht zu verärgern, sagen die einen, aus Haß auf den Nazismus die andern. Am 2. Januar 1939 kehrt Schacht aus New York zurück und begibt sich zu Hitler nach Berchtesgaden, um dessen endgültige Zustimmung einzuholen. Ribbentrop jedoch, der aus der Verhandlung ferngehalten worden war, hat den Führer mittlerweile überzeugt, es sei viel besser, wenn man einfach weiterhin auf der bislang geforderten Zahlung des Lösegeldes bestehe.[56] Hitler erklärt Schacht, jede Diskussion dieses Themas habe aufzuhören, und außerdem werde nach der Ermordung von Raths in Paris am 7. November des Vorjahres allen Juden eine Sonderabgabe abverlangt; desgleichen seien alle von Juden bei ihrer Abreise vorgelegten Werte sofort von der Reichsbank in Mark umzuwandeln.

Für Schacht bedeutet dies sowohl das Ende seines Plans als auch die Ankündigung einer Geldschöpfung im Zusammenhang mit der Plünderung des jüdischen Besitzes. Er lehnt Hitler ins Gesicht hinein jede

Mitarbeit ab und bestätigt ihm diese Weigerung am 7. Januar durch die Übersendung einer vom gesamten Direktorium der Reichsbank mitgezeichneten Denkschrift.[160]

Inzwischen aber sind schon, wie vereinbart, zwei amerikanische jüdische Delegierte nach Deutschland abgereist, wo sie am 10. Januar 1939 eintreffen, um mit Schacht die Einzelheiten des Evakuierungsplanes festzulegen.[56] Nach acht Tagen des Herumirrens und höflichen Schulterzuckens reisen sie ratlos wieder ab.

Am 20. Januar entschließt sich Hitler, Schacht von der Reichsbank zu entfernen, wo er seit fast fünfzehn Jahren praktisch ununterbrochen regiert hat. Das Verfahren ist höchst bemerkenswert: Noch am Tage vor Schachts Abhalfterung wird bereits sein Nachfolger Funk ernannt!

Immer noch Minister ohne Portefeuille, läßt sich Schacht jetzt etwas in Vergessenheit geraten. Im April reist er zu einer Tagung der Bank für Internationalen Zahlungsausgleich in Basel, wo er weiterhin Deutschland vertritt, bis ihn dann Schröder ablöst. Erneut trifft er dort mit dem Gouverneur der Bank von England, Montagu Norman, zusammen, den er vor Hitlers Ambitionen in der Ukraine warnt. Nach seiner Rückkehr nach London gibt Norman die Mitteilung an Chamberlain weiter, der ihm erwidert, Schacht besitze keinerlei politischen Einfluß mehr, und man dürfe ihm weder glauben noch mit ihm verhandeln. Schacht versucht, sich nach Amerika einladen zu lassen. Aber das State Department lehnt aus Angst vor einer Verärgerung Hitlers ab.[160] Daraufhin geht Schacht zum Widerstand gegen das Regime über.

Unter Funks Leitung fügt sich das deutsche Bankensystem voll und ganz in die Nazimaschinerie ein; die Reichsbank macht sich bereit, die Goldzähne und Schmuckstücke von Auschwitz und anderen KZs zu lagern. Die Dresdner Bank leiht der DEST Geld, die die »Gefängnisindustrie«, d.h. die KZs, für die Großunternehmen verwaltet. Sogar die Bank M. M. Warburg, die sich immerhin sorgfältig von der Nazipartei fernhält, beteiligt sich an der Kriegswirtschaft. Die Bank für Internationalen Zahlungsausgleich selbst setzt unter dem Vorsitz eines eigenartigen Amerikaners namens MacKittick unbeirrt ihre Basler Aktivitäten zugunsten Deutschlands fort und sorgt für die Kommerzialisierung seltsamen, aus Raub und Plünderung und Mord stammenden Goldes ...

Zugleich Jude, Deutscher und Engländer

Die Tschechoslowakei ist zerstückelt, Polen bedroht, Franco herrscht in Madrid, der deutsch-sowjetische Pakt wird am 23. August 1939 geschlossen. Nun naht der Krieg. Am 1. September fallen deutsche Truppen in Polen ein, und aufgrund des Spiels der Bündnisverpflichtungen werden Frankreich, Italien, Großbritannien in den Konflikt hineingezogen. An diesem Tag sagt Siegmund zu seiner Tochter: »Heute ist ein schwerer Tag, dein Leben lang wirst du dich seiner erinnern.«

Das Mitführen der Gasmasken und die Ausweiskarte werden vorgeschrieben. Die Einkommensteuer wird erhöht. Beträchtliche Anstrengungen werden unternommen, um die Agrarerzeugung zu steigern.[27] London weist die Züge einer belagerten Stadt auf. Die Kinder werden evakuiert und in Sicherheit gebracht.

»Ein bitteres Erwachen aus seiner loyalen Gutgläubigkeit war über England hereingebrochen«, schreibt Zweig.[187] »Selbst die einfachen, unbelehrten Leute, die nur instinktiv den Krieg verabscheuten, begannen, heftigen Unmut zu äußern... Abermals begannen die hellen Abwehrballons ... über London zu schweben, abermals wurden Luftschutzunterstände aufgeworfen und die verteilten Gasmasken sorgfältig überprüft. Genauso gespannt war die Situation geworden wie vor einem Jahr und vielleicht noch gespannter, weil diesmal nicht mehr eine naive und arglose Bevölkerung, sondern eine schon entschlossene und erbitterte hinter der Regierung stand.«

Für Siegmund, der inzwischen britischer Staatsbürger ist, geht alles noch ganz gut, aber seine Frau, die 1933 wieder Schwedin geworden ist, unterliegt von nun an sehr strengen Kontrollen. Sie möchte nicht Engländerin werden, obwohl sie es könnte, denn es war ihr trotz der Hilfe der schwedischen Regierung schon sehr schwergefallen, binnen weniger Monate ihre ursprüngliche Staatsangehörigkeit zurückzuerlangen.

Die humanitären Organisationen – der Central Council for Jewish Refugees, der Central British Fund for Jewish Relief and Rehabilitation –, um die sich Siegmund sehr aktiv kümmert, haben nicht mehr genug Geld, um den 13 000 mittellosen Juden behilflich zu sein, und wenden sich deshalb an die den Flüchtlingen offen feindlich gesinnte britische Regierung.[174] Kein Visum wird mehr für deutsche Juden ausgestellt, ausgenommen Verwandten von deutschen Juden, die in einem neutralen Land leben, oder für jene, die lediglich im Transit über England reisen. Wer schon dort ist – selbst wenn es schon lange her und er britischer Staatsbürger ist wie Siegmund –, wird von der Polizei peinlich genau überwacht. Am 4. September läßt die Londoner Regierung durch die Gerichte jeden einzelnen Fall jüdischer Flüchtlinge prüfen, auch derer, die britische Staatsbürger sind, und stellt die der Spionage Verdächtigen entweder unter Hausarrest oder interniert sie.

Die Gerichte unterteilen die Flüchtlinge in drei Kategorien: zu Internierende; Beschränkungen Unterworfene; von Internierung und Beschränkung nicht Betroffene. Im Laufe des Monats Oktober werden 13000 solche Fälle untersucht; 186 Personen werden interniert, 189 kommen in die zweite Kategorie, darunter Henry Grunfeld, und 9656 bleiben frei. Im Januar 1940 werden 528 Juden interniert, 8356 mit Beschränkungen belegt, und 60000 bleiben kontrollfrei. 8000 werden sogar nach Kanada – darunter ein seit 1922 in Großbritannien ansässiger deutscher Jude namens Eugen Spier – und Australien zwangsverschickt.[174]

Siegmund selbst, der gleich bei Kriegserklärung seine Mitarbeit im Geheimdienst und im Kriegswirtschaftsministerium angeboten hat, gilt als verdächtig und wird beiseite geschoben. Er ist wütend.

Die britische Haltung gegenüber der Einwanderung der Juden nach Palästina wird gleichfalls streng. Trotz Churchills Warnung, der bei Ausbruch der Feindseligkeiten in die Regierung kam, begrenzt Chamberlain die Einwanderungsquote auf 75000 in fünf Jahren. Im Januar 1940 stellt ein Bericht des Kolonial- und des Außenministeriums die illegale Einwanderung nach Palästina als »eine organisierte, politisch motivierte Invasion Palästinas« dar. Zwischen den Vereinigten Staaten und Großbritannien kommt es zu zahlreichen Gesprächen mit dem Ziel, einen Platz zu finden, »wo man die Juden hintun« kann. Demarchen werden nacheinander unternommen in Richtung Nordwestaustraliens, Erithreas, Äthiopiens, Angolas, der Philippinen, Alaskas, Madagaskars, der Dominikanischen Republik – umsonst.[12]

Nach dem Einmarsch in den Niederlanden, den man unmittelbar im

Rundfunk verfolgen kann und der auch den Aktivitäten der Dutch International Corporation ein Ende setzt, tritt Churchill an die Stelle von Chamberlain, und die Labour Party erklärt sich bereit, in der neuen Regierung mitzuarbeiten. Eine ihrer ersten Handlungen besteht darin, sämtliche Deutschen und Österreicher im Alter von 16 bis 60 Jahren zu zwingen, in einem vorgeschriebenen Gebiet an der Süd- und Ostküste Englands Wohnung zu nehmen. Am 15. Mai werden die verdächtigen Flüchtlinge auf der Insel Man und in Manchester in Lagern interniert. Siegmund ist dank Andrew MacFadyeans Hilfe von der Liste gestrichen worden, und Henry, der am Vorabend von seiner bevorstehenden Verhaftung erfährt, verläßt seine Wohnung im Morgengrauen und lebt vier Wochen lang heimlich in London, bis es MacFadyean gelingt, über seine Beziehungen Henrys Freiheit zu erreichen.

Anfang Juni trifft die Internierung mittlerweile alle Welt: ein Mitglied der holländischen Regierung, einen norwegischen General, berühmte Musiker, ja bis hin zu den deutschen Angestellten der BBC.[12]

Am 22. Juni 1940 wird der Waffenstillstand mit Frankreich unterzeichnet. Zwischen dem 7. September und dem 2. November 1940 wird London fast jede Nacht bombardiert.

Nun zeigt sich nach den Worten von Stefan Zweig[187] »Englands tiefste, ganz in sich verhaltene und nur in der Stunde äußerster Gefahr sich enthüllende Kraft«. 11700 Menschen werden getötet. Der Weg von Buckinghamshire in die City wird unsicherer, und manchmal wird der Zug bombardiert, den Siegmund jeden Morgen nimmt. »Während der Kriegsjahre machte meine Mutter viele der deutschen Bombenangriffe auf London mit, aber dieses störte in keiner Weise ihren Gleichmut. Am wichtigsten war in dieser Hinsicht die bei ihr sichere Voraussicht, daß der Krieg zum Ende Hitlers führen würde.«[211]

Eine Schmunzelgeschichte unter dem Bombenhagel: Der Labourabgeordnete und spätere Minister Emmanuel Shinwell kommt eines Tages Ende 1940 zu Siegmund und bittet ihn um finanzielle Hilfe; seine Wohnung sei zerstört, und er wisse nicht, wie er arbeiten solle. Daraufhin leiht ihm Siegmund seine eigene Sekretärin, Miss Meyer, aus, die sich der Abgeordnete dann zur Frau nimmt...

Als der Bombenkrieg beginnt, müssen die Nachtfeuerwachen in

Bereitschaft stehen. So verbringen Siegmund und Henry viele Nächte im Büro, reden vom Krieg und von der Zukunft. Nicht einen Augenblick kommt Siegmund damals etwas anderes als ein Sieg der Alliierten in den Sinn. Nach seiner Meinung muß England nach dem Sieg an die Spitze eines vereinigten Europa treten und sein kostspieliges Empire aufgeben. Und was ihn selbst anbelangt, so weiß er sehr wohl, was er anstrebt: Er will aus London das machen, was Max aus Hamburg machen wollte. Seine Kinder scherzen: Wie kann er auf ausbrechende Feuer achten, wenn er dauernd schwatzt? Lange noch erinnern sich Siegmund und Henry wehmütig dieser langen, durchwachten Nächte, und wenn ihnen einmal die Zeit fehlt, um ein Problem eingehend zu behandeln, dann sagt später der eine oder der andere: »Wir brauchten mal wieder eine Nacht des *fire-watching* ...« Seltsame Worte aus dem Munde dieser Wächter über Wohl und Wehe.

Inzwischen wird der Bombenkrieg immer gefährlicher. Immer öfter werden Züge angegriffen. Siegmund kehrt spät heim. Um ihn am Bahnhof abholen zu dürfen, muß seine immer noch schwedische Frau um Ausgangserlaubnis nachsuchen, und die Polizisten, die sie ihr nicht geben dürfen, tun, als sähen sie sie nicht, mit jener exquisiten englischen Liebenswürdigkeit, die er über alles schätzt ...

Im besetzten Europa hat der Abstieg der Juden in die Hölle begonnen. Anfang 1940 werden die Juden in Deutschland unter Hausarrest gestellt; jeden Morgen müssen sie sich im Stillgestanden im zuständigen Polizeikommissariat melden; etwas später werden sie verhaftet, gesammelt und in die Lager transportiert, wo die anderen europäischen Juden zusammenzuströmen beginnen. Wer in Deutschland weiß, was da vor sich geht? Jedenfalls kann jeder ab Ende 1940 eine große deutsche Stimme hören, die Stimme von Siegmunds Lieblingsschriftsteller Thomas Mann, der gleichzeitig mit ihm emigrierte und nun von Amerika aus über den Londoner Rundfunk erklärt:[101] »Niemand in der Welt glaubt, daß dem deutschen Volke wohl ist bei der Geschichtsmacherei seiner Zwingherren, die eine elende Schaumschlägerei aus Blut und Tränen ist... Die verworfenen Abenteurer, die die Versklavung der Welt betreiben, fühlen im Grunde, daß sie schon heute verspielt haben ...«

Am 15. Mai 1941 wird jede Auswanderung deutscher Juden verboten. Am 22. Juni beginnt die Operation Barbarossa: Codewort für den

Einfall in die Sowjetunion. Im Laufe des Sommers schreibt Schacht, der mit dem Widerstand in Kontakt ist und keinerlei amtliche Position mehr innehat, einen letzten Brief an Hitler und rät ihm, möglichst schnell Frieden zu schließen.

Als zur gleichen Zeit die an den Juden Europas begangenen deutschen Scheußlichkeiten in Großbritannien bekanntzuwerden beginnen, verändert sich die öffentliche Stimmung und bessert sich die Lage der Flüchtlinge ein wenig. Die meisten Internierten werden freigelassen. Einige werden sogar zur Mitarbeit als Sachverständige in die Geheimdienste berufen; Siegmund gelingt endlich die Kontaktnahme mit dem von Dalton geleiteten Kriegswirtschaftsministerium, und im übrigen kümmert er sich weiterhin um den Zentralrat für Flüchtlingsfragen.

Im Oktober 1941 erfährt er, daß aus M. M. Warburg in Hamburg die »Brinckmann, Wirtz & Co.« geworden ist, daß Brinckmann die Bank zwar ohne besonderen Eifer, aber auch ohne besondere Lust zum Widerstand gegen den Nazismus, seine Riten und Schrecken korrekt führt. Als Max das in New York erfährt, freut er sich, daß wenigstens sein Name nicht länger mit den Scheußlichkeiten in Verbindung gebracht werden kann.

Am 23. Oktober wird auf Himmlers Befehl die Auswanderung der Juden endgültig untersagt und schnappt die Falle über allen europäischen Juden zu. Thomas Mann ermahnt die Deutschen weiterhin, endlich aus dem Alptraum zu erwachen:[101] »Ich weiß wohl, daß ihr euch Deutschland nach diesen acht betäubenden Jahren ohne den Nationalsozialismus kaum noch zu denken vermögt. Aber fällt es euch leichter, euch seine Verewigung durch den Endsieg vorzustellen, an den er euch glauben machen will? ... Wollt ihr geringer, charakterloser, feiger sein als die andern?«

Siegmund wirkt bei der Errichtung von Hindernissen gegen deutsche Anleihen mit und berät die für die psychologische Kriegführung gegen Deutschland zuständigen Briten: Niemand kennt besser als er die verschlungenen Pfade deutscher Anleihen in der Wall Street, die seine Familie seit einem Jahrhundert eingerichtet hat. Geduldig erläutert er den hohen britischen Beamten, wo sich in Amerika die Deutschenfreunde befinden, und mit Hilfe amerikanischer Banken, mit denen er in Beziehung steht, bemüht er sich, die Nazinetze in neutralen Ländern zu zerschlagen. Vermutlich erinnert er sich dabei an jene Zeit vor dreißig Jahren, als sein Onkel Max Amerika zu überzeugen suchte, es solle lieber an Deutschland als an England Kredite geben ...

Am Jom-Kippur-Tag dieses Jahres verbringt Siegmund erstmalig seit seiner Kindheit wieder einen Teil des Tages mit Gebeten in einer Londoner Synagoge. Seine beiden Kinder begleiten ihn. Beide erinnern sich an diesen sehr feierlichen Tag.

Die City im Krieg: »Cash and carry«

Die City, die nach Einberufung ihrer Kräfte leer geworden ist, liegt im Schlummer. Die Kriegswirtschaft konzentriert die Finanzmittel in den Händen des Staates. War die Lage der Banken schon vor Ausbruch des Konflikts nicht gerade rosig, so verschärft sie sich natürlich jetzt noch durch das praktische Ausbleiben jeder Wechsel, die Einstellung der Anleiheaktivität, das Verbot der Beschäftigung mit dem Außenhandel und die Reduzierung der Kredite.[27] Manche ganz auf den Außenhandel eingestellte Firmen wie Brandeis-Goldschmidt müssen ihre Aktivitäten reduzieren, und daraufhin vertraut Paul Kohn-Speyer Siegmund die Verwaltung der Fonds an.

Die New Trading Company selbst hat keinen Mangel an Arbeit zu beklagen, denn sie befaßt sich mit der Einfuhr von Gerät und Material.

Denn um diese Einkäufe zu finanzieren, kann Großbritannien nicht mehr mit großen Devisenbeständen rechnen. Seine Ausfuhr nach Europa ist unterbrochen, und so muß es entweder Anleihen aufnehmen oder seine Aktiva verkaufen. Der »US Neutrality Act« aber untersagt jede Kreditgewährung und jeglichen Waffenverkauf an eine kriegführende Nation, und seit dem »Johnson Act« von 1934 ist zudem die Darlehensgewährung an jedes Land verboten, das mit der Rückzahlung der Schulden aus dem Ersten Weltkrieg im Verzug ist, und das gilt seit 1931 für alle europäischen Länder, auch für England.[48] Viele andere mögliche Kreditgeber gibt es nicht: Weder das Commonwealth noch die Neutralen bieten sich an.

Großbritannien kann also seine Einfuhren nur durch Verkauf seiner Goldreserven finanzieren, die immerhin noch ein Drittel der amerikanischen Bestände ausmachen, oder seiner Fremdguthaben, die auf 3 Milliarden Pfund Sterling geschätzt werden. Diese Transaktionen sind nur auf dem New Yorker Markt noch möglich, wohin übrigens seit Mai 1939 auch die britischen Guthaben physisch transportiert worden sind.

Sofort nach Kriegsbeginn läßt das britische Schatzamt den Wert der veräußerlichen Titel schätzen. Erste Enttäuschung: Der Börsenwert beträgt nur eine Milliarde Pfund. Und es heißt schnell handeln, denn alle im Krieg befindlichen Länder werden die ihrigen verschleudern, so daß die Kurse an der Wall Street sinken. Im Oktober 1939 richtet das britische Schatzamt dort ein Büro ein, zunächst unter Leitung eines führenden Angestellten von Flemming and Co., Walter Whigan, sodann eines Freundes von Siegmund, John Gifford. Sofort setzt der Verkauf der Titel öffentlicher und privater Einrichtungen in Höhe von 2 Millionen Pfund pro Woche ein.[149] Im November verändert der amerikanische Kongreß den »Neutrality Act«, um England zum Waffenkauf zu ermächtigen, hebt aber das Anleiheverbot nicht auf. England muß also seine Einkäufe bar bezahlen und sie auf nichtamerikanischen Schiffen transportieren. Das ist das sogenannte »Cash-and-carry-System«, in dem Siegmund eine beträchtliche Rolle spielen wird.

Der Verkauf von Aktiva wird immer dringlicher. Trotz der Bedenken des Finanzministers, der sich um Wall Street Sorgen macht, läßt das amerikanische Schatzamt die Beschleunigung der ausländischen Verkäufe zu. Am 17. Februar 1940 bringt ein erster massiver, wenngleich diskreter Verkauf England 30 Millionen Pfund (in Dollar) ein. Nach dem Waffenstillstand vom Juni glaubt Wall Street, Europa werde zusammenbrechen, woraufhin die Aktien der englischen Firmen in New York abstürzen. Es lassen sich also nur noch Wertpapiere amerikanischer Unternehmen oder von Filialen britischer Firmen mit Sitz in einem nichtkriegführenden Land verkaufen. Der Devisenbedarf bleibt jedoch beträchtlich, und so beschließt das britische Schatzamt, in Erwartung eines dreijährigen Krieges alles zu verkaufen, was sich überhaupt verkaufen läßt. In Wirklichkeit geht aber der Ausverkauf schon in viel schnellerem Tempo vor sich. Denn bereits im Juni 1940 erwartet alle Welt einen deutschen Großangriff zum Jahresende, weshalb monatlich 3 000 Flugzeuge bestellt werden müssen. Bald wird sonnenklar, daß die Reserven spätestens im Dezember erschöpft sein werden. Daraufhin beschließt Churchill, um die nötige Rüstung einkaufen zu können, alles auf eine Karte zu setzen. Er ordnet den sofortigen Verkauf sämtlicher Papiere und sämtlicher Reserven an einschließlich der Depots der europäischen Zentralbanken, des französischen, belgischen und holländischen Goldes mit der einzigen Ausnahme des für die Finanzierung der Sterlingzone erforderlichen.[149]

Siegmund hat die Vorzüge der neuen Regelung sehr schnell begriffen. Noch vor allen andern organisiert die New Trading Company im Mai 1940 als einzige in der City ein Konsortium zur Finanzierung der Einfuhren britischer Firmen mit drei Banken: Hambros, Rothschild und William Brandt. Er verkündet die Schaffung dieses Konsortiums durch ein Pressekommuniqué. Die New Trading Company, die selbst nicht am Konsortium teilnehmen kann, nimmt dessen Sekretariatsfunktion wahr. Nun wenden sich (vor allem mittlere) Unternehmen und Verwaltungen an ihn und bitten ihn, zahlreiche Wareneinkaufsoperationen in Amerika für sie zu tätigen, wobei die teilnehmenden Banken die für die Barzahlung notwendigen Kredite eröffnen. Andere tun es ihm später nach.

Mit seinen New Yorker Freunden – und er zählt deren mehr als irgendein anderer Finanzier der City – unternimmt er es auch, amerikanischen Industriellen bestimmte Filialen amerikanischer Unternehmen in London oder englischer Unternehmen in New York zu verkaufen. Er bringt es sogar fertig, Amerikanern Bürohäuser in London zu verkaufen, was in dieser Zeit des Bombenkriegs mehr mit patriotischem Humor als mit banktechnischer Leistung zu tun hat ...

Aber die Devisen neigen sich dem Ende zu, und im November 1940 bittet die Londoner Regierung das Weiße Haus, als Gegenleistung zu Pfundeinlagen beim Federal Reserve Board Dollars aufnehmen zu dürfen. Außenminister Cordell Hull lehnt ab; praktisch liefe es auf Anerkennung des Pfundes als Reservewährung oder auf Verletzung des Neutrality Act hinaus. Die Engländer, denen – in Erinnerung an die andere Nachkriegszeit – wenig daran liegt, sich zu verschulden, lassen den Vorschlag fallen.

Am 2. Dezember sind die britischen Reserven erschöpft, und Winston Churchill bittet »in einem der wichtigsten Briefe, den ich je geschrieben habe«, Roosevelt um Hilfe:[171] »Wir brauchen Schiffe, Flugzeuge, Waffen, und der Augenblick naht, an dem wir nicht mehr bezahlen können.« Am 10. schreibt Jimmy Warburg in der *New York Tribune*, wenn das Gesetz Amerika verbiete, England Geld zu leihen, dann solle Amerika England die Summen schenken, die es brauche, und er setzt sich dafür ein, die britischen Ersuchen positiv zu bescheiden. Am 17. antwortet Roosevelt Churchill,[171] »man kann sich nicht weigern, dem Nachbarn, dessen Haus in Flammen steht, die Feuerspritze zu leihen«, und bereitet sich auf die Genehmigung von Anleihen an England vor. Er verlangt als Voraussetzung lediglich die Rückzahlung früherer Anleihen durch England und die Mobilisierung aller finanziellen Mittel. Morgenthau, der befürchtet, England könnte irgendwelche Reserven verheimlichen, verlangt, daß England sein gesamtes Gold am Kap deponiert, wo ein amerikanisches Kriegsschiff es abholen werde. Die Engländer sind einverstanden. Am 10. Januar 1941 nimmt unter strengster Geheimhaltung die »Louisville« in Simonstown Gold im Wert von 42 Millionen Pfund an Bord, das am 26. Januar in den Vereinigten Staaten eintrifft. Aber die Wirkung ist genau die umgekehrte: Morgenthau fühlt sich in seiner Annahme bestätigt, Großbritannien brauche die verlangte zusätzliche Hilfe wirklich nicht . . .[171]

Und Anfang 1941 verkaufen denn auch die Briten, die immer noch auf eine konkrete Antwort auf Churchills Brief warten, in New York die Viscose Corporation of America, von der Courtaulds 97 Prozent innehatte. Nach Siegmunds Meinung, der sich mit anderen Verkäufen beschäftigt, ist diese Beteiligung 120 Millionen Dollar wert; die amerikanischen Bankiers bewerten sie nur mit 75 Millionen. Tatsächlich erhält das britische Schatzamt nur 40 Millionen und das Versprechen einer späteren Nachzahlung von weiteren 14 Millionen Dollar.

Da die amerikanischen Darlehen auf sich warten lassen, muß Großbritannien ab Anfang März 1941 in New York auch die Anteile von Engländern an lateinamerikanischen Firmen und am malayischen Gummi verschleudern. Das Ganze bringt der britischen Staatskasse runde 70 Millionen Pfund ein. Abgesehen von den Filialen britischer Industriegesellschaften und den Versicherungsgesellschaften, ist England mit seinen Kriegsmitteln am Ende. Wenn jetzt nichts geschieht, geht es in die Knie.

In dieser ganzen Zeit weiß man in Berlin sehr wohl, womit sich

Siegmund beschäftigt. Im Großdeutschen Rundfunk begeifert ihn Goebbels als den Juden, der den Krieg finanziere.

Das Leih- und Pachtsystem

Am 11. März beschließt Roosevelt, um Amerika aus dem Krieg zu halten, die Hilfe für England wirklich aufzustocken, und läßt dazu vom Kongreß den »Lend Lease Act« verabschieden. Der Gedanke dazu stammt in erster Linie von Jean Monnet, der mit Siegmund Warburg in diesem Jahrhundert zu den wohl bedeutendsten Männern von Einfluß gehört. Ein gewaltiger Unterschied: Da man kein Geld verleihen darf, verpachtet man es eben! Nachdem England seit eineinhalb Jahren nur noch dank des Verkaufs seiner Werte überlebt hat, erhält es jetzt für Waffen- und Gerätekäufe in Amerika Quasidarlehen und sogar kostenlose Spenden. Aber bevor das Leih- und Pachtsystem funktionieren kann, verhandeln London und Washington ausgiebig. Auf englischer Seite führt Lord Keynes die Verhandlungen.

Tatsächlich macht der Kongreß zur Bedingung, daß alle britischen Guthaben in den Vereinigten Staaten als Pfand für die neuen Anleihen gelten und vor Ingangsetzen des neuen Plans sämtliche bisherigen Darlehen – insgesamt 700 Millionen Dollar – zurückgezahlt werden. Im Mai schlägt Morgenthau sogar Keynes vor, er solle für die Begleichung der vorherigen britischen Anleihen die amerikanische Regierung um einen Kredit von 400 Millionen Dollar ersuchen. Keynes jedoch befürchtet eine Ablehnung durch den Kongreß und regt an, diesen Kredit nicht durch die amerikanische Regierung, sondern unauffälliger durch die vor dem New Deal geschaffene Reconstruction Finance Corporation gewähren zu lassen. Dazu werden durch ein Gesetz am 10. Juni die Mittel der RFC aufgestockt und sie ermächtigt, ausländischen Regierungen – welchen, wird nicht gesagt – Kredite zu gewähren. Somit kann sie, ohne große Aufmerksamkeit zu erregen, der britischen Staatskasse für 15 Jahre 425 Millionen Dollar gewähren, wobei die englischen Guthaben in den Vereinigten Staaten als Pfand gelten.[171] Anschließend wird über die Bedingungen für die Verwendung der im Rahmen des Abkommens erhaltenen Güter verhandelt.

Das amerikanische Schatzamt will verhindern, daß England aus den zu so vorteilhaften Bedingungen erlangten Gütern irgendwelchen Profit erzielt, und vor allem die Möglichkeit versperre, daß sie bei einer Wiederausfuhr mit amerikanischen Erzeugnissen, vor allem in Lateinamerika, konkurrieren. Die Amerikaner wollen also zwischen den für die gemeinsame Kriegsanstrengung bestimmten Lieferungen, die rechtmäßig sind, und anderen Lieferungen unterscheiden, bei denen sie eine Gegenleistung erwarten. Roosevelt bittet das State Department, gemeinsam mit Keynes einen Bericht auszuarbeiten, in dem die beiden Kategorien genau definiert und gewisse Gegenleistungen für die zweite Kategorie vorgeschlagen werden.[171] In Wirklichkeit will er kein Geld – die Amerikaner wollen von Kriegsschulden nichts wissen –, sondern den Verzicht der Briten auf ihre privilegierten Handelsabmachungen mit den Dominions sowie ihre Unterstützung bei der Einrichtung eines Dollarwährungsstandards nach dem Kriege.[149]

Diese Verhandlungen sind außerordentlich schwierig. Die Kommunikation zwischen London und Washington ist langsam; im Winter dauert es manchmal sechs Wochen, bis die Antwort auf einen Brief eintrifft. Schließlich ist auch die britische Statistik ziemlich unterentwickelt, und die Engländer zögern, den Amerikanern präzise Informationen zu geben, weil sie sie in der Presse wiederzufinden befürchten. Keynes notiert dazu hübsch:[171] »Freundschaft und Verstimmung gingen Hand in Hand.«

Die amerikanischen Warburgs im Kriege

Am 7. Dezember 1941 kommt Pearl Harbor nicht unbedingt für alle überraschend. London nimmt den Kriegseintritt Amerikas zugleich mit Erleichterung und mit Ironie auf: Zu lange schon wartet man darauf. In New York kehren die vom New Deal aus den öffentlichen Angelegenheiten ausgeschalteten Geschäftsbanken – Morgan, Kuhn Loeb, Dillon Read – mit Macht dorthin zurück, um die Kriegswirtschaft zu finanzieren. Die amerikanische Regierung verteilt Rüstungsaufträge im Wert von 175 Milliarden Dollar, und der Komplex der Militärindustrie baut sich in engem Zusammenwirken mit den Banken auf. Die Reconstruction Finance Corporation finanziert das gesamte Leih-Pacht-Wesen für die amerikanische Wirtschaft und gibt dabei bis zu 55 Milliarden Dollar aus. Einige amerikanische Zeugen der damaligen Zeit nennen – wohl etwas schematisch – acht Gruppen, die die am Krieg beteiligte amerikanische Industrie im wesentlichen finanzierten: die Du-Pont-Gruppe (General Motors, DuPont, US Rubber), die Mellon-Gruppe (Gulf Oil, Westinghouse), die Morgan-Gruppe (United Steel, General Electric, Kennecott Coppers, ATT), die Rockefeller-Gruppe (Standard Oil, Chase National Bank), die Kuhn-Loeb-Gruppe (sämtliche öffentlichen Dienststellen) und die Boston-Gruppe (United Fruit, First National Bank of Boston). Ist das auch zu sehr vereinfacht,[81] so dürfte es doch von der Wirklichkeit nicht allzu weit entfernt sein.

Gleichzeitig ist die Haltung des amerikanischen Kapitals nicht unbedingt eindeutig und verbleiben noch beträchtliche Verbindungen mit Deutschland. So errichten noch 1942 einige Amerikaner mit Franzosen und Deutschen ein Bankenkonsortium in Vichy, das unter dem Namen »Société de Crédit Intercontinental« im besetzten Europa tätig werden soll. Dazu gehören die Banque d'Indochine, die Schneider-Bank, das Syndicat des Assureurs, die Deutsche Kredit-Bank und die französischen Filialen von Ford und IBM.[107] Aber Amerika schafft dort schnell wieder Ordnung, und das Konsortium löst sich bald wieder auf.

Die amerikanischen Warburgs, die jetzt erheblich weniger Macht besitzen als ihre Väter, treten massenweise in die Armee ein. Während Max sein Tagebuch in Memoiren umschreibt (deren Veröffentlichung die Familie dann verhindert), engagiert sich Frederick in der Marine, Eric wird einer der wenigen amerikanischen Offiziere deutscher Geburt und ist als Oberstleutnant der Feindnachrichtenabteilung im Afrikafeldzug tätig. Sofort nach Pearl Harbor begibt sich Jimmy nach London, wo er sich im Kriegsinformationsamt unter der Leitung von Elmer Davis mit der Deutschlandpropaganda befaßt. Er trifft sich oft mit Siegmund und arbeitet mit den amerikanischen Botschaftern in London zusammen, zuerst John G. Winant und dann Averell Harriman, die die englische und amerikanische Propaganda koordinieren,[55] sowie mit Sir William Wiseman.

Einer von Felix' Söhnen, Paul, Mäzen und Kunsthändler, der

seinem Vater als Vorsitzender des Joint Distribution Committee nachgefolgt ist, kommt ebenfalls über London, bevor er in Frankreich von Bord geht. Er wird später Assistent von Lewis Douglas, der Harriman als Botschafter ablöst.[55] Anna und George erinnern sich auch der Geschenke, die sie in jener Zeit aus den Vereinigten Staaten von Jimmy, Frieda, Gerald und Mortimer bekamen ...

Waffen gegen das Reich

Schon ab Oktober 1941 beginnt man, über die Gestaltung der Nachkriegswelt zu reden, und jede militärische Konzession Amerikas wird mit einer politischen Konzession Englands, mithin der übrigen Welt bezahlt.[149]

Das englische und amerikanische Establishment stemmt sich damals gegen jede Währungsabsprache, d.h. gegen eine Organisierung des Finanz- und Währungsverkehrs und Koordinierung der Wirtschaftspolitik im Hinblick auf die Handelsliberalisierung. Die britischen Arbeitgeber widersetzen sich besonders heftig dem Freihandel, weil sie glauben, Amerika, das nach dem Kriege in eine Depression geraten werde, würde Großbritannien in seinen Niedergang mitreißen. Desgleichen wollen sie die »Imperialpräferenz« und die Rolle des Pfundes aufrechterhalten und halten zwei Währungszonen für notwendig: eine für das Pfund und eine für den Dollar.[220]

Gleich zu Anfang 1942 werden die beiden wichtigsten Währungspläne entwickelt, die daraufhin zweieinhalb Jahre lang im Widerstreit liegen: der Plan des Unterstaatssekretärs im amerikanischen Schatzamt, Harry Dexter White, und der von John Maynard Keynes.[171]

White schlägt in seinem »Programm für ein interalliiertes Vorgehen in Währungsfragen« die Schaffung von zwei Institutionen vor – einen interalliierten Fonds für die Stabilisierung der Wechselkurse und eine interalliierte Bank, die beim Wiederaufbau und bei der Entwicklung des internationalen Handels behilflich sein soll. Der Grundgedanke dabei ist, die Kreditvergabe durch diese Bank an die Zusage einer liberalen Handels- und Währungspolitik zu binden. Über die Regulierungsmechanismen für die Wechselkurse wird nichts ausgesagt, ebensowenig über die Währungsbasis, aber implizit kann dabei nur vom Dollar die Rede sein ohne oder mit einer theoretischen Bindung ans Gold.

Keynes seinerseits schlägt ein völlig anderes, äußerst zentralisiertes System vor. In seinen »Vorschlägen für eine internationale Währungsunion« schreibt er,[196] »das ideale System wäre sicherlich die Gründung einer supranationalen Bank, die mit den nationalen Zentralbanken etwa das Verhältnis pflegen würde, wie es zwischen jeder Zentralbank und den nachgeordneten Banken besteht«. Für ihn[196] »müßte diese Weltzentralbank mit einem supranationalen Statut, die sowohl von der Goldwährung als auch von der Hegemonie einer Devise über die anderen unabhängig wäre, sämtliche Attribute einer Zentralbank besitzen und über eine supranationale Ausgleichswährung zwischen den Zentralbanken verfügen. Diese Bank der Zentralbanken mit dem Namen ›die Union‹ würde auf ›Bancor‹ [eine im Verhältnis zum Gold definierte internationale Währungseinheit] lautende Konten führen; die Mitgliedstaaten würden im Tausch gegen ihr Gold ›Bancor‹ erhalten, die Salden würden verzinst. Überzieht ein Land den zugelassenen Überziehungskredit, so kann es im Einvernehmen mit der Union seinen Wechselkurs anpassen und muß die von ihr empfohlenen Anpassungsmaßnahmen vornehmen.«

Damit setzt eine große Theoriedebatte ein. Aber schon steht fest, daß sich der amerikanische Entwurf durchsetzen wird, der die Kontrolle des Dollar über die internationalen Institutionen sicherstellt.

Am 23. Februar 1942, zwei Monate, nachdem der deutsche Vormarsch vor Moskau zum Stehen gekommen ist, verpflichten sich Engländer und Amerikaner im Mutual Aid Act dazu, nach dem Kriege den Freihandel zu fördern, wobei die »Imperialpräferenz« nicht ausdrücklich angesprochen wird. Im April 1942 legt White einen präziseren Entwurf »zugunsten eines Stabilisierungsfonds der Vereinten Nationen und einer Bank für Wiederaufbau und Entwicklung der beteiligten Länder« vor. Für ihn geht es wesentlich um eine Eingrenzung der Verpflichtungen Amerikas als Gläubiger und um sein Recht auf eine Sperrmehrheit, zusammen mit den anderen Gläubigern in allen wichtigen Fragen, insbesondere bei der Darlehensgewährung. Der aus Subskriptionen gespeiste Stabilisierungsfonds soll die Währung dieses oder jenes Landes kaufen können. Er soll die Wechselkurse bestimmen, zu denen die Transaktionen vorzunehmen sind, und

Anpassungsmaßnahmen durchsetzen können; eine Wechselkursänderung dürfte nur vollzogen werden, wenn sie sich für die Berichtigung von Ungleichgewichten als notwendig erweist; an Krediten des Fonds könnten nur Länder beteiligt werden, die Goldguthaben besitzen. Keynes hält diese Neufassung des White-Plans zwar für besser als den vorigen, doch läßt sie in seinen Augen nicht genügend Spielraum für die Anpassung der internationalen Liquidität an die Bedarfslage und räumt den Amerikanern immer noch zu viele Vollmachten ein.[171] Die Debatte ist in vollem Gange.

Holocaust und Tod eines Freundes

Anfang 1942 läßt sich Siegmund wieder in London nieder und zieht in eine Wohnung in der Fairacres Roehampton Lane 23 ein, wo er zehn Jahre bleiben wird.

Jetzt ist jedem offenbar, daß im nazistisch beherrschten Europa die Vernichtung der Juden begonnen hat. Im Januar 1942, als die Wannseekonferenz ausdrücklich die Endlösung beschließt, erklärt Thomas Mann im Rundfunk:[101] »Vierhundert junge holländische Juden sind nach Deutschland gebracht worden, um als Versuchsobjekte für Giftgas zu dienen... Die Geschichte klingt unglaubwürdig, und überall in der Welt werden viele sich sperren, sie zu glauben.«

Inmitten dieses Meeres der Tragik kümmert sich Siegmund nach Kräften um die German Jewish Refugees Aid Society, und inmitten ungezählter anonymer Toter trifft ihn der Tod von Freunden schwer: Harry Lucas stirbt an Tuberkulose, Paul Kohn-Speyer erliegt ebenfalls einer Krankheit, und schließlich begeht Stefan Zweig, der Ende 1941 nach Rio gegangen ist, im Oktober 1942 kurz vor der alliierten Landung in Nordafrika Selbstmord. An diesem Tag notiert der zutiefst bekümmerte Siegmund: »Sein Idealismus war nicht Glaube an einen irdischen Fortschritt, sondern feste Überzeugung von der ewigen Macht der irrationalen Kräfte und Werte, die ihren Ausdruck, ungeachtet des offenkundigen Erfolgs und Fehlschlags guter Taten, im künstlerischen Schöpfen finden, vor allem aber in der Persönlichkeit gewisser Menschen voll Größe und Adel.« Und weiter:[212] »Er war alles andere als ein Zyniker, und dennoch besaß er einen Wirklichkeitssinn aus kalter Skepsis, wie man ihn selbst bei den größten Zynikern selten findet... Das ging so weit, daß er oft fast absichtlich Prophezeiungen äußerte, die seinen innersten Wünschen widersprachen... Er ahnte voll Schrecken, daß uns eine düstere Übergangszeit von mehreren Generationen bevorstand, ehe sich wieder neue Begriffe einstellen konnten. Seine Hoffnung bestand darin, daß nach einem langen Interregnum aus Wirrsal und Chaos bis hin zur Planverwaltung der neuen bürokratischen Staaten, die er sich abzeichnen sah, ein Kulturmodell des Individuums durchbrechen werde und daß dieser Individualismus zugleich realistischer und unschmiegsamer als der am Ende des vorigen Jahrhunderts herrschende sein werde.«

Am 22. Januar 1943, eine Woche vor der Niederlage von Stalingrad, wird Schacht seines Postens als Minister ohne Portefeuille enthoben, und er verläßt Deutschland.

Der Dollarfriede

Nun setzt, ohne daß irgendein Warburg dabei mitgespielt hätte, eine neue Phase der Weltwährungsordnung ein: Nach dem Fehlschlag der von Paul gewollten Bank für Internationalen Währungsausgleich und dem der von Max erstrebten IAB kommt es zu Bretton Woods, dessen Mängel Siegmund sehr viel später besser als alle seine Zeitgenossen zu erkennen und zu nutzen verstehen wird.

Mittlerweile hilft Amerika seinen Verbündeten rückhaltlos und leiht ihnen bis zu 13 Milliarden Dollar im Jahr. Von März 1941 bis September 1945 erhält allein Großbritannien an Waffen, Munition und Lebensmitteln den Gegenwert von 30 Milliarden Dollar.[171] Zur gleichen Zeit geht die Diskussion der künftigen Weltwährungsordnung weiter. White verändert seinen Entwurf geringfügig. Im Mai 1943 sendet er einen Fragebogen an die Washingtoner Vertreter von 46 Ländern. Unmittelbar vor der amerikanischen Landung auf Sizilien finden im Juni 1943 halbamtliche Konsultationen zwischen 18 Ländern über das künftige System statt. Im Herbst gelangen britische und amerikanische Sachverständige zu einer gemeinsamen Erklärung, die freilich zu vage ist, als daß sie irgend jemand zu irgend etwas verpflichtete.

In diesem Frühjahr 1943 wird der Keynes-Plan in Amerika sehr ungnädig aufgenommen. Das *Wall Street Journal* nennt ihn »eine Maschine zur Weltreglementierung«, und die *New York Times* meint, man solle »zur Goldwährung, dem besten je erfundenen System, zurückkehren«.[220] Etwas später erklärt die auch dem White-Plan recht reserviert gegenüberstehende American Bankers Association,[220] die Schaffung »eines Systems von Quoten oder Anteilen an einem internationalen Währungspool, das den Schuldnerländern das Gefühl gäbe, sie hätten Anspruch auf Kreditgewährung, ist vom Grundsatz her ungesund und erweckt unrealistische Hoffnungen«.

Unterdessen stellen die Engländer dank der amerikanischen Hilfe nach und nach ihre Gold- und Dollarreserven wieder her, um für ihre wachsende Außenverschuldung gewappnet zu sein und sich auf den Nachkriegswiederaufbau vorbereiten zu können. Ihre Reserven steigen vom Tiefststand im Juli 1941, wo sie 40 Millionen Dollar betragen, bis Ende des Winters 1943 wieder auf 1,2 Milliarden Dollar. Sie können sogar Dollaranleihen an einige Commonwealthländer auflegen. Daraufhin verlangen die Amerikaner eine verstärkte Kriegsbeteiligung der Engländer. Am 23. Februar 1943, während sich der russische Vormarsch beschleunigt und die Alliierten in Italien auf der Stelle treten, schreibt Roosevelt an Churchill und verlangt von ihm eine Senkung der englischen Reserven um eine Milliarde Dollar.[171] Zahlreiche Gespräche folgen. Aber die britischen Reserven steigen weiter und erreichen zu dem Zeitpunkt, als die alliierte Landung in der Normandie beschlossen wird, 1,6 Milliarden Dollar.

Im März 1944 finden erneut amerikanisch-britische Konsultationen über die nach dem Kriege einzurichtende Währungsordnung statt. Dabei taucht der Gedanke an eine Konferenz auf, die einen Internationalen Währungsfonds errichten soll. Die Briten, die die anderen Commonwealthländer noch nicht konsultiert haben, ziehen die Sache in die Länge. Im April wird eine gemeinsame Erklärung englischer und amerikanischer Experten fertiggestellt.

Der amerikanische Botschafter in London, John Winant, kabelt daraufhin nach Washington,[220] »eine Mehrheit der Direktoren der Bank von England widersetzt sich der Tagesordnung der Konferenz, die in Bretton Woods stattfinden soll; wird sie angenommen, dann verliert London die Kontrolle über die Weltfinanzen und wird das Pfund Sterling als Standard zugunsten des Dollars entthront«.

Anfang Mai kommt es im Unterhaus zu einer Debatte. Keynes' Vorschläge werden von einigen konservativen Abgeordneten kritisiert, die darin nur die Rückkehr zur Goldwährung sehen, von der sie nichts wissen wollen. Indessen stimmen am 10. Mai Unter- und Oberhaus einer Fortsetzung der Gespräche der Regierung auf dieser Grundlage zu.

Am selben Tag erklärt der amerikanische Präsident der Bank für Internationalen Zahlungsausgleich, die ihre angeblich neutrale Tätigkeit unbeirrt fortsetzt:[81] »Wir führen die Arbeit der Institution fort, damit im Augenblick des Waffenstillstands die ehemaligen Feinde ein wirksames Instrument vorfinden . . .«

Zur gleichen Zeit wird Jimmy Warburg vom Verteidigungsunterstaatssekretär mit der Ausarbeitung einer Studie über die amerikanische Nachkriegsdeutschlandpolitik beauftragt.

Am 23. Mai verkünden die Amerikaner, sie würden die Konferenz für Anfang Juli einberufen. Einen Tag später lädt Morgenthau 44 Regierungen sowie als Beobachter den Vertreter Dänemarks zur Teilnahme an einer Konferenz ab 1. Juli ein, die »endgültige Vorschläge für einen Internationalen Währungsfonds und gegebenenfalls auch eine Bank für Wiederaufbau und Entwicklung formulieren« soll. Am 15. Juni, eine Woche nach der Landung in der Normandie, tritt in Atlantic City ein Redaktionsausschuß aus Vertretern von 17 Ländern zusammen und begibt sich an die Ausarbeitung der Tagesordnung der Konferenz. Die Amerikaner, die befürchten, Keynes könnte in der Frage des IWF Schwierigkeiten machen, behalten sich das Sekretariat der Konferenz und den Vorsitz in der Kommission für den Währungsfonds vor und ernennen Keynes zum Vorsitzenden der Kommission für die Weltbank. Am 26. Juni treffen sich die britische Delegation (unter Leitung von Keynes) und die amerikanische (unter Leitung von Morgenthau) und besprechen die beiden entscheidenden Problemkreise: die Kontrolle der Paritäten und die Stimmrechte. Die Briten möchten, daß jedes Land selbst seinen Wechselkurs bestimmen kann, während die Amerikaner die Kontrolle über sämtliche größeren Paritätsveränderungen dem Fonds übertragen wollen.[171] Ein Beschluß kommt nicht zustande. Über den Wechselkursstandard wird kaum ein Wort verloren, sondern er bleibt unbestimmt, obgleich die Kriegsanleihen die Hegemonie des Dollar bereits etabliert haben.

Am 1. Juli 1944 beginnt die Konferenz in Bretton Woods mit 700 Delegierten. Morgenthau wird zum Vorsitzenden gewählt, ein Belgier, ein Brasilianer und ein Russe werden Vizepräsidenten. Offizielle Sprache der Konferenz ist Englisch. Wie vorgesehen werden drei Kommissionen gebildet: eine unter Vorsitz von White für den Internationalen Währungsfonds; eine unter Keynes für die Bank für Wiederaufbau und Entwicklung; die dritte, der der Mexikaner Suarez vorsitzt, soll die übrigen Wege der internationalen Finanzzusammenarbeit untersuchen. In der Quotendebatte geht es heiß zu. Am 4. Juli werden die öffentlichen Sitzungen ausgesetzt. Pierre Mendès-France erlangt zwar in beiden Institutionen einen Sitz für Frankreich, aber nicht die von ihm verlangten Stimmrechte. In der Bankkommission führt Keynes die Verhandlungen in einem Tempo, daß niemand ihm wirklich zu folgen vermag.

Nun geht es um die Schicksalsfrage des Währungsstandards: Die Fondskommission beschließt, die Wechselkurse seien in Gold oder »einer am 1. Juli 1944 konvertierbaren Währung« auszudrücken. Das ist freilich einzig und allein der Dollar. Diese Entscheidung wird durchgepeitscht, wobei der amerikanische Delegierte diese Formulierung als »unerheblich« bezeichnet, während es sich in Wirklichkeit um nichts anderes als die Festsetzung des Dollarstandards handelt. Mehr noch: Am 12. Juli wird auf Verlangen eines britischen Delegierten, der Keynes' Weisung zuwiderhandelt, die Formulierung »in Gold konvertierbare Währung« in der Endfassung in »in Gold oder US-Dollar konvertierbare Währung« verändert. Diese grundlegende Änderung wird in das 96seitige Dokument, das die Delegierten unterzeichnen, nicht aufgenommen, erscheint aber in dem Text, der den Regierungen zur Billigung vorgelegt wird und den allein die Amerikaner redigiert haben.

So also entstand in völliger Unklarheit der Dollarstandard. Michel Aglietta schreibt:[197] »Die politische Souveränität tritt an die Stelle der religiösen Transzendenz. Die Konvertibilität ist von ihrem Sockel heruntergestiegen. Sie wird zugleich zum bequemen Mittel und zum Problem.« Insgesamt haben Engländer und Amerikaner, indem sie den Gedanken eines Verantwortungsgleichgewichts zwischen Überschuß- und Defizitländern verwarfen, die Kontrolle der neuen Institutionen über die Binnenwirtschaftspolitik der Länder fast auf Null reduziert.

Dennoch wird am 14. Juli über die Quoten Einigung erzielt. China, Frankreich, Indien, Neuseeland und Iran machen Vorbehalte geltend. Am 18. Juli wird beschlossen, daß der Sitz von IWF und BIRD in den Vereinigten Staaten ist. Desgleichen wird die Liquidierung der Bank für Internationalen Zahlungsausgleich entschieden wegen der Rolle, die sie beim Absatz des von den Nazis in Europa zusammengeplünderten Goldes gespielt hat. Diese Entscheidung wird jedoch nicht angewendet werden.

Am 22. Juli erklärt Henry Morgenthau in der Schlußsitzung der Konferenz,[220] die Übereinkünfte ermöglichten es, »die Wucherer aus dem Tempel der internationalen Finanz zu verjagen«.

Inzwischen ist Schacht nach Berlin zurückgekehrt, um an der Organisation des Attentats auf Hitler teilzunehmen. Am 23. Juli 1944 wird er verhaftet. Er entgeht wie durch ein Wunder der Hinrichtung, wird ins KZ Flossenbürg und am 8. April 1945 ins Lager Dachau gebracht.

Aberwitzige Zeit: Hermann Josef Abs erinnert sich, am 2. Februar 1945 von dem immer mehr in Ungnade fallenden Ribbentrop empfangen worden zu sein, der ihm anvertraut habe: »Ich habe gestern abend Hitler gesehen, der mir sagte, wenn wir den Krieg verlieren, werden wir die Arbeitskraft des deutschen Volkes in den Dienst der Sowjets stellen.«

Im März 1945 erneuert der amerikanische Kongreß angesichts der bevorstehenden Niederlage Deutschlands den Pacht- und Leihvertrag nur noch für rein militärischen Bedarf und stellt fest, das System werde sofort bei Kriegsende eingestellt. Am 12. April stirbt Roosevelt.

Als Churchill am 23. Mai vom König die Parlamentsauflösung erbittet, ist, abgesehen von einer auf mehrere Armeen verstreuten Familie, vom Reich der Warburgs nichts mehr übrig.

In Berlin verstecken sich noch einige ganz wenige Juden im hellen Tageslicht: Hans Petersen hat überlebt. Unter den Trümmern ist er immer noch Bankier. Otto Warburg arbeitet weiterhin in seinem Institut und hätte sogar 1944 einen zweiten Nobelpreis erhalten, wenn Hitler nicht jedem Deutschen die Annahme dieser Auszeichnung untersagt hätte. Als die Russen in Berlin eindringen, bleibt er dort, reist dann zu Besuch in die Vereinigten Staaten, gerät mit seinen amerikanischen Kollegen in Streit und kehrt nach Berlin zurück, wo er schließlich auch stirbt.[55]

Zur selben Zeit kehrt Max' Sohn Eric als erster Warburg nach Deutschland zurück. Er ist damit beauftragt, die gefangenen Offiziere der deutschen Luftwaffe zu verhören, und so vernimmt er als erster Göring, den Mann, der Schacht den Rang ablief, dann seinerseits beiseite geschoben wurde und das Kriegsende als drogensüchtiger Satrap erlebt – Scheusal und Opfer eines Scheusals.

4. Kapitel
Friedensreichtümer
(1945-1960)

Siegmunds Streben

Bei Kriegsende geht für Siegmund der Vorhang vor einer völlig leeren Bühne auf, die aber der Hoffnung Raum bietet. Die Schrecken des Nazismus haben etwas geschafft, was seit zwei Jahrhunderten keine Finanzkrise, kein Pogrom, kein Krieg vermocht hatte: Sein Name ist von den Pforten aller Banken der Welt verschwunden, seine Familie in die vier Winde der Warburg-Lande verstreut. Max verbringt seine letzten Lebenstage in New York; Eric, aus der Armee ausgeschieden und an die Ufer des Hudson zurückgekehrt, denkt an eine Rückkehr nach Hamburg; seine Schwestern sind in London, New York und Indien; Fritz ist in Stockholm, und seine Kinder gehen in einen Kibbuz nach Palästina; von Pauls und Felix' Kindern arbeitet nur noch Frederick unter John Schiff bei Kuhn, Loeb & Co.; Jimmy klappert die Universitäten ab, Gerard spielt Cello, Edward kümmert sich um seine Pferde und Paul um die Jewish Agency.

Siegmund ist weiter in London. Er ist 43 Jahre alt. Keinen Augenblick denkt er daran, sich wieder in Deutschland niederzulassen. Mag er auch nicht alle Engländer, was umgekehrt durchaus ebenso gilt, so fühlt er sich doch jetzt wohl in diesem Land der Liebenswürdigkeit, des Mutes und der aufrechten Haltung. Mehr denn je brennt in ihm der »göttliche Funke«, aber zu vielschichtig ist seine Persönlichkeit, als daß sie sich in wenigen Charakterzügen schildern ließe: Er ist Weltmann, aber kein Luxusmensch, ehrgeizig, aber kein Karrieremacher, Jude, aber nicht Zionist, Geistesschaffender ohne schriftstellerischen Ehrgeiz, leidenschaftlich an der Politik interessiert, ohne sich selbst allzusehr zu engagieren, begeisterungsfähig und dennoch Pessimist – niemandem gewährt er so recht Einsicht in das, was ihn umtreibt.

Das Geld ist es im Gegensatz zu fast allen Bankiers seiner Zeit jedenfalls nicht. Das sagt und wiederholt er jedem, der es hören will, mit einer Heftigkeit, die an seinen Vater und seine fernen Vorfahren erinnert. Für ihn ist Liebe zum Geld eine Art nekrophiler sexueller Verirrung:[175] »Oft, wenn ich in dieser verrückten Welt reise, begegne ich Menschen, die zum Geld ein wahrhaft erotisches Verhältnis haben, so leidenschaftlich wie zu einer blindlings geliebten Frau. Dieses Verhältnis ist mir schwer begreiflich. Aber es amüsiert mich: Der Stolz, den diese Menschen empfinden, wenn sie nach Belieben einen Scheck über ein, zwei Millionen Dollar ausschreiben, hat für mich etwas beinahe Makabres an sich ...« »Je älter ich werde«, schreibt er später,[207] »desto mehr empfinde ich Reichtum nicht als Hilfe, sondern als Bürde. Das einfache Leben ist für mich höchstes Bedürfnis.« Und er hält sich auch an das, was er sagt. Niemals bemüht er sich, reich zu werden. Sein Kunstgenuß beschränkt sich auf hübsche Möbelstücke, die alten Silberstücke, die eine gewisse deutsche Elite seit jeher schätzt, und schöne Bücher, Bücher vor allem. Für Geizhälse oder Egoisten hat er nichts übrig:[207] »Ich erinnere mich, einmal einen sehr reichen Industriellen auf die Lage eines Angehörigen seiner Familie aufmerksam gemacht zu haben, von dem ich wußte, daß er sich in Not befand. Wir sprachen lange darüber, und am Ende des Gesprächs wollte er ihm nicht einmal die Hälfte des Betrages zukommen lassen, den ich für notwendig hielt. Daraufhin erinnerte ich ihn daran, daß er jeden Abend im Spielkasino viel größere Summen einsetzte, worauf er mir zur Antwort gab: ›Wissen Sie, Siegmund, ich kann alles mögliche tun, aber mich vom Geld trennen, außer wenn ich es verspiele, fällt mir ausgesprochen schwer.‹« Diesen Menschen verachtet er wirklich. Und wenn er auch viel, ungeheuer viel verdienen wird, so ist für ihn die Provision, die er bekommt, niemals Selbstzweck noch auch die eigentliche Triebkraft, sondern nur ein Abfallprodukt eines gelungenen Geschäfts, von dem er möglichst wenig Aufhebens macht. Die Provision dient dem Hause dazu, an Macht und Einfluß zu gewinnen, es zu einer Institution zu machen. Im Grunde ist für ihn Geld nur, was der Pinsel für den Maler: ein Werkzeug.

Auch nach Macht strebt er nicht. Sicher hätte er gerne in Deutschland Macht besessen, wenn Hitlers Machtergreifung seiner politischen Laufbahn nicht ein jähes Ende gesetzt hätte. Aber er weiß, daß ein deutscher Jude in Großbritannien niemals Minister sein kann, und wozu sich mit weniger zufriedengeben?

Nein, wenn er überhaupt einen Ehrgeiz hat, so den der Pflichterfüllung. Oft zitiert er den Satz seiner Mutter:[211] »Dein Glück, oh Menschenkind, glaube es mitnichten, daß es erfüllte Wünsche sind – es sind erfüllte Pflichten.« Und er hat sich fest vorgenommen, auf seinem Weg durch das Geschäftsleben der uralten Ethik seiner Familie treu zu bleiben. Er will der Mann der Gerechtigkeit und der Tradition sein. Viel später ist er stolz auf das, was ihm ein Freund dazu sagt:[175] »Deine Stärke im Geschäft liegt darin, daß du nicht das Mäntelchen nach dem Wind hängst; wo du auch bist, du bist immer derselbe.«

In Wahrheit steht sein Name für ihn stets höher als dessen Träger, steht an der Spitze seiner Pflicht und Ziele. Und dieses Streben ist wie ein Schriftzug auf einem Pergament. Indem er sich so als Erbe einer Tradition empfindet, legt er Zeugnis ab für das wesenhaft Jüdische in ihm – die Suche nach der Hoffnung in der eigenen Vergangenheit.

In diesen Monaten, da die Eiszeit in der Welt zu Ende geht, nimmt er sich drei präzise Ziele vor: Er will der erste Bankier am Bankplatz London werden; er will die Kontrolle über die Familienbank in Hamburg wieder an sich bringen; und er will Einfluß gewinnen in jedem Land, in dem die Warburgs groß gewesen sind.

Er weiß, daß er sich dazu bereithalten muß, die ihm wohlbekannten internationalen Beziehungen wieder zu knüpfen, deren künftige Formen er als erster nach dem Kriege erkennt:[175] »Es gibt kein wichtiges Geschäft für bedeutende Kunden, das nicht eine internationale Dimension hätte.«

Er will sich in der neuen Rolle des Bankiers profilieren: den Besiegten helfen, sobald die Zeit reif ist, den großen Firmen über die Grenzen hinweg und den mittleren Firmen in England Geld leihen. Schon sieht er kommen, daß Kreditgewährung und Vermögensverwaltung relativ sekundäre Betätigungen sein und Fusionen, Firmenerwerb und Konsortialanleihen wirkliche Spezialisten verlangen werden, die er schon um sich versammelt, noch ehe solche Operationen überhaupt möglich sind.

Er, der besser als jeder andere zwischen den beiden Kriegen internationale Staatsanleihen erfolgreich betrieben hat, sieht jetzt die

Zeit der internationalen Firmenanleihen kommen. Als erster erkennt er, daß das amerikanische Kapital auf anderen Wegen als denen der Aufrüstung und des Krieges wieder den Weg nach Europa finden wird. Er, der zuinnerst am Dawesplan und an der Younganleihe, am »Cash and carry« und Leih- und Pachtsystem mitgewirkt hat, sieht kommen, daß die Entwicklung des Nachkriegskapitalismus wiederum voraussetzen wird, daß Kapital vom »Kern« zum »Schwerpunkt«, von New York nach London strömt, aber diesmal wird es sich den multinationalen Unternehmen mindestens ebensosehr zuwenden wie den Staatskassen. Und um diese Bewegung zu beschleunigen, will er wie ehedem in Hamburg die Beratungs-, Verleih- und Plazierungskapazität mehrerer Banken von New York über London bis Hamburg zusammenfassen.

Schließlich nimmt er sich noch ein diffuseres Vorhaben vor, wie es vor ihm alle großen Warburgs beseelte, wenn die Politik sie lockte: Berater des Fürsten zu sein, auf ihn jenen Einfluß auszuüben, den er gerne als »wichtiger als die Macht selbst, gehe er nun von Völkern oder Einzelpersönlichkeiten aus«, bezeichnet;[175] besser noch als seine Vorväter will er versuchen, der Vernunft zum Triumph zu verhelfen.

Aber in diesem Vorhaben liegt ein Widerspruch, wie ihn vor ihm alle Männer von Einfluß erfahren haben und nach ihm alle erfahren werden: Einfluß haben, und sei es lediglich über die Finanzen, kann dazu führen, daß man ins Rampenlicht gerät, anderen als Beispiel vorgestellt wird, womit die Gefahr wächst, von denen, denen man dient, zum Sündenbock erkoren zu werden. In dieser ersten Nachkriegszeit bemüht er sich, für sich selbst diesem Risiko zu entgehen, indem er sich im Schatten hält, das Geheimnis wahrt – Geheimnis des Juden und des Bankiers. Er lehnt jede Fotografie ab, jede Begegnung mit der Presse:[175] »Unsere Kundschaft kommt zu uns, weil sie von dritter Seite von uns gehört hat... An erster Stelle kommt es auf die persönlichen Beziehungen an.«

Für die einen »Siegmund«, »Sigi« für die andern

Da Einfluß nur auf Menschen und nicht auf Dinge zu nehmen ist, entwickelt er nach Kräften seine ungeheure Verführungskraft. Wer ihn in jener Zeit kennenlernt, spricht von seiner ungewöhnlichen Ausstrahlung, seinem Charme, der Gediegenheit seiner Manieren, der freundschaftlichen Neugier seiner Fragen, der Schärfe seines Intellekts, seiner universalen Wißbegierde, der Festigkeit seines Gemüts, seinem Willen, seinem freien Ton. Der Reiz dieses Mannes – den jene, die glauben machen möchten, daß sie ihn kennen, jetzt *Sigi* und seine wahren Freunde *Siegmund* nennen – geht Hand in Hand mit unendlicher Geduld und einer subtilen Handhabung der Schmeichelei im Dienst der Klugheit eines Machiavelli. Geht es ihm auch ganz und gar nicht um sein eigenes Vermögen, so ist doch der Zorn berühmt, der aus ihm herausbricht, wenn die Geschäfte eines Klienten, seien sie gleichwohl wenig bedeutend, nicht mit der erforderlichen Sorgfalt behandelt worden sind.

Um die Pflege seiner Beziehungen wie eines Gartens bemüht, schreibt er tausendundeinen Brief mit keinem anderen Ziel, als Kontakt zu halten. Man macht sich lustig über seine grundlosen Reisen, seine Beziehungen, die scheinbar nichts einbringen und die er allein zum Vergnügen hegt und pflegt, die er aber im unerwartetsten Augenblick aufzugreifen versteht, wenn es nötig wird.

Die Zeugen der damaligen Zeit sprechen von ihm als einem Charmeur, der unerwartet hartnäckig und derb werden kann. Etwas später sagt Paul Delouvrier, von ihm gehe eine »Mischung aus Bescheidenheit und Arroganz« aus.

Wenn er sich etwas in den Kopf gesetzt hat, läßt er sich durch nichts davon abbringen. Es gibt für ihn keine nebensächliche Form des Eingreifens, weder Umgarnung noch Festigkeit noch Verärgerung noch auch Zorn schließt er aus seinem Arsenal aus. Seine eingehende Kenntnis der Dinge und der Menschen, sein angelegentliches Interesse am Detail veranlassen ihn manchmal zu rüdem Vorgehen in kluger Vorwegnahme der innersten Reaktionen seines Gegenübers mit einem ausgeprägten schauspielerischen Instinkt, der aus ihm einen der gefürchtetsten Unterhändler macht.

Wenn er sich eine Sache vornimmt, dann denkt er Tag und Nacht nur an sie. Im Überwinden von Schwierigkeiten, im Beseitigen von Hindernissen, die dem Fortschritt seiner Firma im Wege stehen, ist er als Taktiker unübertroffen. »Der Fehlschlag, und werde er von einem scheinbar unwiderruflichen Ereignis bestätigt, stachelt seine Kampfeslust an. So konnte er in zahlreichen Fällen doch noch gewinnen, die andere verlorengegeben hätten«, sagt einer, der ihn gekannt hat: Pierre Haas.[221] Diese Mischung aus Kampfgeist und Unbeirrbarkeit genügt oft schon, um beim Kunden oder untreuen Partner die psychologischen Voraussetzungen für eine völlige Umkehr der Lage hervorzurufen.

Ein paar Schwächen hat er damals, die er sehr wohl kennt und auch pflegt. Vor allem andern vergöttert er die »kindness«, jene britische Eigenschaft, für die es in anderen Sprachen keine Entsprechung gibt, und wenn er jemand begegnet, der »kind« ist, dann überschätzt er ihn regelmäßig. »Er konnte leicht heftig werden«, schreibt Charles Sharp, der damals an seiner Seite arbeitet und zu den wenigen gehört, die ihm vor anderen zu widersprechen wagen,[222] »aber er hatte ein gutes Herz und war niemals bösartig. Nie entließ er jemand, ohne ihm anderswo eine Arbeit verschafft zu haben. Ein unfehlbares Mittel, seine Sympathie zu erlangen, bestand darin, einen Fehler zu machen und ihn ihm einzugestehen.«

Aber er hat auch Schattenseiten: Er mag Leute nicht, die sich ihm nicht widersetzen, und andererseits erträgt er Menschen nicht, die sich ihm entgegenstellen, wobei er in einigen Fällen einen raffinierten Sadismus an den Tag legt.

Seine leidenschaftliche Neugier für andere, sein scharfer Sinn für Psychologie und Ratio lassen ihn sofort nach dem Kriege unter anderem auch Interesse an der Graphologie finden als Mittel, wie er sagt,[175] »das Temperament anderer zu durchdringen und mehr über sie in Erfahrung zu bringen, als Jahre der Bekanntschaft oder ein einfacher persönlicher Eindruck ergeben könnten«. Er liest zu jener Zeit viele Werke von Jung, Freud und großen Graphologen. »Ich habe gelernt, daß die Schrift eines Menschen Spannungszeichen enthält, die dem Psychologen mehr sagen, als die Bewegungen der Gesichtsmuskeln oder die Stimmveränderungen unsereinem enthüllen.«[175] Sein Leben lang bleibt er dieser Passion treu, und kein Mitarbeiter, kein Freund entrinnt dieser Prüfung. Aber für ihn ist das ein rationales Element des Willens, mehr über das Reale in Erfahrung zu bringen.

Er führt ein einfaches Leben: viele Geschäftsreisen, wenig Freunde, zehn Tage Urlaub im Jahr in einem englischen Hotel, wo er mit Freunden Bridge spielt, und die Erziehung seiner Kinder, die er streng überwacht. Schließlich besucht er oft seine Mutter:[211] »Während der meisten ihrer Jahre in England wohnte sie nicht bei ihren Kindern, war aber fast täglich mit ihnen in Fühlung. Sie sagte mir häufig, daß man nie vergessen dürfe, wie verschieden der Lebensrhythmus von Generation zu Generation sei und daß es daher besser sei, wenn ältere Menschen nicht mit wesentlich jüngeren zusammenlebten.«

Bankette und Cocktails mag er nicht. Einmal, viel später, wird er es sogar in New York ablehnen, zu einem Cocktail zu gehen, den seine eigene Filiale gibt.[207] Dennoch verläuft sein Leben nicht gänzlich ohne Affären und weiß er seinen Charme auch anderswo auszukosten als in der Finanzwelt.

Bewundert er auch die englische Mittelschicht, die dem Sturm trotzte, als die deutsche dem Nazitrauma erlag, so fühlt er sich doch der hohen britischen Gesellschaft völlig fremd, deren Konformismus er verabscheut. »Meine Lebenserfahrung hat mir gezeigt, daß die Leute des Establishments meist irren, weil sie nur ihresgleichen bewundern«, schreibt er später.[214] Er zeichnet von ihr ein präzises, klinisches, unwiderrufliches Bild:[214] »Die meisten wichtigen Leute der City sind so darauf bedacht, alles Unangenehme zu meiden, daß sie die größten Schnitzer begehen, um sich bloß Konflikte zu ersparen.« Die Atmosphäre dieser gerüchteschwirrenden und geschwätzigen paar Hektar Stadt ist ihm gründlich zuwider:[175] »Diese Leute kompensieren damit bloß eine Art sexueller Frustration.«

Die City hält ihn sich ebenfalls vom Leibe und traut diesem eben erst naturalisierten Fremdling mit deutschem Akzent nicht über den Weg. Gewiß trägt er einen berühmten Namen und kommen die Rothschilds und andere ihm etwas zu Hilfe. Aber für viele im Establishment ist er nur ein hochmütiger Sonderling mit bizarren Beziehungen und seltsamen Vorstellungen, der mit Kapital und Geschäften ausgestattet ist, deren Herkunft man nicht recht kennt.

Vielleicht ist er im Grunde scheu, von jener Scheu des Intellektuellen, der zu sehr die Macht des Wortes kennt, als daß er laut von sich selber spräche oder über andere urteilte? Lesen ist weiterhin seine Hauptleidenschaft; er widmet ihr den größten Teil seiner Zeit außerhalb der Bank und verschlingt die Bücher mit Methode. Wenn er sich für zwei Wochen absetzt, wenn er Dinereinladungen ablehnt, wenn er sich zurückzieht, auf irgendeinem Flugplatz auf den Abflug wartet oder den Atlantik per Schiff überquert – immer vergißt er alles und liest englisch, französisch, deutsch, schwedisch, lateinisch oder griechisch alles, was ihm in die Hände fällt: Tausende von Büchern, sagt er einmal einem Freund voll Stolz. Seine Vorliebe gehört Biographien und Büchern über Geschichte; er kennt fast das gesamte Werk von Balzac und Dickens, von Thomas Mann, Goethe und Dostojewski, und bemüht er sich auch widerwillig, auf dem laufenden zu bleiben, so kehrt er doch lieber immer wieder zu seinen Lieblingsbüchern zurück, schreibt sich in ein Heft ein paar Auszüge, die er dann auswendig lernt und deren er sich in seinen Briefen, internen Notizen oder Reden bedient.

Dagegen liest er höchst ungern Zeitung und verwendet möglichst wenig Zeit darauf:[214] »Ihre Lektüre führt zu einem fortschreitenden Gedächtnisschwund insoweit, als die Menschen sie mit der unbewußten Absicht lesen, das Gelesene schnellstens wieder zu vergessen.« Eine Ausnahme bildet nur seine eigenartige Passion für die stenographischen Berichte der Unterhausdebatten, die er täglich mit Genuß liest.

Die City wacht auf

In Europa unterscheidet sich die Lage der Sieger kaum von der der Besiegten. England ist ausgeblutet. Ein Teil seiner Jugend ist an der Front geblieben. Fünf Millionen Wohnungen sind zerstört. Die Industrie ist überaltet. England hat zwei Drittel seiner Märkte verloren, seine Außeneinkünfte haben sich halbiert.[35] Die Handelsflotte ist um ein Drittel geschmolzen. Das Pfund, das jetzt nur noch die Hälfte des Wertes von 1914 besitzt, wird kaum noch für Reserven oder Transaktionen benutzt. Die Sterlingzone ist zur Schuldnerin der übrigen Welt geworden, das Empire wirft keinen Gewinn mehr ab, sondern ist zur Last geworden. London muß jetzt, um seine Einfuhren zu bezahlen, Dollar auftreiben und kann keine Pfund mehr schöpfen.

Wie das Land selbst sind auch die Merchant Banks geschwächt, gleichgültig, ob sie dem Komitee der Akzeptbanken angehören oder nicht. Sie haben praktisch keine Wertpapiere mehr aufzulegen, keine Tauschoperationen mehr vorzunehmen und beschränken sich auf den Kauf und die Plazierung von Schatzanweisungen.

Auch in der Politik ist der Tisch leer. Der König verkündet am 15. Juni die Parlamentsauflösung, als Winston Churchill, der sie beantragt hat, gerade zur Potsdamer Konferenz abreisen muß. Der Wahlkampf ist erbittert: Labour verlangt die Verstaatlichung der Kohle, des Transportwesens, der Stahlindustrie und der Bank von England, nicht jedoch der Banken und gewinnt zur allgemeinen Überraschung die Wahlen. Am 28. Juli wird Clement Attlee, der Churchill nach Potsdam begleitet hat, Premierminister. In der neuen Regierung hat Siegmund zwei Freunde: Schatzkanzler Hugh Dalton und Wirtschaftsminister Stafford Cripps.

Zu diesem Zeitpunkt ratifiziert der amerikanische Kongreß die Abkommen von Bretton Woods. Namens der Republikaner kritisiert Senator Robert Taft die Abmachungen, die die Vereinigten Staaten dazu zwängen, »ihr ganzes Geld in den Fonds wie in ein Rattenloch« einzubringen. Die American Bankers Association äußert sich ebenfalls kritisch:[220] »Wir überantworten die Entscheidung über Bestimmung und Nutzungsdauer unseres Geldes einer internationalen Institution.«

Am 11. August wird den Briten mitgeteilt, daß der Leih- und Pachtvertrag am 20. desselben Monats ende und die laufenden Lieferungen zu bezahlen seien:[171] »Der Präsident hat die zuständigen Stellen der Regierung angewiesen, sofort alle Maßnahmen zu ergreifen, um sämtliche Leih- und Pachtvorgänge einzustellen und diese Einstellung den ausländischen Nutznießerregierungen mitzuteilen. Der Präsident verfügt, daß alle unter dem Leih- und Pachtsystem abgeschlossenen laufenden Lieferverträge rückgängig gemacht werden.«

In dieser Zeit begegnet Siegmund Lord Keynes, der ihm sagt, er sei von Englands Niedergang überzeugt, wenn es sich nicht aufraffe und wenn es von Amerika keine größere Hilfe bekomme. Siegmund ist erbost, weil der große Wirtschaftswissenschaftler das nicht öffentlich sagen will.

Er weiß, daß England nicht mehr die für seine Grundeinfuhren notwendigen Mittel besitzt. Es muß, koste es, was es wolle, Dollars auftreiben, denn das ist die einzige noch anerkannte Wechselwährung.

Im Oktober reist eine britische Delegation, letztmalig von Keynes geleitet, nach Washington, um eine neue amerikanische Hilfeleistung im Austausch gegen weitere wirtschaftspolitische Konzessionen auszuhandeln. Von Washington aus schreibt Keynes am 28. Oktober an

Dalton, was er kurz zuvor schon Siegmund gesagt hatte: »Außer der amerikanischen Hilfe gibt es keinen Ausweg, der langfristig mit der Innenpolitik der jetzigen Regierung vereinbar wäre. Die Tatsache, daß sich einige Amerikaner dessen immer bewußter werden, ist eines der verborgenen Hindernisse auf unserem Weg.« Im Dezember 1945 kommt es zur Einigung: Amerika stellt 650 Millionen Dollar bereit und gewährt darüber hinaus eine Anleihe von 3,750 Milliarden Dollar zu 2 Prozent; Kanada seinerseits gibt einen Kredit von 250 Millionen Dollar. Als Gegenleistung verpflichtet sich Großbritannien zur Ratifizierung der Bretton-Woods-Abmachungen, zur Konvertierbarkeit des Pfundes sowie dazu, diese Dollars nicht zur Begleichung seiner Schulden in der Sterlingzone zu benutzen. Keynes muß also von Washington hinnehmen, wogegen er sich wenige Monate zuvor in Bretton Woods gestemmt hatte.

Die Statuten des Internationalen Währungsfonds treten am 27. Dezember 1945 in Kraft. Daraufhin wählen die Länder frei ihre Parität, die in Dollar ausgedrückt wird,[171] fast in allen Fällen in zu ehrgeiziger Höhe. Die Eröffnungsversammlung der Gouverneure des Fonds findet am 8. März 1946 in Savannah in Georgia statt. Der zum englischen Gouverneur ernannte Lord Keynes stirbt am 21. April, noch ehe der Gouverneursrat erstmalig getagt hat.

Im Laufe dieses Jahres finden die Merchant Banks einen Teil ihrer Aufgabenstellung wieder; sie beginnen wieder damit, Handelseffekten, kurzfristige Anleihen und Ausfuhren zu finanzieren. Aber sie stehen unter strenger Überwachung. Der Staat als größter Anleihenehmer auf dem Binnenmarkt kontrolliert genauestens den Emissionskalender zugunsten der englischen Industrie. Für das Ausland bestimmte Kreditauflagen, die vor 1914 ihr Hauptgeschäft gewesen waren, bleiben sehr niedrig, und die Verwaltung der Reserven der Commonwealthländer geht mehr und mehr an deren Banken über. Als Ausnahme, die die Regel bestätigt, organisiert Hambros 1946 die erste Anleihe an das Ausland seitens einer englischen Bank an ein tschechisches Unternehmen. Und auch da geht es um den Kauf von Rohstoffen in der Sterlingzone. Das zum Schuldner gewordene England kann nicht mehr wie einst der Welt Geld leihen, es sei denn, es verleiht Gelder weiter, die bei ihm eingelagert werden. Und da das Pfund weiterhin nicht konvertierbar ist, behält die Regierung diese Darlehen der Sterlingzone vor. Der Dollar aber ist stabil und frei konvertierbar, weshalb die New Yorker Banken die ersten Kapitalanleihen ans Ausland übernehmen.

Mit den erhaltenen Krediten kommt die englische Wirtschaft langsam wieder in Gang. 1946 liegen ihre Ausfuhren um 37 Prozent höher als 1938. Aber das Jahresende ist sehr schwierig, und nach Daltons Wort[35] ist 1947 ein »Schreckensjahr«. Trotzdem wird am 15. Juli 1947 in Erfüllung der in Washington zur Erlangung des Kredits eingegangenen Verpflichtung das Pfund konvertierbar. Das Kapital hat jedoch zur Labourregierung kein Vertrauen, und so stellt sich sofort die Zahlungsbilanzkrise ein. Zwischen Juni und Juli steigt der Goldabfluß von wöchentlich 75 auf 237 Millionen Dollar. Einen Monat später gibt Cripps auf, das Pfund wird wieder nichtkonvertierbar, und die Einfuhren werden streng begrenzt.[35]

Inzwischen zeigt das Empire deutliche Risse. Am 15. August 1947 werden Indien und Pakistan unabhängig, und der König, der 1945 noch 457 Millionen Untertanen hatte, hat jetzt nur noch 70 Millionen.[35] Dennoch finanziert England weiterhin in zahlreichen Kolonien und in Deutschland Militärstützpunkte, die es teuer zu stehen kommen.[35] Dalton schreibt:[35] »Die Dollarrechnung, die wir bezahlen mußten, um die Deutschen zu ernähren, wurde immer gesalzener«, und das lastet auf der britischen Wirtschaft. »Bei Kriegsende«, schreibt Sir Stafford Cripps,[35] »dachten wir, die Nachkriegszeit werde einfacher sein, als sie dann wurde. Und seither versuchen wir, uns mit einer Reihe vorübergehender Behelfe aus der Affäre zu ziehen, die sofort wieder in die Krise münden, sobald sie ihre kurze Wirkung getan haben.« Im September 1947 lanciert Cripps, um das Pfund noch halten zu können, einen »Austerityplan«, den ersten einer langen Reihe. Niemand weiß genau, welche Rolle Siegmund dabei spielt, außer daß er sich in der Zeit oft mit dem Schatzkanzler trifft und ihm empfiehlt, die englische Präsenz im Ausland abzubauen, das Wachstum nicht zu bremsen, sich nicht an eine unhaltbare Parität zu klammern, und schließlich, den anderen Ländern des Kontinents eine Union Europas vorzuschlagen.

Nichts von alledem geschieht, und als im März 1948 die kanadischen und amerikanischen Kredite erschöpft sind, scheint Keynes' Voraussage der Verwirklichung nahe.

Aus der »New Trading Company« wird »S. G. Warburg & Co.«

Siegmund verfügt noch nicht über eine echte Bank. Die New Trading Company hat zwar eine gute Kundschaft, nicht nur aus in London ansässigen Emigranten. Aber es fehlen ihr die Mittel, sowohl um mittelgroßen englischen Unternehmen, als auch um amerikanischen Großfirmen zu helfen. Im ersten Nachkriegsjahr beschränkt er sich auf die Beratung seiner üblichen Kunden. Sein erstes bedeutenderes Nachkriegsgeschäft besteht in der Veräußerung, im Namen der Familie Kohn-Speyer, der Mehrheitsanteile von Brandeis-Goldschmidt an die Rio-Tinto-Gesellschaft, die schon seit den zwanziger Jahren einen Teil davon innehat, wobei der Rest weiterhin der Familie und seiner Gesellschaft gehört.

Er selbst möchte jetzt eine echte Bank eröffnen, und zwar auf seinen Namen. Seinen Namen? Seit jeher war ausgemachte Sache, daß es nur eine Bank Warburg geben darf und niemand in der Familie berechtigt ist, eine andere zu gründen.

Aber ebendiese Bank heißt jetzt Brinckmann, Wirtz & Co. und behält diesen Namen auch nach dem Kriege bei.

Es gibt dazu zwei Versionen; keine von beiden ist nachprüfbar.

Nach der einen langt im Juni 1945 bei Kuhn, Loeb & Co. als erster Brief aus Deutschland ein Schreiben von Rudolf Brinckmann an Max Warburg ein. Es soll folgenden Inhalt haben: »Ich bin der Mann Ihres Vertrauens gewesen. Ich habe Ihre Bank nach bestem Können in Gang gehalten. Nun, da der Teufel tot ist, gehört sie Ihnen, wenn Sie zurückkommen wollen. Ich halte sie zu Ihrer Verfügung.« Max soll darauf sofort geantwortet haben: »Wie können Sie auch nur eine Sekunde glauben, daß ein Warburg nach alledem je wieder den Fuß nach Deutschland setzt? Machen Sie mit dem, was von der Bank übrig ist, was Sie wollen. Wir haben damit nichts mehr zu tun.« Es hat den Anschein, als habe Siegmund an diese Version geglaubt oder jedenfalls einige Gesprächspartner in dem Glauben gelassen, daß er sie für die wahre hielt.

Nach der anderen, weiterverbreiteten Lesart hat es keinen Brief gegeben und ist Max dennoch nicht zurückgekehrt, da er ganz damit beschäftigt war, von seiner Familie die Zustimmung zur Veröffentlichung seiner Memoiren zu erhalten, die ihm aber verweigert wurde; er sei Anfang 1946 gestorben, ohne von Brinckmann irgend etwas verlangt oder erhalten zu haben.

Mit seinem Tod ist auch das Haupthindernis gegen die Verwendung des Namens durch ein anderes Bankinstitut beseitigt. Sicher wacht Eric, der nach ihm von New York aus nach den Belangen der Familie schaut, sehr eifersüchtig über den Anspruch und möchte ihn für sich behalten. Aber für ihn empfindet Siegmund nicht dieselbe Hochachtung wie für seinen Vater. Er beschließt deshalb, die New Trading Company in eine echte Bank umzuwandeln und dieser seinen eigenen Namen zu geben: *S. G. Warburg*. Er teilt diese Absicht Eric mit, der sie zu untersagen versucht. Siegmund antwortet, es gebe in Hamburg keine Warburg-Bank mehr, da Eric und dessen Vater Max zugelassen hätten, daß daraus Brinckmann & Wirtz geworden sei, »ein Skandal, mit dem so bald wie möglich Schluß gemacht werden muß«. Er fügt hinzu, auch Eric habe seinen Namen einer vor dem Kriege gegründeten Finanzinstitution in New York gegeben, und niemand sei mehr »Warburg« als er, Siegmund. Er sei im übrigen bereit, mit seinem Vetter zusammen alles Erforderliche zu unternehmen, damit der Name wieder am Eingang des Gebäudes in der Ferdinandstraße stehe, worauf man dann sehen könne, wie sich die verschiedenen Warburg-Banken in Hamburg, New York und nunmehr London in ein einziges Bankhaus verwandeln ließen, das selbstverständlich Warburg heißen werde.

Eric antwortet nicht und ist wütend, als im Oktober 1946 auf einer Etage der King William Street 82 die New Trading Company der Bank »S. G. Warburg & Co.« Platz macht. Und da die britische Gesetzgebung inzwischen verändert worden ist, kann Siegmund ihr Präsident sein, ohne sagen oder schreiben zu müssen, er sei »deutscher Abstammung«.

Wieder in den Vereinigten Staaten

Nach diesem Schritt will Siegmund wieder in allen anderen Warburg-Landen Fuß fassen. Zuerst natürlich in New York, von wo er sich nie wirklich zurückgezogen hat. Hat der Krieg auch die telefonischen und brieflichen Verbindungen erschwert, so konnte er doch seine Kontakte mit Kuhn, Loeb & Co. nicht unterbrechen. Mit Sir William Wiseman hat er auf die Zerschlagung der Finanzierungsnetze der Nazis hingewirkt, und mit John Schiff hat er die Vorkriegsoperationen finanziert. Gleich zu Anfang 1946 kommt er wieder her und sieht Max noch einmal unmittelbar vor dessen Tod. Desgleichen trifft er Eric, der an die Spitze seiner kleinen, persönlichen Bank zurückgekehrt ist, im Aufsichtsrat eines runden Dutzends Gesellschaften sitzt und der Meinung seines Vaters und seiner Frau zum Trotz nur auf einen günstigen Augenblick wartet, um sich wieder in Hamburg niederzulassen; sein New Yorker Büro hängt im übrigen voller Familienporträts und -stiche der Warburgs.[203]

Auch den anderen, den amerikanischen Warburgs begegnet Siegmund wieder, die jetzt fast oder gar keinen Einfluß mehr ausüben: Felix' Haus an der Fifth Avenue wird zum jüdischen Museum von New York. Pauls Sohn Jimmy, der mit einem Bein in der Bank und mit dem andern im öffentlichen Leben steht, schreibt Bücher, die wie je ihrer Zeit voraus sind und über die sich Siegmund und er lange unterhalten, über die Hilfe für die dritte Welt *(Foreign Policy at Home)* oder die Konstituierung eines Europas des Stahls *(Germany, Bridge or Battleground)*.[55] Jimmy subventioniert die Herausgabe liberaler Zeitschriften; als ausgeprägter Zionismusgegner und Demokrat unterstützt er später Adlai E. Stevenson in seinen Wahlkämpfen gegen Eisenhower.[55] Desgleichen trifft er Frederick wieder, den einzigen der Felix-Söhne, der noch bei Kuhn, Loeb & Co. arbeitet. Ganz wie sein Vater interessiert er sich mehr fürs Theater und Kino als für die Bank und wohnt in Riverview Terrace in Virginia in der vom Vater ererbten Residenz. Gelinde gesagt, ist er nie und nimmer Siegmunds Verbündeter. Seine drei Brüder führen ein marginales Warburg-Dasein: Gerald wird Cellist und Dirigent, Edward Mäzen und Philanthrop und tritt anstelle seines Vaters an die Spitze jüdischer Einrichtungen, und der letzte, Paul, der vor dem Krieg in der International Acceptance Bank an der Seite seines Onkels gearbeitet hat, wird Botschaftsrat in London und tauft später das erste Hospitalschiff der Nachkriegszeit.[55] Keiner von ihnen besitzt den »göttlichen Funken«.

Trotz allem möchte Siegmund sehen, was sich mit Kuhn, Loeb &

Co. machen läßt, der Bank, die damals ungeheure Macht besitzt. Den wesentlichen Teil ihrer Tätigkeit macht die Ausgabe von Obligationen für Eisenminen in Labrador, Uranbergwerke in Utah, Spitzenunternehmen der Fernsehtechnik, Elektronik und Fotografie aus. Wie Wall Street generell, hat Kuhn, Loeb & Co. mit dem Ankauf und Verkauf von Wertpapieren wenig im Sinn und beschränkt sich auf die Beratung und Organisation und die Plazierung von Unternehmenspapieren, wofür die Bank von den Unternehmen ein Honorar erhält. Sie bringt diese Papiere im Gegensatz zur Vorkriegszeit nicht mehr bei Leuten mit Privatvermögen unter, sondern mehr und mehr bei Versicherungsgesellschaften und Rentenkassen.[217]

In der Firmenspitze finden sich sehr starke Persönlichkeiten. Zwar scheidet Admiral Strauss aus und wird Präsident der Atomenergiekommission der USA, aber andere steigen zu Führungskräften und dann Teilhabern auf:[217] J. Thors, R. E. Walker und später J. R. Dilworth und J. C. Andersen. Sir William Wiseman, der während des Krieges für den britischen Geheimdienst »MI 5« gearbeitet hat, ist auch noch da.

Hauptteilhaber jener Zeit bei Kuhn, Loeb & Co. ist immer noch John, Sohn von Mortimer und Enkel von Jacob Schiff. Er ist begeisterter Polospieler und Segler, besitzt immer noch eines der größten Vermögen in Amerika, unterhält die verschiedenartigsten Beziehungen und interessiert sich kaum fürs Geschäft, dem er nur wenig Zeit und Geld widmet.[203] Seine Tante sagt über ihn:[203] »Er ist in der Tradition der wohlerzogenen Menschen von Long Island groß geworden, was von Zeit zu Zeit ziemlich in Konflikt gerät mit seinem jüdisch-deutschen Erbe.« Seiner Schwester Dorothy gehört die *New York Post*.[203]

Im von Fröhlichkeit und Macht überschäumenden New York der unmittelbaren Nachkriegsjahre trifft Siegmund auch wieder auf andere ehemalige Berliner, so Max' ehemaligen Teilhaber Ernst Spiegelberg und den früheren Präsidenten der Darmstädter Bank, Jacob Goldschmidt.

Seine ersten Geschäftskontakte in New York lassen sich schlecht an; er hat nicht den Eindruck, als könne er mit dieser Milliardärssammlung bei Kuhn, Loeb & Co. noch auch mit Eric große Sprünge machen.

Dennoch will er unbedingt an der Wall Street präsent sein, und bei seiner zweiten Atlantiküberquerung, diesmal mit Henry Grunfeld im Frühsommer 1947 kurz nach der Gründung von S. G. Warburg & Co., eröffnet er eine kleine Filiale seiner Bank, die »American European Associates«, und bittet seinen alten Hamburger Mitstreiter Ernst Spiegelberg, die Leitung zu übernehmen. Jahrelang wird sie für Siegmund das Kapital plazieren, das seine Klienten in Amerika investieren möchten.

Erstmals wieder in Deutschland

Deutschland liegt nach dem Krieg in Trümmern. In Hamburg, das zwischen dem 24. Juli und 3. August 1943 mehrfach Ziel von Bombenangriffen war und das die Engländer am 4. Mai 1945 einnehmen, ist wie durch ein Wunder der Bau in der Ferdinandstraße unbeschädigt geblieben. Als er 1945 mit der amerikanischen Armee dort eintrifft, freut sich Eric, Rudolf Brinckmann wiederzufinden – als einer der wenigen deutschen Unternehmer, der sich nicht mit den Nazis eingelassen hat, behielt er bei Ankunft der Engländer seine Funktionen. Wirtz weilt nicht mehr unter den Lebenden, schon mit 38 Jahren hat ihn der Tod ereilt. Aber das Bankhaus kann seine Tätigkeit nicht sofort wiederaufnehmen. Wie die gesamte deutsche Wirtschaft stehen auch die Banken vor dem Nichts; die in der russischen Zone werden liquidiert, die Berliner Banken (u.a. die Bank von Petersen, der den Naziterror überlebt hat) werden geschlossen; in Hamburg sind nur ganz wenige überhaupt noch funktionsfähig. Es gibt weder Kapital noch Betätigungsmöglichkeit.

Groß ist das Risiko, daß alles wie vor dreißig Jahren wieder beginnt: Reparationen und Besetzung. Zumal in der ersten Zeit der amerikanische Besatzer den Weg der Rücksichtslosigkeit wählt. Roosevelt und Morgenthau haben nicht die Absicht, Deutschland den Nazismus zu vergeben, und wollen ihm jeglichen Zugang zu irgendeinem Einfluß untersagen. »Zu viele Leute hier und in England«, sagt F. D. Roosevelt,[107] »sind der Meinung, das deutsche Volk als solches sei für das Geschehene nicht verantwortlich, sondern nur ein paar Nazis. Das wird leider von den Fakten keineswegs bestätigt.« So beschließt er, die deutsche Wirtschaftskraft auf ein Mindestmaß zu begrenzen. In einer Geheimbesprechung in seinem Büro wird am 8. August 1944 ein Plan des Schatzministers Henry Morgenthau angenommen: Die Fabriken an der Ruhr sollen demontiert und an anderer Stelle wiederaufgebaut werden, Deutschland soll alles in allem ein Agrarstaat mittlerer Größe werden. Ein in London am 14. November 1944 unterzeichnetes Protokoll[107] sieht vor, daß die »Oberkommandierenden der alliierten Streitkräfte namens ihrer jeweiligen Regierung die oberste Gewalt in Deutschland ausüben, ein jeder in seiner Zone und alle drei gemeinsam in den Fragen, die Deutschland als Ganzes betreffen«. Beim Vormarsch der alliierten Truppen werden die deutschen Einrichtungen unter Kuratel gestellt, ohne daß man sich immer die Mühe macht, das leitende Personal auszutauschen. So wird beispielsweise im März 1945 das internationale Stahlkartell von Luxemburg der Aufsicht einer amerikanischen Militärmission unter dem Befehl des Obersten Franck E. Frazer unterstellt, aber im übrigen bleibt die Leitung in den Händen des Kartellchefs Hans Meyer, der es seit den Anfängen von Weimar führt.[107] Bei der Besetzung des Ruhrgebiets im April 1945 beschließt der amerikanische Generalstab im Einklang mit dem Morgenthauplan, den Wiederaufbau nach Kräften einzuschränken, es auf die Bauindustrie, Kohleförderung und Landwirtschaft umzuorientieren, die Kartelle zu zerschlagen und alle Nazis aus den verantwortlichen Positionen zu entfernen.[107]

Nach Roosevelts Tod verbleibt Morgenthau zunächst noch im Amt und wendet weiterhin seinen Plan an. James F. Byrnes, der Stettinius ersetzt hat, der seinerseits 1944 den ausscheidenden Cordell Hull ablöste, bleibt unter Truman Außenminister. Nachdem am 7. und 8. Mai 1945 in Reims und Berlin die Kapitulation unterzeichnet wurde, tritt am 17. Juli die Potsdamer Konferenz zusammen, die über das Schicksal Deutschlands befinden soll. Aber Morgenthau hat schnell erkannt, daß Truman nicht bereit ist, seinem Plan zu folgen, und so zieht er es vor, am 5. Juli 1945 zurückzutreten.

Die Wirtschaftsinteressen der Sieger sind widersprüchlich: Russen und Amerikaner möchten verhindern, daß Deutschland in Europa wieder in eine beherrschende Position aufsteigt, und verlangen die Demontage seiner Fabriken. Die Engländer hingegen, die den deutschen Stahl für ihre eigene Erholung brauchen, drängen auf Wiederherstellung des Landes und der Vorkriegsbeziehungen der beiden Industrien.[107] Das Potsdamer Abkommen sieht die staatsrechtliche Dezentralisierung Deutschlands und die Förderung der regionalen und örtlichen Selbstverantwortung vor: »In praktisch kürzester Frist ist das deutsche Wirtschaftsleben zu dezentralisieren mit dem Ziel der Vernichtung der bestehenden übermäßigen Konzentration der Wirtschaftskraft... Bei der Organisation des deutschen Wirtschaftslebens ist das Hauptgewicht auf die Entwicklung der Landwirtschaft und der Friedensindustrien für den inneren Bedarf (Verbrauch) zu legen.« In Berlin sollen die Agrarverwaltung, die Preis- und Einkommens-, Außenwirtschafts- und Währungspolitik, die öffentliche Finanzverwaltung, der Wiederaufbau und die Kommunikationsverbindungen zentral behandelt werden; die Herstellung von Kriegsmaterial ist verboten, die chemische und die metallverarbeitende Industrie werden unter Aufsicht gestellt. Es wird ein Kontrollrat aus den vier obersten alliierten Befehlshabern gebildet, der über alle Fragen entscheidet, die die Gesamtheit des Landes betreffen.[72]

Der Kontrollrat tritt erstmalig am 30. August in Berlin zusammen und richtet gewissermaßen als Ministerien hohen alliierten Beamten unterstehende »Direktionen« ein. Aber, »da es sich allein einfacher regieren läßt als zu viert, werden die Besatzungszonen bald zu einer Art selbständiger Länder, deren Grenzen für Menschen wie für Waren praktisch unüberwindlich sind«.[72] Schon läuft der Wiederaufbau an. Die westlichen Vertreter – General Clay für die USA, Sir Brian Robertson für Großbritannien, General Koenig für Frankreich – lassen sich in Berlin nieder mit dem offiziellen Auftrag, die übermäßige Konzentration der Wirtschaftsmacht im Lande zu zerschlagen.[72] Clay richtet als erstes eine Wirtschaftsabteilung unter General William H. Draper ein, einem Bankier und ehemaligen Teilhaber bei Dillon Read. Seine erste Aufgabe besteht darin, den Plan zutage zu fördern und zu bekämpfen, den die Nazis für den Fall der Niederlage ausgearbeitet haben und der den Aufkauf der in England, den Vereinigten Staaten und Lateinamerika beschlagnahmten deutschen Filialen durch Strohmänner sowie die Flucht deutscher Ingenieure und Techniker ins Ausland organisieren sollte. Im August 1945 schlägt General Clay dem Kontrollrat vor, eine Viermächtekommission solle ein auf ganz Deutschland anwendbares Antitrustgesetz ausarbeiten. Franzosen und Sowjets stimmen sofort zu, und als Diskussionsgrundlage dient ein russischer Entwurf. Nur die Engländer widersetzen sich: Nichts soll die Kraft ihrer künftigen Lieferanten schwächen.[107] Trotzdem wird im November 1945 die IG-Farben, die sich in der KZ-Wirtschaft aufs scheußlichste die Finger schmutzig gemacht hat, in mehrere Unternehmen aufgeteilt.

Ebenfalls im August 1945 werden die meisten Leitenden der deutschen Wirtschaft im Lager Nienburg interniert, unter ihnen auch Hermann Josef Abs, der den Krieg als Gesellschafter bei Delbrück & Schickler, dann als Direktor der Deutschen Bank und von IG-Farben verbracht hat. Für ihn dauert das nur drei Monate, denn Franzosen und Engländer reißen sich um seinen Rat.[175]

Zur gleichen Zeit kehrt Eric, vielleicht gegen den Willen seines Vaters, nach Deutschland zurück, das er gerade als Soldat verlassen hat, und nimmt das heil gebliebene Kösterberg wieder in Besitz. Aber, insoweit dem Beschluß seines Vaters gehorsam (sofern man glauben will, daß dieser ihn überhaupt kundgetan hat), verlangt er nicht die Rückgabe der Bank. Rudolf Brinckmann führt sie weiterhin inmitten der Ruinen der Stadt.

Zur gleichen Zeit verläßt Hans Petersen, dessen Sohn an der Rußlandfront verschollen ist, das von den Russen besetzte Berlin und gründet in Frankfurt eine Bank – wozu man damals keinerlei Genehmigung braucht – zusammen mit seinem Schwager Richard Daus, der als deutscher Offizier fünfmal an der Rußlandfront verwundet wurde, und seinem anderen Schwager Armin von Gans, der aus der Familie stammt, die zu den Mitbegründern von IG-Farben gehörte.

Die Neuordnung schreitet fort. Am 18. Dezember 1945 beschlagnahmt die britische Militärregierung die Kohle- und Stahlindustrie ihrer Zone. Im November und Dezember 1945 finden in Paris und London Konferenzen über Reparationen statt. Als Folge davon bestimmt der Kontrollrat im März 1946 die Liste der den Deutschen verbotenen Erzeugnisse. Eine bestürzende Liste: »Kriegsmaterial, Kugellager, Werkzeugmaschinen, Zugmaschinen, Werften, Luftfahrt, Benzin, synthetischer Gummi, Ammoniak, Aluminium, Rundfunkmaterial.«[107] Bei Kraftfahrzeugen, Stahl, Schwermaschinen, chemischen Grundstoffen, der Elektroindustrie, Mechanik und Optik – lauter Sektoren, die früher den Export nährten – darf die Erzeugung nur 20 bis 30 Prozent von 1939 betragen. In ihrer Besatzungszone beschließen die Amerikaner, nur folgende Erzeugungen zu fördern:[107] »Kohle, Koks, elektrische Ausrüstung, Leder, Wein, Bier, Spirituosen, Spielzeug, Musikinstrumente, Textilien.« Sie glauben, die Verfügungsgewalt dadurch ausüben zu können, daß sie nur den Unternehmen Kohle zugestehen, die nach ihren Vorschriften produzieren.

Trotz der Hilfe aus Amerika und England wird die Wirtschaftslage des Landes schnell unhaltbar und absurd: Auf der einen Seite wird der Verbrauch subventioniert, auf der anderen Seite untersagt man das Wachstum der Erzeugung. In der gleichen Zeit gehen die Viererverhandlungen über das Antitrustgesetz in größter Uneinigkeit weiter.[107] Da sich die Engländer weiterhin hartnäckig weigern, beschließt Clay im August 1946 verärgert, dieses Gesetz nur für die amerikanische Zone zu verkünden. Aber in Washington, wo der Morgenthauplan mehr und mehr in Vergessenheit gerät, sagt man sich allmählich, die Entnazifizierung, die das Ingangkommen der deutschen Wirtschaft behindere, komme den amerikanischen Steuerzahler zu teuer zu stehen, und – wie ein hoher Beamter der amerikanischen Besatzungszone, J. S. Martin, etwas übertrieben schreibt[107] – »die Männer, die seit Weimar die ungeteilte Herrschaft über die deutsche Wirtschaft ausübten und sie dann auf einen Weg führten, wo nur Krieg und systematische Plünderung sie noch retten konnten, sind jetzt wieder unerläßlich geworden«.

Ende August 1946 werden einige Verkehrsbeschränkungen in Deutschland aufgehoben. Am 6. September beschränkt der amerikanische Außenminister James F. Byrnes in einer Rede in Stuttgart den Auftrag der Besatzungsbehörden allein auf die Zerstörung des militärischen Potentials Deutschlands und auf die Wiederaufrichtung seiner Wirtschaft. Ende des Jahres werden die rund 5000 Verwalter der amerikanischen Zone, die Morgenthau eingesetzt hatte – zumeist hohe Beamte, Soldaten und Universitätsprofessoren –, nach und nach durch amerikanische Industrielle und Geschäftsbankiers ersetzt und dann mehr und mehr durch Deutsche, »darunter auch«, bemerkt Martin bei seiner Abreise bitter,[107] »viele Nazis und Nazianhänger, die im Wirtschafts- und Verwaltungsleben wieder in Schlüsselpositionen gelangen«.

England ist erleichtert, daß sich Amerika mittlerweile seiner These angeschlossen hat, entledigt sich der wirtschaftlichen Bürde Deutschlands und unterzeichnet am 2. Dezember 1946 in New York ein Abkommen über die Verschmelzung seiner Besatzungszone mit der amerikanischen. So entsteht die Bizone. Damit wird der Entwurf eines Antitrustgesetzes endgültig begraben, und am 12. Februar 1947 wird in der Bizone ein Gesetz verkündet, das lediglich noch »die übermäßige Konzentration wirtschaftlicher Macht« untersagt.[72] Es wird übrigens niemals wirklich angewandt.

In diesem Jahr macht auch der inzwischen in Nürnberg freigesprochene Hjalmar Schacht wieder in der Öffentlichkeit von sich reden, als er einen Plan für die deutsche Wiedergesundung vorlegt. Er schlägt vor, englisches und amerikanisches Kapital solle Minderheitsanteile an deutschen Unternehmen erwerben, und eine europäische Wirtschaftsunion solle geschaffen werden, deren Mitte Deutschland und deren Herz das Ruhrgebiet bilden solle:[160] In den Augen mancher ist das nicht weit von der späteren Kohle- und Stahlgemeinschaft entfernt.

Unterdessen ist Deutschland zu einem der wichtigsten Schauplätze der Ost-West-Auseinandersetzung geworden. Die Sowjetunion forciert in ihrer Besatzungszone eine Agrarreform, und der Fehlschlag der vierten Tagung des Ministerrates der Vier am 24. April 1947 in Moskau kennzeichnet den eigentlichen Anfang der zunehmenden Kälte in den Ost-West-Beziehungen.

Jetzt beschleunigt sich alles. Am 25. Mai 1947 wird in der westlichen Bizone ein 54köpfiger deutscher Wirtschaftsrat geschaffen, der die Kartellbeschränkungen nach und nach lockert und einige ehemalige Führungskräfte wieder ans Ruder läßt.[107] Die Filialen einiger amerikanischer Unternehmen in Deutschland – so zum Beispiel General Motors, Singer, International Harvester – werden bereits im Juli 1947 wieder in Betrieb genommen. Die Kohle- und Stahlknappheit, die den wirtschaftlichen Aufschwung in Europa bremst, veranlaßt jetzt die USA und Großbritannien, trotz der französischen Widerstände die Verdoppelung der deutschen Stahlerzeugung im Ruhrgebiet zuzulassen. Hermann Josef Abs wird Finanzberater des Bizonenwirtschaftsrates,[175] und Hugo Stinnes, dessen Bruder und Freund Siegmunds Edmund immer noch in der Schweiz lebt, kehrt zurück, um sich um seine Bergwerke zu kümmern. Martin schreibt gekonnt:[107] »Von einer

Zeit, in der die Reformen im Interesse des Wiederaufschwungs verzögert wurden, geht man zu einer Zeit über, in der die Verzögerung des Aufschwungs den Reformen angelastet wird. Rückblickend fällt es schwer festzustellen, zu welchem Zeitpunkt diese Veränderung eingetreten ist.«

Truman hat sich jetzt für eine eindeutige Linie entschieden: Er will die Subventionierung Deutschlands kürzen und dieses stärken, um daraus eine Wehr gegen eine drohende sowjetische Invasion zu machen. Dazu muß man die eigenständige Macht Deutschlands stärken und die Kontrollbestrebungen bremsen.

Siegmund hat sich in London zunächst sehr der ersten amerikanischen Haltung widersetzt. In seinen Augen muß man unter die Vergangenheit einen Strich ziehen, Deutschland an Europa binden, um es vor der östlichen Versuchung zu bewahren. Nach seiner Meinung muß Deutschland wieder stark werden, denn »ohne ein starkes Deutschland wird es in Europa niemals Stabilität geben«, wie er später dem englischen Essayisten George Steiner sagt, der gegen Ende seines Lebens sein Vertrauter wird. In den deutsch-britischen Beziehungen erblickt er den Schlüssel zur Zukunft Europas. Wenn sich die beiden Länder gegenseitig helfen und das vereinigte Europa schaffen, dann kann dieses sogar den Vereinigten Staaten noch den Rang streitig machen.

Auch wenn er das Deutschland Thomas Manns, den er zu jener Zeit in Zürich trifft, nicht mit dem Himmlers und Görings, die inzwischen Selbstmord begangen haben, oder Flicks und von Neuraths, die im Gefängnis sitzen, zu verwechseln gedenkt, auch wenn er weiterhin den Nationalismus der deutschen Elite anprangert, der die Arbeiterklasse der Diktatur ausgeliefert hat, auch wenn er zugesteht, daß das Land nur fünfzehn Jahre Demokratieerfahrung besaß, so fühlt er sich doch auch da wie überall zugleich als Deutscher und als Fremder, Bürger keines Landes, zu sehr Weltbürger, als daß er sich allzu nahe einlassen würde.

Die Erinnerung an den Holocaust verläßt ihn allerdings nie, und so sagt er etwas später beim Anblick der Menge in der Empfangshalle eines großen Frankfurter Hotels: »Ich möchte lieber nicht wissen, was alle diese Leute in der Hitlerzeit getan haben.«

Als er im Februar 1948 in London mit der BNCI die erste gemeinsame Nachkriegseinrichtung zweier europäischer Banken gründet, die »British and French Bank«, dann weil er, der zu jener Zeit keinerlei Beziehungen zu Frankreich pflegt, darin ein erstes Band zum Festland erblickt, einen Umweg nach Deutschland über ein Land, in das er wieder den Fuß setzen kann.

Im folgenden Monat kehrt er zum erstenmal seit fünfzehn Jahren nach Hamburg zurück und findet dort herzlich wenig von »seinem« Land vor. Berlin und Hamburg liegen noch in Trümmern. Uhenfels ist verkauft und verwildert. Er trifft auch seine Kusine Gerda wieder, die zu ihrem Mann, dem jetzigen Ministerpräsidenten Baden-Württembergs, Reinhold Maier, zurückgekommen ist. Er kommt mit Brinckmann zusammen, der die Bank Schritt für Schritt durch die Begebung von Wertpapieren und geschickte Finanzierungen des internationalen Handels mit der Joint Import and Export Agency (JEIA) wieder hochbringt. Desgleichen begegnet er Eric, der sich wieder häuslich macht, und bittet ihn, dafür zu sorgen, daß sie die Bank wiederbekommen, allerdings vergeblich, denn Eric hat sich entschieden: Man soll das Schicksal nicht zwingen wollen.

Von diesem ersten Besuch an bemüht sich Siegmund fast dreißig Jahre lang, das alte Bankhaus wieder in die Hand zu bekommen. Gleich bei seiner Rückkehr nach London wendet er sich dazu an die britischen Besatzungsbehörden: »Im Februar 1948 hat Robert Pferdmenges der Familie Oppenheim ihre Bank, ohne zu zaudern, zurückgegeben. Dasselbe gilt für Stein in Köln, Trinkaus in Düsseldorf und andere in der amerikanischen Zone. Warum soll das Brinckmann in der englischen Zone nicht auch den Warburgs gegenüber tun?«

Deutschland befindet sich wieder im Aufstieg. Im März 1948 wird der Alliierte Kontrollrat infolge von Meinungsverschiedenheiten mit den Sowjets praktisch aufgelöst; Frankreich widersetzt sich jetzt nicht länger der Vereinigung der drei Westzonen; im Juni verabschiedet die Londoner Sechsmächtekonferenz die Grundlagen für eine verfassunggebende Versammlung in Westdeutschland und beschließt deren Einberufung. Ludwig Erhard wird Direktor der »Verwaltung für Wirtschaft des Vereinigten Wirtschaftsgebietes«, wie die drei Westzonen jetzt heißen. Am 20. Juni findet die Währungsreform statt. Damit endet der schwarze Markt. Die Deutsche Mark ersetzt die Reichsmark. Für jedes der elf Länder wird eine Landeszentralbank geschaffen, desgleichen in Frankfurt eine gemeinsame Notenbank, die Bank Deutscher Länder, für die Ausgabe von Banknoten, die Festlegung des Diskontsatzes und der Reserven der elf Landeszentralbanken. Die drei deutschen Großbanken Deutsche Bank, Dresdner Bank und Commerzbank werden auf rund dreißig kleinere Einrichtungen zersplittert, deren Präsident von der gewählten Behörde jedes der elf Länder ernannt wird. Man gibt ihnen regionale Bezeichnungen, so zum Beispiel »Hessische Bank«, aber in Wirklichkeit bleiben sie weiterhin unter Aufsicht ihrer ehemaligen Zentrale. Die Amerikaner tragen Hermann Josef Abs den Posten als Generaldirektor der Bank Deutscher Länder an, während ein ehemaliger Mitarbeiter Schachts den Vorsitz übernimmt.[175] Abs lehnt jedoch ab, da man ihm nicht alle Befugnisse einräumen will. Daraufhin bitten ihn die für den Marshallplan Verantwortlichen, die Kreditanstalt für Wiederaufbau neuzugestalten, wozu er sich bereit findet. Kurz darauf tritt er dank der Unterstützung durch den damaligen Obersten der britischen Besatzungstruppen Tony Helmuth, der später Generaldirektor der Midland Bank wird, an die Spitze der wiederhergestellten Deutschen Bank.

Die Sowjets beantworten am 23. Juni diese Währungsreform durch eine Währungsreform in der eigenen Besatzungszone und durch die Blockade der Berliner Westsektoren. Am 28. richtet Clay als Gegenantwort die Luftbrücke ein, die während der zehnmonatigen Blockade eine Versorgung der ehemaligen Reichshauptstadt ermöglicht.

Abs reist nach England, um den Engländern die Einrichtung einer einzigen Zentralbank für ganz Deutschland in Hamburg vorzuschlagen. In London wird er beinahe noch mal ins Gefängnis geworfen und entgeht ihm nur dank der Intervention von Tony Helmuth und Siegmund Warburg, den er nach 15jähriger Trennung erstmalig wiedersieht. Siegmund spricht mit ihm über seinen Wunsch, das Hamburger Bankhaus zurückzuerhalten. Eine Rückerstattungsverordnung der britischen Militärverwaltung würde das mittlerweile ermöglichen.

Siegmund drängt Eric, mehr zu unternehmen und von Brinckmann die Rückgabe des Namens und des Kapitals zu verlangen. Brinckmann soll darauf in etwa erwidert haben: »Ich habe es einmal vorgeschlagen. Max wollte nicht und hat mich abgewiesen. Heute, da ich die Bank wiederaufgebaut habe, heißt meine Antwort: Nein.« Wieder weigert sich Eric, selber Druck auszuüben, läßt sich aber für ein paar Monate in seinem Haus in Kösterberg nieder zusammen mit seiner Frau Dorothy, die immer noch gegen diese Rückkehr ist; die übrigen Wohnhäuser wandelt er in Erholungsheime für soziale Zwecke um.[55]

Die Rückerstattungsverordnung veranlaßt Brinckmann jedoch zu einer gewissen Nachgiebigkeit, so daß er Eric als Vertreter der Familie 25 Prozent des Kapitals der Bank zurückgibt. Zu mehr ist er rechtlich nicht gezwungen. Brinckmann selbst behält 20 Prozent, desgleichen die Industriekreditbank. Siegmund, der einige Anteile und einen Sitz im Aufsichtsrat der Bank erhalten soll, ist mit diesem Arrangement nicht einverstanden, das den Verkauf von 1938 rechtens und gegen Abtretung einiger Anteile den Verlust des Namens endgültig machen würde. Wird er jetzt auch wieder in Deutschland tätig, so bleibt doch bei dem, was er für Großunternehmen wie Daimler-Benz, die Gutehoffnungshütte und Siemens unternimmt, Brinckmann, Wirtz & Co. draußen. Dreimal im Jahr kommt er nach Hamburg, um an der Aufsichtsratssitzung der Bank teilzunehmen, aber mit seinem geringen Kapitalanteil kann er kaum hoffen, auf deren Geschicke Einfluß zu nehmen.

Warum gelang es in jener entscheidenden Zeit nicht, den Namen wieder am Giebel des Gebäudes in der Ferdinandstraße anzubringen? Vermutlich, sagen die nächststehenden und sichersten Zeugen, weil Eric nicht, wie Siegmund, andere Familienmitglieder und viele deutsche Freunde ihm rieten, Brinckmann damit drohen wollte, er werde sich an die Besatzungsbehörden wenden, um die Rückgabe des Namens zu erzwingen, oder er werde neben Brinckmann, Wirtz & Co. eine andere Bank mit dem Namen Warburg gründen. Mehrere Zeugen sagen, sie hätten Eric damals sagen hören: »Mein Vater würde sich im Grabe umdrehen, wenn meine Familie dieses Gebäude verließe.«

Es entsteht wieder ein deutscher Staat. Am 1. September 1948 tritt der Parlamentarische Rat zur Ausarbeitung einer Verfassung zusammen. Im November werden die 1945 geschaffenen 26 Kohle- und Stahlgesellschaften unter deutscher Leitung reorganisiert. Im selben Monat handelt in Köln der wieder unter eigenem Namen als Bankier tätig gewordene Robert Pferdmenges mit Schacht und den de Wendels das Besitzrecht der Ruhrunternehmen aus.[120] Am 8. Mai 1949 wird das Grundgesetz verabschiedet. Am 18. Mai löst der Unterstaatssekretär im amerikanischen Verteidigungsministerium, John J. McCloy, General Clay als Hoher amerikanischer Kommissar ab. Am 23. wird die Bundesrepublik Deutschland gegründet. Im Osten entsteht am 30. die Deutsche Demokratische Republik.

John J. McCloy, der in der Rechtsanwaltfirma von Kuhn, Loeb & Co. – Cravath, Henderson & Gersdorff – gearbeitet hat, lernte dort Dewey und einen Teilhaber von Kuhn Loeb, Buttenwieser, kennen, den er als Vertreter mit nach Berlin nimmt.[81] Dieser bittet Eric, möglichst oft nach Hamburg zu kommen und beim Wiederaufbau der Stadt mitzuwirken. Desgleichen bittet McCloy Hans Petersens Vetter und Schachts ehemaligen Privatsekretär Gert Weisman, der seinen Namen nach dem Krieg in Whitman geändert und den er in Amerika kennengelernt hat, zu ihm zu stoßen. Bei seiner Rückkehr nach Deutschland unterzeichnet Whitman gegenüber dem State Department eine Verpflichtung, nie wieder mit Schacht in Verbindung zu treten.

Am 14. August 1949 finden in der Bundesrepublik Deutschland die ersten Bundestagswahlen statt, und am 15. September wird Konrad Adenauer erster Bundeskanzler. McCloy läßt nun die Wiederherstellung der Kartelle und eine Stärkung der Autorität des vom ehemaligen Kölner Oberbürgermeister geführten Kabinetts zu. Am 21. September stellt die alliierte Militärregierung ihre Tätigkeit ein und wird durch die Hohe Kommission ersetzt. Bald aber »verlieren die Hochkommissare alle Gewalt über die deutsche Regierung und wird die Anwendung des Besatzungsstatuts faktisch ausgesetzt«.[72]

Am 1. April 1950 nimmt Deutschland seine beiden Sitze im Aufsichtsrat der Bank für Internationalen Zahlungsausgleich wieder ein, die trotz der Entschließung von Bretton Woods ihre Pforten nicht geschlossen hat. Nichts liegt näher, als den Präsidenten der Bank Deutscher Länder und künftigen Präsidenten der Bundesbank, Wilhelm Vocke, zum deutschen Vertreter zu berufen. Als zweiter Vertreter soll jemand aus dem Privatsektor benannt werden, den Vocke selbst aussuchen darf. Siegmund wird befragt, der zunächst drei Namen, darunter Hermann Josef Abs, vorschlägt, die aber alle von den Alliierten abgelehnt werden, worauf er Rudolf Brinckmann vorschlägt – nicht etwa, weil er ihn besonders schätzt, sondern weil er damit an die Vorkriegstradition wieder anknüpfen möchte, die die

Bank für Internationalen Zahlungsausgleich gleichsam aus der Familienbank hervorgehen ließ. Brinckmann, dessen Nominierung die Alliierten akzeptieren, ist seiner Meinung nach nur da, um den nach Carl Melchiors Tod vakant gewordenen Platz zu besetzen und sonst nichts. Trotzdem stärkt Siegmund damit seine Stellung, und das wird er noch bedauern ...

Erste Dollars für Europa

Diese Nachkriegszeit beginnt mit einem Dollarüberfluß und nicht wie die letzte mit Dollarknappheit. Die Schulden werden annulliert, und dennoch regnet es weiterhin amerikanisches Geld auf Europa, nicht mehr zur Finanzierung des Krieges, sondern zum Aufbau des Friedens. Siegmund erinnert sich an seine Jugendzeit. Er will nichts mehr von Reparationen, Firmenzusammenbrüchen, Schulden wissen; sein Traum ist, daß England Deutschland die Hand reicht, etwas mit Frankreich zusammen aufbaut, ein vereintes Europa ins Werk setzt, dessen Hauptstadt und Angelpunkt London ist. Er sagt das allen englischen Politikern, die er kennt:[206] »In den ersten fünf Nachkriegsjahren wäre er auf den Knien gekrochen, damit England sich zur Führung eines vereinten Europa mit London als Hauptstadt durchringt.« Vergebens. Die Konservativen wie Anthony Eden und Labourleute wie Ernest Bevin lehnen zu Siegmunds Entrüstung die Pläne für eine wirtschaftliche Einigung ab, die Jean Monnet vorlegt, der vorher das Leih- und Pachtsystem organisiert hat und sich nunmehr dem Aufbau Europas zuwendet. Siegmund erblickt darin ein Zeichen für den unaufhaltsamen Niedergang Englands und sagt später:[209] »Das britische Haushaltsdefizit im Verhältnis zum Gemeinsamen Markt ist der Preis dafür, daß England in den ersten fünf Jahren nach dem Kriege nicht die Schaffung der Vereinigten Staaten von Europa unternommen hat.«

1947 begegnet er dem noch als Rechtsanwalt tätigen George Ball, einem für Europafragen passionierten Amerikaner, der für ihn zum Freund und in der Kennedyzeit wichtigsten Ventil für die Beeinflussung Washingtons wird. Siegmund gibt sich alle Mühe, die Beteiligten davon zu überzeugen, daß man die amerikanische Hilfe für den Bau eines vereinten Europa nutzen müsse. Dann kommt es zum Marshallplan, benannt nach dem General, der nach erfolgloser Beendigung seiner Versöhnungsmission zwischen Tschiang Kai-schek und Mao Tse-tung im Januar 1947 anstelle von Byrnes Trumans Außenminister geworden ist. In einer Rede in Harvard am 5. Juni schlägt er einen Plan für den Wiederaufbau Europas vor, der ein Jahr später die bilateralen Hilfeleistungen ablöst.

Im Mai 1947 vergibt der IWF seine erste Ziehung in Höhe von 25 Millionen Dollar, das sind 5 Prozent seiner Quote, an Frankreich.[161] Zwei weitere Ziehungen gleicher Höhe erfolgen im Juni und Juli, ebenfalls für Frankreich. Doch umsonst: Die erste wegen der gleichzeitigen Einrichtung eines doppelten Wechselkursmarktes vom Fonds verurteilte Abwertung ist die des Franc.

Am 28. Juni 1948 unterzeichnet Truman das Gesetz, das im Rahmen des Marshallplans Darlehen im Werte von jährlich vier Milliarden sowie weitere zwei Milliarden in Form verschiedener Hilfeleistungen an 16 Länder vorsieht, und die sechs Monate zuvor gegründete OEEC wird mit der Verwaltung dieser amerikanischen Hilfe beauftragt.

Zur selben Zeit tritt auch die Bank für Internationalen Zahlungsausgleich wieder als Verteilungsstelle für amerikanische Kredite in Funktion. Ihr ehemaliger Präsident MacKittrick wird Vizepräsident der inzwischen in Chase Manhattan Bank umfirmierten Chase Bank und Berater Averell Harrimans, der mit den Fragen der wirtschaftlichen Zusammenarbeit in Europa beauftragt ist. Das im Kriege geplünderte, mit 3 740 Tonnen bewertete Gold wird zurückerstattet, und die Bank für Internationalen Zahlungsausgleich bleibt bestehen.

»Ein religiöser Agnostiker«

Ist sich Siegmund auch mit Felix und den anderen Warburgs in einem großen Mißtrauen gegenüber dem Zionismus einig, und zwar so sehr, daß er sich später manchmal selbst als Antizionist bezeichnet, so verfolgt er doch aufmerksam die Angelegenheiten jener Flüchtlinge, denen er in den dreißiger Jahren bei der Niederlassung in Palästina behilflich gewesen ist. Die KZ-Tragödie hat ihn zu einem entschlossenen Anhänger der Schaffung des Staates Israel werden lassen.

In England trifft er wieder mit Chaim Weizmann und David Ben Gurion zusammen und bemüht sich nach Kräften, die ihm bekannten englischen Führungspersönlichkeiten dazu zu bewegen, daß sie den wenigen Überlebenden des Völkermords die Einreise nach Palästina gestatten. Es gelingt ihm jedoch nicht, denn Attlee und Bevin »erblickten in den Juden die Anhänger einer großen internationalen Religion und nicht etwa eine Rasse oder eine Nation«.[35] Und im August 1945, als Truman auf Druck der amerikanischen Juden hin Attlee ersucht, 100000 Juden mehr nach Palästina einwandern zu lassen, schlägt dieser, um Zeit zu gewinnen, die Untersuchung des Gesamtproblems der jüdischen Flüchtlinge aus den Ländern der Achse durch eine britisch-amerikanische Kommission vor.[35] Ein Jahr später, im April 1946, gelangt die Kommission ebenfalls zu dem Schluß, es sei angebracht, 100000 Juden nach Palästina einzulassen und dort einen Zweivölkerstaat zu gründen. Das will Bevin ablehnen und das britische Palästinamandat aufrechterhalten, wobei ein solcher Staat später gegründet werden könne. Am 22. Juli 1946 finden bei einer Bombenexplosion im King-David-Hotel in Jerusalem über hundert Menschen den Tod. Weizmann begibt sich erneut nach London, trifft dort wiederum Siegmund und bittet ihn, auf die britische Regierung zugunsten der Schaffung eines jüdischen Staates Druck auszuüben. Daraufhin verweist London das Problem an die Vereinten Nationen.

Im Juni 1947 bekommt Siegmund in London einen Besuch, der ihn sehr rührt: seine beiden Neffen, die Kinder von Fritz, die seit einem Jahr im Kibbuz Netser Sereni sind und nun zu ihm kommen, um ihm ihre Hoffnungen vorzutragen. Am 29. November 1947 wird in New York mit 33 Stimmen bei 13 Gegenstimmen und 10 Enthaltungen (darunter auch Englands) die Teilung Palästinas beschlossen. Sofort eröffnen die arabischen Länder den Krieg, der in einem prekären Waffenstillstand endet. Am 14. Mai des folgenden Jahres wird nach Ablauf des britischen Mandats der Staat Israel ausgerufen.

Siegmund verfolgt all das mit der Leidenschaft und der Zurückhaltung eines Agnostikers, der zutiefst von der jüdischen Geschichte durchdrungen und von einer abstrakten, aus seinem Deutschjudentum überkommenen Religiosität geprägt ist. Zu jener Zeit ist in seinen persönlichen Aufzeichnungen oft von Gott die Rede. So notiert er sich beispielsweise einen Satz, den er irgendwo gehört hat und der ihn beeindruckt hat:[214] »Wir müssen Gott danken, weil Er stets das nie abreißende Abenteuer der freien Gestaltung des eigenen Lebens fördert«, und: »Welch geistige Verdrehung, nicht zu erkennen, daß die Bekräftigung des Lebens und die Gottes ein und dasselbe sind!« – und weiter: »Mein Vater war ein guter Gärtner. Er pflegte zu sagen, das Beste, was man für einen Baum tun könne, sei, ihn einmal im Jahr zu schneiden und alles übrige Gott zu überlassen.«

Oft besucht er in der Abtei Quarr bei Ryde auf der Insel Wight einen befreundeten Deutschen, den Benediktinermönch Paul Ziegler. »Wir sprachen oft über Ziegler«, bemerkt Sharp, der ihn ebenfalls kannte,[222] »und pflegten uns gegenseitig seine Briefe zu zeigen, womit wir unversehens über Religion sprachen. Ich würde sagen, Siegmund sei ein sehr religiöser Agnostiker gewesen, womit ich darlegen will, daß er zwar nicht an einen anthropomorphen Gott glaubte, aber immer auf eine höhere und wachsame Bewußtheit hörte... Stets hat er sich mit der Sache des Judentums als einer moralischen Kraft identifiziert, zögerte aber doch nie, sich der Regierung Israels zu widersetzen, wenn er deren Politik für zu nationalistisch hielt.«

Schon stellt sich Siegmund dar als Weltbürger, der zu Tränen gerührt ist, als Konrad Adenauer am 27. September 1951 in einer Erklärung vor dem Bundestag anerkennt, daß die im Namen des deutschen Volkes begangenen Verbrechen »eine materielle und moralische Wiedergutmachung« verdienen, und als etwas später Bundespräsident Theodor Heuss von der »Kollektivscham« spricht. Hingebungsvoll verfolgt er die am 21. März 1952 in Den Haag in sehr hartem Klima eröffneten Verhandlungen zwischen Deutschen und Israelis, deren Unterhändler auf beiden Seiten des Verhandlungstisches Englisch mit schwäbischem Akzent sprechen. Am 10. September wird von Adenauer und dem damaligen israelischen Außenminister Moshe Sharett das Wiedergutmachungsabkommen unterzeichnet, das 12 Jahre lang die Zahlung von 800 Millionen Dollar an den Staat Israel sowie einer Lebensrente an die Opfer des Nazismus vorsieht. Die DDR ihrerseits lehnt jegliche Anerkennung Israels und die Zahlung der 500 Millionen Dollar ab, die es von ihr verlangt. Ben Gurion, der damals der Meinung ist, die Deutschen würden wie schon nach Versailles die Wiedergutmachung doch nicht zahlen, verlangt von Westdeutschland zusätzlich noch einen 500-Millionen-Dollar-Kredit.

Siegmund amüsiert sich, als Hermann Josef Abs ihm erzählt: Als Adenauer ihn wegen dieses Kredits konsultiert habe, habe er ziemliche Vorbehalte gehabt, worauf Adenauer ihm mit einem boshaften Lächeln gesagt habe: »Lieber Freund, schreiben Sie doch Ihre Meinung mal schwarz auf weiß nieder. Aber ich will einen positiven Brief. Ich werde übrigens eine Abschrift David Ben Gurion zukommen lassen.« Der Brief ist natürlich positiv, und der Kredit wird gewährt.

Verstaatlichungen und Kapitalheimführung

In diesen ersten Jahren des Herantastens an die Möglichkeiten unternimmt S. G. Warburg & Co. ihre ersten geschäftlichen Operationen. Zunächst mit der Firma Brandeis, deren Anteile Siegmund nach und nach für die Familie zurückkauft. Rio Tinto, das ein Jahr zuvor die Mehrheit erworben hat, erweist sich zu deren guter Verwaltung unfähig und verkauft im Sommer 1947 seine 51 Prozent weiter an die Mineral Separation. Brandeis-Goldschmidt bringt der Bank schon ganz hübsche Summen ein, insbesondere in Form hoher Honorare für Beratung und durch die Kreditvorgänge.

Schon in dieser Zeit versucht sich Siegmund an bislang nicht geübten und avantgardistischen Geschäften durch den unerwarteten Verkauf von Unternehmensanteilen an den Staat und englische oder ausländische Privatpersonen.

Schon gar anläßlich der Verstaatlichungen, die Labour zwar im Programm stehen, aber überhaupt nicht vorbereitet hat. Siegmunds Freund Emmanuel Shinwell, der inzwischen Energieminister geworden ist, schreibt in seinen Memoiren:[155] »Während meiner ganzen politischen Laufbahn hatte ich die Parteiredner von der Überführung der Kohlebergwerke in staatliches Eigentum reden hören; ich selbst hatte sie als eine der vordringlichsten Aufgaben einer Labourregierung bezeichnet. Wie die andern meinte ich, die Entwürfe dazu lägen fertig in den Schubladen der Partei. Als ich dann Industrieminister wurde, stellte ich fest, daß überhaupt nichts Praktisches, nichts Greifbares vorlag.« Dennoch wird eine schnelle Verstaatlichung beschlossen. Die einfachste, die der Bank von England, geht schon im Februar 1946 problemlos über die Bühne. Wie Stafford Cripps damals im Unterhaus sagte,[35] ging es darum, »das Gesetz in Einklang mit den Fakten zu bringen«. Die übrigen Verstaatlichungen sind jedoch problematischer, weil sich die Unternehmerschaft sehr kämpferisch zeigt, womit die Aushandlung der Entschädigung der Aktionäre erheblich erschwert wird. Genau hier greift Siegmund ein.

Während die Anteile an diesen Unternehmen den niedrigsten Kurs erreicht haben und alle Welt sich auf eine räuberische Verstaatlichung gefaßt macht, ahnt Siegmund, daß die Entschädigung in jedem Fall höher sein muß als die Börsennotierung. Infolgedessen faßt er die Aktionäre der Gesellschaften in Konsortien zusammen. Die Privateigentümer überlassen ihm erleichtert die Verhandlungen mit dem Staat. Und er hatte das richtige Gespür: Als die Verstaatlichung der 800 Privatgesellschaften der Kohleindustrie in Kraft tritt, hält Siegmund zusammen mit seinen Freunden einen beträchtlichen Anteil. Die Entschädigungszahlung von 164,6 Millionen Pfund, die 1947 von zwei Richtern des Hohen Gerichtshofs berechnet wird, liegt wie erwartet erheblich höher als ihr damaliger Börsenwert.[35] Dabei bringt die New Trading Company noch vor der Gründung von S. G. Warburg schon etwas Geld ein – nicht für ihn freilich, sondern für seine Firma. Desgleichen hält er kurz vor der Nationalisierung der Stromversorgung am 4. Februar 1947 einen gewichtigen Teil der entschädigungsberechtigten 195 Privat- und 375 Gemeindeunternehmen in der Hand.[8] Auf gleiche Weise operiert er bei der Nationalisierung von Eisen und Stahl, des Verkehrswesens und der Gasindustrie. Von dem dabei verdienten Geld behält er nichts für sich, sondern investiert es sofort in seine Firma, indem er junge Führungskräfte anstellt und in anderen Geschäften Risiken auf sich nimmt.

Diese Angelegenheit, die gegen Ende der vierziger Jahre einen Großteil seiner Zeit in Anspruch nimmt, zahlt sich indirekt für ihn noch viele Jahre später aus. Tatsächlich schafft er sich bei dieser Gelegenheit Verbindungen zur Bank von England, die er später von seiner Einschätzung der wahrscheinlichen Entwicklung der Rohstoff- und Wertpapiermärkte unterrichtet. Als Gegenleistung dafür wird er von der Bank als einer von mehreren Bankiers dieser neuen öffentlichen Unternehmen eingesetzt. Später wird er, wie wir noch sehen werden, aus den damals in London mit Industriellen, Journalisten oder Politikern geknüpften anderen Beziehungen enorme Vorteile ziehen. Im übrigen begibt er in diesen Jahren Anleihen zugunsten von Gemeinden und mittleren britischen Industrieunternehmen, die von den andern Banken vernachlässigt wurden. Darüber gibt es wenig zu berichten außer der Tatsache, daß dies vermutlich das Kernstück des Bankiermetiers ausmacht und er dabei manchmal über Sydney und Tokio Vierecksgeschäfte organisiert.

Der dritte Tätigkeitsbereich war schon in den dreißiger Jahren seine Spezialität: der Verkauf von Auslandsunternehmensanteilen in englischer Hand an Ausländer. Da er wie Cripps der Überzeugung ist, England müsse sich unter allen Umständen möglichst schnell seiner kolonialen Bürde entledigen, kommt ihm 1948 zusammen mit dem eben engagierten österreichischen Bankier Victor Bloch die Idee, gewisse Engländern gehörige Unternehmen, deren Verwaltung von London aus zu teuer geworden ist, an Kapitalinhaber vor Ort zu verkaufen. Ein ganz der »Hautefinance« würdiger und zugleich von gesunder Wirtschaftlichkeit zeugender Gedanke. Zwei Jahre lang schickt er Eric Korner auf Erkundungsreise in diese Länder, um Kapitalbesitzer ausfindig zu machen, die über Pfund Sterling verfügen, die sie im Krieg durch Handel mit England verdient hatten. Dabei werden Brasilianer ausfindig gemacht, denen man eine Plantage und ein Kaffeeverteilernetz verkaufen kann, die Brazilian Warrant Company; Kolumbianer, denen eine Teefirma abzutreten ist; Argentinier, die Straßenbahnen kaufen; Inder, die Ladenketten übernehmen; Mexikaner, die eine Eisenbahngesellschaft kaufen.

Seine vierte Tätigkeit in dieser Anfangszeit besteht umgekehrt darin, vor dem Krieg oder während des Krieges an Ausländer verkaufte britische Firmen wieder für Engländer zurückzukaufen. Als erster kommt er auf die einfache Idee, diese englischen Anteile wieder »nach Hause« zu bringen, das zur Finanzierung des Krieges abgetretene Kapital wieder nach Großbritannien heimzuführen. So bringt er ein Viertel des Kapitals der Associated Electrical Industries, das General Electric vor dem Kriege aufgekauft hatte, wieder nach England zurück und findet britische Kaufwillige für die englischen Bürohäuser, die er während des Krieges den Amerikanern verkauft hatte – jedenfalls, soweit die Häuser noch stehen... Vor allem aber gelingt ihm 1950 ein

Riesengeschäft: Der schwedische Großbankier Jacob Wallenberg, Chef der Enskilda Bank, Freund seines Onkels Fritz und seiner Frau Eva, bittet ihn, in Europa Banken ausfindig zu machen, bei denen er 20 Prozent des Kapitals von Ericsson unterbringen will, die nach dem Kreugerskandal ITT gehören, das sie aufgrund der amerikanischen Gesetzgebung nicht länger behalten darf. Dies ist eine gewaltige Sache für Siegmund, so recht eine Angelegenheit der »Hautefinance«, die erste, seitdem er Berlin verlassen hat. Denn wenn es ihm gelingt, diese Anteile an einem sehr großen Unternehmen, dessen Bankier bislang Kuhn, Loeb & Co. war, unterzubringen und auf die besten Plätze in Europa zu verteilen, dann öffnet ihm das die Türen zur Finanzwelt des Alten Kontinents. Zum erstenmal hat er guten Anlaß, Kontakt aufzunehmen mit der Banque de Paris et des Pays-Bas in Paris, mit der Deutschen Bank in Frankfurt, mit der Schweizerischen Kreditanstalt in Zürich. Die Operation ist schwierig, denn noch ist er ein Unbekannter, und als sich sein eben erst eingestellter Mitarbeiter Ronald Grierson in die Rue d'Antin begibt, wird er gebeten, den Namen Warburg doch zu buchstabieren, bevor man ihm die Zusage gibt, ein Fünftel der Anteile zu übernehmen. Die anderen folgen dem Beispiel. Der erste Erfolg ist da.

Eine eiserne Hand

In diesen Jahren des Aufbauens und Sammelns legt Siegmund den Grund für eine damals unerhörte Organisation und Verfahrensweise. Das verdient eine eingehendere Beschreibung, ist es doch die Quelle des in der Weltfinanzgeschichte einmaligen Erfolgs dieses einzigartigen Finanzmannes, der es verstanden hat, aus seiner Bank noch zu Lebzeiten eine internationale Institution zu machen.

Er organisiert das Leben seiner Bank, die erst 30 Mitarbeiter zählt, anhand einer einzigen Leidenschaft: *Alles wissen*. Keine Information, und erscheine sie noch so nutzlos, darf unbeachtet bleiben, keine Beziehung, und scheine sie noch so nebensächlich, darf vernachlässigt werden, denn auf lange Sicht können sie Anlaß zu einer Idee, einem Kontakt, einem Geschäft bilden. Kein Klient darf verlorengegeben werden, selbst wenn er für ihn eine Operation erfinden oder ihm eine

Schwachstelle aufzeigen muß, die dieser selbst nicht erkannt hätte. Und zu diesem Zweck macht er sein Bankhaus zu einem Käfig, Glaskäfig in seinen Augen, Eisenkäfig für die andern.

Henry und er haben jeder ein Büro. Alle andern drängeln sich zu zweit, zu dritt oder zu viert in größeren Räumen, je nach Aufgabenstellung: Vermögensverwaltung, Kreditorganisation, Finanzberatung von Unternehmen, Fusion und Akquisition, Geldtausch und Devisenhandel, Verwaltung der Gruppe. Siegmunds kaltes und nüchternes, nur durch ein paar schöne alte Stücke verschönertes Büro steht jedermann offen. Ein rotes Lämpchen an der Tür zeigt – selten – an, daß er nicht gestört werden darf. Seine Essensverabredungen und manchmal sogar seine Telefontermine kennt er drei Wochen im voraus. Im allgemeinen nimmt er den knappen Lunch in der Bank mit einem Kunden, einem Industriellen, einem Minister, einem hohen Beamten oder einem durchreisenden Schriftsteller ein. Auch die übrigen Führungskräfte können dorthin in zwei Eßzimmer Bekannte aller Art, englische und ausländische Unternehmensführer einladen. Der eine oder andere, so Eric Korner, sind sogar in der City dafür bekannt, daß sie am Tag zweimal lunchen, das erstemal um halb eins, das zweite um halb zwei, und es vornehmer ist, wenn man zum zweiten eingeladen wird.[207] Im Gegensatz zu den anderen Bankiersessen wird hier nicht über Kricket und Urlaub, sondern über Märkte und Produkte gesprochen, wobei der Gast immer mit einer von langer Hand sorgfältig vorbereiteten außergewöhnlichen Kenntnis seiner Firma oder seiner Konkurrenten überrascht wird.

Jedes Geschäft muß, damit alle Bescheid wissen können, von zwei, wenn es wichtig ist, von vier Personen behandelt werden, sogar dann, wenn Siegmund es selbst bearbeitet. Jeden Morgen öffnet einer der höheren Angestellten die Post und notiert den Inhalt jedes Briefes in ein oder zwei Zeilen und faßt dann diese Stichworte in einer Gesamtnotiz zusammen, die wenige Stunden später in der ganzen Bank verteilt wird. Auch sämtliche Telefongespräche werden noch am selben Tag von denen, die sie geführt haben, festgehalten, und jeder Brief muß, bevor er das Haus verläßt, von einem anderen höheren Mitarbeiter gegengezeichnet und wiederum zum Nutzen aller in Zusammenfassung verteilt werden. »Stil« ist Siegmunds Steckenpferd, und das Wort »gediegen« gilt für alles, was bei ihm vorgeht. So sind auch die internen Notizen, die er als »gelbe Blätter« bezeichnet, in sehr gepflegter Form abzufassen. Und es erfüllt ihn mit Stolz, als der Gouverneur der Bank von England ihm eines Tages sagt, seine Briefe seien besser geschrieben als die meisten, die er aus der City erhalte.

Wie schon vor dem Krieg und wie in Hamburg im 19. Jahrhundert versammeln sich jeden Morgen um Viertel nach neun, während die damalige City noch schläft, sämtliche höheren Angestellten in seiner Anwesenheit, wobei ohne jede hierarchische Stufung jeder abwechselnd den Vorsitz führt. In einer halben Stunde sind die laufenden Geschäfte besprochen, die neuen zugeteilt, hat Siegmund seine präzisen, oft unerwarteten, manchmal ironischen Fragen gestellt.

Die Beziehungen mit dem Ausland werden mit demselben Anspruch behandelt, und schon damals wird bei S. G. Warburg viel gereist. Wer sich auf Reisen befindet, muß Siegmund ebenfalls täglich telefonisch oder mit einem Kodetelegramm Bericht erstatten und tut es auch. Befindet er selbst sich unterwegs – seine Reisen werden mehrere Wochen im voraus bis ins letzte Detail geplant –, so läßt er sich täglich, egal, wo er sich befindet, zwei dicke Aktenbündel in einem gelben Umschlag schicken; das eine enthält die Gesamtnotiz der eingegangenen Briefe, der Telefongespräche und der Morgenbesprechung, die Liste der gekauften oder verkauften Papiere, den Terminkalender des Leitungspersonals in London oder anderswo, die Liste der Essensgäste in der Bank und eine Übersicht über die britische Finanzpresse; das andere den Stand der wichtigsten Konten, die laufenden Vorhaben, die Überlegungen über in Ausarbeitung befindliche Strategien und die Kapitalbewegungen.[175]

So ist er ständig voll im Bilde. Selbst die kleinste Information, die einer seiner Leute in Erfahrung gebracht hat, wird ihm mitgeteilt, auch wenn sie nicht unmittelbar mit dem Geschäft zu tun hat. Und er weiß sie zu nutzen.

»Onkel« und »Adoptivsöhne«

Alle diese dem äußeren Anschein nach kollegialen Erkenntnisse stehen in Wirklichkeit im Dienste einer außerordentlich zentralisierten Geschäftsführung. Siegmund regiert allein und mit eiserner Hand sein

Haus, umgeben von einem engsten Kreis der Vertrauten, die er an allem teilhaben läßt und die man nach Ronald Grierson die »Onkel« nennt: Henry Grunfeld, Eric Korner und E. G. Thalmann. Sie beseelt nur der eine große Ehrgeiz, ihn auf dem großen Abenteuer zu begleiten und mit ihm eine große Institution zu schaffen. Sie bewundern und achten ihn, aber sie erwarten nichts für sich. Mit ihnen verbindet ihn eine von großer gegenseitiger Achtung getragene tiefe Freundschaft. Alle sind deutsche oder österreichische Juden, die Engländer geworden sind. Alle betragen sie sich in der City wie Fremde, spielen die angeblich Naiven, die alles zu sagen wagen und die ausgefallensten Fragen stellen können. Oft auch sprechen sie untereinander deutsch, manchmal sogar vor Leuten, die kein Deutsch verstehen.

Sie sind Fremde, die glücklich sind, fast ohne es zu wollen zu Welten zugelassen zu sein, die ihnen nach Lage der Dinge eigentlich immer hätten verschlossen bleiben müssen. So lachen sie noch lange im vertrauten Kreis über den hochdekorierten englischen Offizier, den man nach dem Kriege einem wichtigen Kunden zuliebe hatte einstellen müssen und den man nach sechs Monaten auf sanfte Weise wieder losgeworden ist, der bei seinem Weggang das superbe Wort sagte: »Ich hätte nicht gedacht, daß es sich so angenehm mit Leuten zusammenarbeiten ließe, die ich fünf Jahre lang mit der Waffe in der Hand bekämpfte...«

Jenseits des Kreises der »Onkel« hat er noch weitere Emigranten bei sich. An erster Stelle zu nennen ist der Österreicher Charles Sharp, den er bei A. E. Wassermann in Berlin kennenlernte, der dann als Freiwilliger in der britischen Armee gedient hatte und sofort nach der Errichtung von S. G. Warburg bei ihm eintrat, um sich mit Krediten und der Vergabe von Devisenpapieren zu befassen, und der Jahr für Jahr die Bank mit einer Parodie der wichtigsten Leitenden unterhält; sodann ein weiterer Österreicher, Victor Bloch, dessen einzige Aufgabe darin besteht, über die Zukunftschancen nachzudenken und darüber stundenlang mit Siegmund zu diskutieren, neue mögliche Dienstleistungen und auszuprobierende Techniken zu erdenken.

Daneben gibt es einen zweiten Kreis, in den je nach Siegmunds Gunst die besten Nachkriegsrekruten eingehen und den sie auch wieder verlassen, Engländer diesmal, seine potentiellen Nachfolger, die er seine »Adoptivsöhne« nennt: Ronald Grierson zuerst, dann sein wirklicher Sohn George Warburg, später Ian Fraser, Peter Spira, Eric Roll und schließlich David Scholey.

Sie ausfindig zu machen und heranzubilden stellt eine seiner wesentlichen Betätigungen und eine seiner Passionen dar. Für ihn ist eine Institution immer eine Mannschaft, d.h. Menschen, die besten, die man finden kann und die zur Zusammenarbeit fähig sind. Er wählt sie nach Methoden aus, die damals in der City gänzlich unbekannt sind. Tatsächlich werden zum erstenmal führende Mitarbeiter einer Bank nicht nach Geburt noch auch nach ihrem bloßen Bildungsweg, sondern nach ihrer intellektuellen Originalität, ihrer Intelligenz, ihrem Mut, ihrer Charakterstärke, ihrer Allgemeinbildung, ihrem Sinn fürs Detail und vor allem ihrem »Stil« und ihrem »göttlichen Funken« ausgesucht.[207] Hat einer von Siegmunds Helfern einen Kandidaten ausgemacht – er schickt seine Beauftragten in die englischen Universitäten, um sie herauszufinden –, dann empfängt er ihn persönlich und läßt ihn über Literatur oder Politik, keinesfalls aber über Bankfragen reden. Und dann, urplötzlich, schnellt er die Frage auf ihn ab:[175] »Würden Sie Ihrem Chef zu widersprechen wagen, wenn Sie mit ihm nicht einverstanden sind?«, oder: »Würden Sie sich als Nichtkonformisten ansehen lassen?« Viele geben die falsche Antwort. Wer diese Hürde genommen hat, wird dem letzten Test unterzogen: der Graphologie.

So ist es nicht verwunderlich, daß Siegmund erstaunliche Männer um sich schart: keine Profitjäger, sondern Menschen mit Stil und Vorstellungskraft von überall her. Am Ende seines Lebens sagt er übrigens in Anspielung auf die seit seinem Weggang veränderte Einstellungspraxis:[207] »Ich fürchte, wenn ich heute dreißig Jahre alt wäre, würde man mich bei S. G. Warburg nicht nehmen, weil man mich für zu exzentrisch, zu unberechenbar hielte.«

Eine »Offiziersmesse der Royal Air Force«

Ende der vierziger Jahre sind zu den fünfzehn Personen, die seit zehn Jahren an seiner Seite arbeiten, zehn weitere hinzugetreten. Es herrscht, wie ein Zeuge sagt, die Atmosphäre einer »Offiziersmesse der Royal Air Force«; ein anderer meint, man arbeite dort »wie die Mitglieder eines Kammermusikorchesters«. Siegmund betreibt seine Arbeit mit eisernem Willen und Einfallsreichtum, die sich den anderen sofort mitteilen. Er selbst widmet der Fürsorge für seine Leute viel Zeit: »Um eine gute Mannschaft zu haben«, sagt er damals,[175] »muß sich der Chef im kritischen Augenblick nicht nur vor sie stellen, sondern sie schützen.« Um sie am »göttlichen Funken« teilhaben zu lassen und besser an allen Vorgängen zu beteiligen, wendet er das »Päppelprinzip« an, wie er es nennt: Einer der »Jungen« muß von jeder wichtigen Sitzung eine Niederschrift anfertigen, die Siegmund dann selbst korrigiert, bevor sie im Haus verteilt wird. Daraus entsteht ein ungeheurer Archivbestand, der zum größten Teil noch heute verfügbar ist und eines Tages vielleicht das Material für eine spannende Geschichte der City abgeben kann.

All das macht seine Mitarbeiter zu einer verschworenen Mannschaft. Manche, die dort gearbeitet haben, aber nicht lange geblieben sind, meinen sogar, es gehe da zu wie bei »einem Militärdienst, der nie zu Ende ist«.[206]

Aber auch wie bei Hofe: In seiner Umgebung befinde man sich, wie man in den Fluren munkelt,[206] »immer im Aufzug, entweder nach oben oder nach unten«. Siegmund versteht es im übrigen ausgezeichnet, abwechselnd Erweise der Zuneigung und Achtung, der Festigkeit und der Freundlichkeit, der Gleichgültigkeit und des Grimms zu verabreichen. »Er kennt weder Erbarmen noch auch nur Mitleid«, sagt der Franzose Pierre Haas, der lange bei ihm gearbeitet hat.[221] »Eine Verfehlung genügte, und sofort verschlossen sich seine Züge, auf immer, wenn es ein schwerer Fehler war. Mittlere Verfehlungen zogen eine Bußzeit von drei Tagen bis drei Monaten nach sich. War es schwerer gewesen, so wurde er unerbittlich; eine Haltung permanenten Mißtrauens seinerseits brachte den Sünder ganz von selbst binnen weniger Wochen oder Monate zur Kündigung.«

Wenn er jemand nicht mehr mag, dann setzt er ihn in irgendein entlegenes Büro, wo er sich plötzlich ohne jegliche Arbeit wiederfindet, und Henry Grunfeld sagt oder schreibt er schreckliche Dinge wie zum Beispiel: »Dieser Kerl ist nichts wert; wozu behalten wir ihn?«

Aus alldem erwächst eine Mannschaft aus präzise arbeitenden, fleißigen, anspruchsvollen und eleganten Leuten mit Korpsgeist und großer Verehrung für den Chef.

Damals arbeitet kein anderer Geschäftsbankier auf der Welt auf diese Weise. Keiner verfügt wie er über Leute, deren hauptamtliche Tätigkeit darin besteht, über die Geschäfte nachzudenken, die man in zwei Jahren tätigen, und über Methoden, die man in fünf Jahren anwenden wird. Keiner auch besitzt eine einigermaßen klare Vorstellung der langfristigen Wirtschaftsperspektiven. Kein anderer nimmt sich zwei oder drei Tage Zeit, um an irgendeinem Ende der Welt an einem Essen teilzunehmen mit keinem anderen Ziel, als eine Verbindung anzuknüpfen mit Industriellen, die sich erst nach vielen Jahren als Kunde bei ihm einstellen.

Die Abwertung von 1949 und die Zeit danach

Am Jahresbeginn 1949 scheint sich die britische Wirtschaft erholen zu wollen. Die Industrieerzeugung liegt um ein Drittel, die Ausfuhr um die Hälfte höher als vor dem Kriege. Aber das scheint eben nur so, denn zur gleichen Zeit sind die Einfuhren um 85 Prozent gestiegen und läßt sich die Zahlungsbilanz einfach nicht ausgleichen.[35] Schon im Frühjahr steht das Land am Rande des Außenhandelsbankrotts, und Stafford Cripps ist zu krank, als daß er die Finanzen wirksam lenken könnte.

England ist jedoch nicht das einzige Land in Europa, dem es schlecht geht. Noch ist kaum die Tinte trocken unter den Abkommen von Bretton Woods, da werden auch schon alle Länder Europas von den ersten großen Währungswirren erfaßt. Die Parität, die die einzelnen Staaten bei ihrem Beitritt zum IWF festgelegt haben, erweist sich als wirklichkeitsfremd: Schweden, Norwegen, Finnland, Frankreich, Griechenland, Neuseeland, Italien, Argentinien, China und Japan verändern ihre Parität.[161] In diesem Jahr weist Europa gegenüber den Vereinigten Staaten und dem Marshallplan ein Zahlungsdefizit von 9 Milliarden Dollar aus, wobei der Marshallplan allein Großbritannien in diesem Jahr runde 1,169 Milliarden Dollar einbringt, die aber nicht ausreichen, um die Devisenverluste auszugleichen.[35] Das englische Zahlungsbilanzdefizit steigt, der Goldabfluß beschleunigt sich. Eine

Anfang September einberufene englisch-amerikanische Zusammenkunft, die das Ungleichgewicht zwischen der Dollar- und der Sterlingzone reduzieren soll, kommt zu keiner Lösung.[10] Es hilft nichts, man muß nachgeben, und Attlee entschließt sich als zweiter Labourregierungschef schweren Herzens zur Abwertung, auch diesmal wieder, weil einige Zeit zuvor eine konservative Regierung eine zu hohe Parität angesetzt hatte.

Am 18. September 1949 wird das Pfund um 30,5 Prozent abgewertet, und sein Wechselkurs fällt von dem seit 1939 geltenden Wert von 4,03 auf 2,80 Dollar. Zahlreiche andere Länder in und außerhalb Europa werten ihrerseits ebenfalls ab:[161] die Commonwealthländer, Frankreich, Deutschland, Belgien, Israel; als einziges europäisches Land wertet nur die Schweiz nicht ab. So wird das als praktisch perfekt gepriesene Bretton-Woods-System noch vor seiner wirklichen Anwendung in Frage gestellt.[10] Technisch ist diese Abwertung für England ein Erfolg: Sie regt die Ausfuhren an und senkt die Einfuhren, wodurch sich die Handels- und Zahlungsbilanz verbessert.[4]

Im November läßt Attlee die Verstaatlichung von Eisen und Stahl verabschieden und schreibt Neuwahlen aus. Bei der favorisierten Labourpartei gerät die Nationalisierungseuphorie in vollen Schwang: Einige ihrer Vertreter verlangen die Verstaatlichung der Merchant Banks, der Ziegeleien, der Mehl- und Margarinefabriken; in einer Broschüre der »Fabian Society« unter dem Titel *More Socialism or less* fügen andere die Nationalisierung des Lebensmittelgroßhandels, der Autoindustrie, der Lebensversicherungen, der Flugzeugmotoren, der Werften, der Hafenanlagen, der Kohleverteilung, von ICI und Unilever hinzu.[35] Dennoch wird mit einer Verstaatlichung der Merchant Banks nie Ernst gemacht.

Aber die Wahlen erbringen keine klare Mehrheit, und mit nur 8 Sitzen Vorsprung bleibt Labour an der Regierung, wobei die meisten Versprechungen seines Programms auf den Sankt-Nimmerleins-Tag verschoben werden.

Ende Oktober 1950 tritt der kranke Stafford Cripps zurück und wird im Schatzamt durch Gaitskell ersetzt. Zu Siegmunds großer Enttäuschung bleibt die Wirtschaftspolitik außerordentlich klassisch. So schlägt Anfang 1951 zur Senkung der Importnachfrage der Schatzkanzler massive Einsparungen im Gesundheitshaushalt vor; am 29.

April treten Bevan und der junge Handelsminister Harold Wilson aus Protest gegen diese tiefen Einschnitte in den Etat zurück. Wilson wird unter anderem auch Berater der Holzeinfuhrfirma Montagu Mayer und trifft oft mit Siegmund zusammen, mit dem ihn Stafford Cripps bekannt gemacht hat.

Labour, auf der Rechten wie auf der Linken geschwächt, geht jedoch der Atem aus, und im Juni 1951 ergeben Neuwahlen eine große Mehrheit der Konservativen. Winston Churchill wird mit 77 Jahren wieder Premierminister und Butler Schatzkanzler. »Es ist im Augenblick unwichtig, daß Sie kein Wirtschaftsfachmann sind«, sagt Churchill zu ihm,[35] »ich war es auch nicht.« Das ist freilich wenig zweifelhaft, wenn man bedenkt, daß er 1926 die Parität des Pfundes auf die von 1913 festgesetzt hat . . .

Zwei Wochen nach der Machtübernahme durch die Konservativen kommt es zur ersten Überseekrise, die Siegmund schon seit den Vorkriegstagen kommen sah: Die Kairoer Regierung kündigt den englisch-ägyptischen Vertrag von 1936 und das Abkommen über das Kondominium im Sudan von 1899, die die Rechtsgrundlage für die Stationierung britischer Truppen auf ägyptischem Hoheitsgebiet bilden.[35] Damit beginnt eine Geschichte, die etwas später damit enden wird, daß das Pfund jede internationale Rolle verliert.

Während dieser Zeit entwickelt Siegmund seine Geschäftstätigkeit für die englischen Mittelbetriebe, was ihm neue Kunden einbringt, die ebenso wenig konformistisch sind wie er.

So 1951 Cecil King, den Neffen von Lord Northcliff, einem der Erfinder der modernen Presse, der mit nur 4 Prozent des Kapitals die Leitung des *Daily Mirror* übernimmt, bei dem er seit dem Kriege arbeitet. Ohne ihn zu kennen, erwählt er sich Siegmund als Bankier, weil er gehört hat, das Establishment lehne Siegmund ab, so wie es ihn selbst ablehnt.[145] Im selben Jahr begegnet Siegmund Roy Thomson, einem Kanadier, der soeben seine erste englische Zeitung in Schottland erworben hat. Auch er wird Siegmunds Kunde.

Ende 1951 werden die letzten Rationierungsscheine beseitigt.[35] Wie das übrige Europa braucht auch England Kapital. Die Abwertung scheint erfolgreich. Die Handelsbilanz ist wieder ausgeglichen; Butler und der Gouverneur der Bank von England fassen sogar ein zweites Mal die Wiederherstellung der Konvertierbarkeit des Pfundes ins

Auge, die drei Jahre zuvor danebengegangen war. Aber im Januar 1952 lösen Gerüchte in den Couloirs der Commonwealthkonferenz eine Spekulation gegen das Pfund aus, und Churchill ist gezwungen, bei der Nichtkonvertierbarkeit zu bleiben. »Im langen Rückblick«, schreibt Butler später,[35] »halte ich die Entscheidung der Nichtfreigabe des Pfundes für einen grundlegenden Fehler. Das Nichtvorhandensein eines frei floatenden Wechselkurses hat die Schatzkanzler eines inneren Regulativs beraubt, wie ihn der Diskontsatz in aller Regel darstellt. Hätte ein solches internes Regulativ bestanden, wäre ein floatender Wechselkurs hingenommen worden, dann wären den Konservativen die Wechselfälle und Unannehmlichkeiten der wirtschaftlichen Stops-and-goes erspart geblieben, desgleichen den Sozialisten die traumatische Erfahrung einer zweiten, rein formalen Abwertung.«

Da das Pfund unbenutzbar geworden ist, verlieren die Merchant Banks ihre Rolle im Commonwealth an kanadische und australische Banken und die Begebung ausländischer Papiere an die New Yorker Banken, die billiger sein können als London, weil der Dollar konvertierbar ist. Daraufhin wendet sich die City den britischen Unternehmen zu, indem sie besondere Investitionsfonds schafft, allerdings Jahre nach Siegmund, der jetzt schon mit einem ganzen Netz kleiner und mittlerer Betriebe des Landes arbeitet.

Aber die Wetterbesserung hält nicht an. Im Juli 1952 reißt General Nagib in Kairo die Macht an sich und verlangt seinerseits den Abzug der britischen Truppen.[35] Ende des Jahres steht die britische Zahlungsbilanz wieder im Defizit. 1953 werden das Straßenverkehrswesen sowie Eisen und Stahl teilprivatisiert.

Die EUROBANK

Zwar lehnen die Ostblockländer die Marshallplanhilfe rundweg ab, aber dennoch werden die in den Zentralbanken des Ostens mindestens in gleichem Maße in Reserve gehaltenen Dollars als erste zwischen europäischen Banken verwendet. So entsteht die erste »Eurowährung« nach dem Kriege weit außerhalb der in Bretton Woods sorgfältig abgesteckten Wege.

Aus dieser Währung, die in diesen Tagen des kalten Krieges aus dem

Nichts geschöpft wird, entstehen die Riesenschulden, die heute noch auf uns lasten. Die Warburgs können nichts dafür, aber später wird Siegmund daraus eine unglaubliche Finanzierungsquelle für die multinationale Industrie machen.

Seltsam ist jene erste Bank, die so den Dollar zur Schmuggelware macht: die Banque Commerciale pour l'Europe du Nord. Ihre Geschichte ist erzählenswert.

Am 30. August 1921 wollen sich russische Emigranten in Paris als Bankiers niederlassen und kaufen in der Avenue de l'Opéra ein »Comptoir parisien de Banque et de Change«, das sie in »Banque Commerciale pour l'Europe du Nord« umtaufen, wobei sie als Telegrammadresse »EUROBANK« wählen. Ihre Kunden sind damals russische Emigranten, deren Kapital sie neu anzulegen versucht. Das verläuft wenig erfolgreich, und so gerät die Bank im Frühjahr 1925 in Schwierigkeiten, genau zu dem Zeitpunkt, als die Regierung Herriot diplomatische Beziehungen mit der UdSSR aufnimmt.

Nun wollen die Sowjets gerade für die Abwicklung ihrer Handels- und Finanzbeziehungen mit Frankreich in Paris ein Bankinstitut kaufen. Die Eröffnung einer sowjetischen Bank in Frankreich wäre sehr problematisch gewesen, insbesondere wegen des immer noch lebhaften alten Streits um die russischen Anleihen zu Anfang des Jahrhunderts, die nach der Oktoberrevolution nie zurückgezahlt worden sind. Folglich beschließt Moskau, ein vorhandenes Institut aufzukaufen, und interessiert sich für diese Banque Commerciale pour l'Europe du Nord, wo man Russisch spricht und die Sowjetunion recht gut kennt. Bald ist der Handel perfekt und geht die Bank aus den Händen der Weißrussen in die der Sowjets über, wobei ihr Personal im wesentlichen erhalten bleibt. Und bis zum Krieg handhabt die Bank den geringen Handel zwischen der UdSSR und Frankreich.

Nach dem deutschen Einfall in Rußland im Juni 1941 wird die Bank vom deutschen Besatzer geschlossen, der einen Sequesterverwalter einsetzt. 1946 wird sie in einem anderen Gebäude in der Rue de l'Arcade 21 wiedereröffnet, entwickelt aber in Frankreich keinerlei Finanzaktivität (tatsächlich ist es unmöglich, daß sich in Symmetrie dazu eine französische Bank in der UdSSR niederläßt). Sie konzentriert sich deswegen auf den internationalen Handel für die Länder des Ostens und verkauft bulgarisches oder rumänisches Gold an die Bank von Frankreich, die Schweizerische Bankgesellschaft, die Banque d'Indochine sowie an weitere Institute.

Zwei Jahre lang verläuft alles ganz normal. Die Entwicklung des Handelsaustauschs in Europa und ab April 1950 die Schaffung einer Europäischen Zahlungsunion anstelle der vorherigen bilateralen Abmachungen verändern die Art der Betätigung der Bank in keiner Weise.

Am 24. Juni 1950 bricht der Koreakrieg aus. Die amerikanische Armee greift ein. Truman und McArthur beschließen den Einsatz amerikanischer Truppen, aber die Truppen Mao Tse-tungs, die am 22. Januar 1949 Peking eingenommen haben, werfen sich im folgenden Jahr in die Schlacht. Jetzt taucht der »Eurodollar« auf.

Tatsächlich befürchtet die Bank von China, ihre Dollarreserven, die seit Anfang der dreißiger Jahre in westlichen Banken lagern und die sie nicht zurückgeholt hat, könnten gesperrt werden. Um sich gegen mögliche amerikanische Schnüffelei besser zu wappnen, deponiert sie ihre Fonds in der Banque Commerciale pour l'Europe du Nord (BCEN), wo sie in einem Sonderkonto geführt werden, das auf den Namen der Ungarischen Nationalbank lautet. Die Chinesen zahlen zunächst 5 Millionen Dollar für sechs Monate ein. Und hierin liegt die gewaltige, zunächst nebensächlich erscheinende Neuheit: Die Bank, die diese Dollars, um sie besser zu schützen, möglichst schnell loswerden will, vergibt sie zu niedrigem Zins an die BNCI, die BUP und die Bank of America. Diese Operation wird teilweise für weitere sechs Monate wiederholt, dann ausgedehnt. Den Chinesen kommt das sehr zupaß: Gleich nach ihrem Eingreifen im Koreakrieg werden die noch bei anderen Banken, so zum Beispiel bei der Banque d'Indochine, befindlichen Gelder auf Ersuchen der amerikanischen Behörden gesperrt.

So findet zum erstenmal eine Dollartransaktion außerhalb der USA statt, die damit weder den amerikanischen Bankregeln noch den amerikanischen Zinssätzen unterliegt. Und solange sie der Entleiher nicht dazu benutzt, aus Amerika Gold abzuziehen oder dort eine Schuld zu begleichen, entstehen damit Dollars aus dem Nichts, ohne daß sich das amerikanische Währungsvolumen deswegen verringert, und sie entstehen auch unbegrenzt, denn die Banken, die die Dollars erhalten, können sie im Gegensatz zu den Einlagen internen Ursprungs ohne Einbehalt einer Mindestmenge weiterverleihen.[51]

Dieser erste Radierstrich im Text von Bretton Woods vom Juni 1950 ist folglich eine recht seltsame Angelegenheit: Mitten im kalten Krieg leihen die sowjetische und chinesische Staatsbank Westeuropa zur Finanzierung seines Wiederaufbaus *kurzfristig* Dollars!

Im selben Jahr halten manche[204] eine andere Operation für den ersten *mittelfristigen* Kredit in Dollars, für die erste *Euroemission:* Philips N. V. legt in Dollars eine mittelfristige Anleihe in Höhe von 25 Millionen auf dem holländischen Markt auf. Tatsächlich ist diese Anleihe keine Emission im eigentlichen Sinne, denn sie ist einigen im voraus bestimmten Aktionären vorbehalten. Die erste wirkliche Dollaremission außerhalb Amerikas findet erst dreizehn Jahre später statt, und Siegmund Warburg hat sie von London aus erdacht.

Im folgenden Jahr 1951 entwickeln sich die kurzfristigen Eurodollars. Mit Fortdauer des Koreakrieges und Ausbreitung des kalten Krieges kommen weiterhin Dollars aus dem Osten bei der BCEN an; die BNCI, die Société Générale und der Crédit Lyonnais gelangen auf diese Weise in den Genuß von Dollardepots in zig Millionen Höhe, und mehrfach ist die BCEN sogar der Bank von Frankreich bei der Wahrnehmung von Fälligkeiten gegenüber der Europäischen Zahlungsunion behilflich. Italien, Belgien, Holland, die Bundesrepublik Deutschland und England erhalten ebenfalls über denselben Kanal Hunderte Millionen Dollar, Mark und Schweizer Franken aus dem Osten.

Als dann am 27. Juli 1953 der Koreakrieg endet, werden die Konten der Ostländer in den Vereinigten Staaten wieder freigegeben. Aber die »EUROBANK« nimmt weiterhin den Löwenanteil an den Westdevisen der Staatsbank der UdSSR entgegen, verzinst sie auf Sicht und gibt sie an amerikanische und europäische Banken weiter.[51] Jetzt allerdings ist sie nicht mehr die einzige, sondern bringen viele Privatbanken die aus Verkäufen in Amerika stammenden Dollars untereinander in Umlauf: Der Eurodollar wird zu einer ganz alltäglichen Währung.

Übernahme von Kuhn, Loeb & Co.

Schon Ende der vierziger Jahre reist Siegmund regelmäßig in die Vereinigten Staaten, im Prinzip zweimal jährlich, an Bord eines jener herrlichen Linienschiffe der Cunardlinie, wo sich die damalige Elite ein Stelldichein gibt. Seine New Yorker Investitionsfiliale bringt ihm nur ganz wenige deutsche und englische Kunden ein, deren Fonds er in den USA investiert.

Aber er spürt, daß sich die Zeiten ändern werden, daß sich das Industriewachstum in den Vereinigten Staaten verlangsamen wird und für die Firmen und Finanzleute jenseits des Atlantiks Absatzmöglichkeiten auf dem Alten Kontinent von Nutzen sein werden, man mithin jetzt, wie er schon lange erwartet, Dollars und amerikanische Firmen nach Europa bringen muß.

Und damit er sie dann in London als Kunden bekommt, beschließt er, sie sich schon jetzt in New York zu suchen und dazu eine der Banken der Familie Kuhn, Loeb & Co. in die Hand zu bekommen, die in der Wall Street ganz oben rangiert.

Zu jener Zeit streiten sich die größten damaligen Finanzleute um die Ehre, dort einzutreten. J. R. Dilworth wird Teilhaber. John Schiff leitet immer noch diese Ansammlung von Milliardären, die untereinander die Gewinne verteilen, ohne sie wieder zu investieren. Zusammen mit Morgan Stanley, Dillon Read und Lehman, in der der frühere Militärbefehlshaber in Deutschland, General Lucius D. Clay, Teilhaber wird, gehört sie zu den vier größten amerikanischen Investitionsbanken. Sie verkauft ihre Finanzberatung zu horrenden Honoraren, organisiert Kapitalaufstockungen, Fusionen und Aufkäufe für die angesehensten Firmen von Luftverkehrsgesellschaften bis hin zu Werften und Eisenbahngesellschaften.

Anfang 1952 bildet ein junger Mann, der eben erst bei Kuhn, Loeb & Co. eingetretene Alvin E. Friedman, ganz zufällig den Ursprung der ersten Geschäftsbeziehung zwischen der amerikanischen Bank und S. G. Warburg: Die Leitung der Hudson Bay Company – jenem eigenartigen, im 17. Jahrhundert von Trappern gegründeten öffentlichen Unternehmen, das nach den Regeln seiner Statuten in britischen Händen verbleiben muß – hat ihn beauftragt, Privataktionäre zu finden, und so schlägt er vor, über N. M. Rothschild in London tätig zu werden, deren New Yorker Korrespondent Kuhn, Loeb & Co. seit jeher ist. Sir William Wiseman, Siegmunds Gefährte in Kriegstagen, regt dagegen an, er solle sich der Bank S. G. Warburg bedienen, was er auch tut. Daraufhin organisiert Siegmund Mitte 1952 die Plazierung der Wertpapiere, findet aber nur für einen geringen Teil Interessenten.

Im selben Jahr 1952 wird Siegmund an der Begebung einer Anleihe Kuhn, Loebs auf dem Schweizer Markt in Höhe von 75 Millionen Schweizer Franken für die International Standard Electric Corporation beteiligt. Desgleichen organisiert er, wiederum mit Kuhn, Loeb & Co., den Verkauf einer Filiale der kanadischen Gesellschaft Gatineau Power Co. an die britische Firma Imperial Gas. Und nach und nach findet er Eingang in die Räte und Komitees der amerikanischen Firma.

Am Ende dieses Jahres, in dem Eisenhower gegen Adlai Stevenson amerikanischer Präsident wird, McCloy Deutschland verläßt, Gert Whitman sich aus Deutschland zurückzieht und in Zürich niederläßt, übernimmt Siegmund in New York geradezu blitzartig die Macht: Durch seinen Charme und seine Unnachgiebigkeit setzt er sich bei Kuhn, Loeb & Co. durch, wobei er sogar seine eigene New Yorker Filiale etwas vernachlässigt.

Anfang 1953 schlägt John Schiff ihm vor, bei Kuhn, Loeb & Co. ein Büro zu beziehen und ihn in sämtlichen Geschäften innerhalb und außerhalb Amerikas zu beraten. Er ist einverstanden; aber die auf dem New Yorker Markt geltenden Regeln verbieten ihm die Beteiligung an einer Gesellschaft der New York Stock Exchange, da er bereits Aktionär einer Bank ist. Infolgedessen wird im November 1953 für die Leitung von Kuhn, Loeb & Co. ein Exekutivausschuß aus zwei amerikanischen Teilhabern und Siegmund mit gleichen Rechten gegründet. Und Anfang 1954 übernimmt er, soweit überhaupt möglich, das Kommando und läßt sich jedes Jahr einige Monate lang in New York im Hotel Drake nieder und versucht, in dieser Gruppe aus Individualisten seine Methoden und Vorstellungen durchzusetzen.

Achtzehn Monate später, am 5. Mai 1955, wird in einem firmeninternen Memorandum festgestellt, daß er als Teilhaber zu behandeln ist, den Titel »Exekutivdirektor« führt und die Hälfte des Jahres in New York verbringen muß.

In dem neuen und luxuriösen Gebäude an der Wall Street gibt es damals elf Teilhaber mit als wichtigsten John Schiff, Frederick Warburg, Sir John Wiseman, George Bovenizer und J. R. Dilworth. In den Broschüren der Bank erscheint sein Name sofort nach denen der Teilhaber und vor den Prokuristen,[197] zu denen auch Henry Necarsulmer gehört, der zwei Jahre später Teilhaber wird und sich als sein schlimmster Feind entpuppt.

Aber er kann nicht verhindern, daß die Firmenbroschüre die Verbindungen mit seinem eigenen Bankhaus bagatellisiert:[217] »In Europa sind wir vor kurzem eine enge Verbindung mit S. G. Warburg & Co. in London eingegangen, wobei wir jedoch unsere anderen traditionellen Kontakte mit den Banken in London und auf dem Kontinent aufrechterhalten. Diese Verbindungen hatten zur Folge, daß wir beim Kauf europäischer Unternehmen konsultiert worden sind und unseren amerikanischen Klienten bei ihrer Investitionstätigkeit in Europa größtmögliche Unterstützung zuteil werden ließen.« Dabei können in dieser Zeit nur die von Siegmund und trotz der Widerstände aller anderen New Yorker Teilhaber in Gang gesetzten Kredite so stolze Worte rechtfertigen ...

Mercury Securities und Privatfernsehen

S. G. Warburg ist jetzt eine kleine, aber aktive, einfallsreiche und unglaublich agile Bank. Ihre Gewinne steigen von 40 000 Pfund im Jahre 1945 auf 60 000 im Jahr 1948, dann 1951 auf 160 000 und 1953 auf 200 000. Das ist zwar im Maßstab der City immer noch wenig, aber es wird eben alles in die Bank reinvestiert. Die Direktoren – Siegmund und die »Onkel« – verdienen jährlich nur 38 000 Pfund, und das ist sehr wenig, wenn man es mit den Einkommen der Herren von City und Wall Street vergleicht, aber auch im Verhältnis zu den eigenen Jahresgewinnen.

Im August 1953, als die Kupfertransaktionen wieder anlaufen, zeigt Siegmund Warburg immer mehr Interesse an Brandeis-Goldschmidt, die er auf die Förderung dieses Metalls und die Erzeugung seiner Nebenprodukte konzentrieren will.

Im selben Jahr fällt ihm per Zufall eine weitere Firma zu: Die sehr dynamische britische Werbefirma »Masius Fergusson«, deren Präsident sich zur Ruhe setzen will, steht zum Verkauf an. Dieser Kauf, der ihn damals zögern läßt, kann seitens eines Bankiers sinnlos erscheinen. Tatsächlich aber wird er später eine entscheidende Rolle spielen, weil er Siegmund den Eintritt in einen bedeutsamen Markt eröffnet: den Medienmarkt.

Denn mit Hilfe einiger Freunde, Neuankömmlinge wie er, darunter Lionel Fraser und Cecil King, wird Siegmund binnen einiger Jahre zum Bankier der dynamischsten britischen Presse werden und damit ganz nebenbei den Weg fürs Privatfernsehen in Europa ebnen.

Privatfernsehen gibt es schon seit einigen Jahren in New York, Los Angeles und Chicago. Im Juli 1946 hat das amerikanische Aufsichtsamt 24 Rundfunkstationen die Genehmigung erteilt, auf der Grundlage von Werbung Fernsehkanäle einzurichten. Sodann versagte es fünf Jahre lang jede weitere Neugründung, bis es dann 1953 wieder einige hundert zusätzliche Stationen genehmigte.[6] In Europa stecken zu jener Zeit die Medien noch in den Kinderschuhen. Eben erst gibt es erste Anfänge des öffentlichen Fernsehens in Frankreich und England. Die Konservativen und die britischen Arbeitgeber erblicken im Privatfernsehen eine Gelegenheit, das Monopol der BBC zu brechen. So verfassen sie im Januar 1953 ein Weißbuch mit der Forderung »nach dem freien Spiel des Wettbewerbs« und der Schaffung privater Fernsehketten neben der BBC.[144] Aber bei der Labouropposition und in anderen Kreisen, bei den Ultrakonservativen ebenso wie bei der Linken befürchten viele, die Privatisierung des Fernsehens werde nur den amerikanischen Einfluß verstärken, und im Juni startet eine äußerst buntgewürfelte Gruppe, die von den Gewerkschaften bis zu den Lords reicht, eine Kampagne gegen das Vorhaben.[35]

Die City hält damals gar nichts von der Rentabilität derartiger Projekte und schert sich überhaupt nicht darum. Nur Siegmund zeigt sich auf Bitten einiger Freunde, die er bei der Presse gewonnen hat, aufgeschlossen; mag er selbst das Fernsehen auch überhaupt nicht und schaut er es sich niemals an, so erkennt er doch die Chance, Eingang in einen zukunftsträchtigen Bereich zu gewinnen. Im übrigen kommt der frühere Präsident einer verstaatlichten Elektrizitätsgesellschaft, Sir Robert Renwick, der inzwischen Finanzmakler geworden ist, dem späteren Gesetz zuvor und beginnt mit der Vorbereitung eines weiteren Projekts für ein Privatfernsehen.

Ende 1953 ersucht die Regierung das Parlament um Zustimmung zur Schaffung privater Fernsehsender.[6] Im März 1954 wird das Gesetz mit knapper Mehrheit verabschiedet; es lehnt sich an das Chicagoer Modell an. Ein öffentliches Organ, die ITA, ist mit dem Bau der Sendestationen betraut und vergibt die Lizenzen.[144] Die Programme werden durch Werbung und einen jährlichen Zuschuß von 750000 Pfund finanziert. Ein Lastenheft schreibt Qualitätsnormen für die Programme vor.[35]

Zur gleichen Zeit begibt sich Siegmund an die Reorganisation seiner Bank, um Zugang zum Kapitalmarkt zu erlangen und Anteile, zum Beispiel von Brandeis-Goldschmidt und Masius Fergusson, unbesteuert kaufen zu können. Er beschließt deshalb, eine neue Holding zu gründen und sowohl die Bank als auch die von ihm im Dienstleistungsbereich kontrollierten Unternehmen daran zu beteiligen.

Diese Reorganisation ist ziemlich komplex. Siegmund findet eine uralte Waggonverleihfirma, die bereits oben erwähnte »Central Waggon Company«, die im 19. Jahrhundert gegründet wurde, als die Banken noch eine Finanzierung der britischen Eisenbahnen ablehnten. Inzwischen ist sie anläßlich der Verstaatlichung zur Filiale von British Railways geworden, wobei ihre Waggons verkauft wurden, so daß nur noch Bargeld in der Kasse blieb. Am 1. März 1954 kaufen sie die Aktionäre von S. G. Warburg dem Staat wieder gegen bares Geld ab, das aus dem Verkauf der Bank und der Anteile Siegmunds an Brandeis-Goldschmidt an die Central Waggon stammt. Diese wird nun auf den Namen der alten Bankfiliale »Mercury Securities Ltd.« umgetauft. In dem bei dieser Gelegenheit ausgestellten Rechtsformular lesen wir: »Die Direktoren von MSL sind der Meinung, daß die Gesellschaft SGW befriedigende Einkünfte besitzt, und erwarten, unter Berücksichtigung unvorhergesehener Umstände in der Lage zu sein, für das laufende Geschäftsjahr eine Dividende von nicht weniger als 8 Prozent empfehlen zu können.« Die Leitung von Mercury Securities gleicht mit Siegmund Warburg, Gerald Coke und den »Onkeln« Grunfeld, Korner und Thalmann der von S. G. Warburg aufs Haar. Sodann wird das Kapital von Mercury Securities auf wenige Hände verteilt. Größter Aktionär wird Rio Tinto, denn sie verkauft gleichzeitig an Mercury ihre Restanteile an Brandeis, dessen Präsident Henry Grunfeld wird.

Kaum ist Mercury Securities Limited geschaffen, kauft es auch schon die Werbefirma Masius Fergusson auf, und Siegmund begibt sich mit ihr wieder an sein Vorhaben im Privatfernsehen. Zwei Theaterunternehmer, Lew Grade und Val Parwell, und eine Werbeagentin, Suzanne Warner, arbeiten die Einzelheiten aus. Finanziell startet Siegmund die Sache im Sommer 1954. Aber die ITA hält das

Vorhaben für allzu werbeorientiert und vergibt Ende 1954 die Lizenz erst, nachdem sie es mit einem anderen Projekt verknüpft hat, das der Journalist Norman Collins[144] mit Renwick vorlegt. So entsteht »Associated Television«. Anfangs ist es ein ziemlicher Versager, und daraufhin arrangiert Siegmund etwas später seinen Aufkauf durch Cecil Kings *Daily Mirror*. Zur gleichen Zeit kauft Thomson 80 Prozent einer eben in Schottland gegründeten Privatfernsehkette, die den Anfang seines Vermögensaufstiegs begründet.

Die Lage der britischen Wirtschaft verschlechtert sich in diesem Jahr weiter. Die Expansion hat eine übermäßige Binnennachfrage zur Folge, die Inflation steigt, die Abwertung hat sich in ihrer Wirkung erschöpft. Anfang Frühjahr 1955 überläßt Churchill den Platz des Premierministers an Eden, der das Unterhaus am 15. April auflöst. In der Wahlkampagne beschränkt sich Labour darauf, die erneute Verstaatlichung der Stahlwirtschaft und des Straßenverkehrs zu fordern – umsonst: Fast zehn weitere Jahre bleiben die Konservativen an der Macht.

Familienleben, Tod der Mutter

Über Siegmunds Familienleben ist nichts Aufregendes zu berichten. Die Meinung seiner Frau ist ihm sehr wichtig, und von seinen Affären ist lediglich zu sagen, daß er welche hat. 1954 zieht er von der kleinen Wohnung in der Fairacres Roehampton Lane 23 in eine sehr viel größere am Eaton Square um, wo er zwanzig Jahr bleibt.

Sein Sohn tritt in die Bank ein, ebenso Sir Staffords Neffe Milo Cripps. Seine Tochter geht nach Oxford und studiert Geisteswissenschaften. Eine ganze Reihe von Warburgs kommt in dieser Zeit durch London: Fritz, der weiterhin in Stockholm ist; Frederick, der in New York lebt; Eric, der seine Zeit zwischen Hamburg und New York verbringt; und James, der als Mitarbeiter von Adlai Stevenson tätig ist.

Seine Mutter, der er sich stets eng verbunden fühlt, wird jetzt sehr gebrechlich; wegen ihres Gesundheitszustands zögert er Ende Februar 1954, für einige Wochen nach Amerika zu gehen, diesmal ziemlich erstmalig mit dem Flugzeug. »Sie wurde geradezu ärgerlich, wenn sie den Verdacht hatte, ich hätte irgendwelche Verabredungen oder

Reisepläne ihretwegen geändert. Trotzdem wurde natürlich, je mehr ihre Schwäche ... zunahm, der gegenseitige Abschied für uns beide jedesmal immer schwerer. Daher sagte ich einige Tage vor einer meiner letzten Abreisen nach New York im Spaß zu ihr: ›Du solltest eigentlich mit mir im Flugzeug nach Amerika kommen.‹ Prompt kam die Antwort zurück: ›Das würde ich so gerne tun, wenn ich nicht hier so sehr viele gesellschaftliche Verpflichtungen hätte.‹« Er reist dennoch ab, aber im April stürzt seine Mutter im Zimmer und zieht sich schwere Verletzungen zu; einige Rippen sind gebrochen. Sie verlangte »von allen, die damals um sie waren, das eindringliche Versprechen, daß mir nichts von ihrer Gesundheitsstörung mitgeteilt werden dürfte«.[211]

Sie erholt sich nicht mehr von diesem Unfall und stirbt am 25. Oktober 1955 im Alter von über achtzig Jahren. »Meine Mutter hatte oft mir den besonderen Wunsch ausgesprochen, daß keine Trauerfeier für sie stattfinden sollte; das entsprach ihrer durch und durch bescheidenen Einstellung und ihrer Abneigung gegen alles Laute oder Zeremonielle.«[211] Sie wird in aller Stille in London eingeäschert. Später wird Siegmund noch oft von ihrer Asche sprechen.

Wenige Tage nach ihrem Tod verfaßt er einen langen Text über seine Mutter[211] »für diejenigen, die ihr nahestanden... Ich tue das in der deutschen Sprache, denn diese war ihre eigentliche Sprache, ebenso wie die Kunst Beethovens und Goethes ... den Hintergrund für die Lebensanschauung meiner Mutter bildete.« Dieser Niederschrift entstammen die obigen Zitate.

Der IWF macht Politik

1956 kommt es zur Suezkrise, aus deren Anlaß die Mittel des IWF erstmalig offen zu politischen Zwecken eingesetzt werden. Am 26. Juli, zwölf Jahre vor Ablauf der Konzession, verkündet Nasser die Verstaatlichung und Beschlagnahmung des Besitzes der Suezkanalgesellschaft. Die Gemüter in England und Frankreich erhitzen sich beträchtlich. Die *Times* schreibt:[35] »Wenn Nasser ungestraft bleibt, dann werden sämtliche britischen und westlichen Interessen im Nahen Osten vor die Hunde gehen.« Gleichzeitig verschärft sich die Lage des

Pfundes. Die Parität von 1947 läßt sich nicht länger halten. Das Zahlungsbilanzdefizit ist gewaltig, und die Wahrscheinlichkeit einer baldigen Abwertung beschleunigt noch die Kapitalflucht. Allein im Monat Juli gehen die Gold- und Devisenreserven um 50 Millionen Pfund zurück. Daraufhin wird ein Stabilisierungsplan beschlossen, und wie eh und je stellt er auf Rezession ab. Aber der Internationale Währungsfonds wird zum erstenmal seit seiner Gründung von Amerika offen zu politischen Zwecken eingesetzt, und die Schwäche des Pfundes macht England jede eigenständige Außenpolitik unmöglich. Denn unter Eisenhower, der seine Wiederwahl vorbereitet, wollen die Vereinigten Staaten unter gar keinen Umständen von irgendeinem Konflikt, mit wem auch immer, etwas wissen und sind bereit, alle Mittel einzusetzen einschließlich des Bruchs der Abkommen von Bretton Woods, um einen Krieg wegen des Suezkanals zu verhindern. »Großbritannien«, sagt R. A. Butler,[35] »mußte sich vor allem vor der amerikanischen Drohung hüten, gegen das Pfund zu arbeiten.«

Vom 16. bis 23. August versammeln sich dreiundzwanzig Länder in London, um ein internationales Statut für den Kanal auszuarbeiten; die Konferenz schlägt fehl, denn Eden will in Erinnerung an München auf keinen Fall nachgeben. Am 29. Oktober bereitet er mit Guy Mollet und Ben Gurion ein bewaffnetes Vorgehen gegen Ägypten vor. Am 30. stellt die britische Regierung Ägypten ein Ultimatum. Am 31. gehen britische und französische Truppen in Port Said an Land. Sir Anthony Eden begibt sich ausgerechnet zu diesem Zeitpunkt auf Urlaub nach Jamaika und überläßt Butler die Regierungsgeschäfte. Am 2. November fordern die Vereinten Nationen den Abzug der verbündeten Streitkräfte, und die Russen drohen mit einem dritten Weltkrieg.

Seit Einsetzen der Krise hat England 15 Prozent seiner Gold- und Dollarbestände verloren und muß Anfang November den IWF um einen Kredit ersuchen, für dessen Verweigerung die Vereinigten Staaten sorgen. »Ich hielt und halte diese Einstellung«, schreibt Macmillan später,[35] »für einen Verrat am Geist – und sogar am Buchstaben – des Systems, nach dem der Fonds funktionieren sollte.«

Tatsächlich wären die europäischen Unterzeichner der Bretton-Woods-Abkommen nie auf die Idee gekommen, Amerika könnte es auf solche Weise als Druckmittel benutzen. Dabei war das doch schon damals durch den Verlauf der Verhandlungen deutlich geworden.

Am 7. November 1956 geben England und schließlich auch Frankreich nach, und am 22. verkündet Butler den Abzug der britischen Truppen und die Benzinrationierung. Alles ist erledigt: Unter die kolonialen Ambitionen Europas ist endgültig der Strich zu ziehen. Das Pfund hat ausgespielt. Der IWF hat das Gesetz der Großen durchgesetzt.

Der Eintritt ins Allerheiligste

Siegmund baut seine Position in London und New York aus. Er ist mit Leidenschaft bei der Sache, die keineswegs nur aus spektakulären, sondern auch aus höchst prosaischen Geschäften besteht. So führt er neben den Großaktionen, mit denen er sich 1956 befaßt, auch andere, kleinere durch, so zum Beispiel für M. Sobell, den Schwiegervater von M. Weinstock, der der Radio and Allied Industry vorsteht, oder für die Ventilatorenfabrik PIFCO eines M. Webber, für die er Anteile auflegt. Und alles behandelt er mit demselben anspruchsvollen Sinn fürs Detail.

In der Bank arbeiten mittlerweile 60 Personen, davon mehr als die Hälfte Führungskräfte. Ihr Ruf erregt allmählich Aufsehen. »Das Bankhaus ist dafür bekannt, daß es mit seinen neuen Ideen, seiner sorgfältig auf innere Kommunikation abgestellten Organisation und seinen Arbeitszeiten in der City die Rolle einer Art Gärstoff spielt«, schreibt Sharp über jene Zeit.[222]

Immer noch mag ihn die City nicht, und er leidet sehr darunter. In diesem geschlossenen Club betrachtet man ihn immer noch als den Außenseiter, den Emigrantenbankier.

Seinerseits mißfallen ihm immer noch gewisse Verhaltensweisen der englischen Elite, und im Dezember 1956 notiert er:[214] »Zu den beherrschenden Haltungen der City gehören die Nachsicht gegenüber der Mittelmäßigkeit und die Lust an der Kritik der kleinsten Schwächen starker Persönlichkeiten.« Mit Wonne auch zitiert er einen Charakterzug, der sie trefflich beschreibt:[214] »Ein Engländer kommt um 1805 nach Paris und sieht Napoleon von weitem: ›Dem sieht man doch auf den ersten Blick an, daß er nie den Fuß nach Oxford gesetzt hat.‹« Immer noch verabscheut er die Bankette, vor allem die im Mansion House, zu denen er jetzt eingeladen wird:[175] »Man muß den Frack anziehen, das ist sehr unbequem; und dann hört man zu, wie jemand eine lange Rede vorliest, die man genausogut am nächsten Morgen in der Zeitung lesen könnte.«

Das Finanzestablishment macht sich über seine »nutzlosen« Reisen und über die »beschäftigungslosen« Leute lustig, die in einem »Syndikatszimmer« beisammensitzen, wie man es vor dem Kriege in Deutschland zu tun pflegte, wo es doch in London noch gar keine »Syndikatskredite« gibt. Man ist erstaunt, daß Mercury Securities nun ein Sammelsurium von Dienstleistungsgesellschaften umfaßt, die fast aufs Geratewohl Kunden der Bank abgekauft wurden, die ohne Nachfolger verstorben sind, und die vom Metallverkauf bis zur Werbung reichen, nunmehr auch noch mit dem Erwerb der Firma »Stewart Smith Wrightson« in diesem Jahr die Versicherungsmakelei einbezieht. Seine Gewinne vor Steuern betragen jetzt eine Million Pfund, das Fünffache von 1951. Er selbst entnimmt weiterhin nur wenig Geld der Bank – etwa 100 000 Pfund, soviel wie die »Onkel« und knapp mehr als die Führungskräfte in der nächsten Stufe der Hierarchie.

In diesem Jahr rekrutiert er einen jungen Korrespondenten von Reuters in Bonn, Ian Fraser, der Bankier werden möchte. Die Art und Weise, wie er ihn engagiert, ist typisch für das damals bei S. G. Warburg herrschende Klima. Kein Mensch in der City will diesen Journalisten. Daraufhin schickt ihn Sir William Keswich zu Siegmund, der gerade auf der Suche nach jungen Leuten ist, die Europa gut kennen, weil er seine Präsenz in Deutschland verstärken möchte. Siegmund empfängt ihn zu einem langen Gespräch, läßt ihn sich noch am selben Tag bei Henry Grunfeld, E. G. Thalmann, seinem Sohn George, bei Robinow, Grierson, Sharp und Bloch vorstellen. Man stellt ihm allerlei Fragen, und nach mehreren Tagen mit Gesprächen derselben Art wird er für 800 Pfund im Jahr engagiert.

Am 8. Januar 1957 tritt Anthony Eden, der erst vor kurzem wieder in die Downing Street eingezogen ist, aus gesundheitlichen Gründen zurück. Am Tage darauf tritt Harold Macmillan an seine Stelle.[35] Am 13. Mai beschließt die Regierung, in der Nahostregion nur noch auf Ersuchen der beteiligten Staaten und vorbehaltlich der amerikanischen

Unterstützung eingreifen zu wollen.³⁵ Aber den Schritt zum Disengagement aus Übersee oder auch zur Beteiligung am Aufbau Europas, der mit der Unterzeichnung der Römischen Verträge einsetzt, tut sie nicht.

In dieser Zeit wird Siegmund ins »Allerheiligste« zugelassen. Im September 1957 macht ihn ein befreundeter Broker, Richard Jessel, der mit ihm die NTC gründete und in der City immer die Nase im Wind hat, darauf aufmerksam, das seit 1869 in London tätige Bankhaus Seligman Brothers, das dem Komitee der Akzeptbanken seit dessen Gründung im Jahre 1914 angehört, wolle mit einer anderen Bank fusionieren. Unter den 17 Merchant Banks, die dem Komitee angehören, hat sich bereits die Gewohnheit herausgebildet, auch Ausländer aufzunehmen – tatsächlich sind überhaupt nur zwei nicht von Einwanderern geschaffen worden –, aber zum erstemal seit 1907 ist überhaupt eine der Banken dieses »Allerheiligsten« der City auf dem Markt. Zur Stunde, da Siegmund davon erfährt, hat sich noch kein Bewerber erklärt. Die Vorstellung löst bei Siegmund Begeisterung aus. Er wäre der erste Gründer einer Bank, die noch zu seinen Lebzeiten in das Komitee aufgenommen würde. Er trifft sich mit den Teilhabern von Seligman, die alle in einem Zimmer versammelt sind. Man kennt sich kaum. Seligman ist nicht gerade das Haus, dessen sich S. G. Warburg & Co. in der Regel bedient, um ihre Noten an die Bank von England weiterzugeben. Dennoch kommt das Geschäft binnen vier Wochen zustande. Man einigt sich auf einen Preis. Seligman ist einverstanden, daß der Aufkauf durch die Formel »S. G. Warburg & Co. Ltd. (Incorporating Seligman Brothers)« sanktioniert wird. Nun muß noch die Genehmigung der Bank von England eingeholt werden, aber da sich kein anderer Kandidat fand, ist das schnell geschehen.

Ende 1957 ist die Sache perfekt. Vier Teilhaber von Seligman verbleiben bei S. G. Warburg, zwei von ihnen, Geoffrey Seligman und sein Bruder Spencer, bis zu ihrer Pensionierung.

An einem anderen Platz als der City könnte diese höchste Weihe lächerlich erscheinen. In Wirklichkeit aber ist sie der Schlüssel zu zahlreichen Türen der Weltfinanz, und am Tage nach Unterzeichnung der Abmachung notiert Siegmund:²¹⁴ »Eine Chance bietet sich nie ein zweites Mal, mit ihr entscheidet sich alles.«

Dollars aus Amerika für Europa, die Montanunion

Der Dollar ist unbestritten die erste Währung, auch wenn noch ein Drittel des Welthandels auf Pfund lautet und die englischen Banken weiterhin das internationale Finanzgeschehen beherrschen: Mehr als die Hälfte der Bankagenturen im Ausland ist noch britisch, ihre Zahl beträgt das Fünffache der amerikanischen.

Gleichzeitig haben die ersten durch die amerikanischen Defizite geschaffenen Dollars die Neigung, in Europa zu bleiben, wo die italienischen Banken zur Finanzierung des Handelsdefizits ihres Landes sie kurzfristig weiterverleihen und man sie sich von Bank zu Bank weiterreicht und dabei wiederum neue Dollars schöpft.

Doch handelt es sich immer nur um kurzfristige Kredite, und der größte Teil langfristigen Kapitals, das die Grenzen überschreitet, ist immer noch Staatskapital, das an Staaten geliehen wird, auch wenn ganz selten einmal eine langfristige Anleihe in einer auf den Dollar bezogenen Währung allmählich auch in Europa aufgelegt wird, so zum Beispiel 1951 die der portugiesischen Ölraffinerie SACOR.[204]

Aber wie Siegmund schon geahnt hatte, denken jetzt einerseits die europäischen Anleihenehmer daran, sich Dollars in der Wall Street zu holen, wo die Zinsen niedriger sind, und andererseits interessieren sich gewisse amerikanische Industrielle für den Kauf europäischer Unternehmen.

Das wesentliche Moment in diesem Jahr 1956 ist indes die Tatsache, daß in New York europäische langfristige Anleihen in Dollars aufgelegt werden, die ersten, die seit Kriegsende auf dem Markt erscheinen als Zeichen dafür, daß das freie Kapital allmählich in Bewegung gerät.

Die erste dieser Anleihen wird von Siegmund Warburg im Namen von Kuhn, Loeb & Co. zugunsten der EGKS begeben.[207] Es ist schon recht seltsam, daß die erste europäische Großanleihe auf dem New Yorker Markt von einem englischen Bankier namens einer amerikanischen Bank zugunsten einer Einrichtung organisiert wird, der England nicht beigetreten ist.

Die Geschichte dieser Anleihe ist bedeutsam, zeigt sie doch deutlich die Art und Weise, wie Siegmund unter Einsatz seines Charmes und seiner Überzeugungskraft eine »Premiere« gelingt, wie er einen damals in der Finanzwelt völlig neuartigen Weg auftut, der uns heute alltäglich erscheint.

England widersetzt sich zu jener Zeit offen dem noch in den Kinderschuhen steckenden Aufbau Europas.[35] Im Unterhaus faßt der damals noch in der Opposition befindliche Winston Churchill gleich nach der Erklärung von Robert Schuman vom 9. Mai 1950 am 27. Juni diese fast einmütige Geisteshaltung seines Landes gekonnt zusammen:[35] »Angesichts unserer Position inmitten des britischen Weltreiches und Commonwealth, angesichts unserer brüderlichen Bande mit den Vereinigten Staaten im Rahmen der englischsprechenden Welt können wir nicht in ein europäisches System mit föderativer Struktur eintreten.« Auch Bevin hält es für wesentlich,[62] »daß die Bemühungen um die Gestaltung Westeuropas nicht die größere Konzeption der atlantischen Einheit ersetzen oder stören«.

Als dann im Oktober 1950 René Pleven den Gedanken einer Europäischen Verteidigungsgemeinschaft lanciert, pflichten ihm die Engländer zwar für die andern, nicht aber für sich selbst bei. »Wir gedenken nicht, in einer europäischen Armee aufzugehen«, erklärt Churchill am 6. Dezember 1951 im Unterhaus,[35] »aber wir sind mit ihr schon heute verbunden. Unsere Truppen sind vor Ort, und wir werden alles tun, um unseren Beitrag dazu zu leisten.« Nach Unterzeichnung des EVG-Vertrages im Mai 1952 schließt Großbritannien mit der EVG ein Abkommen über gegenseitige Sicherheit. Als die französische Nationalversammlung am 30. August 1954 die Ratifizierung des EVG-Vertrages ablehnt, erlangt Eden von Pierre Mendés-France am 28. September die Zusage zur Erweiterung der Westeuropäischen Union um die Bundesrepublik Deutschland und Italien, so daß die WEU als Ersatzstruktur bereitsteht.[62]

Zur großen Verärgerung von Siegmund, der überzeugt ist, daß die Zukunft Englands in Europa liegt, bewahrt Churchill auch gegenüber dem anderen, diesmal erfolgreichen europäischen Vorhaben, der Europäischen Gemeinschaft für Kohle und Stahl (EGKS), denselben Abstand. Der Vertrag, der das Schema des Stahlkartells der Vorkriegszeit wieder aufgreift, wird am 18. April 1951 in Paris unterzeichnet. Wieder ist es Pferdmenges, der ihn im Namen Adenauers mit anderen aushandelt. »Eines steht fest«, sagt Harold Macmillan etwas später,[35] »und wir sehen ihm besser ins Auge: Unser Volk wird niemals irgendeiner supranationalen Behörde das Recht zugestehen, unsere Bergwerke und Stahlwerke zu schließen.«

Die EGKS untersteht der Leitung einer Hohen Behörde, zu deren Präsident gleich bei ihrer Errichtung am 10. August 1952 der bislang in Paris als Planungskommissar tätige Jean Monnet ernannt wird. Siegmund erkennt sofort die Perspektiven und sucht von Zeit zu Zeit ohne besonderen Grund die leitenden Persönlichkeiten in Luxemburg auf.

Im November 1954 nimmt die EGKS mit Hilfe der Bank für Internationalen Zahlungsausgleich bei der amerikanischen, durch die Export Import Bank vertretenen Regierung eine Anleihe in Höhe von 100 Millionen Dollar in Form von Krediten für Unternehmen der sechs Mitgliedsländer auf.[62] Zur Aushandlung dieser Kredite stützen sich Jean Monnet und sein Finanzdirektor Jean Guyot auf die Lazard Bank in New York und deren Chef, seinen alten Freund aus Kriegstagen, André Meyer, sowie auf die Schweizerische Kreditanstalt.[62]

Als Jean Monnet Ende Juni 1955 beschließt, aus der Hohen Behörde auszuscheiden, wo ihn der frühere französische Ministerpräsident René Mayer ablöst, hinterläßt er ihm ein Projekt ganz anderer Art – eine für damalige Verhältnisse riesige und nie dagewesene Anleihe.[110] Diesmal geht es nicht mehr um eine Staatsanleihe, sondern darum, auf dem New Yorker Markt 40 Millionen Dollar zu finden. Der Gedanke mag manchem aberwitzig erscheinen. Tatsächlich wäre das die erste große Auslandsanleihe seit dem Krieg auf dem amerikanischen Markt, und das für das Konto eines unbekannten und weitgehend abstrakten Gebildes, das nun wirklich nichts mit einem Unternehmen gemein hat und keinerlei Gewinne erzielen will. Vor seinem Rücktritt wählt Jean Monnet noch eigenhändig die Bankiers aus, die das Ganze anführen sollen. Um dem Gesetz zu genügen, das vorschreibt, daß es sich um Amerikaner handeln muß, weil es ja darum geht, auf dem New Yorker Markt Geld aufzunehmen, entscheidet er sich für zwei in Amerika niedergelassene Europäer: André Meyer und Siegmund Warburg, dessen Name ihn an die Bank erinnert, die ein Jahrhundert lang die deutschen Anleihen in Amerika im wesentlichen realisiert hat. Monnet kennt Siegmund noch nicht, hat aber durch John McCloy, Hermann Josef Abs, André Meyer und allen Führenden in Luxemburg von ihm gehört, mit denen Siegmund seit zwei Jahren seine von seinen Kollegen sarkastisch als »gegenstandslos« bespöttelten Beziehungen unterhält, bei denen ja doch nichts herausspringe. Anfang Juni 1956 versammelt René Mayer nach sechsmonatiger Vorbereitung in Luxemburg die beiden Bankiers und die beiden Finanzleute der EGKS, zwei außergewöhnliche Persönlichkeiten, die aus dieser Einrichtung einen der größten europäischen Anleihenehmer machen: den Franzosen Paul Delouvrier, der nach Jean Guyots Abgang zu Lazard Finanzdirektor der EGKS geworden ist, und seinen Stellvertreter, eine eigenartige Gestalt namens Ivan Scribanovitz, genannt »Scriba«, eine Art Finanzgenie im Vorkriegsdeutschland, der 1942 in der von den Nazis besetzten Ukraine Finanzminister der Regierung Wlassow war, ehe er dann 1950 wieder als Finanzdirektor bei der EGKS auftaucht; wie viele andere in New York und London spricht Siegmund außer in Gegenwart Paul Delouvriers höchst ungern mit ihm. Man einigt sich über die Bedingungen der Operation, und Siegmund erklärt sich bereit, die Plazierung der Anleihe zu übernehmen.[207]

Das Vorhaben fasziniert ihn, den überzeugten Europäer: 1956 die internationale Finanzwelt davon zu überzeugen, daß Europa eine Zukunft hat und daß seine Einrichtungen kreditwürdig sind, das ist für ihn »Hautefinance« und Politik zugleich. Da es sich jedoch um eine Anleihe in Dollar handelt, kann man sie in jener Zeit nur über eine Bank an der Wall Street unterbringen, und als er im Juli das Projekt bei Kuhn, Loeb & Co. vorlegt, glaubt ihm kein Mensch. Es sei einfach unmöglich, eine Anleihe dieses für damalige Begriffe riesigen Ausmaßes für einen so unbekannten Kreditnehmer unterzubringen. Im übrigen sei, egal, um welchen Kreditnehmer und Garanten es sich handelt, die Plazierung einer solchen Anleihe an sich schon höchst schwierig, denn es gebe die großen Vorkriegsvermögen nicht mehr, die schon mal einen beträchtlichen Anteil übernehmen könnten. Infolgedessen weigern sich seine Kollegen, die Plazierung zu garantieren. Und ohne eine solche Garantie wird die Operation noch problematischer.

Daraufhin macht Siegmund telefonisch die Runde bei den wenigen Dollarinhabern in Europa. Sie endet enttäuschend: Niemand will seine Dollars langfristig vergeben, es sei denn, vorher habe schon jemand in der Wall Street einen bedeutenden Teil der Anleihe übernommen. Da begreift Siegmund, daß er das Ganze nur unterbringen kann, wenn es ihm gelingt, mindestens 5 Prozent bei einem Großinvestor in New

York zu plazieren. Er versucht, einen von ihnen dazu zu überreden, und wendet sich im August 1956 an eine der damals größten Spareinlagenkassen, die Versicherungsgesellschaft Metropolitan Life. Er sucht ihren Generaldirektor Hagerty auf:[207]

»Ich schlage Ihnen die Übernahme von zwei Millionen Dollar zu gutem Zinssatz zugunsten des besten Anleihenehmers Europas vor, sicherer noch als die englische oder deutsche Regierung, denn er wird von der ganzen europäischen Kohle und dem gesamten europäischen Stahl garantiert: die EGKS.«

»Ich verstehe nicht. Soweit ich weiß, besitzen diese Leute von der EGKS, von der Sie reden, weder Kohle noch Stahl, nicht wahr? Das sind nichts als Beamte und Büros... Worin sollen denn ihre Aktiva bestehen?«

»Sie haben in dem Sinne keine Aktiva, aber die Begleichung dieser Anleihe wird durch die Abgabe garantiert, die die EGKS auf die europäische Stahl- und Kohlewirtschaft erhebt. Diese Abgabe ist gesetzlich geregelt. Sie ist also sehr wohl eine reale Sache.«

»Ich bin nicht überzeugt, Herr Warburg. Im Augenblick gibt es Europa noch nicht, und Ihre EGKS ist nichts als ein Stück Papier. Ich kann nicht erkennen, welche Garantie Sie mir da liefern.«

»Sie werden gleich verstehen, Mr. Hagerty. Man kann die Hohe Behörde mit der Hafenbehörde von New York vergleichen. Die kennen Sie doch: Auch sie besitzt weder Schiffe noch Docks, aber sie verwaltet den Hafen und erhält dafür eine Abgabe. Niemals würden Sie oder auch ein anderer zögern, ihr Geld zu leihen...«

»Herr Warburg, geben Sie mir zehn Tage Zeit. Ich rufe Sie wieder an.«

Zehn Tage später ruft Hagerty bei Siegmund an: »Wir haben hier über Ihre Anleihe nachgedacht und beschlossen, zwei Millionen Dollar dieser Obligationen der... wie sagten Sie? – Hafenbehörde der EGKS? – zu übernehmen.«

Der Rest der Anleihe ist binnen acht Tagen untergebracht.

Die Anleihe wird in Luxemburg durch René Mayer und Paul Delouvrier am 16. September 1956 im Beisein Siegmunds unterschrieben. So entstand eine langlebige Geschäftsverbindung zwischen der EGKS und Kuhn, Loeb & Co., die zehn Jahre später die erstere zum größten nichtamerikanischen Kunden der zweiten werden läßt. Es ist die erfolgreiche Finanzgeschichte einer exemplarischen Politik der Beziehungen und einer seltenen Überredungskunst.

Nach dieser Sache trifft sich Siegmund weiterhin oft mit den Leuten in Luxemburg, die bald zu den ausgekochtesten Finanzsachverständigen der Welt werden. Darunter auch Paul Delouvrier. Siegmund spricht zwar recht gut Französisch, kennt aber Frankreich kaum, wo er bislang nur wenige Freunde besitzt und wenige Geschäfte tätigt. Wenn er gelegentlich einmal nach Paris kommt, steigt er meist im Plaza ab und trifft sich dort mit Delouvrier zum Essen, den er von seinem Lande erzählen läßt. Er ist sehr beeindruckt, als dieser ihm schon Monate vorher die wahrscheinliche Rückkehr von General de Gaulle an die Regierung vorhersagt.

Die Personalunion

Ende 1956 eröffnet eine Veränderung der amerikanischen Fiskalgesetzgebung Siegmund die Möglichkeit, bei Kuhn, Loeb & Co. Teilhaber zu werden, ohne dazu seine Bank verlassen zu müssen. John Schiff bittet ihn sogar, sich endgültig in New York niederzulassen und gemeinsam mit ihm Kuhn, Loeb & Co. zu leiten. Siegmund lehnt ab. Er möchte sein eigenes Haus aufbauen und nicht den Namen anderer aufwerten. Zwar ist er bereit, beide Firmen zu leiten, aber um sie nach und nach unter eigener Regie zusammenzuführen. Und dann: Wenn er bereit ist, Teilhaber von Kuhn, Loeb zu werden, dann im Namen von S. G. Warburg & Co. und nicht nur als Person. Dazu tauschen Ende 1956 die beiden Firmen jeweils 10 Prozent ihrer Aktien gegeneinander aus, wobei im übrigen die Kapitalschwäche von Kuhn, Loeb & Co. im Verhältnis zu ihrer praktischen Macht zutage tritt.

Zu dieser Zeit ist er der einzige europäische Bankier, der an einer New Yorker Bank beteiligt ist, und verbringt fast die Hälfte des Jahres in der Wall Street, wo alle Welt ihm mit Neugierde oder Eifersucht begegnet. Und obgleich er in diesem Jahr noch verdeckt vorgeht, so rekrutiert doch er, bringt seine Männer unter und setzt seine Methoden durch. Viele begreifen jetzt, daß er unmittelbar – oder über Mittelsmänner, d.h. über J. R. Dilworth, den er sich dazu ausgesucht hat – die Oberhand über das altangesehene Bankhaus anstrebt. Er selbst weiß nur zu gut, daß es ihm schwerer fallen wird, sich bei Millionen Dollar schweren Teilhabern in New York durchzusetzen, als es ihm in London fiel, mit ebenso mittellosen Emigranten wie er selbst eine Firma aufzubauen.

Sein Leben ist jetzt voller Hast. In New York bringt er seine Tage damit zu, die amerikanischen Geschäfte zu verwalten, und einen Teil seiner Nächte, im Londoner Geschäft auf dem laufenden zu bleiben, wobei er in seinem Hotelzimmer die täglichen Berichte studiert, die ihm mittlerweile per Fernschreiben zugehen und die er am nächsten Tag auf demselben Wege oder durch verschlüsselte Telefonanrufe beantwortet. In London sieht sein Terminkalender gerade umgekehrt aus, ist aber ebenso dicht gefüllt. Sehr schnell stellt sich jedoch heraus, daß diese Teilhaberschaft für ihn höchst gewinnbringend ist, und zwar sowohl wegen der geknüpften Kontakte als auch wegen der in Erfahrung gebrachten Erkenntnisse. Als zum Kreis der Teilhaber bei John Schiff gehörig stehen ihm alle Türen offen, nicht nur auf der anderen Atlantikseite, sondern überall auf der Welt, und sein ohnehin schon dickes Adreßbuch wird dadurch noch praller.

Indessen bleibt seine Arbeit am einen wie am andern Ort sehr abgeschottet: Während die amerikanischen Handelsbanken aufgrund der aus der Zeit des New Deal stammenden Gesetzgebung, die ihre Entwicklung in Amerika selbst ziemlich begrenzt, ihr Auslandsnetz verstärken, bleiben die Investitionsbanken wie ihre französischen Partner oder die englischen Merchant Banks auf dem eigenen Markt in New York, wo sie durch die geltenden Regelungen gegen ausländische Konkurrenz geschützt sind. Die Vergabe ausländischer Wertpapiere durch Ausländer oder auch nur die Anwesenheit ausländischer Garantiebanken wird dort höchst ungern gesehen. Infolgedessen machen sich die Banken der verschiedenen Länder, wenn sie gemeinsame Geschäfte betreiben (was ohnehin nicht häufig geschieht), nicht gegenseitig Konkurrenz, sondern verbünden sich und suchen sich Korrespondenten aus, ohne sich gegenseitig auf die Füße zu treten. Die ganz wenigen Finanzabmachungen sind rein bilateral: So können als einmalige Ausnahme die kanadischen Banken von den Vereinigten Staaten aus emittieren.

Kuhn, Loeb & Co. beschäftigt sich damals wie ganz Wall Street vor allem mit Krediten für amerikanische Großunternehmen. General

Motors beispielsweise stockt damals sein Kapital um 325 Millionen Dollar auf, die bis dahin größte Aufstockung in der amerikanischen Geschichte; etwas später im Jahr lanciert dann Ford eine doppelt so große Aufstockung.

Abgesehen von der EGKS-Anleihe, realisiert S. G. Warburg in diesem Jahr 1956 von New York aus eine weitere umfangreiche Transaktion: Mit Hilfe von Eric Korner, der in London geblieben ist, lanciert er den ersten Kredit für Österreich. Dieses Land macht gerade eine schwere Zeit durch. Sowjetische Truppen sind in Ungarn einmarschiert, und im Osten gibt es sogar einige Überlegungen, die erst im Vorjahr geräumte ehemalige russische Besatzungszone in Österreich wieder zu besetzen. Ein junger Staatssekretär im Außenamt, Bruno Kreisky, wird zur Aushandlung von Anleihen für die neue Republik Österreich nach Amerika entsandt. Es fällt ihm schwer, sie unterzubringen, und er sucht vergeblich nach einem Bankier, der ihm helfen könnte. Er kontaktiert Siegmund, von dem ihm der neue Präsident der nach dem Kriege verstaatlichten Wiener Kreditanstalt erzählt hat, Dr. Grimm, eine erstaunliche Gestalt, Jugendfreund Eric Korners, der von Zürich, dem Angelpunkt des österreichischen Widerstandes im Kriege, Kreisky Anfang 1945 nach Österreich zurückgeholt hat. Ende 1956 frühstücken Warburg und Kreisky bei Kuhn, Loeb & Co. im Beisein von Thomas Dewey, einem neuen Teilhaber der Bank, der im Präsidentschaftswahlkampf gegen Truman unterlegen ist. Siegmund erklärt sich bereit, die schwierige Anleihe zu plazieren zu versuchen. Es gelingt ihm, und so gewinnt er für dreißig Jahre die Achtung, das Vertrauen und die Freundschaft der österreichischen Führung.

Inzwischen hat Siegmund eine der ersten New Yorker Investitionsbanken neben Dillon Read und Morgan Stanley fast wirklich in der Hand. Er interessiert sich für alle ihre Operationen, sei es in den Vereinigten Staaten selbst – ob es sich nun um Kredite oder Unternehmensfusionen in der Elektroindustrie, im Fernmeldewesen, um Elektronik, Aluminium, Optik, Chemie, Verkehrswesen, Erdöl, Ausrüstungsgüter, Kernenergie, Konsumgüter, Agrar- und Nahrungsgüter oder Textil handelt –, sei es in der Kreditvergabe an lateinamerikanische oder asiatische Regierungen.[217]

Wie in London ist sein oberstes Anliegen die Rekrutierung von

Mitarbeitern. Er verwendet ganz beträchtliche Zeit auf die Suche nach den brillantesten jungen Leuten von Wall Street, um sie in seine Mannschaft einzubringen. So engagiert er den Franzosen Yves-André Istel, den er ein Jahr später zum Teilhaber macht. Aber er verliert J. R. Dilworth, den er nicht zur Übernahme der geschäftsführenden Teilhaberschaft überreden kann und der 1958 ausscheidet und die Verwaltung des Rockefeller-Vermögens übernimmt.

In diesen beiden Jahren organisiert Siegmund von New York aus auch noch weitere Dollaranleihen zugunsten Jamaikas, beteiligt sich an der Plazierung von Anteilen der ITT, der Reed Paper Group und von British Aluminium und stellt Dollarkredite für die skandinavischen Länder auf die Beine, so zum Beispiel für Norwegen und die Städte Oslo und Kopenhagen.[217]

Dabei bemerkt er, daß diese Dollaranleihen für Unternehmen oder Länder in Europa tatsächlich von europäischen Geldgebern, insbesondere Schweizern, gezeichnet werden. Das erinnert ihn an die Vorkriegszeit, als er für den Alten Erdteil bestimmte Anleihen in Amerika plazierte und schon damals seit den Anfängen von Weimar in Europa kursierende Dollars entgegennehmen konnte.

Er erzählt das einem seiner neuen Getreuen, den er nach London geholt hat, Gert Whitman, dem Manne also, der einstmals unter seinem ursprünglichen Namen Gert Weisman Schachts Ministerbüro geleitet hat. Damit kündigen sich die Euroemissionen an.

Zweiter Fehlschlag in Hamburg

In der Bundesrepublik Deutschland kehrt nach und nach Ordnung ein. 1952 werden die aus der Deutschen Bank hervorgegangenen zehn Regionalbanken in drei Instituten zusammengefaßt, eines in Hamburg, eines in Düsseldorf und eines in Frankfurt, und alle Führungskräfte hoffen, daß ihre Wiedervereinigung auch genehmigt wird. Schacht gründet seine eigene Bank in Düsseldorf wieder und berät 1953 die Philippinen, Chile und Argentinien.[160] Aufgrund seltsamer Rechtszwänge schließt die Bank für Internationalen Zahlungsausgleich am 9. Januar 1953 mit der Bundesrepublik Deutschland eine Übereinkunft, mit der die Dawes- und Younganleihekonten juristisch bereinigt werden: Vermutlich sind die Unterzeichner die letzten, die noch wissen, daß sie nicht bezahlt worden sind. Im November 1954 wird von Neurath aus gesundheitlichen Gründen aus dem Gefängnis entlassen und stirbt bald darauf.

In Hamburg heißt die alte Bank immer noch Brinckmann, Wirtz & Co. und entwickelt sich unter geschickter Leitung gut. Siegmund reist dreimal im Jahr zu ihren Aufsichtsratssitzungen und trifft sich dabei auch mit Eric. Bei jeder dieser Begegnungen bemüht sich Siegmund nach Kräften, ihn zur endgültigen Aufgabe seiner Bank in New York, E. M. Warburg, die inzwischen in E. M. Warburg-Pincus umfirmiert hat, und dazu zu bewegen, daß die Hamburger Bank wieder den Namen der Familie erhält. Es tut sich nichts, bis dann 1954, wenn man gewissen Zeugen glauben darf, Brinckmann Eric und Siegmund den Vorschlag macht, zusammen mit seinem eigenen Sohn Christian als Teilhaber einzutreten. Eric ist dazu bereit. Nicht aber Siegmund. Er kann nicht zulassen, daß sich in *seiner* Bank eine andere Dynastie breitmacht, und beabsichtigt, nur dann Teilhaber zu werden, wenn sie auch seinen Namen trägt. Er schlägt daher im Gegenzug vor, daß Brinckmann gegen Beteiligung seines Sohnes Christian Rudolf der Bank den alten Namen wiedergibt. Dieser lehnt ab, und dabei bleibt es.

Aber dieser neue Fehlschlag trifft Siegmund schwer, der sich darüber seiner Mutter gegenüber einige Zeit vor ihrem Tod ausläßt.[211] »Ich werde nie die durchdringend überzeugte Art vergessen, mit der sie ... zu mir sagte: ›Wenn man sich mit ganzer Kraft anstrengt, dann wendet sich am Ende alles zum Besten.‹ Ich sagte ihr darauf, daß ich es oft sehr schwer fände, diesen starken Glauben so unbeirrlich aufrechtzuerhalten, wie sie es tue, und ihre Erwiderung war das alte Goethe-Wort: ›Allen Gewalten zum Trutz sich erhalten, nimmer sich beugen, kräftig sich zeigen, rufet die Arme der Götter herbei!‹«

Aber Eric widersteht nicht lange der Versuchung, wieder als Teilhaber nach Hamburg zurückzukehren. Trotz des Widerstands seiner Frau[55] und Siegmunds nimmt er im Jahr darauf das drängende Angebot Rudolf Brinckmanns an und wird »Generalteilhaber« der Bank Brinckmann, Wirtz & Co. und läßt sich jetzt endgültig in Hamburg nieder, behält aber seine New Yorker bei.[55]

Das Pfund ist am Ende

Am 22. Dezember 1956, einen Monat nach dem Rückzieher in Suez, werden die vom IWF abgelehnten Kredite auf geheimnisvolle Weise doch gewährt. Als Eisenhower wiedergewählt ist und der ungarische Aufstand vollends zerschlagen wird, erhält das Vereinigte Königreich vom IWF außer einem Kredit von 739 Millionen Dollar weitere 561 Millionen Dollar.[161]

Aber das Pfund erholt sich nicht mehr von der Demütigung von Suez.[35] Anfang 1957, als gerade die erste britische Wasserstoffbombe explodiert ist und ein Verteidigungsweißbuch zur Senkung des Militärhaushalts einschneidende Verringerungen bei den Streitkräften und die Beseitigung der Wehrpflicht fordert,[35] gerät das Pfund erneut unter Druck. Im September 1957 weigert sich Harold Macmillan hartnäckig abzuwerten, erhöht den Diskontsatz auf 7 Prozent und bremst die Binnennachfrage noch mehr. Währungsstabilität und Zahlungsbilanz werden also ein weiteres Mal zu Lasten des Wachstums wiederhergestellt. Des weiteren fordert die Bank von England, um die Verwendung der Landeswährung auf die Sterlingzone zu begrenzen und damit die Schulden einzutreiben, die Banken auf, sich bei der Vergabe von Pfundkrediten an Ausländer sehr zurückzuhalten.[35] Obwohl das Pfund ein Jahr später wieder transferierbar wird, kann London nie wieder einen auf Sterling lautenden Markt schaffen. So verschwindet das Pfund nach und nach aus dem internationalen Handel, auch wenn es sich am Börsenplatz Zürich noch eine Zeitlang halten kann.

Um überhaupt noch an der Finanzierung des internationalen Handels mitwirken zu können, müssen sich die Banken der City jetzt also neue, starke Devisen beschaffen und damit von Nichtortsansässigen kurzfristige Dollareinlagen hereinnehmen. Sofort ist die kurzfristige Weiterverleihung dieser Dollars erheblich einfacher als in New York, wo man bestenfalls einmalig verlängerbare Dreimonatskredite bekommen kann, während in der britischen Hauptstadt ohne weiteres ein unbegrenzt verlängerbarer Zwölfmonatskredit zu bekommen ist.[38] Die City ist ein so ausgekochtes Finanzgenie, daß es ihr gelingt, den Weltkapitalmarkt in einer anderen als der Landeswährung in der Hand zu behalten!

Freilich wollen ihr andere Städte diesen Rang streitig machen. So bildet 1958 Paris noch das Zentrum des Eurodollarmarktes, dessen Bewegungen, die sich im wesentlichen unter Banken abspielen, in diesem Jahr die 500-Millionen-Dollar-Marke nicht übersteigen.

Die Nutzung dieser Dollars in Europa wird im übrigen durch einen weiteren Faktor beschleunigt. Tatsächlich gerät in ebendiesem Jahr die Zahlungsbilanz Amerikas, das seit fünf Jahrzehnten der ganzen Welt Kredite gewährt, ohne je ein Defizit zu erleben, ins Ungleichgewicht. Seine Binnenstabilität und Wettbewerbsfähigkeit stagnieren. Es reagiert darauf sehr ungut, indem es, anstatt die Anleihen zu vergrößern, die Kredite ans Ausland zu bremsen sucht. Die paradoxe Folge ist, daß die bereits ins Ausland abgeflossenen Dollars nicht mehr nach Amerika zurückfließen, sondern die Kredite zwischen multinationalen Banken, d.h. den Eurodollarmarkt, speisen. Dieser amerikanische Fehler zieht nicht gerade wenige Katastrophen nach sich.

Überdies steigen gleichzeitig die Zinsen in Europa, so daß es für Dollaranleger attraktiv wird. Die von amerikanischen Banken auf dem US-Markt aufgelegten mittelfristigen Anleihen werden mehr und mehr zur reinen Fiktion. Man leiht europäischen oder multinationalen Unternehmen nur noch von nichtamerikanischen Geldgebern stammende Dollars. Wall Street erhält dafür eine Provision von 1 Prozent, während die europäischen Banken, die die ganze Leih- und Plazierungsarbeit in Europa tun, ihrerseits nur 0,5 Prozent bekommen.

Siegmund Warburg, der jetzt fast das halbe Jahr in New York verbringt und in ständigem Kontakt mit den dortigen Vorgängen steht, übernimmt in seine Bank sämtliche Finanzierungsmethoden, wo immer sie auch in der Welt erfunden werden. So erkennt er von London aus als erster die Absichten der amerikanischen Industriellen, daß sie nämlich die Industrie Europas mit aus Europa stammenden Dollars kaufen wollen. Die Zeit der Multis ist gekommen.

Aluminiumkrieg

Der 53jährige Emigrant versucht sich erfolgreich an einer ganz großen »Premiere« in der Geschichte des Weltkapitalismus: Aufkauf eines Unternehmens an der Börse durch einen Ausländer gegen den Willen der Firmenleitung. Es ist dies das erste ausländische *öffentliche*

Kaufangebot und gleichzeitig der erste Fall, in dem eine amerikanische Gesellschaft eine bedeutende europäische Firma erwirbt. Revolutionär ist dieses Unterfangen auch insoweit, als jetzt die Eliten des Kapitalismus nicht mehr nach Geburt oder Wahl, sondern durch einen Handstreich ausgewählt werden. Dieser gelingt Siegmund, indem er mehr Geld auf den Tisch legt als die ganze City zusammengenommen und eine für den damaligen Kapitalismus revolutionäre Strategie anwendet: den Appell an die Aktionäre gegen die Firmenleitung, an die öffentliche Meinung gegen die Institutionen. Damit ist das Zeitalter der »Kapitalwanderung« und der Verjüngung der Führungskräfte eröffnet, das er seit Kriegsende ankündigt und auf das er seine eigene Bank peinlich genau und besser als sonstwer vorbereitet hat.

Die Premiere findet auf dem Aluminiummarkt statt. Nach dem Kriege haben der Anstieg der Nachfrage und der Aufstieg der Erzeuger im Osten die großen amerikanischen Firmen – die 1888 gegründete Alcoa; die von Alcoa 1901 in Kanada begründete Alcan; Reynolds und Kaiser's, die vor allem auf den Militärbedarf setzten; und die amerikanische Filiale der Metallgesellschaft, American Metal & Co. – dazu gezwungen, für die ganze Welt zu produzieren und dazu Unternehmen in der übrigen Welt aufzukaufen.[24]

Die in Europa aufkaufbaren Unternehmen sind relativ klein. Nur Pechiney und Alusuisse haben Weltformat. British Aluminium, das kaum den Bedürfnissen des eigenen Landes genügen kann, ist relativ bescheiden und veraltet. Unter der Leitung von zwei Mustergestalten des englischen Establishments – dem Viscount Portal of Hungerford, ehemals Stabschef der Air Force, Nationalheld und Gentleman vom Scheitel bis zur Sohle, und Geoffrey Cunliffe, Sohn eines ehemaligen Gouverneurs der Bank von England – wird es zum Gegenstand dieser Schlacht. Den Anfang bildet eine Investierung in der Provinz Quebec, die sich als Faß ohne Boden entpuppt, worauf die auf eine Vielzahl von Inhabern verteilten Aktien von British Aluminium binnen zwei Jahren von 80 auf 37 Schilling fallen.[144] Man braucht sie jetzt bloß aufzulesen.

Der Kampf setzt im Februar 1958 ein. Drei Unternehmen haben die Firma im Visier. Als erste American Metal & Co., dessen Präsident Hans Vogelstein Siegmund noch von Deutschland her kennt, das er gleich nach Beginn der nationalsozialistischen Herrschaft verließ. Er bittet ihn, von Kuhn, Loeb & Co. aus den Aufkauf von British

Aluminium für ihn zu organisieren. Noch ehe Siegmund überhaupt in Verhandlungen eintritt, rafft er schon mal an der Börse 10 Prozent des Kapitals zusammen. Aber die im April angesprochene englische Firmenleitung lehnt den Verkauf an einen Ausländer ab, und Lazard, der andere Bankier von American Metal, rät Vogelstein zur Aufgabe, und dieser folgt dem Rat.

Siegmund aber denkt gar nicht daran, die Sache aufzugeben, und kauft im Juni – zur Hälfte durch Kuhn, Loeb & Co., zur anderen Hälfte durch S. G. Warburg – Vogelsteins 10 Prozent an British Aluminium ab. Im selben Augenblick nimmt nun Alcoa mit der Leitung von British Aluminium Verbindung auf und wird ebenfalls abschlägig beschieden: Wir verkaufen nicht. In diesem Sommer nun befinden sich die beiden Reynolds-Brüder Richard und Louis ebenfalls auf der Suche nach einem Aluminiumunternehmen, das sie in Europa kaufen könnten und das aus steuerlichen Gründen möglichst im Defizit stecken sollte. Nun besitzt Louis auf Jamaika ein Haus gleich neben dem von William Wiseman, der ihm im August von dem fehlgeschlagenen Versuch von American Metal erzählt. Louis liebt London heiß und innig und möchte nur zu gern dort leben; er springt auf diese Chance und bedrängt seinen älteren Bruder, er solle British Aluminium zu kaufen versuchen. Richard Reynolds läßt sich breitschlagen und bittet Wiseman, er solle ihm in England einen Bankier suchen. Natürlich antwortet dieser: »Das kann nur ein einziger schaffen – Siegmund Warburg.«

Ende August trifft sich der gerade in New York weilende Siegmund mit den Reynolds und erläutert ihnen die Situation: »Für eine amerikanische Firma kann man kein Angebot machen, das habe ich schon versucht, und es hat nicht geklappt. Ich versuche es gerne noch mal, aber unter der Bedingung, daß ein englisches Unternehmen als Mehrheitsaktionär beteiligt wird.« Richard will nicht so recht. Für ihn heißt es alles oder nichts. Aber schließlich beugt er sich dem Wunsch seines Bruders. Daraufhin schlägt Siegmund die Beteiligung eines britischen Stahlunternehmens, Tube Investments, vor. Er tritt an dessen Präsidenten Ivan Stadeford heran, der Interesse zeigt und seine eigene Bank Herbert Wagg konsultiert, die ein Freund von Siegmund, Lionel Fraser, leitet.[144] Siegmund und Fraser machen sich an die Arbeit und einigen sich Ende September auf ein Angebot von 78 Schilling pro

Aktie, 51 Prozent für Tube Investments und 49 Prozent für Reynolds. Gemeinsam mit der Chase Bank bilden sie die im Falle eines Kurskrieges erforderlichen liquiden Reserven – zum Teil in Eurodollar – und organisieren den Aufkauf der Anteile an der Börse mit Hilfe zweier Makler, John Gilmour und Anthony Lyttleton. Die »Spieler« (wie sie die Presse später nennen wird) sind bereit, zum Kampf mit dem Lager der »Gentlemen« anzutreten.[144]

Siegmund glaubt nicht daran, daß der Kauf freundschaftlich abgeschlossen werden kann. Er weiß, daß Lord Portal nicht verkaufen will, schon gar nicht an ihn. Dennoch versucht er eine freundschaftliche Einigung und schlägt ihm Ende September 78 Schilling pro Aktie für die Anteile im Besitz der Gruppe vor, die die Firmenleitung unterstützt. Portal lehnt ab. Gleichzeitig kauft Siegmund, da die damaligen Börsenregeln in London das noch zulassen, anonym Anteile auf. Am 15. Oktober hält er bereits 15 Prozent, ohne daß der Kurs der Aktien deutlich anzieht. Die Leitung von British Aluminium wird gewarnt und sieht beunruhigt Gefahr aufziehen. Ende Oktober bittet sie, ohne den eigenen Aufsichtsrat zu unterrichten, Olaf Hambro und den Präsidenten von Lazard, Lord Kindersley, der gleichzeitig Präsident von Rolls-Royce und Aufsichtsratsmitglied in der Bank von England ist, einen Gegenangriff zu starten und Anteile an British Aluminium durch Alcoa erwerben zu lassen, um die nötigen Mittel für einen Angriff von außen in die Hand zu bekommen.[144] Nach einem Monat der Verhandlungen verkauft Portal dann an Alcoa Mitte November ein Drittel des von ihm kontrollierten Kapitals zu 60 Schilling pro Aktie, viel weniger also, als er von Siegmund hätte bekommen können. Aber damit behält er immerhin seinen Sessel.[29]

Nun setzt zwischen Alcoa und Reynolds das ein, was die *Financial Times* später recht hübsch den »Kampf zwischen zwei Großreichen um die Eroberung einer entlegenen Provinz, etwa so, wie sich Rußland und Österreich einst wegen des Balkans bekriegten«, genannt hat.[144]

Siegmund, der bereits Anfang November von den Verhandlungen zwischen Alcoa und Portal Wind bekommen hat, reist nach Amerika, um sich mit der Leitung von Reynolds zu treffen. Am Freitag, dem 19. November, während er noch da ist, lädt Portal Ivan Stadeford sowie den Generaldirektor von Reynolds, Joe MacConnel, und Henry Grunfeld in den Saint James Place ein. Er empfängt sie um vier Uhr nachmittags und schlägt vor, er wolle ihre Anteile freundschaftlich zurückkaufen. Sie lehnen ab und machen den Gegenvorschlag, ihm seine Anteile zu 78 Schilling pro Aktie abzukaufen. Eigenartigerweise lehnt Portal kurz angebunden ab, als lasse ihn dieser Vorschlag, den er bereits kennt, völlig kalt. Er hat es ja auch eilig: Für 17 Uhr hat er die Presse zu sich gebeten. Er beendet die Zusammenkunft und begibt sich zu den Journalisten, denen er den Verkauf eines Drittels des Kapitals an Alcoa verkündet, natürlich ohne das Angebot von Tube Investments zu erwähnen. »Nie hat unsere Firma ein besseres Geschäft gemacht als bei diesem Abschluß mit Alcoa«, sagt er. Henry Grunfeld, der vom Flur aus, wo er sich versteckt hat, diese Erklärung vor der Presse mit anhört, versucht sofort, Siegmund in New York telefonisch zu erreichen. Vergeblich. Die Herstellung der Verbindung dauert zu lang. Er ist wütend und wie vor den Kopf geschlagen und beschließt, den Stiel der schlechten Manieren umzukehren, und wie mit Siegmund vereinbart, startet S. G. Warburg sofort die Attacke und lanciert das erste öffentliche Auslandskaufangebot in der Weltwirtschaftsgeschichte.

Henry Grunfeld beruft noch für denselben Abend eine Pressekonferenz am Sitz von Tube Investments ein, damit die Morgenzeitungen beide Angebote gleichzeitig bringen können. Er legt alles auf den Tisch und erläutert der Londoner Finanzpresse, die noch nie so gut behandelt worden ist, British Aluminium verhehle seinem eigenen Aufsichtsrat ein Angebot von 78 Schilling pro Aktie. »In der Sprache der City«, sagt er, »nennt man den Kauf eines Drittels des Kapitals durch Alcoa eine ›Zusammenarbeit mit Amerika‹, aber wenn Reynolds 49 Prozent kaufen will, bezeichnet man das als ›amerikanische Hegemonie‹. Man verkauft billiger«, fügt er hinzu, »aber so bleibt man unter sich... Ich stelle deshalb fest, daß wir von diesem Augenblick an allen Aktionären von British Aluminium 78 Schilling pro Aktie anbieten... Sie brauchen nur ihrem Broker Bescheid zu geben.«[144]

Am nächsten Morgen, dem 19. November, macht die Sache in der britischen Presse Schlagzeilen. Da sie moderner eingestellt ist als die City, stellt sie sich sofort auf die Seite der »Neuen« gegen das Establishment. Das bedeutet für Siegmund eine Wende: Die Presse steht auf seiner Seite. Nun trifft er sich ja auch schon seit Jahren mit Journalisten, bloß so, um sich mit ihnen zu unterhalten, sie zu unterrichten, ihnen zuzuhören, und nun kann er immer (oder fast immer) mit ihrer Unterstützung rechnen.

An diesem Tag beschreibt die *Financial Times* Portal als »Urheber eines Putsches gegen die Demokratie der Aktionäre«. Lord Portal wird mit Fragen bestürmt. »Warum haben Sie den Aktionären nichts vom Angebot von Tube Investments gesagt?« Er antwortet:[175] »Wer sich in Verhandlungen zwischen großen Firmen auskennt, weiß, daß das nicht praktikabel gewesen wäre.« Nach zehntägiger juristischer Vorbereitung beginnt am Montag, dem 1. Dezember, die Schlacht an der Börse. Sie dauert nicht lange, denn die Aktionäre von British Aluminium sind mit ihrem Entschluß schnell bei der Hand. Neben einigen -zigtausend Kleinaktionären müssen einige Großaktionäre ihre Entscheidung treffen. Siegmund erinnert sich an eine ganze Reihe offen judenfeindlicher Äußerungen gegen ihn, den Fremdling, der ein Schmuckstück der Nation an Fremde verkaufen wolle...

Am 14. Dezember geht Siegmund zum Angriff über: In Zeitungsanzeigen bietet er in aller Form 78 Schilling für jede Aktie von British Aluminium. Am 19. Dezember läßt Portal, »um nicht an diese Ausländer zu verkaufen«, den Börsenkurs steigen, indem er die Jahresdividende auf 17 Schilling anstatt der vom Aufsichtsrat vor einem Monat beschlossenen 12 festsetzt.[144] Ein weiterer Handstreich! Die Schlacht wird nun zum Frontalangriff und beherrscht die Schlagzeilen. Siegmund, der sich zuvor die nötigen Mittel beschafft hat, rafft an der Börse alles auf, was sich bietet. Im gegnerischen Lager versucht Portal, es ihm gleichzutun. Um das nötige Geld zu beschaffen, scharen Olaf Hambro und Lord Kindersley die vierzehn anderen Mitglieder des Komitees der Akzeptbanken um sich – die »Gentlemen«, darunter Morgan Grenfell, Samuel Montagu, Hill Samuel, Brown Shipley und Guiness-Mahon – in einem gegen den Neuling verbündeten Kaufkonsortium.[144] Am 29. Dezember schreibt Portal an alle Aktionäre und veröffentlicht in der Presse einen Aufruf zum Widerstand gegen das Angebot von Reynolds und Tube Investments »aus Gründen des nationalen Interesses« und schlägt den Aktionären vor, sofern sie verkaufen wollten, werde er ihre Aktien zum selben Preis von 78 Schilling aufkaufen, erheblich teurer also als der Kurs, zu dem er noch einen Monat zuvor an Alcoa verkauft hat. Er schreibt:[175] »Wir müssen British Aluminium für die Zivilisation retten!« Am 31. Dezember verkündet das Konsortium, es besitze jetzt zwei Millionen Aktien, also knapp über ein Drittel des Kapitals, und bietet jetzt für jede weitere Aktie 82 Schilling.⁵⁵

Siegmund Warburg, den die Heftigkeit des Gegenangriffs überrascht, ist nicht mehr recht wohl bei der Sache. Zwar will er diese Schlacht gewinnen, aber doch nicht die noch recht dünnen Fäden zerreißen, die er seit fünfzehn Jahren in der City für sich gesponnen und eben durch seine Aufnahme ins Komitee der Akzeptbanken konsolidiert hat. Am 1. Januar 1959 bittet er Olaf Hambro um ein Gespräch über eine Kompromißlösung.¹⁷⁵ Bei Hambros und Lazard wertet man diesen Gesprächswunsch als Zeichen der Schwäche und lehnt ab in der Überzeugung, Siegmund werde mangels finanzieller Mittel nicht durchhalten können. Am selben Tag rufen der Gouverneur der Bank von England, Lord Cromer, der Patriarch der ältesten britischen Finanzdynastie, Baring, und der Schatzkanzler Siegmund zu Hause an, raten ihm, sein Angebot zurückzunehmen, und erklären ihm, auch Premierminister Harold Macmillan sei dieser Meinung.¹⁴⁴ Siegmund läuft über vor Zorn, daß man seine Versöhnlichkeit als Schwäche ausgelegt hat; ab jetzt ist er grimmig entschlossen, den Weg zu Ende zu gehen, und er spürt in sich wieder den Haß auf die englischen Institutionen und Banken aufsteigen, den er seit 1931 empfindet. Es gibt keinen Pardon mehr: Die Schlacht wird mit allen Mitteln weitergeführt.

Sie ist kurz. Siegmund kauft alles auf und erhöht seinen Kaufpreis auf über vier Pfund pro Aktie. Am folgenden Tag fangen die Verwalter der Großvermögen zu verkaufen an, und sie verkaufen an Siegmund. Am 2. und 3. Januar kauft er 1,3 Millionen Aktien. Am 4. hält er fast 40 Prozent der Anteile. In den Folgetagen beschleunigt sich die Bewegung noch, und am 9. Januar können Tube Investments und Reynolds der Presse mitteilen, sie besäßen über 50 Prozent von British Aluminium.¹⁴⁴ Das Konsortium hat verloren. Eine Woche später treten Lord Portal und Geoffrey Cunliffe zurück. Etwas später wird ersterer Präsident der British Match Corporation. Lord Plowden wird von Ivan Stadeford als sein Nachfolger ausgewählt, und Louis Reynolds läßt sich in London nieder.

Der Aluminiumkrieg, der sich mit alldem erklären läßt, was Siegmund seit seinen Anfängen als Bankier getan hat, wirkt wie ein

Donnerschlag in der City. Dazu also ist dieser Mann fähig! Von da an ist es keine Schande mehr, wenn man früh aufsteht und bis spätabends arbeitet. Die Finanzen sind nicht mehr auf die Clubs beschränkt, sondern spielen sich in aller Öffentlichkeit ab. Keine Firmenleitung, kein Erbe reicher Eltern ist mehr vor einem Staatsstreich sicher. Die ganze sammetpfötige und vollmundige Legende der City ist in Stücke gegangen. Zum Besseren wie zum Schlechteren.

Der Krieg ist zu Ende, aber die Wunden sind tief. Die Angriffe waren heftig gewesen. Nie zuvor war der Antisemitismus so präsent. Lord Cromer kann sich nicht beruhigen. Lord Kindersley erklärt jedem, der es hören will: »Mit diesem Menschen wechsle ich kein Wort mehr.« Noch zwanzig Jahre später erzählt Siegmund, welches Vergnügen es ihm bereitet habe, als er in diesen Januartagen 1959 auf der Threadneedle Street Lord Kindersley begegnet sei, der einen Augenblick gezögert habe, ob er ihn grüßen solle, und dann aufs andere Trottoir gewechselt habe, um es nicht tun zu müssen. Am 11. Januar schreibt sein einstiger Mitstreiter Olaf Hambro sogar einen bitteren Leserbrief an die *Times*, der am nächsten Tag erscheint: »Es fällt wirklich schwer zu verstehen, warum sich der größte Teil der Citypresse gegen die City und für das Reynolds-Angebot ausgesprochen hat.« In derselben Zeitung antwortet einen Tag später der Labourabgeordnete Anthony Crosland und »erhebt sich gegen dieses Konsortium, das so modern ausschaut wie der Architekturstil, in dem die City erbaut wurde: Beide sind ein Graus.«[175]

Siegmund Warburg pflegt damals zu sagen:[214] »Männer von Qualität vergeben leichter anderen als sich selber.« Vermutlich spürt er, daß in dieser Zeit um ihn herum an Männern von Qualität nicht gerade Überfluß herrscht. Er notiert auch:[214] »Die meisten Siege eines Menschen in widrigen Umständen sind eher Siege des Charakters als des Intellekts.« Charakterstärke bezweifelt an ihm jetzt niemand mehr, wenn er auch nicht gerade immer »kind« ist.

Binnen weniger Tage hat Siegmund vor den Augen aller übrigen Bankiers die Trümpfe auf den Tisch gelegt, die er seit Jahren sammelt: das Netz seiner Verbindungen, seine Mannschaft, seine eigene Arbeitsfähigkeit, seinen Wagemut, vor allem aber seinen Sinn für perfekt vorbereitete und getane Arbeit jenseits aller Profitgier. Als erster hat er es verstanden, sich gegen die Etablierten der Presse zu bedienen, Unternehmen im Weltstil aufzuziehen, die Eliten in ihrer selbstgefälligen Ruhe zu stören, mit einem einzigen Telefonanruf Privatkapital von einem Kontinent zum andern zu bewegen und eine Firmenleitung wegzufegen. Bis dahin, wie er selber sagt,[207] als »der Jude, der Neuling, der nicht in englischen Schulen Erzogene, der Englisch mit ausländischem Akzent spricht«, verachtet, ist er nunmehr berühmt und muß ihn ein jeder wohl oder übel ernst nehmen.

Im Grunde seiner selbst mag er das gar nicht so sehr. Von allem Anfang an hat er die Tugend der Unauffälligkeit praktiziert, und nun sah er sich diesmal gezwungen, ins Rampenlicht zu treten. Er, der die Distanz liebt, befindet sich jetzt inmitten des Kreises der Rechtgläubigen, »das Gefährlichste, was seiner Bank passieren konnte, denn es verleitet zur Faulheit und Selbstzufriedenheit«.[175] »Selbstzufrieden sein«: in seinen Augen, das Schlimmste, was es geben kann.

Im Nachruf, den ihm am 20. Oktober 1982 die *Financial Times* widmet, steht über diese Affäre zu lesen, Siegmund Warburg habe »bei seinen Gegnern als Parvenü unter den Finanziers gegolten. Diese unwahrscheinliche Verdrehung der Tatsachen spiegelt die Schwäche des Establishments zu Ende der fünfziger Jahre wider, desgleichen seine Abschottung von den großen internationalen Strömungen der Zeit.« Sein Mitstreiter in diesem Abenteuer, Lionel Fraser, schreibt über ihn in seiner Autobiographie *All to the good*:[60] »Ich bewundere Siegmund nicht nur wegen seines Mutes, mit dem er in diesem Lande ein neues Leben begann und es zu ungewöhnlichem Erfolg führte, sondern auch für seine geradezu mönchische Gleichgültigkeit gegenüber flüchtigem Vergnügen, die ihm ein überscharfes Gespür dafür gab, was das Eigentliche im Leben ausmacht.«

Die Wunden vernarben. Drei Monate später, im März 1959, schlägt ein gemeinsamer Freund vor, die Gegner wieder zusammenzubringen. Siegmund ist bereit dazu. Auch Olaf unter der Bedingung, daß die Versöhnung in seinem Büro stattfindet. Siegmund durchmißt schweigend den großen Saal der Hambros-Partner; in seiner Mitte erwartet ihn der hünenhafte Olaf. Jeder beäugt mißtrauisch den andern. Dann tut Olaf einen Schritt auf ihn zu und umarmt ihn:[175] »Siegmund, sind wir nicht vollkommene Dummköpfe gewesen?«

Acht Monate später fusioniert Alcoa mit ICI zur Imperial Aluminium. Noch etwas später kaufen auch Alcan und Kayser Aluminium englische Firmen auf. Olaf Hambro bittet einen in der Öffentlichkeitsarbeit tätigen Mann namens Patrick Dolan, sein Image, das unter dieser Niederlage sehr gelitten hat, wiederherzustellen. Manch einer bemerkt damals nicht ohne Ironie, daß der genannte Patrick Dolan Amerikaner sei...[144]

Siegmunds Rolle und Vorgehen werden in der City nunmehr anerkannt. Am 19. Januar 1959 zieht die *Financial Times* die Bilanz des Hauses S. G. Warburg: »Praktisch hinter jedem großen Geschäft in London zeichnet sich die etwas geheimnisvolle Gestalt des Siegmund George Warburg ab... Die Öffentlichkeit scheut er wie den Teufel. Nie darf sein Bild in der Zeitung erscheinen und ist es auch noch nie. Aber hat sich der Vorhang erst einmal gehoben, so findet man einen charmanten, gebildeten Mann, dessen höchster Stolz es ist, eine Mannschaft mit Talent im Bankwesen, Industriewesen, in Buchführung und Finanzen um sich versammelt zu haben... Mr. Warburg unterhält auch enge Bande zum Festland, wo sein Bankhaus stand, ehe er vor dem Hitlerterror fliehen mußte.«

Aber Siegmund kann es sich nicht versagen, den Journalisten auf eine falsche Fährte zu locken: »Nunmehr hat er nur noch den einen Ehrgeiz: sich absetzen, seiner Leidenschaft für Geschichte und Philosophie frönen, vielleicht ein Buch zu schreiben...« Natürlich tut er das nicht. Denn jetzt fängt die Karriere des größten Finanzmannes der Nachkriegszeit erst richtig an.

Erste Absetzbewegung

In diesem Jahr schäumt Siegmund vor Aktivität über: Er berät Chrysler bei dessen von Lazard empfohlenem Aufkauf von Rootes, führt Ericsson auf dem britischen Markt ein, organisiert die Anleihen des National Coal Board und den Aufkauf der englischen Timken-Filiale.

Die *Financial Times* schreibt damals über Siegmund, er »ist auf Klienten spezialisiert, die Geschmack an internationalen Geschäften finden; so berät er die britischen Firmen, die auf dem Festland und anderswo Fuß fassen möchten, und die Amerikaner, die sich in der europäischen Industrie einkaufen wollen«.

Insbesondere organisiert er den Aufkauf der Kemsley-Gruppe

durch Thomson.¹⁴⁵ So wie Cecil King ihn 1955 zum Bankier erkor, weil er wie er selbst in der City fremd war, kommt auch Thomson von außerhalb: Als Sohn eines Friseurs in Toronto hat er sechs Jahre zuvor seine erste britische Zeitung in Schottland gekauft. Er gibt sich gerne auffällig: »Mein Hobby? Bilanzen!«, und gebärdet sich als sehr weit rechts stehend.¹⁴⁵ Er bittet Siegmund, ihm beim Erwerb des Presseimperiums von Lord Kemsley behilflich zu sein, zu dem neben 22 weiteren Blättern auch die *Sunday Times* gehört. Kemsley, ein alter Unternehmer, der inzwischen zum Gentleman avanciert ist und jetzt auf dem Lande wohnt, wo man ihm die Agenturdepeschen auf silbernem Tablett serviert,¹⁴⁵ hat seinen langjährigen Bankier Lionel Fraser beauftragt, einen Abnehmer für 40 Prozent des Kapitals zu finden. Neben den Anteilen, die die Familie Kemsley hält, befinden sich 1,5 Millionen Aktien in der Hand der Öffentlichkeit. Der Anteil wird damals mit 2,2 Pfund gehandelt. Fraser sagt ihm, mehr als 4 oder 5 Prozent könne er nicht unterbringen, und nimmt daraufhin Kontakt mit Warburg auf, von dem er weiß, daß er Thomsons Bankier ist. Den Preis setzt Siegmund auf 4,10 Pfund fest, den Wert, auf den er den potentiellen Gewinn der Gruppe schätzt. Diesen Preis bietet Siegmund Kemsley und in der Öffentlichkeit an.¹⁴⁵ Da kommt Henry Grunfeld die Idee, man könnte den Tausch von Kemsley-Zeitungen gegen Thomsons private schottische Fernsehkette vorschlagen.¹⁴⁵ Die Operation verläuft problemlos zum beiderseitigen Vorteil.

Anfang 1960 ist der Wirtschaftsaufschwung von 1959, der den Konservativen in diesem Jahr einen großen Wahlsieg einbrachte, schon wieder vergessen. Die Arbeitslosenquote erreicht 2,4 Prozent, in Nordengland sogar bis zu 4,7 Prozent.³⁵ Kohle, Schiffbau und Baumwolle reichen für die Stützung des Wachstums nicht mehr hin.³⁵ Die britische Staatskasse muß wieder 892 Millionen Pfund beim Internationalen Währungsfonds aufnehmen – mehr als die Hälfte der vom IWF insgesamt in diesem Jahr vergebenen Kredite. Im Gegenzug läßt sich der schwedische Generaldirektor des Fonds, Per Jacobson, eine merkliche Zinshebung seitens der Bank von England einräumen sowie tiefe Einschnitte in den Staatsausgaben. Zwei Monate später erklärt er in Wien:¹⁴⁶ »England hat die Hilfe nicht dazu bekommen, daß es wie bisher weitermacht, sondern damit es Zeit hat, sein Haus in Ordnung zu bringen. Für die Rolle, die Großbritannien in der Welt zu spielen gedenkt, ist eine Änderung der Politik unerläßlich. Was nützt es, wenn die Leute sagen: ›Die Engländer sind ja liebe Leute, aber Geld haben sie keins.‹« Daraufhin erläßt die britische Regierung eine Einkommenskontrolle und Kreditbeschränkungen. Die Investitionstätigkeit muß dafür mindestens ebenso büßen wie der Verbrauch.[35]

Im selben Jahr tätigt Warburg zahlreiche andere Geschäfte. Er kauft Kundenfirmen auf, die ohne Nachfolger sind: die englische Gallup Poll und die Gummihandelsgesellschaft Heacht, Levis & Kahn. Buchtechnisch faßt er sie in einer Filiale von Mercury Securities, der British Industrial Corporation, zusammen, die eigens gekauft wurde, um alles, was weder Bank noch Brandeis ist, unter einem Dach zu vereinigen. Seine Gewinne belaufen sich auf 2,5 Millionen Pfund, das Vierzigfache von 1948. Dann beschließt Siegmund, die Leitung der Bank, von Mercury und von Brandeis in neuen Büros in der Gresham Street einzurichten, die nicht weniger anspruchslos sind als die vorigen und in denen rund hundert Angestellte arbeiten.

Mit seinem Bankhaus in London und seinem Einfluß in New York und Hamburg ist er jetzt einer der Herren der Finanzwelt.

Aber eben in New York und Hamburg muß er jetzt zurückstecken. In New York hat ihn sein Schützling Dick Dilworth wegen der Auseinandersetzungen mit dem inzwischen zum Teilhaber aufgerückten Necarsulmer verlassen. Siegmund sieht schon den Tag kommen, an dem er seinen Ehrgeiz, Kuhn, Loeb & Co. zu kontrollieren, aufgeben muß. In Hamburg muß er sich mit einem Kompromiß abfinden. Im Austausch zum Eintritt von Christian Brinckmann als Teilhaber erreicht er, daß einer seiner Leute, Hans Wuttke – ein junger Direktor von Mercedes-Benz, den er zwei Jahre zuvor bei einem seiner Deutschlandbesuche für Kuhn, Loeb & Co. »aufgetan« hat –, ebenfalls als Teilhaber aufgenommen wird, der ihn vertreten soll.

Auch in seinem Privatleben gibt es in diesem Jahre einige Veränderungen. Seine Tochter, die zwei Jahre lang in einer Londoner höheren Schule gelehrt hat, verheiratet sich in Israel. Er selbst kauft ein Haus in Roccamare bei Grosseto nördlich von Rom, wohin er sich oft begibt, um seine Selbstbiographie zu schreiben, eine Arbeit, die er etwas später wieder aufgibt.

Im März tritt er als Präsident der Bank zurück und läßt die *Financial Times* schreiben, »als glühender Verfechter der Atlantischen Gemeinschaft wird er nun mehr Zeit auf die Stärkung der Bande zwischen Großbritannien und den Vereinigten Staaten auf der einen und dem Kontinent auf der anderen Seite widmen können«. In einem Artikel über ihn, der zur gleichen Zeit in der *Times* erscheint, läßt er von sich sagen: »Anstatt wie andere Bankiers seine Netze über die ganze Welt zu werfen, hat er sich von Asien und Afrika ferngehalten und auf Nordamerika, Großbritannien und das europäische Festland konzentriert. Er ist der einzige Londoner Bankier, der eine große New Yorker Bank zu seinen Teilhabern zählt.«

Am 13. Juni 1960 zieht er sich mit den beiden ältesten »Onkeln«, Eric Korner und E. G. Thalmann, sogar mit 58 Jahren aus dem Vorstand der Bank zurück, dessen Vorsitz er Henry Grunfeld überläßt.

Am nächsten Tag veröffentlicht die *Financial Times* einen seltsamen Artikel, der typisch ist für die indirekten Vertraulichkeiten, die Siegmund zu jener Zeit gerne von sich gibt: »Obgleich er sein ganzes Leben im Bankgeschäft zugebracht hat, behauptet er, Geschichte und Philosophie interessierten ihn mehr als sein eigentliches Metier. Er besitzt auch eine gewaltige und sehr schöne Bibliothek. Er ist ein moderner Bankier, der es für wichtig hält, daß man sich nach unorthodoxen Orientierungen richtet. Zu diesem Zweck hat er mit seinen vier Partnern eine Mannschaft von hoher Güte zusammengestellt. Seine Überzeugung, daß man den Jungen eine Chance geben muß, findet ihren Ausdruck darin, daß er sich mit den beiden Doyens der Firma aus dem Vorstand zurückgezogen hat, um sich fortan der Entwicklung der Verbindungen zwischen den Vereinigten Staaten und Großbritannien zu widmen.«

Er selbst schreibt in sein Tagebuch:[214] »Das eigentliche Ziel des ›élan vital‹ besteht darin, die in einem Menschen schlummernden Kräfte auf größtmögliche Höhe zu tragen.« Die aber hat er in seinen Augen immer noch nicht erreicht.

5. KAPITEL
SCHMUGGELDOLLARS
(1960-1973)

Wenn das Ursprungsland der Standardwährung die sich daraus ergebenden Zwänge zu tragen ablehnt, stellt sich ganz von selbst die Idee einer Ersatzwährung ein. Und wenn sich eine solche nicht findet, keimt der Gedanke an Schmuggelwährungen und beginnt sich's im Freihafen zu regen. Wenn die Unternehmen ihre Investitionen senken und die Dollars sich ansammeln lassen, dann kommt es viel schneller als gedacht und gesagt zur Krise, in der wir noch heute stecken.

Längst bevor andere auf den Gedanken verfielen, gelang es Siegmund, die Anleihenehmer und Geldgeber der »Warburg-Lande« nach London zu holen, das er zu einer Art Double von New York machen möchte, indem er – zunächst fast im Schmuggelzustand, später vor aller Augen – alle Devisen der Welt an einem abstrakten Ort einsetzt, dem Markt des universellen Geldes oder des heimatlosen Dollar.

Gepooltes Gold

Anfang der sechziger Jahre hält sich das Bretton-Woods-System nur noch scheinbar, vergleichbar einer zwar herrlichen, aber doch so zerbrechlichen Maschine, daß man sie lieber nicht in Betrieb setzt. Denn nie ist es wirklich dem Härtetest unterzogen worden: Der Goldwert des Dollar ist seit 1934 unverändert geblieben, und der der anderen Devisen hat sich seit 1949 kaum bewegt. Nichts von all dem, was sich White ausgemalt hatte, ist eingetreten. Die meisten Währungen blieben entweder unkonvertierbar oder wurden nur mit Zittern und Zagen freigegeben, die außerhalb der Banken im Umlauf befindlichen Dollars übersteigen bei weitem das Gold, das sie eigentlich garantieren soll, und jede Paritätsveränderung wird mit solcher Feierlichkeit vorgenommen, daß sie schon fast unmöglich wird. Das amerikanische Zahlungsbilanzdefizit dient nicht mehr dazu, die Reserven Europas zu alimentieren, sondern nährt nur noch die Kredite unter Privatbanken.

Das nach dem Krieg aufgebaute Gleichgewicht nutzt sich darum ab, ohne daß es deshalb gelänge, im in Bretton Woods vorgesehenen Rahmen zu neuen Paritäten zu kommen: Jedermann glaubt, wenn eine der Hauptdevisen – und an erster Stelle das Pfund – nachgäbe, würden die anderen unweigerlich folgen und Katastrophen sich gleich reihenweise ereignen. Folglich bewegt sich kein Mensch.

Dabei beginnt das Jahrzehnt in Großbritannien und anderswo in der Euphorie. Harold Macmillan ersucht um die Aufnahme von Verhandlungen über den britischen EWG-Beitritt, und das Pfund wird endlich konvertierbar. In Wirklichkeit jedoch bleibt es außerordentlich anfällig, denn schon belaufen sich die kurzfristigen Schulden des Vereinigten Königreichs auf ein Mehrfaches seiner Reserven, und seine Zahlungsbilanzdefizite verursachen fortlaufend neue Devisenverluste. Dem neuen Schatzkanzler Selwyn Lloyd fällt ebensowenig wie irgendeinem seiner Vorgänger eine andere Lösung ein als die einer strengen Währungspolitik, einer knappen Haushaltsführung, der Hebung des Diskontsatzes und der Einkommensteuer. Am 6. Februar erklärt er vor dem Unterhaus:[214] »Wir haben die Wahl zwischen der Charybdis des Treibenlassens und der Szylla des ›discouragement‹.« Oft zitiert Siegmund diese griffige Formel.

Zur gleichen Zeit genießen die Vereinigten Staaten noch einen beträchtlichen Handelsbilanzüberschuß, aber ihre Zahlungsbilanz ist wegen der steigenden Verteidigungsausgaben im Ausland im Defizit. Und wenn sie zulassen, daß Ausländer Dollars innehaben, dann um zu vermeiden, daß sie Gold dafür haben wollen. In diesen Jahren bringen sie es sogar fertig, drei Viertel ihres Defizits *nicht* mit Gold zu begleichen.

Allmählich jedoch beginnt dieses Defizit, den Ruf des Dollar anzukränkeln, und am Ende der Amtszeit Eisenhowers gelangt die Frage des Goldpreises wieder an die Oberfläche, wird gar zum Politikum. Im Oktober 1960 steigt der Goldpreis auf dem Londoner Markt sogar auf

40 Dollar pro Unze, und diesem Aufwärtstrend kann nur dadurch Einhalt geboten werden, daß acht Zentralbanken Gold verkaufen.[161] Noch bevor er am 31. Oktober 1960 zum Präsidenten gewählt wird, muß John F. Kennedy feierlich bekanntgeben, daß er den Preis des Edelmetalls nicht anrühren wird. Damit gerät das Räderwerk des Schicksals in Bewegung. Die in Bretton Woods ins Auge gefaßten Mechanismen können aus Angst vor einer politischen Tragödie nicht mehr in Gang gesetzt werden. Dennoch stellen sich langsam alle Voraussetzungen dazu ein.

Denn diese Dollars, die da außerhalb Amerikas zwischen den Banken zirkulieren und sich vermehren, führen zur Bildung des Euromarktes. Mittlerweile umfaßt dieser mehrere Milliarden Dollar und wird zu allem benutzt. 1961 leiht sich Japan davon eine Milliarde Dollar aus; Italien bedient sich seiner zur Entwicklung der Ausfuhren und sogar der binnenwirtschaftlichen Aktivität; Singapur und Deutschland holen sich ihrerseits Geld.

Allmählich bricht sich die Vorstellung Bahn, daß der Dollar seine Parität nicht durchhalten kann und folglich der in Dollar ausgedrückte Goldpreis steigen wird. Daraufhin machen sich auf dem freien Goldmarkt in London und Zürich die ersten Spannungen bemerkbar. Im Dezember 1961 beschließen zur Wahrung des Goldpreises die Zentralbanken der Bundesrepublik Deutschland, Belgiens, Frankreichs, Italiens, der Niederlande, der Schweiz, des Vereinigten Königreichs und der Vereinigten Staaten[197] die Bildung eines von der BIZ und der Bank von England verwalteten Goldpools und erklären sich bereit, einen Teil ihrer Reserven einzusetzen, um ein weiteres Ansteigen des Goldes auf dem Londoner Markt zu verhindern; in Wirklichkeit haben sie das jedoch schon vorher getan.[197] In Form eines Netzwerks aus gegenseitigen Stützungserleichterungen zwischen den Zentralbanken wird eine weitere Verteidigungslinie aufgebaut; die Zentralbanken wollen sich im Falle von Schwierigkeiten gegenseitig Reserven in Gold oder Dollar leihen und kurzfristigen Kapitalbewegungen begegnen.[197] Der Internationale Währungsfond bekommt ebenfalls die Möglichkeit, tätig werden zu können, indem er von sechs Zentralbanken Devisen ausleiht.[161] Sofort kommt das System zur Verteidigung des erneut angegriffenen Pfundes in Gang.

Im Februar 1962 beschließen dieselben Zentralbanken, nicht nur ihre Goldverkäufe, sondern auch ihre Goldeinkäufe auf dem Londoner Markt bei einem Spitzenpreis von 35,08 Dollar pro Unze zu koordinieren. Am 5. Juni schließlich werden die allgemeinen Anleiheabkommen zwischen den Zentralbanken ausgearbeitet, die den in Krise geratenen Ländern behilflich sein sollen, indem sie ihnen Luft verschaffen für die Ausarbeitung eines Gesundungsprogramms.

Diese Deiche werden den Zusammenbruch des Systems noch für zehn Jahre verzögern, aber schon ist es unmöglich geworden, das Kapital, das die Welt braucht, auf stabile Weise bereitzustellen.

S. G. Warburg zwischen London und New York

Siegmund steht dem Ganzen jetzt etwas ferner. Nur noch fünf bis sechs Monate im Jahr verbringt er in London. Die andere Hälfte des Jahres hält er sich in New York, Hamburg oder sonstwo auf. Zu Ostern 1961 läßt sich die gesamte Gruppe, die jetzt über hundert Angestellte zählt, in den im Vorjahr gekauften Geschäftsräumen an der Gresham Street 30 nieder. Siegmund besteht weiterhin auf karger Einrichtung und lehnt wie schon zuvor in der King William Street die Anbringung einer Tafel an der Eingangstür zum Gebäude ab. Diese Anonymität ist nach seinen Worten notwendig, »um das Schicksal zu beschwichtigen«. Die Jahresberichte der Bank werden weiterhin auf gewöhnlichem Papier gedruckt und nicht gebunden. »Ich dachte, wenn wir es anders gemacht hätten, hätten wir keinen einzigen Kunden dazugewonnen, meinte aber, wenn ich morgen sterben würde, würde man sicher auf Glanzpapier drucken«, sagt er später.[207]

Er geht jetzt weniger häufig zur Morgenbesprechung und begnügt sich damit, aus größerer Entfernung Anstöße zu geben und die Mitarbeiter zu Höchstleistungen anzuspornen, wobei er weiterhin an den Netzen seines Einflusses webt und über die Zukunft einer mittlerweile überall anerkannten Institution nachdenkt. In diesem Jahr schreibt der *New Statesman* über ihn: »Es dürfte schwerfallen, in New York einen Erfolg zu finden, der dem Warburgs gleichkäme.« Doch diese Distanz hindert ihn keineswegs, alles zu wissen, über alle Entscheidungen zu wachen, sich in alles einzumischen, notfalls das Flugzeug zu nehmen oder mit einem Prokuristen oder Bankpräsidenten zu telefonieren, wenn er das für die Wahrung seiner Belange für nötig hält.

Die in England in dieser Zeit trügerischer Euphorie getätigten Geschäfte bestehen hauptsächlich aus Fusionen und Firmenerwerbungen, aus Finanzkonzentrationen und Kapitalaufstockungen. Binnen sechs Jahren haben die Vereinigten Staaten dort für 2 Milliarden Dollar investiert. Manchmal geraten dabei zwei Klienten Siegmunds in Gegensatz und versuchen, sich gegenseitig den Rang bei ihm abzulaufen.[145] So befürchtet im Januar 1961 Odhams Press, eine der beiden größten damaligen englischen Zeitungsgruppierungen mit *The People* und *Daily Herald*, den Aufkauf durch den damaligen Rivalen, die Gruppe von Cecil Hansworth King, Besitzer des *Daily Mirror*.[145] King will das auch. Um dieser Umarmung zu entgehen, versucht Odhams auf den Rat von N. M. Rothschild hin die Fusion mit einer anderen, weniger wichtigen Gruppe, der von Roy Thomson, der immerhin die *Sunday Times*, 14 Tageszeitungen in Großbritannien und 80 Zeitungen in der übrigen Welt besitzt.[145] Da dieser interessiert ist, bittet er natürlich seinen Bankier Siegmund, ihm bei der Vorbereitung der Transaktion zu helfen; aber Cecil King, der durch die Aktionäre von Odhams weiß, was sich da anbahnt, beschließt einen Überrumpelungskauf der Gruppe und bittet ebenfalls S. G. Warburg um Unterstützung dabei. Siegmund muß nun die Wahl treffen zwischen zwei alten Kunden, und er gibt King den Vorzug, den er zwei Jahre vor Thomson kennengelernt hat. Letzterer nimmt es ihm übrigens keineswegs übel, sondern wendet sich an das andere große Londoner Bankhaus der damaligen Zeit, Kenneth Keith, das Philip Hill Higginson leitet.[145]

Der Kampf wird recht hart. Wieder einmal führt Henry Grunfeld für S. G. Warburg die Sache. Lionel Fraser schreibt in seinen Memoiren,[60] in dieser Angelegenheit sei »das Blut von Finanz und Arbeit« geflossen. Innerhalb von acht Tagen klettern die Odhams-Aktien von 40 auf 64 Schilling. Zum großen Erstaunen der Parlamentskreise, des Premierministers und sogar der Odhams-Leitung setzt sich Cecil King durch und gliedert die größte britische Pressegruppe der seinigen ein, womit er sich die Herrschaft über 40 Prozent der Tageszeitungen des Landes sichert und zum ersten Pressemann der Welt wird.[145]

Dieser Erfolg kostet Siegmund noch nicht einmal die Kundschaft

Thomsons, des Herrn der zweitgrößten englischen Gruppe. Innerhalb von zehn Jahren wird er so zum Bankier der beiden größten Presseimperien in Europa.

Am Tag nach dem Abschluß schreibt die *Sunday Times* über ihn, er sei »das Schmuckstück des Bankwesens der Nachkriegszeit«. Er selbst notiert an diesem Tag in seinem Tagebuch:[214] »In den Finanzen muß man sich selbst gegenüber schonungslos und anderen gegenüber großzügig sein.«

In Wahrheit aber steht keineswegs alles zum Besten. In New York ist es ihm nicht gelungen, einen seiner Leute bei Kuhn, Loeb & Co. zum geschäftsführenden Teilhaber zu machen, und er setzt nur wenig Hoffnung auf John Schiff, der immerhin das Zünglein an der Waage bildet, und Frederick Warburg, der ihm keinerlei Hilfe zuteil werden läßt: In dieser kollegialen und sammetpfötigen Welt besitzt keiner von beiden die nötige Ausstrahlung, um eine Strategie durchzusetzen, und die Konflikte zwischen Siegmund und seinen New Yorker Partnern mehren sich.

Tatsächlich fängt in London seine Bank an, gewisse Großkunden Kuhn, Loeb & Co. abspenstig zu machen, weil man mittlerweile auch in London tun kann, was bislang nur in New York möglich war. Gewiß: Wenn eine der beiden Einrichtungen ein Transatlantikgeschäft zu tätigen hat, teilt sie es im Prinzip noch mit der andern, aber es ist doch recht schwer feststellbar, wer dabei die Führung übernehmen soll, wenn er – mit einem Bein in der einen, mit dem andern in der andern stehend – das Geschäft ausfindig gemacht hat. So betreibt er zum Beispiel, als er Hambros das jahrhundertealte Monopol über die skandinavischen Anleihen entwindet, die Operation von London aus und beteiligt Kuhn, Loeb & Co. nicht. Desgleichen läßt er auf dem Markt der City seine Beziehungen mit Deutschland (Thyssen, Hoechst), mit Skandinavien (Ericsson), mit Israel (Leumi Bank) und Japan (u.a. Thoray) spielen, ohne Kuhn, Loeb überhaupt ein Wort zu sagen.

Wegen dieser Entwicklung macht er sich keine übermäßigen Sorgen, denn er spürt, daß der Kapitalabfluß aus den Vereinigten Staaten heraus wegen des Kampfes gegen das amerikanische Defizit allmählich abnehmen und es schwerfallen wird, an der Wall Street noch Anleihen für europäische Betriebe zu begeben.

Ende 1961 werden an der New Yorker Börse kurzfristige Deviseneinlagen von Kleinsparern in Form von Einlagezertifikaten zugelassen. Diese Neuerung heizt den Spekulationsmarkt an. Angesichts der Darlehensentwicklung spürt Siegmund, daß zur Sanierung der Unternehmensfinanzen riesiger Bedarf an langfristigem Geld entstehen wird, wobei für die Anleihenehmer keine andere Währung als der Dollar in Frage kommen dürfte.

Gemessen an klassischen Kriterien, ist S. G. Warburg & Co. immer noch eine bescheidene Bank. Aber ihr Einfluß bemißt sich nicht nach ihren Bilanzen. In diesem Jahr geht keine einzige Fusion mehr kampflos über die Bühne, und Siegmund ist an den meisten beteiligt. Nicht an allen: Courtaulds kauft mit Hilfe von Baring fast jeden Monat eine Firma auf, desgleichen Imperial Tobacco mit Unterstützung von Morgan Grenfell. Der von ihm beratene *Daily Mirror* verkauft die Druckerei Hazell Sun an British Printing. Burmah Oil, ebenfalls von Baring unterstützt, schlägt den Versuch einer öffentlichen Ausschreibung seitens Shell und BP zurück. Immer schneller wechseln die Unternehmensleitungen.

Im Jahr darauf, 1962, verändert sich seine Mannschaft; E. G. Thalmann und Gerald Coke ziehen sich zurück. Jüngere treten an ihre Stelle. George Warburg und Ronald Grierson werden mit 32 bzw. 37 Jahren Vorstandsmitglieder. Dennoch scheidet George wieder aus und gründet zunächst allein, dann mit einem weiteren Direktor von S. G. Warburg, Milo Cripps, seine eigene Finanzberatungsgesellschaft.

Das ist ein schwerer Schlag für seinen Vater und trifft ihn tief, auch wenn er kaum ein Wort darüber verliert. »Während er den Ehrgeiz hatte, die Dynastie wiederherzustellen, erleidet Siegmund eine schwere Enttäuschung. Sein einziger Sohn gründet eine eigene Firma, und die beiden stehen sich nicht sehr nahe«, schreibt etwas später *Times Magazine*. Er selbst notiert an diesem Tag:[214] »Man kann im Leben niemals etwas ändern als allein sich selbst.«

Scheinbar erholt er sich schnell von diesem Schlag und erkürt sich einen »Adoptivsohn«. Noch ist Ronald Grierson der Bevorzugte, aber schon taucht der nächste am Horizont auf: Ian Fraser, der an Stelle von George zum Vorstandsmitglied ernannt wird. Diese intuitive Einschätzung der Bankiersqualitäten von Fraser wird sich bestätigen, denn einige Jahre später wird er der erste Generaldirektor der Commission for Public Purchases und danach Präsident der Lazard Bank.

Autostrade Italiane

Für multinationale Unternehmen – seien sie nun amerikanisch oder nicht – am Platz New York noch langfristig Dollars aufnehmen zu wollen wird 1962 völlig sinnlos. Zum einen zwingt die amerikanische Regierung weiterhin jeden nichtamerikanischen Kreditnehmer, sich fiktiv einer Bank an der Wall Street zu bedienen, und zum andern verteuert sie die Anleihen auf dem New Yorker Kapitalmarkt immer weiter, weil sie sie für die Ursache der amerikanischen Zahlungsbilanzdefizite hält.

Deswegen plant Siegmund mit Schachts ehemaligem Assistenten Gert Whitman, der in London zu ihm gestoßen ist, und mit dem Finanzmann der EGKS, van Scribanovitz, langfristige Dollaranleihen unmittelbar von London aus zu tätigen. Für sie ist das nichts Neues: Sie denken an Berlin und Hamburg in den tragischen Anfangstagen von Weimar, als man von einem Platz in Europa an den andern nicht nur kurzfristig Dollars vergab, sowie an die Dollaranleihen zwischen Commonwealthländern während der Pacht- und Leihzeit. Warum nicht dasselbe wieder tun? Schließlich ist es nicht verboten, in europäischer Hand befindliche Dollars in Europa zu vergeben.

Anfang 1962, als noch kein Mensch auf die Idee gekommen ist, beschließen sie die juristische und finanzielle Vorbereitung einer neuen, wiederum auf Dollar lautenden Anleihe für die EGKS, die aber diesmal nicht mehr von New York, sondern von London aus aufgelegt werden und sich an Inhaber von Eurodollars wenden soll. Nach zweimonatiger Arbeit lassen sie jedoch das EGKS-Projekt fallen, denn es liefe darauf hinaus, Kuhn, Loeb & Co. einen Klienten wegzunehmen, auch wenn dieser es 1956 dank Siegmund geworden ist. Und in der »Hautefinance« tut man so was nicht.

Siegmund und Gert Whitman, der mittlerweile Teilhaber von S. G. Warburg geworden ist, suchen deshalb im Frühjahr nach einem anderen Anleihewilligen, der seinerseits keinerlei Geschäftsbeziehungen zu Kuhn, Loeb & Co. gepflegt hat. Es soll eine finanziell gesunde europäische Firma sein, die langfristig investieren will. Die Zeit drängt, denn im Sommer 1962 läßt sich der neue amerikanische Schatzminister Douglas Dillon in Amerika und Europa immer häufiger dahingehend vernehmen, die Europäer und die amerikanischen Firmen in Europa sollten sich ihr Kapital doch auf dem eigenen Markt holen und kein Kapital mehr aus Amerika abziehen. Es ist also zu befürchten, daß die Dollarquelle demnächst versiegen wird.

Im Spätsommer sucht Siegmund in Washington seinen inzwischen Staatssekretär gewordenen Freund George Ball auf. Er bestärkt ihn in der Absicht, Präsident Kennedy zu einer positiven Geste gegenüber dem Aufbau Europas zu bewegen, und ermuntert ihn dazu, die Entstehung weiterer Dollarkapitalmärkte außerhalb der USA zu gestatten. Ball hält die amerikanische Wirtschaft noch für gesund: Die Zinsen liegen immer noch bei nur 3 Prozent; General Motors weist in diesem Jahr Riesengewinne – die größten der Welt – und DuPont eine Rentabilität von 18 Prozent aus; die Arbeitslosigkeit liegt bei nur 3 Prozent. Es ist also völlig ruhig. Freilich ist das die Ruhe vor dem Sturm: Ein so hohes Defizit bei so schwacher Produktivität bleibt nicht ungestraft. Von seinen Freunden bei der Weltbank erfährt Siegmund, daß mittlerweile rund drei Milliarden Dollar außerhalb der Vereinigten Staaten zirkulieren; davon wird eine Milliarde außerhalb der amtlichen Institute von Bank zu Bank verliehen. Diese Masse, so sagt er sich, könnte man sehr wohl anders als nur kurzfristig nutzen.

Am 22. Oktober 1962 bricht die Kubakrise aus, bei der John J. McCloy als Sonderberater von Präsident Kennedy und Mitwirkender in dieser Riesenbluffstrategie letztmalig auf der amerikanischen politischen Szene auftritt. In diesem Augenblick steht Siegmunds Anleihe: Sämtliche technischen Probleme sind gelöst, er weiß nur noch nicht, wem er sie vorschlagen soll. Vielleicht der IRI, einer öffentlichen italienischen Einrichtung, die sämtliche Staatsbeteiligungen an der Industrie kontrolliert, und insbesondere ihrer Filiale Finsider, die große Investitionsvorhaben hat?

Er schickt Ronald Grierson mit einem Kreditvorschlag über 15 Millionen Dollar auf sechs Jahre zum Präsidenten der IRI, Professor Enzo Donatini. Dieser zögert: Finsider hat keine sehr vorzeigbare Bilanz und muß mit Schwierigkeiten rechnen. Sicher wäre das Geld willkommen, aber die Firma hat keinerlei Garantiemöglichkeit. Er bedaure, das Angebot ablehnen zu müssen. Das mache nichts, läßt Siegmund ihm erwidern, man werde einfach so tun, als sei die Anleihe für eine andere Filiale der IRI bestimmt; im Grunde ändere das überhaupt nichts, denn schließlich sei der eigentliche Bürge die IRI selbst, die sich ihrerseits an den italienischen Staat anlehne.[204] Man brauche also nur die rentabelste Filiale auszusuchen. Donatini ist einverstanden. Man einigt sich auf die blühende Verwaltungsgesellschaft der italienischen Autobahnen, Autostrade Italiane.

Am 14. Januar 1963 wird man über eine Sechsjahresanleihe von 15 Millionen Dollar zu 5,5 Prozent handelseinig (es ist der Tag von de Gaulles Veto gegen die Beitrittsverhandlungen Englands zur EWG, die zwei Jahre zuvor zwischen Eric Roll und Olivier Wormser begonnen hatten).

Ian Fraser macht sich an die schriftliche Ausarbeitung und Einholung der verschiedenen rechtlichen und verwaltungstechnischen Genehmigungen. Das dauert weitere sechs Monate. Letzte Hürde: Die Bank von England, vor allem in Gestalt ihres widerspenstigen und sogar feindseligen Gouverneurs, verlangt eine exorbitante Stempelgebühr, die das Geschäft unmöglich machen würde.[204] Ein Freund Siegmunds und Mitglied des Zentralbankrates, Sir George Bolton, erreicht eine Senkung der Forderung. Trotz dieser Konzession beschließt Siegmund, den rechtlichen Vergabeort nach Luxemburg zu verlagern, wo fast keine Gebühren anfallen. Die Rechtsanwälte Allen und Overy bringen das Ganze in Form. Sofort nach Fertigstellung des Papiers werden zwei Broker der City, L. Messel & Strauss und Turnbull & Co., mit der Einführung an der Londoner Börse beauftragt. Im Vergabeprospekt, der des langen und breiten die angeblichen Vorteile dieser Anleihe für das italienische Autobahnnetz rühmt, ersetzt Julius Strauss den bis dahin bei den in New York aufgelegten Anleihen gebräuchlichen Begriff »Auslandsanleihe in Dollar« durch das Wort »Euroobligation«, das sich als Sprachgebrauch durchsetzt.[204] Die Provision von S. G. Warburg wird auf 3,5 Prozent des Anleihebetrages festgelegt, mithin auf 520 000 Dollar, die sich die Bank mit den anderen an der Plazierung Beteiligten teilen muß: Brüsseler Bank, Deutsche Bank und Rotterdamsche Bank N. V.

Der Vertrag ist am 1. Juli 1963 unterschriftsreif – ein seltsamer Vertrag: Er ist nach britischem Gesetz abgefaßt, wird in Den Haag unterzeichnet, in Luxemburg notiert, auf Dollar ausgestellt und dient der Finanzierung von Lirainvestitionen eines italienischen Unternehmens, das gar nicht der eigentliche Anleiheschuldner ist!

Die Auflage wirkt auf dem Markt höchst überraschend und ist trotz Eric Korners und Gert Whitmans Bemühungen in der Schweiz und der Anstrengungen Robert Genillards, der ziemlich viel auf Konto von White Weld absetzt, gar nicht so leicht unterzubringen. Bei ihrer Ausgabe wird die Anleihe mit einem Abschlag von fünf Punkten abgegeben. Und vier Monate lang kommt es zu keiner weiteren, vergleichbaren Emission.

Dennoch war es höchste Zeit, und Siegmund ist lediglich der ohnehin zu erwartenden Entwicklung zuvorgekommen. Achtzehn Tage später, am 18. Juli 1963, verkündet John F. Kennedy angesichts der Verschärfung des amerikanischen Zahlungsbilanzdefizits im Kongreß die Schaffung einer Abgabe auf alle in Amerika getätigten Fremdanleihen, was deren Kosten hebt: Die Zinsausgleichsabgabe liegt je nach Anleihedauer zwischen 2,75 und 15 Prozent und ist ab sofort fällig. Sie erreicht genau das Gegenteil. Anstatt den Dollarabfluß zu bremsen, bremst sie die Rückkehr der bereits im Ausland befindlichen Dollars, wodurch sich das Zahlungsbilanzdefizit weiter verschärft. Der Schwerpunkt des Weltkapitalmarktes verlagert sich nach außerhalb der Vereinigten Staaten, ohne daß eine andere Devise den Dollar ablöst oder ergänzt, wie das vor fünfzig Jahren beim Pfund der Fall war.

Wie alle großen Scheidewege war auch dieser wahrscheinlich notwendig und unvermeidlich, und hätte Siegmund ihn nicht als erster geahnt, hätte ein anderer an seiner Statt etwas später entsprechend gehandelt. Er tat es jedoch, weil er anhand seiner langen deutschen Erfahrung mit abgewanderten Dollars darüber nachzudenken verstand. Als Mann von Einfluß ist er damit nichts als Beschleuniger und Vorreiter des Wahrscheinlichen.

Im übrigen hatte im Februar 1963 die Morgan Bank schon in Paris eine Anleihe von 80 Millionen DM für Neckermann aufgelegt mit einer dreiprozentigen Provision, die sie mit fünfzig anderen Banken zu teilen hatte. Im Juni desselben Jahres ist sie sogar gerade dabei, von Paris aus eine weitere Anleihe von 15 Millionen, diesmal in Dollars, für den japanischen Chemiekonzern Takeda zu begeben. Aber die buchtechnischen Probleme und die zahllosen Hürden, die die Bank von Frankreich errichtet, indem sie beispielsweise in devisenproblematischen Zeiten keine andere Währung als den Franc für eine Anleihe auf ihrem Staatsgebiet zuläßt, behindern Morgan, so daß die Takeda-Anleihe erst am 22. November 1963, dem Tag der Ermordung Kennedys, zustande kommt.

Damit verliert Paris für die Reorganisation seines Kapitalmarktes wertvolle und praktisch nicht einholbare Zeit. Dank Siegmund und trotz der Bank von England ergreift die City die Chance und wird zum ersten Freihafen für Schmuggeldollars.

Der schlechte Start seiner Anleihe und die allgemeine Skepsis der Privatbanken und europäischen Zentralbanken können nicht an Siegmunds Gewißheit rütteln, daß es sich hier um einen gewaltigen Markt handelt. Er weiß, daß in der Schweiz wie in Japan, in Italien, Israel und sogar England eine ganze Menge Leute Dollars besitzen und nur darauf warten, sie langfristig und außerhalb Amerikas vergeben zu können. Seiner Meinung nach wäre ohne diesen Markt das Industriewachstum außerhalb Amerikas lahmgelegt oder müßte immer kurzfristiger von den Handelsbanken finanziert werden, womit die Inflation wieder in Gang käme und die Konten der Unternehmen geschwächt würden.

Im August sucht er die wichtigsten europäischen Zentralbanken auf. In London, Frankfurt, Rom und Paris erklärt er jedem Zentralbankpräsidenten:[207] »Man wird doch nicht den internationalen Kapitalmarkt sterben lassen, nur weil New York die Türen verriegelt. Die Firmen müssen Kredite aufnehmen können, ohne daß Sie dazu Geld schöpfen müssen. Im übrigen werden diese Dollars sowieso einströmen, denn nur eine Senkung des amerikanischen Zahlungsbilanzdefizits könnte die Quelle stopfen. Dazu aber wird es nicht kommen, denn die Zinsausgleichsabgabe wird nicht etwa den Dollarabfluß aus Amerika stoppen, sondern ihn eher noch verstärken. Das beste für Sie also, wenn Sie die Ausgabe langfristiger Dollaranleihen zulassen. Und dann, schauen Sie: Ich habe das gerade vor einem Monat in London mit Hilfe einiger Ihrer Banken gemacht. Lassen Sie sie also mit uns bei solchen Operationen mitmachen.«

Diese Wendung ist nicht leicht zu vollziehen. Niemand will gerne Schmuggeldollars auf Sicht verleihen lassen. Dennoch überzeugt

Siegmund seine Gesprächspartner: Tut man es nicht, dann gerät alles ins Stocken und verlangsamen sich die Investitionen der Multinationalen Europas und Amerikas. Es gelingt ihm, die Zentralbanken dazu zu bewegen, die Hürden nach und nach abzubauen.

In diesem Monat notiert er sich:[214] »Von Zeit zu Zeit sind Schwierigkeiten dazu da, daß man neue Wege sucht und findet.«

Aber das Öffnen »neuer Wege« hindert ja nicht am Beschreiten der leicht gangbaren: Während sich die Geschäftsbanken noch nur zögernd auf Euroemissionen einlassen, entwickelt sich der Eurodevisenmarkt völlig ungehemmt. Selbst die Zentralbanken nehmen dort mittlerweile Geld auf, um ihre Reserven aufzufüllen oder die Parität ihrer Währung zu verteidigen. In diesem Jahr leiht sich die belgische Staatskasse in London die 20 Millionen Dollar, die sie braucht.

Siegmund widmet sich ganz seinen neuen Vorhaben. Ende 1963 organisiert er für die Stadt Oslo einen weiteren Dollarkredit von London aus, sodann verwirklicht er die Euroemission, die er ein Jahr zuvor nicht gewagt hatte, für die Europäische Gemeinschaft für Kohle und Stahl. Hand in Hand damit baut er sein eigenes Absatznetz für derartige Anleihen auf und sucht sich dazu die Banque de Paris et des Pays-Bas aus, deren Präsident noch Jean Reyre ist, die Schweizerische Bankgesellschaft unter Alfred Schaefer, die Deutsche Bank mit Hermann Josef Abs an der Spitze und die noch von Carlo Bombieri geleitete Banca Commerciale Italiana. Die fünf treffen sich regelmäßig anläßlich von Reisen des einen oder andern in Frankfurt, Zürich, Mailand, London oder Paris. Der aufstrebende Eurodollarmarkt bildet die faktische Stützstruktur für dieses Freundschaftsnetz, in dem jeder den anderen zur Teilnahme an seinen Emissionen einlädt.

Noch ist der Markt lachhaft klein: 1963 finden insgesamt 13 Euroemissionen zum Gesamtbetrag von 147,5 Millionen Dollar statt, das heißt dreihundertmal weniger als heute.[204]

Warburg weiß jetzt, daß ihm in der City gelingt, was er vergeblich vor Hitlers Machtergreifung in Berlin versucht hatte: eine Art New York »extra muros« zu schaffen. Schließlich besitzt London in der Finanzierung des Welthandels und der Regierungen eine lange Tradition; zunächst lieh es die europäischen Ersparnisse an die Vereinigten Staaten, dann, zwischen den beiden Weltkriegen, verwaltete es die Kredite in umgekehrter Richtung.

Im übrigen kommt in London, als es zum Freihafen für den Dollar wird, ganz von selbst wieder das Vorkriegsvokabular zu Ehren: Ein »Federführender« leitet die Euroemission und verpflichtet sich mit anderen Garanten zur Plazierung der Anleihe, sei es unmittelbar, sei es über Verkäufer. Die Bankprovisionen werden nach einem Tarif festgelegt, der sich am Anleihewert orientiert. Diese in Dollar erworbenen Einkünfte wirken sich für das Land, in dem die Bank ihren Sitz hat, wie eine Dienstleistungsausfuhr aus – der einzige Vorteil, den England aus der Aktivität der City zieht.

Siegmund hat seine Bank genau in dem Augenblick, als der langfristige Euromarkt seinen Anfang nimmt, in die Spitzenposition dieses Marktes gebracht. Und sie ist bis heute in der ersten Reihe geblieben. Weil er nämlich im Gegensatz zu andern ohne übermäßiges Risiko sehr schnell Kunden findet, Unternehmen sofort anspricht, wenn er sie für potentielle Anleihebegeber hält, oft noch bevor sie selbst es wissen.

Seine Methoden sind originell, grenzen für die damalige Zeit sogar ans Skandalöse. Er arbeitet von einem einzigen Zentrum aus, hat weder Büros im Ausland noch Filialen in der ganzen Welt. »Büros sind ebenso unnütz wie Botschafter«, zitiert er seinen Onkel Max. Seine Mitarbeiter leben in ständigem Alarmzustand. Schon wenige Stunden nach Eingang einer Nachricht von einem Informanten vor Ort startet ein Kommando von zwei oder drei Mitarbeitern in London, nutzt die erhaltene Information und erzeugt beim künftigen Kunden den Bedarf.[221] Siegmund hält sich auch über die Tätigkeit der andern auf dem laufenden: In London bildet er unter Sharps Führung eine kleine Gruppe, die die Aktivität der sechshundert wichtigsten Banken in der Welt verfolgt und ständig zu wissen hat, wer gerade eine Anleihe plant, damit man sich an ihr beteiligen kann, oder wer verfügbares Kapital besitzt, damit man bei ihm eine Emission unterbringt.[222]

Ein weiteres Ereignis verleiht diesem Jahr eine gewisse Bedeutung: In Zürich begegnet er einer entfernten Verwandten, Theodora Dreyfus-Schiff. Sie ist eine ungewöhnliche Frau: In Wien geboren, Filmschauspielerin; dann, nach heldenmütigen Kriegstaten, wird sie Anfang der fünfziger Jahre in Zürich zu einer der bedeutendsten Graphologinnen ihrer Zeit. Siegmund gibt ihr an diesem Tag versuchsweise eine Schriftprobe eines ihm nahestehenden Menschen. Die Antwort macht ihn sprachlos, ist sie doch noch viel einfühlsamer als die Analysen, derer er sich bislang in London bediente. Sofort ernennt er Theodora zur Beraterin der Bank, was sie dreißig Jahre lang bleibt. Ihr Einfluß auf Siegmund ist beträchtlich. Einige Jahre später spricht er bei einem Abendempfang den ihm bislang nur flüchtig bekannten österreichischen Großindustriellen und Bankier Karl Kahane an: »Theodora hat Ihre Schrift gesehen und sagt mir, Sie seien eine hochanzusehende Persönlichkeit, und wir sollten miteinander Geschäfte machen. Ich weiß zwar nicht recht, welche, aber warum sollten wir es nicht versuchen, wenn sie es sagt?«

Siegmund kommt jetzt oft nach Zürich, wo er an der Gründung einer europäischen Stiftung für Graphologie an der Züricher Universität mitwirkt. Er notiert sich damals:[214] »Es gibt nichts Schöneres, als wenn die Liebe zu einem Menschen und die Liebe zum Leben in eins verschmelzen«, und nimmt sich seiner eigenen Strenge gegenüber ein paar Freiheiten heraus:[214] »Immer lebt man in Erinnerung an die Vergangenheit oder Erwartung der Zukunft. Am schwersten fällt es, in der Gegenwart zu leben. Das ist eine der wichtigsten Voraussetzungen für Glück.«

Die Bank erzielt jetzt einen Gewinn nach Steuern von über 600 000 Pfund, d.h. nur ein Viertel dessen, was die Holding deklariert. Ihre Ausstrahlung wird von Monat zu Monat stärker, in London und anderswo. Anthony Sampson schreibt: »Sie ist der aufsehenerregendste Erfolg in der ganzen City.« Alle Welt kommt zum Lunch in die Gresham Street: Minister wie führende Persönlichkeiten der Opposition, denen Siegmund allen erklärt, eines Tages werde England wohl oder übel für seine Nachkriegsfehler und seine Weigerung büßen müssen, sich aus fernen Ländern zurückzuziehen.

Immer mehr fühlt er sich in seiner Berufsauffassung bestärkt; der Bankier ist es sich seiner Meinung nach schuldig, klein zu bleiben, wenn er Einfluß ausüben will:[146] »Für die Belieferung der Industrie mit Geld haben die Bankiers ihre Bedeutung verloren; aber bei ihrer Beratung, bei dem, was ich ›financial engineering‹ nenne, haben sie viel zu gewinnen.«

Immer kritischer beäugt er alles, was um ihn vorgeht. Sein Anspruch an die Menschen wird sehr hoch. Im September 1963 schreibt er:[214] »Ich hoffe noch auf eine neue Aristokratie, eine neue Elite, zu deren Eigenschaften die Verachtung von Luxus und Ansammlung materieller Güter, die Achtung vor dem Inhalt anstelle des Scheins, der Vorzug der Qualität vor der Quantität, schließlich edle Gesinnung und unabhängiges Urteil gehören müssen.«

Der Geldmoral und dem herrschenden Konformismus steht er immer distanzierter gegenüber. Anthony Sampson vertraut er an:[145] »Man sagt immer, die City befinde sich im Umbruch, aber die Rebellen der einen Generation werden zu den Konformisten der nächsten.«

Schluß mit Kuhn, Loeb

Ende 1963 beschwören die ersten Euroemissionen Interessenkonflikte mit Kuhn, Loeb & Co. herauf. Jede Woche kommt es zu Reibereien; man beschuldigt sich sogar gegenseitig, gemeinsamen Kunden Angebote gemacht zu haben, von denen man genau gewußt habe, daß sie unannehmbar seien – nur um den andern Partner nicht beteiligen zu müssen. Um diese Konflikte zu entschärfen, wird ein Koordinationsausschuß gebildet, dem auf der einen Seite Nat Samuels und Alvin Friedman, auf der anderen Gert Whitman und Ronald Grierson angehören. Aber dennoch werden die Bande weniger eng und macht sich Mißtrauen breit. John Schiff, der seinen Geschäften immer ferner steht, möchte nicht zwischen seinen Traditionen und seinen Kollegen wählen müssen, zwischen Siegmund und den andern, die jetzt vom neuen Teilhaber Necarsulmer angeführt werden.

Am 22. November, dem Tag der Ermordung John F. Kennedys, befindet sich Siegmund gerade in New York, und er erblickt in dieser Tragödie ein Zeichen dafür, daß eine gewisse Vorstellung in Amerika rissig geworden und sein eigener amerikanischer Traum dahin ist.

In London nimmt der Markt der Euroemissionen Gestalt an. Waren 1963 insgesamt 14 Anleihen im Gesamtwert von 147,5 Millionen Dollar in Euroobligationen aufgelegt worden, so sind es 1964 schon 44 im Gesamtwert von 680 Millionen Dollar; ein wesentlicher Anteil davon entfällt auf S. G. Warburg, so für die Stadt Turin und wiederum für IRI, diesmal sogar ausdrücklich für Finsider.[204]

Immer noch ist der Markt nicht einfach. Jede Euroemission setzt mehrwöchige Verhandlungen voraus. Anleiher sind bekannte deutsche, norwegische, österreichische, italienische und japanische Firmen. Die Anleihezeichner bleiben anonym, so daß auch zweifelhaftes Kapital dort Unterschlupf findet und Zinsen ohne Steuern eingestrichen werden können, was auch den Erfolg des Marktes ausmacht. In dieser Anfangszeit wird manchmal behauptet, ehemalige Nazis, die Mafia, abgetakelte Herrscher oder auch ganz einfach Steuerbetrüger – man nennt sie damals die »belgischen Zahnärzte« – benützten diese Emissionen als gute Gelegenheit, ihr Geld »reinzuwaschen«.[204] Etwas gestützt wird diese These durch die Tatsache, daß Schweizer Banken die ersten Euroanleihen plazieren und luxemburgische Banken die Kupons nehmen, d.h. die Zinsen zahlen. Tatsächlich sind jedoch die ersten Zeichner, soweit bekannt, reiche und ehrenwerte Privatmänner, griechische oder skandinavische Reeder sowie die Zentralbank von Israel, die dort ihre Exporterlöse anlegt.[204] Im Frühjahr 1964 schließen sich ihnen die großen amerikanischen Finanzfirmen an, so die Fiduciary Trust Company, die für zahlreiche Pensionsfonds amerikanischer Unternehmen sowie für den der Vereinten Nationen Anteile kauft und sich gerade in London niederläßt.

Desgleichen unterzeichnen die Moskauer Narodny-Bank und die Banque de l'Europe du Nord mit den Verwaltern der Commonwealthvermögen ein Abkommen, in dessen Rahmen ein Teil der sowjetischen Dollars auf diese Märkte gelangt, so daß jetzt Euroemissionen mit Eurodollars gekauft werden ...

Ein Namensschild in Frankfurt

Parallel dazu verfolgt Siegmund sein zweites Hauptziel: den Familiennamen in Deutschland wiederaufleben zu lassen. Seitdem Deutschland 1958 erstmalig seit 1913 wieder zum Kapitalausfuhrland geworden ist, hat er deutschen Unternehmen den Londoner Markt erschlossen und lanciert dort Euroemissionen unter Mitwirkung deutscher Banken. Aber er hat im alten Hamburger Haus nicht einen Fußbreit Boden gewonnen, wenn man einmal davon absieht, daß die Bank von manchen jetzt grundlos als »Warburg, Brinckmann, Wirtz & Co.« bezeichnet wird. Folglich möchte er sich in einer anderen Stadt niederlassen, um von dort aus indirekt und auf anderen Wegen möglichst die Ferdinandstraße wiederzuerobern. Er beschließt deshalb, in Frankfurt als dem neuen Zentrum des deutschen Finanzlebens eine eigene Bank auf seinen Namen zu gründen.

Er wählt sich dazu eine kleine Bank aus, von der schon oben die Rede war: die von Hans W. Petersen, dem mitten im Krieg in Berlin versteckten jüdischen Bankier.

Anfang 1964 ruft Gert Whitman bei Richard Daus, der seinen Vetter abgelöst hat, an und bittet ihn im Auftrag von Siegmund, ihm »H. W. Petersen« zu verkaufen. Sie soll, wie er sagt, den Namen »S. G. Warburg« erhalten, und er werde vor Ort der einzige Teilhaber sein. Siegmund Warburg werde ihn am nächsten Tag anrufen, falls er grundsätzlich einverstanden sei.

Siegmund ruft wie abgemacht an und bittet ihn zu einer Zusammenkunft ins Hotel Savoy, wo er ihm seine ganze deutsche Geschichte, vermutlich in seiner Lesart, erzählt und ihm ungeschminkt seine Absicht mitteilt, sich seiner zu bedienen, um wieder einer Bank in Deutschland seinen Namen zu geben: »Meine Familie war dummerweise zu deutsch, sich einzugestehen, daß Hitler tun werde, was er tat. Und jetzt möchte ich zurückkehren.« Man einigt sich, und im April 1964 wird »S. G. Warburg Frankfurt« gegründet. Siegmund bringt nur wenig ein und beteiligt Jean Reyre und George Bolton. Richard Daus wird zum residenten Teilhaber. Da Siegmund noch bei Kuhn, Loeb & Co. beteiligt ist, wird Gert Whitman seinerseits Teilhaber und soll das Bankhaus in London vertreten. Man beschließt, falls es zwischen Frankfurt und London zu Streitigkeiten käme, werde Siegmund aus der Bank ausziehen und sie Richard Daus überlassen.

Im Jahr darauf überredet Siegmund die Bank Brinckmann, Wirtz & Co., sich ebenfalls in Frankfurt zu beteiligen. Die Bank entwickelt sich. Sie begibt Euroemissionen, Darlehen für den internationalen Handel und betreibt Finanzberatung. Siegmund verfolgt ihre Tätigkeit genau und kommt von Zeit zu Zeit nach Frankfurt. Andere englische Bankiers, so zum Beispiel Hill Samuel, tun es Siegmund nach und lassen sich ebenfalls in Frankfurt nieder.

In Hamburg sind weder Eric Warburg noch Rudolf Brinckmann über den Gang der Dinge glücklich: »Wenn der Name wieder nach Hamburg kommt«, sagt Siegmund zu ihnen, »werde ich auf die Frankfurter Bank verzichten.« Brinckmann, der auch an einer anderen kleinen Bank in Frankfurt, Hauck & Co., Anteile hat, gibt jedoch nicht klein bei; er behält das Haus.

Daraufhin spielt Siegmund seine Verführungskunst aus und beteiligt Brinckmann, Wirtz & Co. an zahlreichen Geschäften wie beispielsweise im folgenden Jahr an der ersten in Pfund und DM ausgestellten Anleihe für Neuseeland. Aber weit kommt er damit nicht.

Bruch mit Kuhn, Loeb

Auch mit New York möchte Siegmund nicht völlig brechen. Er errät, daß die amerikanischen Firmen jetzt ihre Filialen in Europa über die City werden finanzieren und dazu Filialen amerikanischer Banken einsetzen wollen. Deswegen möchte er die Verbindung mit Kuhn, Loeb & Co. aufrechterhalten und sich in London als Teilhaber einer großen New Yorker Bank darstellen können. Aber inzwischen ist es ziemlich spät dafür. Die Interessenkonflikte sind zu zahlreich; Necarsulmer widersetzt sich ihm mit allen Mitteln, und die amerikanischen Teilhaber, in erster Linie sein Neffe Frederick Warburg, wollen nichts mehr von seinen Arbeitsmethoden wissen. Daraufhin versucht er, als Teilhaber bei einer anderen großen Bank an der Wall Street, Lehman Brothers, Eingang zu finden und mit ihr, mit Paribas und verschiedenen englischen Versicherungsgesellschaften ein Bankinstitut in London zu gründen. Die Operation geht schief: Lehman zeigt kaum Interesse und ist noch nicht einmal im Aufsichtsrat vertreten, in dem S. G. Warburg ein einziges Mitglied hat. Im Juli 1964 verschärft sich der Konflikt mit Kuhn, Loeb wegen einer neuen Emission zugunsten der Stadt Oslo. Niemand weiß genau, ob Siegmund in London oder in New York von dem Geschäft erfahren hat, wohin er jetzt weniger oft reist. Jede der beiden Seiten will die Federführung, ja, keine will den anderen Partner beteiligen. Jede geht so weit, zu befürchten, der Partner werde die Sache scheitern lassen, nur um zu verhindern, daß der andere in ihren Genuß kommt. Genauso kommt es auch: Morgan macht das Geschäft. Das Faß ist jetzt zum Überlaufen voll. Siegmund will so oder so Schluß machen: Entweder kommt Kuhn, Loeb & Co. nach London, oder er bricht mit dem Bankhaus. Vor Ort hat er kaum noch Freunde: Wiseman ist nicht mehr da, die New Yorker Warburgs, an der Spitze Frederick, helfen ihm nicht, Dilworth ist zu Rockefeller gegangen, und John Schiff ist wankelmütig.

Er selbst will keinen Schritt tun. So ist er nun mal: Er ist niemals Bittsteller. Um dem Hin und Her ein Ende zu bereiten, sucht Henry Grunfeld, ohne Siegmund ein Wort davon zu sagen, 1964 an einem Sonntag im August John Schiff auf seinem Anwesen an der Oyster Bay auf und legt sämtliche Karten auf den Tisch. Man redet bis vier Uhr in der Früh. Als schon der Morgen graut, zieht John Schiff Bilanz: »Ich möchte, daß du bleibst und daß Siegmund die Macht im Hause übernimmt, aber ich kann meine Partner nicht dazu zwingen, daß sie seine Methoden akzeptieren. Jetzt habt ihr die Wahl: Entweder bleibt ihr und richtet euch nach den Regeln von Wall Street, oder aber ihr geht.«

Henry berichtet Siegmund von dem Gespräch, und sofort treffen sie ihre Entscheidung: Das Verhältnis mit Kuhn, Loeb & Co. wird am 31. Dezember 1964 aufgelöst; auch American European Associates, der noch fortvegetierende Investitionsfonds, wird verkauft, und vor Ort wird eine andere Bank gegründet, »S. G. Warburg Inc.« mit D. Mitchell von der Chemical Bank als Direktor.

Siegmund vermerkt diese Schlappe sehr erbittert. Noch fünfzehn Jahre später sagt er:[207] »Ich hing sehr an Kuhn, Loeb & Co. und war der Meinung, man könne daraus in New York eine Elitefirma machen. Fast hätten wir das erreicht, und ich war sehr enttäuscht, als es danebenging... Ich habe viel für sie getan. Ich habe ihnen viele Kunden zugeführt. Ich war es, der einen Großteil der Leute engagiert hat, die dort groß geworden sind, so Nat Samuels, Harvey Kruger oder Yves A. Istel... Ich bin zurückgetreten, weil es Meinungsverschiedenheiten darüber gab, was richtig ist... Ich habe dort viele Freunde behalten.«

Drei Jahre später wird in dem anläßlich der Hundertjahrfeier von Kuhn, Loeb & Co. veröffentlichten Buch Frederick Warburg unter den 22 Teilhabern genannt, Siegmund unter den »früheren Teilhabern«...

Der »Nightclub«

Wieder einmal erweist sich London als idealer Zufluchtsort: Ein jeder preist die profunde Sachkenntnis seiner Bankiers, die Lebensqualität, die Breite des Bildungs- und Kulturangebots und die Gewißheit, daß weder ein Regierungswechsel noch eine Devisenkontrolle noch sonst irgend etwas je den Gewohnheiten der vielfältigen Akteure der City etwas anhaben könne.

Diese aber gleicht mehr und mehr einer raffinierten Rabatte inmitten eines englischen Parks, denn jenseits ihrer engen Grenzen verschlechtert sich die wirtschaftliche und politische Lage des Landes unablässig. Um der Abwertung zu entgehen, versteift man sich auf die »Austerity«, anstatt die Auslandsausgaben zu senken. Der ungerechterweise zum Sündenbock gestempelte Selwyn Lloyd wird von Harold Macmillan entlassen.[35]

Trotz der Stützung durch die europäischen Zentralbanken im Vorjahr will sich das Pfund einfach nicht stabilisieren lassen, und seine Parität hat mit seiner Wettbewerbsfähigkeit überhaupt nichts mehr zu tun. Immer noch gibt England zuviel im Ausland aus und erhält dafür nicht genügend Rückflüsse. Haushaltsstruktur, Zustand der Industrie und Militärausgaben im Ausland machen selbst ein schwaches Wachstum ohne Außendefizit unmöglich. Die Reserven sind allmählich erschöpft, die Schulden blähen sich auf, die Parität wird unhaltbar.

Im September 1963 sagt Harold Macmillan bei einem Washingtonbesuch das sehr klar John F. Kennedy: Ohne Hebung des Goldpreises in Dollar oder Dollarabwertung wird das Pfund abgewertet werden müssen und gerät das ganze Bretton-Woods-System in Gefahr. Eine solche Drohung grenzt in der damaligen Zeit schon ans Sakrileg. Kennedy, der befürchtet, man könnte erfahren, daß er solches auch nur gehört hat, läßt sämtliche Spuren dieses Gesprächs bis hin zu den Notizen seiner Mitarbeiter beseitigen.[21]

Am 19. September, nur wenige Wochen vor Kennedys Tod, tritt Harold Macmillan nach sechsjähriger Amtszeit zurück und wird am 29. Oktober von Sir Alec Douglas Home abgelöst.

Auch der als Nachfolger Selwyn Lloyds zum Schatzkanzler ernannte Maudling trifft nicht die notwendigen Maßnahmen. Er senkt die Militärausgaben im Ausland nicht, wie ihm Siegmund und andere empfehlen, noch entwickelt er die Industrieinvestition. Die Situation verschlechtert sich weiter. Im Januar 1964 wird das größte Zahlungsbilanzdefizit in der ganzen britischen Geschichte bekanntgemacht.[35]

Das Kapital flüchtet mehr und mehr aus England, wobei der Umtausch von Pfund in Gold oder Dollar verlangt wird.[21] Im Februar beschließt Sir Alec eine Hebung des Diskontsatzes, um Kapital anzulocken oder Fluchtkapital zu halten, aber diese Entscheidung ist damals noch eine so beträchtliche Operation, daß er sich persönlich nach Washington begibt, um den neuen amerikanischen Präsidenten Lyndon Johnson davon zu unterrichten. Um einem Krieg der Diskontsätze zu entgehen, verlangt dieser, daß die Anhebung nicht mehr als einen halben Punkt betragen dürfe. Sir Alec fügt sich.[21] Da sich diese Anhebung als unzureichend erweist, kommt es Ende Mai zu einer weiteren Kapitalflucht. Allein im Juli beläuft sich das Handelsdefizit auf 60 Millionen Pfund. Am 8. Oktober lautet die Schätzung des Zahlungsbilanzdefizits für das laufende Jahr auf 650 Millionen Pfund. Alles gerät ins Schwimmen.

In dieser Zeit hat sich die Mercury-Gruppe zu einem echten Machtfaktor gemausert. Man arbeitet viel in der Gresham Street und bis spät in den Abend. In der City erhält die Bank den Spitznamen »Nightclub«. Sie kauft mehrere Kundenfirmen auf und umfaßt mittlerweile neben Brandeis-Goldschmidt eine Werbeagentur, Masius Fergusson (die in Masius Wynne William umfirmiert hat), eine Versicherungsgesellschaft, Stewart Smith, und die englischen Filialen der amerikanischen Umfragegruppe Gallup Poll; in diesem Jahr auch erwirbt sie die größte englische Pensionsfondsberatungsfirma, Fund Metropolitan Pension Association. Diese Firmen zahlen der Bank für ihre Finanzberatungstätigkeit Honorare und ihrem Aktionär, der Holding, Dividenden. Im gleichen Jahr auch organisiert Siegmund die erste Ausgabe amerikanischer Schuldverschreibungen in Europa seit dem Kriege für Socony Mobil.[204]

Stets fürchtet er, der Erfolg könnte zugleich Selbstzufriedenheit und zu schnelles Wachstum verursachen und damit zur Bürokratisierung und Qualitätseinbuße der angebotenen Dienstleistungen führen. Darum ermahnt er im »Nightclub« jeden einzelnen,[175] »seine besondere Anstrengung auf die Wahrung des persönlichen Stils und der Eigenschaften zu richten, die wir in der Tätigkeit einer Geschäftsbank für ausschlaggebend halten«.

Arbeitet man auch hart, so wird man jetzt doch besser bezahlt als sonst irgendwo in London, und zudem ist es eine Ehre, bei Warburg arbeiten zu dürfen. So vertraut ihm wie die gesamte englische oder ausländische Elite Lord Weinstock später seinen Sohn als Volontär an.

Keine Spur mehr von dynastischen Anflügen in dieser Mannschaft, deren Jugend auffällt: Von den 18 Vorstandsmitgliedern sind sieben unter 45 und vier weniger als 40 Jahre alt. Fünf sind Ausländer: zwei Holländer, ein Ire, ein Amerikaner und ein Kanadier. Ein ehemaliger Journalist ist darunter, Ronald Grierson, ein früherer Botschafter in Paris, Lord Gladwyn, sowie zwei ehemalige hohe Beamte, James Helmore und immer noch Andrew MacFadyean.

In diesem Jahr stößt mit achtundzwanzig Jahren David Scholey zu S. G. Warburg. Der Lebensweg des jetzigen Präsidenten der Bank ist erwähnenswert. Er ist am 28. Juni 1935 geboren, studiert am Wellington College und dann in Oxford am Christ College, dient bei den Lancers, wird dann Versicherungsmakler, zunächst bei einer Versicherungsgesellschaft in Toronto und dann in London bei Lloyds. Ende der fünfziger Jahre ist er noch ein ganz junger Versicherungsmakler, der abends im Monrose Club Gitarre spielt. 1959 tritt er bei Guiness-Mahon ein, wo sein Vater Dudley Scholey bereits tätig ist, und wird Aufsichtsratsmitglied in der Versicherungsgesellschaft Orion. 1960 ehelicht er die Tochter des kanadischen Botschafters in London. 1963 wird sein Vater Präsident von Orion, die er 1964 über S. G. Warburg an eine niederländische Gesellschaft verkauft. Daraufhin verläßt der Vater Dudley Guiness-Mahon und tritt bei S. G. Warburg ein, wohin er seinen Sohn mitnimmt, der Siegmunds persönlicher Assistent wird. Man weist ihm ein kleines Büro zwischen dem von Siegmund und dem von Henry zu. Dort wird der junge David von allem Zeuge. Siegmund, dem seine Ruhe und Originalität gefällt, betrachtet ihn nach und nach neben Ronald Grierson und P. Spira und anderen als neuen »Adoptivsohn«: Er hat es nicht ungern, wenn es unter ihm Konkurrenz gibt.

Zweite Absetzbewegung

Am 31. März 1964 (er wählt diesen Tag aus, weil er den 1. April aus Aberglauben ablehnt) gibt Siegmund, der sich bereits vom Vorsitz der Bank zurückgezogen hat, auch den von Mercury Securities auf. An diesem Tag erklärt er vor seinen Führungskräften:

»Es ist sehr wichtig, daß man die Zusammensetzung einer Mannschaft ständig verändert und verjüngt... Die Alten, die man wie die Japaner die ›Weisen‹ nennen sollte, müssen anderen Platz machen, die das Zeug haben, ihre Nachfolge anzutreten. So bin ich überzeugt, daß mein Auszug aus dem Vorsitz unsere Gruppe nicht etwa schwächen, sondern vielmehr stärken wird. Mit den Jahren hat sich unsere Mannschaft zu einem Organismus entwickelt, der nunmehr aus sich selbst lebensfähig und heute stärker ist als die bloße Summe der Personen, aus denen er sich zusammensetzt.«

Er ist mit sich recht zufrieden und notiert in sein Heft:[214] »Ein Mann von rechtem Schrot und Korn? Jemand, ohne den die Dinge schlechter wären oder gewesen wären.« Vermutlich sieht er selbst sich so. Manch hübscher Coup ist ihm gelungen, und er hat andere vor dem Schlimmsten bewahrt. Auf keinen Fall sieht er sich als jemand, der Geld machen wollte. »Das Geld, das Diener der es Besitzenden sein soll, kann ihr Tyrann werden, wenn es zum gesellschaftlichen Statussymbol wird«.[214]

Im Jahr darauf wird S. G. Warburg aufgrund ihrer Gewinne zusammen mit Morgan Grenfell zur führenden Merchant Bank. Angesichts der Lawine von Glückwünschen stellt Siegmund in erster Linie die Originalität seiner Methode in den Vordergrund:[214] »Ich will es anders machen als die andern. Ein Vorbild habe ich nicht. Ich tue die Dinge auf meine Weise.« Im übrigen gibt er sich bescheiden. Er vergleicht jetzt sein Metier mit dem des Rechtsanwalts in den Vereinigten Staaten:[175] »Wir sind gewissermaßen Freunde, die dem Klienten bei der Entscheidungsfindung helfen. Wir versuchen, die Divergenzen zwischen Gesellschaften zu verringern.« Dennoch verhält er sich äußerst rücksichtslos gegenüber denen, die er nicht mag. Im Juli 1965 notiert er über jemand:[214] »Bei ihm gehen, wie das oft der Fall ist, verbaler Durchfall und Trivialität der Aussage Hand in Hand mit Ideenverstopfung und Emotionen.«

Am 25. September 1964 führt Sir Alec die Konservativen in die Wahlen. Sein Gegenspieler ist Harold Wilson, jünger als er, während des Krieges Direktor im Amt für Statistik, Abgeordneter seit 1945 und Nachfolger des im Vorjahr verstorbenen Gaitskell an der Spitze von Labour.[58] Wilson gewinnt die Wahl und wird am 16. Oktober 1964 Premierminister.

Wall Street hält Einzug in London

Amerika tritt in die Ära der Defizite ein. Einmal, weil im selben Moment, da die Wirtschaft auf vollen Touren dreht und die »Große Gesellschaft« proklamiert wird, die Rentabilität des Kapitals absinkt und keine Investoren anlockt. Zum andern, weil in Vietnam die Eskalation einsetzt, die über zehn Jahre dauern wird und Inflation und Verschlechterung der Außengleichgewichte nach sich zieht.[163] Jedes amerikanische Außendefizit aber ist gleichbedeutend mit der Schöpfung von Dollars für die Welt. Sie treten an die Stelle der unzureichenden Sparaktivität in den Ländern, ohne daß ersichtlich würde, daß es sich dabei um Schulden Amerikas handelt, die es wohl oder übel eines Tages, sehr viel später, wird begleichen müssen. So bleibt der Dollar zwar König, aber seine Vorherrschaft liegt nunmehr darin, daß er als Schmuggelware zirkuliert und nicht mehr in der Gewährleistung der alles beherrschenden Wirtschaft, deren Ausdruck er bislang war.

Gewiß gibt es immer noch einen Handelsüberschuß von 2 Milliarden Dollar im Jahre gegenüber 3,3 im vorigen Jahrzehnt. Aber die Militärausgaben im Ausland steigen um 70 Prozent, im wesentlichen in Richtung Vietnam, und kosten die Zahlungsbilanz jährlich runde 2 Milliarden Dollar.[165] Und in den Jahren 1965, 1966 und 1967 belaufen sich die Zahlungsdefizite insgesamt auf fast 6,5 Milliarden Dollar, die zur Hälfte noch in Gold beglichen werden.[163]

Auch Europa und Japan, die schneller wachsen als Amerika, fangen mit dem Reexport von Dollars an.

Wie Siegmund vorausgesehen hatte, verringert die Zinsausgleichsabgabe das Zahlungsbilanzdefizit nicht etwa, sondern verschärft sie noch, weil sie den Dollarrückfluß an die Banken in Amerika bremst. Aber da sich Präsident Johnson auf den Glauben versteift, das Defizit lasse sich durch Bremsung der Kapitalausfuhr senken, beschließt er zudem am 10. Februar 1965 einen Aufruf zur freiwilligen Beschränkung der Auslandsinvestitionen und -kredite. Diese Maßnahme verpufft ebenso wirkungslos wie die vorherigen und veranlaßt die amerikanischen Unternehmen erst recht zur Aufnahme von Eurodollars in Europa zur Finanzierung ihrer Investitionen außerhalb Amerikas.

Diese in der Geschichte unerhörte Explosion privater Kapitalbewegungen läutet für S. G. Warburg & Co. das goldene Zeitalter ein.

Als erste Bank, die sich für transatlantische Industriekonzentrationen interessiert und Euroemissionen vorgenommen hat, wird sie zum Wahrzeichen der neuen, völlig ortsungebundenen Form des Weltkapitalismus nach dem Kriege.

Und London wird zu seinem wichtigsten Schauplatz. Gründen die amerikanischen Banken überall in Europa Filialen und gehen in London, Paris, Frankfurt, Zürich an Land, so wählen sie doch mit Vorliebe Großbritannien in einer Zeit, als Wilson gerade wieder den britischen Wunsch bekräftigt, der Europäischen Gemeinschaft beizutreten.[137] Allein in diesem Jahr lassen sich 98 ausländische Banken in London, 48 in Paris, 37 in Zürich nieder. Ihre Anfänge sind nicht gerade glänzend: Ihre relative Jugend und ihre geringe Erfahrung mit der Außenwelt behindern sie zunächst, bilden aber bald auch die Quelle einer unglaublichen Finanzphantasie und eines Arbeitseifers, die sie bald zu Herren der Offshoremärkte ihrer eigenen Währung machen.[147]

Siegmund ist also jetzt nicht mehr allein auf dem Markt. Er trifft dort unter anderem auf die Deutsche Bank, auf Kuhn, Loeb & Co. und auf Morgan. Um sich gegen diese neue Konkurrenz behaupten zu können, muß er also wie schon in den Vorkriegsjahren die Bedürfnisse anderer ausdenken, noch ehe sie selbst sie kennen.

In diesem Jahr bringt er für Neuseeland mit Brinckmann, Wirtz & Co. sowie mit der Commerzbank und gegen den traditionellen Bankier dieses am andern Ende der Welt gelegenen Landes, Kidder Peabody, eine komplexe Emission zustande, auf die er sehr stolz ist; sie beläuft sich auf 10 Millionen Pfund, hat eine fünfzehnjährige Laufzeit und lautet, um Wechselkursrisiken zu verringern, teilweise auf Pfund und teilweise auf D-Mark. Man nimmt in der einen Devise Geld auf und zahlt in einer andern zurück. Als es ihm gelingt, 10 Prozent bei der amerikanischen Bank White Weld in London abzusetzen, wird die anfänglich riskante Operation zu einem klaren Erfolg.[204] Ein weiteres Anleihegeschäft tätigt er für die Mobil Oil. Im selben Jahr noch findet die erste Dollaremission für eine amerikanische Firma, American Cyanamid, statt.[204]

Verglichen mit dem Vorjahr, erhöht sich der Euroemissionsmarkt 1965 etwas. Er erreicht jetzt rund 800 Millionen Dollar bei 45 Emissionen, von denen schon die Hälfte zugunsten amerikanischer

Firmenfilialen geht; sieben der zwölf wichtigsten federführenden Banken sind amerikanisch, drei englisch, und an deren Spitze steht S. G. Warburg, die weiterhin in der Zahl der Emissionen die erste Stelle einnimmt und hinsichtlich der Beträge nur von der Deutschen Bank übertroffen wird.[204]

Mittlerweile kursieren die absonderlichsten Gründe für Siegmunds Erfolg gegenüber einer gewaltigen Konkurrenz. Die teilweise offen antisemitische Gerüchteküche wird genährt von den ungeheuren Summen, die er sich zu plazieren verpflichtet, sowie durch seinen Aufkauf einer kleinen Züricher Bank in diesem Jahr, der Banque de Gestion Financière. Tatsächlich ist sein Erfolg alles andere als geheimnisvoll. Er hat mit dem fabelhaften Netz der Verbindungen zu tun, das seine Familie seit zwei Jahrhunderten gewoben hat und das er sorgfältig pflegt und ausbaut. »Man muß der Freund von jemand werden, bevor man sein Bankier sein kann, und nicht umgekehrt«, sagt er selbst,[175] und das ist ihm ungewöhnlich gut gelungen, weit besser als jedem andern.

Es gibt kein einziges größeres Bank- oder Finanzinstitut in der Industriewelt, wo er an der Spitze der Hierarchie nicht wenigstens einen verläßlichen Freund hätte. So gelingt ihm die Auflage von Anleihen des österreichischen öffentlichen Sektors dank seiner Verbindungen mit der Staatsführung. Seine Emissionen in Italien sind die Folge seiner Beziehungen mit Guido Carli. Seine Rolle bei den DM-Anleihen verdankt er seiner Freundschaft mit dem Vorsitzenden der Deutschen Bank, Hermann Josef Abs, und seiner Zusammenarbeit mit dem der Commerzbank, Paul Lichtenberg. Carlo Bombieri bei der Banca Commerciale Italiana, Schaefer bei der Schweizerischen Bankgesellschaft, Jean Reyre bei Paribas, Marcus Wallenberg bei der Enskilda, David Rockefeller bei der Chase, Robert Lehman bei Lehman Brothers, Baldwin bei Morgan Stanley sind enge Freunde. Und um sich die wenigen noch verschlossenen Kreise zu erschließen, läßt er in seine eigene Bank andere »Türöffner« eintreten. Trotz alledem muß er sehr wettbewerbsfähig bleiben, denn nie hilft ihm natürlich auch nur irgendwo irgendein Freund, einen Gegner zu schlagen, der niedriger anbietet.

Dieses einmalige Verbindungsnetz macht ihn zu einem der größten Wächter des Weltkapitalismus unserer Zeit. Er weiß jederzeit besser als irgend jemand, wer – Banken, Staaten oder Unternehmen in Amerika, Europa oder Japan – Geld zu vergeben oder Anleihen aufzulegen hat. Und er gibt sich nur mit großen Brocken ab:[207] »Die kleinen Großhandelshäuser sind oft wirkungsvoller als große Detailhandelshäuser. Wenn also die Deutsche Bank eine Zweimillionenemission bei zehn Kunden unterbringt, dann ist das nicht schlecht, aber wenn ich zehn Millionen bei zwei Klienten absetzen kann, hat das auch seine Vorteile.« Und um seinen Teil an einer Anleihe zu bekommen, ist ihm jedes Druckmittel und jede Verführungskunst recht. Er zögert nicht, Gott und die Welt anzurufen, sei es Minister, ein Präsident der Europäischen Gemeinschaft oder auch ein bescheidener Mitarbeiter in einer anderen Bank, um sie zu überreden oder ihnen zu drohen. Außerdem heißt Schnelligkeit das Gebot des Tages; da er wie ein gewöhnlicher Makler nur eine Emission kauft, wenn er sie schon verkauft hat, muß er sehr schnell in der Lage sein, die Plazierung, zu der er sich verpflichtet, vorzunehmen, um ein für ihn selbst sicheres und für den Anleiher verlockendes Angebot machen zu können. Nur so kann er die Großbanken schlagen, die ihrerseits leichter das Plazierungsrisiko auf sich nehmen können, wenn sie noch nicht mit Sicherheit wissen, daß ihr Absatznetz die Anleihe auch wirklich wird unterbringen können.

So spezialisiert er sich auf die schwierigsten Operationen, diejenigen nämlich, bei denen sich der Wettbewerb auf dem Feld der Innovationsfähigkeit und nicht auf dem der Zinsen abspielt. Das macht ihm sogar Spaß, denn gerade diese Geschäfte entsprechen als einzige seinem Kriterium von der »Hautefinance«, und das spornt seine Phantasie an.

Manchmal sind seine Ideen ihrer Zeit zu weit voraus, und keinesfalls ist er immer nur erfolgreich. So versucht er, in diesem Jahr 1965 für einen schwedischen Kunden eine Anleihe in einem europäischen Währungskorb unterzubringen, den er – längst ehe der »Ecu« erfunden wird – »Euromoneta« nennt. Aber es mißlingt. Fünfzehn Jahre später wird eine solche Transaktion fast eine Banalität sein.

Im Jahr darauf durchbrechen die kurzfristigen Zinsen in London die Höchstgrenze, die nach amerikanischer Gesetzgebung für langfristige Einlagen in den Vereinigten Staaten vorgeschrieben ist. Mehr denn je veranlaßt das die Sparer in der ganzen Welt, ihre Devisen in London zu hinterlegen, und die beiden europäischen Dollarmärkte, der kurz- und der mittelfristige, entwickeln sich unentwegt weiter – sehr schnell bei den kurzfristigen, langsamer bei den mittelfristigen Anlagen.

In diesem Jahr macht der Euroemissionsmarkt 1,3 Milliarden Dollar aus,[204] also genauso viel wie das amerikanische Zahlungsbilanzdefizit. Trotz seiner immer größeren Anfälligkeit bleibt der Dollar dort die beliebteste Währung, wenngleich mittlerweile ein Viertel der Euroemissionen auf Deutsche Mark lautet. Auch die Zahl der Emissionen steigt auf 69. Die Zeit für ihr Zustandekommen verkürzt sich. Jeder Bankier fügt noch eine kleine technische Verfeinerung hinzu: So erfindet im Mai 1966 S. G. Warburg für die Wohnungsbaugesellschaft Lavori di Utilità Pubblica die ersten teilweise in Aktien konvertierbaren Euroobligationen, wodurch sich die Kosten für den Anleiher verringern.[204] Im Juni ersinnt N. M. Rothschild eine Euroemission mit »Nullkupon«: Die Zinszahlung wird ans Anleiheende verschoben, eine Form, die fünfzehn Jahre später den Versicherungen ein Vermögen einbringt. Die größten amerikanischen Unternehmen wie Union Carbide, General Food oder Gillette nehmen jetzt für ihre außeramerikanischen Investitionen regelmäßig auf diesem Markt auf.

Zudem demokratisiert sich der Markt: Am 23. Juni 1966 wird auch in London, wie es an der Wall Street schon seit 1961 üblich ist, Kleinsparern der Kauf kurz- und mittelfristiger Eurodollarwerte eröffnet. Daraufhin können die Londoner Banken Depotzertifikate in Dollars ausstellen und, ohne über die traditionellen Mittelsmänner zu gehen, einer breiten Öffentlichkeit anbieten, weil sie bei den Banken selbst negotiabel sind.[81] Das stellt eine gewaltige Veränderung dar. Zum erstenmal seit Weimar-Deutschland können die europäischen Kleinsparer – und nicht mehr nur wie bisher die Banken oder Großinvestoren – ihre Ersparnisse in Dollars anlegen, und den Banken bleiben in den Augen der Anleger ihre ganzen Vorteile erhalten. Die Homogenisierung der Kapitalmärkte überschreitet eine Schwelle. Die erste Bank, die derartige Obligationen in London ausgibt, ist die First National City Bank, für die White Weld Ltd. einen Zweitmarkt schafft.[81]

Man mag erstaunt sein, daß die Bank von England in diesem für das Pfund schwierigen Jahr die Genehmigung dazu erteilt. Aber das ist nicht ihr einziger Fehler in diesen Jahren der Erschütterung.

Die Agonie des Pfundes

Die britische Währung, die 1957 ihre frühere Rolle aufgab, um ihre Parität zu halten, ist jetzt am Ende ihrer Kräfte. Mit dem Zusammenbruch des sechzehn Jahre zuvor festgesetzten Wechselkurses zeigt das Bretton-Woods-System, das im Grunde nie richtig in Betrieb genommen worden war, erhebliche Risse.

Diese Agonie wird nach zwei Jahren vergeblichen Eigensinns und tollkühnen Weigerns in einer Abwertung enden. Deren Geschichte,[21] mit der Siegmund aufs engste verbunden ist, ist eine Darstellung wert, bildet sie doch den eigentlichen Ausgangspunkt der großen Wirtschafts- und Währungskrise, in der die westliche Welt heute noch steckt.

Höchst ungerechterweise muß in der Geschichtsschreibung Harold Wilson und er allein dafür herhalten. Es gibt Zeiten, da stellen sich unausweichlich Tatsachen ein, die in langen Jahren des Irrtums und konservativer Regierung herangereift sind, und kein zufällig auf der Bühne Agierender kann dafür verantwortlich gemacht werden. Auch hier wieder spielt Siegmund die fast tragikomische Rolle des Mannes von Einfluß, der sich vergeblich der Sturzflut entgegenstemmt.

Schon am Abend seiner Ernennung zum Premierminister am 16. Oktober 1964 sieht sich Harold Wilson der gleichen Spekulation gegen das Pfund gegenüber wie alle seine Vorgänger seit zehn Jahren. Aber da er ein Labourmann ist, ist sie unerhört heftig und tut sich niemand mehr irgendeinen Zwang an. Die City, die Finanzpresse, die Bank von England und allen voran ihr Gouverneur Lord Cromer sind blindlings gegen die Labourregierung. Die amerikanischen Banken verbreiten die schlimmsten Gerüchte über die Zukunft der britischen Währung. Von Abwertung, Floating, Verstaatlichung der Merchant Banks ist die Rede, von Kapitalsteuer und Kapitalkontrolle, von Importquoten und Schließung des Goldmarktes. Mehrere Merchant Banks denken ernsthaft an einen Auszug aus England.[21]

Die Konservativen, die zugleich die Abwertung des Pfundes, die Senkung der Militärausgaben und den Abzug von ausländischen Stützpunkten abgelehnt haben, reden jetzt einer Senkung der Sozialausgaben und der öffentlichen Investitionen das Wort, zu der sie selbst, als sie noch an der Macht waren, den Mut nicht gefunden hatten. Labour seinerseits hat nur eines im Sinn, und das wird sein Verhalten in diesen schlimmen Jahren diktieren: Labour war bei der Abwertung von 1931 und der von 1949 an der Macht und gedenkt auf gar keinen Fall, zur »Abwertungspartei« zu werden, obwohl die von 1931 nur die Folge der absurden Politik Churchills von 1926 und die von 1949 die logische Konsequenz der vom selben Churchill bei Kriegsende gewählten Parität gewesen war.

Aber zur Vermeidung der Abwertung will Wilson auch nicht seine Wähler für die von den vorherigen Regierungen gemachten Fehler zahlen lassen und weigert sich, die Sozialausgaben zu reduzieren, die er ohnehin für unzureichend hält. Im Vertrauen auf die Hilfe Washingtons und Europas möchte er vielmehr auf ein Umstrukturierungsprogramm der Industrie setzen.

Bis dieses jedoch wirksam werden kann, muß man wohl oder übel mit einer täglich schlimmer werdenden Wechselkurskrise fertig werden; die geballte Wirkung des Defizits und der Spekulation läßt die Goldreserven dahinschwinden, zumal alle Welt eine unmittelbar bevorstehende Abwertung erwartet.

Gleich bei seinem Einzug in Downing Street 10 verändert Harold Wilson die Regierungsstruktur, indem er das Schatzministerium durch Schaffung eines Ministeriums für wirtschaftliche Angelegenheiten in zwei Teile teilt, wobei George Brown Wirtschafts- und James Callaghan Schatzminister wird. Am selben Abend beruft er sie mit seinem persönlichen Wirtschaftsberater Tom Balogh zu einer Sitzung ein und läßt danach verkünden, das Pfund werde nicht abgewertet werden. Dieses Kommuniqué wirkt jedoch auf die öffentliche Meinung nicht etwa beruhigend, sondern macht ihr die Existenz einer Finanzkrise erst recht deutlich, die die Konservativen bislang sorgfältig verheimlicht haben. Und der Presse liefert es Gelegenheit zum Angriff auf Labour, wobei sie völlig vergißt, welche Situation die Labourregierung bei Amtsantritt vorgefunden hat.

Am nächsten Tag organisiert Wilson sein Kabinett.[21] Außer seinen amtlichen Beratern wie Sir William Armstrong, Sir Donald MacDougall und Robert Neild sieht er von Zeit zu Zeit auch Siegmund Warburg als offiziösen Berater. Dreißig Jahre, nachdem er in Berlin einen Außenminister der Rechten beraten hat, berät er jetzt einen sozialistischen Premierminister in London! Seltsame Wege geht das

Schicksal eines Mannes von Einfluß... Er selbst verheimlicht die Tatsache ganz und gar nicht, einmal, weil er stolz darauf ist, und zum andern, um die City zu provozieren, die es als Skandal empfindet, daß ein Bankier mit den »Roten« zusammenarbeitet. In New York begnügt sich *Time Magazin* mit dem Hinweis: »Premierminister Wilson bewundert den modernisierenden Einfluß Warburgs auf das englische Finanzwesen und bedient sich seiner als nahem Berater.«

Wilson muß entscheiden, wie er die Defizite und die Kapitalflucht eindämmen will. Die Zeit drängt: In der Kasse der Bank von England befindet sich nicht einmal mehr eine Milliarde Pfund.

Die Meinungen, die ihm vorgetragen werden, widersprechen sich. Das vom konservativen Schatzkanzler Reginald Maudling hinterlassene Dossier schlägt eine Besteuerung der Einfuhren vor.[55] Callaghans Berater, Professor Kaldor, ist der Meinung, man müsse die Importe durch Quoten beschränken und das Pfund mehrere Monate lang floaten lassen, bis sich eine stabile Parität herausgeschält habe. Der zum Generalsekretär im Wirtschaftsministerium ernannte Eric Roll andererseits meint, man dürfe die öffentlichen Auslandsausgaben nicht senken. Thomas Balogh, Lord Cromer, Sir Donald MacDougall, Robert Neild und Sir William Armstrong halten das ebenfalls für richtig.[21]

Daraufhin trägt Siegmund der Labourführung seine Diagnose vor: In seinen Augen hat sich das Bretton-Woods-System als falsch erwiesen, weil es die Rolle des Goldes als einzigem Standard abgeschafft, aber keinen Ersatzregelmechanismus eingerichtet habe. Da man aber nun einmal damit leben müsse, dürfe nicht abgewertet werden, weil sich damit die Lage des Landes nur noch weiter verschlechtern würde. Das englische Defizit komme im wesentlichen von den öffentlichen, im wesentlichen militärischen Auslandsausgaben her, die den sinkenden Außenhandelsüberschuß strukturell überstiegen. Man müsse folglich die Deviseneinnahmen zu steigern und die Auslandsausgaben zu senken versuchen. Macmillan habe, in BSP-Prozenten gemessen, sogar mehr für die Verteidigung ausgegeben als irgendein anderes westliches Land, von den USA einmal abgesehen. Hinzu kämen weitere Belastungen. So komme die Sterlingzone England als ihrem Bankier sehr teuer zu stehen; das Geld, das es dort ausgebe, werde bei ihm wieder angelegt, und die Devisen, die es als Gegenwert für diese

Pfundeinlagen vorhalten müsse, brächten ihm nichts ein, kosteten nur noch weitere Devisen, um die Zinsen für diese Einlagen zu zahlen.

»Hätte man beispielsweise gleich nach dem Kriege unsere Militärausgaben in Indien und Ägypten eingestellt«, erklärt Siegmund, »dann hätte England zwei Milliarden Pfund gespart... Ich will damit nicht etwa sagen, wir müßten alle unsere Auslandsverpflichtungen annullieren oder in der Welt nur noch eine passive Rolle spielen. Vielmehr glaube ich, daß sich ein Mittelweg finden läßt. Das ist eben das Schwierige an den außenpolitischen Entscheidungen, die Sie zu treffen haben werden. Aber bislang hat es keine Regierung, Labour oder Konservative, fertiggebracht, unsere Außenpolitik mit unseren Devisenbeschaffungsfähigkeiten in Einklang zu bringen. Es würde also genügen, unsere Auslandsausgaben zu senken, damit alles wieder in die Reihe kommt«, läßt er Wilson wissen, »denn im Grunde ist der Zustand der englischen Finanzen gut und gibt es keinen Grund, abzuwerten: Unsere kurzfristigen Reserven entsprechen unseren kurzfristigen Schulden, und unsere Auslandsguthaben liegen in derselben Größenordnung wie unsere Schulden. Außerdem dürfen wir die fälligen Sterlingsummen nicht bei den Schulden mitrechen, denn es handelt sich dabei ja nicht um echte Kredite an England. Im Falle einer Wechselkurskrise besitzen wir, selbst ohne Mobilisierung aller unserer Guthaben, genügend Reserven, um sie durchzustehen. Aber wir müssen damit Schluß machen, daß wir im Ausland mehr ausgeben als einnehmen, und wir müssen endlich aufhören mit dem Gerede, all unser Übel komme von der Schwäche unserer Industrie, wenn wir nichts für ihre Modernisierung tun. Man muß die heiligen Kühe schlachten, einen Ehrgeiz vergessen, den wir uns nicht mehr leisten können, und durch Einführung der Mehrwertsteuer oder eines Ausfuhrsteuerabschlags wie in Frankreich oder Deutschland die Produktivität anreizen und unsere Exporteinnahmen vergrößern.«

Diesem in den letzten Oktobertagen 1964 vorgetragenen, sehr detaillierten Plan steht man sehr aufgeschlossen gegenüber. Aber Wilson, der nicht abwerten will, sieht sich dennoch außerstande, so hart zuzuschlagen, wie Siegmund Warburg empfiehlt; er will nicht an die britische Militärpräsenz im Ausland rühren, die noch Gegenstand des nationalen Konsenses bildet. Am 26. Oktober begnügt er sich mit dem Beschluß einer rigorosen Haushaltspolitik ohne Senkung der

Auslandsausgaben und einer fünfzehnprozentigen Zusatzbesteuerung der Einfuhren, einer abwertungsähnlichen Maßnahme also, die die Proteste der anderen europäischen Länder auslöst und zugleich die Flucht aus dem Pfund verschärft.[21] Ende November 1964 sind die Goldreserven auf 876 Millionen Pfund gesunken.

Innerhalb der Regierung redet man jetzt auch von einer Reduzierung der britischen Auslandspräsenz, findet aber angesichts des Widerstandes der Rechten nicht den Mut dazu. Im November wirft sich bei einem der langweiligen Bankiersdiners in Mansion House Lord Cromer in die Schlacht und widersetzt sich hartnäckig jeder solchen Reduzierung:[21] »Die überseeischen Investitionen dürfen nicht als Saldo betrachtet werden noch auch die erste Zielscheibe für Einsparungen im Falle von Widrigkeiten bilden.« Am 18. November ist Wilson von der Notwendigkeit überzeugt, den Diskontsatz anzuheben, um die Reserven zu verteidigen. Einen Augenblick lang denkt er daran, Lyndon Johnson telefonisch von seiner Absicht zu unterrichten, läßt den Gedanken aber dann fallen. Im Gegensatz zu seinem Vorgänger will er nicht die Meinung des amerikanischen Präsidenten zu einer Frage einholen, die seines Erachtens eine reine Angelegenheit der nationalen Souveränität ist.

Auch in dieser Frage ist das Kabinett geteilter Auffassung und fällt es ihm schwer, eine gemeinsame Linie zu finden. Callaghan ist gegen diese Hebung, die das Wachstum zerschlagen würde, während Brown dafür ist, um der Spekulation den Garaus zu machen.[21] Nach langen Diskussionen beschließt Wilson an diesem Tage, den Diskontsatz um einen Punkt zu heben. Aber das ist zuwenig, um die Devisen- und Goldflucht einzudämmen. In der City, dem Tummelplatz aller Gerüchte und aller Spekulationen, vervielfacht sich die Kritik an der Regierung. Am 19. wendet sich Wilson wütend dagegen und erklärt:[21] »Wenn jemand hier oder im Ausland an unserer Entschlossenheit zweifelt und entsprechend handelt, dann muß er bereit sein, den Preis für seinen Mangel an Vertrauen auf Großbritannien zu zahlen.«

Am selben Tag wettert George Brown in einer berühmt gewordenen Rede gegen die »Züricher Gnomen«. Am Tag darauf macht das Wort Schlagzeilen. Nun kommt der Streit um die Schuld der Kapitalisten an der Krise wieder hoch wie schon 1913 in New York, 1931 in London, 1933 in Berlin. Der Gouverneur der Bank von England antwortet

Brown, es gebe keine »Gnomen«, sondern in der City und anderswo lediglich Leute, die ihre Interessen wahrnähmen, indem sie sich vom Pfund abwendeten, weil sie zu Labour kein Vertrauen hätten.[21] An diesem Tag gilt in der City die Abwertung als ausgemachte Sache; die Goldnachfrage auf dem freien Markt beschleunigt sich und kann nur noch mit Mühe und größter Stützung durch den »Goldpool« befriedigt werden.

Sehr spät an diesem 20. November ist Wilson ratlos und fragt sich, was zu tun sei. George Brown ruft Henry Grunfeld zu sich nach Carlton Gardens. Dieser wiederholt den Regierenden seine und Siegmunds gemeinsame Ablehnung einer Abwertung und regt an, das Pfund mit Hilfe einer großen, langfristigen internationalen Anleihe zu stützen, deren bloße Ankündigung bereits die Spekulanten beruhigen werde. Sie wüßten dann, daß sie angesichts verstärkter Abwehrmittel nur ihre Zeit vergeudeten, bis die mittelfristigen Maßnahmen griffen. Am nächsten Tag macht das Vereinigte Königreich also seine Anleihe. Aber es handelt sich nur um eine Milliarde Dollar, die zudem beim IWF nach Maßgabe der bislang noch nie benutzten allgemeinen Anleihebedingungen aufgenommen wird[161] – also ganz und gar nicht das, was Siegmund empfiehlt. In den beiden folgenden Tagen schwinden weiterhin die Reserven dahin, und Cromer findet sich allmählich mit der Abwertung ab, meint jetzt sogar, man müsse sie sehr schnell vornehmen, um nicht noch mehr Reserven zu verlieren und zur Zahlungseinstellung gezwungen zu werden. Die Bank von England hat jetzt nur noch Gold im Wert von 500 Millionen Pfund.

Da er feststellen muß, daß die Spekulation weitergeht, hebt Wilson am 23. November den Diskontsatz auf 7 Prozent. Er versteht nicht, woher die Spekulation kommt noch wie sie sich abspielt. »Wir befinden uns im Krieg«, sagt er,[21] »aber wir kennen den Feind nicht. Was will man denn noch mehr von mir? Ich habe die öffentlichen Ausgaben gesenkt und die Geldpolitik eingeschränkt, und dennoch geht die Finanzkrise weiter. Abwerten? Kommt nicht in Frage... Der Arbeiterklasse noch mehr aufbürden? Kommt ebenfalls nicht in Frage... Wir halten durch. Im übrigen können sich auch die Vereinigten Staaten keine Pfundabwertung leisten und werden uns helfen.«

Einen Tag später akzeptiert Wilson endlich die Lösung, die Siegmund einige Tage zuvor vorgeschlagen hatte – einen wirklichen internationalen langfristigen Kredit. Am Abend des 24. November fordert er Cromer auf, den Betrag festzulegen, der notwendig sei, um die Spekulation mit Sicherheit zu beenden. 2,5 Milliarden Dollar, lautet die Antwort. Um die Entscheidung maximal wirksam zu machen, müssen am nächsten Tag heimlich die Mittel aufgetrieben und die Sache dann verkündet werden. An diesem Abend klingelt in allen Zentralbanken der Welt das Telefon.[21] Von Cromer unterrichtet, verspricht der Präsident des amerikanischen Federal Reserve Board 750 Millionen Dollar, die Export Import Bank sagt 250 Millionen zu. Das macht schon mal eine Milliarde. Schatzminister Dillon und sein Vertreter Roosa telefonieren die ganze Nacht hindurch mit mehreren amerikanischen Privatbanken und bitten sie um Hilfe. Ihr Hauptargument lautet: Wenn das Pfund zusammenbricht, wird auch der Dollar folgen und das ganze Bretton-Woods-System und gar das amerikanische Bankensystem mit sich reißen. Siegmund Warburg seinerseits ruft zunächst Kuhn, Loeb & Co. und Lehman und am nächsten Morgen gleich bei Öffnung der europäischen Märkte Hermann Josef Abs und Jean Reyre an. Der ebenfalls von Cromer alarmierte Bundesbankpräsident Karl Blessing erklärt sich bereit, die Appelle an die europäischen Zentralbanken zu koordinieren. General de Gaulle, der sich ärgert, daß man ihm für den Entschluß so wenig Zeit läßt, gestattet schließlich der Bank von Frankreich, sich »zum letztenmal«[21] an dem Kredit zu beteiligen: Weder in Frankreich noch in Deutschland ist man gerade sanftmütig gestimmt... Um die Mittagszeit hat Blessing die Zusage von zwölf Zentralbanken vorliegen. Um 19 Uhr sind insgesamt 3 Milliarden Dollar zusammengekommen, aber nur für sechs Monate:[21] Die »Züricher Gnomen« haben dem Pfund geholfen, aber ohne übermäßige Risiken einzugehen. In Wilsons Büro knallen die Sektkorken. Diesmal jedenfalls gibt es keine Abwertung. Die Spekulation beruhigt sich.[21]

Am Tage nach diesem Halberfolg kann sich Wilson erhobenen Hauptes nach Washington begeben. Der Kredit läßt ihn durchhalten. Aber es ist nur eine Atempause. Im Januar ist die Zahlungsbilanz weiterhin im Defizit, und die Devisen wandern wieder ab. Am 1. Februar gibt Lord Cromer auch öffentlich allmählich zu, daß, um die Abflüsse zu reduzieren, neue Haushaltseinsparungen erforderlich sind,[21] »auch bei den übermäßigen Ausgaben der Gemeinden sowie im Ausland«.

Wilson und Callaghan protestieren öffentlich gegen diese Äußerungen, eine weitere Senkung der öffentlichen Ausgaben komme weder in England noch im Ausland in Frage, und Wilson schreibt dem Gouverneur:[21] »Es wäre politisch unverantwortlich und wirtschaftlich nutzlos, wenn wir unsere Stützpunkte aufgäben.« Am 24. März 1965 wird die Anleihe vom 20. November von den Zentralbanken auf einer Sitzung ihrer Präsidenten im Rahmen der BIZ verlängert.[161] Zwei Tage später ist das Pfund Zielscheibe eines Angriffs; es stabilisiert sich nur für einige Wochen, als am 6. April für das kommende Haushaltsjahr ein Sparhaushalt angekündigt wird. Auf einer Amerikareise Ende April erläutert Wilson den in New York versammelten Bankiers gekonnt sein von Brown, Callaghan, Siegmund Warburg, Kaldor und Balogh erarbeitetes neues Wirtschaftsprogramm; er bestätigt den Vorrang der Industriemodernisierung und die Preis- und Lohnkontrolle; er erneuert seine »unabänderliche Entschlossenheit, den Kurswert des Pfundes und der davon abhängigen Werte beizubehalten«.[21]

Aber das Problem der Schließung der Stützpunkte bleibt offen, und bei dieser Reise möchte Wilson feststellen, was man in den Vereinigten Staaten darüber denkt. Das ist freilich leichter gesagt als getan, denn die amerikanische Haltung dazu ist ziemlich verwirrend. In der Regierung möchten einige, darunter McNamara und Dean Rusk, daß England weiterhin seine Rolle als Zusatzgendarm des Westens spielt, und meinen, England müsse »östlich von Aden bleiben«, auch wenn Rusk hinzufügt: »Wir allein können es uns leisten, der Motor der Welt zu sein.« Andere hingegen wie Dillon, Roosa und Martin befürchten, die damit verbundenen Ausgaben würden unausweichlich zu einer Abwertung des Pfundes und dann des Dollars führen. Für sie muß folglich das Pfund verteidigt werden, auch wenn man dazu die englischen Militärausgaben im Ausland reduzieren muß.[21] Johnson enthält sich einer Entscheidung zwischen den beiden Positionen.

Wilson schließt daraus, daß man wohl besser »östlich von Aden« bleibe, denn wenn England seine Stützpunkte schlösse, gälte es nicht mehr als Großmacht und verlören die Vereinigten Staaten jegliches Interesse, ihm beizustehen.[21] Am 25. Mai nimmt England, um den zweiten Novemberkredit zurückzahlen zu können, 1,4 Milliarden Dollar beim IWF und den Rest bei Privatbanken auf. Das Vertrauen zum Pfund stellt sich wieder etwas ein, und der Londoner Diskontsatz kann von 7 auf 6 Prozent gesenkt werden. Aber immer noch geht das Zahlungsbilanzdefizit nicht zurück, und am 16. Juli 1965 wird das Pfund wieder angegriffen.

Wilson weiß nicht mehr, was er tun soll. Jeder hat jetzt Ratschläge zur Hand. Der französische und der deutsche Finanzminister empfehlen eine weitere Einschränkung der Ausgaben. Die Vereinigten Staaten raten zu einer Lohn- und Gehaltssperre. Cromer regt die Bildung einer Regierung der nationalen Einheit an. Wilson packt der Zorn: Nie wird er den Verrat von Labour vor dem Kriege wiederholen.

Der Sommer vergeht, ohne daß eine Lösung in Sicht wäre. Anfang September müssen zur Konsolidierung der IWF-Kredite wiederum bei den Zentralbanken 2 Milliarden Dollar aufgenommen werden. Das Spiel wiederholt sich, die gleichen Anrufe werden getätigt, aber diesmal lehnt Frankreich eine Beteiligung ab. Am 10. September verkündet Callaghan, er habe wiederum internationale Unterstützung gefunden, nennt aber keinen Betrag – tatsächlich beläuft sich dieser nur auf eine Milliarde Dollar.[21] Am 16. legt er den Entwurf eines Fünfjahresplans vor und richtet eine freiwillige Lohn- und Gehaltsabsprache ein. Ende des Monats läuft Lord Cromers Amtszeit aus, und Wilson ernennt seinen Mitarbeiter L. K. O'Brien zu seinem Nachfolger. Weder Wilson noch Brown noch Siegmund Warburg bedauern Cromers Ausscheiden.

Im Oktober und November hält der Druck aufs Pfund an, und die geliehenen Reserven sind allmählich erschöpft. Immerhin zeigt Wilsons Industriepolitik Ende des Jahres erste Wirkungen, und so kann der Premierminister eine ansehnliche Bilanz vorlegen. Das Zahlungsbilanzdefizit ist 1965 auf 278 Millionen Pfund gefallen, verglichen mit 757 im Vorjahr.

Am 31. März 1966 schreibt Wilson vorzeitige Wahlen aus und wird für fünf Jahre wiedergewählt.

Aber die Lage hat sich nur dank der Anleihen des IWF und der Banken beruhigt. Man wird sie wohl oder übel zurückzahlen müssen; die wichtigsten Fälligkeiten sind im November 1967, und noch weiß kein Mensch, wie man sie honorieren soll.

Siegmund sieht in dieser Zeit den Premierminister oft und bringt ihn mit allen großen Bankiers der Welt zusammen, die durch London kommen. Im Mai schlägt man ihm die Erhebung in den Ritterstand vor. Er lehnt ab. Nicht dem gilt sein Ehrgeiz, und derlei Ehrung schlägt die Familie seit zwei Jahrhunderten hartnäckig ab. An diesem Tag notiert er:[214] »Die Menschen sind entweder sich selbst gegenüber anspruchsvoll oder selbstzufrieden. Erstere sind es, die die Welt besser machen. Wer sich höheren Herausforderungen stellt, ist der einzig wahre Sieger im Leben, mag er am Ende in seiner Bemühung auch scheitern.« Schließlich, am 10. Juni 1966, nimmt er die Ehre an. Tags darauf schreibt die *Financial Times:* »Unter seiner Leitung hat seine Firma einen meteorhaften Aufstieg erlebt, aber seine Ernennung gilt mehr noch dem Wert seiner wirtschaftlichen Ratschläge an die Regierung. Insbesondere hat er sich für eine Senkung der überseeischen Verteidigungslasten eingesetzt.«

Im Juli kommt ein neuer Angriff aufs Pfund, und Brown hält jetzt die Abwertung für unvermeidbar.[21] Wilson will nichts davon hören; er beschließt Haushaltseinsparungen, eine Kontrolle der Margen, eine sehr strenge Kontrolle der Lohn- und Gehaltsentwicklung, die erstmalig mit der Produktivitätsentwicklung gekoppelt wird.[35] Browns Fünfjahresplan wird durch diese neuen Maßnahmen seines Inhalts beraubt und ein knappes Jahr nach seiner Vorlage schon wieder aufgegeben. Die Labourlinke unter Ian Mikardo schreit Verrat.[35] Brown ist zutiefst verärgert und tritt im August als Wirtschaftsminister zurück und übernimmt das Außenamt. Das Wirtschaftsministerium kommt ins Trudeln. Eric Roll scheidet aus ihm aus. Vor lauter Austerity verschärft sich die Rezession: Man zählt jetzt 600 000 Arbeitslose, und die ohnehin nur gepumpten Reserven gleichen kaum noch die kurzfristigen Schulden in Höhe von 3 Milliarden Dollar aus.[35]

Siegmund ist jetzt der Meinung, die Regierung rase auf den Abgrund zu, wenn sie sich nicht sofort eindeutig zwischen dem Pfund und der Militärpräsenz im Ausland entscheide. Man müsse ihr helfen, sich fürs Pfund als dem Schlüssel zur finanziellen Kraft Englands zu entschließen und damit gleichzeitig das gesamte Bretton-Woods-System, mithin die Finanzen des Westens, zu retten.

Zum ersten- und letztenmal in seinem Leben beschließt er, öffentlich in die englische politische Debatte einzugreifen. Am 2. Oktober 1966 bringt er in der *Sunday Times* einen sehr langen, reiflich durchdachten Artikel, in dem er der Öffentlichkeit darlegt, was er seit zwei Jahren dem Premierminister rät.

Bevor er an der Politik der Regierung harte Kritik übt, nimmt er ausdrücklich für sie Partei:

»Ich bin kein Sozialist, und ich glaube, daß das freie Unternehmertum heute, da die zweite Industrierevolution einsetzt, eine bedeutende Rolle zu spielen hat. Indessen bin ich der Meinung, daß die Nichtsozialisten als Patrioten eingestehen sollten, daß sie nicht alles, was die Labourregierung tut, von vornherein schlechtmachen dürfen, sondern anerkennen, daß die derzeitige mutige Politik, die Preise und Löhne mit der Produktivität koppelt, von historischer Bedeutung ist. Ich will hier weder für die Bildung einer Koalitionsregierung noch für die Beendigung jeder Diskussion über beliebige politische Themen plädieren, ob es nun um Währung oder anderes geht, aber ich frage mich, ob es nicht gewisse Bereiche gibt wie beispielsweise die Verteidigung, die Währung oder auch die Unterstützung der Vereinten Nationen, in denen man eine Einstellung des Parteienhaders ins Auge fassen könnte. Die Regierung hat eine Art ›Schlacht um Englands Wirtschaft‹ eröffnet, die wenigstens ein Jahr lang die Unterstützung aller verdient, denn sie ist unsere letzte Chance.«

Sodann billigt er den Austerityplan, der eben u.a. auf seinen Rat hin aufgestellt worden ist: »Diese Maßnahmen dienen kurzfristig der Wiederherstellung des Vertrauens des Auslands ins Pfund und mittelfristig der Erzielung eines Handelsbilanzüberschusses, der zusammen mit den unsichtbaren Einkünften die Deckung der öffentlichen Auslandsausgaben und die Amortisierung der Auslandsverschuldung ermöglichen wird. Wird diese neue Politik in angemessener Weise durchgeführt, so kann sie zu den gewünschten Ergebnissen führen.«

Sodann ergreift er gegen die Pfundabwertung Partei, von der er weiß, daß sich in der ganzen Regierung nur Wilson noch nicht mit ihr abgefunden hat: »Wer die Vorteile einer Pfundabwertung preist, hat nicht tief genug über die Wirklichkeit der britischen Wirtschaft nachgedacht und schreibt eine für die derzeitige Krankheit völlig falsche Behandlung vor.« Eine Abwertung um 10 oder 15 Prozent, schreibt er, würde »unsere Lage keineswegs verbessern, denn Großbritannien besitzt einfach nicht die für die Entwicklung seiner Ausfuhren notwendige ungenutzte Produktionskapazität, und die Einfuhren, seien es nun Agrarimporte, Rohstoffe oder sonst etwas, lassen sich nicht noch weiter senken, wie seit der Einführung der fünfzehnprozentigen Einfuhrsteuer sichtbar geworden ist. Zudem würde eine solche Abwertung keineswegs die Spekulation dämpfen, sondern eine Kettenreaktion von Spekulationen auslösen, die die zeitweilig errungenen – oder soll ich sagen: gestohlenen? – Vorteile Großbritanniens wieder zunichte machen würden... Die Abwertung oder die Einführung floatender Wechselkurse würde nur beweisen, daß wir nicht den Mut zu unpopulären Maßnahmen haben, sondern uns lieber auf ein zweifelhaftes Wirtschaftsspielchen einlassen. Es würde jene bestrafen, die dem Sterling vertrauten, und jene belohnen, die – seien es Regierungen oder Einzelpersonen – zum größten Schaden der Wirtschaft der freien Welt das Gold seiner Funktion entkleidet haben. Insgesamt wäre eine Abwertung nur ein zweifelhafter Notbehelf; ihm vorzuziehen ist die Einrichtung einer wirksamen Preis- und Lohnkontrolle und die Senkung unserer Auslandsausgaben.«

Er schließt mit einer nostalgischen Note:

»Wir hätten sofort nach dem Kriege unsere Auslandsausgaben senken sollen. Das deutsche und italienische Beispiel zeigt, daß das möglich gewesen wäre und daß Großbritannien immer noch, wenn es nur will, eine Position wiederfinden kann, die denen der anderen Westmächte jedenfalls nicht nachsteht.«

Dieser Artikel findet in London starken Widerhall. Wilson ist ihm für seine Unterstützung sehr dankbar. Die City trägt es ihm nach, daß er sich den »Roten« gegenüber so wenig feindselig zeigt.

Mit diesem Artikel hat Siegmund den Gipfel seines Einflusses in England erklommen: Frei von jeglichem Konformismus, ohne Vorbild noch Vorurteil äußert er, wie er selbst später sagt,[207] »nichtkonformistische linke Ansichten« und »schockierende, um nicht zu sagen provozierende Bemerkungen. ›Man denke nur‹«, sagt er in Nachahmung seiner Gegner, »»neulich hat dieser Kerl doch gesagt, er sei ein Wechselwähler!....«

Aber sein Artikel bleibt wirkungslos, denn es ist schon zu spät, als daß der Lauf der Dinge noch geändert werden, zu spät, als daß Wilson seinem Rat noch folgen könnte. Und voll Zorn wird Siegmund die Agonie des Pfundes und danach von Bretton Woods mitansehen müssen.

Denn jetzt heißt es die Schulden bezahlen, und die Spekulation ist schneller auf den Beinen als die strukturellen Verbesserungen. Der

Winter vergeht in Erwartung der Fälligkeiten im März und November. Im März 1967 gelingt es dem Vereinigten Königreich, seine Schulden bei den Zentralbanken zu begleichen.[161] Die Dinge wenden sich zum Besseren. Aber die Schließung des Suezkanals und der Sechstagekrieg Israels gegen seine arabischen Nachbarn im Juni, denen im September noch der Dockarbeiterstreik folgt, verursachen einen Rückgang der Ausfuhren und eine Zunahme der Einfuhren, die neue Anleihen fordern. Das ist der Gnadenstoß. Wilson beschließt jetzt die erneute Verstaatlichung der Eisen- und Stahlindustrie zu niedrigem Preis.

Zur gleichen Zeit beschließt der IWF auf seiner Jahresseptembertagung in Rio de Janeiro – wobei man noch nicht weiß, ob es dabei darum geht, »während der Sintflut zu gießen«, wie Jacques Rueff schreibt, oder einen wankenden Dollar zu stützen –, mit den Sonderziehungsrechten neue internationale Liquidität zu schaffen![161] Bretton Woods geht aus den Angeln.

Im Oktober pfeifen alle Spatzen von den Dächern, daß England nicht die Mittel zur Begleichung seiner Schulden hat, und man macht sich auf eine baldige Abwertung gefaßt. Die Kapitalflucht nimmt zu. Es gibt keinen Ausweg, kein Halten mehr. Der Novembertermin 1967 stellt sich ein, ohne daß auch nur irgendwo ein rettender Strohhalm in Sicht wäre. Es heißt entweder zahlen oder abwerten, um das Defizit zu verringern und die Kapitalausblutung zu verhindern. Man entschließt sich zur Abwertung.

Am 11. und 12. November diskutieren die Präsidenten der wichtigsten Zentralbanken in Basel über die Höhe einer möglichen Abwertung. Am 14. veröffentlicht die britische Regierung das Handelsdefizit vom Oktober, das höchste in der englischen Geschichte.[161] Am 16. wird im Kabinett die Abwertung besprochen. Am 17. verkauft die Bank von England, um das Pfund zu verteidigen, über eine Milliarde Dollar, also Werte von mehr als 300 Millionen Pfund.

Am 18. findet sich Wilson auf Druck des IWF nach dreijährigem zähem Kampf mit einer Abwertung um 14,3 Prozent ab; das Pfund fällt von 2,80 Dollar – dem Wechselkurs seit 1949 – auf 2,40 Dollar. Der Diskontsatz steigt auf 8 Prozent, die Körperschaftsteuer wird angehoben, die Haushaltsausgaben werden ein weiteres Mal eingeschränkt, ohne daß dabei an die wichtigsten Auslandsausgaben gerührt wird.[35]

Was noch sechs Jahre zuvor eine technische Anpassung hätte sein können, löst jetzt eine Finanzkatastrophe planetaren Ausmaßes aus.

Der Dollar gerät ins Trudeln

Das Pfund reißt unter anderem die spanische, dänische und israelische Währung bei seinem Sturz mit und bringt den Dollar in vorderste Front. Wie Siegmund bereits voraussah, ist nun die amerikanische Währung unmittelbar bedroht, da jedermann nach der Abwertung des Pfundes auch eine Aufwertung des Goldpreises in Dollar erwartet. Und erstmals in der Geschichte müssen die Zentralbanken in Europa, um den Dollar zu verteidigen, Gold verkaufen und Dollar aufkaufen. Zudem verschärft der Vietnamkrieg das amerikanische Defizit,[163] das von 1,6 Milliarden im Jahre 1966 auf 3,2 Milliarden Dollar im Jahr 1967 klettert.

Einen Tag nach der englischen Abwertung veröffentlicht Präsident Johnson eine Erklärung, in der er seinen Willen bekräftigt, den Goldpreis bei 35 Dollar pro Unze zu belassen.[161] Doch kein Mensch glaubt mehr daran. Es gibt viel zu viele Dollars außerhalb Amerikas. Am 26. November beschließen die Zentralbankpräsidenten des »Goldpools« in Frankfurt, die Goldverkäufe fortzusetzen, um die bestehenden Wechselkurse zu stützen,[161] und am 30. leiht der IWF England weitere 1,4 Milliarden Dollar, damit es seinen neuen Wechselkurs halten kann, durch den sich anfänglich sein Defizit unweigerlich verschlimmert.

Ende 1967 erwartet man also mehr und mehr eine Goldhausse; eine Goldkaufwelle wirft das Risiko der Abkoppelung seines Preises auf dem freien Markt vom amtlichen Kurs auf. Daraufhin verkauft der Pool Goldbarren im Gesamtwert von 2 Milliarden Dollar. So kann es nicht weitergehen.

Es ist ein Hohn: Im Januar des folgenden Jahres entschließt sich Wilson endlich nach bereits geschlagener Schlacht zum Abzug der britischen Streitkräfte östlich von Suez...[35]

Die Debatte über den Goldkurs wird jetzt völlig offen geführt. Am 28. Januar 1968 fordert der sehr einflußreiche amerikanische Senator Jacob Javits unverblümt die Suspendierung der Konvertibilität des

Dollar und die Aufkündigung des Goldpools.[161] Mit katastrophaler Wirkung. Gleichzeitig verschlimmert sich, wie Siegmund gesagt hatte, das englische Defizit. Zu seiner Verringerung nimmt im März der von Schatzkanzler James Callaghan vorgelegte Haushaltsentwurf 1968 2 Prozent der Kaufkraft aus dem Markt und macht sich eine frühere Anregung von Nicolas Kaldor zu eigen. Um ohne erneute Abwertung die Einfuhren zu verteuern, werden die Importeure zur Deponierung einer sechsmonatigen Garantiesumme in Devisen in Höhe von 50 Prozent des Wareneinfuhrwertes gezwungen. Der Dienstleistungssaldo verbessert sich allmählich, aber – auch das hat Siegmund vorausgesagt – die Ausfuhren sind nicht genügend in Schwung gekommen, um die von der Abwertung hervorgerufene Importkostensteigerung auszugleichen, so daß die Inflation und die Lohnforderungen wieder in Gang kommen.

Auch in den Vereinigten Staaten kann nichts mehr das Zahlungsbilanzdefizit einengen. Zwar besteht noch Vollbeschäftigung, aber der Vietnamkrieg bläht die Importe und die Inflation auf. Der amerikanische Handelsbilanzüberschuß geht zurück. Die Spekulanten knöpfen sich den Dollar vor. Da jedermann seine Abwertung erwartet, will ein jeder Gold dafür haben.[163] Nichts reizt mithin die Industriellen zur Rückführung ihres Kapitals in die Vereinigten Staaten an, und entsprechend verschärft sich das Defizit. Im Januar 1968 legt ein Gesetz den bis dahin unbehinderten Auslandsinvestitionen enge Grenzen auf, und zu seiner Durchsetzung gründet das Schatzamt ein Amt für Auslandsdirektinvestitionen.

Siegmund begibt sich in dieser Zeit weniger häufig in die USA. Er hält dieses Land, das nicht genug spart, um bei sich selbst zu investieren, für gefährdet und ist der Meinung, die Gigantomanie seiner Finanzeinrichtungen und deren kurzfristige Gewinnsucht drohten es zu ruinieren. Sarkastisch notiert er,[214] ein »Amerikaner stellt sich überhaupt nur noch zwei Fragen: ›Wo kann ich meinen Wagen parken?‹, und: ›Wie nehme ich zehn Kilo ab?‹«

Man verkauft jetzt Gold in Mengen, um eine Dollarabwertung zu verhindern. Von November 1967 bis März 1968 setzen die wichtigsten Zentralbanken Edelmetall im Werte von 3 Milliarden Dollar ab, um den Markt zu beruhigen. Vergeblich. Im März, als die Tetoffensive des Vietcong fehlschlägt und General Westmoreland weitere 200 000

GIs anfordert, ersucht Johnson den Kongreß um Verabschiedung einer Zusatzabgabe zur Finanzierung des Krieges. Der Kongreß weigert sich. Jetzt ist die Krise da.

Am 8. März verkauft der Pool in London zur Kursstützung 100 Tonnen Gold, 175 am 13., am 14. sind es mindestens 225, vielleicht sogar 1000 Tonnen. In der Nacht des 14. März telefoniert Johnson mit Wilson und bittet ihn, den Londoner Goldmarkt zu schließen, um die Ausblutung von Fort Knox zu verhindern. Wilson holt Siegmunds Meinung ein, der diese Maßnahme für unvermeidlich hält. Wilson schließt am 15. den Markt für ein paar Tage, zum erstenmal seit seiner Gründung. Damit bricht das Vertrauen auf den Dollar vollends zusammen. Am 16. und 17. treten die wichtigsten Finanzminister in Washington zu einer Dringlichkeitssitzung zusammen.[161] Man erwartet, daß sie – wie in Bretton Woods vorgesehen – eine Hebung des Goldpreises beschließen. In Wirklichkeit aber liegt ihnen mehr an politischer Fiktion als an finanzieller Realität, weshalb sie beschließen, das Gold floaten zu lassen, ohne den amtlichen Kurs zu verändern, und so die Aktivitäten des Pools zu beenden und einen doppelten Goldmarkt einzurichten. Die Ehre ist gerettet: Der Dollar floatet, aber man braucht es nicht zuzugeben.

Denn in Wahrheit ist eine Umwandlung des Dollar in Gold unmöglich geworden; die Währungsbehörden lassen den Goldkurs sich durch das Spiel von Angebot und Nachfrage bilden; faktischer Standard wird der Dollar. Bretton Woods ist überlebt, noch ehe es je wirklich funktioniert hat. Jetzt kann sich Amerika risikolos verschulden: Es braucht nichts mehr zu begleichen. Der White-Plan erhebt sich wie Phönix aus der Asche von Bretton Woods.

Seinerseits stellt das Pfund überhaupt nichts mehr dar; sein Anteil am Welthandel ist auf 7 Prozent gesunken. »Die Erblast von der Rechten«, schreibt Wilson damals,[35] »hat – von den insgesamt fünf Jahren und acht Monaten unserer Regierungszeit – fünf Jahre lang auf fast allen Entscheidungen der Regierung gelastet.« Einen Monat später, im Januar 1968, beschließt Johnson, Amerika aus dem Vietnamkrieg herauszuholen und sich im November nicht zur Wiederwahl zu stellen.

Englischer Höhepunkt

In diesen Jahren, da die Währungen in Stücke gehen, setzt Siegmund sein Metier als Bankier bei den englischen Unternehmen fort. Er erzielt viel Geld für seine Bank und besorgt ihr steigenden Einfluß. Im März 1966 läßt er den *New Yorker* anläßlich der Zwanzigjahrfeier der Gründung von S. G. Warburg & Co. über sich selbst einen langen Artikel bringen, der später in ein Buch eingeht:[175] »Er, dem der Ruf vorangeht, daß er an der Front der öffentlichen Ausschreibung noch keine Schlacht verloren habe, mehr als die Hälfte seiner Zeit außerhalb Englands verbringe, in Washington wie in der Downing Street offene Ohren finde, ist stets von Sekretären umgeben, diktiert im Wagen, tätigt millionenschwere Telefonanrufe ...«

Liest man diesen schmeichelhaften Text, zu dem er, auch wenn es gar nicht den Anschein hat, nicht wenig beigetragen hat, könnte man meinen, Siegmund nehme sich plötzlich ernst, habe die Bescheidenheit aufgegeben, die er sich zur Regel erkoren hatte. Vielleicht. Aber er weiß doch immer noch zwischen der Wahrheit des Strebens und der Eitelkeit der Dinge zu unterscheiden und notiert sich an diesem Tag:[214] »Der Schlüssel zum Glück liegt in dem Wahn, Sinn im Unsinn erblicken zu wollen.« Und: »Das meiste von dem, was wir tun, Gelungenes oder Mißlungenes, rinnt uns wie Sand durch die Finger. Ein paar Körner bleiben wie Kiesel in unserer Hand, und auf sie allein kommt es an.«

Einen Monat darauf widmet ihm aus gleichem Anlaß *Time* einen weiteren Artikel, der das lange Porträt im *New Yorker* zusammenfaßt und ergänzt; wieder wird er dargestellt als der »Bankier mit dem schnellsten Wachstum in der ganzen City«, der Mann, der »die Faulheit der City abgeschüttelt hat, indem er dort deutsche Organisation und Disziplin einführte«.

In diesem Jahr tätigt er eine ganze Reihe bedeutsamer Abschlüsse. So ist er bei zahlreichen Fusionen und bei Handstreichen gegen faule Unternehmensleitungen behilflich.

Auch in der englischen Wirtschaftspolitik steht er auf dem Gipfel seines Einflusses. Nicht nur stand er, wie wir sahen, im Brennpunkt der Abwertungsdebatte, sondern er macht sich auch ziemlich viel in der Industriepolitik zu schaffen.

Anfang 1966 denkt George Brown, um die Unternehmensfusionen zu erleichtern, um die sich die Merchant Banks für seinen Geschmack zuwenig kümmern, an eine Neuauflage der Bankers Industrial Development Company der Vorkriegszeit, die damals von Major Albert Pam von Schroeders[146] geleitet worden war, und plant die Gründung einer Art öffentlicher Bank, die er Industrial Reorganization Corporation nennt und der er die Rolle eines »Industriekatalysators« zuweist, wenn die notwendigen Fusionen nicht von selbst zustande kommen.[146] Trotz des Widerstands der gesamten City, die darin die Gefahr einer unlauteren Konkurrenz der öffentlichen Hand erblickt, und dank der Bemühungen von Eric Roll wird die IRC gegründet und mit einem Etat von 150 Millionen Pfund ausgestattet. Ihre Dienste sind gratis, und für detailliertere Beratung wendet sie sich an die Merchant Banks. Ihr erster Präsident ist der Courtauld-Vorsitzende Sir Frank Kearton, und George Brown bittet den ihm fast unbekannten Ronald Grierson, das Amt des Generaldirektors zu übernehmen.[146] Siegmund läßt ihn im Prinzip für zwei Jahre dorthin gehen. Mehrere vor ihm befragte Persönlichkeiten haben abgelehnt, und vermutlich ist es gut, denkt Siegmund, dort jemanden zu haben.

Denn im Gegensatz zur City erblickt Siegmund im Vorgehen der IRC eine Chance für zahlreiche neue Geschäfte seines Hauses. Und er hat recht: Sofort nimmt er auf diesem Wege an der Gründung von ICL als Ergebnis einer Fusion von acht Informatikunternehmen teil, an der Beteiligung von Chrysler an Rootes Motors und an der Verbindung zwischen EC und English Electric.

Im Jahr darauf beteiligt ihn die IRC an der Fusion der British Motor Company mit Leyland, aus der damit einer der größten Automobilkonzerne außerhalb Amerikas hervorgeht. Monatelang spielt Siegmund den feinnervigen Unterhändler bei den beiden wichtigsten Punkten, die über Erfolg oder Mißerfolg der Verhandlungen entscheiden:[167] Welches relative Gewicht sollen die beiden Unternehmen in der Gruppe haben, und welcher der beiden Präsidenten soll den Vorsitz über das Ganze übernehmen, Harriman oder Stokes? Er wird es sein, der nach langem Hin und Her und nach dem Schiedsspruch von Wilson persönlich die annehmbare Struktur herausfindet; er bewertet das relative Gewicht der Firmen in der Gruppe nach Maßgabe seiner eigenen Einschätzung ihrer langfristigen industriellen und finanziellen

Perspektiven; er entwirft das Schlußkommuniqué und setzt Harriman als Präsidenten durch; und er schließlich ist es, der nach dem Plan, den er schon am ersten Tag gefaßt hat, Harriman dann noch am Tage seines Amtsantritts nach unbarmherzigen Auseinandersetzungen eliminiert zugunsten von Black, dem jüngsten Direktor bei Leyland.

Ronald Grierson widersetzt sich daraufhin dieser »Zwangsheirat«, wie er es nennt, und wird Vizepräsident bei English Electric. Sein Weggang läßt Siegmund einen neuen »Adoptivsohn« auswählen, Peter Spira, der der internationalen Abteilung vorsteht. Des weiteren verhilft Mercury in diesem Jahr der Firma Orion, in der David Scholeys Vater tätig war, zum Eintritt in den Dunstkreis einer großen holländischen Versicherungsgesellschaft, National Nederlanden. Beim Absatz von Euroemissionen steht S. G. Warburg weiterhin weltweit an erster Stelle, was ihre Zahl angeht, und an dritter hinsichtlich der Beträge.

Die Gewinne der Gruppe reihen sie immer noch in der City mit Morgan Grenfell ganz oben ein. Für sich selbst behält Siegmund, der weniger denn je an Geld interessiert ist, nur einen ganz geringen Teil. Im September schreibt er:[214] »Wenn in dieser Welt des verkehrten Kapitalismus Geld überhaupt etwas bedeutet, dann nur insoweit, als es unser Privatleben schützt in einer Gesellschaft, die vor allem an maßloser Indiskretion leidet.«

Im folgenden Jahr engagiert er zwei neue, hochangesehene Führungskräfte. An erster Stelle Sir Eric Roll, der bei Browns Rücktritt als Wirtschaftsminister aus der Verwaltung ausschied und bei Siegmund am 31. März 1967 als Exekutivdirektor eintritt. Sodann den früheren niederländischen Außenminister Van der Beughel sowie einen italienischen Grafen. Keiner ist vor seinem Werben sicher. So läßt er Bruno Kreisky, der gerade kein Regierungsamt innehält, wissen: »Falls Sie jetzt ins Geschäft eintreten wollen, tun Sie nichts, ohne mir Bescheid zu geben.« Andere, so auch der Generalsekretär der britischen Regierung, Sir Robert Armstrong, hören später ähnliche Einladungen.

Eric Roll bezeugt Siegmunds damaligen Charme und seine Distanz von den Dingen:[135] »Er konnte selbst in dramatischsten Augenblicken völlig entspannt sein, genoß den sportlichen Aspekt jeder Transaktion, vor allem, wenn der Wettbewerb scharf war. Oft fand er das komisch und praktizierte selbst in Augenblicken höchster Spannung seinen Sinn für Humor. Wenn die Arbeit es erforderte, scheute er keine

Mühe, nahm sogar an Abendzusammenkünften teil, die er auf den Tod haßte. Immer wieder kommt mir das Bild von Siegmund in dieser oder jener wichtigen Zusammenkunft vor Augen (in der Downing Street, bei der Bilderbergkonferenz, ja sogar auf einer Jahreskonferenz der Siemens-Bankiers), und ich sehe, wie er unbeweglich dasitzt oder -steht, offenbar in Gedanken versunken, in irgendeiner Ecke, inmitten der Menge... Dennoch kamen alle unweigerlich zu ihm. Einer, der ihn sehr gut kannte, sagte einmal, er wirke wie ein Magnet, sogar auf die Taxis an einem Regenabend nach der Oper. Zweifelsohne hatte er eine Art magnetischer Ausstrahlung, die die Leute, die Geschäfte und auch – obwohl die Medien das nicht sagten – die Informationen anzog.« Mit zunehmendem Alter wurden seine Gesichtszüge immer ausgeprägter. Sein hoher Wuchs, sein für die Schultern zu schwerer Schädel, sein immer voll auf den Gesprächspartner konzentrierter Blick, als gebe es außer ihm gar nichts, üben immer größere Faszination und immer tieferen Eindruck aus.

In diesem Jahr wird David Scholey Vorstandsmitglied und taucht im Kreis der »Adoptivsöhne« auf. Er drängt Siegmund, sich einen Versicherungsmakler näher anzusehen, Matthews Wrightson, auf dessen Rat hin er ein Jahr vorher zu ihm gekommen ist. Siegmund kauft dessen Firma und fusioniert sie mit der, die er schon seit langem besitzt: Stewart Smith. Damit erhält er bedeutende Möglichkeiten für die Plazierung seiner eigenen Anleihen. Im selben Jahr tut Morgan Grenfell es ihm gleich und kauft 20 Prozent der größten Maklerfirma von Lloyds, Willis Faber.

Inzwischen zählt Mercury über 350 Angestellte. Die englische Elite mag diesen Exdeutschen immer noch nicht besonders, dem sämtliche Weltgeschäfte gelingen, die er anfaßt, und der dabei gleichzeitig noch den Londoner Labourpremier berät. Und er zahlt mit gleicher Münze heim; im August 1967 schreibt er:[214] »Anstrengung gilt in der feinen Gesellschaft als schlechter Stil«, oder: »Wenn man mit uninteressanten Leuten zu tun hat, muß man sich mit ihnen auf Unwichtiges konzentrieren.«

Aber diese Distanz gegenüber der eigenen Umgebung stört ihn jetzt nicht mehr, denn er ist jetzt reich und mächtig genug, um nur noch das zu tun, was ihm gefällt, und sich seine Kunden aussuchen zu können. Im folgenden Jahr setzt sein Haus mit Präsident John Llark von

Plessey ein öffentliches Kaufangebot für die English Electric in Gang, die jedoch ablehnt und widersteht. Da er spürt, daß die Sache schiefgehen könnte, nimmt sie Siegmund selbst in die Hand und regt eine freundschaftliche Fusion an. Llark weigert sich mitzumachen, Warburg zieht sich zurück, und das Kaufangebot scheitert.[55] Tags darauf erklärt Siegmund der *Financial Times:* »Alle unsere Schlachten haben wir nur gewonnen, weil unsere Kunden unseren Rat befolgt haben. Es gibt Leute, die wir als Kunden ablehnen. Von unseren Kunden verlangen wir nur zweierlei: daß sie ehrlich und daß sie gute Geschäftsleute sind.«

Der Artikel stellt ihn dar als den »Bankier, der aus dem Aufkauf einer Firma ein Kunstwerk macht«, und beschreibt ihn als »einen Mann, der bedachtsam spricht, mit ernster, fast düsterer Miene, und dessen leicht plüschhaftes Verhalten mehr einem Universitätsprofessor als einem Mann des Geldes ähnelt«.

Er selbst schätzt sein eigenes Vermögen damals auf 5 Millionen Pfund, deren Verwaltung er deutlich sichtbar den Fachleuten seiner Bank überläßt. Aber, so sagt er, »ich habe weder einen Rolls-Royce noch eine Yacht noch Rennpferde noch auch nur Landbesitz«. Und vermutlich steht er an diesem Tag mit seinen 66 Jahren am Vorabend eines wirklichen Abschieds. Er ist jetzt so alt wie Max, als er selbst Hamburg verließ; sein Sohn ist nicht mehr in der Bank, hat England verlassen und lebt in den Vereinigten Staaten.

In Hamburg hat sich die Lage kaum verändert. Max, Erics achtzehnjähriger Sohn, kommt aus Amerika, wo er geboren ist, und tritt bei Brinckmann, Wirtz & Co. als Volontär ein.

Die Auseinandersetzungen zwischen den beiden Zweigen der Familie sind jetzt auf einem Höhepunkt angelangt. Im April 1966 stellt *Time Magazine* die Unterschiede zwischen den beiden scharfsinnig dar: Eric sei »athletisch und unkompliziert«, während Siegmund ein »Intellektueller und eher geheimnisvoller Typ« sei. Die Hamburger Bank genießt ungeheures Ansehen: »Aus ganz Europa«, sagt Eric, »schicken die Bankiers ihre brillantesten Sprößlinge zur Ausbildung zu Brinckmann«, aber Eric muß dort »die Macht mit den Brinckmanns und den anderen Teilhabern teilen . . .«

Siegmund teilt in London seine Macht mit niemand.

Alles in allem hält ihn nichts mehr. Er selbst beschreibt seine

Mannschaft als »seine Familie«. »Er hinterläßt seiner Mannschaft ein großes Erbe«, heißt es in der *Financial Times* weiter, »aber man muß sich fragen, ob mehrere das halten können, was einem einzigen gelang.«

Israel Corporation

Siegmund kennt Israel noch kaum und reist Anfang 1960 zum erstenmal in dieses Land. Sein Besuch im Kibbuz Degania, wo sein Vetter Fritz sich eben seinen Kindern zugesellt hat, bewegt ihn tief, und er verfolgt die Angelegenheiten des Landes mit großer Passion. Er ist weder Zionist noch Antizionist. Israel interessiert ihn, aber er unterstützt dort nur das, woran er glaubt. Nicht die Jewish Agency seines Vetters, denn »ich halte von keinem Chauvinismus etwas, sei er nun amerikanisch, englisch oder israelisch«, aber das Weizmann-Institut und in London den *Jewish Observer,* weil dieser liberaler Gesinnung ist. Lebhaft interessiert er sich für die Beziehungen zwischen Israel und Deutschland, und als am 14. März 1960 Ben Gurion im New Yorker Waldorf-Astoria mit Adenauer zusammenkommt, mißt Siegmund dem Ereignis sehr große Bedeutung bei. Er versteht sich als Weltbürger, der sich einer Moral und nicht einem Volk verpflichtet fühlt. Unter die jüdische Gemeinschaft in London mischt er sich kaum, und sie hält nicht viel von ihm; er von ihr auch nicht. 1961 notiert er sich:[214] »Die eine Hälfte der Elite des jüdischen Volkes in den angelsächsischen Ländern ist konservativ, die andere reaktionär.«

Seine Religiosität durchdringt sein ganzes Leben, auch wenn er zu universalistisch ist, als daß er sich einem einzigen Glauben zuwenden könnte. 1962 schreibt er:[214] »Man sollte die moralische Leere unserer Zeit mit einer Religion füllen, die auf ästhetischen und ethischen Elementen beruht, aber ohne den Sündenkomplex.«

In Degania stirbt in diesem Jahr Fritz, der letzte Überlebende der Söhne von Moritz und seit Jahrhunderten – vielleicht gar einem Jahrtausend – der erste Warburg, der in israelischer Erde begraben wird. 1964 bekommt seine in Israel verheiratete Tochter Anna eine Tochter, Sarah, die in Paris zur Welt kommt.

Mit Dr. Foerder, der Präsident der Leumi-Bank geworden ist,

verbindet ihn eine enge Freundschaft, und er führt deren Aktien an der Londoner Börse ein. Nachdem am 7. März 1965 zwischen der Bundesrepublik Deutschland und Israel die diplomatischen Beziehungen aufgenommen worden sind, begibt sich Siegmund oft in dieses Land. Er trifft sich dort mit Foerder und der politischen Führung. Im Dezember 1966 sagt Foerder zu ihm über einen gemeinsamen Feind:[214] »Dieser Mann verliert sehr, wenn man ihn näher kennenlernt.« Diesen Satz notiert sich Siegmund. Gleichfalls zu dieser Zeit beginnt die seltsamste Finanztransaktion, an der er in Israel beteiligt war.

Im Frühjahr 1967 lädt ihn die israelische Regierung zusammen mit André Meyer, John Schiff und weiteren großen Bankiers aus der ganzen Welt zu einer Kreuzfahrt zwischen Gibraltar und Tel Aviv an Bord der »Queen Elizabeth« ein. Die Kreuzfahrt findet nach dem Sechstagekrieg statt, und jeder Teilnehmer wird zu einer bedeutenden Schenkung an Israel aufgefordert. Alle sind einverstanden. Siegmund überrascht es sehr, daß die reichsten Geber jetzt nicht mehr aus Europa oder Amerika, sondern aus Mexiko und Brasilien kommen. Im Verlauf der Reise äußert der damalige israelische Finanzminister Shapir den Gedanken, man sollte ein Organ schaffen, das europäisches Kapital nach Israel bringe.

Im folgenden Winter wird es errichtet. S. G. Warburg und Kuhn, Loeb & Co. übernehmen die Verantwortung. Siegmund wird zusammen mit dem italienischen Bankier Astore Maier Kopräsident, und die Leitung übernimmt Harvey Kruger von Kuhn, Loeb zusammen mit dem Israeli Jacob Tsur, ehemaliger Generaldirektor im Handelsministerium. Als erstes visiert man 100 Millionen Dollar an. Aber so einfach ist das nicht. Man bringt nur 27 Millionen zusammen. Das Ganze ist schwer zu verwalten: Jeder, der eine Million Dollar bringt, hat Anspruch auf einen Aufsichtsratsposten. Mit dem Geld werden zwei Transaktionen getätigt: der Kauf der Schiffahrtsgesellschaft ZIM und von Ölraffinerien. Siegmund jedoch, der sich zunächst sehr engagiert hatte, setzt sich nach und nach von der Sache ab, die mit seinen eigenen Arbeitsmethoden wenig gemein hat.

Indessen interessiert er sich weiter für die jüdischen Angelegenheiten, freilich nicht im finanziellen Bereich. So erfährt er 1970, daß sich Elie Wiesel, dessen Werke er mit großer Anteilnahme gelesen hat, anläßlich einer Bucherscheinung in London aufhält. Er ruft seinen

Verleger Lord Weidenfeld an und bittet ihn, eine Zusammenkunft zu arrangieren. Das Gespräch dauert zwei Stunden. Man redet von Israel, vom Judentum. Elie Wiesel entdeckt eine »ungewöhnliche Persönlichkeit, ruhig, wißbegierig, gebildet. In ihm war ein Humanismus von erstaunlicher Kraft lebendig. Dieser ehemalige Flüchtling ist ein Mann der Feder, der nie ein Buch geschrieben hat, ein Philosoph, der nie ein System erdachte... Bei ihm gibt es weder Belangloses noch Geschwätz. Er spricht knapp, einfach, dicht, gewichtig, ohne daß jemals von ihm oder seiner Familie die Rede ist.«

Siegmund schlägt Elie Wiesel vor, ihm bei allen Vorhaben seiner Wahl behilflich zu sein, sei es für den Frieden in Nahost oder für die Verteidigung der Menschenrechte. Wiesel lehnt das Angebot ab, aber diese Begegnung bildet den Anfang eines langen Austauschs zwischen dem großen Bankier und dem großen Schriftsteller, die beide vom andern fasziniert sind.

In diesem Jahr gerät Israel Corporation an ihre Grenze; die Gelder fließen jetzt spärlicher. Daraufhin entsteht die Idee, auch nichtjüdisches Kapital anzulocken. Zunächst geht es über die Vermittlung des Genfer Bankiers Rosenbaum um deutsches Kapital, denn dieses genießt neuerdings bei der Investition in Israel dieselben steuerlichen Vorteile, die Deutschland bei Investitionen in Berlin, in Spanien und in einigen Entwicklungsländern einräumt. Man will dieses Kapital durch die Bank für Gemeinwirtschaft sammeln lassen. Siegmund gefällt das alles überhaupt nicht mehr. Als im April 1971 Edmond de Rothschild in den Aufsichtsrat der Israel Corporation eintritt, schlägt ihm Siegmund vor, von ihm den Vorsitz zu übernehmen, und danach überläßt er sogar seinen Aufsichtsratsplatz einem seiner Mitarbeiter und geht auf den Zehenspitzen von dannen. Es kommt ihn wohl an: Wieder einmal hatte er vor den anderen gespürt, daß die ganze Geschichte nicht gut enden wird.

Vorwegnahme Japans

Ein anderes Land seiner Vorfahren betritt jetzt wieder die Bühne.

1962 gehört Japan, das von der amerikanischen Nachkriegshilfe ausgeschlossen geblieben war,[57] in den Augen der europäischen Spezialisten noch zur dritten Welt.[148] Siegmund reist beim erstenmal mit zwei anderen englischen Bankiers (Alexander Hood von Schroeders und Edmond de Rothschild) dorthin. Er begegnet den Erben der Mitsui und Takehashi, die sein Onkel Max Anfang des Jahrhunderts beraten hatte. »Wir blieben drei Wochen dort«, erzählt er,[207] »und ich war tief beeindruckt. Diese Leute strengen sich gewaltig an, ihre Sache gut zu machen, viel mehr als die Europäer«, und »sie bringen in ihre Arbeit eine einmalige Mischung aus äußerster Disziplin und unerhörter Selbstkritik ein... Damals war es noch sehr schwer, auch nur eine einzige japanische Aktie oder Obligation in Europa unterzubringen. Man dachte, Japan liege völlig darnieder und werde dreißig Jahre brauchen, bis es sich wieder erheben könne.« Siegmund erkennt jedoch schon bei diesem ersten Kontakt, daß Japan eine kommende Großmacht ist; er fühlt sich dort wohl, findet er doch eben die Eigenschaften vor, die er am meisten schätzt: Ernsthaftigkeit, Stil, Sinn fürs Detail, Weitblick, andere Anliegen als das bloße Geldverdienen. Wie er verstehen die Japaner, eine uralte Weisheit mit großer Modernität zu paaren.

Er macht die Bekanntschaft einer sehr starken Persönlichkeit, gewissermaßen sein japanisches Double: Jiro Shirasu, wichtigster Mitarbeiter des Ministerpräsidenten Yoshida mit beträchtlichem Einfluß. Er schloß zur gleichen Zeit, als Siegmund selbst in London Volontär war, sein Studium in Cambridge ab, war Gründer des MITI, nahm als Berater der japanischen Delegation an der Friedenskonferenz in San Franzisco teil und spielte bei der Gestaltung der Finanzbelange seines Landes eine bedeutende Rolle zwischen General McArthur und den japanischen Behörden.

Die Achtung, die er sich in den Verhandlungen erwarb, und seine sehr genaue Menschenkenntnis brachten ihm jenseits jeder politischen Funktion einen beträchtlichen Einfluß auf die verschiedenen Nachkriegskabinette ein. Shirasu stellt ihm Akamura vor, den Präsidenten von Nomura, dem größten Finanzkonzern des Landes, und erweckt Siegmunds Interesse am japanischen Markt.

Bei der Rückkehr nach Europa macht sich Siegmund als einziger westlicher Bankier der damaligen Zeit zum Fürsprecher Japans und erreicht, daß einige seiner Kunden 10 Prozent ihrer Guthaben in japanischen Werten anlegen. Keiner hat das zu bedauern – weder er noch seine Klienten noch Japan. Und aus seiner Beziehung mit Shirasu, der später seinen zweiten Sohn als Volontär zu ihm nach London schickt, wird eine Freundschaft.

Wie immer geht sein Interesse für das Land weit über die reine Finanzseite hinaus; er entdeckt eine Leidenschaft für die japanische Kultur und liest alles, was er zu diesem Thema finden kann. Im Februar 1963 notiert er sich dieses japanische Sprichwort:[214] »In zu reinem Wasser kann der Fisch nicht schwimmen.« Nur zu gern hätte er selbst diesen Spruch geschrieben als eleganter Ausdruck der Absage ans Absolute, des Abscheus vor dem Totalitären und der Kraft der Toleranz. Ihm ist, als entdecke er Ähnlichkeiten zwischen zwei uralten Weisheiten, der seines Volkes und der des Ostens.

Aber Geschäft ist eben auch Geschäft, und so beschließt er, auf den japanischen Markt zu gehen. Schon Anfang 1963 schickt er Peter Spira und Ian Fraser nach Tokio auf Kundensuche, und Ende des Jahres begibt er von New York aus eine von der japanischen Regierung verbürgte Anleihe von 22,5 Millionen Dollar für die Stadt Tokio. Es ist die erste Auslandsanleihe der Stadt Tokio nach dem Kriege und zugleich die erste, die die japanische Regierung garantiert. Sodann legt er von London aus die erste konvertierbare Euroemission für das japanische Unternehmen Thoray auf.

Von da an wird Japan zu einem der eifrigsten Kunden des kurz- wie langfristigen Euromarktes, und bei einem Großteil der Euroemissionen geht die Abwicklung über S. G. Warburg. 1965 lanciert Siegmund eine zweite Eurodollaranleihe für Thoray über 15 Millionen Dollar und wiederholt die Operation für die größten japanischen Firmen: Olympus, Mitsubishi, Fuji, die Tokioter Bank, Thoray, Tokyu und Tujo. Wieder einmal hat sich seine Leidenschaft für den Kontakt ohne unmittelbare Gewinnabsicht, seine Kunst, anderen Aufmerksamkeit zu bezeugen, bezahlt gemacht.

»Escro«-Emissionen

Während die Bretton-Woods-Fiktion zerbricht und die Eurodollars sich gefährlich vermehren, erlebt der Euroemissionsmarkt seinerseits die ersten Risse und auch die ersten der seltenen Hochstapeleien.

1968 geht mit dem allmählichen Versanden des Vietnamkrieges das amerikanische Außendefizit etwas zurück und liegt jetzt nur noch bei 1,3 Milliarden.[163] Der Euroemissionsmarkt, der 1967 bei rund 1,5 Milliarden stehengeblieben war, verdoppelt sich (130 Emissionen im Gesamtwert von 3 Milliarden Dollar). Unter den Kreditnehmern gibt es auch einige, die bald danach in Verzug geraten.

Als erstes passiert das bei einer 10-Millionen-Dollar-Anleihe, die S. G. Warburg für die »Famous Schools Overseas Corporation« organisiert hat, und dann bei einer konvertierbaren Anleihe von 25 Millionen Dollar, die im Juni für eine völlig unbekannte Firma, »ICC International«, aufgelegt wurde. Die Person ihres Präsidenten Robert Vesco hätte jedoch, wie wir noch sehen werden, eine Warnung sein sollen. Kuhn, Loeb & Co. und andere Banken erleben ähnliche Reinfälle[204] zu Lasten der Anleihezeichner und der Bankiers. Im Vergleich zur Größe des Marktes handelt es sich jedoch nur um wenige Fälle. Schon das ist ein Zeichen für die ungewöhnliche Vorsicht der Investitionsbanken im Vergleich zu den Handelsbanken, die mit allem, was das Zeug hält, kurzfristig auf dem Euromarkt zu niedrigen Zinsen Kredite aufnehmen, weil dafür keinerlei Bürgschaft erforderlich ist. Damit verlieren sie später aufgrund von Bankrotten und Stundungen erhebliche Summen.

Denn zur Befriedigung der beträchtlichen Kapitalbedürfnisse der Multinationalen in Europa und anderswo müssen jetzt immer umfangreichere Anleihen organisiert werden. Da kommt Siegmund die Idee eines »Eurofonds«, der mehrere Millionen Dollar in Form konvertierbarer Euroobligationen aufnehmen und anschließend in Euroemissionen nicht vorbestimmter Firmen investieren soll.[204]

In Europa wird der Franc, der der durch den Dollar ausgelösten Abwertungswelle widerstanden hatte, aufgrund der Ereignisse vom Mai 1968 angegriffen, aber nach einer außerordentlichen Kabinettssitzung an einem Novembersamstag setzt General de Gaulle die dort wohl eigentlich beschlossene Abwertung aus.

Gegen Ende dieses Jahres versteift Johnson, dessen Amtszeit gerade ausläuft, angesichts des anhaltenden Defizits die amerikanische Geldpolitik noch weiter. Die Washingtoner Regierung versucht jetzt sogar, die von den Großbanken ans Ausland vergebenen Handelskredite einzuschränken, ohne jedoch die 1937 erlassenen Beschränkungen für die Honorierung von Sichteinlagen aufzuheben. Diese Entscheidungen auf Bundesebene lösen einen weiteren Anstieg der amerikanischen Zinsen aus, womit sich die Finanzlage der überschuldeten Städte und die der Maklerfirmen wie Bache & Co. weiter verschlechtert.

Im Januar 1969 wird Richard Nixon Präsident und führt den Kampf gegen die Inflation fort, die jetzt als Grundübel gilt, aber der Vietnamkonflikt verschärft das Zahlungsbilanzdefizit, weil jetzt zu seiner Finanzierung kein Gold mehr ausgegeben werden kann.

Die amerikanische Wirtschaft hat sich von Grund auf gewandelt: In diesem Jahr allein finden 4500 Großfusionen statt, 25 der 500 größten Firmen gehen in Kombinaten auf, wobei die Geschäftsbanken beträchtlich mitspielen. Auch in der Wall Street verändert sich die Landschaft. Die New-Deal-Gesetzgebung geht unter der Hammer- und Amboßwirkung von Konkurrenz und Profitstreben aus den Fugen. Trotz des Steagall Act verschwimmt jetzt die Trennlinie zwischen den beiden Bankkategorien und will jeder alle Geschäftsarten tätigen. Die großen Handelsbanken müssen mit ansehen, wie ihre klassischen Märkte gefährlich an Rentabilität verlieren, und versuchen deshalb, den alten Finanzberatungsfirmen den Rang abzulaufen, die sich ihrerseits treiben lassen. Bei Lehman stirbt 1969 der Enkel der Gründer, der sich mehr um Rennpferde als um die Bank kümmerte, und hinterläßt eine auf 75 Millionen Dollar geschätzte Gemäldesammlung.

Sein Tod verursacht ein ziemliches Chaos in der Firma. Kuhn, Loeb & Co., weiterhin unter Leitung von John Schiff, erleidet ähnliche Schwierigkeiten: Die Gewinne sinken, und die Margen verengen sich. First Boston, Morgan, Salomon und Kidder halten sich noch gegenüber den Giganten. Damals sind die riesigen Bestände der amerikanischen Unternehmen zu plazieren, die mangels Rentabilität ihre Investitionstätigkeit verlangsamen.

Dies ist der Anfang der Ära der durch die zögernde Währungspolitik der Regierungen gespeisten Spekulation als Quelle unglaublicher Gewinne. Eurodollars werden dabei eingesetzt, deren Inhaber hier erheblich mehr einstreichen können als bei den Euroemissionen.

Tatsächlich wird seit der Liberalisierung des Goldpreises ein Anstieg des Goldkurses auf dem freien Markt erwartet. Zur allgemeinen Überraschung bleibt jedoch der Preis des gelben Metalls etwa bei

40 Dollar stehen. Und da sich die ungeduldige Spekulation nicht gegen den Dollar hat durchsetzen können, wendet sie sich mit jetzt ganz beträchtlichen Summen Europa zu. Am 29. April 1969 deutet der deutsche Finanzminister F. J. Strauß öffentlich eine mögliche Aufwertung der Deutschen Mark im Rahmen einer multilateralen Anpassung an.[161] Sofort setzt die Spekulation gegen die Deutsche Mark ein, und zwischen dem 30. April und dem 9. Mai muß die Bundesbank zur Verteidigung der Parität 4 Milliarden Dollar aus dem Markt nehmen. Am 9. Mai lehnt das Bundeskabinett eine Aufwertung ab[161] und erläßt am 12. neue Begrenzungen für den Kapitalimport. Am 28. Juli, als die Sonderziehungsrechte in Kraft treten, gerät der Franc unter Druck, denn seine Situation hat sich seit Monaten verschlechtert. Am 8. August akzeptiert Frankreich endlich die sechs Monate zuvor verweigerte Abwertung. Daraufhin wendet sich die Spekulation wieder der Deutschen Mark zu, und am 29. September kann die Bundesrepublik Deutschland nicht mehr anders und läßt ihre Währung floaten.[161] Nachdem sich die Lage wieder stabilisiert hat, wird am 24. Oktober ein neuer DM-Kurs festgesetzt, der einer Aufwertung um 9,3 Prozent entspricht. Ende Oktober vertauscht die Spekulation die Deutsche Mark mit dem Dollar, und die deutschen Reserven sinken – einschließlich eines Goldverkaufs im Werte von 500 Millionen Dollar an die Vereinigten Staaten – um mehr als 5 Milliarden Dollar.[161]

Auf dem internationalen Kapitalmarkt steigen im Gegensatz zu den Eurodollars die Euroemissionen kaum noch; die Höhe von 1968 wird erst 1971 wieder erreicht. London bleibt weiterhin der zentrale Ort des kurz- und mittelfristigen Offshoredollarmarktes: Selbst die an italienische Firmen vergebenen italienischen Dollars werden in der City gehandelt![204] Mehr denn je lassen sich hier die amerikanischen Banken nieder und bieten den aus Amerika gekommenen Multinationalen die Dienste von Universalbanken an:[147] Kauf eines Unternehmens, Investitionsentscheidungen, Anleihen, Guthabenverwaltung, Erlangung kurzfristiger Kredite, Plazierung von Ersparnissen auf dem Eurodollarmarkt... Alles können sie tun, nur keine Euroemissionen in den Vereinigten Staaten oder bei amerikanischen Staatsbürgern unterbringen.

Die deutschen und schweizerischen Universalbanken fangen ihrerseits an, diesen amerikanischen Banken im eigenen Lande Konkurrenz zu machen, desgleichen den britischen Banken, deren Plazierungskapazität sich als zu schwach erweist. S. G. Warburg, die bis dahin auf diesem Markt unbestritten den ersten Rang einnahm, muß ihren Platz 1969 der Deutschen Bank abtreten, obgleich sie weiterhin wie der Markt selbst wächst.

Die Hochstapeleien vermehren sich. So plaziert beispielsweise »Paribas-New York-Securities« für 25 Millionen Dollar konvertierbare Obligationen im Namen einer »Equity Funding Corporation«, von der sich später herausstellt, daß sie ihre Gewinne durch fiktive Verkäufe von Versicherungspolicen frisiert hat.[204] Wie die meisten amerikanischen und englischen Großbanken ist auch S. G. Warburg in dieses Netz gegangen und muß dafür mit einem Teilverlust ihrer Jahresgewinne büßen.

In diesem Jahr kommt es zum aufsehenerregendsten Bankrott auf diesem Markt. Er ist das Werk Bernie Cornfelds, dessen 1956 zum Investmentverkauf an amerikanische Soldaten im Ausland gegründete »Investors Overseas Services« 1968 mit beträchtlichen Erlösen 2 Millionen Dollar an Spargeldern in Anlagen aller Art verwalten.[204] Kurz zuvor, Ende 1967, hatte ein seltsamer Bote Bruno Kreisky aufgesucht und ihn gebeten, gegen ein enormes Salär die Leitung von IOS-Österreich zu übernehmen. Natürlich lehnt Kreisky ab, aber er ruft Siegmund in London an und erzählt ihm die Geschichte. »Sie haben recht getan und nicht nur für sich selbst: Daran sollte kein Mensch rühren. In ein paar Jahren gibt das den größten Bankrott des Jahrhunderts.« Tatsächlich hat sich Cornfeld auf einen sehr gefährlichen Kumulationsweg begeben. Von jeglicher Euroemission, und sei sie noch so unsicher, kauft er jedesmal 10 Prozent. Mehrere Banken, darunter die ehrenhaftesten, sind ihm bei der Plazierung behilflich oder nehmen ihn in Konsortien auf, deren Federführung sie haben. Als im Frühjahr 1969 die Zinsen steigen, fangen für die IOS, die die Kosten der von ihr garantierten Anleihen tragen muß, bis sie Abnehmer gefunden hat, die Schwierigkeiten an.[204] Um liquide zu bleiben, begibt IOS jetzt selbst Anleihen auf dem Umweg über recht vielschichtige Strukturen, darunter einer Scheinbank, der »Investor Bank of Luxemburg«. Im Juli honoriert sie nicht einmal mehr diese Kredite.[204] Im September vergrößert sich die Lawine. Um Anfang 1970 noch Zahlungen leisten zu können, legt sie eine Anleihe für elf Millionen Aktien im

Nennwert von 10 Dollar auf. Sechs federführende und 116 andere Banken erklären sich zur Teilnahme an der Plazierung bereit. Nach allem äußeren Anschein erhält IOS damit die höheren Weihen.[204] Als erste Bank lehnt S. G. Warburg eine Teilnahme ab, etwas später gefolgt von Kuhn, Loeb, Hambros und N. M. Rothschild. Zum eigenen Besten. Denn steigen auch gleich nach der Ausgabe die Aktien im April 1970 auf 25 Dollar, so erleidet die Glaubwürdigkeit von IOS doch bald Schaden und fällt der Kurs auf 4 Dollar. N. M. Rothschild schlägt vor, das Ganze für einen Dollar pro Aktie aufzukaufen, aber Cornfeld lehnt hochmütig ab.[204] Kurz darauf wird IOS an Robert Vesco namens einer Firma »ICC« verkauft, der sich 224 Millionen Dollar der Aktiva von IOS aneignet und mit dem Geld verschwindet... 1972 erklärt IOS den Bankrott. Vesco lebt heute auf Kuba, Cornfeld in Los Angeles.

1970 ist die Eurodollarschöpfung zwischen Banken explosiv und entstehen dadurch zwischen ihnen neue und zweifelhafte Solidaritäten, aber der Euroemissionsmarkt stagniert weiterhin: Nur 2,7 Milliarden Dollar werden plaziert, während über 100 Milliarden Eurodollar im Umlauf sind.[204] Im Verlauf des Jahres werden über einhundertzwanzig Angebote gemacht. Neuerdings ist ein solches Angebot binnen weniger Tage organisiert. Die City hat inzwischen die größten Banken zu sich gelockt. Der Präsident der New Yorker City Bank, Walter Wriston, formuliert Anthony Sampson gegenüber treffend die Gründe, aus denen sich die amerikanischen Banken für London als Niederlassungsort entscheiden:[147] »Der Eurodollarmarkt ist in London, weil die Leute meinen, die englische Regierung werde ihn nicht zumachen. Das ist der Hauptgrund, und er erklärt sich aus einer tausendjährigen Geschichte.«

Weit hinter London folgt Paris auf dem zweiten Platz. Andere Märkte tauchen in Frankfurt, Amsterdam, Zürich, Basel, Genf, Mailand, Wien und sogar in Nassau auf den Bahamas, in Beirut, Tel Aviv, Hongkong und Singapur auf.[204] Zur Unterbringung von Werten auf diesen Märkten organisieren mehrere englische Banken – Schroeders, Hambros, Rothschild – dort mit ortsansässigen Banken gemeinsame Filialen, ersetzen sie aber nach und nach durch eigene Büros.

Das amerikanische Zahlungsbilanzdefizit wird ein immer größeres Loch. Noch weist die Handelsbilanz einen Überschuß von 5 Milliarden Dollar aus, und auch die Bilanz der Kapitaleinkünfte ist dank der Auslandseinkünfte der amerikanischen Firmen noch positiv, aber infolge des Vietnamkrieges wird die Dienstleistungsbilanz so defizitär, daß ihr Minus in diesem Jahr 1970 den Handelsbilanzüberschuß ausgleicht. Niemand in Amerika macht sich deswegen irgendwelche Sorgen.[159] In der Wall Street ist die Theorie vom »benign neglect« in Mode, mit anderen Worten: Nicht der Dollar ist überbewertet, sondern die anderen Währungen sind unterbewertet. Walter Wriston sagt sogar über Deutschland:[147] »Niemand besitzt einen Zahlungsbilanzüberschuß, wenn er es nicht will.«

Aber die amerikanischen Gewerkschaften rufen angesichts des Anstiegs der Arbeitslosigkeit im Gleichschritt mit dem des Außendefizits nach einer Rückkehr zum Protektionismus zur Senkung der Einfuhren. Um das Defizit zu verringern, beschließt Nixon endlich, sich nicht mehr wie seine Vorgänger der Kapitalausfuhr zu widersetzen, sondern Kapital anzulocken und dazu die Zinsen zu heben, indem er die von F. D. Roosevelt erlassenen Regelungen aufhebt.[161]

Einige[204] glauben, das werde London den Garaus machen und den Eurodollarmarkt nach New York verlagern. Doch nichts dergleichen. Die Rentabilität des Kapitals bleibt in den Vereinigten Staaten niedriger als anderswo, und wenn die Militärausgaben auch etwas in der Waagschale wiegen, so ist das Unglück doch geschehen: Inflation und Zahlungsbilanzdefizit haben ein Handelsdefizit ausgelöst und die letzten Chancen von Bretton Woods zunichte gemacht.

London vergessen

Lustlosigkeit ist die Folge mangelnden Daseinsgrundes. Im November 1968 notiert Siegmund:[214] »Zu den größten Schwächen unserer Zeit gehört es, daß sich jeder ein Image geben will.« Er ist jetzt weder auf ein Image noch auf sonst etwas aus. Wozu weitermachen und für wen? Seine Tochter lebt in Israel. Sein Sohn hat Cripps-Warburg & Co. aufgegeben und ist nach Amerika gegangen. Schon denkt auch er selbst an einen Weggang, aber vorher will er noch sein Haus bestellen.

Ohne bei sich etwas davon verlauten zu lassen, nimmt er von anderen Banken Fusionsangebote entgegen, von Hill Samuel und Jim

Slater. Nicht nur er faßt damals solche Veränderungen ins Auge. Die meisten Familien verlieren Einfluß in den von ihnen begründeten Londoner Merchant Banks. Guiness-Mahon untersteht nicht mehr der Leitung der Familie. Nur Baring wird noch von den drei Baring-Brüdern John, Nicholas und Peter gelenkt. Überall macht das System der Firmenleitung durch ein Kollegium von Familienmitgliedern spezialisierten und hierarchisierten Strukturen aus festbesoldeten Leitern Platz, die für Investitionen, die Guthabenverwaltung oder die Ausgabe von Wertpapieren zuständig sind. Zudem greifen die Handelsbanken mit ihrer Anonymität, ihrer Bürokratie und Technik immer mehr aufs Reservat der Merchant Banks über und vermengen sich ihre Belange. National Grinley kauft Brandt, Midland kauft Samuel Montagu, und sogar Hambros verkauft 10 Prozent des Kapitals an die Prudential Insurance Company of America.[147]

Siegmund trifft seine Entscheidung: Er will mit Hill Samuel zu fusionieren versuchen, und im Sommer 1969 wird über die Abmachung gesprochen. Soll die Gesellschaft »Warburg-Hill-Samuel & Co.« oder »Hill-Warburg-Samuel & Co.« heißen? Wer übernimmt die Führung? Man einigt sich. Schließlich aber gibt man die Absicht wieder auf, weil sich die beiden Stäbe nach Befragung nicht in der Lage fanden, die jeweiligen Strategien unter einen Hut zu bringen. Siegmund will seine Firma unbedingt auf die Finanzberatung spezialisiert sein lassen und nicht ins Börsengeschäft einsteigen – für ihn ist das nicht »Hautefinance«. Bei Hill Samuel heißt es später:[147] »Wir waren der Meinung, man müsse eine größere Skala von Finanzdiensten anbieten, als er vorhatte.«

Nachdem das Projekt begraben ist, verzichtet Siegmund auf einen Ausbau seiner Firma in London; schließlich konnte man auch woanders weiterwachsen. Eben jetzt zeigt England im übrigen erneut Interesse an Europa. Nachdem General de Gaulle im April 1969 den Elyséepalast geräumt hat, können die im März 1967 abgebrochenen Beitrittsverhandlungen wiederaufgenommen werden. Am 14. Januar 1970 bekräftigt Wilson den britischen Willen dazu, tatsächlich aber findet die Aufnahme der Verhandlungen erst im Juni durch Heath statt, nachdem die Konservativen die Aprilwahlen gewonnen hatten.

Der Tod seines Vetters Jimmy, der im Grunde ein Mann ohne Einfluß war, trifft Siegmund in diesem Jahr schwer.

Jetzt interessiert sich Siegmund nicht mehr nur für Politik. Er schreibt in sein Heft:[214] »Leidenschaft ist nur im Übermaß schön.« Er steht Wilson wohl nicht so nahe, daß ihm die Labourniederlage Enttäuschung wäre. Vermutlich auch hat Englands Anschluß an Europa zu lange gedauert, als daß er ihn noch wirklich anrühren könnte.

Dennoch freut sich Siegmund, als das britische Parlament am 28. Oktober endlich den EWG-Beitritt ratifiziert. »Ich glaube sagen zu können, daß ich ein guter Europäer bin«, schreibt er.[209] »Ich hielt einen Anschluß Großbritanniens an den Kontinent schon für eine gute Sache, längst ehe es die EWG gab, und es macht mich traurig, daß es so lange gedauert hat. Schade. Viele protektionistische Elemente im Vertrag von Rom wären uns erspart geblieben.«

Hamburg halb

Auch nach dreißig Jahren vergeblicher Versuche hat Siegmund immer noch die Hoffnung nicht aufgegeben, der Hamburger Bank wieder den Familiennamen geben zu können. Nachdem er jetzt eine Basis in Frankfurt besitzt, versucht er eine neue Strategie: Fusionierung der beiden Banken in Deutschland.

Im Augenblick allerdings macht ihm S. G. Warburg Frankfurt Sorgen; der Gang der Dinge dort läßt zu wünschen übrig. Er möchte das Haus verkaufen und eine andere, größere Bank kaufen, eine Provinzhandelsbank der Frankfurter Region, die vor dem Krieg von der Familie Hahn gegründete Effecten-Bank, die recht gut eingeführt ist. Richard Daus ist absolut dagegen. Siegmund beschließt, sich nicht an ihn zu kehren, und kauft das Bankhaus, ohne ihm etwas davon zu sagen. Als Richard Daus es erfährt, kommt er nach London und erklärt, wenn es dazu komme, werde er gehen oder genauer: werde er die vorgesehene Auflösungsabmachung in Gang setzen. Siegmund erwidert ihm: »Haben Sie auch die Mittel, um Ihren Anteil aufzukaufen?«, und bleibt bei seiner Entscheidung. S. G. Warburg klügelt mit Paribas, der Vogt-Gruppe und M. M. Warburg eine Holding aus, in der er nur 27,50 Prozent besitzt, aber 50 Prozent des Ganzen kontrolliert. Als Name wird »Effectenbank-Warburg« gewählt.

Richard Daus macht sich daraufhin wieder eigenständig, und Gert Whitman, der ebenfalls nicht mit Siegmunds Entscheidung einverstanden ist, tut sich von Marbella aus, wo er jetzt wohnt, mit Richard Daus zusammen. Siegmund ist wütend.

Um nicht gleichzeitig an beiden Fronten Krieg führen zu müssen, gibt Siegmund gegenüber Brinckmann nach: Beide Namen sollen an der Hamburger Bank angebracht werden; er stellt jedoch gewisse Nebenbedingungen, die wiederum zeigen, wie leidenschaftlich er an dem Namen hängt. Nicht »E. M. Warburg«, sondern »M. M. Warburg« soll der Name lauten; Warburg soll vor Brinckmann stehen; den Namen Wirtz will man beibehalten, obwohl dieser schon lange tot ist. Im übrigen soll die Verbindung mit S. G. Warburg in London durch den Austausch von Aufsichtsratsmitgliedern verstärkt werden. Nach sechsmonatigen Gesprächen wird die Hamburger Bank am 6. Januar 1970 zu »M. M. Warburg-Brinckmann, Wirtz & Co«. Auch Eric ist von diesem gemeinsamen Erfolg begeistert.

Tags darauf schreibt die *Times:* »Fünfzehn Jahre lang haben Sir Siegmund und seine Familie darauf hingewirkt, daß der Name Warburg wieder im Banknamen erscheint... Jetzt steht der Name wieder an der Tür. Die Familie Brinckmann, angeführt vom achtzigjährigen Rudolf Brinckmann, hat diese Veränderung, wie man hört, nicht gerade gern gesehen.« Das ist eine klare Untertreibung.

Zwei seltsame Todesfälle treten um diese Zeit ein: Auf dem Weg zum Rathaus, wo er die Eintragung vornehmen lassen will, bricht Rudolf Brinckmann auf dem Rathausplatz in Hamburg mit einem Herzschlag tot zusammen. Im selben Jahr stirbt auch Gert Whitman, Siegmunds Mitstreiter seit 40 Jahren, mit dem er sich eben erst überworfen hat.

Noch heute faßt die Broschüre der sehr eleganten Hamburger Bank diese Episode in dem unnachahmlichen Stil zusammen, der es den Bankiers gestattet, die Schwachstellen ihrer Lebensbahn zu verdunkeln und dem Historiker die Arbeit fast unmöglich zu machen: »Eric kehrte 1956 nach Hamburg zurück. Sein Name fand dann wieder in dem der Bank Erwähnung, die sich nach dem Kriege unter der Bezeichnung Brinckmann & Wirtz sehr gut entwickelt hatte; der heutige Name wahrt beide Traditionen.« Mehlmäuliger geht's wohl kaum.

Am selben Tag im Januar 1970 überschreitet Siegmund eine weitere

Etappe seiner Absetzbewegung. Er, der schließlich darauf verzichtete, seine Gruppe zu fusionieren, tritt von ihrem wirklichen Vorsitz zurück und wird Ehrenvorsitzender. Zwei »Onkel« – Coke und Korner – verlassen den Aufsichtsrat der Bank und von Mercury, wo sie noch vertreten waren; David Scholey, P. Spira, Ira Wender gehören ihm jetzt noch mit Eric Warburg und Hans Wuttke an.

Im November 1972 notiert Siegmund:[214] »Menschen werden geboren und sterben gleichwie die Tiere oder Pflanzen; Freunde aber sterben nie.« Vielleicht denkt er dabei an Gert Whitman und hat mit der Zeit die Erinnerung an die letzte Meinungsverschiedenheit verdrängt.

Freihäfen und Floatingmärkte

Die Wechselkursmärkte sind sehr unsicher geworden, die Fortdauer des Vietnamkrieges hat die Tür zur Inflation, zu Defiziten, zur prekären Währungslage weit aufgestoßen. Im Juni 1970 wird der Wechselkurs des kanadischen Dollar freigegeben. Überall in der Welt steigt der Kapitalbedarf der Unternehmen und Staaten schneller als die Spartätigkeit. Die Zinsen steigen, verschärfen die Rezession, und auf dem Eurodollarmarkt wird Geld geschöpft, was die Inflation noch mehr aufheizt. Alle Welt macht sich auf weiter steigende Zinsen gefaßt. Infolgedessen zögern die Banken bei der Vergabe langfristiger Festzinskredite, wo doch durch kurzfristige Spekulation soviel Geld zu machen ist, und die Euroemissionen finden kaum noch Abnehmer. Die defizitären Unternehmen sind damit gezwungen, kurzfristig Geld aufzunehmen, und die gewinnbringenden spekulieren lieber, als daß sie investieren.

Siegmund gefällt das ganz und gar nicht. Er will bei echten Kredittransaktionen bleiben und sich nicht auf die Spekulation einlassen.

Wieder kommt es zu einer beträchtlichen Neuerung, die binnen weniger Monate weltweit sämtliche Geldmärkte verändern und sie ins absolute Ungewisse werfen wird: Zum erstenmal seit Jahrhunderten wird langfristiges Geld zu Zinsen aufgenommen, die sich in kurzen Abständen ändern.

Wie eh und je, wenn es darum geht, die Urheberschaft einer Neuerung zu beanspruchen, machen sich mehrere Finanziers die Ehre für diese streitig. Sicher ist nur eines: Alle geben zu, sie irgendwann einmal Siegmund vorgetragen zu haben, und alle gestehen ein, daß er sie als erster verstanden, in Form gebracht und zum Erfolg geführt habe. Wahrscheinlichster Urheber ist ein damals unbekannter Finanzmann und junger Direktor bei der Bankers Trust International Limited in London, Evan Galbraith, der später, Anfang der achtziger Jahre, Botschafter Reagans in Paris wird. Nach den verläßlichsten Zeugen[204] war er es, der im Februar 1970 auf die Idee kam, eine Euroemission aufzulegen, deren Zinssatz sich alle sechs Monate ändern sollte. Seine Vorgesetzten sind skeptisch und sehen sich einen solchen Kredit noch keinem ihrer Kunden anbieten. Daraufhin setzt sich Galbraith mit anderen Banken in Verbindung, damit sie es versuchen und ihn an der Sache beteiligen. Alle lehnen ab. Nur Peter Spira, damals noch Siegmunds rechte Hand, allerdings schon in straffer Konkurrenz zu David Scholey, zeigt sich aufgeschlossen, und im April, als sich Siegmund gerade in London befindet, führt er ihn, wie man es in solchen Fällen bei S. G. Warburg immer tut, Siegmund zu. Siegmund zeigt sich sehr interessiert und »verfeinert« den Gedanken zusammen mit David Scholey, der mittlerweile in solchen Dingen ein großer Fachmann ist.

Binnen weniger Tage hat er schon jemand aufgetan, dem er die Sache vorschlagen kann, desgleichen den Betrag und die Zinsen festgelegt. Er weiß, daß der im Augenblick für derlei Dinge geeignetste Anleger die italienische Elektrizitätsgesellschaft ENEL ist, die seiner Meinung nach 150 Millionen Dollar für zehn Jahre braucht. Er weiß auch, daß sie 7 Prozent zahlen kann, also 0,75 Prozent mehr als den geltenden Zinssatz für Sechsmonatskredite. Wie immer erweist sich auch diesmal seine fabelhafte Marktintuition als richtig. Spira sucht die Italiener auf, und im Mai ist das Geschäft perfekt. Weil man schon dabei ist, legt man dieselbe Operation auch für Pepsie, dann für General Cable und die argentinische Regierung auf in gemeinsamer Federführung mit Bankers Trust.[204]

Das also ist die erste Emission mit wechselndem Zinsfuß, auch wenn der eine oder andere in einer sehr bescheidenen Anleihe vom Juli 1969 durch Dreyfus Offshore Trust in Höhe von 14,7 Millionen Dollar einen

Vorläufer dieser Art Transaktion sehen möchte.[204] Seither ist diese Technik sehr entwickelt worden und werden heute mehr als die Hälfte der Euroemissionen auf diese Weise getätigt.

Man kann auch hören, ein anderer eigenartiger Finanzabenteurer, auch er damals bei Bankers Trust in London tätig, sei als erster auf die Idee gekommen, ein gewisser Zombanakis. Andere wiederum behaupten, die Urheberschaft gehöre einem Bob Genillard, ebenfalls in der City tätig, die zu jener Zeit von Finanzideen nur so wimmelte.

Ein Beobachter, David Potter, schreibt später:[204] »Ich erinnere mich, daß sowohl Siegmund als auch Bob Genillard und Evan Galbraith behaupteten, die Idee sei ihnen im Bad gekommen, so daß ein Journalist sich fragt, welche Badewanne das wohl sein mochte, die diese drei Maestri gleichzeitig aufnehmen konnte.«

Das Ende von Bretton Woods

Diese erste Operation erweist sich jedoch für die Geldgeber als Irrtum, denn im November gehen entgegen den Erwartungen bei Jahresbeginn die Zinsen in den Vereinigten Staaten zurück. Zum erstenmal seit zehn Jahren entschließt sich ein amerikanischer Präsident dazu, die Rezession zu bekämpfen statt die Inflation. Daraufhin strömt massenhaft Kapital nach Europa: Im ersten Quartal verlassen 22 Milliarden Dollar die Vereinigten Staaten. Angesichts dessen, was man jetzt als zweifaches »benign neglect« bezeichnen könnte, nämlich gegenüber dem Dollar und der Inflation, hält der Goldabfluß aus Fort Knox an, und angesichts der Eurodollarmassen sind die amerikanischen Goldreserven zu gering, als daß die Aufrechterhaltung der Konvertierbarkeit glaubhaft wäre. Denn trotz der amerikanischen Beeinflussungsversuche sind diejenigen zu zahlreich, die für ihre Dollars Gold haben wollen.

Anfang 1971 richtet Nixon einen Rat für internationale Wirtschaftspolitik ein, der die Lage des Dollar insgesamt diagnostizieren soll. An seine Spitze beruft er Ende Frühjahr 1971 den jungen Präsidenten von Bell & Howell, Peter G. Peterson. Dieser verfaßt einen Bericht – ein Text, der in der ganzen Nachkriegszeit die amerikanische Wirtschaftspolitik am meisten beeinflußt haben dürfte, wenngleich er nur in

Worte faßt, was in der Luft liegt. Er stellt darin fest, Amerika habe gegenüber Japan und Europa keine vorherrschende Position mehr, und man laufe »Gefahr, auf neue Fragen alte Antworten zu geben«.[163] Er hält Bretton Woods für eine Belastung für die Vereinigten Staaten, in denen die Arbeitskosten zu hoch geworden seien, erwähnt jedoch unter den Ursachen für die amerikanischen Schwierigkeiten nicht den Vietnamkrieg. Er kritisiert neben anderen Handelshilfen auch die europäische Agrarpolitik, vergißt jedoch, darauf hinzuweisen, daß bei Gründung des GATT die Vereinigten Staaten selbst die Landwirtschaft ausgenommen hatten.[163] Er empfiehlt, keine protektionistischen Maßnahmen zu ergreifen, die nur ein Mißerfolgsbekenntnis wären, sondern die Produktivität in Amerika zu steigern und die internationalen Währungseinrichtungen zu reformieren, um die Vereinigten Staaten von der Bürde zu befreien, die ihnen Bretton Woods auflade.[163]

Am 4. April erklärt Finanzminister John Connally vor der Presse, die Vereinigten Staaten erwarteten keine Veränderung der Wechselkurse. Die Märkte schenken dieser Voraussage aber keinen Glauben, und im gleichen Monat muß die Bundesrepublik Deutschland 3 Milliarden Dollar an Spekulationsdevisen aufnehmen, die die amerikanische Währung fliehen.[161] Bundeswirtschaftsminister Karl Schiller schlägt einen Damm gegen diese Lawine vor, indem sämtliche europäischen Währungen konzertiert floaten, und der amerikanische Finanzminister wiederholt:[161] »Keinerlei Veränderung der Struktur der Wechselparitäten ist notwendig oder vorgesehen.« Aber das alles hilft nichts. Am 5. Mai kassiert die Bundesbank in der ersten Stunde nach Markteröffnung eine weitere Milliarde Dollar und setzt danach die Wechseloperationen aus. Am 8. und 9. Mai lehnen die zu einer Dringlichkeitssitzung zusammengetrommelten EWG-Finanzminister Karl Schillers Vorschlag für ein konzertiertes Floaten ab.[161] Am 9. werten Österreich und die Schweiz, die nicht mehr standhalten können, um 5 bzw. 7,1 Prozent auf. Am 10. lassen die Bundesrepublik Deutschland und die Niederlande ihre Währungen floaten. Am 28. erklärt der unbeirrbare Connally noch mal in München: »Wir werten nicht ab. Wir verändern den Goldpreis nicht.«

Er hat dazu gute Argumente parat, denn tatsächlich ist die Lage des Dollar nicht als solche katastrophal und decken die amerikanischen Reserven einen ansehnlichen Teil der öffentlichen Verschuldung, wie

Michel Aglietta bemerkt:[197] »1913, auf dem Höhepunkt des sogenannten Goldstandards, betrugen die amtlichen Reserven Englands zu liquiden Verpflichtungen gegenüber ausländischen amtlichen Institutionen 38 Prozent. Dieses Liquiditätsverhältnis betrug Ende 1967, d.h. am Vorabend der ersten Risse im Bretton-Woods-System, für die Vereinigten Staaten 95 Prozent. Im Juli 1971, am Vorabend von Nixons Handstreich, war es auf 40 Prozent gesunken, also in etwa die Höhe von 1913. Die Unausweichlichkeit der Aufgabe der normativen Konvertierbarkeit des Dollar ... ist gelinde gesagt fraglich, wenn man sich an diesen Indikator hält.« Aber da sind eben die Eurodollars nicht mitgerechnet, die wie schlechtgezurrte Fässer das Schiff in Schräglage bringen.

Am 20. Juli 1971 öffnet sich trotz des seit 1934 geltenden Verbots des privaten Goldhandels in Los Angeles ein Sichtmarkt für Goldmünzen; eine De-facto-Abwertung des Dollar wird erkennbar.[159] Auf Anordnung aus Washington wird dieser kleine Markt schon am nächsten Tag wieder geschlossen, aber das Unglück ist passiert. Schlimmer noch, am 9. August spricht sich eine Kommission des Senats öffentlich für eine Dollarabwertung aus. Frankreich und die Schweiz bereiten doppelte Goldmärkte vor, um der jetzt unvermeidlichen Spekulation die Stirn bieten zu können. Am Sonntag, dem 15. August, beruft Nixon McNamara, Arthur Burns, John Connally und dessen Vize Paul Volcker zu einer Arbeitssitzung nach Camp David ein, die angeblich den Verteidigungshaushalt vorbereiten soll.[159] Am selben Abend verkündet er im Fernsehen Maßnahmen für das Wiederingangsetzen der Wirtschaft: Steuersenkungen, eine Preis- und Lohnsperre. In seiner Erklärung finden sich sämtliche Themen des Peterson-Berichts:[159] Fünfmal erwähnt er die »ungerechte« Behandlung durch andere Länder und siebenmal das Vorgehen der »internationalen Spekulanten«. Er verkündet die Schaffung einer zehnprozentigen Abgabe auf alle Einfuhren, die so lange Geltung haben soll, bis die anderen Länder eine andere Wechselkurspolitik betreiben, ihre Handelspolitik verändern und ihre eigenen Militärausgaben anheben. Kein Wort über den Vietnamkrieg. Schließlich sagt er:[163] »Ich habe Minister Connally angewiesen, die Konvertierbarkeit des Dollar in Gold vorübergehend zu suspendieren... Jetzt, da die anderen Länder eine starke Wirtschaft besitzen, ist der Augenblick für sie gekommen, einen gerechten

Anteil an der Bürde der Freiheit in der Welt auf sich zu nehmen... Die Vereinigten Staaten brauchen sich nicht mehr mit einer Hand hinter dem Rücken der Konkurrenz zu stellen.«

Am nächsten Tag bleiben mit Ausnahme von Tokio alle Börsen geschlossen. Staatssekretär Volcker ruft die stellvertretenden Zentralbankpräsidenten in London zusammen und sagt zu ihnen: »Der Dollar ist nicht abgewertet, sondern er floatet.« Der immer noch unbeirrbare Connally erklärt: »Der amtliche Goldpreis des Dollar ist unverändert.« Dean Acheson schreibt damals:[163] »Man kann nicht einführen, Zinsen zahlen und das amerikanische Kapital aller Welt zur Verfügung stellen, ohne auf die Katastrophe zuzutreiben... Was künftig funktionieren kann, sind zwei Währungssysteme nebeneinander – eins für die Banken, ein anderes für den Handel.«

Klammert man sich an die Fiktion, so tötet man die Realität. Denn immer noch glauben einige Leute daran: Zwischen dem 16. und dem 20. August nimmt die Bank von Japan, die unbedingt den Wechselkurs halten will, 2 Milliarden Dollar entgegen. Am 19. August weist Frankreich wiederum den deutschen Vorschlag für ein konzertiertes Floaten der europäischen Währungen zurück und richtet einen doppelten Wechselkursmarkt ein.[161] Am 22. regt der Generaldirektor des IWF, P. Paul Schweitzer, im amerikanischen Fernsehen eine Klärung der Dinge und den Beschluß zur Abwertung des Dollar im Verhältnis zum Gold an sowie, Amerika solle seinen »Beitrag« zur Wiederherstellung der Währungsstabilität leisten.[159] Im Herbst ist immer noch nichts stabilisiert.

Zum erstenmal seit 83 Jahren erleben die Vereinigten Staaten ein Handelsbilanzdefizit in Höhe von 2 Milliarden Dollar, wobei ihr Zahlungsbilanzdefizit in diesem Jahr 9,2 Milliarden Dollar erreicht. Nichts geht mehr. Ende 1971 wird sogar dem Kongreß ein Gesetzentwurf vorgelegt, der durch die Verhängung von Quasiquoten die Einfuhren und die amerikanischen Auslandsinvestitionen zu reduzieren sucht.

Am 13. Dezember treffen sich der amerikanische und der französische Präsident, Nixon und Pompidou, auf den Azoren und verkünden gemeinsam ihre Übereinkunft, den Dollar abzuwerten und »gewisse andere Währungen« aufzuwerten. Am 17. einigt sich die Gruppe der Zehn im Washingtoner Smithsonian Institute auf eine Neuanpassung der Währungen und eine Abwertung des Dollar um 7,89 Prozent. Der Schweizer Franken und die Mark steigen, Dollar, Lira, Pfund, Yen und Franc fallen.[161]

Auf dem Euromarkt gehen der Schweizer Franken, der Yen und die Deutsche Mark aus der Kraftprobe gestärkt hervor. Die Schaffung internationaler Liquiditäten bleibt jetzt ganz der Konkurrenz der Privatbanken überlassen.[172] Die Euroemissionen stagnieren, denn sie bringen weniger ein als die kurzfristige Spekulation.[204] Ihr Gesamtbetrag liegt 1971 bei 3,2 Milliarden Dollar, also nicht mehr als 1968.

London zum letztenmal

Kaum wird England im Frühjahr 1970 wieder von ihnen regiert, geben sich die Konservativen alle Mühe, alles, was Labour getan hat, wieder rückgängig zu machen, in der City und anderswo. Die IRC und die Kreditrahmen werden abgeschafft, ein System obligatorischer Reserven wird geschaffen, und auf Eingriffe in den Staatspapiermarkt wird verzichtet. Im Januar 1972 bewirkt jedoch der Dollarsturz eine neue Pfundkrise und verschlimmert die Inflation, die jetzt 8 Prozent beträgt. Fast eine Million zählt inzwischen das Heer der Arbeitslosen. Wie schon im Vorjahr ist der Haushalt 1972 ganz auf Belebung der Wirtschaft und Steuersenkungen ausgerichtet. Aber angesichts der inflationären Schübe dekretiert die Regierung im November eine Preis- und Lohnpause.[35] Das Pfund stabilisiert sich.

Am 1. Mai 1972 beschließt das Vereinigte Königreich, sich der Gemeinschaftsschlange anzuschließen, und einen Augenblick kann man an eine Rückkehr zu Bretton Woods glauben. Am 12. Mai fordert der Gouverneur der Federal Reserve Bank, Arthur Burns, in einer Rede in Montreal einen »Aufbauprozeß« eines neuen Weltwährungssystems, wofür er zehn Grundsätze nennt.[161] Am 16. Mai tritt George Shultz an die Stelle des bisherigen Finanzministers John Connally. In London hat man wieder mal eine zu hohe Parität gewählt und kann nichts die Spekulationsbewegung eindämmen; Mitte Juni verliert das Vereinigte Königreich binnen sechs Tagen Reserven in Höhe von 2,5 Milliarden Dollar. Am 23. Juni scheidet das Pfund wieder aus der EWG-Schlange aus und floatet.[161]

Die City befindet sich jetzt in heller Erregung. Mit der progressiven Lockerung der Kontrollen und der Verschärfung der amerikanischen Konkurrenz wollen sich die englischen Banken die zur Führung des Krieges notwendigen Mittel beschaffen können. Nach und nach zerfallen die jahrhundertealten, von Tradition und uralter Vorsicht diktierten und die Sparer schützenden Trennlinien zwischen Merchant Banks und Commercial Banks. Alle Banken wollen jetzt Leasing, Facturing, Versicherung, Immobilienanlagen betreiben. Eine neue Gesetzgebung erlaubt es jetzt beispielsweise, den Bankgewinnen auch die im Immobiliengeschäft gemachten zuzuschlagen und damit die genehmigten Einlagen zu erhöhen. Sämtliche Banken werfen sich nach Kräften auf das Geschäft, indem sie entweder Promotingfirmen kaufen – so zum Beispiel Hambros, die eine Immobilien-Promotinggesellschaft kaufen, indem sie ihr das eigene Gebäude verkaufen – oder wie S. G. Warburg und N. M. Rothschild, indem sie Anlagevermögensfonds schaffen.

Um ihre Plazierungskapazität zu verbessern, bemühen sich die Merchant Banks zudem um die Kundschaft von Sozialeinrichtungen, deren Portefeuille sie verwalten wollen. Auch hier wieder ist S. G. Warburg die erste, die auf die Idee kommt und der es auch gelingt. Ab 1972 verwaltet sie den Post Office Pension Fund und kauft für ihn für 95 Millionen Pfund eine Immobiliengruppe, die English and Continental Property.

In diesem Jahr belebt sich der Euroemissionsmarkt wieder. Siegmund legt eine Euroanleihe für ICI auf. Es ist das erstemal, daß ICI sich an jemand anderes als Schroeder & Wagg wendet. Siegmund ist eben immer noch einer der weltweit größten Herren auf diesem Markt, zu dessen Zustandekommen er so viel beigetragen hat. Dieser weitet sich aus: binnen eines Jahres insgesamt 218 Emissionen im Werte von 5,5 Milliarden Dollar. Ende 1972 wird S. G. Warburg nur von White Weld, der Deutschen Bank und Morgan übertroffen. Seit seiner Transaktion für Autostrade Italiane vor zehn Jahren hat Siegmund immerhin 62 Emissionen geleitet;[204] von dieser Welle getragen, wächst sein Haus im selben Tempo wie dieser Markt.

Auch in der Finanzberatung steht er in London ganz oben, ist die Nummer eins bei den öffentlichen Kaufausschreibungen, und Ende des Jahres gelingt ihm einer seiner schönsten Coups. Trust House Forte ist Zielscheibe einer öffentlichen Kaufausschreibung und ruft ihn zu Hilfe; es gelingt ihm, das Angebot niederzuschlagen, obwohl die Hälfte des Aufsichtsrats der Firma gegen ihn ist.[55] Im November desselben Jahres berät er auch die Maxwell Joseph Group bei ihrem Versuch eines öffentlichen Kaufangebots gegen die gutverwaltete und vom eigenen Personal kräftig unterstützte Brauereifirma Watney & Reid, deren Aktivität mit der Gruppe Maxwell überhaupt nichts gemein hat außer der Tatsache, daß letztere willens ist, sich eines der größten Imperien Europas zu schaffen.[55] Das Getümmel ist groß. Mitten im Kampfgewühl, im Januar 1973, spricht sich der wieder Oppositionschef gewordene Harold Wilson in einem *Times*-Artikel öffentlich gegen Siegmund aus:[55] »Viele Leute sind alarmiert, fühlen sich als bloße Bauern im Schachspiel gewisser Leute. Ihre Zukunft und die ihrer Familie läuft Gefahr, nicht mehr von der eigenen Haltung, sondern von einer fernen Entscheidung über die Gewährung von Industriekrediten oder auch subtiler Transaktionen zwischen Finanzmännern bestimmt zu werden.« Nun also wird Siegmund als »Finanzmann« behandelt von dem Manne, dessen naher Berater er gegen die »Gnomen« war! Zum zweitenmal nach der Plessey-Affäre wenden sich die öffentliche Meinung und die Presse gegen ihn. Dennoch geht er siegreich aus dem Kampf hervor, da es ihm gelingt, sich die Hilfe und das Kapital der Prudential Insurance Company zu sichern.

Schluß mit Hamburg

Dem Anschein nach geht in Deutschland für ihn alles gut. Er hat jetzt seinen Namen in Hamburg und Frankfurt, kennt dort alles, was in Bank und Industrie Rang und Namen hat: Hermann Josef Abs, den Bosch-Vorsitzenden Merkle, den Präsidenten der Deutschen Bank, Wilfried Guth, den Vorstandsvorsitzer von Volkswagen, Nordhoff, mit dem er sich über Graphologie unterhält. Wenn er in Frankfurt ist, bildet er den Mittelpunkt eines bestimmten Finanzlebens. Er steigt im nahe gelegenen Schloß Kronberg ab, wo sich Bankiers und Industrielle bei ihm die Klinke in die Hand geben.

Wieder einmal schlägt Siegmund jetzt Eric Warburg und Brinckmann die Fusionierung von M. M. Warburg-Brinckmann, Wirtz &

Co. mit der Effecten-Bank zu einer großen Geschäftsbank vor, die auf ganz Deutschland ausstrahlen soll.

Aber die Auffassungen sind eben doch viel zu weit voneinander entfernt, und im Herbst 1973 scheitert das Vorhaben. Einen Tag später schickt Siegmund ein Fernschreiben an Hans Wuttke, der die Lage nicht länger erträgt: »Geben Sie auf, verlassen Sie Hamburg.« Gleichzeitig telegrafiert er an den Vorstandssprecher der Dresdner Bank, Jürgen: »Hans Wuttke ist frei; nehmen Sie ihn. Danke.« So geschieht es auch, und Wuttke wird einer der Generaldirektoren der Dresdner Bank. An diesem Tag notiert Siegmund in seinem Heft auf französisch den großartigen Satz Metternichs:[214] »Cette affaire finira comme toutes les affaires, d'une manière quelconque« (Diese Affäre wird wie alle Affären enden: Irgendwie).

Station in Paris

Kurz vor der Ölpreissteigerung glaubt er immer noch an seinen Vorsatz: einflußreich bleiben in einer Welt des Gigantismus, ohne selbst groß sein zu wollen. Aber mittlerweile glaubt er, daß London seine Stellung als Zentrum der Offshoredollars verlieren wird. Aufgrund der Wanderbewegungen des Dollar sieht er die Zahl der Freihäfen steigen und New York aus der Asche wiedererstehen. Er glaubt, daß die internationale Finanzaktivität sich wieder Amerika zuwenden wird, bis dann Tokios Stunde komme. Seit seinem Bruch mit Kuhn, Loeb und den Anfängen des Euroemissionsmarktes 1964 besitzt er jedoch auf der anderen Atlantikseite nur noch die kleine S. G. Warburg Inc. als Operationsbasis, wo er seine Besucher empfängt, wenn er in Amerika weilt. Er muß sich also dort wieder niederlassen und stark werden, um die enormen Operationen führen zu können, die die amerikanischen wie ausländischen Firmen benötigen. In diesem Jahr beispielsweise nimmt ATT eine Anleihe von über einer Milliarde Dollar auf. Deshalb findet er sich damit ab, nach New York zurückkehren zu müssen. Aber er will es nicht alleine tun und auch nicht mit einer englischen Bank. Kurz zuvor hat er schon eine aufzukaufen versucht und dabei feststellen müssen, daß er nun wirklich zu originell war, als daß etwas Derartiges möglich gewesen wäre.

Jetzt, da er wieder Geschmack am Geschäft gefunden hat, sucht er anderswo nach einem europäischen Verbündeten, mit dem er eine Sache großen Stils, wirklich der »Hautefinance« würdig, durchführen könnte. Zunächst sucht er in Deutschland. Aber wie wir sahen, ist ihm eben sein letzter Versuch der Zusammenführung seiner Bank mit der Hamburger fehlgeschlagen.

So verfällt er auf die Banque de Paris et des Pays-Bas. Fast nichts macht ihn a priori dafür bereit: Er kennt Frankreich kaum, es interessiert ihn auch wenig, abgesehen von der Literatur, die er auf französisch liest, und der Geschichte, in der er beschlagen ist. Gewiß sind seit den heroischen Tagen seine Beziehungen zur Rue d'Antin eng, als er Anfang der fünfziger Jahre die Ericsson-Anteile verkauft hat und dank seiner Freundschaft mit Jean Reyre. Mehrere Führungskräfte dieser Bank, so Pierre Haas, der Direktor von Paribas International ist, haben bei ihm gelernt und sich seit Beginn des Eurodollarmarktes mit dessen Funktionieren vertraut gemacht. Und als 1969 Jacques de Fouchier, Gründer der Compagnie Bancaire, Paribas im Sturm genommen hat, unterhält Siegmund mit der Bank Beziehungen und entdeckt dort einen anderen großen Finanzier, der wie er ein Institut von Null an aufgebaut hat.

Paribas ist zu jener Zeit eine bedeutende Geschäfts- und Depositenbank, zehnmal größer als Warburg, mit 40 Filialen in Frankreich, präsent in ganz Europa, mit mächtigen Industriefirmen ausgestattet und von beträchtlichem Einfluß. Ihre Brüsseler Niederlassung ist die viertgrößte belgische Bank, ihre Filialen in der Schweiz und den Niederlanden sind sehr kräftig. Aber in Deutschland ist sie nicht präsent, und in New York verfügt sie nur über eine kleine Investitionsbank, die 1962 gegründete Paribas Corporation. Jetzt möchte sich auch Jacques de Fouchier aus denselben Gründen wie Siegmund in New York ausbreiten, und zwar mit einer englischen Merchant Bank. Da zwischen den beiden Häusern gewisse Verbindungen bestehen, denkt er dabei an S. G. Warburg. So ist es nur normal, daß im März 1973, als Jacques de Fouchier und Siegmund G. Warburg gemeinsam bei Paribas essen, das Gespräch auf dieses Thema kommt. Nie wird man wissen, wer von den beiden zu Recht den Anspruch erhebt, dem anderen den Vorschlag für eine gemeinsame Landung in Amerika zuerst gemacht zu haben: »Unsere beiden Häuser ergänzen sich gegenseitig. Die eine besitzt zahlreiche, sehr bewegliche internationale Fachleute, die andere mächtige Filialen und bedeutsame Mittel; die eine hat eine sehr hochstehende Klientel in der Welt, die andere die Kundschaft der größten Industrieunternehmen des Kontinents.«

Schnell wird man handelseinig, in den Vereinigten Staaten etwas zu suchen, was man gemeinsam kaufen kann, desgleichen über die sofortige Ankündigung einer beabsichtigten Einigung der beiden Häuser, die dann am 8. April 1973 bekanntgegeben wird.

Siegmund, der keinem Aufsichtsrat seiner Gesellschaften mehr angehört, findet sich nun zum erstenmal in seinem Leben bereit, dem Londoner *Investor Chronicle* ein ziemlich kurzes Interview zu gewähren. Darin erläutert er, als Europäer habe er seit jeher die Abwesenheit Englands in der Europäischen Gemeinschaft bedauert, und jetzt, da es beigetreten sei, müßten sich die Banken der neun Länder zusammentun, ohne dabei die Besonderheit ihres Stils, ihrer Führung und ihrer internationalen Verbindungen aufzugeben. Da er und Paribas sich sehr vorteilhaft ergänzten, wolle er so[209] »ein breiteres Terrain abdecken und die gegenseitigen Beziehungen langsam und organisch wachsen lassen... Eins und eins sollte erheblich mehr als zwei ergeben... Ich beabsichtige keine Fusion mit Paribas. Es wäre zu schade, wenn wir unseren Eigencharakter verlören, und in unserem Metier ist der zu große Umfang gefährlich... Aber man soll die Zukunft nicht mit Vorurteilen belasten, und ich halte es auch gar nicht für nötig, das Kommende vorwegzunehmen.«

Er läßt durchblicken, daß sie sich gemeinsam nach Wall Street begeben wollen. »Im letzten Kapitel meines Lebens noch an der Geburt einer englisch-französischen Institution in New York mitzuwirken wäre etwas, wozu ich nur zu gerne beitragen würde.«[209] Ebendies ist in Wirklichkeit der Kern des Ganzen, aber noch weiß es draußen keiner. Während des Sommers laufen die Gespräche weiter, und die beiden Männer treffen sich oft. Nach einem Abendessen am 22. Juli 1973 notiert Siegmund, Jacques de Fouchier habe zu ihm gesagt:[214] »Es gibt zwei Arten von Idioten – die Optimisten und die Pessimisten.« Das ist so recht eine der beißenden Maximen, die er gerne selber erfunden hätte. Wahrlich, mit so jemand kann man in ein gemeinsames Geschäft einsteigen!

Ende August wird die Absprache sachgerecht von Jacques de

Fouchiers Mitarbeiter Pierre Moussa und Sir Eric Roll zu Papier gebracht: Man tauscht Anteile in Europa aus; die beiderseitigen Filialen in New York werden zu einer gemeinsamen Filiale zusammengefaßt, und man begibt sich auf die Suche nach einer amerikanischen Bank, die zum Kauf ansteht. Dann kommt das Gespräch auf den Namen. Um diese Frage kümmert sich Siegmund persönlich: Er besteht darauf, daß sein Name in der Bezeichnung der New Yorker Bank an erster Stelle steht. Er kennt sich in der Wall Street besser aus als seine Pariser Gesprächspartner und weiß, daß eine lange Bezeichnung im Gebrauch immer auf den allerersten Namen in der Liste verkürzt wird, und er will auf jeden Fall eine für ihn ungünstige alphabetische Reihenfolge vermeiden. Jacques de Fouchier akzeptiert wider den Willen seiner Generaldirektoren, weil man, wie er sagt, »dem Kleineren immer den Vortritt lassen muß«...

Ende des Sommers steht der Kompromiß, die Operation kann gestartet werden. Sie wird im November bekanntgemacht. Es werden zwei Gesellschaften gegründet – die eine in Europa mit Namen »Paribas-Warburg«, in die 25 Prozent der Banque de Paris et des Pays-Bas Frankreich, 20 Prozent ihrer Filialen in Holland und der Schweiz und 25 Prozent von S. G. Warburg Inc. eingebracht werden; die zweite in den Vereinigten Staaten mit Namen »Warburg-Paribas«, die »Paribas Corporation« und »S. G. Warburg Inc.« aufkauft und fusioniert. Lord Roll tritt dem Aufsichtsrat der Bank und der Compagnie Financière de Paris et des Pays-Bas bei; Pierre Moussa wird Aufsichtsratsmitglied bei S. G. Warburg & Co. und Mercury Securities.

Das Teufelszeug

1973 läßt sich für den Dollar schlecht an. Die Verschärfung des amerikanischen Handelsdefizits, das im Vorjahr 6 Milliarden Dollar erreichte, deutet darauf hin, daß die auf den Azoren beschlossene Abwertung nicht ausreiche. Am 12. Februar werden die Devisenmärkte in Europa und in Japan wiederum geschlossen, und die Vereinigten Staaten werten um weitere 10 Prozent ab, aber die Märkte beruhigen sich dennoch nicht.[161] Die Milliardenbestände an kurzfristigen Eurodollars stellen eine ungeheure Masse dar, von der kein

Mensch weiß, wie man sie daran hindern soll, noch weiter zu wachsen, und die alle Banken der Welt in einer Gemeinschaft der Unvorsichtigkeit fesselt. Am 1. März kaufen die europäischen Zentralbanken angesichts der Dollarkrise 3,6 Milliarden Dollar auf und schließen den Markt sofort danach. Am 4. März prüfen die EWG-Finanzminister in Brüssel die Möglichkeit eines konzertierten Floatens und verkünden es dann am 11. für sechs Währungen, wobei Pfund und Lira unabhängig floaten. Die Deutsche Mark wird um 3 Prozent aufgewertet.

Siegmund ist enttäuscht. Er hält die kapitalistische Gesellschaft nicht mehr für fähig, sich aus dieser Finanzkrise herauszuwinden, wenn sie nicht ihre kurzfristige Verschuldung in den Griff bekommt, und das, so glaubt er, kann kaum ohne Tragödie abgehen. Die Proliferation von Krediten aller Art auf dem Euromarkt beängstigt ihn. Voll Unruhe sieht er die Rückkehr zum System der indirekten Finanzierung der Rüstung durch kurzfristige Kredite, ganz so, als sei nunmehr der Eurokredit an die Stelle der »Mefo-Wechsel« von einst getreten.

Für ihn sind alle diese Übel die Folge der Kleinkariertheit und Leichtfertigkeit, die in Europa wie Amerika an die Stelle von Initiative und Unternehmergeist getreten sind, und die Folge dessen, daß in den Entscheidungsprozessen des Kapitalismus alles zu groß und zu unpersönlich geworden ist. In seinen Augen wie in denen aller seiner Vorväter hat »Kollegialität« seit jeher Schwerfälligkeit hervorgebracht und das Handeln behindert.

Er schreibt:[214] »Man hielt den Zweiten Weltkrieg für einen Kampf zwischen der Diktatur und der Demokratie. Am Ende siegte die Bürokratie.«

Damals wäre er fast zum Marxisten geworden, wenn der Marxismus in seinen Augen nicht so unkreativ gewesen wäre. Er erträumt sich jetzt ein Gesellschaftssystem, in dem das Geld nicht solche Macht über die Welt ausübt, in der Kultur und Bildung einen anderen Zeitvertreib ermöglichen. Er ist sicher – und er sagt es jedem, der es hören will –, daß es so weder weitergehen kann noch wird.

Und schon sieht er über die kommenden Katastrophen hinaus die Welt um den Pazifik neu entstehen, dort, wo nicht die Bürokratie regiert.

Jetzt denkt er daran, England zu verlassen, das Land, wo er alles aufgebaut hat, das er liebt, wo er aber nach vierzig Jahren ein weiteres Mal erahnt, daß alles böse enden wird. Nicht, als erwartete er das Aufstehen neuer Diktaturen in Europa, aber überall sieht er nach der Schuldenwirtschaft die Gewaltwirtschaft nahen. Nicht sofort die Kriegswirtschaft, schon aber deren Dämonen.

Im November 1973, gleich nach dem Jom-Kippur-Krieg und der ersten Ölpreissteigerung, schreibt er in sein Heft:[214] »Das Öl, dieses Teufelszeug...«

6. Kapitel
Letzte Bleibe
(1973-1982)

Abschiede

Im Sommer 1921, in der Krisenzeit der Weimarer Republik, bittet Max Warburg den Archivar der Stadt Hamburg, Eduard Rosenbaum, eine Geschichte seiner Bank zu verfassen. Präzise schreibt er vor, was er darin behandelt sehen möchte:[137] »Großen Wert würde ich darauf legen, daß nachgewiesen wird, wieviel der Zufall bei der Entwicklung eines solchen Geschäfts mitspielt und wieweit überhaupt die wirtschaftliche Entwicklung viel mehr Zufälligkeiten, Selbstentwicklungen zuzuschreiben ist als der sogenannten zielbewußten Arbeit eines einzelnen. Durch die Arbeit sollte ein gewisses Gefühl der Ehrfurcht vor diesen Selbstentwicklungen gehen, denn die meisten Menschen leiden an Selbstüberschätzung, und namentlich die Bankdirektoren, wenn sie ihre Jahresberichte meistens drei bis sechs Monate nach Schluß des vorigen Jahres schreiben, legen nachträglich in ihre Aktionen eine Voraussehung, die in Wirklichkeit nie vorhanden gewesen ist.«

Als Siegmund diesen Text 1973 wieder einmal liest, schmunzelt er: Im Grunde sind er und Max sich doch recht ähnlich. Auch in seinem Leben fehlt es weder an »Zufälligkeiten« noch auch an »Selbstentwicklungen«. Und wie sein Vorfahr, aber aufrichtiger als dieser, wie er meint, legt er großen Wert darauf, sich hinter »Zufällen« und »Selbstentwicklungen« zu verstecken, seine Einflußmöglichkeiten auf Menschen und Dinge zu bagatellisieren, sich als Spielzeug der Zeit darzustellen, als bedeutungslosen Zuschauer einer von unerbittlichen Kräften geformten Geschichte.

Die von Max in den Tagen des Jahres 1921 zur Schau getragene Bescheidenheit war in seinen Augen jedoch von seinem Wesen weit entfernt: Er war zu lange im Geschäft geblieben, noch siebzehn Jahre nach diesen Worten, und mußte schließlich seine Bank unter schlimmsten Umständen aufgeben.

Diesen Fehler will Siegmund nicht begehen. Er schreibt und denkt dabei gewiß an seinen Onkel:[175] »Ich wollte nicht den Fehler anderer in gleicher Position wieder machen, die sich nicht frühzeitig genug zurückgezogen oder ihre Verantwortung nicht delegiert haben... Stets war ich von der geradezu alptraumhaften Furcht besessen, ich könnte nicht rechtzeitig eine ausreichende Zahl von Nachfolgern vorbereitet haben, die die Originalität und Phantasie weiterführen konnten. Ich habe mein Möglichstes getan, um das zu erreichen.«

Diese Besessenheit ist so ausgeprägt, daß er schon zu diesem Zeitpunkt bereits drei Schritte auf den Ausgang seiner Bank zu getan hatte und nunmehr an den letzten denkt. Diesmal wird es kein bloßes Zurücktreten mehr sein, sondern wie schon vierzig Jahre zuvor eine Art unbewußtes Exil, eine verdeckte Verweigerung vor der entstehenden Ordnung, vielleicht gar ein Rebellieren gegen eine Welt, die in seinen Augen fast so unerträglich geworden ist wie jene, die er einst in Berlin verlassen hatte.

Den ersten Schritt hatte er 1960 noch vor Erreichen des sechzigsten Lebensjahres getan. Der Schein trog freilich. Sicher hatte er sich juristisch gesehen etwas von seiner Bank abgesetzt, aber niemand kann sagen, er habe sie verlassen. Eben erst hat er den Aluminiumkrieg gewonnen. Er wird ins Komitee der Akzeptbanken aufgenommen und macht ein wirkliches Vermögen. Sein Sohn ist in der Bank tätig. Er verfügt über ein weltweites Netz von Beziehungen und hegt die Hoffnung, Kuhn, Loeb & Co. in die Hand zu bekommen. Er hat also zu viel zu tun, um weggehen zu können, und auch sein Alter rechtfertigt das noch keineswegs. Ist auch das mit seinen Schwierigkeiten ringende England soeben in der Skala der Pro-Kopf-Einkommen hinter Deutschland gerutscht, so leidet die City darunter doch keineswegs.

Als er vier Jahre später den Vorsitz in der Bank aufgibt und nur noch Mercury Securities vorsteht, befindet er sich im Zenit seiner Laufbahn: die Weltpremiere der Euroobligationen. Seine Bank zieht in nüchterne Räume in der Gresham Street um, in Frankfurt eröffnet er eine Bank auf den Namen Warburg. Aber er mußte auch zwei schwere Rückschläge einstecken: Sein Sohn hat S. G. Warburg verlassen, und er selbst mußte jede Hoffnung auf Kuhn, Loeb begraben. Er weiß, auch wenn ihm das zu glauben schwerfällt, daß seine Bank niemals mehr von einem Warburg geleitet werden wird. Ronald Grierson erscheint ihm damals als der geborene Nachfolger. In einer »Abschiedsrede« vor seinen Mitarbeitern stellt er kurz und bündig fest: »Seit jeher hatten wir den Ehrgeiz, eine seriöse Geschäftsleitung aufzubauen, die zur Selbsterneuerung fähig ist, keine Günstlingswirtschaft kennt, sondern auf Integrität, Bescheidenheit, Mut und Leistung beruht.« Dennoch trügt dieser Abschied, denn in Wirklichkeit fängt für ihn alles von neuem an, eröffnet ihm die seit zehn Jahren erwartete Kapitalbewegung gewaltige Märkte: New York kommt zu ihm nach London, das er zum Dollarfreihafen gemacht hat, und immer noch träumt er davon, die Hamburger Bank wieder in Besitz nehmen zu können. Zudem ist Wilson gerade in die »Number Ten« eingezogen, und es macht Spaß, zugleich Herr der City und, wenn auch nur aus der Ferne, Berater eines den Geldmächtigen verhaßten Premierministers zu sein. Wieder hat sich fast nichts an seinem Tagesablauf geändert. Er behält sein Büro bei und ist weiterhin der unbestrittene Herr seines Hauses, das Henry Grunfeld mit ihm leitet. Die einzige bemerkenswerte Ausnahme ist, daß er immer häufiger in den Morgenbesprechungen fehlt, die ihn langweilen; alles andere macht ihm nach wie vor Vergnügen. Denn ist auch England beim Pro-Kopf-Einkommen hinter Frankreich zurückgefallen, so explodiert geradezu der Erfindungsreichtum der internationalen Finanzwelt, wenn es um das Wohlergehen der City geht.

Der dritte Schritt in Richtung Ausgangstür findet sechs Jahre später statt, als er am 1. Januar 1970 mit achtundsechzig Jahren den Vorsitz von Mercury Securities an Henry Grunfeld abgibt, der seinerseits an der Spitze der Bank von einem Neuankömmling ersetzt wird, dem hohen Beamten Ihrer Majestät, Sir Eric Roll. An diesem Tag hat Siegmund unter Verzicht auf viele andere sein Hauptziel erreicht: Er steht an der Spitze der Banken von Europa und Amerika, die heikle Schaffung von British Leyland ist ihm gelungen, er ist der Bankier der Elite der europäischen Industrie. Sein Name ist in die Ferdinandstraße zurückgekehrt. Er ist der unumstrittene Herr des in vollem Aufschwung befindlichen Weltmarktes der Euroemissionen. Im Wettlauf um die Nachfolge hat David Scholey inzwischen Peter Spira ersetzt.

Er selber aber lehnt mehr und mehr einen Teil seiner Umwelt ab: Die westliche Wirtschaft, von der er weiß, daß sie am Rande des Abgrunds steht, und ihre zu Bürokratien gewordenen Banken, die von den Schulden leben, die sie andere machen lassen, gefallen ihm ganz und gar nicht mehr. Bei aller Dankbarkeit und Bewunderung für seine Adoptivheimat kritisiert er immer häufiger deren »Leichtsinn«. Und er wird zornig, als am Tage seines Weggangs die *Times* über ihn mit unbewußter Ironie schreibt, er sei »ein unermüdlicher Bankier, der selten vor sieben Uhr abends sein Büro verläßt«. Aber auch da ändert sich nichts an seinen Gewohnheiten oder seiner Anwesenheit in der Gresham Street.

Sein letzter Schritt zum Ausgang ereignet sich drei Jahre später, Ende 1973. Hunderte von Zeugen beschwören tausend Gründe dafür. Die einen sagen, seine Frau möge das Stadtleben nicht mehr, andere behaupten, er selbst wolle sich von einer Firma zurückziehen, die zu groß werde und damit Gefahr laufe, zu verknöchern; wieder andere meinen, er wolle nichts mehr mit ihren Besprechungen zu tun haben, deren mittlerweile eingeschlichene Förmlichkeit er verabscheue, oder auch, er wolle sich die Zeit nehmen, um die Wahl seines Nachfolgers zu überdenken. Tatsächlich weiß er nur zu gut, wie sehr sich Institutionen in ihren Entscheidungen täuschen können, und will selbst keinesfalls in diese Falle gehen noch sich auf ein Kollektivorgan verlassen. »Wenn der Chef eines großen Unternehmens abtritt oder stirbt«, notiert er,[207] »dann – machen wir uns nichts vor – haben die Aktionäre auf die Wahl des Nachfolgers keinerlei Einfluß; er wird vom Aufsichtsrat ausgewählt, etwa so, wie der Papst vom Kardinalskollegium gewählt wird, aus seiner Mitte. Und oft, glaube ich, wählt der Aufsichtsrat nicht unbedingt die stärkste Persönlichkeit, sondern eher jemand, der sich am bequemsten in die bürokratische Maschinerie einfügt.«

Andere schließlich sind der Meinung, er wolle einer Krise entgehen, die sein Haus so von Grund auf umstülpen werde, daß man es nicht wiedererkenne, und deshalb wolle er in Wiederholung des knapp vierzigjährigen Exils wieder, ohne es selbst zu wissen, zum Wächter und Hüter werden, der vor Haß und Zerstörung warnt, einstige Gefahren vor Augen führt, künftige Bedrohungen ausmacht.

So geht er denn. Nach diesem Weggang wird sein Einfluß genau der sein, den er sich seit jeher erstrebte: weltweit und geheimnisvoll, alles durchdringend und unfaßlich.

Blonay

Wie bei seinem ersten Exil geht er, sobald sein Entschluß gefallen ist, ohne Umschweife vor. Kaum hat er sich in seiner neuen Bleibe niedergelassen, notiert er auch schon:[214] »Die überscharfe Analyse einer Situation kann sehr leicht zur Paralyse führen.«

Die Wahl seines neuen Aufenthaltsorts ist auch ein bißchen zufällig: Drei Jahre zuvor hat ihn ein österreichischer Botschafter, den er über Bruno Kreisky kennengelernt hat, Erich Thalberg, auf ein paar Tage in sein Haus in dem kleinen, nahe Vevey gelegenen Dorf Blonay eingeladen. Der Ort gefällt ihm. Blonay liegt weder zu weit noch zu nah von Deutschland, das seine Zeit, und von Zürich, das seinen Geist beschäftigt. Mit der Schweiz hat er allerdings nicht allzuviel im Sinn, doch schätzt und achtet er sie um ihrer Strenge und ihres Arbeitseifers willen, und er hat dort auch ein paar Freunde, so André Meyer, den er kokettierend den größten Bankier der Welt nennt und der seit langem ganz in der Nähe in Crans-sur-Sierre wohnt.[129] Jedenfalls hat seine Wahl nichts mit den niedrigen Schweizer Steuern zu tun.

Zwei Jahre nach dem ersten Besuch teilt ihm Thalberg mit, gleich neben seinem Haus sei ein Grundstück zu verkaufen. Anfang 1973 kauft er es, veräußert seinen italienischen Besitz in Grosseto, wo er seit langem nicht mehr hingeht, und läßt sich ohne jede Eile ein Haus nach seinen Vorstellungen bauen. Er will keine bloße Ferienbleibe, sondern ein richtiges Haus, das seinen Schwerpunkt in dem hat, was er am meisten liebt, in seinen Büchern. Einfach im Stil soll es sein, ein großes Wohnzimmer und viele Gästezimmer, eine riesige Terrasse und vor allem mitten im Erdgeschoß eine sehr große Bibliothek haben, wo er endlich an einem Ort versammelt und gemütlich alle Bücher vorfindet, die er liebt und die ihn bei allen Umzügen zum Teil schon seit sechzig Jahren begleiten. Und in dieser Bibliothek, die ständig zum Speisezimmer hin offen ist, richtet er einen Fernschreiber ein, der den ganzen Tag und einen Teil der Nacht hindurch rattert. Ein paar schöne Möbelstücke. Ein paar schöne Bilder. Nichts Ausgefallenes.

Ende 1973 ist alles bereit, und als der Jom-Kippur-Krieg zu Ende geht, verkauft er seine Wohnung am Eaton Square und zieht nach Blonay. Ein spanisches Dienerehepaar wohnt im Haus. Nun hält er sich sehr oft hier auf, und immer ist seine Frau dabei. Von Zeit zu Zeit kommt seine Sekretärin aus London und wohnt dann in Montreux. Irgendwo in der Ecke stehen die stets für eine manchmal plötzliche Reise nach London, New York, Tokio oder Frankfurt bereiten Koffer.

Sein Leben in Blonay ist ziemlich zurückgezogen. Er liest noch mehr als in London und stellt die seit langem gesammelten eigenen oder fremden Kernsätze als Entwurf zu einem Buch zusammen. In Wirklichkeit aber überwacht er Gresham Street weiterhin. Er liest und diktiert zahlreiche Fernschreiben, telefoniert in der Welt umher und empfängt viele Freunde oder Bankkunden. Fast alle in diesem Buch genannten, soweit sie noch am Leben sind, kommen mindestens einmal zu Besuch. Gastronomie oder Fröhlichkeit sind es sicher nicht, die sie nach Blonay kommen lassen. Die Atmosphäre ist sehr einfach, und wenn er seinen Gästen etwas Gutes tun will, nimmt er sie zum Abendessen ins Hotel Victoria in Glion oder eines der unzähligen Restaurants am Seeufer mit. In der übrigen Zeit, d.h. immer noch sechs Monate im Jahr, reist er mindestens soviel wie vorher, und wenn er in London ist, steigt er im Savoy ab. Immer weniger fühlt er sich als Engländer und immer mehr als Weltbürger.

London verläßt er ohne Mißvergnügen. Gewiß hat er sich unendliche Dankbarkeit und sehr viel Bewunderung für das Land bewahrt, das die City erbaute, Hitler besiegte, der Freiheit zum Überleben verhalf und in dem er selbst seinen eigenen Ruhm schuf, aber er erinnert sich auch der Unannehmlichkeiten der Anfangszeit, der Schikanen im Kriege, des höhnischen Getues der fünfziger Jahre und dann des dummen Geredes über die Herkunft seines Geldes. Und manchmal, wenn er niedergeschlagen ist, sagt er jedem, der es hören will, ziemlich viel Schlechtes über das Land und bedauert es gleich hernach. In seiner unnachahmlichen Kunst des »Understatement« sagt Sir Eric Roll[135] damals: »Er haßt den Zynismus und die Selbstgefälligkeit, die er für viele britische Schwächen verantwortlich macht.« Andere wollen gehört haben, daß er sich noch strenger geäußert und England als zum Niedergang verurteilt bezeichnet habe, »weil es dort nichts als Knauserigkeit und Leichtsinn gibt«.

Seine Kritik erstreckt sich im übrigen auf die gesamte, »arrogante, mittelmäßige, unsichere und verantwortungsscheue«[214] westliche Elite. So schreibt er:[214] »Es gibt dort Leute, die so pervers sind, daß sie ihre ganze Ehre darein setzen, um Gottes willen nicht originell zu sein.« Es beunruhigt ihn, daß in Europa, in den Banken und anderswo, graue und unkontrollierbare Bürokratien aufsteigen:[214] »Beförderung kommt hier mehr noch als gestern dadurch zustande, daß Mittelmäßige Mittelmäßigkeit erküren.« Alles Dinge, die man bei Warburgs seit jeher verworfen hat.

Bei seinem Weggang will er völlig mit seiner Vergangenheit brechen. Der große englische Essayist George Steiner, den er Anfang der fünfziger Jahre als jungen Professor für vergleichende Literatur in Cambridge kennengelernt hat und der Anfang der siebziger Jahre sein Vertrauter wird, kann das bezeugen. Als er Siegmund fragt, ob er den angebotenen Lehrstuhl der Genfer Universität annehmen und Cambridge und England verlassen soll, erwidert Siegmund, ohne zu zögern: »Aber ja doch; aber wenn Sie gehen, müssen Sie alles zurücklassen; Exil ist kein Spiel, sondern man muß Bürger des Landes werden, in dem man wohnt.« Das tat er selbst, als er Berlin verließ; das tut er jetzt wieder, als er London verläßt – fast jedenfalls, denn ändert er auch seine Staatsangehörigkeit nicht, so erlangt er doch binnen weniger Monate dank seiner Schweizer Bankiersfreunde einen sehr privilegierten Status, wie man ihn kaum einem anderen Ausländer gewährt und der ihn zu einem, wie er hübsch sagt, »distinguished foreigner« macht.

Nichts mehr mit der Kriegswirtschaft zu tun haben

Sein Urteil über die Welt, von der er sich entfernt, ist jetzt sehr pessimistisch, ohne zu schematisieren. Simple Theorien sind nicht seine Sache, was diese ganz zu ihm passende Formulierung beweist:[214] »Ich verabscheue Leute, die die Welt in einer einzigen Lüge fassen.« Mit den Theorien à la mode hat er nichts im Sinn, schon gar nicht mit der These, die »Krise« sei nur vorübergehend, bloßer schwieriger Übergang zwischen zwei Stabilitätsperioden. Mit beißender Ironie notiert er im November 1973 inmitten des überquellenden Marktgeklatsches über die Ölpreissteigerung:[214] »Eine Übergangszeit ist nicht die Zeit zwischen zwei anderen Übergangszeiten.«

Sein theoretischer Pessimismus ist die Folge seiner Praxis. Er hat versucht, die Welt mit Hilfe des Geldes zu bewegen, das für ihn nichts als Werkzeug seiner Vernunft war. Und auf diesem Wege hat er die Ohnmacht des Vernünftigen erfahren. Als Erztyp des von Fanatismus und Gesetzmäßigkeiten der Macht besiegten Vernunftmenschen paßt ihm ganz und gar nicht, was sich da ankündigt, und er unterwirft es einer gestrengen Analyse. Er erblickt darin einen neuen Sieg des Irrationalen, den Beweis, daß das 20. Jahrhundert eher das Jahrhundert der Diktaturen und Ideologien als der Finanz ist.

Es erzürnt ihn, mitansehen zu müssen, wie die Herren dieser Welt wieder in dieselben Fehler verfallen und aus Leichtsinn und Faulheit die Lehren der Geschichte vergessen – die von 1929 in New York, 1931 in London, 1933 in Berlin, 1938 in München, 1967 in London. »Einige der schlimmsten Verbrechen«, schreibt er,[214] »werden weniger durch Taten als durch Untätigkeit oder Gleichgültigkeit verursacht.«

Denn was sich da jetzt tut, ähnelt, wie er meint, dem, was er vor vierzig Jahren erlebt hat, ohne daß es ein bloßer Abklatsch davon wäre. Er weiß, wie England bei seiner Ankunft noch der Welt das eigene Geld lieh und eine große Nation war. Er hat erlebt, wie es sich von der wahren Macht entfernte, die neuen Techniken ablehnte, die Berufsausbildung verpatzte; er hat erfahren, wie seine Unternehmensführer manchmal Provinzhonoratioren oder Kolonialverwalter wurden. Nach dem Kriege sah er den ganzen Westen auf andere Weise dieselben Fehler wieder begehen, die sein Onkel vor vierzig Jahren schon brandmarkte: Europa wurde nicht geschaffen, das Gold vergessen, Wachstum durch Verschuldung finanziert.[207] Und wenn die defizitäre Supermacht wie vor dem Kriege sich endlich dazu durchringt, ihre Darlehen zu bremsen, so vermag sie doch nichts gegen die bereits außerhalb völlig unkontrolliert verkehrenden Milliarden, die die Weltverschuldung hochtreiben, ohne daß wie in den dreißiger Jahren irgend jemand wüßte, wie sie beglichen werden könnte, noch auch wenigstens einen Weg kännte, wie man der Schuldenbegleichung entgehen könnte.

Er sieht also den Kapitalismus dem Gigantismus verfallen, der der Bürokratie Vorschub leistet, die Unternehmungsgeist und Freiheit tötet. »Angesichts der Summen, um die es geht, sind es nicht mehr Einzelpersonen, sondern Institutionen, die unsere Welt regieren... Man nennt das zwar Kapitalismus, aber es ist etwas völlig anderes. Es liegt irgendwo zwischen dem Kapitalismus von vor 1914 und dem Merkantilismus des 18. Jahrhunderts... Und die Gefahr ist, daß, je größer eine Firma wird, es desto schwieriger wird, sie noch als eine Gruppe von Personen zu behandeln, und man in ihr Sklave einer ungeheuren technokratischen Maschinerie wird.«[207]

So erwartet er, daß diese Bürokratisierung und die Energieverschwendung den jeder Anspannung baren reichen Ländern das Wachstum versperrt. Schon sieht er einen Großteil der Weltfinanzmaschinerie sich nur noch kraft des Waffenverkaufs drehen, der mit den Käufern ebendieser Waffen unmittelbar oder mittelbar gewährten Krediten finanziert wird, wobei diese Käufer seiner Meinung nach rein opportunistisch durch die Ölpreissteigerung solvent geworden sind. Wie bei den Mefo-Wechseln in den dreißiger Jahren nährt sich die Schulden- aus der Kriegswirtschaft. Er selbst gibt sich alle Mühe, diesen Leuten kein Geld zu geben und die größten amerikanischen Banken zu warnen, die in die Profitfalle gehen, um ihr Risiko zu decken, und in die Risikofalle, um Profite zu machen. »Wenn ihr so weitermacht, fliegt eines schönen Tages alles in die Luft. Und losgehen wird das in den Slums von São Paulo«, sagt er zu seinen New Yorker Bankiersfreunden.

Kaum ein Land, das er nicht kritisiert. Deutschland? »Zu ausfuhrabhängig.« England? »Zu leichtsinnig.« Amerika? »Zu bürokratisch.« Israel? »Zu militaristisch.« Er weiß, daß das Notwendige zu tun sehr schwer sein kann:[214] »Manchmal muß man die eine Katastrophe auslösen, um eine andere zu verhindern.« Keinesfalls wird man den Fälligkeitstermin länger als bis zum Ende der achtziger Jahre verschieben können. Dann kommt es entweder zur Verallgemeinerung eines völligen Dollarstandards oder zum Krieg oder bestenfalls zur Annullierung der Weltverschuldung und zur Entwicklung der dritten Welt dank der Schaffung einer neuen Währung, die seiner Ansicht nach auf den Sonderziehungsrechten und Rohstoffen beruhen soll.[207] Danach werden, so meint er, drei Länder die Weltfinanz beherrschen – Japan, die USA und die Schweiz[207] – und wird ein ausgewogenes Wachstum wieder zu seinem Recht kommen.

Schon Anfang 1974 sagt er all das denen, mit denen er zusammentrifft, u.a. Bruno Kreisky, und erklärt ihnen, die Krise werde noch lange andauern. Den österreichischen Bundeskanzler, der eben in der Stockholmer Universität eine Doktorarbeit über die Fehler der Wirtschaftswissenschaftler von 1929 vorgelegt hat, beeindruckt das so sehr, daß er die Wirtschaft seines Landes im Hinblick auf eine lange Krise umorganisiert. Nicht zu dessen Schaden: Zehn Jahre lang gibt es in Österreich die niedrigste Arbeitslosenrate im Westen.

Einfluß aus der Ferne

Gleich nachdem er sich in Blonay eingerichtet hat, macht er es wie sein Nachbar André Meyer in Crans-sur-Sierre und gibt vor, keinerlei Macht mehr zu besitzen. »Ich habe etwas Einfluß«, gesteht er 1980 zu,[207] »aber ich bin nicht mehr aktiv. Was besagen schon zwei oder zehn Telefongespräche am Tag? Das ist nicht viel mehr, als nötig ist, um den Kontakt mit einigen Freunden aufrechtzuerhalten... Die jüngsten Geschäfte sind ohne mich getätigt worden außer insoweit, als sie von den Beziehungen ausgingen, die ich im Laufe der Jahre angeknüpft habe... Ich habe in diesem Zusammenhang an keiner internen oder externen Diskussion teilgenommen. Die Geschäftsleitung ruft mich an, wenn alte Bekannte von mir in der Gegend sind. Sie benötigen meine Kontakte. Die Vorschläge und Abschlüsse... werden gemacht, ohne mit mir Rücksprache genommen zu haben.«

Als einziges räumt er ein, er habe ziemlich kämpfen müssen, um gewissen Kunden beizubringen, daß sie weiterhin, auch wenn er nicht mehr da sei, mit seiner Bank arbeiten:[207] »Einer der schwierigsten Augenblicke vor mehreren Jahren war, als ein Industrieller unter unseren Kunden, dem ich sagte, Henry Grunfeld und David Scholey würden sich um ihn kümmern, ablehnte... Ich bin aber dabei geblieben.«

Die Wirklichkeit ist freilich so einfach nicht; faktisch bleibt er der absolute Herr im Hause. Immer noch erhält er täglich den gleichen dicken gelben Umschlag mit den beiden Dossiers, deren Inhalt vor über dreißig Jahren festgelegt wurde. Der Fernschreiber tickert ununterbrochen und bringt ihm Notizen, Aufzeichnungen über laufende

Gespräche und Verhandlungen, Marktübersichten, Provisionshöhen. Er interessiert sich für die kleinsten Details und telefoniert zehnmal am Tag mit Eric Roll, Henry Grunfeld, David Scholey, ja sogar mit untergeordneten Führungskräften oder jungen Leuten in seiner Firma, stellt Fragen oder gibt Anweisungen. Im übrigen gehen Scholey, Roll, Grunfeld kein Risiko ein und entscheiden nichts, ohne ihn anzurufen oder in wichtigen Fällen sogar aufzusuchen. Und dabei stellen sie häufig fest, daß er über den Stand dieser oder jener Sache mehr weiß als sie. Sir Eric Roll erinnert sich:[216] »Wenn ich von meinem Büro aus wissen wollte, was in New York, Frankfurt, Mailand, vor allem aber in der Gresham Street vor sich ging, dann war das sicherste und schnellste Mittel, ihn in Blonay anzurufen.«

Petrodollars

Die Ölpreissteigerung lenkt die Kapitalströme um und verschärft die vor fünf Jahren begonnene Währungsunordnung. Nach der ersten Preissteigerung vom Oktober 1973 lösen die Zentralbankpräsidenten auf ihrer Sitzung in Basel am 12. November den doppelten Goldmarkt auf, der ohnehin nur noch eine Fiktion ist. Am 23. Dezember verdoppelt sich der Ölpreis erneut.[143] Noch einiges mehr ändert sich 1974. Im Februar besiegt der Streik der englischen Bergarbeiter die Regierung Heath; im April stirbt der französische Staatspräsident Georges Pompidou; im Mai muß Willy Brandt wegen der Guillaume-Affäre zurücktreten; am 9. August verläßt Richard Nixon nach der Watergateaffäre das Weiße Haus, Gerald Ford tritt an seine Stelle und bezeichnet die Inflation als Staatsfeind Nummer eins.

Jetzt sind nicht mehr die europäischen Länder, sondern die OPEC-Länder die eigentlichen Kapitaleigner; im Folgejahr exportieren sie 55 Milliarden Dollar. Es ist, als sei unvermittelt ein Teil der Ersparnisse Europas und Japans weggenommen und den Ölländern gegeben worden.

Wie diese sie plazieren, bleibt ungewiß. Viele glauben, da dieses Geld nun nicht mehr europäisch sei, werde es nach Amerika zurückkehren. Und Amerika bemüht sich auch darum, aus Wall Street wieder das Weltdepot des Geldes zu machen. Im Februar 1974 werden die letzten Überreste der Zinsausgleichsabgabe von 1963 beseitigt und die amerikanischen Banken ermächtigt, uneingeschränkt Kredite ans Ausland zu vergeben. Alle Kapitalausfuhrbeschränkungen aus den Vereinigten Staaten werden aufgehoben. Der »Employee Retirement Income Security Act« gestattet sogar die Investierung amerikanischer Pensionsfonds im Ausland.[81]

Das Ölgeld wendet sich aber keineswegs massiv New York zu. 1974 werden 14 Milliarden Petrodollar dort angelegt gegenüber 7 in Europa, 11 in der dritten Welt, während 23 Milliarden in Eurodollars umgewandelt werden.[204] Die amerikanischen Banken wollen nicht das Risiko eingehen und von New York aus mittelfristig ans Ausland verleihen, sondern ziehen es vor, kurzfristige Kredite an Lateinamerika zu vergeben. Die Masse der kurzfristigen Eurodollars explodiert und erreicht fast die deutsche Währungsmasse, fast das Doppelte der Frankreichs!

Der Euroemissionsmarkt krümmt sich eine Zeitlang zusammen. Trotz ihrer Belagerung bleibt die City erster Freihafen des Geldes. Ein ausgezeichneter Beobachter jener Zeit, Jean Baumier, stellt fest:[9] »In der City gibt es mehr amerikanische Banken als in New York. Mindestens ein Viertel der weltweit im Umlauf befindlichen Eurodollars wird dort gehandelt, mehr als die Hälfte der Goldtransaktionen, ein Großteil der Wechselkursoperationen. Der Umsatz der Londoner Börse ist höher als der sämtlicher europäischer Börsenmärkte zusammen.«

Das Auftreten der neuen Kreditgeber verleiht dem Boykott mehrerer Banken seit der Schaffung des Staates Israel, darunter in London S. G. Warburg, Lazard und Rothschild, überhaupt erst volles Gewicht. Daß sie auf dieser »schwarzen Liste« stehen, ist für sie an sich ein ernstes Hindernis, denn damit ist ihnen die Beteiligung an irgendwelchen Anleihen der OPEC-Mitgliedstaaten sowie an der Plazierung ihrer Privatvermögen untersagt. Bis dahin hatte der Boykott kaum Wirkung gezeigt, weil derlei Transaktionen kaum getätigt worden waren. Jetzt aber geht es um viel Geld, sogar den größten Teil des Marktes, und keine Bank, sei sie noch so befreundet, vermag einer solchen Lage zu widerstehen.

Über Nacht scheren die alten französischen, deutschen, japanischen, österreichischen, schweizerischen Kollegen aus den sehr zahlreichen Geschäften aus, deren Federführung bei S. G. Warburg liegt, und lehnen es ab, das Bankhaus an den ihrigen zu beteiligen. Das alles geschieht in vollkommenster Heuchelei. Man nimmt Anrufe »der Warburgs« nicht mehr an, man geht ihnen aus dem Wege. Jeder Vorwand ist recht: »Ich habe leider in dieser Anleihe nichts mehr für Sie übrig, alles ist schon bei anderen Banken untergebracht... Kann mich leider an Ihrem Vorhaben nicht beteiligen, bin schon zu stark anderweitig engagiert.« Das Foreign Office, an das sich Siegmund wendet, wie auch die Bank von England tun so, als sähen sie nichts, und rühren sich nicht – jedenfalls nicht genügend für seinen Geschmack.[207]

Die Folge läßt nicht auf sich warten. In der Hitparade der Euroemissionen rutscht S. G. Warburg vom dritten Weltrang nach der Deutschen Bank und der Schweizerischen Kreditanstalt, den sie 1973 innehatte, 1974 auf den zehnten, im ersten Halbjahr 1975 sogar auf den sechzehnten. Dieser schwere Schlag bedroht die Bank, für die dieser Markt den Großteil der Gewinne ausmacht. Und das ausgerechnet in einer Zeit, als dieser Markt 1973 auf 3,7 und 1974 auf 1,9 Milliarden absinkt.[204]

Ähnliches hatte Siegmund schon vor vierzig Jahren durchgemacht, und er ist fest entschlossen, dieses Mal nicht nachzugeben. Von Blonay aus setzt er alle Hebel in Bewegung, um seine ehemaligen Kontrahenten zu zwingen, der Erpressung nicht zu weichen, und er schreckt auch vor brutalsten Drohungen nicht zurück:[207] »Sagen Sie mal, lieber Freund, wie ich höre, geben Sie auch dieser Erpressung nach? An sich finde ich das sehr übel und auch sehr ungerecht gegenüber Ihnen selbst. Soll ich daraus etwa schließen, daß Sie mit dem Antisemitismus sympathisieren? Sie sollten sich da nicht täuschen: Wenn Sie das machen, kriegen Sie es mit uns zu tun. Wir haben ebenso viele Vergeltungsmöglichkeiten wie diese Leute.«

Und er tut auch, was er sagt. So bricht er beispielsweise sofort jeden Kontakt mit einer Wiener Bank ab, deren neuer Präsident dem Boykott nachgegeben hat. Er unterrichtet den österreichischen Bundeskanzler davon: »Nicht nur läßt sich dieser Herr vom Boykott beeinflussen, sondern darüber hinaus kritisiert er Sie und Ihre sozialistische Regierung auch noch, obwohl er doch eine staatliche Bank leitet. Ich lasse nicht zu, daß sich ein Bankleiter seinem Aktionär widersetzt, und ich sage Ihnen gleich, daß ich ab sofort jedem, der mit mir arbeitet, auch die geringste Beziehung mit dieser Bank untersage, solange dieser Herr dort Präsident ist.« Und so geschieht es, bis der Genannte abgelöst ist.

London ferngesteuert

Als er London verläßt, steht sein Haus in voller Blüte – ein »Haus der Dienstleistung« nennt er es bescheiden, aber in Wirklichkeit steht es in Europa bei den Fusionen an erster, bei den Euroemissionen an dritter Stelle. Die Lage seiner Adoptivheimat hat sich verschlechtert. Der Ölpreisanstieg und die Laschheit bei den Lohn- und Gehaltsverhandlungen verschärfen noch das ohnehin vorhandene Ungleichgewicht. Die Inflation beschleunigt sich. Im Januar 1974 erreicht das Außendefizit das Zweifache des ganzen Jahres 1973 und den höchsten Punkt in der britischen Geschichte; nur ein Viertel davon geht auf das Konto des Öls.[35] Siegmund kann es nicht begreifen. Und als am 4. März 1975 Labour und Wilson wieder die Regierung übernehmen, lockt ihn das keineswegs nach London zurück. Läßt doch Wilson gleich nach dem Ölschock die Wirtschaftszügel fahren und erhöht binnen sechs Monaten die Kaufkraft der Löhne um 6 Prozent.[35] Kein Wunder, daß die Inflation danach auf 16 Prozent und später 24 Prozent steigt. Zwei Jahre später muß Wilson zurücktreten, wobei er Callaghan die Krise hinterläßt, nachdem eben Margaret Thatcher die Führung der Konservativen übernommen hat.

Labour schlägt neue Verstaatlichungen vor, läßt aber den Gedanken schnell wieder fallen. Der neue Industrieminister Anthony Wedgwood Benn richtet die von Heath aufgelöste IRC mit dem Namen National Enterprise Office wieder ein als Staatsholding, das diesmal mit einer Milliarde Pfund zur Investierung in Unternehmen ausgestattet ist. Im März 1975 schlägt Benn die Nationalisierung der zuvor von der IRC gegründeten Firma Leyland vor, die aufgrund schlechter Führung mit schweren Problemen ringt.[35] Die am 3. Juli 1975 mit einer Ausstattung von 2,8 Milliarden Pfund verabschiedete Nationalisierung vermag jedoch die Lage der Firma nicht zu bessern.

Wie sämtliche westlichen Börsenplätze bekommt auch die City den

Ölschock schwer zu spüren. Alle auch nur irgendwie mit der Energie verbundenen Finanztätigkeiten sind betroffen. So verliert Hambros beispielsweise in der Schiffsausrüstung viel Geld. Das Bankhaus Brandt, das während der Hochkonjunktur zu stark ins Immobiliengeschäft eingestiegen ist, steht am Rande des Bankrotts und muß – welcher Skandal! – das Komitee der Akzeptbanken verlassen. Siegmund, der sich an den Fastbankrott von M. M. Warburg vor vierzig Jahren aufgrund ähnlicher Fehler erinnert, zieht sich rechtzeitig aus diesem Markt zurück, ohne viele Federn lassen zu müssen.

Die am meisten bedrohten Banken müssen verkaufen oder mit anderen fusionieren: Montagu mit Midland, Anthony Gibbs mit der Hong Kong and Shanghai Banking Corporation, Arbuthnot Latham mit mehreren ausländischen Instituten, Guiness-Mahon mit der Handelsgesellschaft Lewis & Peat. Mehrere in den sechziger Jahren geschaffene Bankimperien, zum Beispiel Jim Slaters oder Pat Matthews', erzittern in den Grundfesten; Slater Walker wird von der Bank von England gerettet, aber ihr Begründer muß in Pension gehen.[147] »Neuankömmlingen« hilft man nicht gerne. Glücklicherweise ist Siegmunds Bank nicht gefährdet; er hätte wohl kaum jemand gefunden, der ihm geholfen hätte.

In den anderen Zentren leiden die Geschäftsbanken mindestens ebensoviel unter dem Zinsanstieg als Folge der Ölpreissteigerung. An der Wall Street halten Merryl Lynch, Salomon und Goldman Sachs zwar durch, aber Kuhn Loeb und Lehman Brothers sind in Schwierigkeiten. W. E. Hutton, Loeb Roades, Hayden Stone, Hornblower und White Weld verschwinden von der Bildfläche.[81] In Deutschland meldet die Herstatt-Bank am 26. Juni 1974 Konkurs an, und im September 1974 vermeldet die Schweizerische Kreditanstalt, ihre Filiale in Lugano habe bei Devisenspekulationen 33 Millionen Pfund verloren.[204] Nur einige französische staatliche Banken kommen ganz gut davon, glückliches Gegenstück zu einer selten gewordenen Vorsicht.

In diesen schweren Jahren beschleunigen sich die in der Vergangenheit sich abzeichnenden Veränderungen: Man braucht mehr Spezialisten und größere Institute. Die Handelsbanken laufen den Geschäftsbanken den Rang ab und greifen immer mehr auf deren Terrain über. Die Organisationspläne werden komplexer, auch in den Banken, die weiterhin Investitions- oder Geschäftsbanken bleiben. Bei Warburg gibt es jetzt 40 Aufsichtsratsmitglieder, 37 bei Kleinwort, 27 bei Lazard, 31 bei Morgan Grenfell.

Bevor er aus London weggeht, will Siegmund unbedingt eine Struktur hinterlassen, die verhindert, daß seine Firma nach ihm übergroß wird.

Dazu bestellt er als erstes seinen Nachfolger: Der inzwischen siebzigjährige Henry Grunfeld beschließt, den Vorsitz der Bank und von Mercury Securities abzugeben und sich mit Siegmund in den Posten des »Präsidenten« zu teilen. Lord Roll tritt seine Nachfolge an der Spitze von Mercury Securities und der Bank an. Peter Spira scheidet aus und wird Finanzdirektor bei Sotheby Parker Bennet, und David Scholey wird mit einundvierzig Jahren der neue designierte Nachfolger. Zwei Jahre später hält er die jährliche Pressekonferenz zur Vorlage der Geschäftsergebnisse.

Siegmund organisiert sein Haus um und vereinfacht die Struktur. Seine Werbeagentur Masius Wynne William, die neuerdings in Europa, New York, Australien und Südafrika Fuß gefaßt hat, fusioniert mit einer amerikanischen, der von Arcy MacManus, die sie nur teilweise kontrolliert. Sämtliche Versicherungsinteressen faßt er in einer einzigen seiner Versicherungsgesellschaften, Stewart Wrightson, zusammen, die er zu einer Filiale der Bank und nicht mehr der Holding macht. Brandeis-Goldschmidt, die in diesem Jahr mehr als 1,5 Millionen Pfund einstreicht, wird vom übrigen abgesondert.

Schließlich stimmt Siegmund zu, daß seine Gruppe an der Beratung der stark verschuldeten Regierungen der dritten Welt mitwirkt, denen die amerikanischen Banken hartnäckig und unbeschränkt kurzfristige Kredite einräumen; desgleichen bildet er mit Lazard Paris und Kuhn, Loeb & Co. ein Dreierkonsortium, das Indonesien, sodann u.a. Gabun, Nigeria und Costa Rica behilflich ist. Um diese Belange kümmert sich für ihn der Indonesienkenner H. C. Van der Wyck.

Noch einmal New York

Zur gleichen Zeit lassen sich andere in New York nieder, zum Beispiel Hambros und Morgan Grenfell, die sich mit der anderen großen französischen Geschäftsbank, Suez, zusammentun. Ihrerseits halten

Jacques de Fouchier und Siegmund zum selben Zweck immer mehr Ausschau nach einem amerikanischen Partner. Aber das ist schwierig, denn dort ist alles in schneller Bewegung. Kuhn, Loeb kann es nicht mehr sein, denn nach starken Verlusten auf dem Hypothekenmarkt befindet sie sich auf dem absteigenden Ast. Frederick Warburg stirbt in diesem Jahr; John Schiff, der die Bank noch aus weiter Ferne leitet, versucht vergeblich, sie mit Shearson Hayden Stone, dann mit Paire Webber, dann mit Eastman Dillon zu fusionieren.[81]

Auch Lehman Bros. kommt nicht in Frage; zwar lädt Paribas sie noch systematisch in die Syndikate von Euroemissionen ein, bei denen sie die Federführung hat, aber Lehman steckt in der Krise und ist nichts anderes mehr als ein Sammelsurium greiser Teilhaber, von denen jeder mehrere zig Millionen Dollar wert ist und unter denen nur noch der Reichste wegen seines Reichtums Chef ist.[81] Im Oktober dieses Jahres 1973 gibt sich diese Millionärsgalaxie, deren einziger Beweggrund der Profit ist, einen bereits erwähnten Neuen im Hause zum Präsidenten, Peter G. Peterson, der nach seinem Bericht an Präsident Nixon knapp vor dem Dollarsturz mit 44 Jahren Handelsminister geworden war. Zur Seite steht ihm ein 1962 von Bobby Lehman als »Trader« verpflichteter Ungar namens Louis Glucksmann, der jetzt zwei Millionen Dollar Jahreseinkommen bezieht.[198] Als Peterson zur Sanierung des Hauses ein Zusammengehen mit der italienischen Kommerzialbank beschließt, wollen weder Paribas noch S. G. Warburg mit ihm weiter etwas zu tun haben.

Da eine andere große Investitionsbank in New York nicht verfügbar ist, versucht man es mit einer Provinzbank, und so tritt Becker auf den Plan. Dieses 1893 in Chicago gegründete Bankhaus hat später Handelswerte gehandelt und ist dann zu einem der ersten Akteure auf dem amerikanischen Devisen- und Börsenmarkt aufgestiegen sowie zusammen mit Goldman Sachs zum Führer des nationalen Marktes für Finanzeffekten.[81]

Als privilegierter Vermittler für zahlreiche europäische Gesellschaften, der auf dem kurzfristigen Dollarmarkt als Anleihegeber wie als Anleiher auftritt, ist er zugleich ein nicht zu verachtender Akteur auf dem Markt der amerikanischen Schatzanweisungen. Er wickelt immerhin 3 Prozent der Transaktionen der New Yorker Börse ab, mithin einen nicht unbeträchtlichen Anteil.

Nun begibt es sich, daß in diesem Augenblick die Mitarbeiter von Becker, in deren Händen sich sein gesamtes Kapital befindet, den Entwicklungsbedarf der Firma nicht mehr befriedigen können. Ende 1973 reist ihr Präsident, Paul Judy, nach London auf der Suche nach Teilhabern, die er in Amerika nicht findet. Dort trifft er auf Siegmund, der Interesse bekundet. Zur gleichen Zeit erlangt einer von Beckers Generaldirektoren, Dan Good, über einen seiner Freunde, den ehemaligen Finanzvorstand bei Hammer und Freund von Pierre Haas, ein Gespräch bei Paribas. Good unterrichtet Paribas davon, daß Becker Teilhaber suche.[81] Im Dezember 1973, einen Monat nach ihrer eigenen Abmachung, stimmen sich Paribas und Warburg entsprechend ab. Man beschließt, in Verhandlungen einzutreten, und vier Monate später, im April 1974, wird das Abkommen geschlossen: »S. G. Warburg-Paribas Inc.« bringt bei A. G. Becker 25 Millionen Dollar ein und erhält als Gegenleistung 40 Prozent des Kapitals sowie eine Option, den eigenen Anteil später auf über 50 Prozent zu erhöhen. Zwischen A .G. Becker und Warburg-Paribas wird eine gemeinsame Holding mit drei Filialen gegründet: eine für den Devisenmarkt (A. G. Becker), eine für das Börsenmaklergeschäft (A. G. Becker Securities) und die dritte fürs »Investment Banking« (Warburg-Paribas-Becker) – auch hier hat Siegmund persönlich auf den Namen geachtet...

Es war höchste Zeit, daß Becker Kapital fand, denn schon im Folgemonat Mai verringert sich durch die Freigabe der Börsenprovisionstarife die Rentabilität der New Yorker Makler, zu deren bedeutendsten Becker gehört. Die amerikanischen Großbanken, die jeden Profit wittern, glauben gewonnen zu haben.[81] In Wirklichkeit mußten auch sie Federn lassen, denn die Kostensteigerung bewirkt auch eine Hebung der Zinsen, so daß sich die Erlöse verringern, die die Banken durch diese Reformen erlangt zu haben glauben.

Siegmund freut sich, besitzt er doch jetzt das erträumte Werkzeug, um das wieder zu versuchen, was er schon vor zwanzig Jahren vergeblich mit Kuhn, Loeb & Co. angestrebt hatte: ein Äquivalent zu dem, was Morgan Stanley oder Lazard jetzt sind – eine sehr einflußreiche Bank. Er weiß, daß der Weg dorthin lang ist:[207] »Das wird zehn oder fünfzehn Jahre dauern. Schließlich hat André Meyer Jahre gebraucht, bis er Lazard in New York durchgesetzt hatte... Lazard war noch eine ganz kleine Firma, als er 1940 nach New York kam, und die fetten Jahre setzten erst 1960 ein, genaugenommen sogar erst Ende der sechziger Jahre mit seinem dicksten Kunden, ITT.«

Anfänglich geht zwischen den beiden »Divas« der Finanz alles gut. Sie machen gemeinsam weitere Geschäfte. Die Kontakte zwischen den Mitarbeitern erfolgen mehrmals täglich, die Geschäftsleitungen konferieren alle drei Monate. Drei Jahre lang ist die Verbindung für alle vorteilhaft: Die Paribas-Werte stellen einen wachsenden Anteil der Warburg-Gewinne dar.

Aber mit dem Erfolg treten auch die Ungereimtheiten der Abmachung an den Tag; man hatte nach dem Unilever-Modell an einen Leib mit zwei Köpfen gedacht, aber jeder, auch wenn er es nicht wahrhaben will, träumt doch insgeheim davon, sich den andern einzuverleiben. Außerdem vertrauen Paribas und Warburg nicht alle ihre amerikanischen Geschäfte Becker an; in der Finanzberatung und in der Anleihegarantie machen sie sich gegenseitig Konkurrenz. Überdies sind die Führungsmethoden radikal verschieden: Während Paribas nur von der Ferne aus Becker wie im übrigen die eigenen Filialen überwacht, gedenkt Siegmund New York genau so in den Griff zu bekommen, wie er London im Griff hat. Er schickt einige hochqualifizierte Personen hin und läßt sich eingehend berichten. Siegmund selbst telefoniert von Blonay aus oft mit dem Becker-Präsidenten Paul Judy und weiß wie üblich sehr schnell bestens in der Firma Bescheid. Schließlich ruft die Parität der beiden Teilhaber heikle operative Probleme ähnlich denen hervor, die er schon 1930 bei der Berliner Handels-Gesellschaft und 1963 bei Kuhn, Loeb in New York kennengelernt hatte.

Erneut Schuldenwirtschaft

Anfang 1975 nimmt Gerald Ford an Nixons Wirtschaftspolitik kaum Veränderungen vor, und Amerika sinkt noch tiefer in die Depression. Die Arbeitslosigkeit steigt von 5,5 Prozent im Januar auf 9 Prozent im Mai. Investitionen und Wohnungsnachfrage gehen beträchtlich zurück. Die Krise löst Kapitalknappheit und Zinssteigerungen aus, die diejenigen belasten, deren Schulden sich aufgehäuft haben. So steht Anfang 1975 die Stadt New York mit 7 Milliarden Dollar Schulden wie andere Städte am Rande des Bankrotts. Wertpapiere lassen sich schwer

absetzen. Der größte Weiterverkäufer für amerikanische Wertpapiere, W. T. Grand, steht vor dem Konkurs.[204]
Der Dollar ist sehr labil, und um ihn zu stützen, beschließen am 1. Februar 1975 die Zentralbankpräsidenten Deutschlands, der Schweiz und der Vereinigten Staaten eine Politik der konzertierten Marktintervention.[161] Im selben Monat verkauft die Federal Reserve Bank aufgrund der Bankabsprachen Devisen im Wert von 600 Millionen Dollar.[161] Die Währungen, die alle gegenseitig floaten, verhalten sich zögerlich. Selbst die Gemeinschaftsschlange hat ihren Sinn verloren, denn als solche stellt sie ja keine Währung dar. Alles ist unabsehbar geworden.

Die amerikanischen Banken werfen sich auf der Suche nach Gewinnen auf die Spekulationsmärkte und machen sich über ihre Auslandsfilialen, die mehr auf den Eurodollar setzen, als daß sie die Industrie finanzieren, selber Konkurrenz.

Am 1. Mai läßt Ford, um die Wirtschaft wieder in Gang zu bringen, die Zinsen senken – sie gehen von 13 Prozent im August 1974 auf 6,5 Prozent im Mai 1975 zurück – und die größte Steuersenkung der amerikanischen Geschichte verabschieden: 22,8 Milliarden Dollar. Da gleichzeitig die Bundesausgaben um 19 Prozent steigen, erreicht das Haushaltsdefizit jetzt 71,2 Milliarden Dollar gegenüber 43 im Vorjahr. Umgekehrt verbessert sich die Zahlungsbilanz; nach Erreichen des Ausgleichs in den Jahren 1973 und 1974 bringt sie 1975 einen Überschuß von 11 Milliarden Dollar.

In dieser etwas entspannteren Atmosphäre legt Wall Street, um Kapital anzulocken, immer mehr einstige Fesseln ab. Da die Bank- und Börsenprovisionen sehr frei sind, will jetzt jeder Investor darüber reden: Banken und Makler müssen zusehen, wie ihre Gewinne rapide schrumpfen. Wie schon im Vorjahr beschleunigen sich die kurzfristigen Kredite, und die Handelsbanken verleihen, angezogen durch die dort leichter erzielbaren Gewinne als in den Industrieländern, viel Geld nach Lateinamerika und Asien: über 30 Milliarden Dollar pro Jahr, d.h. mehr, als diese Länder an öffentlicher Entwicklungshilfe bekommen. 1975 beläuft sich deren Gesamtschuld auf 180 Milliarden Dollar, dabei mehr als die Hälfte bei Handelsbanken.

Zur selben Zeit kommt alles mit unglaublicher Geschmeidigkeit wieder in Gang; die Multis gehorchen mehr und mehr den amerikanischen Bankregeln und müssen ihre Bilanzen sanieren. Die langfristigen Kredite steigen gewaltig. Waren im schwarzen Jahr 1974 nur 81 Emissionen im Wert von 1,9 Milliarden aufgelegt worden, so wird 1975 mit 248 Emissionen für insgesamt 8,3 Milliarden Dollar ein absoluter Rekord erzielt, der weit über den 5 Milliarden von 1972 liegt.[204] Hier liegt tatsächlich ein qualitativer Sprung vor, der sich in den Folgejahren bestätigt.

Nach vierzig Jahren hält also wieder die Schuldenwirtschaft Einzug. Und zwar zügellos. So wird beispielsweise die im Oktober von Kidder Peabody, Paribas, Schweizerischer Kreditanstalt und Nomura für die EGKS aufgelegte Anleihe, die anfangs auf 50 Millionen Dollar lautete, auf 100 Millionen angehoben.[204] Das Tempo der Operationen beschleunigt sich gegenüber dem Vorjahr aufs Dreifache. Jetzt vergehen zwischen der Kontaktaufnahme des Anleihenehmers mit einem oder mehreren potentiellen Federführenden und dem Augenblick, da die Gewährleistungsbanken gefunden, der Vertrag geschlossen, das Syndikat errichtet und der Kampf um Provisionen und Konditionen beendet ist, nicht einmal mehr zwei Tage. Der Markt funktioniert jetzt rund um die Uhr, an fünf (wenn nicht sieben) Tagen in der Woche und erdballweit. So bringt Siegmund zwischen dem Weihnachtstag 1975 und dem Neujahrstag 1976 eine EGKS-Anleihe für 125 Millionen Dollar per Telefon unter, wobei er sich ganz an seine Gewohnheit hält und sich erst verpflichtet, als er den wesentlichen Teil bereits sicher plaziert hat.[204]

Dabei rangiert nach dem *International Investor* S. G. Warburg 1975 trotz Beckers Hilfe nicht höher als auf dem zwölften Platz, auch wenn sie die einzige Geschäftsbank unter den zehn ersten Markanleihern und die einzige für die EG tätige britische Merchant Bank ist. Ein Jahr später hat sie sich dennoch ihren Weltranglistenplatz wieder gesichert und ist in der *Euromoney*-Liste zum viertgrößten Federführer[204] aufgestiegen.

Dreißig Jahre danach

1976 ist ein seltsames Jahr. Dreißig Jahre nach der Gründung von S. G. Warburg trifft die Welt auf Probleme, von denen man ohne weiteres behaupten kann, sie seien den unmittelbaren Nachkriegsproblemen sehr ähnlich.

Wie vor dreißig Jahren sind die Statuten des IWF im Gespräch. Der IWF-Interimsausschuß organisiert auf seiner Tagung am 7. und 8. Januar 1976 in Kingston die Aufstockung der Quoten. Wie vor dreißig Jahren stecken die Währungen in der Krise. Am 15. März verläßt der Franc, nachdem Frankreich die Senkung seiner Außendefizite nicht gelungen ist, erneut die Gemeinschaftsschlange. Wie vor dreißig Jahren beunruhigt die drohende Arbeitslosigkeit Amerika und wirft der Kongreß dem Präsidenten Ford vor, er tue nicht genügend, damit die Wirtschaft wieder auf Touren kommt, und das, obwohl das Haushaltsdefizit bereits 66,4 Milliarden Dollar und die Inflationsrate 6 Prozent beträgt. Wie vor dreißig Jahren halten die Amerikaner ihrer Regierung vor, sie gebe zuviel Geld in Europa aus.

Wie vor dreißig Jahren steckt England in einer Währungs- und Wirtschaftskrise: Arbeitslosigkeit und Inflation machen sich breit, und trotz der Erschließung des Nordseeöls rutscht das Pfund von 2 Dollar am 1. Januar auf 1,56 Dollar im Oktober ab. Wie vor dreißig Jahren beantragt London einen IWF-Kredit, diesmal von 3,9 Milliarden Dollar, wofür wie vor dreißig Jahren der IWF von der britischen Regierung Haushaltseinsparungen verlangt.[35] Wie vor dreißig Jahren spricht ein Weißbuch über die Industriepolitik von der schwachen Investitionstätigkeit, vom Übergewicht des Staates auf dem Finanzmarkt, von der geringen Spartätigkeit und dem unzureichenden Interesse der Merchant Banks in diesem Sektor und empfiehlt die Entwicklung eines »dynamischen, kräftigen und gewinnbringenden« Privatsektors und eine Politik des Aufschwungs, die »der Industrieentwicklung Vorrang vor dem Verbrauch und sogar vor unseren sozialen Zielsetzungen einräumt«.[35]

Schlägt sich England auch mit einem Lebensstandard, der kaum zweimal so hoch ist wie vor dreißig Jahren, mit denselben Schwierigkeiten herum, so ist die Bank S. G. Warburg doch in der gleichen Zeit zu einer zugleich englischen und weltweit anerkannten Institution geworden, die deutlich vor Augen führt, welche Kluft zwischen der City und dem übrigen Lande gähnt.

Im April ist die Dreißigjahrfeier von S. G. Warburg Anlaß eines großen Diners mit sämtlichen Aufsichtsratsmitgliedern. Siegmund, der eigens aus Blonay angereist ist, kann stolz auf sich sein: Seine Bank ist, nach Nettogewinnen gerechnet, die erste Merchant Bank am Platze, und nicht zu knapp.

Die Gruppe strotzt vor Gesundheit. Mercury Securities besitzt drei Viertel der Bank S. G. Warburg, und die restlichen 25 Prozent gehören Paribas, mit der zusammen im Juni 1976 20 Prozent des Kapitals einer ganz kleinen kanadischen Bank gekauft wurden – der Canadian Commercial and Industrial Bank in Edmonton. S. G. Warburg kontrolliert Becker in den USA, eine Bank in der Schweiz, eine weitere in Frankfurt, besitzt Interessen in Tokio, Hongkong und Luxemburg. Desgleichen verfügt Mercury über die Mehrheit bei Brandeis (deren Gewinne sich in diesem Jahr verfünffachen und die International Minerals and Metals kauft), hält einen guten Platz im Versicherungswesen, im Schiffsbau (drei Schiffe in Norwegen), besitzt 25 Prozent von Paribas, kontrolliert die Pensionsfondsberatung MPA mit Agenten in ganz Europa und Australien, Warburg Investment Management und schließlich noch die beiden Werbefirmen Masius Wynne Williams und Arcy-MacManus.

In diesem Jahr organisiert die Bank außerdem den Aufkauf von Felixstowe Docks durch European Ferries, verteidigt Garton & Artagent gegen einen Vereinnahmungsversuch und realisiert ein Sechstel aller britischen Kapitalaufstockungen. Die Liste ihrer englischen Kunden ist eindrucksvoll: British Petroleum, Imperial Chemical Industries, Reed International, Trust House Forte...

Aber bei dieser Dreißigjahrfeier kann Siegmund vor allem stolz feststellen, daß es ihm gelungen ist, wieder seinen festen Platz auf dem weiterhin explodierenden Eurodollarmarkt gefunden zu haben, dessen Zinsen mittlerweile höchst interessant sind: Allein im Januar 1976 werden so viele Euroemissionen aufgelegt wie im ganzen Jahr 1974 zusammen![204] Im gesamten Jahr sind es dann 346, also fast eine pro Tag, im Gesamtbetrag von 15 Milliarden Dollar, also doppelt soviel wie im ohnehin schon außergewöhnlichen Vorjahr, obgleich auch das nur die Hälfte der kurzfristigen Eurokredite ausmacht. Ungeheure Summen stehen zur Debatte: S. G. Warburg teilt sich mit der Deutschen Bank in die Leitung der 100-Millionen-Dollar-Anleihe von ICI; am 14. März 1976 begibt die EWG unter Federführung der Deutschen Bank eine Anleihe von 300 Millionen Dollar, also mehr als das Doppelte der vorigen Rekordsumme; eine weitere 500-Millionen-Dollar-Anleihe folgt drei Wochen später für denselben Anleihenehmer.[204] Weit ist der Weg seit den 15 Millionen für Autostrade!

In diesem Jahr ist S. G. Warburg & Co. wieder zur ersten britischen Bank aufgerückt, ist weltweit vierte in der Federführung auf dem Eurodollarmarkt; sie leitet 52 Euroemissionen des Jahres, mehr als alle anderen englischen Banken zusammen.[204]

Die Gehälter sind vernünftig geblieben: Der Bankpräsident erhält 39000 Pfund im Jahr, die Vorstandsmitglieder zwischen 20000 und 32500, während ihre Kollegen in den amerikanischen Filialen englischer Banken dreimal mehr vor Steuern verdienen, siebenmal mehr nach Steuern. In diesem Jahr fordert der Vorsitzende Sir Eric Roll, der inzwischen Lord Roll geworden ist, in seinem Jahresbericht die »britische Regierung auf, etwas gegen die zu hohe Besteuerung zu unternehmen, mit denen die Führungskräfte der Banken bestraft werden«.

Aber Siegmund macht sich Sorgen, der Erfolg könnte seine Bank lähmen, er befürchtet, seine Führungskräfte könnten es machen wie »jene Leute, denen mehr daran liegt, einen Fehlschlag zu vermeiden, als einen Erfolg zu verbuchen«,[214] und die Größe der Firma beunruhigt ihn. »Wir sind heute auf beiden Seiten des Atlantiks zu groß. Das ist der Preis des Erfolgs. Man nimmt zu viele Kunden an, und die Qualität der Leistung leidet darunter. Man muß auch Geschäfte ablehnen und sie anderen weitergeben können«, sagt er etwas später öffentlich.[207] Wenige Tage vor seinem Geburtstag schreibt er in sein Heft:[214] »Unsere Anstrengungen gehen in die falsche Richtung, wenn wir nicht mehr den Mut haben, nein zu sagen.«

Zu dem Festtag sendet ihm die Geschäftsleitung der Schweizerischen Kreditanstalt, die durch den Aufkauf von White Weld gerade zu seinem stärksten Konkurrenten bei den Euroemissionen geworden ist, einen jener Silberpokale, die er so liebt, mit dem einzigen gravierten Wort: »Bewunderung.«

Der Aufzug von Gresham Street

Ein Jahr später müssen jene, die die Krise für vorübergehend hielten, ihre Meinung berichtigen. Amerika sinkt immer tiefer in die Rezession, und die Weltfinanzlage wird und wird nicht besser. Jimmy Carter kommt für Gerald Ford ins Weiße Haus und beginnt mit einer expansiveren Wirtschaftspolitik in der Hoffnung, die Arbeitslosigkeit, deren Zunahme Ford gebremst hatte, senken zu können. Er beschließt eine kräftige Anhebung der Abgaben auf die Ölprodukte, womit das Haushaltsdefizit auf 45 Milliarden Dollar sinkt. Die Gewinne steigen, aber die Inflation beschleunigt sich; Wachstum und Arbeitsplatzbeschaffung bleiben hinter den Erwartungen zurück. Vor allem gerät die Zahlungsbilanz wieder in ein Defizit von 14 Milliarden, und das Handelsbilanzdefizit erreicht 32 Milliarden. Die Risiken in Amerika lassen erste Kreditgeber die Flucht ergreifen.[204] Europa, das den Dollar stützt, indem es ihn kauft, importiert gleichzeitig dessen Inflation. Um diese Dollars außerhalb Amerikas zu nutzen, überbieten sich die Bankiers gegenseitig mit Neuerfindungen; Depotzertifikate mit floatendem Zinssatz werden geschaffen, Wechselkursgarantien...

Wall Street bleiben die Schwierigkeiten nicht erspart: Kuhn, Loeb & Co. ist jetzt endgültig ins Trudeln geraten und findet endlich einen Käufer für 18 Millionen Dollar, Lehman Brothers, dessen Kapital runde 60 Millionen Dollar beträgt – lachhafte Beträge, verglichen mit ihrem Umsatz. Ende einer Epoche. Der Lehman-Präsident Peterson wird zum Präsidenten und Generaldirektor des Ganzen ernannt, das den Namen Lehman Brothers behält, und John Schiff wird Ehrenpräsident. Um wenigstens noch ein bißchen einen Namen zu wahren, der eine ganze Epoche amerikanischer Finanzgeschichte symbolisiert, wird eine internationale Filiale unter dem Namen »Kuhn Loeb-Lehman Brothers International« gegründet.[197]

Zwischen Paribas und Warburg verschlechtern sich die Beziehungen zusehends. Jede Seite bedient sich bei ihren Geschäften weiterhin anderer amerikanischer Banken, und S. G. Warburg gründet in New York neben »Warburg-Becker-Paribas« wieder eine eigene Agentur. Im September reist Siegmund nach Amerika. Die Art, wie das Haus geführt wird, gefällt ihm ganz und gar nicht. Vor allem gelingt es Warburg-Paribas entgegen seinen Hoffnungen nicht, auf dem Emissionsmarkt jenseits des Atlantiks Fuß zu fassen, da die europäischen und japanischen Anleiher lieber die Dienste amerikanischer Banken in Anspruch nehmen. Er kriegt Krach mit der Leitung, und bei seiner Rückkehr notiert er sich, was ihm die Becker-Sekretärin Mrs. Russ gesagt hat:[214] »Um geachtet zu werden, muß man auch als etwas gräßlich gelten.« Er ist geachtet.

In London ist der Dollar trotz seiner Schwäche in zwei Dritteln der Euroemissionen Nennwährung, und nur die Deutsche Mark macht ihm Konkurrenz. Die durch die Ölpreissteigerungen ins Defizit geratenen europäischen Länder nehmen mehr als die Hälfte der Gesamtsumme auf, der Rest verteilt sich auf Japan, Kanada und Australien.[204] Die Beträge der zu plazierenden Euroemissionen werden tagtäglich höher; man braucht schon kräftige Nerven, um auf diesem Markt mitzuhalten. Es kommt sogar vor, daß sich ein Federführender, nur um sich ein Angebot zu sichern, sekundenschnell allein zur Plazierung einer großen Emission verpflichtet, ohne sich zuvor eines Partners zu vergewissern – so die Schweizerische Bankgesellschaft, die irgendwann 1977 ganz allein das Risiko auf sich nimmt, eine Sechsjahresanleihe von 200 Millionen Dollar für Mobil Oil International unterzubringen.[204] Selbst die seriösesten Regierungen nehmen jetzt auf diesen Märkten Anleihen auf, wobei sie nach Kräften eine kurzfristige Anleiheaufnahme zu vermeiden suchen. So begibt die schwedische Regierung im Juni eine mittelfristige Anleihe von 200 Millionen Dollar, im September die australische Regierung eine weitere für 250 Millionen Dollar. In diesem Jahr werden 363 Euroemissionen in Gesamthöhe von 18 Milliarden Dollar aufgelegt, also wiederum mehr als die 346 Emissionen für 15 Milliarden Dollar im Vorjahr. S. G. Warburg organisiert davon 66 für 3,7 Milliarden Dollar als Federführender und wird damit, immer noch nach der Deutschen Bank, zur weltweit zweiten nach Emissionszahl und zur dritten nach Beträgen, weiterhin hinter der Kreditbank und der Schweizerischen Kreditanstalt. Die größte französische Bank, der Crédit Lyonnais, kommt erst an neunter Stelle.[204]

Die City hat mittlerweile mit England kaum noch etwas zu tun, nicht einmal mit den englischen Banken: S. G. Warburg ist jetzt unter den ersten zwanzig auf diesem Markt die einzige britische Bank. Das alles spricht eindeutig für den seltenen Sachverstand ihrer Männer, die ungewöhnliche Gediegenheit ihrer Analyse und die schlafwandlerische Sicherheit ihrer Anlagen.

In Großbritannien stabilisiert sich das Pfund wieder einmal auf Kosten der Investition, und James Callaghan wird mit seinem Schatzkanzler Dennis Healey nicht mehr mit dem Lohnanstieg fertig. Im Juli 1977 setzen sich die Gewerkschaften gegen Callaghan wie vordem schon gegen Wilson durch[35] und steigen die Reallöhne um 14 Prozent.

In diesem Jahr macht *Business Week* für England und die City eine schreckliche Bilanz auf und beschreibt Siegmund als die »einzig überlebende Ausnahme« und seine Bank als »Hauptmacht der City, die stets von der Schweiz aus durch Siegmunds Fernschreiben und Anrufe gesteuert wird, der es verstanden hat, sich auf die beiden gewinnträchtigsten Gebiete zu spezialisieren: die Finanzberatung und die internationale Gewährleistung«.

Bei allen Erfolgen beharrt Siegmund auf der Einhaltung der seit Anfang geltenden Regeln in der Gresham Street. Immer noch steht kein Name an der Tür. Der Jahresbericht bleibt trocken. Die Arbeitszeit kennt keine Grenzen. Wenn der Strom ausfällt, so heißt es, wird bei Kerzenlicht weitergearbeitet. Einer seiner Mitarbeiter erzählt: »Ich wartete gerade auf den Aufzug, als eine vierköpfige Gruppe (Warburg, Grunfeld, Roll, Scholey) an mir vorbeikam und die Treppe nahm. Danach habe ich monatelang nicht mehr den Aufzug benutzt.« Tatsächlich begaben sich die vier zum Lunch in den ersten Stock...

»Die meisten Beobachter der City«, schreibt damals die *Times*, »schreiben seinen Erfolg seiner fanatisch anspruchsvollen Teamarbeit und gerade soviel an Neuerung zu, wessen es bedarf, immer an der Spitze des Feldes zu stehen.« Sein Anspruch ist ungebrochen. Im Februar notiert er sich:[214] »Zu den guten Eigenschaften eines Leiters gehört es, daß er sich sowenig wie möglich um Mittelmäßige schert«, und: »Wenn mittelmäßige Menschen Einfluß haben, dann üben sie ihn in der falschen Richtung aus.«

David Scholey, mehr denn je designierter Nachfolger, wird jetzt Vizepräsident der Bank. Aber Siegmund gibt die Zügel nicht aus der Hand und versucht, von seinem Aufenthaltsort aus die Größe der Gruppe zu verengen. Er möchte verkaufen, die toten Äste zurückschneiden und wieder klein werden. Zunächst gibt er eine seiner Werbeagenturen, Masius Wynne Williams, die amerikanisch werden möchte, an die andere, Arcy-MacManus, ab, dann versucht er, Brandeis-Goldschmidt zu verkaufen, deren Gewinne um drei Viertel zurückgehen; tatsächlich wird es allmählich unmöglich, Metalle zu handeln, wenn man nicht die Rohstoffquellen beherrscht.

Das Debakel von Belgrad

Im folgenden Jahr stürzt Amerika in die Talsohle der Krise, die zehn Jahre zuvor eingesetzt hatte. Trotz starken Wachstums pendelt die Arbeitslosigkeit immer noch um 6 Prozent, die Inflation beschleunigt sich, das Handelsdefizit klettert auf 39 Milliarden Dollar, und das Zahlungsbilanzdefizit bleibt bei 14 Milliarden. Aber die Furcht vor einer noch stärkeren Inflation läßt die amerikanischen Zinsen wieder schwindelerregende Höhen erreichen: Zu Jahresbeginn betragen sie 7,5 Prozent, am Jahresende 12 Prozent. Das Vertrauen auf Amerika ist angeschlagen, und selbst der amerikanische Staat gilt jetzt als Risikoanleihenehmer. Im April kann sich erstmalig in der Geschichte des Landes ein Unternehmen, Beatrix Food, im Ausland zu niedrigeren Geldkosten verschulden als die Regierung.[204] Washington ist wie von Hunden gehetzt. Carter und sein Finanzminister streiten sich wegen der einzuschlagenden Politik und reden fast nicht mehr miteinander.

In dieser Zeit tritt am 1. Juni 1978 Pierre Moussa an die Stelle von Jacques de Fouchier an der Spitze von Paribas, und Pierre Haas tritt Moussas Nachfolge im Vorsitz von »Paribas-Warburg« an, in den er sich mit David Scholey teilt. Inzwischen ist Becker bei den Warenwechseln und in der Finanzberatung in die vorderste Reihe der amerikanischen Banken vorgestoßen, dabei aber immer noch etwas provinziell geblieben, hat sich auf dem Effekten- und Anleihemarkt nicht durchsetzen können und leidet ziemlich unter der amerikanischen Rezession.

In anderen Ländern ziehen die Schulden neue Schulden nach sich: Argentinien, Mexiko, die Philippinen nehmen unverhohlen auf dem Eurodollarmarkt und bei den New Yorker Handelsbanken Kredite auf. In London verlangsamt sich angesichts des Dollarsturzes der Euroemissionsmarkt – in diesem Jahr werden nur noch 248 Emissionen zu insgesamt 12 Milliarden Dollar aufgelegt. Zur Konsolidierung der eigenen Darlehen nimmt die Weltbank dort 500 Millionen Dollar zu 5 Prozent auf.

Anfang Oktober 1978 indessen wird die amerikanische Zahlungskrise so offenkundig, daß auf dem Euroemissionsmarkt kein Mensch mehr Dollars haben will und nur noch Deutsche Mark unterzubringen sind. Überall gerät, genährt durch die Dollars, die die Zentralbanken zur Stützung der amerikanischen Währung kaufen, die Inflation wieder in Fahrt. Wie schon im Juli des Vorjahres setzt Dennis Healey in Großbritannien das Lohnziel auf 5 Prozent fest, aber die wirklichen Abschlüsse schießen weit darüber hinaus, zunächst bei den Ford-Arbeitern, die 17 Prozent erlangen, dann bei den Lastwagenfahrern und Straßenarbeitern. Die von Labour begonnene Einkommenspolitik zerrinnt ins Nichts.[35]

In Washington herrscht völlige Kopflosigkeit; Ende Oktober wird die Lage auf den Devisenmärkten geradezu katastrophal. Da kein Mensch der Politik vertraut, stürzt der Dollar ab. Daraufhin beruft Carter am 27. Finanzminister Michael Blumenthal ins Weiße Haus – zum ersten Vieraugengespräch seit fast einem Jahr. Blumenthal malt ein katastrophales Bild der Lage und droht mit Rücktritt, wenn nichts unternommen werde, um die Inflation zu drosseln und den Dollar zu stärken. Präsident Carter, der immer noch vom Wachstum besessen ist, sieht restriktive Maßnahmen weiterhin höchst ungern. Dennoch beauftragt er Blumenthal, einen Stützungsplan für den Dollar auszuarbeiten. Und schon beginnt der Kreislauf von neuem wie in London vor dreizehn Jahren.

Schon am nächsten Tag kontaktiert Finanzstaatssekretär Salomon einen der IWF-Direktoren, William Dale, und bittet um einen Kredit von 5 Milliarden Dollar in Sonderziehungsrechten für die Vereinigten Staaten, sodann reist er nach Basel, um dort die weiteren, von Blumenthal vorgesehenen Maßnahmen zur Stützung des Dollar und Aufstockung der Reserven vorzutragen. Er will Devisenschatzanweisungen in Höhe von 10 Milliarden Dollar ausgeben und verlangt einen Kredit von 6 Milliarden Dollar von der Bundesrepublik Deutschland, 5 Milliarden von Japan und 4 von der Schweiz. Insgesamt also 30 Milliarden Dollar. Die deutsche, japanische und schweizerische Regierung sind einverstanden. Zur Reduzierung der Geldmasse bereitet der Präsident der Zentralbank seinerseits eine Diskonthebung um einen

Punkt sowie eine Aufstockung der Bankreserven vor. Am Sonntag, dem 29. Oktober, deutet in London die *Sunday Times* an, sehr bedeutsame Maßnahmen stünden unmittelbar vor der Tür, was Salomon kategorisch dementiert. Am Montag, dem 30., ist der Plan fertig. Am Mittwoch, dem 1. November und Eröffnungstag der IWF-Generalversammlung in Belgrad, sind die europäischen Märkte wegen Allerheiligen geschlossen; sichtlich erschüttert verkündet Präsident Carter, von Blumenthal und Miller begleitet, die Schaffung eines Interventionsfonds von 30 Milliarden zur Stützung des Dollar, eine Verfünffachung der amerikanischen Goldverkäufe und eine Diskonthebung auf 9,3 Prozent. In den folgenden Tagen geht der Dollar wieder nach oben. Mit seiner Stützung importiert Europa weiterhin die amerikanische Inflation, und im Dezember wird das europäische Währungssystem begründet. Großbritannien bleibt abseits. Aber schon einen Monat später zeigt der Dollar aufgrund der Iranereignisse und der Ankündigung weiterer Ölpreissteigerungen die Nase wieder nach unten. Nichts ist gelaufen.

Für Siegmund kennzeichnet das Ende dieses Jahres vor allem eine Japanreise, auf der ihn am 6. November der Kaiser und der damalige Ministerpräsident Fukuda mit dem höchsten japanischen Orden, dem Orden vom Heiligen Schrein, ehren. Die Laudatio ist des Lobes voll: »Die Bank S. G. Warburg trägt sehr zur wirtschaftlichen Entwicklung Japans bei dank der großen Weitsicht und überreichen Fachkenntnisse von Herrn Warburg. Herr Warburg verdient weiterhin unser volles Vertrauen, und von ihm, der Japan so sehr gut kennt, ist noch viel zu erwarten.«

Rückkehr zu einem geordneten Währungssystem

Es besteht guter Grund zu der Annahme, daß das Belgrader Debakel in der Nachkriegsfinanzgeschichte einen bedeutsamen Wendepunkt darstellte. Gewiß setzt das Schiff noch eine Zeitlang seine Irrfahrt fort; 1979 klettert die erstmals zweistellige amerikanische Inflationsrate auf über 11 Prozent, obwohl der Geldzuwachs um die Hälfte zurückgeht. Und der Sturz des Dollar verhindert nicht, daß sich das Handelsbilanzdefizit der 40-Milliarden-Dollar-Marke nähert, obwohl sich die

Zahlungsbilanz ausgleicht. Und bei Jahresbeginn geht zwar das Haushaltsdefizit um die Hälfte zurück, aber der Dollar fällt weiter.

Im Oktober 1979 jedoch beschließt der neue Präsident der Federal Reserve Bank, Paul Volcker, eine noch rigorosere Politik. Er erläßt eine neue und massive Zinserhöhung von 12 auf 16 Prozent und beschränkt den Geldzuwachs auf 4 Prozent: Beim zweiten Ölschock im November fällt das Außendefizit plötzlich auf Null. Daraufhin stellt Europa die Dollarstützung ein und kann mit der eigenen Inflationsbekämpfung beginnen.

In der Wall Street macht die Unsicherheit des Dollar in diesem Jahr die Märkte fieberhaft und verschärft die Risiken; die Konkurrenz wird immer härter, und Entscheidungen müssen immer schneller getroffen werden. Die Banken schließen sich zusammen, um besser durchstehen zu können. So stellt beispielsweise die Fusion der internationalen Aktivitäten der First Boston, die bereits White Weld aufgekauft hat, mit denen der Schweizerischen Kreditanstalt in einem »Crédit Suisse First Boston« eine große Mutation dar.[81]

Bei Becker hat Paul Judy mittlerweile von Siegmunds allgegenwärtiger Gängelei die Nase voll. Im Juni 1979 scheidet er aus dem Vorsitz aus, bleibt aber Berater des Hauses. Siegmund lehnt die Anregung seiner Mitarbeiter ab, für die Auswahl eines Nachfolgers die Dienste eines Kopfjägers in Anspruch zu nehmen: »Aber nein, das nützt gar nichts! Alle guten Kandidaten sind uns bekannt...« Er konsultiert seinen New Yorker Rechtsanwalt Ira Wender, den er 1964 kennengelernt hat und der mittlerweile einer seiner »Adoptivsöhne« geworden ist; 1970 hat er ihn zum Präsidenten seiner kleinen amerikanischen Bank S. G. Warburg Inc. gemacht; nach dem Aufkauf von Becker 1974 kehrte er wieder ins Rechtsanwaltsgeschäft zurück. Auf seinen Rat hin bildet Siegmund ein Komitee aus den drei höchsten Führungskräften bei Becker und bittet sie, sich selbst einen Präsidenten zu suchen. Sie versuchen es, aber keiner der Vorschläge gefällt Siegmund, und nach einem halben Jahr fällt die Wahl des Komitees auf Wender selbst. Bei S. G. Warburg und Paribas ist man einverstanden.

Siegmund kümmert sich jetzt ziemlich viel um Becker, und die beiden europäischen Teilhaber übernehmen einen wachsenden Anteil des Kapitals. Die größten Namen der amerikanischen, japanischen und europäischen Industrie- und Finanzwelt einschließlich der EGKS, die sich von dem ins Schleudern geratenen Bankhaus Kuhn, Loeb & Co. abgewandt hat, vertrauen ihre Transaktionen jetzt S. G. Warburg an. Die Bank macht auch schöne Geschäfte, solange die Konkurrenz zwischen Paris und London nicht hineinspielt – bei den Fusionen und dem (vom niedrigen Dollarkurs begünstigten) Erwerb amerikanischer Gesellschaften durch europäische Unternehmen, so etwa des amerikanischen Zementherstellers Coplay Cement durch Ciments Français und dem Aufkauf von Illinois Prospectives Ltd. durch UK National Coal.

In London hat der Euroemissionsmarkt wieder eine sehr hohe Aktivität gewonnen. Neben den kurzfristigen Krediten in Höhe von 200 Milliarden Dollar, die die Handelsbanken binnen fünfzehn Jahren an Länder der dritten Welt gegeben haben, sind im selben Zeitraum 1954 Emissionen über 60 Milliarden Dollar getätigt worden, von denen 355 Emissionen mit 12,5 Milliarden Dollar auf Siegmunds Konto gingen.[204] In dieser Zeit hält er bei der Zahl der plazierten Anleihen weltweit den vierten und bei der Gesamtsumme den siebten Platz.[204]

In England fordert der Versuch, die Krise über eine Austeritypolitik in den Griff zu bekommen, schwere Opfer. 1979 liegt das BSP ohne Erdöl um 5 Prozent unter dem von 1975. Am 3. Mai verliert Labour die Wahl, Margaret Thatcher wird Premierminister und beseitigt sofort die letzten Devisenkontrollen. Mit dem Banking Act wird die britische Bankgesetzgebung an die der Europäischen Gemeinschaft angepaßt.[35] Ein Einlagenschutzfonds wird gegründet; verwaltet wird er von der Bank von England sowie vom Schatzamt designierten Bankiers, zu denen auch David Scholey gehört. Trotz dieser Anstrengungen beschleunigt sich die Inflation und breiten sich Rezession und Arbeitslosigkeit aus.

Der Mikrokosmos der City ist jetzt immer weniger Abbild der britischen Wirklichkeit und immer mehr Spiegelbild des Kräfteverhältnisses in der Welt. Unter den dort niedergelassenen 355 ausländischen Banken haben die Japaner inzwischen die Amerikaner überrundet und nehmen mehr Deviseneinlagen als letztere ein; auch Franzosen, Deutsche, Araber (zum Beispiel die Saudi International Bank oder die Arab Banking Corporation of Bahrain) sind ebenfalls eifrig bei der Sache.[204]

In diesem Jahr gründen Effecten-Warburg mit S. G. Warburg und der Züricher Leu-Bank unter dem Namen »Société de banques S. G. Warburg et Leu« eine gemeinsame Filiale in Luxemburg, das ein bedeutender Platz für Euroemissionen geworden ist. Im Jahr darauf kann S. G. Warburg ihren englischen Umsatz erneut steigern, und zwar um 30 Prozent. Gemeinsam mit Rothschild organisiert sie eine Finanzierung für die British National Oil Corporation, den Aufkauf von Avery durch General Electric sowie eine Aktienausgabe für British Petroleum.

Siegmund freilich behauptet, er habe an diesen Dingen keinerlei Teil.[207] David Scholey tritt jetzt an Eric Rolls Seite als Kopräsident der Bank und Vizepräsident von Mercury Securities.

In den Vereinigten Staaten will 1980 trotz der Austeritykur die Maschine nicht ins Lot kommen. Nur die Zahlungsbilanz wird ausgeglichen, aber um welchen Preis: Haushaltsdefizit 60 Milliarden Dollar, Inflationsrate von über 13 Prozent, Verlangsamung des Wachstums, Anstieg der Arbeitslosigkeit. In der übrigen Welt verlangsamt sich ganz deutlich als Zeichen, wie tief die Rezession reicht, die internationale Geldschöpfung, d.h. die Schöpfung von Eurodollars. Die Ölländer geben weniger Kredite. Die amtlichen Dollarreserven der Zentralbanken, die während der ganzen siebziger Jahre jedes Jahr um 20 Prozent gestiegen waren, sind Ende 1980 bei 300 Milliarden stehengeblieben. Immer noch stellt der Dollar 80 Prozent der Währungsreserven dar. Insgesamt dürfte die im Umlauf befindliche Eurodollarmasse etwa tausend Milliarden betragen, obgleich es in diesem Bereich die ausgefallensten Schätzungen gibt.

Während die eigentliche Wirtschaft stagniert, blüht und gedeiht der Finanzmarkt. Innerhalb eines einzigen Jahres werden 310 Euroemissionen über 18,8 Milliarden Dollar aufgelegt, und S. G. Warburg hält hier immer noch den dritten Rang.

Da Siegmund in der Schweiz stärker Fuß fassen möchte, kauft er im März 1981 ein Drittel des Kapitals einer kleinen, aber höchst erfindungsreichen Bank auf, der in Genf von Maurice Dwek geleiteten SODITIC, von der Paribas Schweiz bereits ein Drittel besitzt.

Mitte 1981 fallen die Öl- und Rohstoffkurse und setzt die Deflation ein. Wiederum steigen die Jahresauflagen von Euroemissionen über das Rekordjahr 1977 und erreichen 26 Milliarden Dollar, die kurzfristigen Darlehen in Eurowährungen liegen bei 113 Milliarden Dollar. Um sich gegen die Folgen der Aufhebung der Devisenkontrollen zu schützen, die eine massive Devisenflucht zur Folge hat, beschließt die City, ausländische Banken zur Niederlassung zu bewegen Das Allerheiligste, das Komitee der Akzeptbanken, öffnet sich für Ausländer.

Im Juni verkauft Mercury Securities nach zweijährigen, von Henry Grunfeld und Präsident A. O. Creutziger geführten Verhandlungen Brandeis-Goldschmidt an Pechiney. Ende einer Epoche.

»Investition für den Frieden«

Siegmund fühlt sich aller Bindungen ledig und findet sich endlich damit ab, daß er über den Gang der Dinge in der Welt keine Macht hat. Im Grunde, so denkt er, sei sein Einfluß seit jeher sehr gering gewesen. Seitdem ihm die Politik versagt blieb, in seinem Herkunfts- wie in seinem Adoptivland, habe er niemals wirklich eine Rolle spielen können noch es auch nur wahrhaft gewollt. Er erinnert sich, wie die Wilhelmstraße ihn nicht unterstützte, als er von den Nazis bedroht war, und wie ihn auch das Foreign Office nicht schützte, als er von einigen Ölländern boykottiert wurde.

Sein Universalismus führt ihn jetzt wieder etwas zu seiner jüdischen Identität zurück, die bislang für ihn nur wenig gezählt hatte. Er verschlingt die Bücher von Elie Wiesel (beispielsweise *Die Nacht*), die er in deutscher Fassung liest und deswegen so gern mag, weil sie »ethisch wertvoll« seien. Seine Freunde läßt er wissen, er sei zwar weder Zionist noch Antizionist, aber die Angelegenheiten Israels interessierten ihn jetzt mehr als früher. Häufig trifft er sich mit Nahum Goldmann, dem er sich sehr nahe fühlt. Da ihn Moral und Gesetz mehr berühren als ein Grund und Boden, kann er sich kaum vorstellen, daß sich ein Jude nicht so anspruchsvoll benimmt, wie es seiner Meinung nach das Buch der Bücher verlangt. Israel, das er im vertrauten Gespräch auf deutsch »unser Sorgenkind« nennt, beschäftigt ihn sehr – weil es eben Israel ist, weil der Nahe Osten zum Zündfunken eines Weltkrieges werden kann und weil ihm aus den ersten Englandjahren die Passion geblieben ist, Flüchtlingen und Entwurzelten zu helfen. Und deswegen gehen ihn jetzt auch die

Palästinenser an. Er will aber deswegen auch Israel nicht schaden und stellt, wie es heißt,[55] die Finanzierung der Londoner Zeitschrift *Jewish Observer and Middle East Review* ein, als diese sich Jerusalem gegenüber zu feindselig gibt. Im Laufe dieser Jahre reist er noch einige wenige Male nach Israel zu seiner Tochter. Und als 1974 die Israel Corporation mit ziemlichem Eklat bankrott geht, ist er froh, nicht mehr dazuzugehören.

Im wesentlichen gilt in dieser Zeit indes sein Interesse der Annäherung zwischen Israel und Ägypten, deren aktiver Zeuge und verborgener Mithelfer er ist, wie es eben einem Manne von Einfluß geziemt. Indem er die bedeutsamen Signale, die er in London oder Blonay von Amerikanern, Israelis, Ägyptern und Palästinensern erhält, der jeweils anderen Seite weitergibt, beschleunigt er das gegenseitige Kennenlernen. Darum ist dieser wesentliche Abschnitt der Nachkriegszeit erzählenswert, jedenfalls insoweit es heute überhaupt schon möglich ist.

Im November 1976 erklärt Präsident Sadat amerikanischen Parlamentariern gegenüber, er sei bereit, sich mit Israel zu verständigen, und Präsident Carter solle eine Initiative ergreifen. Die Reaktionen beider Seiten sind mit einigen Ausnahmen eher negativ.

Alles gerät erst etwas später in Gang, als in Wahlen in Israel im April Peres und Begin gegeneinanderstehen. Bruno Kreisky befindet sich gerade zu einem offiziellen Besuch in Damaskus, wo ihn Sadat, den er gut kennt, anruft: »Kommen Sie doch vor der Rückreise nach Österreich noch bei mir in Kairo vorbei.« Kreisky ist einverstanden. Sadat, der ihn in Kairo mit großem Gepränge empfängt, sagt zu ihm: »Sehen Sie, ich habe nachgedacht; ich bin bereit, die Israelis nach den Wahlen zu treffen, in Salzburg oder anderswo. Ich möchte mich mit ihnen ohne Vorbedingungen unterhalten. Inzwischen möchte ich schon einmal wichtigen Juden in Europa oder Amerika begegnen. Können Sie sie für mich aussuchen?«

Wieder zu Hause, ruft Kreisky den österreichischen Industriellen Karl Kahane und dann Siegmund Warburg an. Er erzählt ihnen von seinem Gespräch mit Anwar As Sadat und bittet sie, eine solche Gruppe zusammenzustellen. Begeistert setzen die beiden gemeinsam eine erste Liste auf: Edmond de Rothschild in Paris, Marcus Seif in London sowie einige amerikanische Juden, die zurückhaltend reagieren, gewisse Leute in Jerusalem befragen und schließlich ihre Abneigung bekunden, was Siegmund recht bitter vermerkt.

Am 17. Mai 1977 gewinnt der Likudblock die Wahlen. Am 21. Juni wird Begin Ministerpräsident und seine Regierung von der Knesset bestätigt. Damit scheint jeder Weg versperrt, und Siegmund gibt bereits die Hoffnung auf, daß Israel diese ausgestreckte Hand annimmt. Im September und Oktober ist trotz intensiver diplomatischer Aktivität immer noch keine Einigung über die Bedingungen erzielt, unter denen in Genf eine internationale Konferenz stattfinden könnte. Siegmund befindet sich zu dieser Zeit in New York, wo er mit der Abwicklung des Problems A. G. Becker beschäftigt ist, und dort begegnet er Emissären beider Lager, mit denen sowie einigen anderen er einen großen Entwicklungsplan für den Nahen Osten auszudenken beginnt.

Am 9. November tut Präsident Sadat in einer Ansprache ans ägyptische Parlament den entscheidenden Schritt: Er ist bereit, nach Israel zu gehen und vor der Knesset zu sprechen, und zwar ohne Bedingungen. Jetzt geht alles sehr schnell. Am 11. erwidert Begin, er sei für diese Reise, am 14. erklärt Sadat in zwei CBS-Interviews, er warte auf eine offizielle Einladung. Begin erwidert, wie Sadat stelle auch er keinerlei Vorbedingungen, und übermittelt über amerikanische Diplomaten eine offizielle Einladung. Am 17. sagt Sadat zu und landet, nachdem er vorher noch in Damaskus mit Assad gesprochen hat, am 19. in Jerusalem. Am 20. spricht er vor der Knesset und verläßt Israel am 21., nachdem er vorher noch gemeinsam mit Begin eine Pressekonferenz abgehalten hat.

Nach diesem Monat intensiver Aktivität versteift sich die Lage wieder. Die Friedensanhänger werden ungeduldig. Siegmund, der das Ganze passioniert verfolgt, schreibt einem sehr nahen Freund, welchen Eindruck er von der Regierung des Landes hat, das er immer noch »unser Sorgenkind« nennt: »Sie wie ich waren verzweifelt, weil wir spürten, daß die riesige Chance, die sich Israel durch die Friedensinitiative bot, von der Regierung in Tel Aviv infolge einer seltsamen Mischung aus Engstirnigkeit, Forderungen und Selbsteinflüsterung ausgeschlagen wurde.«

Er steht weiterhin in engem Kontakt mit Bruno Kreisky, der ihn von allem unterrichtet, und trifft sich mehrfach mit dem Informationsdirektor Sadats, dem ägyptischen Journalisten Ali El-Sammam, dem er einiges von dem zuspielt, was er selbst erfährt.

So kommt es zur Begegnung Sadats am 13. Februar 1978 in Paris mit jüdischen Persönlichkeiten im Hotel Marigny. An Siegmunds Seite befinden sich Edmond de Rothschild, Nahum Goldmann, Karl Kahane und Lord Goodman. Wiederum haben einige Angesprochene zu kommen abgelehnt. Sadat lädt seine Gesprächspartner nach Ägypten ein. Siegmund äußert sich in dieser Besprechung kaum; er ist der Meinung, im Augenblick habe er keine Rolle zu spielen, ebensowenig die anderen Diasporajuden – die politisch Verantwortlichen in Israel sind am Zuge. Tags darauf fliegt Sadat nach Rom und trifft dort mit Papst Paul VI. zusammen.

Nunmehr ermuntert Siegmund Israel, Sadats ausgestreckte Hand zu ergreifen. Er ruft seine Freunde an und beschließt sogar – für ihn geradezu einmalig –, einen Friedensaufruf zu verfassen, den er von mehreren einflußreichen Persönlichkeiten in London mit unterzeichnet sehen möchte. Er schreibt ihn in der Nacht des 17. Februar, schickt ihn einigen Freunden, aber alle verweigern ihre Unterschrift. Zutiefst enttäuscht ringt er sich dazu durch, ihn am nächsten Tag allein unter seinem Namen in der *Times* zu veröffentlichen. Dieser Aufruf ist ein wahres Glaubensbekenntnis und sagt alles über sein Verhältnis zum Judentum und zu den diversen Zionismen. Hier die wesentlichen Auszüge:

> Sollte die Initiative Sadats scheitern, dann könnte sie kein anderer arabischer Führer vor Ablauf vieler Jahre erneuern... Die beiden Begründer des Staates Israel, Chaim Weizmann und David Ben Gurion, waren zutiefst davon überzeugt, daß das Erbe und Ideal des Judentums die Ziele und das Verhalten des Staates Israel bestimmen müssen. Ich habe sie das vor und nach 1948 oft und oft sagen und die engstirnige nationalistische Opposition kritisieren hören, die sich in ihrem Lande häufig ihrem hohen Streben widersetzt hat. Eine Gemeinschaft darf die Schaffung der Voraussetzungen für eine gesicherte Existenz nicht mit opportunistischem Nationalismus verwechseln. Muß jeder Freund Israels – und ich gehöre seit jeher dazu – stets der Notwendigkeit bewußt sein, Israel allen nötigen Schutz zu beschaffen, so steht es im Widerspruch zu ebendiesem Ziel, sich

für Gebietsgewinne in die Bresche zu schlagen, die nicht etwa die Sicherheit erhöhen, sondern neue Gefahren und Risiken heraufbeschwören. Die Einrichtung und Entwicklung von Siedlungen in den besetzten Gebieten bedeuten für Israel und insbesondere die Siedler künstlich hervorgerufene Gefahren, die in den Augen derer, die für ein stolzes und weitsichtiges Israel beten, geradezu widersinnig sind. Zahlreiche Juden in und außerhalb von Israel loben die Initiative von Präsident Sadat und plädieren für eine positive und einfallsreiche Antwort Israels.

Riesenskandal in der City und der britischen jüdischen Gemeinde. Er ist stolz darauf: Als freier Mann, dem niemand etwas vorzuschreiben hat, verspottet er jene, die sich nicht zu mucksen wagen: »Zahlreiche Juden in Israel und außerhalb teilen meine Auffassung, wollen sich aber nicht öffentlich äußern, um nicht den Anschein zu erwecken, als fehle es ihnen an Treue zu Israel. Tatsächlich gehorcht Treue moralischen Prinzipien, die jede andere Treue übersteigen. Jedermann sollte die unermeßlichen Vorteile erkennen, die der Nahe Osten aus gemeinsamen Anstrengungen von Juden und Arabern zöge.«

Einige Tage später schreibt er an Präsident Sadat, um sein Schweigen bei der Pariser Zusammenkunft zu erklären. In seinen Augen war angesichts ihrer Bedeutung und Dimension jedes Wort überflüssig. Er beendet seinen Brief: »Sie sollen wissen, daß – was immer auch die Zukunft bringen mag – nie ein Nichtjude in der Waagschale der Geschichte des jüdischen Volkes so schwer wog und wiegen wird wie Sie.«

Es vergehen mehrere Monate, bis Ministerpräsident Begin nach langwierigen Vermittlungsbemühungen von Cyrus Vance endlich zur Eröffnung von Verhandlungen bereit ist. Am 8. August 1978 gibt das Weiße Haus eine Begegnung zwischen Carter, Sadat und Begin am 5. September in Camp David bekannt. Das am 17. geschlossene Abkommen wird am 18. veröffentlicht. Das ägyptische Kabinett billigt es trotz des Rücktritts des Außenministers am 19. Die Knesset ratifiziert es am 28.

Im Februar 1979 trifft Siegmund im Hotel Pierre in New York mit dem damaligen ägyptischen Botschafter in Washington, Dr. Ashraf Ghorbal, zusammen. Er erläutert ihm, daß er sich mit dem Gedanken eines Wirtschaftsplans trage, den er »Investition für den Frieden«

nenne und der die europäischen und amerikanischen Investoren für den Nahen Osten interessieren solle. Die Völker müßten überzeugt werden, daß der Friede auch Wohlstand bringe und daß wirtschaftliche Stabilität der Region den Frieden garantiere.

Im September 1979 schreibt er einen zweiten Brief an den ägyptischen Staatspräsidenten. Darin betont er Sadat gegenüber die Bedeutung des Zeitfaktors in den Verhandlungen mit Israel: »Von Ihrer Geduld, Herr Staatspräsident, hängt die ganze Zukunft des Friedens in dieser Region der Welt ab.« Diesen Brief beantwortet Sadat mit einer Mitteilung, die ihm Ali El-Sammam eine Woche später nach Blonay bringt: »Ich werde es nicht an Mühe fehlen lassen«, schreibt Sadat. »Wenn Ihnen eines Tages einer Ihrer Freunde in Israel sagt, ich hätte in den Verhandlungen Geduld bewiesen, so mögen Sie wissen, daß die Haltung eines so edlen Mannes wie Sie mir gegenüber der Grund dafür war.«

Im Januar 1980 ist Siegmunds Ressentiment gegenüber Begin so stark, daß er sogar die ihm angetragene Ehrendoktorwürde der Universität Jerusalem ablehnt, die immerhin sein Onkel Felix gegründet hat, und er sich weigert, nach Israel zu gehen, solange Menachem Begin dort regiert. Im folgenden Monat bekräftigt er seine Meinung in einem Brief an einen Freund. »Die einzige Treue, die ich zu halten habe, gilt Grundsätzen und nicht Völkern oder Regierungen. Ich glaube, daß die Siedlungspolitik auf dem Westufer den Belangen Israels zuwiderläuft, denn nicht nur bringt sie es in höchste Gefahr, sondern sie schadet auch der großen Gründungssache Israels, nach der es eine auf Gerechtigkeit und Menschlichkeit gegründete exemplarische Gemeinschaft sein soll. Ich glaube, daß Israel seine Sicherheit auf alle erdenkliche Weise schützen muß, aber ich meine, daß die engstirnig nationalistische Politik Begins die Sicherheit des Landes gefährdet, anstatt sie zu stärken.« Er fügt hinzu: »Ich sehe keine Hoffnung für irgendeine Besserung bis zur nächsten Wahl eines neuen Präsidenten der Vereinigten Staaten, der – wer immer es dann auch sein wird – ab Frühjahr 1981 Druck ausüben wird.«

Gleichzeitig schreibt er Sadat einen dritten Brief, der ihm in seinem Landhaus in seinem Geburtsort Mit Abu Al Kaum persönlich übergeben wird. Darin entwickelt er seine Vorschläge für den Nahostwirtschaftsplan. Einen Monat später ruft ihn Sadat an einem Märzsamstagabend in Blonay an: »Camp David ist nicht nur ein Abkommen zwischen Staaten, sondern eine neue Ära im Verhältnis zwischen dem Volk Ägyptens und der Diaspora.« Die Zeit wird beide hindern, weitere Schritte zu tun.

Siegmund finanziert weiterhin das Weizmann-Institut und hilft vielen Menschen guten Willens in der Region, jenen Gerechten, die auf beiden Seiten kein Risiko scheuen und zur Annäherung beitragen.

Noch ist der Augenblick nicht gekommen, um genau Bescheid wissen zu können über alles, was er dort getan hat, noch auch, was andere mit ihm taten, aber eines kann man heute schon sagen: Hier wie anderswo hat sich Sir Siegmund Warburg als im wahrsten Sinne des Wortes unersetzlich erwiesen.

Nacht in Amerika

Hier nun die Geschichte des plötzlichen Untergangs einer Bank, wie er sich oft als Vorzeichen großer Krisen einstellt, kurz ehe sämtliche Alarmglocken zu schrillen beginnen und die Steuerhebel nicht mehr ansprechen. Denn bei Becker wendet sich die englisch-französisch-amerikanische Allianz jetzt ausgesprochen zum Schlimmsten. Sofort nach der Ernennung Wenders Ende 1979 wird Personal eingestellt, aber die Provisionen geben nicht genug her, um es auch bezahlen zu können. Wie die andern New Yorker Investment Banks versucht auch Wender daraufhin, die Verluste wettzumachen, indem er sich einem Markt zuwendet, der vielversprechend aussieht, den die Bank aber bislang noch nie praktiziert hat: den hochspekulativen amerikanischen Obligationen, die sowohl aufgelegt als auch verkauft werden. Die Lage der Bank bessert sich nicht, und die gemeinsame Geschäftsleitung verlangt, daß täglich die Zustimmung der beiden Teilhaber in Paris und London oder auch Blonay eingeholt wird, während die anderen Banken in der Wall Street ihre Entscheidung in Minutenschnelle treffen, weil sie sonst ihre Kunden verlieren. So tritt das Unvermeidliche ein. Ende 1980 weist Becker einige Defizite auf. Von Ira Wender unterrichtet, beschließen David Scholey und Pierre Haas als gemeinsame Präsidenten des Kondominiums, ihre beiden Häuser stärker in der gemeinsamen Filiale zu engagieren, obwohl diese Strategie in

London nicht einhellige Billigung findet, da mancher befürchtet, Paribas besitze mehr Finanzkapazität als S. G. Warburg und werde deshalb mehr Gewinn daraus ziehen. Anfang 1981 wird die Lage höchst problematisch. A. G. Becker gibt für das vergangene Geschäftsjahr im Detailmaklerhandel und in den internationalen Operationen einen Gewinn von 4 Millionen Dollar bekannt – sehr wenig also im Vergleich zu einem Umsatz von 251 Millionen Dollar.

Im Bankwesen, diesem hochflüchtigen Metier, bewölkt sich der Himmel schnell. Mehrere wichtige Persönlichkeiten der Geschäftsleitung scheiden aus, so Paul Judy, John F. Donahue und Albert Kobin. Im Mai 1981 droht eine Nationalisierung von Paribas, und Wender begeistert das, gelinde gesagt, ganz und gar nicht. Im Oktober, als die Sache in Paris gerade zur Entscheidung ansteht, beschließt Siegmund Warburg im Einvernehmen mit Jacques de Fouchier, seine Verbindung mit Paribas aufrechtzuerhalten, selbst wenn diese nationalisiert würde. Er widersetzt sich damit Ira Wender und Pierre Moussa. Am 26., als in der Rue d'Antin die Krise in vollem Gang ist, nachdem Paribas die Kontrolle über ihre Schweizer Bank- und belgischen Industriefilialen an ausländische Interessenten abgegeben hat, kehrt Jacques de Fouchier an die Spitze von Paribas zurück und ersetzt dort seinen vorigen Nachfolger; er leitet die Nationalisierung seines Hauses, bis dann am 16. Februar 1982 der damalige Haushaltsdirektor im Finanzministerium, Jean-Yves Haberer, die Leitung übernimmt.

Siegmund reist nach Paris und bekundet seine Loyalität gegenüber den neuen Spielregeln des französischen Bankwesens. Er behält seine Beteiligung an der nationalisierten Paribas, und Lord Roll wird in deren Aufsichtsrat ernannt.

In New York verliert A. G. Becker weiterhin Geld und entläßt 1982 zwischen März und Mai 250 ihrer 2 500 Angestellten. Gerüchte über ihre Konten beginnen zu schwirren.[81] Anfang Juni gibt Wender, um die Dinge zu beruhigen, bekannt, die Verluste in den letzten sechs Monaten hätten lediglich 2 Millionen betragen, womit natürlich erst recht klar wird, daß sich die Bank in ernsten Schwierigkeiten befindet. Er fügt hinzu, die Gesellschaft verfüge über ausreichende Kapitalmittel, um den Verpflichtungen der New Yorker Börse Genüge zu tun, womit sich die allgemeine Unruhe noch verstärkt.[81]

Als Siegmund von diesen Erklärungen erfährt, tobt er. Er weiß aus

Erfahrung, daß eine Geschäftsbank nur ein höchst anfälliges Gebilde aus Einzelpersonen – Mitarbeitern und Kunden – darstellt und ein paar Gerüchte, die das Vertrauen auf sie zerstören, das Ganze binnen Tagen zugrunde richten können. In der Woche darauf gehen weitere wichtige Führungskräfte und nehmen dabei ihren Sachverstand und ihre Kontakte mit; Kunden ziehen sich zurück, Konten werden geschlossen. Siegmund, der über Wenders Ungeschick erbost ist, kommt mehrfach nach Paris, um seinen völlig perplexen Partner Paribas dazu zu überreden, Wenders Rücktritt zu fordern, der schließlich am 1. Juli 1982 stattfindet. Ira Wender geht in der Überzeugung, man habe ihn geopfert, weil er versucht habe, zwischen Paribas und Warburg die Waage zu halten.

Gleichzeitig stocken Warburg und Paribas, um den Gerüchten Einhalt zu gebieten, sowie auf Bitte der Aktionäre/Mitarbeiter, ihren Anteil am Becker-Kapital auf 51 Prozent auf. Paribas will die Leitung nicht mit jemand aus London besetzt sehen, weil damit das Gleichgewicht des Kondominiums gestört werden könnte, und verlangt die Ernennung eines erfahrenen Amerikaners. Siegmund, der keine zu starke Persönlichkeit will, die sich seinem Griff entziehen könnte, bringt den Gedanken einer provisorischen Lösung durch jemand in der Firma selbst vor – John G. Heimann oder Dan Good. Am 9. Juli gibt Pierre Haas anläßlich einer Sitzung des Becker-Aufsichtsrats in Chicago die Kapitalaufstockung und die Ernennung dieser beiden Mitarbeiter zu Kopräsidenten, desgleichen eines Generaldirektors von Paribas, Hervé Pinet, neben ihnen bekannt. Daniel Good ist seit 18 Jahren bei Becker tätig. Er hatte den ersten Kontakt mit Paribas geknüpft. John G. Heimann – Ironie des Schicksals – war acht Jahre lang Prokurist bei E. M. Warburg-Pincus gewesen, bevor er Banksuperintendent in New York und dann bis zur Wahl Reagans im November 1980 Money Controller bei Jimmy Carter war, bis er im Februar 1981 bei Becker eintrat.

Jean-Yves Haberer bittet Siegmund, mit ihm nach New York zu reisen, um die Geschäftsleitung einzusetzen und den Mitarbeitern das Engagement der europäischen Partner zu bekunden. Siegmund hat keine rechte Lust. Er meint, von New York habe er bereits Abschied genommen, und befürchtet, sein Kommen könnte nur den Gerüchten über Becker neue Nahrung geben. Deshalb regt er an, seinen Aufenthalt auf eine vertrauliche Zusammenkunft im Hotel des Kennedy-Flughafens zu beschränken, aber J.-Y. Haberer wendet dagegen ein, diese Heimlichtuerei wäre noch schlimmer. Schließlich wird ein zweitägiges Seminar im Hotel Pierre veranstaltet. Zwei Tage lang kämpft Siegmund wie ein Löwe, um die Mitarbeiter bei Becker zu motivieren, gibt ihnen strategische Anweisungen und beantwortet ihre Fragen. Alle Zeugen dieser Tage betonen seine ungemeine Vitalität, seine Überzeugungskraft, seinen Willen, alles wieder ins Lot zu bringen, sein Bedauern, andern die Führung überlassen zu haben, die ihn enttäuscht hätten.

Gebrechliches Aufbäumen einer Bank im Todeskampf. In der Wall Street gehen damals die Banken schnell von einer Hand in die andere über. Am selben Tag, dem 17. Juli, kauft der zugleich saudische, kuwaitische und bahrainische arabische Fonds »Al Saghan« für 40 Millionen Dollar ein Viertel des Kapitals von Smith, Barney, Harris, Upham & Co. auf, der Mutterfirma der fünfzehntgrößten amerikanischen Investitionsbank.

Letzte Taten

Hauptgegenstand dieses Jahres, des letzten, ist Deutschland. Blonay wird zum Treffpunkt deutscher Persönlichkeiten, und er selbst fährt oft in einem Mietwagen mit Chauffeur nach Frankfurt oder München. Sehr viele einflußreiche Bekannte hat er dort nicht mehr. Dazu gehört Hans Wuttke, der in den Vorstand der Dresdner Bank eintrat, ihn im Jahr 1980 wieder verließ und Vizepräsident der International Finance Corporation, Filiale der Washingtoner Weltbank, wurde. Und mit M. M. Warburg-Brinckmann, Wirtz & Co. hat er nichts mehr im Sinn.

Das alte Bankhaus brilliert weiterhin als dritte der von 2000 im 19. Jahrhundert übriggebliebenen achtzig Privatbanken in Deutschland. Bei Warburg-Brinckmann, Wirtz & Co. wird »mit jener Nüchternheit und Praxisnähe nach der alten hanseatischen Devise ›Mehr sein als scheinen‹ gearbeitet, die auch die Devise der Bank sein könnte«, heißt es im Bankprospekt. Sie besitzt eine Filiale in Frankfurt, eine in Luxemburg und kontrolliert eine Bank in Nürnberg. Ihr Guthaben beträgt 1,4 Milliarden Dollar. Sie beschäftigt 400 Angestellte, von denen zwölf schon in den fünfziger Jahren bei ihr tätig waren. Geleitet wird sie von vier gleichberechtigten Teilhabern, die mit ihrem Guthaben haften: Max Warburg, der an die Stelle seines jetzt in Kösterberg lebenden Vaters getreten ist, Christian Brinckmann sowie zwei weitere: H. D. Sandweg, zugleich Vorsitzender der Wertpapierbörse der Stadt, und Heinz Stracke.

Siegmunds letzte Lebensmonate sind auch von seinem Wunsch geprägt, in Japan präsenter zu sein, der Macht der Zukunft, deren Aufstieg er seit zwanzig Jahren verfolgt hat. Er möchte dort mit Mercury Securities in Zusammenarbeit mit Rio Tinto Fuß fassen, hat aber nicht mehr die Zeit dazu. In gleichem Sinne läßt er Peter Stormonth Darling in Hongkong, dem wichtigsten asiatischen Finanzmarkt, mit der Bank of East Asia die Gründung einer gemeinsamen Bank aushandeln, die den Namen »East Asia Warburg Ltd.« erhält, zu dem er höchst ungern seine Zustimmung gibt. Im Juli 1982 gründet auch Scholey in London mit einer japanischen Versicherungsgesellschaft, der »Dai Ichi Mutual Life Insurance Co.«, eine gemeinsame Finanzgesellschaft unter dem Namen »Dai Ichi Warburg«.

Das letzte, was er erfährt, ist die Auflösung einer zuvor mit einer amerikanischen Versicherungsgesellschaft, der Aetna Life, vollzogenen Operation, der Aetna Warburg Investment Management, die geschaffen worden war, das Geld der Ford-Stiftung, von Standard Oil of Indiana und von IBM zu verwalten. Aetna will jetzt eine englische Bank kaufen, aber S. G. Warburg steht nicht zum Verkauf. Also trennt man sich. Warburg nimmt ihre Geschäfte unter der Bezeichnung »Warburg Investment Management International« zurück.

Sein Haus ist stärker denn je. Im Juli 1982 gibt Lord Roll für das Geschäftsjahr 1981 einen Nettogewinn von 13 Millionen Pfund bekannt, also 10 Prozent mehr als im Vorjahr und 30 Prozent mehr als 1979. Die Bank ist jetzt 140 Millionen Pfund wert und verwaltet Wertpapiere im Wert von 6 Milliarden. Die Dividende bleibt, wie gewohnt, bescheiden. Sie ist immer noch die rentabelste Bank der City und hält den dritten Rang auf dem Weltmarkt der Euroemissionen, der sich wieder einmal verdoppelt und in diesem Jahr 47 Milliarden Dollar erreicht hat. Lang ist es her seit den 143 Millionen im Jahr der Autostrade Italiane. S. G. Warburg ist in London, New York, Frankfurt, Genf, Tokio und Hongkong präsent. Siegmund ist wirklich und wahrhaftig der einzige Bankier des Jahrhunderts, der noch zu seinen Lebzeiten aus der von ihm gegründeten Bank eine internationale Institution gemacht hat.

Rückblicke aufs Leben

Bei seiner Heimkehr von New York am 20. Juli erleidet Siegmund einen Schwächeanfall. Spürt er, daß das Ende naht? Gewiß spielt er seit einiger Zeit mit dem Gedanken: »Ihr werdet froh sein, wenn ihr mich los seid«, sagt er immer wieder zu seiner Umgebung. Aber wie die meisten Menschen seiner Sorte hält er sich doch für unverwüstlich, und alles, was er tut, ist auf die Zukunft gerichtet. Warum auch nicht? Er ist gesund, und keine Krankheit bedroht ihn.

Gewiß legt er sich wie jeder gute Mensch und wie seine Mutter ihn lehrte, regelmäßig Rechenschaft über sein Tun und Lassen ab und unterzieht es nach den Maßstäben des Hamburger Judentums einer strengen Kritik. Aber er hat ein ruhiges Gewissen: Er war gerecht und erfolgreich zugleich. »Es ist nicht leicht«, sagt er, »Großzügigkeit und Klugheit zu vereinen, aber der Versuch lohnt sich.« Er hat es Tag für Tag versucht.

Er hat sich nichts vorzuwerfen. »In diesem gräßlichen Jahrhundert kann mir niemand etwas vorwerfen«, sagt er zu einem Freund. Weder im Verhältnis zu seiner Frau noch in der Erziehung der Kinder noch auch in der Haltung seinen Freunden gegenüber, selbst wenn sein sehr hoher Anspruch und unbarmherziges Urteil beim einen oder andern einen Traum zerstört oder eine Schwäche schmerzlich bewußt gemacht haben mögen.

In seinen letzten Lebensmonaten hören mehrere ihn, Thomas Mann zitierend, sagen, ein erfülltes Leben setze voraus, daß man die höchsten Höhen der Freude und die tiefsten Tiefen des Leids gekostet habe. So gesehen war sein Leben in seinen Augen erfüllt: Dem zweifachen Ruin in seiner Jugendzeit – zunächst dem geistigen Verfall des Vaters und dann dem eigenen finanziellen Ruin – folgte die für ihn unvergeßliche Zeit, als er das Leiden seiner Mutter in ihren letzten fünfzehn Lebensjahren mitansehen mußte, der Preis dafür, wie er sagt, »daß ich die Freude hatte, bei ihr zu sein«.

Er weiß, daß er vieles anderen schuldet, an erster Stelle seinem ältesten noch lebenden Freund Henry Grunfeld, der 1981 einmal zu ihm sagt: »Wir glauben beide an dieselben moralischen Forderungen«, worauf er erwidert: »Was wir getan haben, hättest du nicht ohne mich und hätte ich nicht ohne dich tun können.« Er weiß, daß er – vielleicht zum letztenmal – einem der größten Namen des Abendlandes noch einmal Leben eingehaucht und, soweit ein Mensch es mit Vernunft überhaupt vermag, den Gang der Geschichte beeinflußt hat. Aber er weiß auch, daß er zwar im Finanzgeschehen des Jahrhunderts das Beste vom Besten geleistet, aber dennoch andere nicht daran hat hindern können, den Weg des geringsten Widerstands zu wählen, die Schuldenwirtschaft auf schwindelnde Höhe zu treiben und damit ein weiteres Mal das Gespenst des Krieges heraufzubeschwören.

Und er wollte, wie er selber sagt, »daß mit mir die Welt nicht ganz so schlecht aussieht wie ohne mich«. Vielleicht war eben das letztlich sein Erfolg, das beste Merkmal des Einflusses, den er besitzen wollte.

Ebenso weiß er, wie ihm in diesen Tagen Henry Grunfeld sagt, daß sein bedeutendster Beitrag in dem »Beispiel lag, das er der Bank gab«. Er wollte S. G. Warburg & Co. zur »Morgan Stanley« Europas machen, und das ist ihm gelungen. Er liebte die Tat. Er brachte es fertig, wie er immer wollte, nach außen so klein zu bleiben, wie er groß war im Einfluß, die prächtigsten Partien zu gewinnen, ohne je das Verdienst darob zu beanspruchen.

Er hält sich nicht für den größten Bankier der Zeit; über sich sieht er André Meyer, den reichsten, und Hermann Josef Abs, den mächtigsten. Aber er ist glücklich, der nicht zu umgehende Außenseiter, der siegreiche Fremdling gewesen zu sein, den kein Triumph je zum Konformisten zu machen vermocht hat – »ein puritanischer und romantischer Fürst«, wie George Steiner sagt.

Nur schwer läßt sich sagen, ob er zu seiner eigenen Wahrheit durchgestoßen ist. Er selbst notiert im November 1980: »Die Wahrheit ist ebenso kaleidoskopenhaft wie das Leben«, und keinesfalls leidet er unter einem Absolutheitswahn.

Blickt er auf sein Geschäftsverhalten zurück, so bedauert er keine Entscheidung, die er getroffen hat, außer »in einer verhältnismäßig kleinen Zahl von Fällen«, wie er zwei Jahre vor seinem Tode sagt. Geld hat er auch in diesen Fällen »nur von Zeit zu Zeit verloren; aber das kümmert mich nicht. Ich habe viel mehr Geld verdient, als ich je erträumt hätte, aber Geld ist für mich absolut zweitrangig.«[207]

Geld besitzt er in Höhe von mehreren zig Millionen Dollar, erheblich weniger also als viele andere Bankiers oder Spekulanten in London, Tokio, Hongkong oder New York. Den größten Teil beließ er seiner Firma. Er war auch kein Sammler wertvoller Stücke, abgesehen von schönen Büchern, einigen wertvollen Möbeln und ein paar alten Silberkästen. Charles Sharp schreibt über ihn:[222] »Am meisten hat mich beeindruckt, wie wenig Aufmerksamkeit er seinen eigenen Finanzbelangen widmete, für sich selbst oder die Familie. Ich hatte mich um seine Anlagen sowie die mit seiner Niederlassung in der Schweiz zusammenhängenden Dinge zu kümmern, und dabei hatte ich stets größte Mühe, Sir Siegmund auch nur entfernt für seine persönlichen oder Familienfinanzen zu interessieren, selbst wenn es um größte Summen ging.«

Er, dem Unvernunft und Fanatismus verhaßt sind, begriff das Metier des Bankiers eh und je als ein Mittel, der Vernunft zum Durchbruch zu verhelfen, und nicht etwa, Geld zu verdienen. Die Tragik seines Schicksals war ihm von vornherein bewußt: Er mußte wieder ein Vermögen schaffen, ohne daß er das Geld liebte, er mußte Vernunft wahren in einer toll gewordenen Welt, nach Weisheit streben in einem Jahrhundert der Barbarei.

Wenn er als Mann der Hochfinanz in diesem Jahrhundert so wenig Einfluß hat ausüben können, so meint er, dann weil es eben nicht das Jahrhundert des Geldes, sondern das Jahrhundert der Spekulation und Machtlust sei.

Im übrigen wahrte er sich selbst gegenüber Distanz genug, um nicht dem Jahrmarkt der Eitelkeiten zu verfallen. Er weiß und sagt immer wieder,[214] »daß das Leben nichts anderes ist als eine tödliche Krankheit und der Schlüssel zum Glück in der Illusion liegt, inmitten des Unsinns einen Sinn zu entdecken«.

Auch sein Versagen kennt er genau und weiß, daß es vor allem in dem liegt, was für ihn wesentlich war: Mit ihm endet seine Dynastie; eine wirkliche Rückkehr nach Deutschland ist ihm mißlungen; seine Leidenschaft für die Politik ist toter Buchstabe geblieben; vor allem aber haben viele Menschen ihn enttäuscht. Er neigte dazu, die

Menschen, denen er begegnete, zu überschätzen, sich zu schnell zu begeistern, immer zu glauben, der andere entspreche wirklich dem Bild, das er sich von ihm machte. »Ich bin vertrauensselig und nehme mir alles viel zu sehr zu Herzen. Zeigt sich jemand freundlich und höflich, so deute ich das schon als Liebenswürdigkeit. Aber Grunfeld flüstert mir weise zu, die fragliche Person könnte sehr wohl etwas von uns wollen.«[207] Oft genug hat er sich die Finger bei angeblichen Freundschaften oder falscher Zuneigung verbrannt. »Ich habe gelernt, die Menschen zu nehmen, wie sie sind. Es ärgert mich nur, wenn ich jemanden vertraut habe und er mich fallenläßt. Das ist mir mehrfach passiert. Meine Frau sagt immer, in gewissen Beziehungen zu Menschen sei ich ein Säugling. Das ist eine meiner Schwächen, ich bin zu zutraulich. Das bedrückt und ärgert mich; das einzige, was mir wirklich weh tut, sind die Enttäuschungen durch die Menschen. Das geht mir sehr nahe.«[207]

So oft wie an seine Niederlagen denkt er auch an die Bücher, die er seit langem schreiben will und noch nicht hat schreiben können: als erstes eine Autobiographie, deren Gedanken er dann verwarf (»jemand anderer wird das an meiner Stelle tun müssen«, sagt er zu mehreren Freunden); dann eine Aphorismensammlung, die jetzt fast fertig ist und auf die er ziemlich stolz ist. Den Titel dafür hat er schon: »An Anthology for Searchers« – Anthologie für Suchende. Aufgeschrieben und ausgewählt hat er sie anhand seiner Lektüre, hat sie dann in eine erstaunlich ausladende Ordnung gebracht, die von Butler bis Talleyrand, von Goethe zu Dostojewski, von Trollope bis Balzac reicht. Aber er hat nicht mehr die Zeit, sie zu veröffentlichen, und nach seinem Tode wollen es weder seine Frau noch seine Freunde, halten das Manuskript, dem zahlreiche Zitate in diesem Buch entstammen,[214] sogar vor allen verborgen. Im übrigen hätte er sicherlich die Zeit für eine Veröffentlichung gefunden, wenn er sie wirklich gewollt hätte.

Auch an einem weiteren Buch hat er gearbeitet, über Erziehungsfragen.[175] Das Material dazu verschafften ihm vierzig Jahre des Umgangs mit jungen Leuten und der Lust zu lehren. In der Bank hat er bis zum letzten Tag die Neulinge um sich versammelt, nur um ihre Fragen zu beantworten und vor ihren Augen das Bild der unglaublich verzweigten Vernetzungen in der Weltfinanz aufzurollen; oder auch in Zürich im letzten Sommer seines Lebens, wo er eine Geschäftsbesprechung verließ, um in der Uni-Mensa mit fast unbekannten Studenten zu essen. Er will in diesem Buch vor Augen führen, wie wenig die in den Universitäten verabreichte modische Massenbildung taugt, bei der am Fließband Studenten produziert werden, denen nicht an der Erlangung von Kenntnissen, sondern nur von Diplomen liegt. Eine ständige Selbsterziehung will er darin vorschlagen,[175] die Methoden verbreiten, die er bei seinen eigenen Mitarbeitern erprobt hat.

Nichts von alledem wird veröffentlicht. Vermutlich, weil er selbst es nicht wirklich gewollt hat, gibt er sich doch alle Mühe, seine Spuren zu verwischen: kein Buch, keine Stiftung, weder in Jerusalem (»das ist was für Felix«) noch in England (»das ist Abys Sache«), auch kein Lehrstuhl in Amerika (»das geht Paul an«).

Wahrscheinlich auch ist für ihn der Tod nichts anderes als ein letztes Exil, aus dem man niemals wiederkehrt.

Gewiß möchte er vor allem die Erinnerung an jemand hinterlassen, der Menschen zu gewinnen verstanden hat: »Wenn ich morgen sterbe«, sagt er in diesem Sommer einem Freund, »dann bin ich dem Leben am meisten für meine Freundschaften dankbar.« Und da man seiner Meinung nach nur in der Erinnerung der andern wirklich fortlebt, weiß er sich eines Fünkchens flüchtiger Ewigkeit sicher.

Oft an den langen Abenden auf der Terrasse von Blonay, wo man den Tag sich neigen sieht, denkt Siegmund an seine Familie und deren Geschichte. Wieviel hat er doch seit seiner Kindheit schon von dieser Familie gesprochen! Wie oft ihren Niedergang, ihre Geschichte, ihre Wechselfälle beschworen! Im Grunde hat er ihren Schoß niemals verlassen. Nie hat er jene Jugend vergessen, die sich auf ewig in Zärtlichkeit und Sehnsucht seinem Herzen eingrub wie ein altes, längstvergessenes Spielzeug.

Die Terrasse... Sie ähnelt jener, auf der hundert Meter tiefer vor zwanzig Jahren seine Tante Olga ihre Memoiren verfaßte, während ein russischer Dichter, auch er Entwurzelter, vorbeikam, ein paar Worte mit ihr wechselte, seinen altmodischen Strohhut wieder aufsetzte und den Kescher nahm, um Schmetterlinge zu fangen: Vladimir Nabokov. Oder auch der von Aby S. in dessen Haus an der Ostsee, auch das vierzig Jahre her, wo die Kinder die Familiengeschichten anhörten und sich flüsternd schworen, nie würden sie Bankiers, das mache nur traurig...

Siegmund stirbt

Er reist noch im Juli nach Amerika, im August nach Deutschland und England, wo er mit dem neuen Präsidenten der Leumi Bank, Japhet, zusammentrifft, mit dem er sich lange über ihre Jugendzeit unterhält, die beide in Deutschland verbracht haben. Siegmund schickt ihm kurz danach, was er über seine Mutter geschrieben hat. Japhet erkennt in ihr das Bild der eigenen Mutter, von der Musik einmal abgesehen.

Mitte August kehrt er müde nach Blonay zurück, wo ihn noch ein paar Freunde besuchen. Dort auch erlebt er die Wechselkurskrise mit, die er eher in Brasilien erwartet hatte, die aber in Mexiko wütet, das die Zinsen für seine 80 Milliarden Dollar Schulden nicht mehr zahlen kann. Diese Krise reißt in der Nacht zum 15. August fast Amerika mit sich; um seine eigenen Banken zu retten, muß es Mexiko zwei Kredite von je fast einer Milliarde Dollar gewähren und am 20. August die eigenen Banken zur Hinnahme eines Dreimonatsmoratoriums drängen. In Gesprächen mit dem IWF kommt es dann zu einer Umschuldung für Mexiko und zur Gewährung weiterer Kredite durch die BIZ, den IWF und Handelsbanken. Es sind die erwarteten ersten Risse.

Am 3. September ißt er mit Bruno Kreisky, Karl Kahane und Hans Thalberg im Hotel Victoria in Glion zu Abend. Man unterhält sich, redet über den Nahen Osten, über die Tragödie der in Beirut tobenden Kämpfe sowie über das große Fest, das Lady Warburg für ihn aus Anlaß seines 80. Geburtstages am 30. September im Londoner Claridges nur für die Mitarbeiter der Bank ausrichten will. Dieses Datum geht mit ihm um wie eine unüberschreitbare Grenze. Schon zwei Monate im voraus sind die Einladungen verschickt worden, und viele Antworten sind bereits eingegangen mit Glückwünschen, die Eva Warburg beantwortet, weil er selbst dazu zu müde ist. Man verspricht sich, dort wieder zusammenzukommen, streitet sich, wer die Rechnung bezahlen darf, und trennt sich spät.

Während des restlichen Monats verläßt er kaum das Haus, liest viel, überfliegt dabei auch wieder einmal Thomas Manns Monumentalwerk *Joseph und seine Brüder*, das er vor nunmehr fast fünfzig Jahren zu lesen begonnen hatte. Die Ärzte gehen ihm auf die Nerven mit der einzigen Ausnahme seines Hausarztes, eines alten Freundes, der aus London gekommen ist. Rücksichtnahme auf sich selbst ist ihm verhaßt. In sein Notizbuch schreibt er noch diese Empfehlung an die Ärzte:[214] »Wenn ihr die Gesundheit nicht fortbestehen lassen könnt, solltet ihr das Leben lieber verkürzen als verlängern.«

Am 22. September begibt er sich noch mal nach München zu einer Sitzung, bei der er wieder Henry Grunfeld trifft, der eigens dazu aus London angereist ist. Nach fünfundvierzig Jahren distanzierter Nähe sehen sie sich jetzt zum letztenmal. Henry Grunfeld erzählt etwas später: »Nach der Sitzung blieben wir noch ein paar Minuten zusammen. Er hatte am Schluß der Sitzung gesagt, er sei ziemlich verärgert, und ich fragte ihn, warum. Er war sehr gebrechlich, sehr müde und gab mir zur Antwort: ›Am meisten stört mich an unserer Bank die Selbstzufriedenheit, die Tatsache, daß ein paar neuere Erfolge gewisse Freunde von uns in London zu selbstgefällig gemacht haben.‹« Man meint ihn zu hören wie schon vor fast einem halben Jahrhundert.

Am 28., einem Dienstag, erleidet Siegmund einen schweren Gehirnschlag. Der Empfang in London wird abgesagt. Am Donnerstag, seinem Geburtstag, kann er gerade noch einen letzten Artikel lesen, der ihm gewidmet ist, in dem der *Daily-Mail*-Leitartikler Patrick Sergeant »dem größten Bankier der Londoner City nach dem Kriege« zum Geburtstag Glück wünscht. »Er bleibt ein Rätsel. Ein unauffälliger, fast scheuer Mensch, und wenn man seine breite Stirn und seinen Charakterkopf betrachtet, meint man, eher einen Intellektuellen oder Philosophen als einen harten und zähen Bankier und Herrscher über die Märkte vor sich zu haben. Wo immer er jetzt sein mag, wünschen wir ihm glückliche Augenblicke. Er hat sie verdient, denn er hinterläßt diese Welt in besserem Zustand, als er sie vorfand.«

In diesen letzten Wochen spricht er nur noch deutsch, und einige Freunde erinnern sich, daß er immer noch seine vor siebzig Jahren in Urach bei der Bar-Mizwa gehaltene Rede auswendig kann. Wenige Tage nach seinem achtzigsten Geburtstag wird er auf Weisung seines Arztes in einem Ambulanzflugzeug nach London geflogen. Dort stirbt er am 18. Oktober. Am 22. werden, nur im Beisein seiner Frau, seiner beiden Kinder, seines Arztes und seiner Sekretärin, seine sterblichen Überreste eingeäschert. So hat er es gewollt; er pflegte zu sagen: »Ich gehe nie zu Beerdigungen, ich kümmere mich lieber um die Menschen, solange sie noch leben.«

Seine Frau hat er gebeten, seine Bibliothek der St Paul's School zu vermachen, der Londoner Privatschule, die Anna besucht hat, und er hinterläßt ihr Mittel für einen Ausbildungsfonds für die Kinder des Personals seiner Bank. Bei seinem Tode wird überall in London gemunkelt, die Besten seiner 1180 Angestellten verließen die Bank. Tatsächlich tut das kein einziger.

In den Folgetagen erscheinen in der englischen Presse einige Artikel über ihn; sie sind alle des Lobes voll, aber zahlreich sind sie nicht. Als falle es England immer noch schwer, einen der größten Finanziers seiner Geschichte zu ehren. Die *Times* schreibt: »Er war der bedeutendste Urheber der Wiedergeburt der City. Bankier zu sein war für ihn kein bloßer Beruf, sondern eine Berufung, mehr Kunst als Handwerk, dessen Sachkunde sich lehren ließe. Seine Charakterfestigkeit, seine Fähigkeit, jedem Problem systematisch auf den Grund zu gehen, sein einmaliges Gemisch aus Kühnheit im Entwurf, Vorstellungskraft und Einfallsreichtum in der Ausführung, absoluter Umsicht und Aufmerksamkeit fürs kleinste Detail sind in London und auf allen Finanzmärkten der Welt legendär geworden.« Ähnlich die *Financial Times*: »Siegmund war der einflußreichste Bankier nach dem Kriege. In der Finanzpraxis hat er radikale Veränderungen aufgebracht. Seine Gleichgültigkeit gegenüber der bescheidenen Höhe seiner Bilanz war Sinnbild dafür, daß er dem Einfluß auf seine Klienten als Berater und Führer mehr Bedeutung beimaß als der bloßen Funktion des Kreditgebers.« Ein paar kurze Artikel in anderen Zeitungen, das ist alles.

Nach Siegmund

Nun geht alles sehr schnell: Binnen drei Jahren verwischen sich seine letzten Spuren – die er selbst zu verwischen vergessen hatte ebenso wie jene, die er bewußt zurückließ. Seine Frau stirbt acht Monate später. Seine Tochter lebt mit seiner Enkelin in Tel Aviv. Sein Sohn ist Bankier irgendwo in Connecticut. Keiner seiner Enkel heißt Siegmund. Seine Bank wird völlig umgestülpt: Sie verläßt Frankfurt, in New York wird sie wieder klein und operiert jetzt von London, Genf, Zürich und Tokio aus in sehr großem Maßstab auf dem Weltmarkt.

Auch dieser Epilog ist erzählenswert, denn hier endet eine Geschichte, eine Welt, eine Kultur.

Nach seinem Tod organisiert sich seine Bank neu mit einem Ehrenpräsidenten, Henry Grunfeld, zwei Präsidenten, Lord Roll und David Scholey, sowie vier Generaldirektoren. Fünf Leiter verdienen jetzt pro Jahr je 150 000 Pfund, das Durchschnittsgehalt der Angestellten der Gruppe beträgt 16 000 Pfund. 65 Mitarbeiter sind gewinnbeteiligt – von Kargheit ist keine Rede mehr. Die Bank verläßt das Gebäude in der Gresham Street und zieht wieder in die King William Street, diesmal Nr. 33, in ein neues, großes und funktionelles Gebäude unweit der Themse. Ein paar Mitarbeitern fällt der Umzug schwer. An der Tür steht immer noch kein Name.

Die Finanzmacht der Gruppe ist in England beträchtlich. Ihre Gewinne steigen von 13 Millionen Pfund im Jahre 1982 auf 17 im Jahr 1983 und 23 im Jahr 1984, was eine Rentabilität von 15 Prozent für die Aktionäre bedeutet. Rechnet man die Reserven hinzu, so ergibt sich sogar ein Gewinn von 35 Millionen Pfund, d.h. 25 Prozent des Kapitals. Unter den Merchant Banks der City steht sie bei der Rentabilität an erster, bei den Gewinnen an dritter, bei den Aktiva an siebter Stelle. Mit Morgan Grenfell besetzt sie den ersten Rang in der englischen Industrieberatung und beherrscht den Anteileemissionsmarkt. GEC, Granada, Grand Metropolitan, Hawker Siddeley, ICI, Reuters und Tate gehören zu den beständigsten Kunden. Sie ist Bankier von British Telecom und bleibt es auch nach der Reprivatisierung, obwohl sich die Regierung beim Privatisierungsangebot von Kleinwort Benson hat vertreten lassen. S. G. Warburg realisiert jährlich zwanzig Fusionen im Wert von über einer Milliarde Pfund und verwaltet 6 Milliarden Pfund für ihre Kunden, zu denen die größten Pensionsfonds gehören, nämlich die des Post Office, des National Coal Board und der British Railways.

Sie bleibt Marktführer bei den Sterling-Euroobligationen und steht nach der Deutschen Bank und Crédit Suisse-First Boston weltweit an dritter Stelle bei den Euroemissionen. Im September 1983 legt sie die erste, auf Pfund lautende Euroemission mit fluktuierendem Zinssatz für die französischen Eisenbahnen auf sowie eine weitere für die irische Regierung. In diesem Markt, der 1982 und 1983 für 608 bzw. 526 Emissionen jeweils 47 Milliarden Dollar ausmacht, kann S. G. Warburg auf ihre Bilanz stolz sein: Von den in zwanzig Jahren aufgelegten 3730 Euroemissionen im Werte von 186 Milliarden Dollar hat S. G. Warburg als Federführender fast ein Drittel, nämlich 906 im Werte von 60 Milliarden Dollar, plaziert. Alles in allem ist sie die viertgrößte Bank bei der Zahl der Emissionen und fünfte bei den Beträgen und liegt nur hinter den schweizerischen und deutschen Riesen, während die größte französische Bank, die B.N.P., erst an sechster Stelle kommt.

Rückzug aus New York

In New York sind jetzt durch das Sinken der Inflation, das Ende der Reglementierung und das Steigen der Zinsen Kredite an Amerika rentabler. Immer größer muß man sein, damit man möglichst viele Spareinlagen zu geringen Kosten einheimsen und ohne zu großes Risiko spekulieren kann. So fallen allmählich die nach der Krise von 1929 gegen die Größenzunahme der Banken errichteten Barrieren und kommt es zu den Finanzsupermärkten.

Den ersten schafft die Bank of America, die am 25. November 1981 für 53 Millionen Dollar den größten En-gros-Börsenmakler Amerikas, Charles Schwab, erwirbt, der Anteilscheine und Pensionspläne verwaltet.[81] Einen Tag später gründet die Los Angeles Security Pacific National Bank eine Filiale gleichen Genres. Im Mai 1982 gestattet der Federal Home Land Bank Board den Sparkassen den Wertpapierverkauf. Im September lockert die Regierung einige Auflagen des Glass-Steagall Act und erteilt einigen Banken Dispens, ausgenommen die sechstausend Einrichtungen, die Mitglied des Federal Reserve System sind. Daraufhin borgen die amerikanischen Banken hemmungslos kurzfristiges Geld. Dank ihrer Kommunikationstechnik, Daten- und Verwaltungszentralisierung werden sie jetzt wieder weltweit tätig und können den amerikanischen Sparern Anteile aus aller Herren Länder anbieten. Und da ein ausländischer Anteil, damit er – und sei es nur zum Teil – einem in Amerika Ansässigen verkauft werden kann, immer über einen amerikanischen Bankier gehen muß, kehrt der Anteilemarkt in gewissem Umfang wieder nach New York zurück, obwohl die amerikanische Spartätigkeit weiterhin im selben Tempo ins Ausland flieht. So schlägt ein Drittel des Kapitals von British Aluminium und von ICI und die Hälfte von Glaxo wieder nach New York um.

Umgekehrt, und das wird zum Wichtigsten werden, können die Wall-Street-Banken auch ausländischen Kapitalbesitzern amerikanische öffentliche wie private Anteile anbieten. Wall Street, wo immer noch zwei Drittel des Weltanteilemarktes zusammenlaufen (gegenüber 17 Prozent in Tokio und 7 Prozent in London), wird wieder zum anziehenden Pol für Kapital aller Art.

Um solche Riesensummen an Land zu ziehen und zu verwalten, müssen jetzt Emission und Plazierung mehr und mehr genormt sein. Man braucht nicht mehr so sehr die Fachkunde kleiner Geschäftsbanken, sondern immer mehr große Netzwerke, die in der Lage sind, das Massensparen anzusaugen und beträchtliche Anteilbestände zu verwalten. So bietet American Express achtzehn verschiedene Dienstleistungen, Prudential & Sears vierzehn, Merryl Lynch (mit einer Bilanz von über einer Milliarde Dollar) zwölf und die großen Handelsbanken fünf. Merryl Lynch, die in den sechziger Jahren keine Gegenseitigkeitsfonds plazierte, verfügt heute im ganzen Lande über 4000 Weiterverkäufer, die Versicherungspolicen, Schatzanweisungen, Staatspapiere und Immobilienwerte an den Mann bringen.[81] Makler, Geschäftsbanken und Handelsbanken nähern sich mehr und mehr einander an und machen sich gegenseitig Konkurrenz. Die Handelsbanken erhoffen sich sogar demnächst das 1933 verlorengegangene Recht auf Gewährleistung von Obligationsemissionen sowie auf Niederlassung im gesamten amerikanischen Kontinent. Nur Morgan Stanley und Goldman Sachs, die sich in der Hand weniger Vorzugsaktieninhaber befinden, halten sich noch draußen.

In dieser ungeheuren New Yorker Explosion, die ebenso schlagartig geschah wie 1976 die der Euroemissionen in London, geht der Ruf einer Bank binnen weniger Stunden unter und muß man schon planetare Größenordnung aufweisen, um den Stößen gewachsen zu sein. Lehman, die mit einem Kapital von 250 Millionen immer noch monatlich vor Steuern 15 Millionen erwirtschaftet, gerät 1982 in

Schwierigkeiten. In diesem Jahr beruft Peterson endlich Glucksmann zu sich, der alsbald den Abgang seines Chefs verlangt.[198] Zehn Monate später wird Lehman an Shearson verkauft, die ihrerseits wenige Monate später von American Express aufgekauft wird. Und in diesem Wirbel werden praktisch alle ausländischen Geschäftsbanken im wahrsten Sinne des Wortes aus der Wall Street vertrieben. Einige Monate nach Siegmunds Tod beschließt S. G. Warburg, die sich jetzt auf London zu konzentrieren beabsichtigt, bei Becker auszusteigen, die schwer dafür büßen muß. Wieder geht alles sehr schnell.

Dabei schien Becker Ende 1982 gerade wieder etwas rentabel werden zu wollen. Als mittlerweile vierzehntgrößte amerikanische Geschäftsbank scheint sie der Konkurrenz gewachsen. Aber bei Warburg haben David Scholey, Henry Grunfeld und Eric Roll schon die Trennung von ihr beschlossen. Es nützt nichts, in New York zu sein, wenn man dort nicht der Herr im Hause ist. Andererseits muß man in London sehr groß sein, um dort alles tun zu können. Folglich sind unnütze oder tote Äste abzusägen. So verkauft also im März 1983, fast auf den Tag genau zwanzig Jahre nach der Euroemission für die Autostrade Italiane und weniger als ein halbes Jahr nach Siegmunds Tod, S. G. Warburg ihren Becker-Anteil wieder an Paribas und begnügt sich mit der Eröffnung eines kleinen Büros in New York. Die nach New York entsandten Mitarbeiter kehren nach London zurück. Die Bande zwischen Paribas und Warburg werden nicht sofort gelöst, denn jeder behält 25 Prozent des anderen, und in Australien und Kanada werden die gemeinsamen Geschäfte weitergeführt. Zwei Monate später jedoch beschließt man, damit Schluß zu machen, auch wenn Paribas noch 6,5 Prozent des Kapitals von Mercury behält und sich die beiden früheren Partner die Meistbegünstigtenklausel einräumen und gegenseitig in den Aufsichtsrat laden.

In New York kommt die in A.G. Becker-Paribas umgetaufte Firma anfänglich auch ohne die aus London stammenden Geschäfte noch einigermaßen hin. Im Juni erklärt der immer noch als Vizepräsident tätige Heimann vor der Presse: »Die Firma muß sich auf eine internationale Bank zuentwickeln.« Das ist wohl das Wenigste... Der die Bank präsidierende Hervé Pinet fügt hinzu:[81] »Alles geht gut; die Firma ist in guter Form und verdient Geld.« In Wirklichkeit beginnt Becker schon sechs Monate später, angesichts der Konkurrenz der ihrerseits schon in kritischer Lage befindlichen Großen Geld zu verlieren, und zwar viel. Ein Jahr später, am 5. August 1984, stimmt Paribas der Fusion von Becker mit dem Wall-Street-Giganten Merryl Lynch zu, der mittlerweile halb Makler, halb Bank ist und dessen erster Aktionär sie mit 3,3 Prozent des Kapitals wird.

Im großen Stil von London aus

Die Form der Banken richtet sich seit jeher nach den Finanzierungsbedürfnissen ihrer Zeit. Vor dem Kriege mußten die amerikanische und englische Regierung im Ausland Anleihen aufnehmen, um ihre Defizite zu decken, und besaßen dazu die passenden Banken, deren leuchtendes Beispiel Kuhn, Loeb & Co. war. Zur Zeit von Bretton Woods mußten sie sich bei den anderen Zentralbanken ihre eigene Währung ausleihen, und diese Aufgabe übernahmen für sie die Handelsbanken. Heute können sie völlig frei auf den Märkten in New York, London oder sonstwo Geld holen, und dazu braucht man Finanzsupermärkte.

Und da kein Land bereit ist, die Rolle des Dollar zu übernehmen und die eigene Währung den Defizitländern zu leihen, steigt die Schuld der mit Eurodollars und amerikanischen Dollars vollgestopften Welt ins Uferlose. Zum wachsenden Handelsbilanzdefizit Amerikas tritt damit ein Zahlungsbilanzdefizit hinzu, das hauptsächlich dem Schuldendienst entstammt, womit sich das Gesetz des 20. Jahrhunderts ins Gegenteil verkehrt. Erneut muß Amerika, wie im 19. Jahrhundert Weltkapital durch seine Zinsen anlocken, die wie eine riesige Saugpumpe wirken. Umgekehrt gehen seine Auslandsinvestierungen und -kredite zurück und landen schließlich bei Null.

Aber im Gegensatz zum 19. Jahrhundert kann Amerika jetzt seine eigene Währung von der Welt borgen; seine Verschuldung erzeugt sein Defizit, und sein Defizit vergrößert seine Schulden. 1983 vervierfacht sich das amerikanische Handelsdefizit, 1984 verdoppelt es sich erneut und erreicht 1985 schließlich 160 Milliarden, das Ganze dann noch umrahmt von der Aussicht auf ein Haushaltsdefizit von 200 Milliarden, das zur Hälfte mit ausländischem Kapital finanziert wird...

Insgesamt ist Amerika, das nur ein Elftel der Bevölkerung der dritten Welt ausmacht, jetzt siebenmal mehr verschuldet als diese. Und seit Januar 1985 schuldet es erstmalig seit 1917 der übrigen Welt mehr als diese ihm und besitzt weniger Aktiva im Ausland als das Ausland bei ihm.

Wie in allen Finanzkrisen seit dem 19. Jahrhundert geraten die Wechselkurse ins Taumeln: Die Zahl der Tage, an denen sie sich um mehr als 1 Prozent verändern, steigt 1984 auf sechs verglichen mit drei in den Jahren 1982 und 1983 und auf elf im April 1985.[219]

Um in diesem Wirrwarr in einem Lande, das nicht mehr erste Industriemacht ist, wenigstens erster Finanzplatz Europas zu bleiben, muß die City ihrerseits ein Gegengewicht zur Anziehungskraft von Wall Street auf das Kapital bilden. Die Größenordnungen müssen dazu ganz andere werden: Nicht mehr 100000-Dollar-Vermögen, sondern 5-Millionen-Vermögen sind zu plazieren; nicht mehr 15-Millionen-Dollar-Anleihen sind an den Mann zu bringen, sondern 500-Millionen-Anleihen. Dazu braucht man sämtliche Mittel, um das Geld von Schatzmeistern und Spekulanten anlocken zu können, und muß man beispielsweise nach New Yorker Vorbild außerhalb der Londoner Börse zur Verwaltung der langfristigen Devisenverträge eine London International Financial Futures Exchange schaffen, Ort riesiger Spekulationsgewinne und -ruine.

Des weiteren muß man, damit die Banken in London wie in New York größer werden können, indem sie Binnenmarkt und Außenmärkte integrieren und ebenfalls zu Riesenfinanzmaklern werden, die Barrieren sprengen, die seit Jahrhunderten dazu dienten, die Sparer vor den Auseinandersetzungen zwischen denen zu schützen, die einerseits Anteile plazieren und andererseits Vermögen verwalten. Im April 1983 fordert die britische Regierung die City auf, die Unterscheidung zwischen »Broker« und »Jobber« fallenzulassen, genehmigt den Zusammenschluß englischer und ausländischer Versicherungsgesellschaften, senkt die Stempelgebühren, gibt die Provision bei Fremdwerten frei und beseitigt das Monopol einiger bei der Einführung von Schatzanweisungen. Anfänglich begrenzt sie noch den Anteil, den Banken an Börsenzwischenhändlern haben dürfen, auf 29,9 Prozent ihres Kapitals und schiebt den Termin für diese Beteiligungen auf März 1986 auf.

Jetzt beschließt S. G. Warburg & Co., um sich gegenüber den vier amerikanischen Riesen (Morgan Stanley, Goldman Sachs, First Boston und Salomon Brothers) behaupten zu können, ihrerseits in London die größte Bank zu werden.

Sie liquidiert Effecten-Warburg in Frankfurt und verstärkt ihre Präsenz in Asien, wo sie wie alle amerikanischen und englischen Banken Fuß zu fassen sucht, wobei es ihr schon im zweiten Jahr nach Gründung von East Asia Warburg gelingt, Profite zu machen.

Im November 1983 geht sie zum Angriff über. Nachdem David Scholey Becker verkauft hat, kauft er mit 41 Millionen Pfund (die zu 8 Prozent durch Mercury-Anteile aufgebracht werden) 29,5 Prozent des Jobbers Akroyd & Smithers, der sich im Besitz der Familie eines seiner Direktoren, Andrew Smithers, befindet. Gleichzeitig hat Akroyd seinerseits mit einem Börsenmakler verhandelt, der zu 29 Prozent Charter gehört (welche wiederum Teil der südafrikanischen Oppenheimer-Gruppe ist): Rowe & Pitman, Makler der Königin und einer der beiden größten auf dem Markt, der 18 Prozent aller ausländischen Anteile in Großbritannien verwaltet, aber infolge der Freigabe der Provisionen und der Beseitigung seines Monopols bei der Unterbringung von Schatzanweisungen an der Börse in eine bedrohliche Lage geraten ist.

Im Januar 1984 kauft S. G. Warburg ihrerseits Rowe & Pitman auf und fügt dem Ganzen im Februar noch einen Schatzanweisungsspezialisten, Mullen & Co., hinzu, dessen Präsident Nigel Althau gerade ausscheidet und zur Bank von England überwechselt.

Im selben Jahr finden fünfzig weitere Zusammenschlüsse dieser Art statt. Samuel Montagu kauft die Maklerfirma Greenwell & Co., Charter House Japhet tut sich mit einem anderen Makler, Kitcat, zusammen, Rothschild mit dem Anteilehändler Smith, Buchmaster and Moore mit der Schweizerischen Kreditanstalt, Quilter & Goodison mit Skandia, Hambros und die Société Générale mit Strauss und Thurnbull. Nur Lloyds Bank hat noch darauf verzichtet, sich eine Maklerfirma zuzulegen.

Am 14. August 1984 wird auf den Druck des Marktes hin die Begrenzung auf 29,9 Prozent aufgehoben, und bei Warburg beschließt man die vollständige Verschmelzung der vier Institute. Mercury Securities kauft also das Restkapital der drei anderen für insgesamt

126 Millionen Pfund, die zum Teil in Mercury-Anteilen beglichen werden. Akroyd wird mit 75 Millionen Pfund bewertet, Rowe & Pitman mit 42,5, Mullen mit 8,6. Im Frühjahr 1986 soll eine neue Holding das Ganze kontrollieren; zu 73 Prozent soll es Mercury gehören (geplant ist eine spätere Senkung dieses Anteils), zu 20 Prozent Akroyd, zu 2 Prozent Rowe & Pitman und zu 0,5 Prozent Mullen.

Diese Holding wird ein mächtiger Brocken sein: Warburg hat über 130 Industriekunden, Rowe & Pitman ist der erste Londoner »Broker« und verwaltet Sparfonds von 1,3 Milliarden Pfund, die zu denen von Mercury Securities hinzutreten, womit sich ihr Kapital verdoppelt. S. G. Warburg wird dann die bedeutendste britische Merchant Bank sein von der Größe von Morgan Stanley in der Wall Street mit 1700 Angestellten. Sein einziger englischer Konkurrent ist dann noch Barclays mit dem zehnfachen Einlagebetrag. Siegmunds letzter »Adoptivsohn« wird ihr Präsident werden. »Das Schiff überfährt die Linie in dem Augenblick, an dem der Startschuß ertönt«, sagt er. Das alles soll im April 1986 vor sich gehen, genau vierzig Jahre nach der Gründung von S. G. Warburg & Co.

Lange Zeit blieb der Name des Ganzen offen. Zunächst wurde abwechselnd von »Mercury International«, »Rowak« (für Rowe, Warburg und Akroyd) oder »Swarm« gesprochen... Man könne es auch, wie ein Journalist meinte, »nach dem vierbeinigen geflügelten Pferd *Pegasus* anstatt *Merkur* nach dem zweibeinigen geflügelten Boten nennen...«. Schließlich entscheidet man sich für »Mercury International Group«.

Mancher sieht auch Gefahren: zu groß? zu komplex? zu sehr auf London konzentriert? zu anonym? zu konflikttächtig? »Wenn sich die Welt wirklich internationalisiert«, meint ein amerikanischer Bankier, »dann läuft Warburg Gefahr, in Großbritannien zu implodieren. Warburg könnte in den achtziger Jahren zu den großen Opfern auf den Kapitalmärkten zählen.« Und was würde der heute dazu sagen, der vor noch kaum vier Jahren schrieb: »Wir sind zu groß auf beiden Seiten des Atlantiks. Das ist der Preis unseres Erfolgs. Wenn man immer mehr Kunden hat, dann leidet die Qualität der Dienstleistung zwangsläufig darunter. Das ist unser Problem. In London sind wir jedenfalls zu groß.«?

Vielleicht hätte auch Siegmund nicht anders gehandelt, weil er keinen anderen Ausweg gesehen hätte angesichts der amerikanischen Riesen. Jedenfalls wäre er, hätte er es nicht getan, in der City einer der ganz wenigen gewesen, die »klein« geblieben wären, denn heute ist fast nichts mehr übrig von den 18 Merchant Banks, den 17 Jobbers und 205 Brokers, die dort noch vor zwei Jahren herrschten.

Aber diese Größenveränderungen der Bank helfen der Lösung der internationalen Finanzprobleme keineswegs voran. Im Gegenteil. Wie in den vorigen Krisen gehen sie wohl nur den Zusammenbrüchen voraus und beschleunigen sie.

Im Weltmaßstab steht das Ungewisseste nämlich noch aus: Eine Rückkehr zum Gleichgewicht ohne Finanzkrise würde tatsächlich voraussetzen, daß die Bankiers aus der Not eine Tugend machen und ihre Kredite an die überschuldeten Länder aufrechterhalten, daß die Entwicklungsländer ihre Strengepolitik noch verschärfen, daß die Industrieländer ihr Zahlungsbilanzgleichgewicht halten, ohne das Wachstum zu behindern, daß allüberall die Haushaltsdefizite gesenkt werden und die Zinsen massiv zurückgehen – ein recht unwahrscheinliches Szenarium.[219]

In Wahrheit lehrt uns die Geschichte, das Wahrscheinlichste sei, daß eines schönen Tages die Schulden die Schuldner – oder die Gläubiger – überwältigen. Zahlt die dritte Welt ihre Schulden nicht, dann fällt das im wesentlichen auf die amerikanischen Banken zurück, die dann vom Staat unter Kuratel gestellt oder sogar verstaatlicht werden müssen. Zahlt andererseits Amerika nicht seine Schulden durch massive Dollarsenkung und Einführung des Protektionismus, dann werden Europa und die dritte Welt dafür büßen müssen.

Die gigantischen Maschinen der Finanzindustrie werden dann unter Schmerzen und jenseits neuer Dollarstürze und beträchtlicher sozialer, finanzieller und militärischer Katastrophen eine neue Welt gebären, neue Zufluchten werden auftauchen und ein Universum ankündigen, in dem Bankgiganten einen technisierten und ununterbrochen funktionierenden Einheitsmarkt regieren, in dem sich vielleicht gar eine Einheitswährung durchsetzen wird. In der Komplexität dieser Riesenmaschinerien wird Geld ein Gegenstand unter vielen sein, den man in Serie erzeugt und der auf allen erdenklichen Werten fußt.

Aber man täusche sich nicht: Trotz der scheinbaren Vernunft der Zahlen und der unendlichen Massen, die zur Debatte stehen, wird der Einfluß des Finanzmannes dann nicht größer sein als heute. Spiel, Spekulation, Irrationalität und Politik werden der Welt und dem Vermögen ihr Gesetz diktieren. Vielleicht wird es trotzdem neuen Finanzmännern gelingen, sich in den Schlupfwinkeln der großen Bank- und Spekulationsmaschinen einen Platz zu erobern als Wächter der kommenden Zeiten, die wiederum und wohl wieder vergeblich der Vernunft gegen den Wahnsinn, der kühlen Rechnung gegen den Abenteuerrausch zur Oberhand zu verhelfen versuchen, ohne sich freilich ihrerseits gleich wie ihre Vorgänger allzusehr an die Würde der Völker oder die Arbeit ihrer Menschen zu kehren.

Vor fünfzehn Jahren beeindruckte Siegmund diese Bemerkung Oscar Wildes: »Es gibt im Leben eines Menschen nur zwei Tragödien: zu erlangen, was er sich wünscht, oder es nicht zu erreichen.« Beides dürfte er erfahren haben, da er den Gipfel der »Hautefinance« erklomm, von da aus Einfluß auf die Dinge zu nehmen versuchte und es ihm vielleicht ein letztes Mal gelang, die Trümmer einer Familie wieder zusammenzufügen, einem Namen wieder zu Rang zu verhelfen und einer Erinnerung zu Macht. Mehr aber nicht.

Er war Beschleuniger einer Revolution, die ihn überholt hat, Sammlungsziel des Wahnsinns dieses Jahrhunderts, nüchterner Abenteurer, Wagemutiger und Weiser zugleich und gehörte inmitten des aberwitzigen Getümmels des Jahrhunderts zu den wenigen Männern von Einfluß, kurzum: Er war ein gewinnender Mensch.

Sein Leben, das in den Augen der andern ein strahlender Erfolg war und in den seinigen dennoch hinter den Erwartungen zurückblieb, zeigt auch dem letzten Zweifler, daß nicht eine Schar von Dunkelmännern die Politik manipuliert. Daß der Einfluß dieser Finanzleute, der Männer der Vernunft und nicht der Gewalt, des Friedens und nicht des Krieges, letztlich höchst nebensächlich ist. Es zeigt auch, daß es von London bis New York und von Hamburg bis Tokio Orte gibt, wo die

Qualität eines Volkes und der Geschmack einer Gesellschaft die Vorbedingungen schaffen für das herrliche Abenteuer freier Menschen inmitten der kollektiven Ungerechtigkeit.

Als aller Illusionen beraubter Wächter, den die eine Krise ruiniert und der am Ausgangspunkt dessen steht, das die nächste hinauszögert, hat er durch sein ungewöhnliches Gespür für die kommende Bewegung, durch seine Bildung, die moralische Festigkeit des Gerechten und seine Aura des Geheimnisvollen Teil am Besten, was Europa und das jüdische Volk unserer Zeit geschenkt haben.

Verwundert auf unseren Wahnsinn blickend, tragisch der Eitelkeit der Leidenschaften und der Ohnmacht des klaren Blicks bewußt, hat er sich letztlich zum Vergessen im lachhaft anmutenden Vollkommenheitsanspruch entschieden. Stets der seit der Zeiten Anfang verkündeten Lehre seiner Väter treu, »hat er in seinem Leben das Wesentliche verwirklicht, ohne davon Aufhebens zu machen«.

Noch ist gewiß die Zeit nicht gekommen, dieses Wesentliche wahrhaft zu erkennen. Und gewiß hätte Siegmund nicht gewollt, daß man es entdecke.

Ich hoffe aber, ohne dessen gewiß sein zu können, daß die Suche danach Siegmund gefallen hätte.

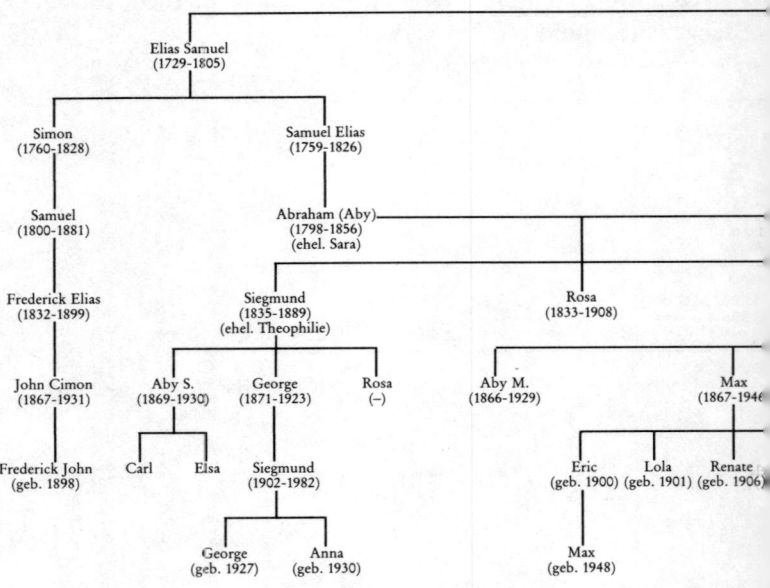

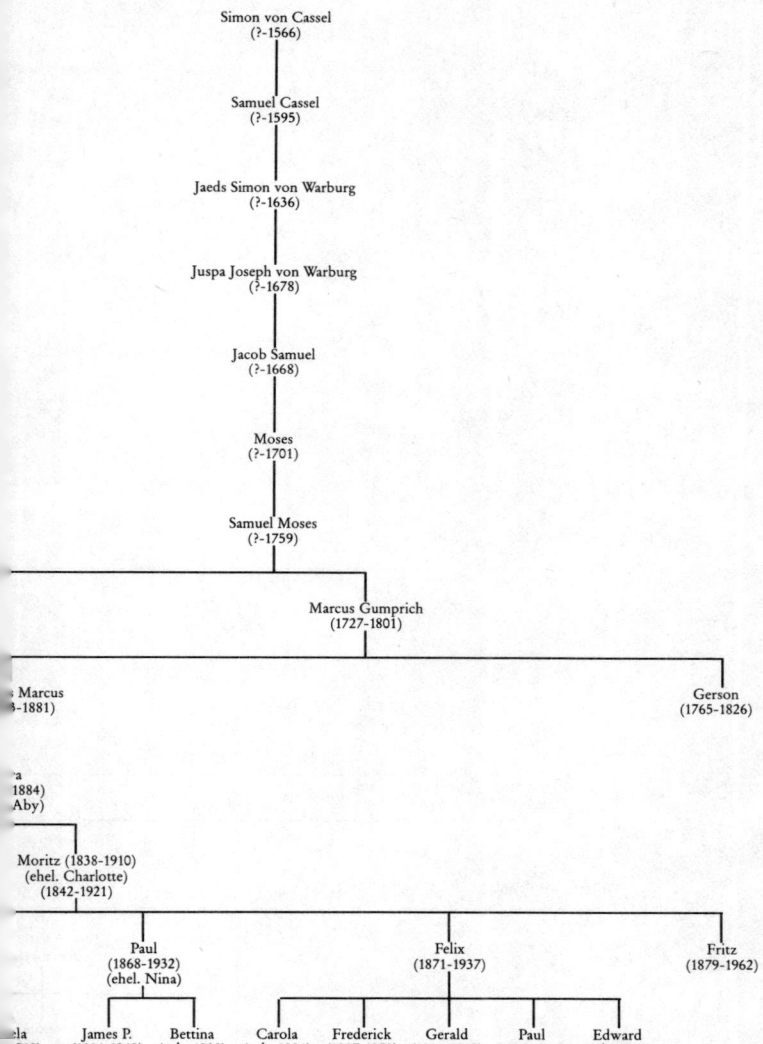

Danksagung

Bankiers haben es nicht gern, wenn man von ihnen spricht, und die Bank S. G. Warburg & Co. unterscheidet sich darin nicht von andern. Sie war wie Siegmunds Familie an der Entstehung dieses Buches in keiner Weise beteiligt noch auch an den darin geäußerten Auffassungen.

Niemand hat dieses Buch gewollt als allein ich selbst. Die von Natur aus geheimen Bank- und Kabinettsarchive wurden mir nur mit Vorbehalten zugänglich gemacht, aber ich gelangte in den Genuß ungewöhnlicher schriftlicher wie mündlicher Zeugenaussagen. Zu betonen ist, wie schwierig es ist, den Quellen einer Geschichte nachzuspüren, deren Hauptperson alles daransetzte, ihre Spuren zu verwischen, und die von sich fast keine Aufzeichnung, keine Korrespondenz, kein Archiv und fast keine vertrauliche Äußerung hinterließ. Sicher ist in einigen wenigen öffentlichen Dokumenten von Siegmund die Rede, darunter zwei *Familiengeschichten*. Die erste, 1923 begonnene, erwähnt ihn kaum;[137] die zweite von 1975 widmet ihm nur ein Dutzend Seiten.[55] Im übrigen liegt der Wert eines langen, 1965 verfaßten Porträts von ihm im wesentlichen in der langen Unterredung, die Siegmund mit seinem Verfasser geführt hat.[175] Ansonsten hat er nur zwei Interviews gewährt, ein kurzes 1975, ein ausführlicheres 1980, das der sehr bemerkenswerten Arbeit von Cary Reich zu verdanken ist.[207] Schließlich gibt es noch eine Art intimes Tagebuch,[214] eine Sammlung von Gedanken und nicht von Tatsachen, zu dem ich als erster Zutritt erlangte, ebenso wie zu weiteren unveröffentlichten Tagebüchern oder Memoiren anderer Familienmitglieder, insbesondere seines Großvetters Max[210] und seiner Kusine Elsa.[215] Schließlich finden er und seine Familie noch in sehr zahlreichen Geschichtsbüchern sowie seit Anfang des Jahrhunderts in der gesamten internationalen Finanzpresse Erwähnung.

Aber diese Schriftquellen widersprechen sich und dienen oft mehr der Schönfärbung der Rolle des einen oder andern; das Wesentliche, das Unersetzliche entstammt den in langer Arbeit gesammelten und verglichenen Aussagen derer, die ihn persönlich und beruflich sehr gut gekannt haben, deren bedeutendste Vertreter aber ungenannt bleiben wollen.

Für die Wahl der Version eines Ereignisses, wenn mehrere Lesarten vorhanden sind, bin ich ganz allein verantwortlich.

Mein Dank gilt Serge Waléry, Assistent an der Universität Paris IX, der mir bei der Zusammenstellung der Bibliographie und des Registers behilflich war, Margit Danel, die mir liebenswürdigerweise einige Texte aus dem Deutschen übersetzt hat, sowie Christiane Ademi, Christine Contini und Annick Proye, die sich der mühevollen Arbeit des Schreibens der zahlreichen Fassungen dieses Buches unterzogen haben.

HINWEIS ZUR DEUTSCHEN AUSGABE

Ich bin Sir Siegmund Warburg nie persönlich begegnet. Indessen begegnete mir während meiner Tätigkeit oft sein Name; fast immer umgab die Erwähnung eine geheimnisvolle Aura. So habe ich die Aufgabe, dieses Buch ins Deutsche zu übertragen, gerne übernommen.

Fortschreitend stellte ich indes gewisse Unstimmigkeiten fest: Eigennamen waren falsch geschrieben, Daten unkorrekt wiedergegeben, Zitate stimmten nicht mit der deutschen Quelle überein. Da ich in der knappen Zeit, die mir zur Verfügung stand, keinesfalls die gesamten Recherchen nachvollziehen konnte (viele der vom Autor benutzten Quellen waren mir nicht erreichbar), sind vermutlich auch in der Übersetzung einige Unstimmigkeiten verblieben.

Es ist nicht Aufgabe des Übersetzers, den Autor zu korrigieren, schon gar nicht, soweit dessen Meinung und Darstellung betroffen ist. Unbestrittene Fakten darf er richtigstellen (so z.B., daß die Skagerrakschlacht nicht am Jahresende, sondern am 31. Mai und 1. Juni 1916 stattfand oder daß sich Gombrich Marcus auf deutsch Marcus Gumprich schreibt), sofern er seiner Sache sicher ist. Im Zweifel gilt jedoch immer die Aussage des Autors.

Gelegentlich waren einer bestimmten Quelle zugeordnete Zitate in dieser Quelle gar nicht oder völlig anderslautend vorhanden. Dieses Dilemma behandelte ich wie folgt: Soweit mir die deutsche Originalquelle zugänglich war und sich das Zitat dort befand, setzte ich ungeachtet der französischen Fassung den deutschen Wortlaut ein. War ein Zitat in der Verweisquelle nicht auffindbar (und gehörte möglicherweise einer anderen, aber nicht identifizierbaren Quelle zu), nahm ich den Verweis auf die unzutreffende Quelle weg, beließ aber den Text selbst (in Rückübersetzung).

Einige wörtliche Zitate, für die es deutsche Quellen geben müßte, waren nicht auf deutsch zu finden und deshalb nur rückübersetzbar. Insbesondere gilt das für Teile der Gespräche Max Warburgs mit Hjalmar Schacht, die in der angeführten Form weder in Max Warburgs *Aufzeichnungen*[210] noch in Schachts *Memoiren*[151] noch auch in dem sehr verläßlichen Rosenbaum-Sherman[137] auffindbar waren; hierbei habe ich jedoch die vom Autor – der sich englischer Quellen bediente – benutzte Du-Form in die in obigen Werken eindeutig belegte Sie-Form verändert.

Von den persönlichen Papieren Sir Siegmund Warburgs lag mir nur die in deutscher Sprache verfaßte Aufzeichnung über seine Mutter[211] vor. Falls die übrigen Aufzeichnungen[212,213,214] ebenfalls auf deutsch verfaßt sind, kann natürlich die Rückübersetzung aus dem Französischen den deutschen Originalwortlaut keinesfalls treffen. Sind sie auf englisch verfaßt, so ergibt sich aus der zweimaligen Übertragung (Englisch/Französisch durch den Autor, Französisch/Deutsch durch mich) sicherlich ebenfalls eine Verschiebung.

Funktionsbezeichnungen (ist der »Président de la ... Banque« ihr »Präsident«, »Vorsitzender«, »Vorstandssprecher«, »Aufsichtsratsvorsitzer«, zumal, wenn die – meist englische/amerikanische Bank – mittlerweile längst verschollen ist?) gab ich in der dem Zusammenhang am besten entsprechend erscheinenden Form wieder, ohne in allen Fällen feststellen zu können, wie sie denn nun *genau* hießen.

So wird der linguistisch vergleichende Leser wiederholt mangelnde Übereinstimmung des französischen Buches mit der deutschen Ausgabe feststellen, der intime Kenner von Personen und Vorgängen andererseits nicht exakt treffende Schreibweisen, Funktionsbezeichnungen und Darstellungen.

Besonderen Dank schulde ich der Hamburger Bank Warburg-Brinckmann, Wirtz & Co., die mir wertvolle Unterlagen, insbesondere die »Aufzeichnungen« von Max Warburg[210], zur Verfügung stellte, die in vielerlei Hinsicht unerläßliche und wertvolle Einsichten boten.

Bonn, im Juni 1986   Hermann Kusterer

LITERATURVERZEICHNIS

1 Abella, I., und Tropper, H., *None is too many. Canada and the Jews of Europe (1933-1948)*, Lester and Orpen Dennys Publishers, 1983
2 Agar, H., *The Saving Remnant: An Account of Jewish Survival*, New York 1960
3 Allen, William Sheridan, *Das haben wir nicht gewollt. Die nationalsozialistische Machtergreifung in einer Kleinstadt, 1930-1935*, Gütersloh 1966
4 Attlee, C.R., *The Labour Party in Perspective And Twelve Years Later*, London 1949
5 Balbach, A.B., *The mechanics of intervention in exchange markets*, Federal Reserve Bank of Saint Louis 1978
6 Barnouw, E., *Tube of Plenty. The Evolution of American Television*, New York 1975
7 Baron, S.W., *Histoire d'Israël: Vie sociale et religieuse*, 5 Bde., Paris 1957-1964
8 Barry, E.E., *Nationalization in British Policy. The Historical Background*, London 1965
9 Baumier, J., *Ces banquiers qui nous gouvernent*, Paris 1983
10 Belin, J., *Problèmes monétaires*, I.E.P. Les cours de droit, Fascicule 3, Paris 1954-1955
11 Belin, J., *Problèmes monétaires, 1929-1945*, I.E.P. Les cours de droit, Fascicules 5, 6 und 7, Paris 1958-1959
12 Bentwich, N., *They found refuge. An account of British Jewry's work for victims of Nazi oppression*, London 1956
13 Berstein, S., und Milza, P., *L'Allemagne 1870-1970*, Paris 1971
14 Bevan, Aneurin, *Besser als Furcht*, Frankfurt 1953
15 Birmigham, Stephen, *In unseren Kreisen. Die großen jüdischen Familien New Yorks*, Berlin/Frankfurt/Wien 1969
16 Bloomfield, A.I., *Monetary Policy under the International Gold Standard*, Federal Reserve Bank, New York 1959
17 Bloomfield, A.I., *Short-term capital movements under the pre-1914 Gold Standard*, Princeton, N.J., 1963
18 Bloomfield, A.I., *Patterns of fluctuation in international investment before 1914*, Princeton 1968
19 Blum, John M., *Deutschland ein Ackerland? Morgenthau und die amerikanische Kriegspolitik 1941-1945*, Düsseldorf 1968

20 Boyer, R., und Mistral, J., *Accumulation, inflation, crises,* Paris, 2. Aufl. 1983
21 Brandon, H., *In the Red. The Struggle for Sterling, 1964-1966.* André Deutsch 1966
22 Braudel, Fernand, *Sozialgeschichte des 15.-18. Jahrhunderts,* München 1985
23 Brittan, S., *Treasury under the Tories, 1951-1964,* Harmondsworth 1964
24 Brown, M.S., und Butler, J., *The production, marketing and consumption of copper and aluminium,* New York 1968
25 Burns, J.M.G., *Roosevelt. The Lion and the Fox,* New York 1956
26 Cairncross, A.K., *Wirtschaftspolitik für Europa,* München
27 Calder, Angus, *The people's war: Britain, 1939-1945,* New York 1969
28 Calleo, D.P., *The Imperious Economy,* Cambridge, Mass., 1982
29 Carosso, V.P., *Investment Banking in America,* Cambridge, Mass., 1970
30 Castellan, G., *L'Allemagne de Weimar, 1918-1933,* Paris 1969
31 Caves, R., *American Industry: Structure, conduct, performance,* Englewood Cliffs, N.J., 1977
32 Cecil, L., *Albert Ballin,* Princeton, N.J., 1977
33 Champion, P.F., und Trauman, J., *Mécanismes de change et marché des eurodollars,* Paris 1978
34 Channon, D.F., *British Banking Strategy and the International Challenge,* London 1977
35 Charlot, M., *L'Angleterre, 1945-1980,* Paris 1981
36 Chouraqui, J.-C., *Le marché monétaire de Londres depuis 1960,* Paris 1969
37 Clapp, E., *The Port of Hamburg,* New Haven, Conn., 1911
38 Clarke, W.M., *The City in the World Economy,* London 1965
39 Craig, Gordon A., *Deutsche Geschichte 1866-1945. Vom Norddeutschen Bund bis zum Ende des Dritten Reiches,* München 1983
40 Cripps, R.S., *Democracy alive,* London 1946
41 Dauphin-Meunier, A., *La Banque. 1919-1935,* London 1946
42 Dauphin-Meunier, A., *La Cité de Londres,* Paris 1940
43 Dauphin-Meunier, A., *L'économie allemande contemporaine. 1914-1942,* Paris 1942
44 Davis, S.I., *The Euro-Bank: its origins, management and outlook,* Macmillan 1980
45 Delmer, S., *Weimar Germany. Democracy on trial,* London 1972
46 Delvert, J., *Le Japon,* Paris 1975
47 Denizet, J., *Inflation, dollar, eurodollar,* Paris 1971
48 Droz, J. (unter Leitung von), *Histoire de l'Allemagne,* 4 Bde., Hatier 1970-1976
49 Duroselle, J.-B., *Histoire diplomatique de 1919 à nos jours,* Paris 1978
50 Einzig, P., *The Euro-bond Market,* London 1969
51 Einzig, P., *Parallel money markets,* 2 Bde., London 1971-1972
52 Einzig, P., und Quinn, B.S., *The Euro-dollar System,* 6. Aufl., London 1977
53 Eisenberg, J., und Gross, B., *Un Messie nommé Joseph,* Paris 1983
54 Estorick, E., *Stafford Cripps,* London 1949
55 Farrer, S., *The Warburg,* London 1975
56 Feingold, *The Politics of Rescue,* New Brunswick 1970
57 Fistie, P., *La rentrée en scène du Japon,* Paris 1972
58 Foot, M., *Harold Wilson. A pictorial biography,* London 1968
59 Foot, M., *The Politics of Harold Wilson,* Harmondsworth 1968

60 Fraser, L., *All to the good*, London
61 Fritsch, Theodor, *Mein Streit mit dem Hause Warburg. Episode aus dem Kampfe gegen das Weltkapital*, Leipzig 1925
62 Gerbet, P., *La construction de l'Europe*, Paris 1983
63 Goddin, S.G., und Weiss, S.J., *U.S. Banks Loss of Global Standing*, Richmond 1981
64 Goetschin, P., *L'évolution du marché monétaire de Londres. 1931-1952*, Annemasse 1958
65 Goiten, S.G., *Letters of Medieval Jewish Traders*, Princeton, N.J., 1973
66 Goldmann, Nahum, *Mein Leben, USA-Europa-Israel*, München 1982
67 Goldsmith, R.W., *Financial intermediaries in the American Economy since 1900*
68 Gombrich, Ernst H., *Aby Warburg. Eine intellektuelle Biographie*, Europäische Verlagsanstalt 1981
69 Gorce, P.M. de La, *La prise du pouvoir par Hitler. 1928-1933*, Paris 1983
70 Griffiths, B., *Competition in Banking*, London 1970
71 Gross, N. (Hrsg.), *Economic History of the Jews*, Jerusalem 1975
72 Grosser, Alfred, *Geschichte Deutschlands seit 1945. Eine Bilanz*, 11. Aufl., München 1984
73 Guillen, P., *L'Allemagne de 1848 à nos jours*, Paris 1970
74 Haber, E., Schiff, Z., und Yarri, E., *L'année de la colombe: Jerusalem 1977; Camp David 1978*, Paris 1979
75 Hackett, J. und A.-M., *L'économie britannique 1945-1965*, Paris 1966
76 Hackett, J. und A.-M., *La vie économique en Grande-Bretagne*, Paris 1969
77 Hart, P.E., Vitton, M.A., und Walshe, G., *Mergers and concentration in British industry*, Cambridge 1973
78 Hermant, M., *Les paradoxes économiques de l'Allemagne moderne*, Paris 1931
79 Hilberg, Raul, *Die Vernichtung der Europäischen Juden*, Olle und Wolter 1982
80 Hobson, O.R., *How the City works*, London 1955
81 Hoffman, P., *The Dealmakers. Inside the world of investment banking*, New York 1984
82 Howson, S., *Sterling's managed float: the operation of the Exchange Equalization Account, 1932-1939*, Princeton studies in International Finance, No 46, November 1980
83 Iacocca, Lee, und Novak, William, *Iacocca. Eine amerikanische Karriere*, 2. Aufl., Düsseldorf 1985
84 Israel, Menasseh Ben Joseph Ben, *Origen de los americanos, esto es, esperanza de Israel*, Madrid 1928
85 Jeanneney, J.-M., und Barbier-Jeanneney, E., *Les économies occidentales du XIXe siècle à nos jours*, Paris 1985
86 Kelf-Cohen, R., *British Nationalization 1945-1973*, London 1973
87 Kedourié, Elie, *Die jüdische Welt. Offenbarungen, Prophetie und Geschichte*
88 Kellet, R., *The merchant banking arena*, London 1967
89 Keynes, John M., *Die wirtschaftlichen Folgen des Friedensvertrages*, München und Leipzig 1920
90 Keynes, John M., »Dr. Melchior: Ein besiegter Feind«, in: *Carl Melchior – Ein Buch des Gedenkens und der Freundschaft*, Vorträge und Aufsätze, herausgegeben vom Verein für Hamburgische Geschichte, Nr. 15, Tübingen 1967

91 Klein, C., *Weimar*, Paris 1968
92 Laufenburger, H., *Crédit publique et finances de guerre, 1914-1944*, Paris 1944
93 Laverny, P., *L'Euro-dollar et ses problèmes*, Paris 1975
94 Lelart, M., *Les opérations du Fonds Monétaire International*, Paris 1981
95 Lindert, P.H., *Key Currencies and Gold*, Princeton, N.J., 1969
96 MacDougall, D., *Studies in Political Economy*, 2 Bde., London 1975
97 Macrae, H., *Capital City: London as a financial Center*, London 1973
98 Macrae, N., *The London Capital Market: Its structure, strains and management*, London 1955
99 Magnifico, *Eine Währung für Europa*, Nomos
100 Malan, F., *Les offres publiques d'achat: l'expérience anglaise*, Paris 1969
101 Mann, Thomas, *Deutsche Hörer, 25 Radiosendungen nach Deutschland*, Bermann-Fischer Verlag, Stockholm 1942
102 Mann, Thomas, *Joseph und seine Brüder*, Berlin-Wien-Stockholm 1933-1944
103 Mann, Thomas, *Les exigences du jour*, Paris 1976
104 Mann, Thomas, *Über mich selbst. Autobiographische Schriften*, Gesammelte Werke, Frankfurt 1974
105 Mann, Thomas, »Betrachtungen eines Unpolitischen«, in: *Reden und Aufsätze*, Oldenburg 1960
106 Martin, J.-P., *Les finances publiques britanniques 1939-1945*, Paris 1956
107 Martin, J.S., *All Honorable Men*, Boston 1950
108 Mayer, M., *The Fate of the Dollar*, New York 1980
109 Miquel, P., *La grande guerre*, Paris 1983
110 Monnet, J., *Mémoires*, Paris 1976
111 Morlot, H., *Banque de l'Empire d'Allemagne*, Dijon 1911
112 Morse, J., *How British Banking has changed*, London 1982
113 Morton, Frederic, *Die Rothschilds. Porträt einer Familie*, München 1978
114 Mourre, Michel, *Dictionnaire Encyclopédique Historique*, Editions Bordas
115 Odell, J.S., *U.S. International monetary policy*, Princeton 1982
116 Olden, R., *Stresemann*, Paris 1932
117 d'Ormesson, Wladimir, *La Crise mondiale de 1857*, Paris
118 Parkinson, R., *Peace for our time*, London 1971
119 Pascallon, P., *Le système monétaire international*, Paris 1982
120 Peterson, E.M., *Hjalmar Schacht. For and against Hitler*, Boston 1954
121 Piettre, A., *L'économie allemande contemporaine, 1945-1952*, Paris 1952
122 Plender, J., *That's the way the money goes. The financial institutions and the nation's savings*, London 1982
123 Pollard, S., *The development of British economy, 1914-1950*, London 1962
124 Pollard, S., *The wasting of the British economy*, London 1982
125 Porter, M.E., *Competitive strategy. Techniques for analyzing industries and competition*, New York 1980
126 Raphaël, F., *Judaïsme et capitalisme*, Paris 1982
127 Redslob, A., *De l'hégémonie à l'intermédiation du centre financier de Londres*, Thèse Paris I, 1976
128 Redslob, A., *La Cité de Londres: structures, marchés, réglementations*, Paris 1983
129 Reich, C., *Financier. The biography of André Meyer*, New York 1983
130 Reid, M.I., *The secondary banking crisis 1973-1975*, London 1982

131 Revell, J., *Changes in British banking*, London 1968
132 Rivaud, A., *Les crises allemandes, 1919-1931*, Paris 1932
133 Robbins, K., *Munich 1938*, London 1968
134 Robson, W.A., *Nationalized Industry and public ownership*, London 1960
135 Roll, E., *Memoirs*, London 1985
136 Rosenbaum, Eduard, *M.M. Warburg & Co., Merchant bankers of Hamburg*, in Yearbook 8 of the Leo Baeck Institute, London 1962
137 Rosenbaum, E., Sherman, A.J., *Das Bankhaus M.M. Warburg & Co. 1798-1938*, Hamburg, 2. Aufl. 1978
138 Rosier, B., *Croissance et crise capitaliste*, 2. Aufl., Paris 1984
139 Roth, Cecil, *Der Anteil der Juden an der politischen Geschichte des Abendlandes*, Hannover 1965
140 Roth, Cecil, *Geschichte der Juden. Von den Anfängen bis zum neuen Staate Israel*, Köln 1964
141 Rueff, J., *Œuvres complètes*, Bd. 1, *De l'aube au crépuscule, autobiographie*, Paris 1977
142 Rueff, J., *Œuvres complètes*, Bd. 2, *Théorie monétaire*, Paris 1979
143 Salama, M., *Les marchés financiers dans le monde*, Paris 1980
144 Sampson, Anthony, *Wer regiert England? Anatomie einer Führungsschicht*, München 1963
145 Sampson, Anthony, *The new anatomy of Britain*, London 1971
146 Sampson, Anthony, *The changing anatomy of Britain*, London 1982
147 Sampson, Anthony, *Die Geldverleiher, Von der Macht der Banken und der Ohnmacht der Politik*, Reinbek 1982
148 Sautter, C., *Japon: le prix de la puissance*, Paris 1973
149 Sayers, R.S., *Financial Policy 1939-1945*, London 1956
150 Mac Scammel, W., *The London discount market*, London 1968
151 Schacht, Hjalmar, *76 Jahre meines Lebens*, Bad Wörishofen 1953
152 Schlesinger, A., *The age of Roosevelt*, 3 Bde., New York 1957-1960
153 Sédillot, R., *Histoire de l'or*, Paris 1972
154 Shaw, E.S., *Money and Finance*, New York 1976
155 Shinwell, E., *Mémoires*, London 1970
156 Shinwell, E., *I've lived through it all*, London 1973
157 Shirer, William Lawrence, *Aufstieg und Fall des Dritten Reichs*, Köln/Berlin 1961
158 Shonfield, P., *British Economic Policy since the war*, Harmondsworth 1958
159 Simonnot, A., *L'avenir du système monétaire*, Paris 1972
160 Simpson, M.A., *Hjalmar Schacht in perspective*, Den Haag 1969
161 Solomon, R., *Le système monétaire international*, Paris 1979
162 Spiegelberg, R., *The City. Power without Accountability*, London 1973
163 Stevens, Q.W., *Vain Hopes, Grim Realities*, New York 1976
164 Thompson, Reginald William, *The Yankee Marlborough*, London 1963
165 Triffin, R., *Gold and the dollar crisis*, Yale University Press 1960
166 Tuchmann, Barbara W., *Die Torheit der Regierenden. Von Troja bis Vietnam*, Frankfurt
167 Turner, G., *The Leyland papers*, London 1971
168 Turner, H.A., *Stresemann and the politics of the Weimar Republic*, Princeton, N.J., 1963

169 Uhlman, Fred, *The Making of an Englishman*, London 1960
170 Vagts, Alfred, »M.M. Warburg & Co, Ein Bankhaus in der deutschen Weltpolitik 1905-1933«, in: *Vierteljahrschrift für Sozial- und Wirtschaftsgeschichte*, hrsg. v. Prof. Dr. Hermann Aubin, Bd. 45. März 1958, Heft 3, Wiesbaden 1958
171 Van Dormael, A., *Bretton Woods: birth of a monetary system*, London 1978
172 Wallich, H.C., Morse, C.J., und Patel, I.G., *La crise monétaire de 1971*, The Per Jacobson Foundation, Washington, D.C., 1972
173 Warburg, J.P., *The long road home*, New York 1964
174 Wasserstein, B., *Britain and the Jews of Europe, 1939-1945*, Oxford 1979
175 Wechsberg, J., *The merchant bankers*, London 1966
176 Weizman, Ezer, *Eine Schlacht für den Frieden*, München 1981
177 Weizmann, Chaim, *Memoiren*, Hamburg 1951
178 Wiener, M.J., *English culture and the decline of industrial spirit, 1850-1950*, Cambridge University Press 1981
179 Wiesel, Elie, *Die Nacht*, 1980
180 Williams, L.J., *Britain and the World Economy, 1919-1970*, London 1971
181 Wilson, H., *The relevance of British Socialism*, London 1964
182 Worswick, G.D.N., und Ady, P.H., *The British Economy, 1945-1959*, Oxford 1962
183 Worswick, G.D.N., und Ady, P.H., *The British Economy, 1951-1950*, Oxford 1962
184 Yaffe, J., *The American Jews*, New York 1968
185 Young, K.G., *Merchant banking: practice and prospects*, London 1966
186 Young, K.G., *Finance and World Power; a political commentary*, London 1968
187 Zweig, Stefan, *Die Welt von gestern, Erinnerungen eines Europäers*, Stockholm 1944

Sammelwerke und sonstige

188 Stresemann, Gustav, *Vermächtnis*, Der Nachlaß in 3 Bänden, Berlin 1932
189 *Peace-making in the Middle East*, hrsg. v. Lester A. Sobel, New York 1980
190 *Les problèmes actuels du crédit*, Vorträge veranstaltet von der Société des Anciens élèves de l'Ecole Libre des Sciences Politiques, Paris 1930
191 *La Banque des Réglements Internationaux et les réunions de Bâle*. Veröffentlichung zur Fünfzigjahrfeier. Basel 1980
192 *25e rapport annuel de la B.R.I.*, 13. Juni 1955. R. Auboin, La Banque des Réglements Internationaux, 1930-1955
193 *The Power of the last*, Essays for Eric Hobsbawm, Cambridge 1984
194 *U.S.-Mexico Relations*, hrsg. v. C.W. Reynolds und C. Tello, Stanford University Press 1983

Zeitschriften

195 Abadie, J.P., »Les règles monétaires imposées aux banques centrales à travers l'édification d'une zone monétaire«, in *Cahiers du CERNEA*, Nr. 7, März 1985
196 Aglietta, M., »Le système monétaire international est-il possible?« in *Critiques d'Economie Politique*, Nr. 26-27, Januar-Juni 1984

197 Aglietta, M., »L'endettement de l'émetteur de la dévise-clé et la contrainte monétaire internationale«, in *C.E.P.I.I., Document de travail 83-03*, Juni 1985
198 Auletta, K., »Article sur Lehman Bros.«, *Fortune* 1984
199 Cooper, R.N., »The gold standard: historical facts and future prospects«, in *Brooking papers on economic activity*, Nr. 1, 1982
200 Coussement, A.M., »When the bonds went round Luxemborg in a van«, in *Euromoney*, Februar 1981
201 Crane, D.B., und Hayes, S.L., »The evolution of international banking competition and its implications for regulation«, in *Journal of Banks Research*, Frühjahr 1983, Bd. 14, Nummer 1, S. 39
202 Dudley, L., und Passel, P., »The war of Viet-Nam and the U.S. balance of payments«, in *Review of economics and statistics*, November 1968, S. 437-442
203 Helmann, J., *New York Times*, 11. Juni 1955
204 *Euromoney*, Sonderausgabe: »A history of Euro-bond market«
205 »Warburg S.G.«, *Time*, April 1976
206 »Warburg S.G. Inc.«, *Institutional Investor*, März 1980
207 »The confessions of Siegmund Warburg«, *Institutional Investor*, 1983, Cary Reich
208 »Warburg S.G. The exceptional survivor«, *Business Week*, 14. März 1977, S. 62
209 *Investor Chronicle*, Interview von Siegmund Warburg

Unveröffentlichte Papiere

210 Warburg, Max M., *Aus meinen Aufzeichnungen*, Als Privatdruck erschienen, New York 1952

Persönliche Notizen von Sir Siegmund Warburg

211 »Lucie L. Warburg. 13. März 1866 – 25. Oktober 1955«
212 Über Stefan Zweig
213 Über Carl Melchior
214 »An Anthology for Searchers«
215 Tagebuch von Elsa Warburg (Melchior): »Random Memories«
216 »A gathering of the members of S.G. Warburg & Co., Ltd., to commemorate Sir Siegmund George Warburg, 1902-1982. London, 12th january 1983, in the Guildhall«
217 *Investment banking through four generations*, Kuhn, Loeb & Co., 1955
218 *A century of investment banking*, New York, Kuhn, Loeb & Co., 1967
219 Vortrag des Gouverneurs der Banque de France im Institut Supérieur de Banque, 5. Juli 1985
220 Gardner, R.W., »Sterling Dollar Diplomacy«, Aspen Institute for Humanistic Studies, August 1985
221 Persönliche Aufzeichnungen von P. Haas
222 Persönliche Aufzeichnungen von G. Sharp

Personen- und Sachregister

Abecassi 26
Aben-Joseph, Abraham 26
Abrabanel, Isaac 27
Abs, Hermann Josef 16, 128, 149, 161, 276, 278, 283, 312, 361, 370, 407, 460
Absetzbewegung 330, 357f.
Abwertung von 1949 292
Accepting House Committee 95
Acheson, Dean 404
Addis, Sir Charles 160
Ademi, Christiane 482
Adenauer, Konrad 278, 282f., 311
Adler-Rudel, S. 183
AEG 97
Aglietta, Michel 143, 154, 403
Akamura 388
Alcoa 322f.
Aldrich, Nelson 87
Alexander, W. 183
Alfons III. 26
Alfons V. 27
Alfons VII. 26
Alfons VIII. 26
Alfons X. 26
Al Kaum, Abu 453
Allard, J. 58
Allen 344
Allenby 109
Althan, Nigel 473
Aluminiumkrieg 321ff.
American Continental Corporation 141

American Jewish Appeal 145
Amsterdam 127
Amsterdamer Treffen 128
Anleihewesen 22
Antisemitismus 70f., 101, 105
Arbeiteraufstand 128
Armstrong, Sir Robert 382
Armstrong, Sir William 365f.
Aschkinasi, Leon 51f., 70
Ashley, Wilfried 93
Asquith, Margot 102, 213
Assad, Hafis 450
Attlee, Clemens Richard 293
Auslandssyndikat 203
Austerity-Plan 374
Autostrade Italiane 342
Azmentarius 23

Bach, Johann Sebastian 13
Baden, Max von 113ff., 126, 129
Baldwin, Lord Stanley 142, 148, 208, 212, 217, 361
Balfour, Lord Baffi 112, 145f., 162, 212, 226
Balkankrieg 96
Ball, George 279, 343
Ballin, Albert 65, 82f., 93, 97, 101, 114f., 131, 135, 182, 185
Balogh, Tom 365f., 371
Balzac, Honoré de 462
Bamberger 56
Banco, Andrea del 21, 25f.
Banco, Christian del 21

Bank Baring 45
Banken 79
Bank für Internationalen Zahlungsausgleich 155f.
Bankier 52
Banküberwachungsgesetze 87
Bardi 16, 26, 33
Baring 16, 33, 80, 148f., 327, 341, 396
Bartok, Bela 199
Bauer 122, 126
Baumier, Jean 426
Becker A.G. 431ff., 442, 445, 450, 454ff., 470f., 473
Beer 26, 30
Beethoven, Ludwig van 305
Begin, Menahem 449ff.
Behren, L. 59
Belgrad, Debakel von 442
Belmont 54
Benesch, Eduard 215f.
Ben Gurion, David 281ff., 306, 451
Benn, Anthony Wedgewood 428
Bernard, Samuel 32f.
Bernstoff 102, 108, 110
Berstead, Lord 213
Bethmann Hollweg, Moritz August von 92f., 96ff., 102, 104, 107ff., 129
Bevan, Aneurin 294
Bevin, Ernest 279, 281, 311
Bialik, Chaim Nachman 154
Bischoffsheim 42
Bismarck, Otto Fürst von 37, 44, 50ff., 57f., 64f.
BiZ 156, 160, 167, 169, 171
Bleichröder, Samuel 37, 42, 59, 80, 95
Blessing, Karl 370
Bloch, Victor 285, 289, 308
Blockade, Berliner 109, 276
Blomberg, Werner von 207
Blum, Leon 154, 205
Blumenthal, Michael 443f.
Blutwoche 118
Bolton, Sir George 344, 352
Bombieri, Carlo 347, 361
Bond, Sir Alfred 154
Bonnet, George 215
Borchardt, F. 183
Borenizer, G. 152, 300

Bosch, Robert 187
Boston-Gruppe 242
Botticelli 85
Bragano, Katharina von 32
Brandeis, Franz 58
Brandt, Willy 425
Bretton-Woods-System 248, 306, 335, 355, 364ff., 389, 401ff.
Briand, Aristide 133, 151
Brinckmann, Christian Rudolf 319, 332, 458
Brinckmann, Rudolf 153, 168, 191, 221f., 275ff., 319, 352, 398, 407
Broker 45, 55, 80, 472, 474f.
Brown, Alex 46
Brown, George 365, 368f., 371ff., 381f.
Bruck (Baron) 49
Brüning, Heinrich 159, 161f., 165, 168, 170
Bülow, Hans von 65, 75
Burenkrieg 93
Bürgerrechte 43
Burns, Arthur 403, 405
Butler, R.A. 78, 211, 294f., 306f.
Buttenwieser, Benjamin 170, 278

Caillaux, Aristide 93
Callghan, James 365, 371f., 378, 428, 441
Caprivi, Georg Leo Graf von 65
Carli, Guido 361
Carter, Jimmy 439, 442ff., 452
Cash and Carry 236f.
Cassel, Simon von 29
Cassel, Sir Ernest 68, 93, 192
Cavallerai, Luis de la 27
Chamberlain, Austen 148, 151
Chamberlain, Neville 167, 212f., 215, 217f., 220, 232f.
Chiang Kai-shek 280
Christine von Schweden 27
Churchill, Winston 97, 102, 142, 148, 194, 217, 232f., 238f., 294f., 304, 311, 365
Clay, Lucius D. 276, 278, 299
Clemenceau, Georges Benjamin 112, 120, 122, 130

Coke, Gerald 226, 303, 399
Collins, Norman 304
Commercial Bank 406
Commonwealth-Konferenz 294
Conally, John 402ff.
Contini, Christine 481
Cooke, Jay 46, 54f.
Coolidge, Calvin 136, 177
Cornfeld, Bernie 393f.
Cox, James M. 178
Creutziger, A.O. 448
Cripps, Milo 304, 341
Cripps, Stafford 213, 215, 217, 284f., 293
Cromer, Lord 327f., 364, 366, 369ff.
Crosland, Anthony 328
Cuccia 16
Cunliffe, Geoffrey 322, 327
Cuno 135, 185

Daladier, Edouard 215f.
Dale, William 443
Dalton, John 235
Danel, Margit 482
Darling, Peter Stormonth 458
Daus, Richard 352, 397f.
Davis, Elmer 242
Davis, J.-W. 177
Dawes, Charles G. 139f., 151
Dawes-Kommission 139, 143
Dawes-Plan 138ff., 141
Delbanco, Elias L. 33
Delcassé, Théophile 93
Delouvrier, Paul 313ff.
Depositenbank 34
Deschanel, Paul 130
Deutsch-Asiatische Bank 89f.
Deutsch, Felix 134
Deutscher Bund 405
Deutsches Reich 122
Dewey, Thomas 278, 317
Dhimmi 23
DIC 189, 197
Dickens, Charles 211
Dillon, Douglas 343
Dilworth, J.R. 299f., 315, 318, 354
Disraeli, Benjamin 56, 166
Dolan, Patrick 330

Dollarabwertung 403
Dollareinlagen, kurzfristige 320
Donahue, John F. 455
Donatini, Enzo 343f.
Doner, Hans 50
Dostojewski, F.M. 70, 462
Dreikönigsbündnis 44
Dreyfus, Alfred 67
Dreyfus-Schiff, Theodora 348f.
Dulles, John Forster 140, 143
Du-Pont-Gruppe 242
Dürer, Albrecht 85
Dwek, Maurice 447

Ebert, Friedrich 113ff., 119, 126, 129, 143
Eden, Sir Anthony 213, 279, 304, 306, 308, 311
Eduard I. 26
Eduard III. 26
Eduard VIII. 212
Einheitsmark 63
Einstein, Albert 84, 147, 154
Eisenhower, Dwight D. 300, 306, 320, 336
Eisner, K. 120
El Barchilon, Abraham 26
El-Sammam, Ali 451, 453
Endlösung des Judenproblems 200
Entschädigung, vollständige 25
Erfurter Unionsparlament 44
Erhard, Ludwig 275
Ericsson 33
Erzberger, Matthias 116, 119, 124
Eurobank 295, 298
Eurodollar 136, 297f., 359, 392, 394, 411
Eurodollarmarkt 141, 321, 347, 437
Euroemissionen 14, 348, 350ff., 392, 405, 427, 447, 467ff.
Euroemissionsmarkt 389f., 426
Eurofond 390
Eurokredit 412
Euromarkt 348, 389f.
European Shares Inc. 143
Eurowährung 295, 448
Evakuierungsplan 230
EVG-Vertrag 311

EWG-Beitritt, britischer 336

Familienleben, Siegmunds 304ff.
Feder, Gottfried 201
Federal-Reserve-System 20, 85
Finanzierungsgesellschaft 13
Finanzmethoden, moderne 14
Fletcher 177
Flick, Friedrich 172
floaten 98, 166, 208
Floatingmärkte 399
Foerder 385
Ford, Gerald 425, 433ff.
Fouchier, Jaques de 409ff., 431, 442, 455
Fould, Achille 56
Franco, Francisco 231
Frankfurter Nationalversammlung 43
Frankfurter Parlament 44
Franks, David 35
Franz I. 27
Franz Ferdinand 97
Franz Joseph I. 49
Fraser, Jan 290, 308, 341, 344, 389
Fraser, Lionel 302, 323, 329, 339
Freihäfen 399
Friedrich II. 9
Friedrich III. 64
Friedrich Wilhelm IV. 43f.
Friedman, Alvin E. 299, 350
Fürstenberater 23
Fürstenberg, Hans 56, 168, 183, 195ff., 209
Fugger 16, 27f., 33
Fugger, Andreas 27
Fukuda 444
Funk, Walther 136, 224, 230

Gaitskell 293, 358
Galbraith, Evan 400f.
Garrath, Gates W. 160
de Gaulle, Charles 315
Gebrauchthandel 25
Gegenblockade 110
Geldausleihe 21
Geld, Magnetlinien des 23
Geldjuden, die ersten 21
Geldverleih 22, 25

Genillard, Robert 345, 401
George, Lloyd 117, 122, 130, 133f.
Gerard, James W. 105
Gettodasein 29
Ghorbal, Ashraf 452
Gibbs, Anthony 35
Gideon, Samson 32
Gifford, John 237
Gilmour, John 324
Gladwyn (Lord) 357
Glass, Carter 87
Glucksmann, Louis 431, 470
Goebbels, Josef 219, 240
Goethe, Wolfgang von 77, 305, 462
Gold, gepooltes 335ff.
Goldmann, Nahum 199, 448, 451
Goldmann Sachs 54
Goldpool 369, 377f.
Goldschmidt 161
Goldschmidt, Bischoffsheim 52, 56, 59
Goldschmidt, Emil 58
Goldschmidt, Ernst 58
Goldschmidt, Jacob 168, 183, 222f.
Goldwährung 41
Good, Daniel 432, 456
Goodman, Lord 451
Goremykin, Iwan L. 104
Göring, Hermann 163, 172, 182, 203ff., 220, 227
Grade, Lew 303
Grand, W.T. 434
Grenfell, Morgan 326, 341
Grierson, Ronald 286, 289, 308, 341, 343, 350, 357, 381f., 417
Grimm 317
Größenveränderung der Bank 475
Grunfeld, Henry 13, 197f., 211, 224, 232, 289, 291, 303, 308, 324f., 331, 333, 339, 354, 369, 417, 424f., 430, 448, 460, 462, 467, 470
Guggenheim 55, 92
Guillaumeaffäre 425
Guiness, K.L. 197
Günzburg 51f., 52, 70, 105
Günzburg, Alexander von 57, 66, 112, 123
Guth, Wilfried 407

Guyot, Jean 312f.

Haas, Pierre 198, 291, 409, 432, 442, 454, 456
Haberer, Jean-Yves 455ff.
Hacha, Emil 219
Hagenbeck, Karl 111
Hagerty 314
Hahn, Rudolf 224
Halder, Franz 227
Halevi, Judah 26
Halifax, Lord Edward 215f., 218
Hambro, Olaf 16, 35, 45, 149, 324ff.
Hanauer, Jerome J. 145
Händel, Georg Friedrich 13
Handel, internationaler 22
Hanse 34
Harding, Warren G. 129, 136
Harriman, Averell 280, 381f.
Hauser, Lionel 90
Healey, Dennis 441, 443
Heath, E. 396, 425, 428
Heckscher, Marcus Ruben 36
Heimann, John G. 456, 470
Heine, Heinrich 52
Heine, Salomon 42
Heinrich IV. von Kastilien 27
Helmore, James 357
Helmuth, Tony 276
Henderson, Arthur 164
Henriques, Carl Otto 138
Henriques, Jakob 32
Henriques jr., R. 83
Herriot, Edouard 296
Herte, Mary 71
Hertling, Graf 112f.
Herzl, Theodor 71
Hessen-Kassel, Wilhelm Landgraf von 33
Heuss, Theodor 62, 282
Hexter 190
Higginson, Philip Hill 339
Hilferding 136
Himmler, Heinrich 224, 235
Hindenburg, Paul von 10, 105f., 108, 111, 143, 168, 170ff., 181, 190
Hitler, Adolf 10ff., 137, 142, 155, 163, 170f., 173, 181f., 184, 186, 190, 192, 199-207, 212ff., 233, 235, 250, 347, 420
Hitlerismus, Abgleiten in den 133
Hirsch, Moritz de 81
Hirsch-Gereuth, Baron Joseph von 51
Hohenlohe 65, 75
Holding 474
Holocaust 226
Holstein, Herzog von 34
Holtzendorff, Admiral von 105, 108
Home, Sir Alec Douglas 355f.
Hood, Alexander 388
Hoover, Herbert 155, 165
Hottinger 80f.
Hötzendorff, Conrad von 96
Hull, Cordell 178, 238
Hungerford, Viscount Portal of 322
Hyperinflation 135

Industriekapitalismus 47
Inflationsrate 447
Institut Warburg 64
International Acceptance Bank 129f., 141
Investoren 55
Isaacs, Rufus 101
Isabella die Katholische 27
Israel, Gründung des Staates 451
Israel Corporation 385
Istel, Ives-Andre 318, 354
IWF (Internationaler Währungsfonds) 280, 292, 305ff., 320, 337

Jagow, von 103f.
Jaime I. v. Aragon 26
Japhet 70, 464
Jaures, Jean 98
Javits, Jacob 377
Jessel, Richard 169, 309
Jewish Agency 20, 145, 153f., 187, 189f., 207, 385
Jobbers 45, 55, 80; 472, 475
Johann II. v. Aragon 27
Johnson Act 180
Johnson, Lyndon B. 356, 359, 367f., 371f., 390
Jom-Kippur-Krieg 413, 420

Joseph (bibl.) 14
Judengemeinden 28
Judy, Paul 432f., 445, 455

Kahane, Karl 349, 449, 451, 464
Kahn, Albert 70, 83
Kahn, Otto H. 145
Kaiserjuden 82
Kaiserreich, das Ende des 112
Kaisers Aluminium 322
Kaldor, Nicolas 366, 371, 378
Kalender, jüdischer 21
Kalter Krieg 298
Kapitalismus 44
Kapitalismus, Hauptfinanzier des 24
Kapitalwanderung 322
Karkuser, Hermann 56
Karl II. 32
Karl V. 27f.
Karl der Große 29
Karl II. von Navarra 26
Karl III. von Navarra 26
Kauffmann 116
Kaulla, Lucie 30, 62, 72, 75
Kearton, Sir Frank 381
Kemsley, Lord 331
Kennedy, John F. 337, 343ff.
Keppler, Wilhelm 190
Keswich, Sir William 308
Keynes, John M. 60, 115, 118f., 139, 143, 217, 240f.
Keyser, A. 70, 83
Kindersley, Lord 324, 326ff.
King, Cecil Hansworth 294, 302, 304, 331, 339
Kitchener 102
Kittrick, Mac 280
Klemens VI., Papst 27
Knowlton, Hugh 170
Kobin, Albert 455
Kohn-Speyer, Edmond 192
Kohn-Speyer, Olga (s.a. Warburg) 192
Kohn-Speyer, Paul 58, 69, 192, 196f., 236
Konflikt, russisch-japanischer 93
Konsortium 51
Konstitutionsakte siehe BiZ
Korda, Alexander 209

Koreakrieg 297f.
Korner, Eric 197, 285, 287, 289, 303, 317, 333, 345, 399
Kreisky, Bruno 38, 317, 393, 419, 424, 449f., 464
Kreugerskandal 286
Kreutzberger, M. 183
Krieg 96, 99, 105
Kriegsgelder 99, 175
Kriegswirtschaft 101, 199, 204
Krimkrieg 47
Kristallnacht 224, 227
Kruger, Harvey 354
Krupp, Alfred 79, 172
Kubakrise 343
Kuhn, Abraham 54f., 59
Kuhn-Loeb, Bruch mit 353f.
Kuhn-Loeb-Gruppe 242
KZ-Ökonomie 199

Labour 164, 167, 294, 304, 365, 405, 428, 446
Land- und Gewaltenteilung 22
Latham, Arbuthnot 35
Lazard 56, 313, 323, 327
Lehman, Robert 299, 361, 431
Lehmann, Henry 46
Lehmann, Mayer 46
Lehmann, Samuel 46
Leicester, Graf von 226
Leih-Pacht-Wesen 242
Leihsystem 240f., 275
Leih- und Stundungsvorschriften 22
Lenin, Wladimir Iljitsch 112
Levy, Asher 35
Lewison 55
Lichtenberg, Paul 361
Liebknecht, Karl 105, 118
Likudblock 450
Lincoln, Aaron de 26
Lindbergh, Charles 150, 169, 177
Lippmann, Leo 173
Lippmann, Walter 169
Lliark, John 383f.
Lloyd, Selwyn 336, 355
Loch, Salomon 178
Loeb, Nina 68
Loeb, Salomon 57, 59, 67

Loeb, Samuel 54f.
Lösung, kleindeutsche 43
Lucas, Harry 196, 211
Ludendorff, Erich von 93, 105ff., 112, 114, 137
Ludwig XIV. 32, 34
Luftbrücke 276
Luther, Hans 136, 142, 151, 159f., 160, 168
Luthers Thesenanschlag 28
Luxemburg, Rosa 118
Lynch, Edmund C. 129
Lynch, Merryl 129
Lyttleton, Anthony 324

MacConnel, Joe 324
MacDonald, James G. 154, 164, 166f., 178, 199, 208, 227
MacDougall, Sir Donald 365f.
MacFadyean, Andrew 162, 192, 196, 233, 357
Machtergreifung 170
MacKittick 230
Macmillan, Harold 306, 308, 311, 320, 327, 336, 355, 366
Macmillan-Bericht 166
Magnus, Alice 72
Maier, Astore 386
Maier, Gerda 275
Maier, Reinhold 275
Manasse, Ben Israel 32
Mandling, Reginald 355, 366
Mann, Klaus 175
Mann, Thomas 14, 175, 234f., 459, 465
Mao Tse-tung 280, 297
Mark Banco 40
Marshall 154
Marshall-Plan 280
Marshallplanhilfe 295
Martin, J.S. 371
Marx, Wilhelm 137, 142
Massenevakuierung 202
Maximilian I. (Kaiser) 27
Mayer, Montagu 294
Mayer, Rene 312ff.
McArthur, Douglas 297, 388
McCloy, John J. 278, 300, 312, 343

McNamara, Robert 371, 403
Medici 26
Medien 302
Medienmarkt 301
Mefo-Wechsel 200, 204, 227f., 412
Melchett, Lord 154
Melchior, Carl 16, 83, 85, 90ff., 99f., 104, 109, 115-120, 125ff., 127f., 131, 133f., 142, 151, 160, 168, 172, 182, 184, 185, 221, 279
Melchior, Elsa geb. Warburg 83
Mendelssohn, Joseph 37
Mendes (Bankier) 26
Mendés-France, Pierre 311
Mendés Nassi, Joseph 27
Merchant Banks 35, 37, 45f., 55, 80, 95, 143, 208, 212, 293, 295, 309, 316, 358-364, 406, 436f., 467, 475
Merckle 407
Mercury Securities 212, 301ff.
Merryl, Charles G. 129
Metternich, Clemens Fürst von 43, 408
Meyer, Andre 312, 386, 419, 424, 432, 460
Meyer, Hans 157
Michaelis, Georg 111f.
Mikardo, Jan 373
Miller 444
Millerand, Alexandre 130, 133
Milner, Lord 95
Mitchell, D. 354
Mitsui-Erben 388
Mitsui-Gruppe 89
Moley, Raymond 178f.
Mollet, Guy 306
Moltke, Helmuth J. von 93, 96f.
Monnet, Jean 16, 240, 279, 312
Montagu, Samuel 67, 326, 473
Montanunion 310ff.
Moralgesetze 16
Moret, Clement 160
Morgan-Gruppe 16, 242
Morgan, John Pierpont 54f., 81, 88, 100, 129
Morgenthau, Henry 178, 210, 229, 239f.
Mörike, Eduard 78

Morrow, Dwight 150
Moussa, Pierre 411, 442, 455
Mozart, Wolfgang Amadeus 13
Müller, Hermann 153, 155, 159
Multis 321
Mussolini, Benito 134, 199, 216, 220

Nabokov, Vladimir 463
Nagib, Ali Muhamad 295
Nahost-Wirtschaftsplan 453
Napoleon, I. 38, 307
Nasser, Gamal Abdel 3C5
Nationalsozialisten 164
Necarsulmer, Henry 300
Neild, Robert 365f.
Neurath, Konstantin Freiherr von 9ff., 62, 170, 173, 176, 215, 219, 319
New Deal 177, 179
New-Deal-Gesetzgebung 391
New Trading Company 194, 236
New Trading Company, Anfänge der 208-213
Nixon, Richard 391, 395, 401ff., 431, 433
Norddeutscher Bund 53
Nordhoff, Heinrich 407
Norman, Montagu 228, 230
Northcliffe, Lord Alfred 294
Notgeld 137
Novemberverbrechen 128
NSDAP 163, 171

O'Brien, L.K. 372
OEEC 280
Ölpreissteigerung 408, 413, 422ff., 440
Ölschock 428f.
OPEC-Länder 425f.
Operation Barbarossa 234
Oppenheim, Abraham 56, 63, 67, 76
Oppenheim, Charlotte 52f.
Oppenheim, Salomon 37, 221
Ostblockländer 295
Overy 344
Owen-Glass Act 87
Owen, Robert 87

Pachtsystem 240f., 279

Pakt, deutsch-sowjetischer 231
Paltreu 188f., 202
Papen, Franz v. 170ff., 181, 190
Parallel-Aristokratie 15
Paritätsveränderung 336
Parwell, Val 303
Pascha, Gordon 71
Paul VI., Papst 451
Peabody, George 55
Peabody, Kidder 54f., 360
Peel-Kommission 206
Peel, Sir Robert 45, 207
Pereire 56f.
Peres, Shimon 449
Pershing, John Joseph 177
Personalunion 315ff.
Petersen, Hans W. 205, 250, 278, 352
Peterson, Peter G. 401, 431, 470
Petrodollar 425ff.
Pfandleiher 21, 52
Pfeffersäcke 38
Pferdmenges, Robert 222, 275, 277, 311
Pfund, Abwertung des 373, 376
Pfund, Agonie des 364ff.
Philipson, Eva Maria 149
Pinet, Herve 456, 470
da Pisa 25
Pius XII., Papst 150
Pleven, Rene 311
Plowden, Lord 327
Poincaré, Raymond 112, 133
Pompidou, Georges 404, 425
de Porta, Benveniste 26
Portal, de Hungerford, Lord 326f.
Potter, David 401
Prager Friede 53
Prime, Nathaniel 46
Privatfernsehen 301ff.
Protopopow, Alexander D. 105
Proust, Marcel 70
Proye, Annick 482

Q-Regel 210

Rabbiner 38
Rasputin, Grigori Jefimowitsch 104

Rath, Ernst vom 229
Rathenau, Walther 97, 99f., 102, 106, 114, 125, 133, 138
Read, Dillon 140, 299, 317
Reading, Isaac, Lord 101
Reagan, Ronald 400
Regendanz, Wilhelm C. 92, 94
Regional-Bundesbanken 86
Rehabilitierungskampagne 131
Reichsbank 140
Reichs-Kreditgesellschaft 200
Reichsverfassung 43
Rembrandt (Harmensz von Rijn) 85
Rentenbank 140
Rentenmark 137
Renwick, Sir Robert 302
Reparationen 120f., 122, 127, 130
Reparation, Ende der 157f.
Reparationsbeträge 131
Reparationskommission 122, 138, 156
Reparationskonferenz 130
Reparationszahlungen 165
Reynold, Jackson E. 156
Reynolds, Louis 322f., 327
Reynolds, Richard 322f.
Reyre, Jean 347, 352, 361, 409
Ribbentrop, Joachim von 215, 229
Robinow, Lionel 308
Röchling, Hermann 102, 172
Rockefeller-Gruppe 242
Rockefeller Junior, John D. 81, 87, 361
Röhm, Ernst 190
Roll, Sir Eric 13, 290, 319, 344, 366, 373, 381f., 411, 417, 420, 425, 430, 447, 455, 458, 467, 470
Roosa 370f.
Roosevelt, Franklin D. 150, 176f., 179, 210, 215, 238ff., 395
Roosevelt, James 178
Roosevelt, Theodore 87
Roseberry, Lord 79
Rosenbaum, Eduard 183, 185, 189f., 195, 387, 415
Rosenberg, Theophilie 51f.
Rothschild, Alfred de 65
Rothschild, Anthony 213
Rothschild, Edmond de 387f., 449, 451

Rothschild, Hannah 79
Rothschild, Lionel 57, 192
Rothschild, die Londoner 40, 45ff., 55ff., 70, 81, 148
Rothschild, Meyer-Amschel 36
Rothschilds, die Wiener 42, 49
Rueff, Jaques 156, 376
Rusk, Dean 371

Sadat, Anwar as 449-453
Salinger 54
Salomon, Hayds 35, 443
Sampson, Anthony 349f., 394
Samuel, Hill 352, 395
Samuel, Nathan 350, 354
Sanchos IV. 26
Sanders, August 46, 50
Sandweg, H.D. 458
Sartigues, Graf de 47
Sassoon 56
Schacht, Hjalmar 12, 136f., 149, 155, 162f., 171ff., 200ff., 220, 223f., 227f., 235, 276ff., 318, 342
Schacht-Plan 229
Schaefer, Alfred 347, 361
Scheidemann, Philipp 105, 115, 119f., 122, 126, 129
Schiff, Frieda 67f.
Schiff, Jakob 59f., 67f., 81, 84ff., 101, 115, 192
Schiff, John 89, 169, 210, 289f., 315f., 340, 350, 354, 386, 391, 431, 439
Schiff, Paul 46, 49, 52
Schiff, Phoebus 59
Schiff, Mortimer 101, 145, 169, 177f.
Schiff, Otto M. 192
Schiller, Karl 402
Schleicher, Kurt von 171
Schlieffen, Alfred Graf von 65, 96
Schmitt, Kurt 190
Schmuggeldollars 335-414
Scholey, David 13, 290, 357, 382f., 399, 417, 424f., 430, 441f., 446f., 454, 467, 470, 473
Scholey, Dudley 357
Schröder, Kurt von 94, 141, 230

Schroeders, Albert Pam von 381
Schuldenwirtschaft 433
Schumann, Clara 67
Schumann, Robert 311
Schutzbrief 24
Schutzzusage 24
Schwab, Charles 468
Schweitzer, Paul 404
Scribanovic, Hans 342
Scribanovic, Ivan 313
Seif, Marcus 449
Seligman, Geoffrey 309
Seligman, Spencer 309
Senator, W. 183
Sephardenjuden 28
Sergeant, Patrick 465
Sezessionskrieg 54
Shakespeare, William 13, 211, 217
Shapir 386
Sharett, Moshe 282
Sharp, Charles 161f., 282, 289, 307, 348, 461
Shinwell, Emmanuel 233, 283
Shipley, Brown 326
Shirasu, Jiro 388f.
Shoshan, Joseph Ibn 26
Siemens, Georg von 56, 151, 172
Sieveking, Dr. Kurt 186
Silber, Desavouierung des 54
Slater, Jim 395
Smith, Barney 80
Smithers, Akroyd 473
Smithers, Andrew 473
Snowdon 164
Sobell, M. 307
Speyer, Philip 37, 54, 56
Spiegelberg, Ernst 157, 165, 172, 221
Spier, Eugen 232
Spira, Peter 290, 357, 382, 389, 399f., 417, 430
Spitzenpositionen 20
Stadeford, Ivan 323ff.
Stalin, Josef 215
Stammbaum 19, 401
Stanley, Harold 129
Stanley, Morgan 299, 317
Steagall Act 391
Stein, Edith 227

Steiner, George 421, 460
Stein, Heinrich von 151
Sterling, Sir Louis 197
Stevenson, Adlai 300, 304
Stinnes, Edmund 162, 195, 197
Stinnes, Hugo 131, 135, 139, 141, 151, 162, 172
Stokes 381
Stone, Hayden 143
Stracke, Heinz 458
Strauß, Franz Josef 392
Strauss, Julius 344
Strauss, L. 152, 163
Streicher, Julius 191
Stresemann, Gustav 94, 125, 134ff., 151, 153, 155
Strong, Benjamin 87
Stürmer, Boris W. 104
Suezkrise 305
Suissa 26
Suissa, Lopez 27
Sullivan & Crownwell 141
Süß-Oppenheim 30
Syndikat 51

Taft, William K. 87
Takahashi, Baron Korekiyo 88f., 388
Talleyrand 462
Texeira de Sampaio, Diego 27
Texeira de Sampaio, Manuel 28
Thalberg, Erich 419
Thalberg, Hans 464
Thalmann, E.G. 197, 289, 308, 333, 341
Thalmann, George 308
Thatcher, Margaret 428, 446
Thomson, Roy 294, 304, 331, 339
Thyssen, August 151, 171
Tietz, L. 183
Tinto, Rio 303
Tirpitz, Alfred von 92, 103, 106
Tivoli 25
Tours, Gregor Graf von 23
Trollope, Anthony 211, 462
Truman, Harry S. 281, 297, 317
Tsur, Jacob 386

Uhlman, Fred 75, 193, 214

Vance, Cyrus 452
Van der Beughel 382
Van der Wyck, H.C. 430
Verbindungsnetz 361
Verfassung für Deutschland 43
Verfolgungen 27
Vermilye und Co. 46
Versailler Vertrag 121, 126f., 128, 138, 156
Vesco, Robert 390, 394
Verstaatlichung 133
Vietnamkrieg 377
Vocke, Wilhelm 278
Vogelstein, Hans 322f.
Volcker, Paul 403f., 445
Volterra 25
Vuyk, Pieter 90, 95, 98

Wagg, Herbert 323
Währung, britische 364
Währungsfonds, internationaler 337
Währungskonvertierbarkeit 41
Währungsmonopol 45
Währungsreform 276
Währungsstabilität 320
Währungssystem, geordnetes 444
Währungswirren 292
Waldersee, General von 65
Waléry, Serge 482
Wallenberg, Jacob 286
Wallenberg, Knut 104
Wallenberg, Marcus 361
Wallenberg, Raoul 227
Warburg, Abraham 46, 50, 53, 61ff., 63f., 90, 99, 123
Warburg, Aby M. 63f., 71, 84, 122f., 125, 138, 144, 151
Warburg, Aby S. 42f., 63, 69, 72, 76, 85, 144, 152, 169, 172, 185, 463
Warburg, die amerikanischen 241ff.
Warburg, Anita s.a. Woolf, Anita 192
Warburg, Anna 11, 58, 84, 159, 385, 466
Warburg, Carl 122
Warburg, Carola 115
Warburg, Charlotte 63
Warburg, David 36
Warburg, Elias 35f., 37, 42, 53
Warburg, Elsa 58
Warburg, Eric 72, 107, 124f., 144, 147, 151, 168, 352, 398f., 407
Warburg, Eva 11, 464
Warburg, Felix 63-199, 242, 453
Warburg, Frederick 147, 169, 340, 353f., 431
Warburg, Frederick-John 192
Warburg, Frieda 115
Warburg, Fritz 63, 72, 84f., 90, 99ff., 104ff., 123, 125, 144, 149, 169, 172, 385
Warburg, George 58, 61, 72f., 75f., 112, 123, 341
Warburg, Gerald 148
Warburg, Gerson 37f., 41
Warburg, Gisela 144, 162
Warburg, Hermann 163
Warburg, James 110, 124, 130, 153, 168f., 178, 396
Warburg, Karl 169, 221
»Warburg-Lande« 17
»Warburg-Lande«, Zentralbank der 126ff.
Warburg, Lilly 59
Warburg, Louisa 63
Warburg, Lucie 112
Warburg, Marcus Gumprich 35ff., 42
Warburg, Max 14, 50-202, 348, 384, 388, 415, 458
Warburg, Max jun. 384
Warburg, Moritz 46, 50ff., 59, 61, 63, 66, 70f., 90, 385
Warburg, Moses Marcus 32ff., 41f.
Warburg, Nina 178
Warburg, Olga s.a. Kohn-Speyer, Olga 58, 63, 69, 192, 463
Warburg, Otto 250
Warburg, Paul 63, 69, 72f., 84ff., 101, 103f., 110, 113, 124, 126f., 130, 137, 141, 144, 149, 167, 170, 177, 242
Warburg-Plan 202
Warburg, Rosa 46, 58, 66, 68
Warburg, Samuel 42, 53f.
Warburg, Samuel Moses 33, 35ff.
Warburg, Sara 46, 50ff.

Warburg, Siegmund 46, 49–53, 56f., 61ff., 66, 69
Warburg, Simon 42
Warburg, Sir Oscar Emmanuel 192
Warburg, Theophilie 69
Warburg (von) 29ff.
Warner, Suzanne 303
Wassermann, A.E. 161f., 289
Wassermann, Oscar 167
Watergateaffäre 425
Webber, M. 307
Wechselkurskrise 464
Weidenfeld, Lord 387
Weimarer Verfassung 10, 122
Weinstock, M. 307, 357
Weisman, Gert s.a. Whitman, Gert 141, 149, 159, 162, 184, 205, 278
Weizmann, Chaïm 82, 145, 146f., 154, 207, 226f., 281, 451
Weltbank 155
Welthandelsgesellschaft, deutsche 94
Weltkrieg, Erster 98
Weltwirtschaftskrise 208
Weltzentralbank 156, 178
Wendel, de 102, 277
Wender, Ira 399, 445, 454
Westmoreland, William Childs 378
Westruck 172
WEU 311
Whigan, Walter 237
White-Plan 379
Whitman, Gert (identisch mit Weisman, Gert) 278, 300, 318, 342, 345, 350ff., 398
Wiener Kongreß 40
Wiesel, Elie 386, 448
Wilde, Oscar 476
Wilhelm I. 50, 64

Wilhelm II. 64f., 91, 109, 115
Wilhelm von Oranien 34
Wilson, Harold 294, 358, 364ff., 381,
Wilson, Thomas Woodrow 100, 103, 108–114, 121f., 127, 129 397, 407, 417, 428
Winant, John G. 242
Wirth, Josef 132ff.
Wirtschaftsbund, amerikanischer 94
Wirtschaftsperspektiven 292
Wirtschafts- und Währungskrise 364
Wirtz, Charles 221
Wiseman, Sir John 300
Wiseman, Sir William 145, 152, 299, 323, 353
Wlassow, Andrej 313
Wolff, Otto 131
Woolf, Anita s.a. Warburg, Anita 192
Woolf, Max 192
Wormser, Oliver 344
Wrightson, Matthews 383
Wrightson, Stewart 430
Wriston, Walter 394f.
Wuttke, Hans 332, 399, 408, 457

Yoshida 388
Young, Owen D. 155, 159
Youngplan 156, 159f., 167, 171

Zadok, Ibn 26
Zangen, Wilhelm 172
Zentralausschuß der deutschen Juden 183
Zentralbank, internationale 127, 129
Ziegler, Paul 282
Zimmermann, Arthur 103, 105, 108f.
Zweig, Stefan 125, 193f., 213f., 217, 219, 231ff.